Michael Gehle

Internationales Wissensmanagement

GABLER EDITION WISSENSCHAFT

Michael Gehle

Internationales Wissensmanagement

Zur Steigerung der Flexibilität und Schlagkraft wissensintensiver Unternehmen

Mit Geleitworten von
Prof. Dr. Michael Bastian und Prof. Dr. Hans-Horst Schröder

Deutscher Universitäts-Verlag

Bibliografische Information Der Deutschen Bibliothek
Die Deutsche Bibliothek verzeichnet diese Publikation in der Deutschen Nationalbibliografie; detaillierte bibliografische Daten sind im Internet über <http://dnb.ddb.de> abrufbar.

Dissertation RWTH Aachen, 2005

1. Auflage Januar 2006

Lektorat: Brigitte Siegel / Stefanie Loyal

Der Deutsche Universitäts-Verlag ist ein Unternehmen von Springer Science+Business Media.
www.duv.de

Umschlaggestaltung: Regine Zimmer, Dipl.-Designerin, Frankfurt/Main
Druck und Buchbinder: Rosch-Buch, Scheßlitz
Gedruckt auf säurefreiem und chlorfrei gebleichtem Papier
Printed in Germany

ISBN 3-8350-0198-1

- Für Ute und Jaqueline,
für ihre nicht enden wollende Geduld
und die moralische Unterstützung -

Geleitwort

Die Erschließung, Nutzung und Bewahrung von Wissen ist heute für viele Unternehmen eine große Herausforderung, wobei sich international tätige Unternehmen in besonderem Maße mit der Problematik des Wissensmanagements konfrontiert sehen. Ein erfolgreiches Wissensmanagement umfasst dabei deutlich mehr als die häufig in den Vordegrund gerückte Bereitstellung von IT-Systemen zum Dokumentenmanagement.

Herr Dr. Gehle arbeitet in dem vorliegenden Buch sorgfältig die vielfältigen Gestaltungselemente und Barrieren von Wissensmanagement heraus und entwickelt vor diesem Hintergrund ein ganzheitliches Konzept zur Wissensanwendung und -wiederverwendung, das die internationale Unternehmenstätigkeit unterstützt, verbessert und beschleunigt. Über die Konzeptbildung hinaus werden exemplarisch konkrete Maßnahmen vorgestellt und Gestaltungsoptionen für das internationale Wissensmanagement entwickelt. Im Betrachtungsschwerpunkt stehen die besonders wissensintensiven Beratungsunternehmen, da der Autor hier eigene Erfahrungen aus durchgeführten Projekten einbringen kann. Es erfolgt eine Erweiterung des Projektprozesses im Hinblick auf die Integration von Wissensmanagement.

Mit großem Engagement entwickelt Herr Dr. Gehle seine Vision von erfolgreichen wissensorientierten Unternehmen und stößt vielfältige Umdenkungsprozesse an, die auf diesem Weg noch zu durchlaufen sind.

Das Buch bietet eine klare Analyse des Themenbereichs sowie einen fundierten Leitfaden für alle, die sich in Praxis, Forschung oder Lehre mit der Gestaltung des internationalen Wissensmanagements auseinander setzen.

Prof. Dr.rer.pol. habil. Michael Bastian

Geleitwort

Der Übergang von der Sach- zur Dienstleistungsgesellschaft, der die Industrienationen heute prägt, wird begleitet von der zunehmenden Bedeutung des Managements von Wissen. Immer mehr Unternehmen erkennen, dass ihre langfristige Wettbewerbsfähigkeit entscheidend davon abhängt, dass es ihnen gelingt, das für die Gestaltung, die Produktion und den Absatz ihrer Leistungen benötigte Wissen zu identifizeren, zu entwickeln, zu beschaffen, zu (ver-)teilen, einzusetzen und zu sichern. Verstärkt wird diese Tendenz durch die zunehmende Globalisierung der wirtschaftlichen Prozesse, die in zunehmendem Maße auch kleine und mittlere Unternehmen erfasst.

Herr Dr. Gehle hat diese beiden Tendenzen in dem vorliegenden Buch zusammengeführt und mit dem "International House of Knowledge Management" einen leistungsfähigen Rahmen für das Wissensmanagement in wissensintensiven internationalen Unternehmen entwickelt. Grundgedanke des "International House of Knowledge Management" ist die Erkenntnis der Notwendigkeit eines "balancierten" Wissensmanagements, die sich in der Gleichberechtigung der drei Säulen des Hauses - Mensch & Kultur, Organisation & Prozess sowie Informations- und Kommunikationstechnologie - äußert. Primärer Zweck des Hauses ist die intensive Nutzung und Wiederverwendung des verfügbaren Wissens.

Der Autor hat sich nicht damit begnügt, mit dem "International House of Knowledge Management" das Konzept eines effektiven und effizienten Wissensmanagements in wissensintensiven internationalen Unternehmen zu entwickeln, sondern er hat auch die Inneneinrichtung des Hauses bereitgestellt, indem er die Konzepte und Techniken entwickelt und beschrieben hat, die zum Leben im "International House of Knowledge Management" erforderlich sind. Dabei konnte er auf nicht nur seine beeindruckenden Kenntnisse sowohl der Praxis als auch der Theorie des Wissensmanagements zurückgreifen, sondern auch auf die konkreten Projekte, die unter seiner maßgeblichen Beteiligung bei der Softlab GmbH durchgeführt wurden. Die Einbringung dieser Materialien in die Gestaltung des "International House of Knowledge Management" machen das Buch von Herrn Dr. Gehle zu einer Fundgrube sowohl für den an Konzepten interessierten Theoretiker als auch für den an praktischen Ansätzen interessierten Praktiker des Wissensmanagements.

Ich wünsche dem "International House of Knowledge Management" viele Bewohner und Gäste, und hoffe, dass sie die vielen Winkel des Hauses durchstöbern. Sie werden viele Funde machen, die ihr individuelles Wissen bereichern.

Prof. Dr.rer.pol. Hans-Horst Schröder

Vorwort

In der vorliegenden Arbeit werden internationale Geschäftstätigkeiten aus der Wissensperspektive betrachtet. Das ihr zugrunde liegende Dissertationsprojekt wurde in einem besonderen Einklang von Wissenschaft und Praxis durchgeführt, was nur durch die Unterstützung verschiedenster Personen möglich war. Sie bildeten mit mir ein Wissensnetzwerk über viele Grenzen hinweg und machten deutlich, wozu ein praktiziertes Wissensmanagement fähig ist. Ihnen soll an dieser Stelle gedankt werden.

All die anderen Personen, die mich während meines bisherigen Werdeganges begleitet haben, sollen nicht vergessen werden. Ich denke stets dankbar und positiv an viele verschiedene Eindrücke im Umgang mit ihnen. Sie mögen mir verzeihen, wenn ich sie alle hier nicht persönlich erwähne.

Allem voran danke ich aus tiefstem Herzen Herrn Prof. Dr. Bastian für die flexible Betreuung dieser Arbeit, die konstruktiven Diskussionen und seine förderliche Kritik auch über räumliche Distanzen hinweg; die Informations- und Kommunikationstechnologie hat's auch hier möglich gemacht. Auch danke ich ihm für die Bestellung des „heimatlichen Ackers" in Aachen, den ich als Externer nicht so häufig besuchen konnte. Herrn Prof. Dr. Schröder danke ich herzlich für die Übernahme des Korreferates und für sein wachsames Auge auf die ökonomischen Aspekte dieser interdisziplinären Arbeit.

Besonders danke ich auch Herrn Said Antoine Tabet, der als Geschäftsführer der Softlab GmbH trotz strategischer und internationaler Aufgabenstellungen im BMW-Unternehmensverbund eine persönliche Verantwortung für meinen Erfolg übernommen und Freiräume geschaffen hat. Herrn Thomas Siegner, Manager Strategie und Kommunikation bei Softlab, danke ich herzlichst dafür, dass er bereitwillig und engagiert die organisatorische Heimat für das Corporate Knowledge Management Programm gestellt hat und für Rezensionen der Arbeit oftmals zur Verfügung stand. Ein ganz besonderer Dank gilt auch Herrn Hermann Pannek, meinem Mitstreiter aus dem Corporate Project Office bei Softlab, für seine engagierte und unermüdliche Arbeit, internationales Wissensmanagement Wirklichkeit werden zu lassen.

Ein besonderer Dank gilt Herrn Prof. Dr. Schürings, der mir bei meinen diversen Ausflügen in die Internationalität den einen oder anderen Kompass reichte, so dass ich auch in schwierigem und unwegsamem Terrain die Orientierung nicht verloren habe.

Frau Prof. Dr. Reinmann sei gedankt, dass sie stets für eine kritische Reflexion von Aussagen zu einem humanorientierten Wissensmanagement zur Verfügung stand und dazu beigetragen hat, dass ich trotz aller Technokratisierung und prozessualer Optimierung die Menschlichkeit und das Menschsein nicht vergessen habe.

Herrn Dr. Heiko Roehl danke ich für die zwar raren aber motivierenden Gespräche, die einige der ersten Schritte in Richtung des „Sollzustands Glück" initiiert haben. Obwohl wir diesen Zustand immer noch nicht hinreichend definiert haben, fühle ich mich ihm doch ein Stück näher.

Ein weiterer Dank geht an Herrn Dr. Kai Romhardt, der durch sehr intime Gespräche und die einprägsame Demonstration seiner Konsequenz zu meiner Erkenntnis beigetragen hat, dass Wissen nur in einer persönlichen Balance machbar ist. Eine Lotusblüte sei ihm geschenkt!

Ein besonderer Dank gilt Frau Dr. Anja Schulze für die Einladung zur Teilnahme an dem Arbeitskreis „Wissensmanagement im Innovationsprozess" der Universität St. Gallen und die vielen intellektuellen Sparringskämpfe, die wir teils virtuell, teils persönlich, aber immer mit viel Humor und Wissen ausgefochten haben.

Ein großer, kollegial-freundschaftlicher Dank gebührt auch Herrn Dr. Gerhard Strecker, der mir nicht nur mit dem, auf seiner Schachleidenschaft basierten „Wissen ist Matt!" die notwendige Gelassenheit vermittelt, sondern auch die einen oder anderen Züge beigebracht hat, die zur Umschiffung so mancher steilen Klippe notwendig waren. Ihm gilt ein ehrliches und lautes „Schiff ahoi"!

Danken möchte ich an dieser Stelle ganz besonders meiner Frau Ute-Elisabeth und meiner lieben Tochter Jaqueline-Denise, die trotz vieler und lang anhaltender Entbehrungen nie das Verständnis für mich verloren haben und stets dazu bereit waren, meine unterschiedlichen Gemütszustände mit möglichst freundlicher Intervention auszugleichen. Ihnen ist diese Arbeit gewidmet.

Ein letzter herzlicher Dank gilt Herrn Prof. Werner Nickel, der mich in väterlicher Freundschaft stets moralisch unterstützt und mit seinen Werten wesentlich geprägt hat.

Michael Gehle

Inhaltsverzeichnis

Abkürzungsverzeichnis ... XVII

Abbildungsverzeichnis ... XXI

Tabellenverzeichnis ... XXV

1 Einleitung ... 1

1.1 Problemstellung, Motivation und Zielsetzung ... 2

1.2 Forschungsmethodik ... 7

1.2.1 Modus 2/Integratives Forschungs-Szenario ... 10
1.2.2 Desk Research ... 15
1.2.3 Field Research ... 16
1.2.4 Fallstudie und Fallbeispiele ... 16
1.2.5 Expertenbefragungen und -interviews ... 17

1.3 Aufbau der Arbeit ... 18

2 Begriffsklärung und Grundlagen ... 23

2.1 Wissen und Wissensmanagement ... 23

2.1.1 Begriffliche Abgrenzung des Terminus Wissen ... 23
2.1.1.1 Implizites Wissen ... 26
2.1.1.2 Explizites Wissen ... 27
2.1.1.3 Träger von Wissen ... 29
2.1.1.4 Angewendetes Wissen als „Credo" ... 30
2.1.2 Die organisationale Wissensbasis ... 35
2.1.2.1 Individuelles Lernen als Basis der Wissensgenerierung und -anwendung ... 38
2.1.2.2 Organisationales Lernen als Basis dauerhafter Wettbewerbsfähigkeit ... 41
2.1.3 Wissensmanagement und Strategie ... 43
2.1.3.1 Strategische Implikationen ... 44
2.1.3.2 Baustein-Modell nach Probst/Raub/Romhardt ... 47
2.1.3.3 SECI-Modell nach Nonaka ... 59
2.1.3.4 Wasser-Modell der Münchener Schule um Reinmann-Rothmeier ... 67

2.2 Internationalität und internationale Unternehmung ... 73

2.2.1 Globale Unternehmen und deren Organisationsstrukturen ... 75
2.2.1.1 Funktional-, Produkt- und Regionalprinzip ... 77
2.2.1.2 Gemischte, mehrdimensional-integrierte Strukturen ... 78
2.2.2 Allianzen, virtuelle Unternehmen und elastische Netzwerke ... 81
2.2.3 Internationalisierungsmodell nach Kutschker ... 84

2.3 Das Spannungsfeld von Wissen und Internationalität ... 91

2.4 Die Bedeutung des Faktors Wissen für Beratungsunternehmen 96

2.4.1 Die Besonderheiten der Business Integratoren 98
2.4.2 Der Berater als Hauptwertschöpfer 103
2.4.3 Netzwerkbildung als Pfeiler in der Virtualität 109
2.4.4 Wissen als Ressource und Ergebnis von Beratungsdienstleistungen 114
2.4.5 Kreativität in der Projektarbeit: Neuartig und doch erprobt 116

2.5 „The International House of Knowledge Management“: Analyserahmen und Auswahlkonzept 119

3 Gestaltungselemente und Barrieren von Wissensmanagement und Internationalität 123

3.1 Führung und Strategie 124

3.1.1 Führung und Kommunikation 124
3.1.2 Strategische Rahmenbedingungen 135
3.1.2.1 Notwendigkeit der Integration von Wissensorientierung in den Strategieprozess 136
3.1.2.2 Ansatzpunkte zur Integration von Wissensorientierung in den Strategieprozess 137

3.2 Mensch und Kultur 140

3.2.1 Kulturelle Rahmenbedingungen 141
3.2.1.1 Notwendigkeit der Betrachtung und Gestaltung 144
3.2.1.2 Zusammenhang von Unternehmenswerten und -kultur 150
3.2.1.3 Sprache 153
3.2.2 Rollenbildung (der Mensch als Knowledge- und Net-Worker) 156

3.3 Organisation und Prozess 160

3.3.1 Organisatorische Rahmenbedingungen 161
3.3.1.1 Projektorganisation und Teambildung 162
3.3.1.2 Netzwerkbildung und Hochleistungsteams 168
3.3.1.3 Hypertext-Organisation 175
3.3.2 Der Prozess der Projektdurchführung als internationale Wissensbasis 178
3.3.2.1 Interaktion mit internen Wissensbasen und -systemen 187
3.3.2.2 Interaktion mit Kunden und Partnern als externe Wissensbasen 193

3.4 Informations- und Kommunikationstechnologie 196

3.4.1 Technologische Rahmenbedingungen 199
3.4.2 Ausgewählte Systeme zur Förderung internationalen Wissens 207

4 Fallstudie der Softlab GmbH 213

4.1 Rahmeninformationen 213

4.1.1 Unternehmensprofil 213
4.1.2 Geschichtlicher Hintergrund und struktureller Aufbau 214
4.1.3 Zusammenfassung bisheriger und aktueller Probleme 215
4.1.4 Programmatische Entwicklung 220

4.2 we.know@softlab: Ganzheitlichkeit und Integration ... 221
4.2.1 Zielstellungen und deren Fokussierung ... 221
4.2.2 Methoden/Gang der Untersuchung und Ergebnisse der Theorie ... 223
4.3 Darstellung der Programmteile und erste Ergebnisse in der Praxis ... 227
4.3.1 Unternehmenswerte und Wissensorientierung ... 227
4.3.2 Führung und Kommunikation ... 230
4.3.3 Das Projekt als unternehmensweite Wissensbasis ... 231
4.3.3.1 Prozesse und Methodik ... 233
4.3.3.2 Rollen und Vernetzung ... 237
4.3.3.3 Informationstechnologische Unterstützung ... 241
4.3.4 Weitere Gestaltungselemente ... 264
4.3.4.1 Personalmanagement-Instrument: Job-Modell@softlab ... 264
4.3.4.2 Service Standards: Customer Excellence@softlab ... 267
4.3.4.3 Planung, Portfolio und Infrastruktur ... 271
4.3.5 Messbarkeit und Bewertung sowie kurzer Ausblick ... 272

5 Handlungsrahmen und Gestaltungsoptionen von internationalem Wissensmanagement ... 277

5.1 Strategie und Kontextorientierung ... 278
5.1.1 Balance innerhalb einer mehrdimensionalen Komplexität ... 280
5.1.2 Aktives Kulturmanagement ... 284
5.1.3 Erweitertes Führungsverständnis und ausgeprägte Wissenskommunikation ... 287
5.1.4 Dynamisches Rollenverständnis ... 291
5.2 Wissensbasierte internationale Projektarbeit als 360°-Konstrukt ... 292
5.2.1 Aktualisierung und Erweiterung des Projektprozesses ... 294
5.2.2 Wissensbasierte internationale Projektbesetzung ... 301
5.2.3 Ausdehnung in und Verzahnung mit andere(n) Prozesse(n) ... 304
5.2.4 Virtuelle Hochleistungsteams: projektinterne und -externe Vernetzung ... 308
5.3 Virtuelle Hochleistungsorganisation: unternehmensinterne und -externe Vernetzung ... 311
5.3.1 Tertiärorganisation als wissensbasierte und -orientierte Ergänzung ... 313
5.3.2 Customer und Supplier Relationship Management als wissensbasierte und serviceorientierte Kooperationskonzepte ... 316
5.4 Informations- und Kommunikationstechnologie als Enabler ... 321
5.5 „The International House of Knowledge Management": Die virtuelle Best Practice-Organisation ... 328
5.5.1 Einleitende Worte ... 328

5.5.2 Einordnung und Darstellung 330
5.5.3 Abschließende Bemerkungen zur Verwendung 333
5.5.4 Anmerkungen zu Anreiz und Bewertung im internationalen Wissensmanagement 334
5.5.4.1 Anreize und Motivation für Management und Mitarbeiter 335
5.5.4.2 From Measure to Me assure 340

6 Fazit und Ausblick 351

6.1 Schlussbetrachtung 351

6.2 Weiterer Forschungsbedarf 356

Literaturverzeichnis 359

Anhang 385

Abkürzungsverzeichnis

AIX	Advanced Interactive eXecutive
allg.	allgemein(e/n/s)
angels.	angelsächsisch
APQC	American Productivity & Quality Center
BCG	Boston Consulting Group
BDU	Bundesverband Deutscher Unternehmensberater
BI	Business Intelligence
Bus.Dev.	Business Development
BSC	Balanced Scorecard
bspw.	beispielsweise
BzA	Bereit zur Abnahme
bzgl.	bezüglich
bzw.	beziehungsweise
C	Programmiersprache
CBT	Computer-based Training
CRM	Customer Relationship Management
CKM	Customer Knowledge Management
CKO	Chief Knowledge Officer
CMS	Content Management System
CoP	Community(ies) of Practice
CoPo	Corporate Project Office
CorSa	Corporate Sales Support System
CSF	Critical Success Factor(s)
DMS	Document Management System
DWH	Datawarehouse
Dt.	deutsch(e/s/n)
d.h.	das heißt
EAI	Enterprise Application Integration
EAS	Enterprise Application Solutions

Eds.	Editor(s)
Ed.	Edition
EDV	Elektronische Datenverarbeitung
engl.	Englisch
ERP	Enterprise Resource Planning
et al.	et alii
evtl.	eventuell(e)
ff.	fortfolgende
frz.	französisch
FTD	Financial Times Deutschland
f.	folgende
F&E	Forschung & Entwicklung
ggf.	gegebenenfalls
GI	Gesellschaft für Informatik
GUI	Graphical User Interface
HR	Human Resource(s)
HRC	Human Resource Consulting
HRO	Human Resource Organization
Hrsg.	Herausgeber
HTML	HyperText Markup Language
HTTP	HyperText Transfer Protocol
IAO	Institut für Arbeitswirtschaft und Organisation
IATA	International Air Transport Association
IE	Internet Explorer
IIS	Internet Information Server
IKT	Informations- und Kommunikationstechnologie
IPK	Institut für Produktionsanlagen und Konstruktionstechnik
IS	Informationssystem(e)
IT	Informationstechnologie
IuK	Information und Kommunikation
KM	Knowledge Management
KMU	Klein- und mittlere Unternehmen

KPI	Key Performance Indicator(s)
LDAP	Lightweight Directory Access Protocol
MaRes	Market Research
MS	Microsoft
M&A	Merger(s) and Acquisition(s)
niederl.	niederländisch
orig.	original, im Original
o.g.	oben genannt(e/r/s)
o.S.	ohne Seitenangabe
o.V.	ohne Verfasser
PHP	Hypertext Preprocessor
POdium	(P)roject (O)ffice (Di)skussionsfor(um)
ProX	Project Experience System
PSC	Professional Service Company
QMB	Qualitätsmanagementbeauftragte(r)
RoK	Return on Knowledge
R&D	Research & Development
SAP	Software, Anwendungen und Produkte in der Datenverarbeitung
SCM	Supply Chain Management
SIS	Skill Information System
SNA	System Network Architecture
sog.	so genannt(e/r/s)
SQL	Structured Query Language
SRM	Supplier Relationship Management
s.o.	siehe oben
TCO	Total Cost of Ownership
TCP/IP	Transmission Control Protocol/Internet Protocol
tlw.	teilweise(n)
UNIX	Name eines interaktiven, time-sharing Betriebssystems
URL	Uniform Resource Locator
u.	und
u.a.	unter andere(m/n)

vgl.	vergleiche
vglw.	vergleichsweise
vorm.	vormals
Windows NT	Windows New Technology
WWW	World Wide Web
zfo	Zeitschrift Führung + Organisation
z.B.	zum Beispiel

Abbildungsverzeichnis

Abbildung 1-1: Das Unternehmen im Spannungsfeld der Kräfte 4

Abbildung 1-2: Forschungsfragen der Dissertation 7

Abbildung 1-3: Forschungsmethodischer Rahmen der Arbeit 10

Abbildung 1-4: Forschungsprozess 12

Abbildung 1-5: Aufbau der Arbeit 21

Abbildung 2-1: Betrachtungsfokus „Internes und Externes Wissen“ 28

Abbildung 2-2: Schichtenmodell der organisationalen Wissensbasis 36

Abbildung 2-3: Der Kreislauf des individuellen Lernens 40

Abbildung 2-4: Bausteine des Wissensmanagements 48

Abbildung 2-5: Die Ermittlung des Wissensstands aus Wissensbedarf, Wissensnachfrage und Wissensangebot 55

Abbildung 2-6: Wissensspirale unter Betrachtung der Umwandlung verschiedener Wissensinhalte 61

Abbildung 2-7: Die Spirale der organisationalen Wissenserzeugung 64

Abbildung 2-8: Reziproker Prozess von Informations- und Handlungswissen 69

Abbildung 2-9: Verknüpfung von Wissen und Lernen im Münchener Modell 72

Abbildung 2-10: Internationalität in Organisation und Umsatz 75

Abbildung 2-11: Internationalisierungsmodell und -strategien 86

Abbildung 2-12: Das Spannungsfeld von Wissen und Internationalität 96

Abbildung 2-13: Anbieterstruktur am Berater- und IT-Dienstleistungsmarkt 98

Abbildung 2-14: Anforderungen/Auswahlkriterien für Business Integratoren 100

Abbildung 2-15: Business Integratoren zunehmend unter Wissensdruck 113

Abbildung 2-16: Kennzeichen wissensintensiver Dienstleistungen 115

Abbildung 2-17: „The International House of Knowledge Management“ (Rohbau) 121

Abbildung 3-1: Fehler und Probleme in der Wissenskommunikation von Experten und Managern 132

Abbildung 3-2: Visualisierung und Symbolik eines Unternehmenswertes 152

Abbildung 3-3: Merkmale moderner Beratungs-/Implementierungsprojekte 163

Abbildung 3-4: Wissensmultiplikation durch Kommunikationsnetzwerke 171

Abbildung 3-5: Hypertext-Organisation 176

Abbildung 3-6: Mögliche Prozessketten eines Beratungsunternehmens 179

Abbildung 3-7: Wissensmultiplikation im Projektprozess durch Lessons Learned 183

Abbildung 3-8: The Inter-Projekt Learning und Knowledge Process 192

Abbildung 3-9: Bewertungsraster ausgewählter IKT-Instrumente 202

Abbildung 3-10: IKT-Unterstützung der Wissensumwandlung 205

Abbildung 3-11: IKT-Unterstützung der Wissensbausteine 205

Abbildung 3-12: Struktureller Aufbau eines Enterprise Information Portals 208

Abbildung 4-1: Top 3-(Wissens-)Lösungen nach Projektphasen 225

Abbildung 4-2: Top 4-(Wissens-)Lösungen nach Wissensdomänen 226

Abbildung 4-3: Wettbewerbsanalyse der Kommunikationszugänge zum Kunden 228

Abbildung 4-4: Unternehmenswerte mit Wissensorientierung 229

Abbildung 4-5: Pre-Sales-Phase aus Wissenssicht 234

Abbildung 4-6: Wissensbasierter Projektprozess 236

Abbildung 4-7: CoP-Unterstützung in einem Enterprise Knowledge Portal 239

Abbildung 4-8: Vernetzung und Interaktion eines Beraters mit dem Market Research-Dienst 240

Abbildung 4-9: Enterprise Knowledge Portal „MySoftlab.net“ ... 242

Abbildung 4-10: Technische Architektur des Skill Information Systems (SIS) ... 245

Abbildung 4-11: Skill-Erfassung mit Einstufungen und Kommentaren im SIS ... 246

Abbildung 4-12: Gezielte Suchmöglichkeiten im SIS ... 247

Abbildung 4-13: Suchergebnisse nach „Best Fit“ im SIS ... 248

Abbildung 4-14: Profilablage und Automatismus für Textverarbeitung im SIS ... 249

Abbildung 4-15: Datenmodell des Project Experience Systems (ProX) ... 255

Abbildung 4-16: Erfassung einer Lessons Learned im ProX ... 257

Abbildung 4-17: Projektüberblick im ProX ... 258

Abbildung 4-18: Informationsobjekte und -einheiten im ProX ... 259

Abbildung 4-19: Einfache Suchmöglichkeit im ProX ... 261

Abbildung 4-20: Job-Modell@softlab als Basis für die Personalpolitik ... 265

Abbildung 4-21: Struktur des Job-Modell@softlab ... 266

Abbildung 4-22: Wirkungsgrad des Service Quality Indexes (SQI®) ... 269

Abbildung 4-23: Vorgehen von Customer Excellence@softlab ... 271

Abbildung 4-24: „Think Room“ als Ausprägung einer wissensorientierten Infrastruktur ... 273

Abbildung 4-25: Kulturanalyse als taktisches Bewertungskriterium ... 274

Abbildung 4-26: Skill-Analyse als Bewertungskriterium ... 275

Abbildung 5-1: Erweitertes Führungsverständnis: „Flexible Leadership“ ... 290

Abbildung 5-2: Beispiel eines aus Wissensperspektive aktualisierten und erweiterten Projektprozesses ... 297

Abbildung 5-3: Mitarbeiter-Check anhand von Kreativitätsmerkmalen für die Geschäftsentwicklung ... 302

Abbildung 5-4: Verzahnung der wissensbasierten internationalen Projektarbeit mit der qualitativen Geschäftsentwicklung 306

Abbildung 5-5: Wissensbasierte internationale Projektarbeit als 360°-Konstrukt 311

Abbildung 5-6: Prozess zur Entwicklung von Netzwerken 314

Abbildung 5-7: Wissensaustausch über das 360°-Projektkonstrukt 321

Abbildung 5-8: „The International House of Knowledge Management" (Rohbau) 330

Abbildung 5-9: „The International House of Knowledge Management" (Fertigstellung) 332

Abbildung 5-10: Knowledge Management Maturity Model 348

Abbildung 6-1: International Knowledge Management Cube 355

Tabellenverzeichnis

Tabelle 2-1: Art und Ausprägung von Wissensträgern in der Praxis 29

Tabelle 2-2: Erweiterte Begriffshierarchien im synoptischen Vergleich 33

Tabelle 2-3: Merkmale von Business Integratoren 102

Tabelle 3-1: Verantwortlichkeiten und Inhalte von internationaler und wissensorientierter Führung 126

Tabelle 3-2: Aktivierung von Leistungsebenen aus Wissenssicht 131

Tabelle 3-3: Unterschiede in der Kommunikation von Information und Wissen 133

Tabelle 3-4: Kulturdimensionen am Beispiel asiatischer und westlicher Verhaltensweisen 143

Tabelle 3-5: Unternehmenswert und dessen Ausprägung 151

Tabelle 3-6: (Führungs-)Rollen des Wissensmanagements 157

Tabelle 3-7: Allgemeine Rollen des Wissensmanagements 158

Tabelle 3-8: Positive Aspekte von Netzwerken im Allgemeinen und Communities of Practice im Speziellen 174

Tabelle 3-9: Bewertung von IKT in transnationalen F&E-Projekten 197

Tabelle 4-1: Barrieren und Probleme von Cross Region-Projekten 219

Tabelle 4-2: Checkliste zum (Project-)Pre-Briefing 236

Tabelle 4-3: Test-User Beurteilung des ProX-Prototyps 253

Tabelle 4-4: Inhaltsbeschreibung (Ausschnitt) einer Lessons Learned 257

Tabelle 4-5: Beispiele für Customer Excellence Standards 269

Tabelle 4-6: Weitere Phasen zur Ermittlung und Einführung des Service Quality Indexes (SQI®) 270

Tabelle 5-1: Ansätze zur Bewertung von Wissenszielen 342

1 Einleitung

„Das Wissen macht das Gewusste anders,
das nicht mehr bleibt, wie es war, wenn es gewusst wird."
Karl Jaspers (1947)

Man stelle sich einmal vor, dass eines Tages alle Materie, also alles Handfeste aus den Dingen, die uns tagtäglich umgeben, verschwindet. Dann verschwinden auch alle Gerätschaften, die bislang notwendig waren, um diese Materialien zu gewinnen, zu verarbeiten, zu transportieren und zu lagern. Außer den Menschen wird somit nichts Substanzielles mehr übrig bleiben.

Genau diese Erkenntnis, dass das vermeintliche Nichts zum eigentlich Wertvollen wird und alle Errungenschaften unserer Zivilisation auf Forschung, Erfahrung und Wissen, manchmal auch auf Glück und Zufall beruhen, macht deutlich, dass das Wissen, ob in Form von Patenten und Markenzeichen, als strategisches Wissen über Märkte und Mitbewerber oder als technologisches Know-how, in Zukunft im Zentrum der Wertschöpfung stehen wird.[1] Diese Erkenntnis verdeutlicht auch den Wandel von der Industrie- zur Wissensgesellschaft[2], der neue Managementtechniken zur Planung, Steuerung, Organisation und Kontrolle der Ressource Wissen voraussetzt[3] und der sich zugleich in der Hypothese der quartären Wirtschaft widerspiegelt.[4]

Einige halten das Thema Wissensmanagement für „en vogue"[5], andere fragen sich, ob es überhaupt ein Thema ist oder eher eine Mode, wie sie es schon öfter gegeben hat. Dass das Thema Wissen und der Umgang damit nicht gänzlich neu ist, offenbart uns ein Blick in das alte Testament: schon Adam und Eva hatten erhebliche Repressalien zu erdulden, seitdem sie ihren Wissensdurst nicht mehr zu zügeln vermochten und verbotenerweise vom Baum der Erkenntnis naschten.[6]

Die Notwendigkeit dieses Themas wird jedoch nicht nur über die Anzahl der Veröffentlichungen, Kongresse und Studien[7] deutlich, sondern macht sich jederzeit in unserem täglichen (Be-

---

1 Vgl. [AFTABRUYAN 1998, S. K2].
2 Vgl. [DRUCKER 1993, S. 18], [NONAKA 1994, S. 14], [ILOI 1997A, S. 12], [ZIMMER 2001, S. 43].
3 Vgl. [REHÄUSER/KRCMAR 1996, S. 10].
4 Vgl. [BÜRGEL/ZELLER 1998, S. 53f.].
5 Vgl. [BENDT 2000, S. 1].
6 Vgl. [BIBEL 1964], wo dieser Sachverhalt im Alten Testament, Erstes Buch Mose, Kapitel 2 Psalm 17 und Kapitel 3 Psalm 5-7 erzählt wird. Natürlich ist Erkenntnis nicht automatisch mit Wissen gleichzusetzen. Die temporäre Gleichschaltung dieser Begriffe erlaubt es jedoch, die tlw. übertriebene Neuigkeit des Themas Wissensmanagement und die damit erzwungenen „neuen" Maßnahmen zu relativieren. Eine genauere Abgrenzung des Wissensbegriffs wird in Kapitel 2.1 vollzogen.
7 Vgl. [NONAKA/TAKEUCHI 1977, S. 16].

rufs-)Leben bemerkbar. Wie oft wurden schon bestimmte Informationen[8] gesucht oder darüber nachgedacht, mit wem und wie die gerade vorliegende Aufgabe am besten gelöst werden könne?

Wie so häufig hat die Technologie das Thema Wissensmanagement in seinen Anfängen erheblich geprägt, tlw. sogar in Verruf gebracht.[9] Zunehmend wird dieses Thema jedoch in einer größeren Breite betrachtet und schließt nun auch die externen Umfelder Kunden, Lieferanten und Partner mit ein. Die Markttrends Customer Relationship Management[10] (CRM) und Supply Chain Management[11] (SCM) scheinen dieses zu beweisen.

Neben dem externen Umfeld, das mit Wissensmanagement effizient und effektiv bearbeitet werden soll, werden nun auch die diversen internen Aufgabenstellungen der Unternehmen zusätzlich zur Technologiebetrachtung aus anderen Perspektiven heraus eruiert: soziales (Mensch/Kultur) und organisationales Wissen (Organisation/Prozess) treten zunehmend in den Mittelpunkt der Betrachtung.

Die Beschäftigung mit der Internationalität fordert auch die Beschäftigung mit anderen Kulturen, Werten und sprachlichen Begrifflichkeiten. Da sich wie in der Informationstechnik auch im Wissensmanagement ein zunehmender Anglizismus breit gemacht hat, können auch in dieser Arbeit die einen oder anderen angels. Begriffe nicht vermieden werden. Wenn immer möglich, werden aber die deutschen Synonyme (zusätzlich) verwendet.

1.1 Problemstellung, Motivation und Zielsetzung

„Sich verwirrt zu fühlen,
ist der Anfang wahren Wissens."

Khalil Gibran (libanesischer Poet und Philosoph 1883-1931)

---

8 Oder war es schon kodifiziertes Wissen?

9 Man denke nur an die anfänglich hohe Zahl von gescheiterten Wissensmanagementprojekten, die eine erhebliche IKT-Orientierung aufwiesen. So das Resümee anlässlich der KnowTech 2000 - Messe für Knowledge Engineering, Management, Consulting & Training - in Leipzig. Dieses können auch die wenigen immer wieder zitierten „Paradebeispiele“ z.B. des schwedischen Finanzdienstleisters SKANDIA mit seinem „Skandia Navigator“, einer Balanced Scorecard im Intranet oder von SIEMENS mit seinem ICN ShareNet®, einer intranetbasierten Kommunikations- und Arbeitsplattform für die internationale Zusammenarbeit im Telekommunikationsbereich, nicht wettmachen.

10 Hiermit ist eine Zentrierung der Geschäfte auf den Kunden bzw. dessen besondere Einbindung in die unternehmensinternen Prozesse gemeint. Der Trendbegriff kann hier benutzt werden, da z.B. FORRESTER RESEARCH dem Marktvolumen von 1999 in Höhe von ca. 1 Mrd. Dollar ein Wachstum auf mehr als 6,8 Mrd. Dollar in 2005 voraussagt. Vgl. [O.V. 2001A, S. 13]. Siehe auch [FINK 2002, S. 24]. Siehe zur Kundenorientierung von Dienstleistungsunternehmen auch [HESKETT ET AL. 1994, S. 50].

11 Der Begriff meint die Einbeziehung und Optimierung der Lieferwertschöpfungskette in die Geschäftsprozesse der Unternehmen. Dieses wird auch in Analogie zu CRM mit Supplier Relationship Management (SRM) bezeichnet.

In der Publikationslandschaft sind wiederkehrend Herausforderungen formuliert, die auf die Unternehmen zukommen bzw. die schon heute vorhanden sind und denen angemessen begegnet werden muss. Diese Probleme sind aber nicht nur theoretischer Natur, sie entsprechen tlw. auch den Erfahrungen des Autors, die dieser während seiner langjährigen internationalen Tätigkeiten[12] sammeln konnte.

Die unterschiedlichen Kräfte, die heute auf die Unternehmen einwirken und sich in Form von Internationalisierung[13], Globalisierung[14], schnellem Wandel in den Absatzmärkten[15], Verschärfung und Intensivierung des Wettbewerbs[16], Zwang zur Innovation[17], zunehmender Dynamik und Komplexität[18], höheren Kompetenzanforderungen und steigenden Mitarbeiter-, Kunden- und Kapitalgebererwartungen[19] darstellen, bewirken dabei ein Umfeld, indem es für Unternehmen und Mitarbeiter immer schwieriger wird, relevantes Wissen zu lokalisieren, komplementäre Wissensbasen zu bündeln und erforderliches neues Wissen zielgerichtet aufzubauen[20]. Letztendlich werden durch diese Kräfte die notwendigen unternehmerischen Entscheidungen, die den Fortbestand oder Niedergang eines Unternehmens bestimmen, somit immer unsicherer, aber auch weit reichender.

Bündelt man die verschiedenen Kräfte unter Berücksichtigung der vorgenannten Kunden-, Lieferanten- und Partnerausrichtung[21], ergibt sich ein Spannungsfeld der Kräfte, das in der

---

12 Der Autor war für diverse Arbeitgeber aus der IT-Branche u.a. in und für Portugal, Polen, Belgien, England und den Niederlanden tätig.

13 Vgl. [SCHINDLER 2000, S. 1].

14 Vgl. [KURTZKE/POPP 1999, S. 1], [ROEHL 2000, S. 16], [NONAKA/TAKEUCHI 1997, S. 9], [SCHINDLER 2000, S. 1], [BENDT 2000, S. 1] und [ZIMMER 2001, S. 43]. PROBST ET AL. sprechen von einem globalen Dorf, das zwar schon da ist, aber noch gemanaged werden muss. Vgl. [PROBST ET AL. 1999, S. 24f.]. SCHMIEDEL-BLUMENTHAL meint damit nicht nur die Unternehmenstätigkeit, sondern auch die Globalisierung von Informationen und Wissen an sich. Vgl. [SCHMIEDEL-BLUMENTHAL 2001, S. 3f.]. SIMON setzt die Begriffskette von Multilokalität, Internationalität und Globalisierung sogar noch weiter fort, in dem er von einem „Transatlantica" spricht, in dem die Kontinente Europa und Amerika wirtschaftlich verschmelzen und Konzerne keine nationale Identität mehr haben. Vgl. [SIMON 1999].

15 Vgl. [SCHMIEDEL-BLUMENTHAL 2001, S. 3f.] sowie BENDT, die von Liberalisierung und Öffnung der Märkte spricht. Vgl. [BENDT 2000, S. 1].

16 Vgl. [SCHMIEDEL-BLUMENTHAL 2001, S. 3f.], [KURTZKE/POPP 1999, S. 5], [SCHINDLER 2000, S. 1], [ZIMMER 2001, S. 43], [BENDT 2000, S. 1].

17 Vgl. [KURTZKE/POPP 1999, S. 6], [ZIMMER 2001, S. 43], [SCHINDLER 2000, S. 1].

18 Vgl. [ZIMMER 2001, S. 42], [GLÜCK 2002, S. 2], [KURTZKE/POPP 1999, S. 3 u. S. 5f.]. Siehe auch [SHAPIRO/VARIAN 1999, S. 8f.], die diese Faktoren in der elektronischen Wirtschaft (über das Internet) besonders betonen. PETKOFF und KASTNER sprechen sogar von „Dynaxität" als korrelierende Verschärfung der Dimensionen Dynamik und Komplexität. Vgl. [PETKOFF 1998], [KASTNER 1997].

19 Vgl. [KURTZKE/POPP 1999, S. 3 u. S. 5f.].

20 KURTZKE/POPP sprechen in diesem Zusammenhang auch nicht mehr von unternehmerischen Herausforderungen, sondern von einem „nackten Überleben". Vgl. [KURTZKE/POPP 1999, S. 1].

21 Die Einbeziehung und Gestaltung von Kunden- und Lieferanten-/Partnerbeziehungen in das internationale Wissensmanagement eines IT-Beratungsunternehmens wird sich durch die gesamte Arbeit ziehen und seinen finalen Niederschlag in den Handlungsempfehlungen finden.

nachfolgenden Abbildung 1-1 dargestellt ist. Da diese Entwicklung der Kräfte alle Hierarchien eines Unternehmens erfasst, die Kultur, die Organisation, die Prozesse und die Technik berührt und auch vor den Unternehmensgrenzen nicht halt macht, ist eine neue Sichtweise erforderlich, um das unternehmensweite Potenzial zu erkennen, zu gestalten und zu steuern und somit überlebensfähig zu bleiben.

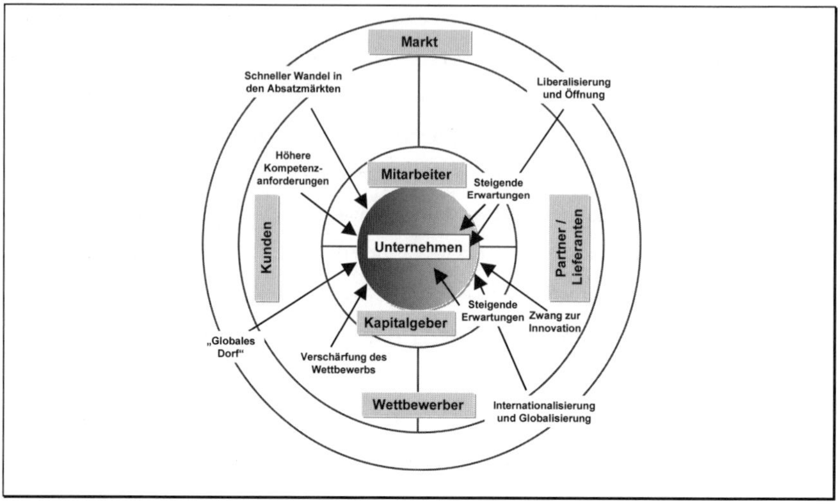

Abbildung 1-1: Das Unternehmen im Spannungsfeld der Kräfte

Hierzu kann ein internationales Wissensmanagement beitragen, was auch schon von 72 Prozent der internationalen Großunternehmen mit Sitz in Deutschland betrieben[22] und dem eine weitere Zunahme der Bedeutung an der Wertschöpfung zugesprochen wird[23]. Wenn ein solch hoher Prozentsatz von internationalen Großunternehmen bereits Wissensmanagement in der Internationalität betreibt, stellt sich die Frage, warum nur so wenige Erfolgsgeschichten zu vernehmen sind. Vielfältige Probleme und Hindernisse bei der Einführung von Wissensmanagement in der Internationalität wie z.B. dezentrale Aufenthalte von Mitarbeitern, Zeitknappheit, örtliche Distanzen und Sprachbarrieren[24] deuten darauf hin, dass sich die Konzepte des Wissensmanagements in der Praxis immer noch nicht durchgesetzt haben[25].

---

22 Vgl. [GEHLE 1999B, S. 21f.], [GEHLE/MÜLDER 2000], [GEHLE/MÜLDER 2001, S. 206f.].

23 Vgl. [ILOI 1997B, S. 12], [BULLINGER/WÖRNER ET AL. 1997, S. 16].

24 Vgl. [GEHLE 1999B, S. 22], [BULLINGER/WÖRNER ET AL. 1997, S. 31].

25 Bereits im Jahr 1996 hat SCHNEIDER festgestellt, dass dem Wissensmanagement der große Durchbruch in der Praxis bisher versagt geblieben ist. Vgl. [SCHNEIDER 1996, S. 24]. Dieses kann weiterhin behauptet werden, betrachtet man z.B. die spärlich vermeldeten Erfolgsnachrichten von Unternehmen, die Umsätze von Beratungsunternehmen in diesem Themengebiet oder die Bewertungsergebnisse (vgl. [NORTH 2003]) der Ausschreibung „Wissensmanager des Jahres".

In der Literatur werden verschiedene Instrumente diskutiert, um Wissen zu transportieren, zu diffundieren oder zu bewahren. Dieses symbolisiert einen nicht zu leugnenden Bedarf an Konzepten und Methoden zum Management von Wissen, der mit der steigenden Bedeutung des Wissens als individuelles Gut, gesellschaftliche Ressource und wirtschaftlicher Produktionsfaktor[26] weiter wachsen wird. Gleichzeitig wird aber darüber geklagt, wie ineffizient die Organisation der Wissensprozesse abläuft, wie gering der Anteil des genutzten an dem vorhandenen Wissen ist und wie wenig es gelingt, Wissen zu teilen, umzuwandeln und zu nutzen[27].

Im Bereich der **Wissensnutzung**, speziell im internationalen Umfeld und besonders bei den wissensintensiven Beratungsunternehmen sind nach wie vor anwendungsorientierte Maßnahmenkonzepte gefragt. Hierbei ist zu untersuchen, wie durch eine bessere Nutzung der Wert des vorhandenen Wissens und der ausgeführten Dienstleistung erhöht werden kann (anstelle immer mehr Wissen überall hin zu verteilen). Zudem ist zu klären, inwiefern im Rahmen der Unternehmensführung die Internationalisierung durch ein professionelles Wissensmanagement unterstützt werden kann und die effiziente Nutzung von Wissen in virtuellen Verbünden die Unsicherheiten und Gefahren der Internationalität ausblenden oder mindestens minimieren hilft. Hiermit ist ein weites Feld von Themen abgesteckt, das auch von starken Gegensätzen geprägt sein wird - von der Wiederverwendung bis zum Innovationsmanagement, von der Prozessbetrachtung bis zum Personalmanagement, vom IT-Einsatz bis zur nonverbalen Kommunikation und von der lokalen Spezialität bis zur globalen Effizienz.

Motivation soll dabei nicht nur sein, ein theoretisches Handlungskonzept im Sinn eines „International House of Knowledge Management" aufzubauen, sondern vielmehr einen Management-Werkzeugkasten, der praktische Hilfe leistet, die unterschiedlichen Interventionspunkte Mensch/Kultur, Organisation/Prozess und IKT mit (teil-)erprobten Maßnahmen zu versehen, so dass das allerorts propagierte globale Dorf[28] Wirklichkeit werden kann. Auf Grund der aufgezeigten Problemstellung ergibt sich folgende Zielstellung für die vorliegende Arbeit:

---

26 Vgl. [ABTS/MÜLDER 1998, S. 248], [REINMANN-ROTHMEIER 1999], [REINMANN-ROTHMEIER/MANDL 2000], [ILOI 1997A, S. 2], [SCHINDLER 2000, S. 4], [BENDT 2000, S. 1] sowie [NONAKA/TAKEUCHI 1997, S. 45].

27 Dieser Sachverhalt wird direkt und umfänglich in diversen Studien beschrieben. Vgl. [ILOI 1997A], [HEISIG/VORBECK 1998], [BULLINGER/WÖRNER ET AL. 1997], [BULLINGER/WARSCHAT ET AL. 1998]. Siehe auch die Beispiele 1 und 2 in Kapitel 2.1.1.4.

28 Dieser Begriff ist im Rahmen prognostizierender Aussagen zu gesellschaftlichen Veränderungen bereits 1964 geprägt worden. Vgl. [MCLUHAN 1964].

1.) **Übergeordnetes Ziel** ist es, neben den theoretischen Erkenntnissen auch ein mögliches Handlungskonzept für Unternehmen und deren Management zu generieren, so dass auf dessen Basis reale Probleme in der Praxis angegangen werden können. Dabei soll die wissenschaftstheoretische Erkenntnisgewinnung nicht in den Hintergrund treten, sondern sollen vielmehr solche Erkenntnisse bevorzugt werden, die eine hohe Anwendungsorientierung aufweisen.

2.) **Inhaltliches Ziel** ist die Entwicklung eines integrativen Konzepts des Wissensmanagements, das über die Wissensanwendung und -wiederverwendung die internationale Unternehmenstätigkeit verbessert, beschleunigt und Friktionen dort beseitigt.

Hierdurch wird diese Arbeit nicht nur dem Anspruch des Autors an die Betriebswirtschaftslehre und Wirtschaftsinformatik als angewandte Sozialwissenschaft[29] gerecht, sondern beleuchtet das Thema in einem interdisziplinären, wenn nicht sogar transdisziplinären Ansatz.

Auf Grund der vorgenannten Problemstellungen und Rahmenbedingungen für das heutige Wirtschaftsleben sind die nachfolgenden Fragestellungen entstanden, die den thematischen Fragenkomplex und Bezugsrahmen für die Arbeit ergeben.

Kernfrage:

- Wie unterstützt, ermöglicht und verbessert Wissensmanagement die internationalen Geschäfte bzw. die Internationalisierung von Wissensunternehmen im Allgemeinen und von Beratungsunternehmen im Besonderen?

Nebenfragen:

- Welche Barrieren existieren im jeweiligen nationalen[30], welche im internationalen Wissensmanagement?
- Welche Barrieren existieren in der Internationalisierung bzw. in der Internationalität?
- Welche Interventionen sind im Verhalten, der Kultur und den Werten erforderlich?
- Welche Eingriffe in und welche Arten von Kommunikation sind notwendig?
- Welche Organisationsformen und welche Prozesse müssen wie ausgestaltet sein?
- Welche Informations- und Kommunikationstechnologie ist hilfreich?

Die gegenüber liegende Abbildung gibt die Forschungsfragen der Dissertation als MindMap wieder.

---

[29] Vgl. [ULRICH 1984, S. 31ff. u. S. 168ff.] sowie [ULRICH 1988, S. 174ff.], dem jedoch auf Grund seines einseitig propagierten Verständnisses der Betriebswirtschaftslehre als anwendungsorientierte Sozialwissenschaft nicht zahlreich gefolgt wird.

[30] Bei der Fallstudie von SOFTLAB werden neben dem deutschen Wirtschaftsraum auch die Länder Österreich, Schweiz und Großbritannien mit dem nationalen Kontext angesprochen.

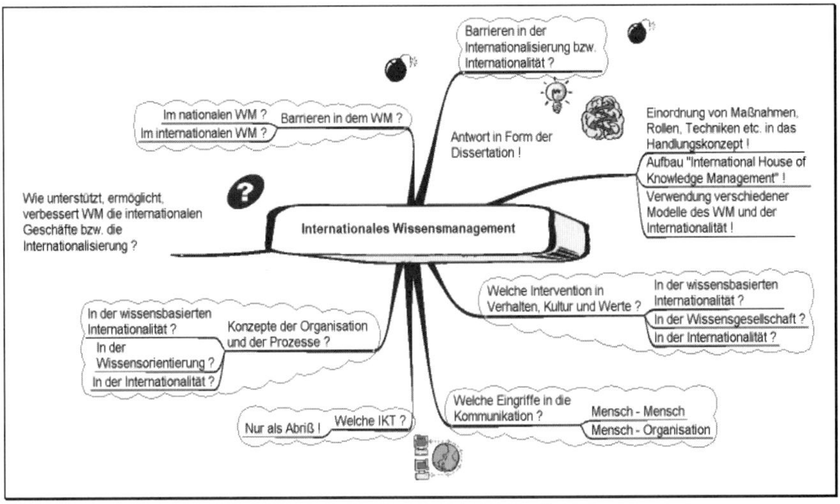

Abbildung 1-2: Forschungsfragen der Dissertation als MindMap[31]

Alle weiteren Überlegungen und Ausführungen zielen darauf ab, sowohl die Voraussetzungen zur Beantwortung dieser Fragen zu eruieren als auch die notwendigen Konsequenzen zu ziehen und Handlungsoptionen abzuleiten. Dazu erfolgt in einer ersten deskriptiven Phase das Sichten und Sammeln theoretischer Möglichkeiten und bekannter Fallbeispiele. In einer zweiten empirischen Phase werden Ausprägungen des Wissensmanagements in der Praxis verprobt und zusätzliche Erkenntnisse erzeugt. In der dritten konzeptionellen Phase schließlich werden Konzepte und Maßnahmen entwickelt, die einen normativen und tlw. präskriptiven Charakter aufweisen.

1.2 Forschungsmethodik

Bei allen Vorüberlegungen zu einer angemessenen wissenschaftlichen Auseinandersetzung mit dem Wissensmanagement in der Internationalität hat der Gedanke eine große Rolle gespielt, dass das Wissensmanagement ein stark praxisrelevantes sowie disziplin- und fachübergreifendes Thema ist und bei einer entsprechend ausgeprägten Sicht auf das Forschungsthema auch die Managementlehre in die Überlegungen einbezogen werden muss. Bei Betrachtung verschiedener Forschungsmethoden und deren Anwendbarkeit auf die geplanten Forschungsobjekte und -situationen wurde jedoch deutlich, dass eine einzige konventionelle For-

[31] Das Mind Mapping, in den 70er-Jahren von dem englischen Wissenschaftler Tony Buzan erfunden, gilt als popularisierte Form der Darstellung umfangreicher Information und als eine kreative Lernstrategie, die sowohl die Kodierung als auch den Abruf von Informationen z.B. in Form von Ideen und Vorgehensstrategien unterstützt. Vgl. [KRAPP/WEIDENMANN 2001, S. 180f.].

schungsmethode der Ziel- und Aufgabenstellung nicht gerecht werden konnte, so dass eine Kombination verschiedener Forschungsmethoden in Form einer Multi-Methoden-Forschung nahe lag.

Schon bei einem ersten Kurzstudium der gängigen Literatur zu Wissen und Management fiel auf, dass vielen der Gedanke des Action Research-Ansatzes[32] inhärent ist. Hierzu führen ROOS/VON KROGH[33] nicht nur an, dass die Methoden aus dem Umkreis der Action Research wesentlich zielführender für viele Fragen des Wissensmanagements sind, sondern propagieren PROBST/RAUB/ROMHARDT den Ansatz der Aktionsforschung als geeigneten methodischen Weg[34] zur Erforschung einzelner Bausteine des Wissensmanagements. Dieses findet letztlich seinen Niederschlag auch in dem Baustein-Modell[35], das in der Praxis weit verbreitetet ist und als Wissensmanagementmodell vor allem im deutschsprachigen Europa als Quasi-Standard große Popularität erlangt hat.

Kombiniert man dieses, auf reale Problemlösungen ausgerichtete praktische Vorgehen mit dem Wunsch nach einer Verknüpfung von Wissenschaft und Praxis derart, dass Forscher und Praktiker gemeinsam an aktuellen und zukünftigen Problemen und Problemlösungen kollaborativ arbeiten und sowohl wissenschaftliche Erkenntnisse als auch unmittelbar nutzbare Resultate erzielen[36], wird man den Gedanken des Modus 2-Forschungsvorgehens begeistert folgen können[37] und sich schnell in der Rolle eines „Boundary Spanners"[38] zwischen Wissenschaft und Praxis wieder finden. Die Modus 2-Forschung kommt den vorher genannten Vorabüberlegungen sehr entgegen, indem sie diese in Summe berücksichtigt, relativ unabhängig von disziplin- und fachspezifischen Besonderheiten umsetzbar ist und mit einem integrativen

---

32 Auf diesen Ansatz wird im weiteren Verlauf der Ausführungen noch eingegangen werden. Vgl. hierzu Seite 10f. in Kapitel 1.2.1.

33 Vgl. [ROOS/VON KROGH 1996, S. 335ff.].

34 Vgl. [PROBST/RAUB 1995], [PROBST ET AL. 1999, S. 51]. Die Begriffe Action Research, Aktionsforschung und Handlungsforschung können in diesem Zusammenhang als synonym verstanden werden.

35 Vgl. [PROBST ET AL. 1999, S. 58].

36 Vgl. [REINMANN-ROTHMEIER 2001, S. 29].

37 Die hier formulierte Begeisterung impliziert nicht, dass den Forderungen des Vorgehens ohne jede Kritik Folge geleistet wird. Die „gesunde" Kritikfähigkeit als grundlegende Charaktereigenschaft eines Forschers wird als selbstverständlich unterstellt.

38 Dieser Begriff bezeichnet Personen, die auf Grund ihrer offenen Haltung, ihrer Persönlich- oder Fachlichkeit besonders in der Lage sind, z.B. zwischen Abteilungen, Unternehmensteilen oder Personenkreisen Brücken der Kommunikation, Informations- und Wissensvermittlung zu schlagen. Diese Rolle wird noch im weiteren Verlauf der Arbeit in Kapitel 3.2.2 und 5.1.4 hinsichtlich ihrer integrativen Wirkung auf den Wissenstransfer und die Kooperation in der Internationalität ausführlich beschrieben und verwendet werden. Siehe bezüglich der Rollen zum „Boundary Management" auch [KANTER 1996B, S. 113f.]. An dieser Stelle wird der angels. Begriff verwendet, weil das deutsche Synonym des „Brückenschlägers" im Rahmen dieser Ausführungen komisch anmutet.

Anspruch daherkommt.[39]

Mit einem Verständnis der Betriebswirtschaftslehre, die sozio-technische Systeme betrachtet und bei der Menschen und deren Verhalten im Vordergrund stehen[40], wird auch die Feststellung von HEINRICH[41] unterstützt, dass die Wirtschaftsinformatik ebenfalls näher als Sozialwissenschaft zu charakterisieren ist, die sich mit Problemen der Wirklichkeit beschäftigt.

Da sich die Wirtschaftsinformatik vorrangig mit Geschäftsprozessen, deren Optimierung und technischen Unterstützung mittels betrieblicher Informationssysteme auseinander setzt[42] und der Untersuchungsgegenstand der Wirtschaftsinformatik durch menschliche Handlungen in sozialen und technischen Kontexten geprägt ist[43], ist zusammen mit der vorherigen Mensch-Verhalten Argumentation eine abgerundete und in sich vollständige Betrachtungsebene geschaffen, die das „magische Dreieck des Wissensmanagements"[44] auch verlangt.

Insofern wird in diesem Dissertationsvorhaben aus wissenschaftlicher Sicht Wissensmanagement als interdisziplinäre Querschnittsfunktion verstanden und soll auch derart durchdrungen werden. Diese Perspektive schlägt sich in der Kombination der beiden Vorgehensweisen Desk Research und Field Research zur (Teil-)Erschließung der in dieser Arbeit behandelten Thematik nieder.

Dieses Vorgehen wird durch den permanenten Austausch zwischen Wissenschaft und Praxis im Sinn iterativer Expertenzyklen ergänzt, so dass ein integratives Forschungs-Szenario entsteht, das in seinem Vorgehen und Ergebnis sowohl den hohen Erkenntniserwartungen der Wissenschaft gerecht als auch über praktische Handlungsanleitungen in der Praxis anerkannt und als Modus 2-Forschungsvorgehen in der wissenschaftlichen Gemeinschaft propagiert wird.[45]

---

39 Vgl. [REINMANN-ROTHMEIER 2001, S. 4f.].

40 Vgl. [WÖHE 1990, S. 26ff.].

41 Vgl. [HEINRICH 1993, S. 12ff.], zitiert in der Fußnote 275 von [SCHÜTTE 1999, S. 229]. Da für den Erfolg im Wissensmanagement das Vertrauen (vgl. [SCHINDLER 2000, S. 17]) in das Wissen anderer eine besondere Ausgangsvoraussetzung darstellt (hierauf wird später im Kapitel 3.2.1 und folgende noch besonders eingegangen) und diese Dissertationsarbeit auch als angewandtes Wissensmanagement zu verstehen ist, wird in dieser Arbeit auch die Zweitzitatweise verwendet. Dieses gilt jedoch nur für nicht oder schwer zugängliche bzw. glaubwürdige, anerkannte oder persönlich bekannte Autoren und Quellen.

42 Vgl. [BECKER/KÖNIG ET AL. 1999].

43 Vgl. [FRANK 1999, S. 151].

44 Siehe hierzu die näheren Erklärungen in Kapitel 1.2.1.

45 Siehe zum Modus 2-Forschungsvorgehens die Gedanken zu einem integrativen Forschungs-Szenario von REINMANN-ROTHMEIER 2001].

Der gemäßigte Methodenpluralismus[46] dieses integrativen Forschungs-Szenarios ist in der nachfolgenden Abbildung 1-3 dargestellt und dient als gedankliche Klammer für alle weiteren Überlegungen und Ausführungen.

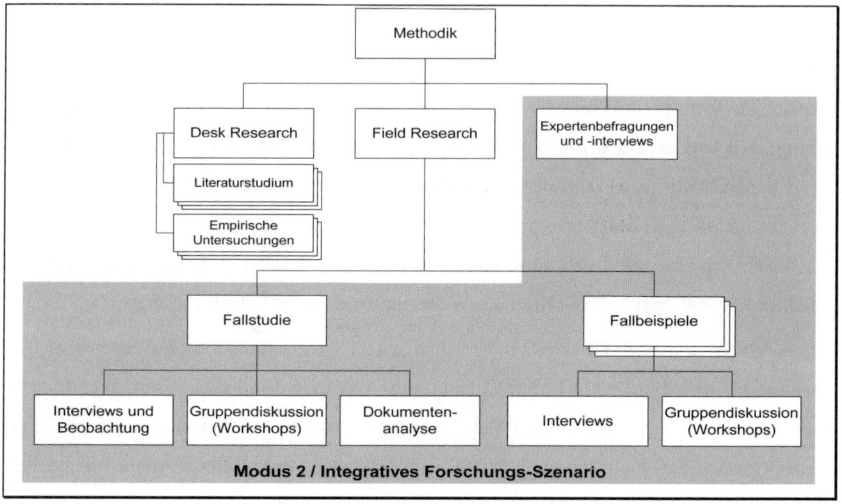

Abbildung 1-3: Forschungsmethodischer Rahmen der Arbeit

Dieses Vorgehen wurde mit einer tiefen Überzeugung von der überaus fruchtbaren, wenn auch tlw. komplexeren und damit schwierigeren Verknüpfung von Wissenschaft und Praxis und in voller Übereinstimmung mit WEFER gewählt, der sich die „Wissenschaften nah an unserem Leben, auch dem Wirtschaftsleben, abspielen“[47] sieht.

1.2.1 Modus 2/Integratives Forschungs-Szenario

Da das Modus 2-Forschungskonzept im Ganzen noch relativ jung ist und auch die Aktionsforschung (angels.: Action Research)[48] als Teil dieses Szenarios ein im deutschsprachigen Raum

---

46 Dieses Konzept ist auch unter dem Begriff der Methodentriangulation bekannt. Es dient der Erhärtung von Hypothesen und Erkenntnissen sowie der Bildung eines möglichst umfassenden Bildes durch Ausgleich von Schwächen einzelner Methoden. FRANK hält diesen Pluralismus in reflektierter Art auf Grund divergierender Anforderungen an die Forschung in der Wirtschaftsinformatik für besonders erstrebenswert. Vgl. [FRANK 1999, S. 151].

47 Siehe hierzu das Interview mit WEFER, der für einen ausführlichen Dialog zwischen Wissenschaftlern und Öffentlichkeit plädiert, damit die „Wissenschaft zum Anfassen“ propagiert und für die populäre Vermittlung seiner Forschungen mit dem Communicator-Preis ausgezeichnet wurde. Vgl. [WEFER 2001, S. 30ff.].

48 Die in der angels. Literatur üblichen Termini werden zum besseren Verständnis in Klammern angeführt, da sie sich vermehrt auch in der deutschsprachigen Literatur finden lassen bzw. tlw. schon in den deutschen Sprachgebrauch (zumindest innerhalb der Wissensmanagement Gemeinschaft) eingegangen sind.

noch relativ selten[49] verwendetes Konzept ist, werden im nachfolgenden Teil die Gedanken, die diesem Szenario zugrunde liegen, näher beschrieben.

Hierbei wird nicht die **Aktionsforschung** selbst detailliert beschrieben[50], sondern die von PROBST/RAUB hierfür zusammengefassten Anforderungen[51] dargelegt und anrissweise auf den Kontext dieser Arbeit angewendet:

- **Verbindung von Wissenschaft und Praxis/Partizipation durch die Praxis:**
  Ein Unternehmen wird als ausführliche Fallstudie, weitere Unternehmen werden als Fallbeispiele in das Dissertationsprojekt einbezogen.
- **Interdisziplinarität[52]:**
  Mit Rücksicht auf das „magische Dreieck des Wissensmanagements“ werden die Bereiche Mitarbeiter/Kultur, Organisation/Prozesse sowie Informations- und Kommunikationstechnologie in die Betrachtung mit einbezogen, jedoch entsprechend der Ausrichtung dieser Arbeit unterschiedlich akzentuiert. Das „magische Dreieck des Wissensmanagements“ gilt dabei als Voraussetzung für ein ausbalanciertes Verhältnis der Interventionsgebiete Mensch, Organisation, Technik und verlangt trotz ggf. unterschiedlicher Akzentuierungen immer die Berücksichtigung aller drei Dimensionen und deren Verbindungen in Form angemessener Kommunikationsströme.[53] Die drei Gestaltungsdimensionen für Wissensmanagement wurden erstmalig bei BULLINGER/WÖRNER ET AL.[54] genannt. Deren gemeinsame Bearbeitung wurde dort aber noch nicht mit einer solchen Wichtigkeit versehen, dass man schon von magisch sprechen konnte.

---

49 Vgl. [SCHINDLER 2000, S. 12].

50 Für den wissbegierigen Leser sei an dieser Stelle jedoch erwähnt, dass bei diesem auf den Sozialwissenschaftler LEWIN zurückgehenden Konzept die Wissensgewinnung kollaborativ zwischen Forschung (Forscher bzw. Forscherteam) und Praxis (den jeweiligen Unternehmensvertretern) geschieht und somit sowohl neue theoretische Erkenntnisse als auch eine große Praxisnähe erzielt wird. Vgl. [PROBST/RAUB 1995, S. 4f.]. Action Research stellt dabei eine induktive Annäherung an reale Problemsituationen dar und dient der Erweiterung der wissenschaftlichen Perspektive durch Einbeziehung von Praktikern und Umsetzung bzw. Formulierung von Maßnahmen. Sie wird tlw. auch als Praktikerforschung (insbesondere in den USA) bezeichnet, die nicht nur erkennen, sondern auch verändern will, tlw. sogar über eine parteiliche Einflussnahme auf das Forschungsfeld. Vgl. [KLAUER 2001, S. 82f.].

51 Vgl. [PROBST/RAUB 1995, S. 9-11]. Es ist zu berücksichtigen, dass es sich bei diesen Anforderungen um eine Sammlung von bereits in der Literatur verfügbaren Anforderungen handelt, die im konkreten Anwendungsfall immer abweichen oder sich bzgl. der Schwerpunkte verschieben können.

52 Schon ROEHL stellte fest, dass das Thema Wissensmanagement häufig multidisziplinär angegangen wird, jedoch einer interdisziplinären Beschäftigung bedarf. Vgl. [ROEHL 2000, S. 4]. Einen kurzen, prägnanten Exkurs zum Thema Multi-, Inter- und Transdisziplinarität bietet [REINMANN-ROTHMEIER 2001, S. 15]. Diese Abgrenzung wird im Verlauf der Arbeit noch wichtig werden, um die Vorteile eines Modus 2-orientierten Forschungsvorgehens darzulegen.

53 Vgl. [REINMANN-ROTHMEIER 1999, S. 236], [REINMANN-ROTHMEIER 2001B, S. 5] [REINMANN-ROTHMEIER 2001C, S. 18 u. S. 22f.].

54 Vgl. [BULLINGER/WÖRNER ET AL. 1997, S. 10].

- **Problemorientierung:**

  Forschungsfragen, die an die Bedürfnisse der Praxis gekoppelt sind (auf Grund der empirischen Umfrageergebnisse und der Anforderungen der Unternehmen), stellen ein problemorientiertes Vorgehen sicher.

- **Handlungsorientierung:**

  Im Rahmen des Dissertationsprojektes werden konkrete Problemlösungen erarbeitet, die als Maßnahmen (tlw.) umgesetzt und zu einem Handlungskonzept und Management-Werkzeugkasten zusammengefasst werden.

- **Zyklisches Vorgehen bei der Forschungstätigkeit:**

  Die Fallbeispiele und die Fallstudie wurden sukzessive erweitert und auf Basis der vorhergehenden Erkenntnisse (mittels Empirie und Experteninterviews) immer wieder kritisch hinterfragt und durch weitergehende Maßnahmen vertieft.

Der Forschungsprozess, der in der nachfolgenden Abbildung 1-4 dargestellt wird, war als iterativer Prozess ausgelegt, bei dem ausgehend von einem ersten Erkunden des Forschungsgebietes[55] über die Konzeption des Forschungsprojektes und die Ist-Analyse bis hin zur Umsetzung erster Maßnahmen in der Fallstudie und den Fallbeispielen die Thematik immer stärker durchdrungen sowie enger ein- und abgegrenzt werden konnte.

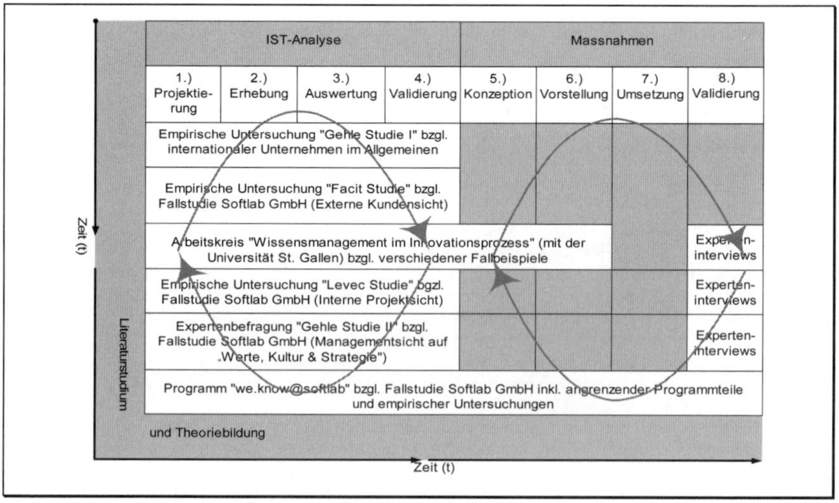

Abbildung 1-4: Forschungsprozess

[55] Vgl. [GEHLE 1998], [GEHLE 1999], [GEHLE 1999B], [GEHLE/MÜLDER 2000 und 2001], [GEHLE 2001].

Die einzelnen Fragestellungen wurden dabei sukzessive präzisiert und eruiert. Die jeweiligen Phasen des Prozesses sind dabei nicht als streng chronologisch zu betrachten, sondern als Zyklen permanenter Verifikation durch Wissenschaft und Praxis. Allen Phasen vor- bzw. nachgelagert waren dabei Theoriebildung und (ergänzende bzw. vertiefende) Literaturstudien. Zur Erarbeitung der empirischen Basis (Theoriegewinnung und Verifikation) für die Fallstudie und Fallbeispiele wurde dabei ein induktives[56] Vorgehen genutzt.

Nun muss sich aber die Action Research-Methode trotz oder gerade wegen der ihr inne wohnenden Viabilität[57] häufig der Kritik mangelnder Allgemeingültigkeit und fehlender Erfüllung der Reliabilität[58] und Validität[59] stellen, obwohl sie diese Meßlatte gar nicht erfüllen will[60]. Die induktive Herangehensweise an reale Problemsituationen ermöglicht es, diesen Vorwürfen die „Pluspunkte" der Action Research als Variante der qualitativen Sozialforschung entgegenzuhalten[61], die sich u.a. in einer Erweiterung der wissenschaftlichen Perspektive[62], tlw. besserem Zugang zu Daten, Risikominimierung von Fehlinterpretation durch kommunikative Validierung und Vergleich unterschiedlicher Interpretationen (durch Praktiker und Forscher), höherer Wahrscheinlichkeit dauerhafter Wirkungen und in weniger Widerständen bei der Umsetzung von Forschungsergebnissen in der Praxis[63] ausdrücken[64].

Hier soll es jedoch nicht darum gehen, ein Pro und Contra auszufechten und damit die negative Arbeit einiger Forscher zu ergänzen, die bereits zu einer Trennung von Grundlagen- und Aktionsforschung beigetragen haben[65]. Stattdessen sollen nachfolgend die tlw. überlappenden

---

56 Dieses meint die Verallgemeinerung der im Rahmen der Fallstudie und Fallbeispiele gewonnenen Unternehmensdaten und Ergänzung dieser mit Aussagen aus der Literatur. Vgl. [MINTO 1995, S. 68ff.]. Es bedeutet als Teil eines qualitativen Denkens eine „praxistaugliche" (weil nicht weltfremde Auffassung - Umkehrschluss des Autors) Vorgehensweise. Vgl. [MAYRING 1999, S. 23f.]. Mit diesem Vorgehen nähert man sich einer qualitativen Forschung, die sich vor allem in der Formulierung offener Fragestellungen, intuitiver Einsichten und Formulierung von Modellen und Handlungsrahmen äußert. Vgl. [LEHNER 1999, S. 17].

57 Mit Viabilität ist hier die Nützlichkeit der durch die Aktionsforschung generierten Ergebnisse für spezifische Problemstellungen gemeint. Siehe auch [SCHMIEDEL-BLUMENTHAL 2001, S. 27], der die Bewährung von Wirklichkeitskonstruktionen in der Realität anspricht.

58 Unter Reliabilität ist die formale Präzision und Zuverlässigkeit zu verstehen, mit dem ein Verfahren bei erneutem Einsatz gleiche Ergebnisse ermittelt.

59 Validität bezeichnet die inhaltliche Stimmigkeit, mit der das gemessen wird, was gemessen werden soll.

60 Vgl. [REINMANN-ROTHMEIER 2001, S. 11].

61 Vgl. [REINMANN-ROTHMEIER 2001, S. 12f.].

62 Vgl. [PROBST/RAUB 1995, S. 16], die damit Fragestellungen meinen, die durch Partizipation der Praxis entstanden sind und vor dem eigenen akademischen Hintergrund möglicherweise nicht zustande gekommen wären.

63 Vgl. [ARGYRIS 1997].

64 Diese Argumentation wird auch durch die Aussage von FRANK unterstützt, der die Forschung in der Wirtschaftsinformatik nicht vorwiegend in dem fortwährenden Aufstellen von Hypothesen und deren Überprüfung sieht. Vgl. [FRANK 1999, S. 147].

65 Vgl. [ARGYRIS 1997, S. 18f.].

Merkmale der Modus 2-Forschung[66], die Mitte der 90er-Jahre von GIBBONS ET AL.[67] ins Feld geführt wurden, dargestellt und deren Ausprägung innerhalb dieser Arbeit angedeutet werden:

- **Anwendungsbezug und -orientierung:**

  Ein Unternehmen wird als ausführliche Fallstudie, weitere Unternehmen werden als Fallbeispiele in das Dissertationsprojekt einbezogen.

- **Transdisziplinarität**[68]**:**

  Dieser Forderung kommt der Autor insbesondere dadurch nach, dass er nicht nur eine Brücke zwischen Wissenschaft und Praxis schlägt, sondern dass er über vielfältige Kanäle den Einbezug verschiedener Abteilungen in den Praxisbeispielen (z.B. Informatik-, Projektbüro und Qualitätsmanagement-, Fach- und Personalabteilung) und Disziplinen und Fakultäten anderer Universitäten[69] (z.B. Außenwirtschaft an der Hochschule Niederrhein und Medienpädagogik an der Universität Augsburg) neben der heimatgebenden Fakultät für Wirtschaftswissenschaften an der RWTH ermöglicht. Der Autor wirkt hierbei als Change Agent.

- **Heterogenität:**

  Diese ist einerseits durch die multidisziplinäre Besetzung des Forscherteams und die dadurch bedingte Vielfalt an Erfahrungen, Wissen und Fertigkeiten gegeben und andererseits durch die kollaborative Kreativität[70] im Rahmen dynamischer Netzwerke erfüllt.

- **Qualitätskontrolle:**

  Diese erfolgt nicht weniger streng als in der traditionellen Forschung mittels der Kräfte der Wissenschafts- und Wissensmärkte[71] sowie der Akzeptanz in der Gemeinschaft der

---

66 Vgl. [REINMANN-ROTHMEIER 2001, S. 14ff.].

67 Vgl. [GIBBONS ET AL. 1994].

68 In Erweiterung zur Multi- oder Interdisziplinarität basiert die Transdisziplinarität auf einem gemeinsamen theoretischen Verständnisrahmen von Wissenschaft und Praxis, der eine tlw. Aufhebung von Grenzen zwischen Fächern und Disziplinen erfordert und somit zu einer dauerhaften Veränderung innerhalb der jeweiligen Kooperationen führt.

69 Auch FRANK sieht in der Kooperation von Disziplinen einen wesentlichen Erfolgsfaktor. So unterstellt er der engen Kooperation der Wirtschaftsinformatik mit der Informatik und der Betriebswirtschaftslehre die größten Aussichten auf Erfolg im Erreichen der angestrebten Forschungsziele. Vgl. [FRANK 1999, S. 153].

70 Durch die Mitgliedschaft des Autors in einem internationalem Forschernetzwerk zum Thema Wissensmanagement (u.a. Forscher aus Karlsruhe, Aachen, München, Genf, Wien und St. Gallen), das in der wissenschaftlichen Gesellschaft für Wissensmanagement „organisiert" ist (siehe http://www.wgwm.de bzw. http://www.cck.uni-kl.de/wmk).

71 Zu nennen sind hier z.B. Teilnahme und Vorstellung von (Teil-)Ergebnissen der Arbeit auf wissenschaftlichen Kongressen, in Arbeitskreisen und Seminaren als auch die Veröffentlichung in Beiträgen und in Internetforen.

Praktiker[72] und ist somit multidimensional, nutzungsbezogen und von einer sozialen Verantwortung für den gesamten Prozess der Wissensproduktion geprägt.

- **Diffusionsprozess der Erkenntnisse:**

  Dieser nimmt nicht nur einen besonderen Stellenwert im Rahmen der Modus 2-Forschung ein, sondern wird auch zunehmend dichter und multilateral, was nicht nur auf den erhöhten Rechfertigungsdruck für Forschungsausgaben seitens der Wissenschaft zurückzuführen ist, sondern auch auf einen generell höheren Bildungsstand in der Bevölkerung (was zu einem besseren Verständnis beiträgt) und die neuen Informations- und Kommunikationstechnologien.

  Die zur Transdisziplinarität gemachten Aussagen implizieren einen solchen Diffusionsprozess, da die Bildung und Aufrechterhaltung der beschriebenen Netzwerke zur Erstellung dieser Dissertation ohne eine umfassende Kommunikation[73] nicht denkbar wäre.

Hiermit wird dem Ziel der Forschung, nämlich dem Generieren von kontextualisierten Ergebnissen und deren Anwendung bei einer Integration verschiedener Denkwelten das notwendige wissenschaftliche und praktische Fundament gegeben, das stark genug ist, diese Forschungsarbeit zu tragen.

1.2.2 Desk Research

Im Rahmen der Desk Research wurde durch eine umfangreiche Literaturanalyse der entsprechende kontextuelle Rahmen für diese Arbeit geschaffen, aber auch der Ist- und der Soll-Zustand von „internationalem Wissensmanagement“ bzw. „wissensbasiertem internationalen Management“ erarbeitet.

Diese Literaturrecherchen wurden um drei weitere empirische Untersuchungen ergänzt, die u.a. Erkenntnisse und Anregungen zu Internationalität und Wissensmanagement im Allgemeinen als auch zu Projektvorgehen und projektorientiertem Wissensmanagement internationaler Business Integratoren aus Kunden- und Mitarbeitersicht geliefert haben. Hiermit sind sowohl quantifizierende als auch gehaltvolle Kausalzusammenhänge generiert worden.

Der Aufbau und die Durchführung der Studien sowie ergänzende Tätigkeiten während dieser sind in Anhang beschrieben. Die Erkenntnisse fließen an jeweils geeigneter Stelle implizit

---

72 Diese Akzeptanz kann innerhalb der Fallstudie von SOFTLAB auf Managementebene allein dadurch unterstellt werden, dass in dem erforderlichen Investitionsplan für das Programm we.know@softlab eine erhebliche Investitionssumme budgetiert wurde. Da die Ergebnisse der Projektarbeit in diese Arbeit einfließen, kann damit auch die Akzeptanz der anderen Hierarchiestufen dokumentiert werden.

73 Gemeint ist hier in Übereinstimmung mit GUTENBERG die „Kommunikation auf Basis größtmöglichen Sachverstandes“. Vgl. [GUTENBERG 1989], zitiert in der Fußnote 191 von [FRANK 1999, S. 153].

oder explizit in die Dissertation ein.

Die möglichst vielfältigen und tiefgehenden Einsichten über den Untersuchungsgegenstand sowie die stärkere Betrachtung der Aspekte der Anwendung sind durch explorative Expertenbefragungen und die Field Research gewonnen worden.

1.2.3 Field Research

Durch die Durchführung von Field Research soll eine hohe Praxisrelevanz und Aktualität gewährleistet werden. Die Field Research diente dabei der Erarbeitung des Ist-Zustands von „internationalem Wissensmanagement" und „wissensbasierter Internationalisierung" in der Praxis, aber auch der Evaluation konkreter Maßnahmen in Hinblick auf die zu erarbeitenden Gestaltungsempfehlungen.

Die zugrunde liegenden Forschungsarbeiten wurden in einer Zweiteilung von Wissenschaft und Praxis erbracht. Zum einen war der Autor in die Tätigkeiten zur Erforschung des Wissensmanagements an dem Lehrstuhl für Wirtschaftsinformatik und Operations Research an der Rheinisch-Westfälischen Technischen Hochschule in Aachen und als aktives Moderationsmitglied in dem Arbeitskreis „Wissensmanagement im Innovationsprozess" des Instituts für Technologiemanagement der Universität St. Gallen[74] eingebunden. Zum anderen war er für die qualitative Unternehmensentwicklung eines internationalen IT-Beratungs- und Softwarehauses mitverantwortlich und als interner Berater in ein umfangreiches Programm zum Wissensmanagement im selben Hause[75] eingebunden.

1.2.4 Fallstudie und Fallbeispiele

Die als explorative Fallstudie[76] und Fallbeispiele konzipierten Untersuchungen bei SOFTLAB und den anderen Unternehmen[77] hatten zum Ziel, die zu erforschenden Phänomene praxisbezogen und authentisch zu eruieren, zu erklären und zu beschreiben. Die bei SOFTLAB durchgeführte Studie im Speziellen war als Multiple Embedded Case Study konzipiert, was die Untersuchung und Umsetzung von Maßnahmen in verschiedenen Geschäftsbereichen oder Ländern

---

74 Dieser fand unter Teilnahme von zehn Unternehmen im Zeitraum von 14. Mai 2001 bis 12. November 2002 statt. Die Erfahrungen und Problemlösungsarbeiten dieses Arbeitskreises (siehe http.//www.wissen-und-innovation.ch). fließen auch als Fallbeispiele oder implizit in die Dissertation ein.

75 Das Programm we.know@softlab bei SOFTLAB und die damit verbundenen Erkenntnisse fließen als ausführliche Fallstudie in diese Arbeit ein.

76 Unter einer Fallstudie (angels.: Case Study) wird hier im Einvernehmen mit YIN eine empirische Untersuchung verstanden, die sowohl einen einzelnen Fall oder mehrere verschiedene betreffen kann und in Kombination mit anderen Fallbeispielen eine Untersuchungsstrategie darstellt. Vgl. [YIN 1994, S. 13f.].

77 Auf Grund einer Verschwiegenheitsverpflichtung der am Arbeitskreis teilnehmenden Unternehmen und Institutionen müssen die Firmen anonymisiert werden.

eines Unternehmens bzw. eines Unternehmenskontextes meint.

Das Untersuchungsdesign wurde dabei multimethodisch[78] ausgelegt, d.h. dass neben Interviews, umfangreichen Dokumentenanalysen und Gruppendiskussionen auch Projektsitzungen wahrgenommen[79] und die Erkenntnisse immer wieder durch Experteninterviews[80] verifiziert wurden.

Die u.a. durch den Autor erstellten Niederschriften der Fallstudie und der Fallbeispiele dienen der Dokumentation der gewonnenen Erkenntnisse und komplettieren die gewählte Forschungsstrategie[81].

1.2.5 Expertenbefragungen und -interviews

Im Rahmen der Arbeit wurden zahlreiche qualitative Expertenbefragungen und -interviews geführt, die der Beschaffung des relevanten Hintergrundwissens, der explorativen Rückkopplung und der Felderkundung dienten.[82] Die Befragungen wurden durch den Autor dieser Arbeit vorgenommen.

Von der Gesamtanzahl an Befragungen und Interviews wurden zwanzig zum Thema „Werte, Vision und Strategie“ bei den jeweiligen Unternehmen durchgeführt. Die Befragungen fanden dabei überwiegend persönlich, manchmal auch telefonisch oder mittels Videoconferencing statt, wobei die Befragungsunterlagen nicht im vor aus an die Befragten geschickt und dann punktuell kommentiert, sondern jeweils „unvorbereitet“ durchgearbeitet wurden. Obwohl den Teilnehmern das Thema im vor aus bekannt war, sollte eine „unvorbereitete“ und unmittelbare Konfrontation mit den Fragen helfen, bei diesen ein authentisches „Bauchgefühl“ zu ermitteln.

---

78 Auch hier kommt wieder die Methodentriangulation zum Tragen, die auch schon für das Gesamtvorgehen eine entscheidende Rolle spielt.

79 Die stattgefundenen Gruppendiskussionen mit z.B. Feedbackrunden, Metaplanspielen etc. ermöglichen dabei sowohl die Erkundung von Meinungen und Einstellungen der einzelnen Beteiligten als auch der ganzen Gruppe.

80 Mit dem Begriff Experten werden im Sinn der Interviews solche Personen bezeichnet, die sich entweder durch wissenschaftliche Publikationen wie z.B. Dissertationen oder Habilitationen zum Thema Wissensmanagement bewährt haben oder in der täglichen Berufspraxis mit dem Thema konfrontiert sind, wie z.B. Wissensmanager, Innovationsmanager, Chief Knowledge Officers, Geschäftsführer oder Vorstände.

81 Mit Forschungsstrategie wird das prototypische Vorgehen bei der Bearbeitung einer wissenschaftlichen Fragestellung bezeichnet. Es unterscheidet sich von einem Forschungsansatz, der eine tatsächlich realisierte Forschungstradition in einem Forschungsgebiet meint, dadurch, dass die Strategie lediglich Auskunft gibt, wie die methodisch-technische Seite eines Forschungsvorhabens aussieht. Vgl. [KLAUER 2001, S. 77ff.]. Sie ist im weiteren Verlauf, wie andere Strategien auch, über Teilstrategien und Taktiken (hiermit sind die einzelne Forschungsschritte wie z.B. Desk Research, Fallstudie und Experteninterviews gemeint) näher zu präzisieren.

82 Zur Unterscheidung von Befragung und Interview siehe die Ausführungen von [MAYRING 1999, S. 49ff.] und [PETERSON 2001, S. 24f.].

Bei allen Befragungen wurde eine explorative Vorgehensweise gewählt. Als Befragungsform wurde das halbstandardisierte Interview mit mündlicher Einzelbefragung (siehe den Interviewleitfaden in Anhang 1) gewählt, um möglichst gleiche Bedeutungsinhalte bei den Befragten anzusprechen, aber gleichzeitig gewisse Freiheitsgrade und somit z.B. eine Vertiefung interessanter Aspekte sowie eine bestmögliche Anpassung an die Interviewpartner zu erlauben. Die Antworten wurden dabei stichpunktartig mitgeschrieben, nachträglich aufgearbeitet und mit den Befragten nochmals verifiziert. Durch eine offene Information über Ziel und Sinn der Befragung wurde versucht, eine psychologische Belastung bei den Befragten derart zu minimieren, dass durch ein vertrauensvolles Verhältnis evtl. vorhandene, ggf. auch implizite Barrieren überwunden werden konnten.

Alle anderen Interviews sind auf Grund ihrer Anzahl und der diskutierten unterschiedlichen Teilaspekte (wenn davon ausgegangen wird, dass jeweils andere Sachverhalte bei verschiedenen Experten hinterfragt wurden) nicht repräsentativ. Daher werden diese nicht explizit aufgeführt, sondern fließen implizit in die Arbeit ein.

1.3 Aufbau der Arbeit

In Kapitel 1 der Arbeit werden die eröffnenden Probleme und Fragenstellungen behandelt, die Anlass für diese Arbeit waren. Weiterhin wird das Ziel der Arbeit beschrieben und die Forschungsmethodik dargestellt, die in ihrer besonderen Zusammenstellung die Erkenntnisgewinnung ermöglichte.

Im Anschluss an das vorliegende Kapitel werden in Kapitel 2 der Arbeit zunächst die für diese Arbeit grundlegenden Themengebiete erörtert, wichtige Begrifflichkeiten definiert und erste Ergebnisse diverser empirischer Untersuchungen dargelegt, die zur Verhärtung der Praxisrelevanz dieses Themas und dessen Ausprägung im internationalen Dienstleistungsgeschäft geführt haben. Weiterhin werden die Modellbauteile[83] aus dem Wissensmanagement und der Internationalität vorgestellt, die in ihrer Kombination den Rahmen für die zukünftigen diversen Handlungsalternativen bilden. Sie können als Rohbau des „International House of Knowledge Management" verstanden werden.

Im dritten Kapitel werden, auf dem Grundlagenteil aufbauend, die in der Ist-Analyse im Rahmen der Fallstudienforschung identifizierten Barrieren und Potenziale internationaler Servicevorhaben (-projekte) aus Wissensperspektive vorgestellt und vertiefend diskutiert. Die Dar-

---

[83] Mit dieser ersten (Teil-)Modellbildung wird eine (Re-)Konstruktion der Realität angestrebt (vgl. [DRESBACH 1999, S. 73]) und gleichzeitig die Aufklärungsfunktion der Wirtschaftsinformatik verwirklicht, die vorhandenes Wissen in (neuen) Beziehungen deutlich zu machen hat. Vgl. [FRANK 1999, S. 147].

stellung verschiedener Elemente, Determinanten und Lösungshinweise, die sowohl aus umfangreichen Literaturrecherchen als auch aus den Expertenbefragungen extrahiert wurden und vor dem wissensbasierten und internationalen Hintergrund beleuchtet werden, ergänzt diesen Grundlagenteil. Beides zusammen begründet die Auswahl von Maßnahmen, die in der Fallstudie bei SOFTLAB in Kapitel 4 zum Einsatz gekommen sind. Auch im 3. Kapitel bilden die empirischen Ergebnisse einen Teil der Erkenntnisse und fließen implizit oder tlw. ausdrücklich in die Argumentation ein. Exemplarische Beispiele aus dem Bereich der Beratung und Systemintegration runden dieses Kapitel ab. Vor dem Hintergrund der Betrachtung des jeweiligen Nutzens für das Wissensmanagement und/oder internationale Management liefert dieses Kapitel die Grundgesamtheit möglicher Gestaltungselemente, die später weiter eingegrenzt und wieder in das „International House of Knowledge Management“ eingeordnet werden.

In Kapitel 4 wird die Fallstudie bei SOFTLAB detailliert beschrieben, die auf Basis der gesamten theoretischen und empirischen Erkenntnisse durchgeführt wurde und die zusammen mit Kapitel 3 eine weitere wichtige Grundlage für die in Kapitel 5 beschriebenen Gestaltungskonzepte, Handlungsempfehlungen und Koordinationsinstrumente bildet.

Dabei orientiert sich die Auswahl der Maßnahmen, Prozesse und Informations- und Kommunikationstechnologien sowohl an dem unternehmensspezifischen Kontext als auch an den Spezifika von Business Integratoren im Allgemeinen, die im folgenden Kapitel näher beschrieben werden.

Im fünften Kapitel werden dann die theoretischen und praktischen Erkenntnisse und Erfahrungen weiter eingegrenzt und gebündelt. In ihrer dort dargestellten Gesamtheit bilden sie ein anwendungsorientiertes Handlungskonzept und Managementinstrumentarium für die Organisation des internationalen Wissensmanagements von Business Integratoren.[84]

Ferner werden die evaluierten Interventionspunkte, Maßnahmen, Methoden und Techniken vor dem Hintergrund ihrer gleichzeitigen Eignung der Förderung von Wissensmanagement und Internationalität in die jeweiligen Bereiche des „International House of Knowledge Management“ eingeordnet. Dieses Endkonstrukt ist dann als „virtuelle Best Practice-Organisation“ zu verstehen, die durch Analyse und Synthese einer Auswahl von „Successful Practices-Organisationen“ sowie empirischer Befunde und theoretischer Erkenntnisse entstanden ist und in einer praktischen (Teil-)Umsetzung erfolgreich verprobt wurde. Sie ermöglicht

[84] Womit im Sinn von DRESBACH schon der Hauptbeitrag zur Problemlösung geleistet wäre. Vgl. [DRESBACH 1999, S. 75].

die Erreichung der gesetzten (Wissens-)Zielstellung „Kommunikation, Teilung, Interaktion, An- und Wiederverwendung von individuellem und Unternehmenswissen in der Internationalität".

Hinweise auf Anreize und Motivation sowie Ansatzpunkte zur Bewertung wissensbasierter Aktivitäten in der Internationalität runden - im Sinn der Komplettierung einer Managementbetrachtung - dieses Kapitel ab.

Im sechsten und letzten Kapitel erfolgt eine Schlussbetrachtung der gewonnenen theoretischen Erkenntnisse und praktischen Erfahrungen. Dazu wird ein resümierendes Fazit gezogen. Die Arbeit schließt mit einem Ausblick für den weiteren Forschungsbedarf ab.

Betrachtet man die vorliegende Arbeit im Gesamtüberblick, so lässt sich die Gliederung folgendermaßen graphisch darstellen:

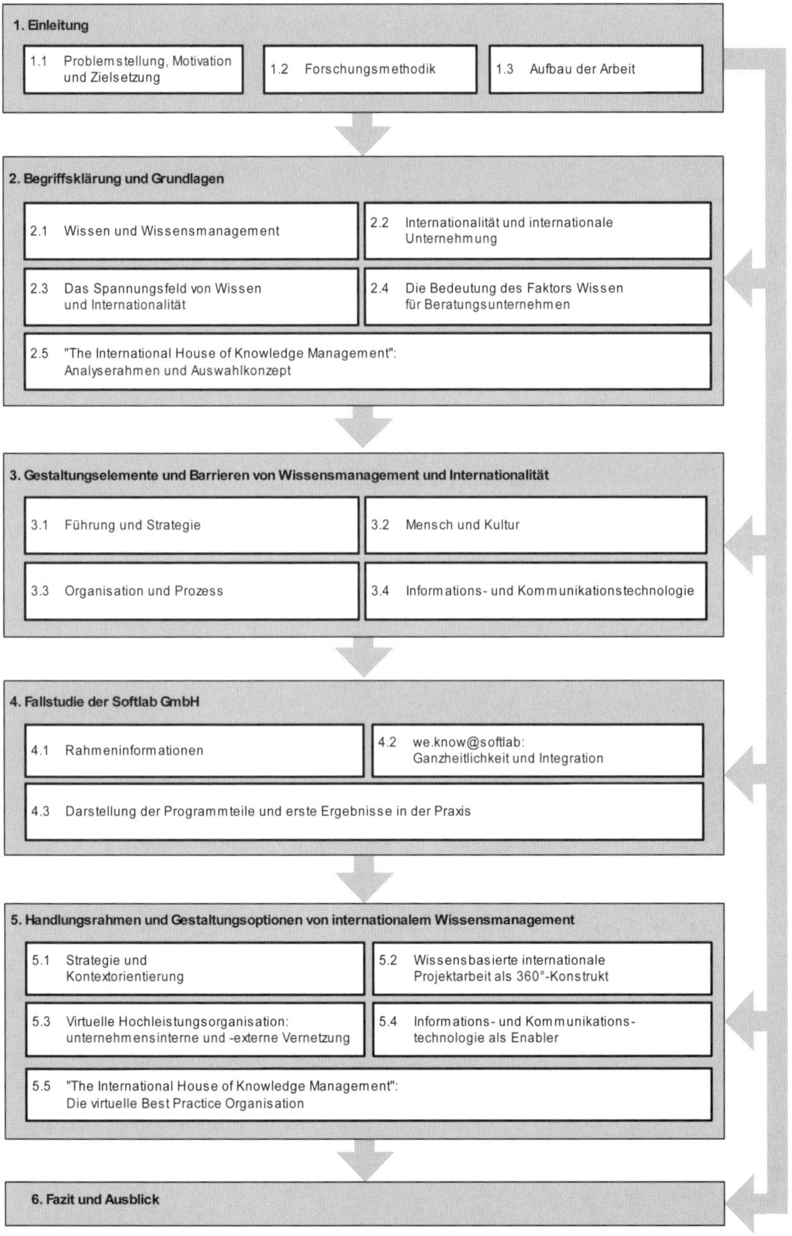
1. Einleitung
1.1 Problemstellung, Motivation und Zielsetzung
1.2 Forschungsmethodik
1.3 Aufbau der Arbeit
2. Begriffsklärung und Grundlagen
2.1 Wissen und Wissensmanagement
2.2 Internationalität und internationale Unternehmung
2.3 Das Spannungsfeld von Wissen und Internationalität
2.4 Die Bedeutung des Faktors Wissen für Beratungsunternehmen
2.5 "The International House of Knowledge Management": Analyserahmen und Auswahlkonzept
3. Gestaltungselemente und Barrieren von Wissensmanagement und Internationalität
3.1 Führung und Strategie
3.2 Mensch und Kultur
3.3 Organisation und Prozess
3.4 Informations- und Kommunikationstechnologie
4. Fallstudie der Softlab GmbH
4.1 Rahmeninformationen
4.2 we.know@softlab: Ganzheitlichkeit und Integration
4.3 Darstellung der Programmteile und erste Ergebnisse in der Praxis
5. Handlungsrahmen und Gestaltungsoptionen von internationalem Wissensmanagement
5.1 Strategie und Kontextorientierung
5.2 Wissensbasierte internationale Projektarbeit als 360°-Konstrukt
5.3 Virtuelle Hochleistungsorganisation: unternehmensinterne und -externe Vernetzung
5.4 Informations- und Kommunikationstechnologie als Enabler
5.5 "The International House of Knowledge Management": Die virtuelle Best Practice Organisation
6. Fazit und Ausblick

Abbildung 1-5: Aufbau der Arbeit

2 Begriffsklärung und Grundlagen

In diesem Kapitel werden nun zunächst die für diese Arbeit grundlegenden Themengebiete erörtert, wichtige Begrifflichkeiten definiert und erste Ergebnisse diverser empirischer Untersuchungen dargelegt, die zur Verhärtung der Praxisrelevanz dieses Themas und dessen Ausprägung im internationalen Dienstleistungsgeschäft geführt haben. Weiterhin werden die Modellbauteile aus dem Wissensmanagement und der Internationalität vorgestellt, die in ihrer Kombination den Rahmen für die zukünftigen diversen Handlungsalternativen bilden. Sie können als Rohbau des „International House of Knowledge Management" verstanden werden.

2.1 Wissen und Wissensmanagement

2.1.1 Begriffliche Abgrenzung des Terminus Wissen

Zum Verständnis des Wissensmanagements ist es unerlässlich, eine Differenzierung des Terminus Wissen durchzuführen, da sich für diesen interdisziplinären Begriff bislang keine einheitliche Auffassung durchgesetzt hat und die Angabe einer eindeutigen Aufteilung für Wissen wegen vieler Klassifikationskriterien nicht möglich ist[85]. Die hier dargestellte Aufteilung entstand vor dem Hintergrund, dass die Anwendung und Wiederverwendung von Wissen bei Berücksichtigung eines Überhangs humanorientierter Interaktion im Dienstleistungsgeschäft einen besonderen Nutzen für die internationale Geschäftstätigkeit darstellt und somit erheblicher als andere Betrachtungsarten zu einer erfolgreichen Ausgestaltung eines internationalen Wissensmanagement beiträgt.

Zur Erklärung der Entwicklung des Wissens beginnt hier die „kausale Kette" mit dem Begriff **Zeichen**, welches als „das kleinste bei einer Programmausführung zugreifbare Datenelement"[86] definiert werden kann und aus einem Buchstaben, einer Ziffer oder einem Sonderzeichen besteht. Diese Zeichen können beliebig aus dem Zeichenvorrat herausgegriffen werden, sind allein stehend und daher zusammenhangslos.[87] Zeichen werden zu **Daten**, wenn den Zeichen eine Syntax zugeordnet wird. Daten können sowohl aus einzelnen Zeichen oder aus einer Folge von Zeichen bestehen, die in einem sinnvollen - bekannten oder unbekannten - Zusammenhang stehen, also einem Code folgen, aber noch keinen Verwendungshinweis haben. Wird diesen Daten nun ein Problembezug (Kontext) zugeordnet und werden sie für die

---

85 Vgl. [ALBRECHT 1992], [ILOI 1997A, S. 1], [NONAKA/TAKEUCHI 1997, S. 70], [REINMANN-ROTHMEIER 1999, S. 24], [BENDT 2000, S. 15f.], [KLOSA 2001, S. 22], [PETERSON 2001, S. 31] und ROEHL, der anführt, dass „(...) die Festlegung eines Wissensbegriffes (...) kaum mit den üblichen Definitionsproblemen (...) zu vergleichen" ist. Vgl. [ROEHL 2000, S. 13f].

86 Vgl. [HANSEN 1996, S. 479].

87 Vgl. [REHÄUSER/KRCMAR 1996, S. 4].

Verfolgung eines Zieles verwendet[88], werden aus Daten **Informationen**. So können Informationen niemals eine beliebige Zeichenkette ohne Bedeutung und Inhalt sein.[89] Der Begriff Information ist hierbei für einfache und diskrete Daten reserviert und ist notwendig, um Wissen zu initialisieren und zu formalisieren.[90] [91] Wegen ihrer betrieblichen Bedeutung erfährt die Information eine Aufwertung zum Produktions- und Wettbewerbsfaktor und gilt in den Unternehmen tlw. sogar als der wichtigste Produktionsfaktor.[92]

Betrachtet man nun den Begriff Wissen näher, so stellt sich die Frage, was so Besonderes an ihm ist, wenn in einer Befragung Anfang 1997 mehr als die Hälfte aller Befragten dem Produktionsfaktor Wissen einen Anteil von 60 bis 80 Prozent an der Gesamtwertschöpfung zurechneten.[93] Durch die sinnvolle Organisation der Ressource Wissen sollen die folgenden Vorteile erzielbar sein[94]:

- Wissen über Kunden verbessert die Kundenbindung und steigert die Mitarbeiterzufriedenheit[95],
- Wissen über Mitbewerber und innovative Unternehmen ermöglicht das Lernen von diesen und die bessere Positionierung des eigenen Unternehmens (*Externes Benchmarking*),
- Wissen über Prozesse und die wiederholte Verwendung von guten Beispielen (angels.: Best Practices) steigern die Produktivität und Qualität und helfen Projektrisiken zu mindern (*Internes Benchmarking*),
- Kombination von Wissen im Unternehmen schafft neue Prozesse, Produkte und Geschäftsfelder,
- Transparenz in der Darstellung des Wissenskapitals steigert die Attraktivität eines Unternehmens für Investoren und andere Stakeholder[96].

Auch wird ein beträchtlicher Wissenszuwachs prognostiziert. Einige sprechen von einer Verdopplung der Summe des Menschheitswissens alle drei Jahre[97], andere von einer Verdopp-

---

88 Vgl. [Albrecht 1992, S. 44], [Rehäuser/Krcmar 1996, S. 4].

89 Vgl. [Abts/Mülder 1998, S. 220].

90 Vgl. [Gassmann 1997, S. 27].

91 Einen anschaulichen Überblick über die Zusammenhänge von Zeichen, Daten und Informationen vermittelt die Wissenschaft von den sprachlichen Zeichen und Zeichenreihen, auch Semiotik genannt, die den Begriff Information über die Syntaktik, Semantik, Sigmatik und Pragmatik erklärt. Vgl. hierzu [Krcmar 1997, S. 22].

92 Vgl. [Abts/Mülder 1998, S. 248].

93 Vgl. [Palass 1997, S. 115].

94 Vgl. [North 1999, S. 2].

95 Vgl. [Heskett et al. 1994, S. 50ff.], die auf empirische Ergebnisse im amerikanischen Dienstleistungssektor verweisen.

96 Hiermit sind nicht nur Muttergesellschaften gemeint. Für das Geschäft von PSCs spielt auch die Attraktivität für häufig ausländische Produktlieferanten eine Rolle, da eine Vielzahl von Beratungsprojekten ihre Umsetzung in IKT-Lösungen, basierend auf Standardsoftware, finden.

97 Vgl. [Meyer 1999, S. 16].

lung des Weltwissens schon jedes Jahr[98] oder gar von einem exponentiellen Wissenszuwachs[99]. Was Wissen ist, welche Ausprägungen es hat und wie Unternehmen mit ihm in der Internationalität umgehen sollten, wird im weiteren Verlauf dieser Arbeit aufgezeigt werden. Im Kontext dieses Kapitels soll eine erste Arbeitsdefinition geliefert werden, die als Grundlage für weitere Abgrenzungen dient.

PROBST ET AL.[100] sehen den Übergang von Daten zu Wissen als Kontinuum und halten eine strenge Trennung für wenig praktikabel, da auch im täglichen Umgang mit Daten, Informationen und Wissen die Grenzen fließend sind. RÖPNACK[101] spricht darüber hinaus von einer „(...) Vernetzung (...), so dass ein bestimmter Zweck unter spezifischen Kontextbedingungen erreicht wird". Diese individuelle Vernetzung bringt eine höhere Komplexität[102] mit sich und macht die Personengebundenheit von Wissen bzw. die Notwendigkeit zur personenorientierten Interaktion deutlich. Das Wissen hat somit keinen rein absoluten, statischen und formal logischen Charakter, sondern ist als dynamischer, stark subjektiver Prozess zu verstehen, der mit Hilfe von Intelligenz und Lernen[103] zum Aufbau von Handlungsvermögen führt.

Die bisherigen Ausführungen spiegeln sich in der Wissensdefinition von PROBST ET AL.[104] wider, die als **vorläufige Arbeitsdefinition** benutzt werden kann:

> „*Wissen bezeichnet die Gesamtheit der Kenntnisse und Fähigkeiten, die Individuen zur Lösung von Problemen einsetzen. Dies umfasst sowohl theoretische Erkenntnisse als auch praktische Alltagsregeln und Handlungsanweisungen. Wissen stützt sich dabei auf Daten und Informationen, ist im Gegensatz zu diesen jedoch immer an Personen gebunden. Es wird von Individuen konstruiert und repräsentiert deren Erwartungen über Ursache-Wirkungs-Zusammenhänge*"

Das hierin demonstrierte Verständnis von Wissen ist jedoch für den Autor zu eng gefasst. Auf Grund der formulierten Personenbindung entspricht es eher dem impliziten Wissen, so dass hier zur weiteren logischen Vervollständigung der Wissensdefinition eine Unterscheidung des Wissens in **Wissensformen** angebracht ist. Hierzu wird Wissen in eine *implizite* und eine *explizite* Komponente[105] unterteilt.

---

98 Vgl. [BMW 1999, S. 2].
99 Vgl. [SCHMIEDEL-BLUMENTHAL 2001, S. 4], [PROBST ET AL. 1999, S. 23].
100 Vgl. [PROBST ET AL. 1999, S. 38].
101 Vgl. [RÖPNACK 1997, S. 11].
102 Vgl. [REHÄUSER/KRCMAR 1996, S. 5ff.].
103 Siehe zum individuellen und organisationalen Lernen die Ausführungen in Kapitel 2.1.2. SCHMIEDEL-BLUMENTHAL erwähnt darüber hinaus noch die Notwendigkeit zur Akzeptanz und zum Verständnis von Informationen, damit diese zu Wissen werden. Vgl. [SCHMIEDEL-BLUMENTHAL 2000, S. 83].
104 Vgl. [PROBST ET AL. 1999, S. 46].
105 Dieser Sachverhalt erlangt eine besondere Wichtigkeit innerhalb des SECI-Modells von NONAKA und wird daher in Kapitel 2.1.3.3 auch noch weiter ausgeführt.

2.1.1.1 Implizites Wissen

Bei dieser Unterteilung, die auf POLANYI[106] zurückgeht, wird darauf abgezielt, wo das Wissen gespeichert ist. Unterscheidungsmerkmale sind die Transparenz und die Verfügbarkeit des Wissens. Implizites Wissen (angels.: Tacit Knowledge) bzw. individuelles Wissen ist in den Köpfen einzelner Personen gespeichert und wird auf Grund der hohen Bindung an den individuellen Wissensträger auch „Embodied Knowledge" genannt.[107]

Es beruht meist auf Erfahrungen[108] und drückt sich in intuitiven Vorgehensweisen aus, die auch auf Überzeugungen, Ahnungen, Idealen, Werten und Gefühlen[109] basieren. Es kann sich hierbei um Erfahrungen in der Anwendung bestimmter Methoden, um Erfahrungen bzgl. der Reaktionen von Personen oder Unternehmen auf bestimmte Ereignisse oder Entscheidungen oder auch um persönliche Erfahrungen handeln. Es stellt somit eine Art unterbewusstes und verborgen wirkendes Wissen des Individuums dar.

Neben dem Unterbewusstsein können das Nichtbewusstsein von Wissen, die Ineffizienz der Wissensumwandlung sowie Sicherheits- oder persönliche Gründe gegen die Trennung von individuellem Wissen und seinem Wissensträger sprechen.[110] So ist es dann auch nicht verwunderlich, dass jemand mehr weiß als er fähig ist mitzuteilen. Dieses spiegelt sich in einer Untersuchung der XEROX INC. wider, nach der 42 Prozent des Wissens eines Unternehmens nur in den Köpfen der Mitarbeiter vorhanden ist.[111]

Der Autor vertritt daher die Meinung, dass implizites Wissen sich nicht vollständig von seinen Trägern und deren Nutzungshintergrund ablösen lässt und somit schwer übertrag- und teilbar sowie nicht oder schwer und mit großem Aufwand kodifizierbar ist. Verschiedene implizite Wissensteile können auch nicht einfach assembliert werden, so wie bspw. die Einzelteile eines Produktes zusammengebaut werden können.[112] Im weiteren Verlauf der Arbeit

---

106 Vgl. [POLANYI 1966], der mit dieser Unterscheidung vor einem mehr philosophischen Hintergrund (vgl. [NONAKA 1994, S. 16], [NONAKA/BYOSIERE ET AL. 1994, S. 338ff.]) Einzug in viele schriftliche Ausarbeitungen rund um das Thema Wissen gehalten hat.

107 Vgl. [WILLKE 1998, S. 14].

108 Die Erfahrung selbst kann als oft zustandegekommene, wiederholte Erinnerung desselben Dinges bezeichnet werden. Vgl. [ARISTOTELES 1993, S. 83], zitiert in [NONAKA/TAKEUCHI 1997, S. 35]. Sie versorgt den Geist mit Ideen und kann in zwei Arten als Sinneswahrnehmung und Reflexion vorkommen. Vgl. [LOCKE in GAWLICK (HRSG.) 1980, S. 73ff.], zitiert in [NONAKA/TAKEUCHI 1997, S. 36].

109 Vgl. [NORTH 1999, S. 49], [NONAKA 1994, S. 16], [NONAKA/BYOSIERE ET AL. 1994, S. 338], [NONAKA/TAKEUCHI 1997, S. 18], [NONAKA/TOYAMA ET AL. 2000, S. 7f.].

110 Vgl. [PETERSON 2001, S. 34].

111 Vgl. [O.V. 1999D, S. 43].

112 Vgl. [NONAKA/TOYAMA ET AL. 2000, S. 19].

wird deshalb nur auf **explizierbares**[113] **implizites Wissen** wie z.B. Fakten- oder Methodenwissen[114] und dessen Anwendung in neuen Kontexten abgestellt. Es soll mit **internem Wissen** bezeichnet werden.

In einer mehr praktischen Auslegung der Wissensarten nach NONAKA ET AL. umfasst das implizite Wissen kognitive und technische Elemente. Unter kognitiven Elementen werden mentale und Arbeitsmodelle verstanden, mit denen die reale Welt begriffen und definiert werden kann. Es handelt sich hierbei um ein individuelles Abbild der Realität und der Zukunft, also was ist und was könnte sein. Die Artikulation und Mobilisierung dieser kognitiven Dimension gelten als der Schlüsselfaktor für die Generierung neuen Wissens[115] und sind somit Gegenstand der Transformationsbemühungen im SECI-Modell. Es kann somit - auch ihren kulturellen Hintergrund berücksichtigend - davon ausgegangen werden, dass das implizite Wissen von NONAKA ET AL. erheblich weiter gefasst wird, als dies der Autor tut. Unter den technischen Elementen werden schließlich konkretes Know-how sowie handwerkliche Fertigkeiten und Fähigkeiten in einem speziellen Kontext verstanden.

2.1.1.2 Explizites Wissen

Die Linie zwischen implizitem und explizitem Wissen kann nicht trennscharf gezogen werden. Vielmehr ist der Übergang als fließend[116] zu bezeichnen.

Das explizite Wissen (angels.: Explicit Knowledge) ist außerhalb der Köpfe einzelner Personen als Wort, Schriftstück oder Computerprogramm spezifiziert abgelegt und besitzt einen objektiven Charakter. Im Gegensatz zum impliziten Wissen wird es mit „Disembodied Knowledge" bezeichnet.[117]

Es kann daher mittels EDV verarbeitet, übertragen und gespeichert werden.[118] Dies trifft z.B. auf Organigramme, Qualitätsdokumente oder Beratungskonzepte zu. Dabei ist aber laut einer Studie der DELPHI CONSULTING GROUP lediglich erst 12 Prozent des organisationalen Know-

---

113 Hier verstanden als das Verbalisieren bestimmter impliziter Wissenselemente unter Verwendung verschiedener Medien und mit der Verpflichtung zur Übermittlung von Kontexten, Quellen, Entstehungsgeschichten, Verwendungshinweisen, Empfehlungen etc. Damit geht das Explizieren über das hinaus, was allgemein unter Kodifizieren verstanden wird.

114 Siehe [PETERSON 2001, S. 35] zur Unterteilung und Beschreibung von Fakten- und Methodenwissen.

115 Vgl. [NONAKA/BYOSIERE ET AL. 1994, S. 338f.], [NONAKA/TAKEUCHI 1997, S. 19].

116 Dieses wird „sprichwörtlich" auch im Wasser-Modell der Münchener Schule um REINMANN-ROTHMEIER deutlich, die die Metapher von Eis, Wasser und Wasserdampf für verschiedene Wissenszustände aufgegriffen haben.

117 Vgl. [NORTH 1999, S. 49].

118 Vgl. [REHÄUSER/KRCMAR 1996, S. 7], [NONAKA/BYOSIERE ET AL. 1994, S. 338], [NONAKA/TAKEUCHI 1997, S. 18].

hows in jedem Unternehmen in Datenbanken verfügbar.[119] Das in Werten und Zahlen artikulierte Wissen stellt somit einen kleinen Teil des vorhandenen Gesamtwissens dar.[120]

Ein reines Speichern und Verteilen von Wissenselementen ist jedoch im internationalen Wissensmanagement nicht ausreichend. Somit ist auch das explizite Wissen für die effiziente Anwendung nicht ausreichend. Es muss deshalb durch den Adressanten mit Kontexten, Quellen, Verwendungshinweisen etc. angereichert werden und Elemente enthalten, die Nachfragen durch den Adressaten ermöglichen. Häufig ist auch die Angabe kultureller Aspekte notwendig, um die entsprechenden Transportschichten für die Übermittlung aufzubauen. Erst so kann eine höhere Wissensqualität erreicht werden.

Durch die qualitative Erweiterung der externen Wissensform und die Notwendigkeit zur menschlichen Interaktion wird in Anlehnung an WEGGEMAN[121] eine Fokussierung auf solches explizite Wissen erreicht, dessen Übertragung durch Unterweisung und dessen Erwerb durch Studieren geschieht. Dieses **adaptierbare**[122] **explizite Wissen** wie z.B. detaillierte Prozessdarstellungen oder Best Practices sowie deren Anwendung in neuen Kontexten soll im weiteren Verlauf der Arbeit mit **externem Wissen** bezeichnet werden und ist klar von Daten und Informationen abzugrenzen.

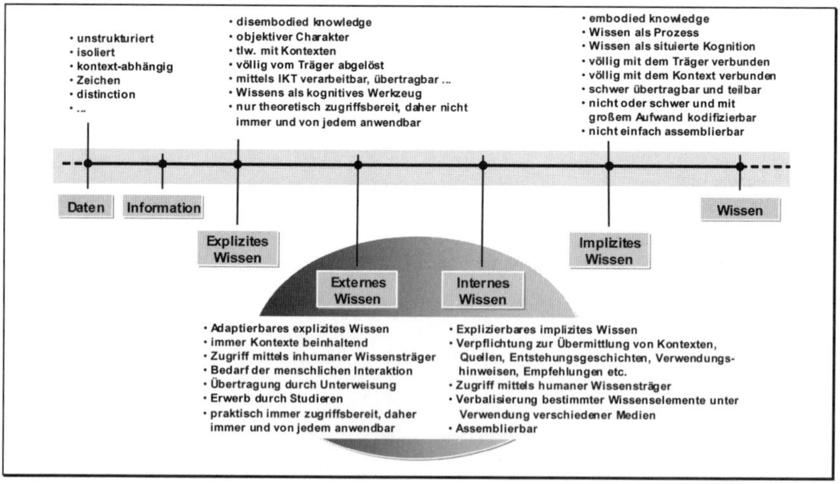

Abbildung 2-1: Betrachtungsfokus „Internes und Externes Wissen“

---

[119] Vgl. [O.V. 1999D, S. 43].

[120] Vgl. [GASSMANN 1997, S. 151]. NONAKA ET AL. bezeichnen daher das explizite Wissen auch als Spitze eines Eisberges. Vgl. [NONAKA/BYOSIERE ET AL. 1994, S. 338], [NONAKA/TAKEUCHI 1997, S. 72].

[121] Vgl. [WEGGEMAN 1999, S. 43].

[122] Im Sinn von verinnerlichbar gemeint.

Die in der Arbeit angewandte Fokussierung der Wissensbetrachtung wird wegen ihrer Signifikanz und zur besseren Veranschaulichung in der vorhergehenden Abbildung 2-1 nochmals grafisch dargestellt.

2.1.1.3 Träger von Wissen

Wie im vorherigen Kapitel dargestellt, sind neben einer qualitativen Erweiterung und Differenzierung der Wissensbegriffe auch verschiedene Wissensträger und deren Interaktion notwendig, um eine tragfähige theoretische Grundlage für die Kommunikation und Kooperation in einem internationalen Wissensumfeld zu bilden.

Die Unterscheidung von Wissen in verschiedene **Wissensträger** trägt damit zur Vervollständigung der Aufspaltung von Wissen im Unternehmen bei. Mit dem Begriff der Wissensträger werden dabei Objekte, Personen und Systeme verstanden, die in der Lage sind, Wissen zu speichern und zu repräsentieren.[123] Dabei versteht der Autor unter dem Begriff des „Trägers" eher ein „Wissen in sich tragen". Es wird daher nicht angenommen, man könne Wissen einfach aus einem Kontext in einen anderen oder von einem Träger zu einem anderen übertragen. Aus diesem Grunde ist auch für den Begriff Wissensträger in der Literatur ein synonymer Gebrauch von Wissenssubjekten und -objekten zu finden. Es können z.B. die folgenden Wissensträger unterschieden werden:

Was	Wofür z.B.
Mitarbeiter/andere Personen	Fähigkeiten, Ausbildung, Erfahrung
Aufträge/Prozesse	Referenzen, Lessons Learned, Success Stories, Short Project Information
Methoden/Verfahren	Best Practices, Road Maps, Project Lifecycle Visualization
Organisation/Einheiten/Struktur	Projekte, Studien, Verfahrensanweisungen
Organisationskultur/Netzwerke	Verhaltensregeln, Erfahrung, Beispiele, Hilfestellung
Ergebnisse anderer Art	Muster, Beispiele, Vorlagen, Best Practices
Externe Informationen	Märkte, Wettbewerber, physische Produkte, Dienstleistungen

Tabelle 2-1: Art und Ausprägung von Wissensträgern in der Praxis[124]

Es wird deutlich, dass Wissen immer auch einen physischen Träger braucht und die Wissensträger in personenunabhängige (z.B. Methoden, Prozesse, andere physische Träger) und -abhängige (z.B. Individuen, Organisationseinheiten, Netzwerke) unterteilt werden können.

Innerhalb der **personenunabhängigen Wissensträger** kann wiederum zwischen reinem Methoden- und Prozesswissen und Fakten- und Regelwissen unterschieden werden. Bei Berücksichtigung der impliziten und expliziten Komponente liegt eine mögliche Ausprägung für

---

[123] Vgl. [REHÄUSER/KRCMAR 1996, S. 14].
[124] In Anlehnung an [KLOSA 2001, S. 20], [REHÄUSER/KRCMAR 1996, S. 14ff.], [NORTH 1999, S. 239].

Prozess- und Methodenwissen dabei in Form von Prozessmodellierungen, -beschreibungen und Best Practices vor. Die Frage „Wie funktioniert etwas?“ herrscht hier vor. Im impliziten Modus sind die Entscheidungsprozesse im Unternehmen als Beispiel anführbar. Als explizites Fakten- und Regelwissen kann das Wissen über Märkte, Unternehmen und Produkte in Form von Geschäftsberichten, Produktbeschreibungen und Dienstleistungsverträgen gelten. Die implizite Form umfasst z.B. das verteilte Wissen über Wettbewerber, das in zahlreichen Situationen wie Kundenpräsentationen oder in Gesprächen und Workshops mit potenziellen Kunden gesammelt wurde.

Bei den **personenabhängigen Wissensträgern**, die in individuelle und kollektive unterteilt werden können, wird zur Einteilung der Verbreitungsgrad des Wissens[125] herangezogen. Individuelles Wissen bezeichnet dabei logischerweise das Wissen, das eine einzelne Person besitzt. Im Kollektiv kann es sich um Wissen handeln, das von mehreren Personen gleichzeitig gehalten wird. Ein Beispiel hierfür ist ein Team, das eine große Angebotspräsentation bei einem Kunden durchgeführt und somit die gemeinsame Erfahrung über den Kundentermin hat. Es kann sich aber auch um Wissen handeln, das erst beim Zusammentreffen mehrerer Personen seinen vollen Nutzen entfaltet. Dies ist z.B. der Fall bei der gemeinsamen Erstellung eines Angebotes an einen Großkunden. Dabei ist das Wissen aber nicht gleichmäßig in der Unternehmung vorhanden, sondern in diversen lokalen Wissensbasen[126] verteilt.

Eine weitere Unterscheidung, die unter personenabhängigen und -unabhängigen Gesichtspunkten eingeordnet werden kann, ist die Einteilung von Reinmann-Rothmeier in Informations- und Handlungswissen.[127] Hiermit ist ein reziproker Prozess gemeint, der sich zwischen informationsnahem und humanbezogenem Wissen abspielt und in den zwei jeweiligen Extrempositionen dem personenunabhängigen und -abhängigen Wissensträgern entspricht. Dieses wird noch detaillierter in den Ausführungen zum Wasser-Modell der Münchener Schule in Kapitel 2.1.3.4 ausgeführt.

2.1.1.4 Angewendetes Wissen als „Credo“

„Know-how allein reicht nicht aus, denn die Frage,
die einem Unternehmen den Vorsprung sichert, lautet immer:
Was fange ich mit dem Wissen an?“
Unternehmer in einer High-Tech-Branche[128]

---

125 Vgl. [Klosa 2001, S. 20].

126 Vgl. [Kirsch 1990, S. 316f.], [Gassmann 1997]. Diese Verteilung von Wissen kann unter Redundanzgesichtspunkten betrachtet und als positiver Faktor für die Wissensgenerierung gesehen werden. Vgl. [Nonaka 1994, S. 27f.], [Nonaka/Takeuchi 1997, S. 88ff.] [Nonaka/Toyama et al. 2000, S. 27].

127 Vgl. [Reinmann-Rothmeier 1999], [Reinmann-Rothmeier 2001b], [Reinmann-Rothmeier 2001c].

128 Vgl. [Probst et al. 1999, S. 103].

Eine Unterscheidung von Wissen in weitere Wissensbereiche ist jederzeit möglich. Die jeweils getroffene Unterscheidung und die daraus abgeleiteten Prozesse sind vielmals die Grundlage verschiedener Ansätze zum Wissensmanagement. So verwendet z.B. PAUTZKE die Wahrscheinlichkeit der Nutzung unterschiedlicher Wissenszustände im Unternehmen für die Ableitung relevanter Wissensprozesse.[129]

Wissen gilt nicht nur im praktischen Arbeitsumfeld als Repertoire, aus dem Fantasien, Varianten und Ideen hervorgehen[130]. Zieht man in Betracht, dass die Produktionsfaktoren Arbeit, Werkstoffe und Betriebsmittel weit gehend in allen Industriestaaten zur Verfügung stehen und sich die Imitationsgeschwindigkeit erfolgreicher Konzepte im Wettbewerb immer weiter beschleunigt, wird deutlich, dass hauptsächlich Unterschiede in der Verteilung und Nutzung[131] wirtschaftlich relevanten Wissens über Erfolg und Misserfolg einer Unternehmensstrategie entscheiden.

Dieser Sachverhalt soll an zwei kurzen Beispielen plastisch dargestellt werden:

Beispiel 1:[132] Forschung und Anwendungsentwicklung

Die deutschen Entwickler zählten mit ca. 40.000 angemeldeten Patenten im Jahr 1998 hinter Japan (Platz 1) und den USA (Platz 2) zur Weltspitze. In Deutschland wird jedoch in Bezug auf die Kreativität deutscher Ingenieure häufig von einem „Happy Engineer" gesprochen. Hiermit sind diejenigen gemeint, die die berufliche (und private[133]) Herausforderung in der technischen Lösung selbst sehen bzw. in einem Patent, mit dem sie die neue Maschine oder das neue Verfahren schützen.

Mit Patenten sind aber noch lange keine kundenakzeptierten Produkte kreiert. Die singuläre Fokussierung auf die technische Lösung kann dazu führen, dass Produktideen in die Entwicklung gehen, die später kein Kunde haben will. Wie viele technische Ideen darüber hinaus von asiatischen Produzenten imitiert und vorzeitig zur Marktreife gebracht werden, kann nur erahnt werden.

Beispiel 2:[134] Beratungsprodukte und Einführung der Ergebnisse

Vielerorts gilt es nicht nur als notwendig, sondern auch als schick, sich als Unternehmer von Beratungsunternehmen unterstützen zu lassen. Dieses kann sich z.B. auf strategische Fragestellungen, auf die Veränderung und Neukonzeption von Prozessen oder

---

129 Siehe Kapitel 2.1.2 und die Abbildung 2-2.

130 Vgl. [ZIMMER 2001, S. 51]. NONAKA/TOYAMA ET AL. verweisen dabei auf Managementgelehrte, die Wissen und die Fähigkeit, Wissen zu erzeugen und Nutzen daraus zu ziehen, als wichtigste Quelle von Wettbewerbsvorteilen sehen. Vgl. [NONAKA/TOYAMA ET AL. 2000, S. 5f.].

131 Vgl. [KUTSCHKER 1999, S. 1163], [IFEM 2001A, S. 2], [BUCHHOLZ/SOMMER 2003, S. 1]. SCHMIEDEL-BLUMENTHAL sieht Handlungen auch als erfolgreiche Realisierung des Wissens im Rahmen organisationaler Lernprozesse von Hochleistungsorganisationen. Vgl. [SCHMIEDEL-BLUMENTHAL 2000, S. 79].

132 Vgl. [ZIMMER 2001, S. 56ff.].

133 Dieser Zusatz ist hier legitim, wenn man bedenkt, dass ca. 70% aller Ideen zu innovativen Problemlösungen außerhalb des Arbeitsplatzes (vgl. [ZIMMER 2001, S. 56]) entstehen.

134 Vgl. [FISCHER 2001, S. 1ff.], [FINK 2002, S. 13].

auch auf die Ausrichtung und Gestaltung neuer IKT-Systeme beziehen. Häufig werden so nicht nur eigene Überlegungen überprüft, sondern ganze Verantwortlichkeiten als Aufgabenpakete nach außen delegiert.

Die Relevanz und der Preis der durch die Berater erzielten Ergebnisse, Vorschläge und Konzepte lassen vermuten, dass der Unternehmer nachfolgend nichts Dringlicheres zu tun hat, um die Ergebnisse, Vorschläge und Konzepte in die Tat umzusetzen, so dass die angestrebten Ziele auch erreicht werden können. In diesem Zusammenhang verwundert es jedoch sehr, dass laut Studien Beratungsaufträge und Konzepte in Höhe von ca. 7 Mrd. DM (ca. 3,58 Mrd. EUR) im Jahr 2000 und in Höhe von ca. 1,40 Mrd. EUR im Jahr 2001 in Deutschland in den Papierkorb bzw. in die Schublade wanderten oder sich in den Augen der Kunden als Misserfolge darstellten. Hier stellt sich die Frage, wie ohne Anwendung des neu gewonnenen Wissens die angestrebten Ziele je erreicht werden können.

Neben diesen beiden exemplarischen Beispielen finden sich in der Literatur zahllose weitere Nennungen von Unternehmen, die durch die Anwendung und Wiederverwendung von Unternehmenswissen in Form von Best Practices Leistungsverbesserungen, Einsparungen und Kostenreduktionen oder Produktionskapazitäten und Umsätze in Millionen wenn nicht sogar Milliarden Dollar Höhe generieren konnten.[135] Daneben wird der Wissensanwendung auch in empirischen Studien die höchste Bedeutung unter den Kernaktivitäten des Wissensmanagements zugebilligt[136], obwohl das Wissen von Tochtergesellschaften multinationaler Unternehmen untereinander kaum Verwendung findet.[137]

Die besondere Relevanz der Anwendung von Wissen spiegelt sich auch in dem Sachverhalt wider, dass einige Autoren die vorher aufgeführte Begriffshierarchie (siehe Kapitel 2.1.1), mit deren Hilfe Zeichen, Daten, Informationen und Wissen gegeneinander abgegrenzt werden können, um eine (weitere) Stufe(n) ergänzt haben, um so der Anwendungsorientierung und Generierung von Wissen eine besondere Betonung zu verleihen.

In der Tabelle 2-2 sind die erweiterten Begriffshierarchien und deren Inhalte synoptisch am Beispiel einiger Autoren aufgeführt.[138] In der Auswahl der Autoren hat NORTH über eine „*Wissenstreppe*" die weitestreichende Erweiterung der Begriffshierarchie vorgenommen. Ob jedoch die von ihm zusätzlich eingeführten Stufen „Handeln" (Beweisen des Könnens in

---

135 Vgl. [PROBST ET AL. 1999, S. 260f.].

136 Vgl. [HEISIG/VORBECK 1998, S. 28], [AHLERT/ZELEWSKI 2003, S. 75], [META 2001B, o.S.], [IFEM 2001A, S. 2].

137 Vgl. [BENDT 2000, S. 5].

138 Diese Auswahl wurde nicht willkürlich getroffen. So sind NORTH als ehemaliger Vorstand der Gesellschaft für Wissensmanagement e.V. in Deutschland aktiv und bekannt, GISSLER und PETKOFF wegen des Anwendungsbezugs in der Definition ihrer Begrifflichkeiten interessant. REHÄUSER/KRCMAR werden häufig in der Literatur zitiert und entstammen dem ursprünglich mehr technologisch orientierten Bereich des Informationsmanagements.

Handlungen), „Kompetenz“ (Zweckorientierte Wissensanwendung) und „Wettbewerbsfähigkeit“ (Einzigartigkeit durch Kernkompetenzen als Verbund von Fähigkeiten und Technologien) durch ihre Herausstellung einen Mehrwert in der Begriffshierarchie darstellen, muss auf Grund „künstlich“ erzwungener Abgrenzung und Überlappung kritisch betrachtet werden.

Ebene 5		**Kompetenz**	**Können**	**Intelligenz**
Beschreibung	Eine weitere Ebene ist nicht beschrieben	Fähigkeit, sein Wissen auf konkrete Aufgaben anzuwenden und Informationen so zu kombinieren, dass neues Wissen entsteht.	Umsetzung des Wissens in Fertigkeiten und Manifestierung des Wissens in Handlungen. Über das Wollen zum Handeln.	Reflektieren & Lernen
Ebene 4	**Wissen**			
Beschreibung	Konzeptualisierte (interpretierte, klassifizierte, in Beziehung gesetzte, vernetzte) Information	Vernetzte Information und Gesamtheit der Kenntnisse, die zur Problemlösung eingesetzt werden können. Über die Anwendung zur Kompetenz.	Zweckdienliche Vernetzung von Informationen. Über den Anwendungsbezug zum Können.	Kennen & Können
Ebene 3	**Information**			
Beschreibung	Kontext- und zweckbezogene Daten	Kombination von Daten mit Verwendungshinweis. Über die Vernetzung zum Wissen.	Daten mit Bedeutungskontext und wirtschaftlicher Relevanz. Über die Vernetzung zum Wissen.	Erkennen
Ebene 2	**Daten**			
Beschreibung	Sachverhaltsbeschreibung	Zusammenfügen von Zeichen ohne Verwendungshinweis. Über den Kontext zur Information.	Symbole, die nicht interpretiert sind. Über den Bedeutungskontext und die wirtschaftliche Relevanz zur Information.	Beobachten
Ebene 1	**Zeichen**			
Beschreibung	Kontextunabhängige Elemente	Kontextunabhängige Elemente. Über die Syntax zu Daten.	Buchstaben, Ziffern, Sonderzeichen. Über den Code/Syntax zu Daten.	Ebene ist nicht beschrieben
Autoren	**REHÄUSER/KRCMAR 1996**	**GISSLER 1999**	**NORTH 1999**	**PETKOFF 1999**

Tabelle 2-2: Erweiterte Begriffshierarchien im synoptischen Vergleich[139]

Wie in der Tabelle ersichtlich wird, muss Wissen seinen Nutzen aber erst in der praktischen

[139] Vgl. [REHÄUSER/KRCMAR 1996, S. 3], [GISSLER 1999, S. 5f.], [NORTH 1999, S. 40ff.], [PETKOFF 1999, S. 251f.].

Anwendung beweisen.[140] Dieses stellte VON HAYEK schon 1945 fest, indem er formulierte, dass auf Grund der Fragmentierung von Wissen und der individuellen Zuordnung zu Wissensträgern das ökonomische Problem nicht allein in der Verteilung gegebener Ressourcen liegt, sondern im Gebrauch von Wissen, das keinem in seiner Gesamtheit gegeben ist.[141] Eine effiziente Nutzung existierenden Wissens war somit sein Ziel einer dynamischen Theorie des Marktes.

Die Erschließung bzw. Nutzung von Wissen spielte bereits im Jahr 1997 im Hinblick auf die Wettbewerbsfähigkeit und Innovationskraft von Unternehmen eine entscheidende Rolle.[142] Dieses gilt heute ebenso und wird auch in der Preisverleihung „Wissensmanager des Jahres 2002" durch „Impulse", die FTD und die Commerzbank deutlich, deren Preis dazu beitragen soll, „Vorbilder zu identifizieren und zur Nachahmung zu empfehlen".[143] Wie noch in Kapitel 2.1.2.1 zu sehen sein wird, ist auch die Anwendung von Erlerntem im Prozess des Lernens, also dem Ursprung von Wissen, eine wichtige und aktive Komponente. Auch in den Ausführungen zur organisationalen Wissensbasis wird die Handlungsorientierung und Anwendung von Wissen einen besonderen Stellenplatz einnehmen und deren Notwendigkeit offenbar werden, so dass der Begriff des „Credos" für das vorliegende Kapitel erlaubt sein muss.

Durch die bisherigen Ausführungen und die Erörterung der wesentlichen Wissensaspekte ist nun auch die Abfassung der **endgültigen Arbeitsdefinition für Wissen** möglich, die für die weitere Arbeit grundlegend ist:

> Wissen, gestützt auf Daten und Informationen, bezeichnet die Gesamtheit der Kenntnisse und Fähigkeiten, die Individuen zur Lösung von Problemen einsetzen. Es umfasst sowohl theoretische Erkenntnisse als auch praktische Alltagsregeln und Handlungsanweisungen. Es wird von Individuen konstruiert - ist also an Personen gebunden - und repräsentiert deren Erwartungen über Ursache-Wirkungs-Zusammenhänge. Durch individuelle oder kollektive Anwendung und Interaktion mit anderen Individuen wird das interne und externe Wissen optimal eingesetzt und steigert den Gesamtnutzen für die Lösung der jeweiligen Aufgabenstellung. Dabei werden bestehendes Wissen transferiert und neues Wissen individuell und kollektiv generiert.

Diese Definition macht auch das **erweiterte Verständnis von Wissensanwendung** deutlich,

140 Vgl. [SCHMIEDEL-BLUMENTHAL 2000, S. 85]. Diese Verprobung in der Praxis ist auch eine der Abgrenzungsmöglichkeiten zum Begriff der Erkenntnis, die als - mit ihrer Erklärung verbundenen - richtige Vorstellung definiert werden kann. Vgl. [PLATON 1977, S. 170f.], zitiert in [NONAKA/TAKEUCHI 1997, S. 33].

141 Vgl. [VON HAYEK 1945, S. 519f.], zitiert in [NONAKA/TAKEUCHI 1997, S. 46].

142 Vgl. [ILOI 1997A, S. 2], [ILOI 1997B, S. 13]. In der Studie gingen 82% der Befragten davon aus, dass ihnen durch ungenutztes Wissen ein mittlerer bis hoher Nutzen entgeht, der die Produktivität und Innovationskraft erheblich einschränkt.

143 Vgl. [PRUDENT 2003, S. 33].

das in dieser Arbeit vorherrscht. Wissensanwendung wird hier als Wissensnutzung in neuen, internationalen Kontexten verstanden und weist eine gleichzeitige inhaltliche Nähe zur Wissensgenerierung auf. Wissensnutzung und -generierung stellen somit in Summe das hinreichende Kriterium für internationales Wissensmanagement auf Basis von Wissenskommunikation dar. Kommunikation von Wissen wird somit im Gegensatz zu anderen Autoren[144] „nur“ als notwendige Voraussetzung angesehen. In dieser Betrachtungsweise drückt sich auch eine Rekursivität aus: Die Anwendung ist auf das Wissen gerichtet, während sich in der Anwendung Wissen äußert. Die Ausrichtung von Fähigkeiten sowie die Verbesserung der Fähigkeiten selbst werden somit ein kontinuierlicher Kreislauf.

2.1.2 Die organisationale Wissensbasis

Schon seit einigen Jahren wird auf die Bedeutung des organisationalen Wissens hingewiesen, das im globalen Wettbewerb der Firmen und Nationen als fünfter Faktor neben die klassischen betriebswirtschaftlichen Produktionsfaktoren Arbeit, Werkstoffe, Betriebsmittel sowie den dispositiven Faktor Information getreten ist. Denn „der Kombinationsprozess der Produktionsfaktoren erfordert den Einsatz von Wissen, da die über das gesamte betriebswirtschaftliche Geschehen vorliegenden Informationen zweckorientiert vernetzt werden müssen“.[145]

Zum individuellen Wissen gesellt sich nun das **kollektive Wissen**[146], bei dem Wissen von mehreren Personen gleichzeitig gehalten werden kann und das erst durch das Zusammentreffen der Wissensträger seinen vollen Nutzen entfaltet. Als Netz von Beziehungen ist es nicht in Einzelteile zerlegbar. Das Wissen der Organisation[147] ist dabei mehr als die Summe aus dem Wissen ihrer Mitglieder, da es zusätzlich in Organisationsprinzipien, Verhaltensregeln sowie Produktionstechnologien verankert ist und durch die Interaktion zwischen den Mitgliedern der Organisation zum Ausdruck kommt.[148]

PAUTZKE, der sich u.a. mit organisationalen Lerntheorien beschäftigt und vor allem in der deutschsprachigen Literatur vielfach Verwendung gefunden hat, stellt die gesamte organisati-

---

144 KLOSA sieht z.B. die Weitergabe und Kommunikation von Wissen im Mittelpunkt von Wissensmanagement. Vgl. [KLOSA 2001, S. 17]. Seine Meinung ist vor dem informationstechnologischen Hintergrund seiner Arbeit verständlich.

145 Vgl. [REHÄUSER/KRCMAR 1996, S. 4].

146 Siehe für eine ausführliche Erklärung kollektiven Wissens [SCHÜPPEL 1996, S. 76ff.] und die Anmerkungen zu personenabhängigen Wissensträgern in Kapitel 2.1.1.3.

147 LEHNER spricht von einem organisatorischen Gedächtnis (angels.: Organisational Memory) anstelle vom Wissen der Organisation und meint damit die Summe der Daten, Informationen und des Wissens eines Unternehmens. Vgl. [LEHNER 2000, S. 112ff.]. NONAKA/TAKEUCHI bezeichnen mit Unternehmenswissen die Fähigkeit eines Unternehmens, Wissen zu erzeugen, es in der Organisation zu verbreiten und ihm in Produkten, Dienstleistungen und Systemen Ausdruck zu verleihen. Vgl. [NONAKA/TAKEUCHI 1997, S. 13].

148 Vgl. [ZIMMERMANN 1999, S. 31].

onale Wissensbasis hinsichtlich der *Wahrscheinlichkeit der Verwendung* des jeweiligen Wissens in organisatorischen Entscheidungsprozessen in fünf Schichten dar.[149]

Dieses Schichtenmodell visualisiert die Aufgabe, die „infrastrukturellen und organisatorischen Voraussetzungen für eine lernende Organisation zu schaffen, damit die organisationale Wissensbasis genutzt, verändert und fortentwickelt werden kann."[150] Es stellt also das Ziel der Externalisierung allen Wissens, d.h. die finale Überführung verschiedener Wissensarten in eine von allen geteilte Wissensbasis, das so genannte kollektive Wissen, in den Mittelpunkt.[151] Auf eine mögliche Unterstützung der Lernprozesse durch geeignete IKT wird in der Arbeit von PAUTZKE nicht eingegangen.[152]

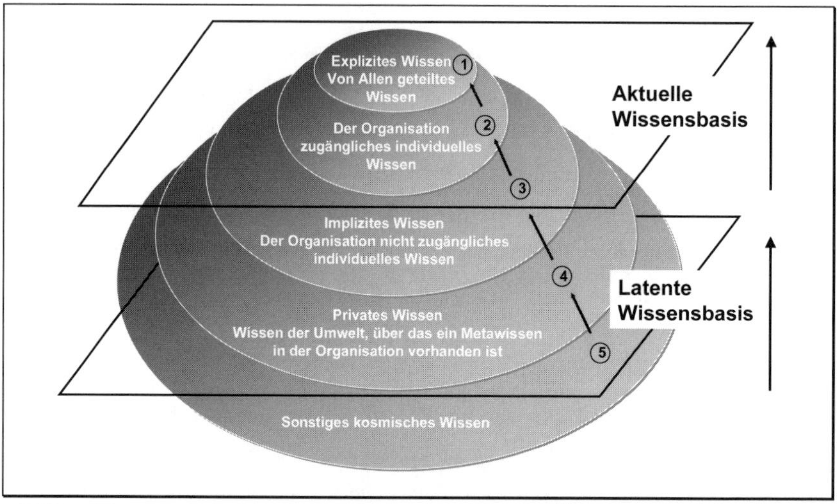

Abbildung 2-2: Schichtenmodell der organisationalen Wissensbasis[153]

Da die Organisation jedoch nicht vollständig über die Information verfügt, welches Wissenspotenzial ihre Mitarbeiter besitzt und die Mitarbeiter auch nicht alles Wissen preisgeben, entsteht hier eine Lücke, die es durch den gezielten Einsatz von Wissensmanagement und die Harmonisierung der individuellen Lern- und Wissenskulturen auf den verschiedenen Hierar-

---

[149] Vgl. [PAUTZKE 1989, S. 87].
[150] Vgl. [REHÄUSER/KRCMAR 1996, S. 18].
[151] Trotz der Brisanz, die das Streben nach absoluter Externalisierung allen Wissens in sich trägt, wird das Modell hier aufgeführt. Erstens wird es häufig in der Literatur zitiert und kann so zumindest als Ausgangspunkt für weitere Überlegungen dienen. Zweitens kann das dynamische SECI-Modell von NONAKA als Erweiterung und Optimierung des Modells von PAUTZKE angesehen werden.
[152] Vgl. [KLOSA 2001, S. 27].
[153] In Anlehnung an [PAUTZKE 1989, S. 87].

chiestufen[154] zu schließen gilt, denn erst kollektives Organisationswissen trägt dazu bei, längerfristige Wettbewerbsvorteile zu erringen.[155]

SCHMIEDEL-BLUMENTHAL und SCHÜPPEL[156] führen an, dass der Begriff der organisationalen Wissensbasis ursprünglich auf eine Definition von DUNCAN/WEISS[157] im Jahr 1979 zurückgeht, die als deren Grundelemente die Mitarbeiter mit ihrem spezifischen Wissen, ihren Qualifikationen und Fähigkeiten betrachteten. Dagegen hat ALBRECHT[158] recherchiert und folgt damit PAUTZKE[159], dass KIRSCH den Begriff bereits in unveröffentlichten Arbeitspapieren 1974 bzw. 1975 verwendete, aber erst 1990 sein Verständnis offenkundig machte, indem er sagte, dass die organisationale Wissensbasis „(...) all jenes Wissen, welches den Mitgliedern im Prinzip verfügbar ist (...)“[160] umfasst. SCHMIEDEL-BLUMENTHAL führt im Zusammenhang mit der organisationalen Wissensbasis auch den Begriff der **Kernkompetenzen**[161] auf, die er als durch Kombination von funktionsübergreifenden Wissensbeständen entwickelte Fähigkeiten[162] versteht, die für den Erfolg des Unternehmens langfristig entscheidend sind[163]. Diese Kernkompetenzen müssen sich jedoch nicht auf Technologien oder auf das Produktangebot eines Unternehmens beziehen, sondern können als Ergänzung zu Kernprozessen auch aus Sekundärbereichen (unterstützende Leistungen wie z.B. Qualitätsmanagement) stammen. Sie können in Fach- und Methoden-, Sozial- und Personalkompetenz unterschieden werden.

Aus der organisationalen Wissensbasis kann auch eine besondere Bedeutung für den Lernprozess abgeleitet werden. So können Lernfortschritte vor allem dann erreicht werden, wenn die Wissensbasis so verändert und entwickelt wird, dass sich hierdurch das Handlungsvermögen der Organisation erhöht. Dies veranschaulicht, dass es nicht nur um eine quantitative Erweiterung der Wissensbasis geht, sondern eine zielgerichtete Entwicklung verfolgt werden muss. Zielgerichtet heißt, dass das Wissen für alle Organisationsmitglieder[164] nützlich und nutzbar ist und dass es geeignet ist, bestehende Kernkompetenzen auszubauen bzw. neue zu

154 Vgl. [SCHEIN 1996].
155 Vgl. [SCHNEIDER 1996, S. 22].
156 Vgl. [SCHMIEDEL-BLUMENTHAL 2000, S. 85], [SCHÜPPEL 1996].
157 Vgl. [DUNCAN/WEISS 1979].
158 Vgl. [ALBRECHT 1992, S. 83].
159 Vgl. [PAUTZKE 1989, S. 76].
160 Vgl. [KIRSCH 1990, S. 500]. Ob das jeweils individuelle Wissen oder das kollektive Wissen gemeint ist, geht aus den Ausführungen von KIRSCH nicht hervor. Eine gewisse Unschärfe darf hier kritisiert werden.
161 Siehe zum Begriff der Kernkompetenzen auch die Tabelle 2-2 sowie [NORTH 1999, S. 42f.], [REINMANN-ROTHMEIER 1999, S. 113], [PROBST 1999B], [PROBST ET AL. 2000], [KRÜGER/HOMP 1997].
162 Die hier genannten Fähigkeiten meinen die organisationalen Fähigkeiten.
163 Vgl. [NORTH 1999, S. 43].
164 Im extraorganisationalem Umfeld gilt das auch für die Interaktion mit Kunden, Partnern und Lieferanten.

entwickeln[165].

Die wachsende externe Komplexität bei gleichzeitig geringerer verfügbarer Reaktionszeit und verkürzten Innovationszyklen[166] erfordert daher eine höhere organisatorische Lernfähigkeit[167]. Dieser Wandel zur „Wissensorganisation“[168] setzt auch neue Managementtechniken zur Planung, Steuerung, Organisation und Kontrolle der Ressource Wissen voraus.

Da die Begrifflichkeiten des individuellen und organisationalen Lernens im weiteren Arbeitskontext von besonderer Bedeutung sind, werden sie im Nachfolgenden kurz beschrieben.[169]

2.1.2.1 Individuelles Lernen als Basis der Wissensgenerierung und -anwendung

„Lernen ist wie Rudern gegen den Strom.
Sobald man aufhört, treibt man zurück!“

Benjamin Britten (Britischer Komponist)

Die Erkenntnisse über das Lernen des Individuums werden begrifflich und inhaltlich auch auf Organisationen übertragen, so dass das individuelle Lernen als Basis für das organisationale Lernen bezeichnet werden kann[170].

Der Begriff des Lernens hat in der Psychologie seine Wurzeln und beschäftigt sich vor allem mit dem sichtbaren Verhalten des Individuums. Bei den kognitiven Lerntheorien dagegen stehen die im Individuum ablaufenden Prozesse, die als **Kognition**[171] bezeichnet werden, im Zentrum der Betrachtung. Da Lernen auch als die Entwicklung mentaler Strukturen verstanden wird, kann Lernen als ein aktiver und reflexiver Prozess aufgefasst werden, der sich in der Interaktion zwischen externen Umständen und internen kognitiven Strukturen ausdrückt. Aktion und Reflexion sind somit wichtige Dimensionen für ein Individuum, das Wissen ab-

---

165 Der Ausbau und die Entwicklung von Kernkompetenzen als „virtuelle“ Produkte von Beratungsdienstleistern ist eine wichtige Aufgabe und Herausforderung, die in Kapitel 2.4.4 und 2.4.5 nochmals aufgegriffen werden.

166 Vgl. [BLEICHER 1992, S. 26], der diesen Sachverhalt in der „Zeitschere von Komplexität und Dynamik“ dargestellt hat.

167 Vgl. [PROBST/BÜCHEL 1994, S. 3].

168 Hier wurde durch den Autor eine Anleihe bei REHÄUSER/KRCMAR getätigt, die die neuen Techniken zum Management des Wissens auf Grund des Wandels zu einer Wissensgesellschaft erforderlich halten. Vgl. hierzu [REHÄUSER/KRCMAR 1996, S. 10]. Da die Unternehmung selbst jedoch auch als System bzw. (Sub-) Gesellschaft gesehen werden kann (vgl. [SCHMIEDEL-BLUMENTHAL 2000, S. 29ff.]), ist diese Anleihe hier statthaft.

169 Für einen vertiefenden Überblick über diverse Auffassungen und Theorien zum Lernen sei auf [SCHÜPPEL 1996], [REINMANN-ROTHMEIER 1999, S. 36] und [SCHMIEDEL-BLUMENTHAL 2000, S. 61ff.] verwiesen.

170 Vgl. [SCHMIEDEL-BLUMENTHAL 2000, S. 61] und [NONAKA/TAKEUCHI 1997, S. 24], die von der Einzelinitiative als Anstoß für die Wissensschaffung in Unternehmen sprechen.

171 Kognition bzw. Wahrnehmung kann als Prozess beschrieben werden, durch den Objekte abgebildet bzw. repräsentiert werden. Vgl. [VARELA 1998, S. 35]. Sie drücken sich z.B. in mentalen Modellen, Analogien, Schemata und Paradigmen aus. Vgl. [NONAKA 1994, S. 16].

bilden (sprich speichern), mehren und anwenden will.

Die Unterstellung der Anwendung lässt sich mit der Veränderlichkeit der internen kognitiven Strukturen erklären, denn ohne das Einbringen externer Impulse in neue mentale Strukturen - also die Anwendung des Erlernten im Prozess des Lernen selbst - kommt es zu keinem Lernen. Kognitive Strukturen sind somit zugleich Ausgangspunkt und Resultat von Lernprozessen.[172] Der Informationsverarbeitungsansatz als neuere Konzeption auf dem Gebiet der kognitiven Lerntheorien, der den menschlichen Verstand als ein kybernetisches System[173] sieht, das Informationen verarbeitet, ist in diesem Zusammenhang jedoch kritisch zu sehen. Die reine Informationsverarbeitung impliziert ein reaktives Verhalten und vernachlässigt die kontinuierliche Anpassung und Veränderung des Individuums und der Umwelt durch die Interaktion der Beiden.[174]

Diese Fähigkeit eines Individuums, einer Gruppe, einer Abteilung, einer Organisation und der externen Umwelt zur kontinuierlichen Anpassung und Veränderung spielt im Rahmen des dynamischen Spiralmodells einer wissensorientierten Organisation nach NONAKA eine große Rolle und wird dort noch ausführlich behandelt.

Wie in der nachfolgenden Abbildung deutlich wird, kann auch das individuelle Lernen in einem Kreislauf aus den Prozessschritten Beobachtung/Wahrnehmung[175], Selektion (auf Grund von Komplexitätsreduktionsbedürfnissen[176]), Bewertung (vor dem Hintergrund bestehender Erfahrungen[177]), Wissensaufbau, Handlung und Rückmeldung visualisiert werden, der idealerweise zu einer Lernspirale und damit langfristig zu besseren Handlungsergebnissen führt.

Das individuelle Lernen ist damit ein Wissensaufbauprozess, der durch Anwendung im Pro-

---

172 Vgl. [SPADA/MANDL 1988, S. 6f.].

173 Die Kybernetik ist die Wissenschaft der Steuerung und Regelung von Systemen. Als ein kybernetisches System wird dasjenige gesehen, das dynamisch und in der Lage ist, den Prozess der Informationsverarbeitung zielgerecht aus seinen eigenen Relationen heraus zu regeln und zu steuern. Vgl. [GABLER 1992, S. 2791].

174 Die Sicht der Informationsverarbeitung wird auch durch NONAKA ET AL. im Zusammenhang mit der Betrachtung der Organisation als kybernetisches System kritisiert, indem sie sagen „The organisation is not merely an information processing machine, but an entity that creates knowledge through action and interaction. It interacts with its environment, and reshapes the environment and even itself (...)“. Vgl. [NONAKA/TOYAMA ET AL. 2000, S. 6].

175 Der Begriff der Beobachtung bezieht sich nicht nur auf visuelle, sondern auch auf auditive und in diesem Kontext weniger wichtige (z.B. Haut, Nase etc.) Wahrnehmung. Vgl. [VON NITZSCH 2002, S. 2f.], [GOLDBERG/VON NITZSCH 2000].

176 Für einen sehr gut verständlichen und reichhaltigen Überblick über verschiedene Möglichkeiten der Komplexitätsreduktion im Rahmen der Entscheidungslehre siehe [VON NITZSCH 2002] oder im speziellen Zusammenhang mit Finanztransaktionen siehe [GOLDBERG/VON NITZSCH 2000].

177 Hiermit ist nicht nur die Einordnung der Informationen in die bestehenden kognitiven Strukturen gemeint, sondern auch der Aufbau neuer mentaler Strukturen bzw. neuen Wissens. Vgl. [SCHMIEDEL-BLUMENTHAL 2000, S. 66].

zess selbst zu einer erhöhten Problemlösungsfähigkeit führt, das Handlungsspektrum des Individuums erweitert und dazu beiträgt, die Realität besser zu bewältigen.[178] Das nachhaltigste Lernen entspricht dabei dem unmittelbaren Erfahren.[179]

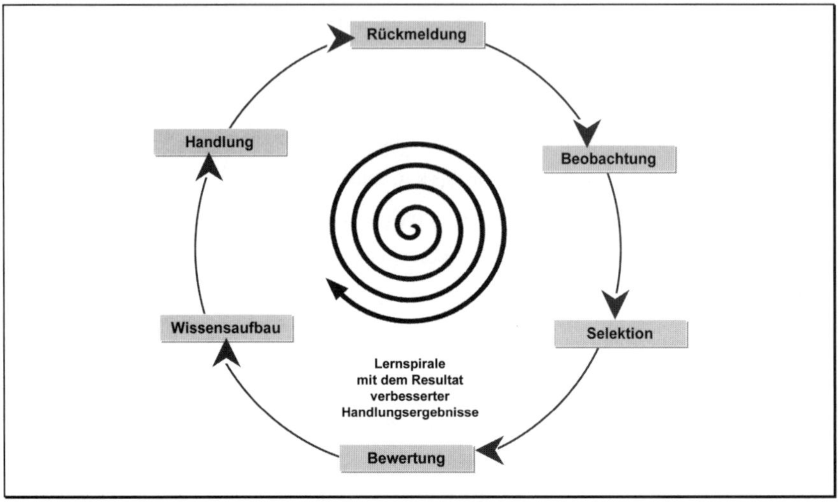

Abbildung 2-3: Der Kreislauf des individuellen Lernens[180]

Vor dem Hintergrund des Wissensverständnisses dieser Arbeit - insbesondere die Aneignung externen und Explizierung internen Wissens - und der damit verbundenen Notwendigkeit zur Organisierbarkeit und Strukturiertheit von Lernaktivitäten interessieren nicht alle Aspekte, die im Zusammenhang mit Lernen stehen können. Es soll daher in Anlehnung an SCHMIEDEL-BLUMENTHAL[181] die folgende **Definition individuellen Lernens** gelten, durch die der Lernbegriff eine anwendungsorientierte Interpretation erfährt:

> Lernen ist die Aufnahme externen Wissens durch Unterweisung und Nutzung, die Umwandlung in internes Wissen durch Reflexion und Erweiterung kognitiver Strukturen und hierauf aufbauend die Erzielung langfristig besserer Handlungsergebnisse.[182]

---

[178] In diesem Zusammenhang beschreibt [SCHMITZ 1992, S. 46] das Lernen als Erweiterung der Handlungsmöglichkeiten durch Veränderung der mentalen Modelle und Strukturen.

[179] Vgl. [NONAKA/TAKEUCHI 1997, S. 20].

[180] In Anlehnung an [SCHMIEDEL-BLUMENTHAL 2000, S. 67].

[181] Vgl. [SCHMIEDEL-BLUMENTHAL 2000, S. 67].

[182] Diese Definition impliziert nicht, dass Lernen immer bewusst stattfinden muss. Dieses wird z.B. deutlich in der Reaktion eines Kindes, das sich im Laufe des Tages die Finger an einer Herdplatte verbrannt hat. Am Abend wird es mit wiedergewonnener Fröhlichkeit von keinen neuen Lernerfolgen berichten können und trotzdem nie wieder eine Herdplatte berühren. Vgl. [LEVITT 1991, S. 17], zitiert in [NONAKA/TAKEUCHI 1997, S. 20].

2.1.2.2 Organisationales Lernen als Basis dauerhafter Wettbewerbsfähigkeit

„Wie viel der Mensch lernt, ist seine Sache, dass er die Möglichkeit dazu hat, unsere.“

Gerhard Schröder (Deutscher Bundeskanzler im Wahlkampf 2002)

Die Erkenntnisse zum individuellen Lernen werden auch auf das organisationale Lernen angewendet. Darüber hinaus hat sich in der Literatur bisher noch keine einheitliche Theorie des organisationalen Lernens herausgebildet[183], obwohl viele Interessierte[184] in diesem Feld forschen. Auch ARGYRIS/SCHÖN[185], die mit ihrer Kreation einer *dreistufigen Lernniveauunterscheidung* (Single-Loop-, Double-Loop- und Deutero-Learning bzw. Anpassungs-, Korrektur-/Veränderungs- und Meta-Lernen) und ihrem Verständnis von organisationalem Lernen als prozessualem Kontinuum durch die wissenschaftliche und praktische Gemeinde „geisterten“, sind nicht kritikfrei geblieben. Bezeichnet SCHREYÖGG[186] doch die Beschreibung von ARGYRIS/SCHÖN als nicht ausreichend, da die unbewussten Lernprozesse im Sinn selbstorganisierender Prozesse nicht berücksichtigt sind. Auch werden der kritische Begriff der Externalisierung nicht adressiert, wenig Aufmerksamkeit auf die Wichtigkeit der Sozialisation gelegt und der Aufbau von Wissensstrukturen nicht ausreichend thematisiert[187]. SENGE als weiterer Vertreter der Organisationsentwicklung mit weit reichender Verbreitung beschreibt *fünf „Disziplinen“*[188], die für die Lernfähigkeit einer Organisation entscheidend sind: eine geteilte Vision, mentale Modelle als Interpretationsschemata der Wirklichkeit, lernende Teams (die geistige Modelle teilen), individuelle Meisterschaft als Entwicklungsbereitschaft eines jeden Individuums sowie eine Systemperspektive (ganzheitliches Denken). Diese Instrumente sind vor allem sinnstiftende Wirkungsmechanismen und unterstreichen die Notwendigkeit, intensiv und frühzeitig auf die Sinnebene[189] einzuwirken, um kontinuierliches Lernen zu ermöglichen.

Alle vorgenannten Konzepte weisen eine strenge Orientierung in Richtung der Organisationsentwicklung auf. Daneben haben auch organisationale Lernansätze mit einer größeren Affinität zum Wissen eine breite Anerkennung gefunden und erfreuen sich großer Beliebtheit nicht

---

183 Vgl. [SCHMIEDEL-BLUMENTHAL 2000, S. 70].

184 Siehe für einen Überblick unterschiedlicher Vertreter und Modelle [PAWLOWSKY 1992, S. 205] und [GLÜCK 2002, S. 61ff.].

185 Vgl. [ARGYRIS/SCHÖN 1978].

186 Vgl. [SCHREYÖGG 1993, S. 36].

187 Vgl. [NONAKA/BYOSIERE ET AL. 1994, S. 340f.], [SCHMIEDEL-BLUMENTHAL 2000, S. 73].

188 Vgl. [SENGE 1998, S. 15ff.]. Die Ausführungen von SENGE zur Interaktion von Individuum und Organisation werden im Rahmen der Erklärungen zum Wasser-Modell der Münchener Schule (siehe Kapitel 2.1.3.4) noch größere Bedeutung erlangen, da dieses Modell hierauf basiert.

189 Die Unterscheidung verschiedener Schichten im Rahmen von Kulturüberlegungen wird in Kapitel 3.2.1 und folgende angestellt. Hier reicht es zu wissen, dass die Sinnebene die am tiefsten liegende Ebene von Kulturbetrachtungen ist.

nur in der wissenschaftlichen Gemeinde.

So definieren PROBST/BÜCHEL bspw. das organisationale Lernen als einen *Ablauf*, der zur *Veränderung der Wissensbasis* und somit zur *Verbesserung der Handlungskompetenz* des Unternehmens führt, und führen Lernfortschritte der Organisation auf die Veränderung der subjektiven Wirklichkeitskonstruktionen zurück.[190] Die Autoren MÜLLER-STEWENS/PAUTZKE vertreten ebenfalls eine wissensbasierte Definition der lernenden Organisation, indem sie zwischen *verschiedenen Zuständen von Wissen* und den dazu *führenden Prozessen* unterscheiden.[191] So beginnt der Lernprozess bei dem Individuum, indem es neues Wissen generiert, das in konkreten Handlungen erprobt wird. Dieses individuelle Lernen bringt das Individuum durch Kollektivierung (Abstimmung mit dem individuellen Wissen anderer) in die Organisation ein. Die Verprobung des Wissens in der Interaktion mit der Umwelt führt zu einer Akzeptanz des Wissens bei anderen Organisationsmitgliedern, was wiederum zu mehrfachen individuellen Lernprozessen führt.[192]

In den verschiedenen Ansätzen wird deutlich, dass auch auf organisationaler Ebene nur dann Lernfortschritte erreicht werden, wenn sich die Organisation in ihrem Handeln und in ihrer Interaktion mit der Umwelt verbessert. Die implizite Handlungsorientierung des individuellen Lernens wird somit auch auf das organisationale Lernen übertragen. Diese Lernfortschritte drücken sich dann vor allem in effektiverem und effizienterem[193] organisationalen Handeln aus.[194] Dabei ist es jedoch weniger entscheidend, ob die Organisation lernt, sondern wie schnell sie z.B. im Vergleich zu Mitbewerbern[195] lernt. Da als entscheidender Unterschied zwischen Unternehmen deren Reaktionsmuster und Reaktionszeit angesehen werden kann[196], ist es für Organisationen entscheidend, schnell zu lernen und ihre Kompetenz einzusetzen, um Wettbewerbsfähigkeit zu erlangen[197]. Was Schnelligkeit als relativer Faktor bedeuten kann,

---

190 Vgl. [PROBST/BÜCHEL 1994, S. 17 u. S. 25]. Womit die Aussage vom Anfang des Kapitels bestätigt ist, dass Erkenntnisse zum individuellen Lernen auf organisationales Lernen angewendet werden.

191 Vgl. [MÜLLER-STEWENS/PAUTZKE 1994, S. 194ff.].

192 Für einen detaillierten Überblick über den organisatorischen Lernzyklus siehe die Abbildung in [MÜLLER-STEWENS/PAUTZKE 1994, S. 195].

193 Effektivität wird verstanden als „das Richtige tun", Effizienz als „die Dinge richtig tun". Die Unterscheidung und langwierige Abwägung der Begriffe im Rahmen einer Wertediskussion wird nochmals in der Fallstudie bei SOFTLAB aufgegriffen.

194 Vgl. [SCHMIEDEL-BLUMENTHAL 2000, S. 76].

195 Die Verhältnismäßigkeit im Vergleich zu Mitbewerbern spielt auch im dynamischen Internationalisierungsmodell von KUTSCHKER eine wesentliche Rolle, der dieses auf den Internationalisierungsgrad eines Unternehmens projiziert. Dazu aber später in Kapitel 2.2.3 mehr.

196 Vgl. [KAKABADSE/FRICKER 1994, S. 69].

197 Vgl. [NORTH 1999, S. 41].

muss im Vergleich zu Mitbewerbern[198] oder zur Veränderungsgeschwindigkeit der Umwelt jeweils individuell für eine Organisation eruiert werden.

Unternehmen, die schneller als der Wettbewerb lernen und effizienter und effektiver handeln als der Wettbewerb, werden in der Literatur auch als **Hochleistungsorganisationen** bezeichnet[199]. Diese besitzen eine gute Basis, dauerhafte Wettbewerbsfähigkeit zu erlangen und zu erhalten.

Auf den bisherigen Ausführungen und Ansätzen[200] zum organisationalen Lernen fußend soll in Kapitel 2.1.3 eine Auswahl von Modellen zum ganzheitlichen Wissensmanagement vorgestellt werden, die in ihrer Kombination die Basis zur Wissensorientierung im internationalen Geschäftsumfeld bilden. Die Ganzheitlichkeit bezieht sich hierbei entweder auf die Abgeschlossenheit der Modelle in Bezug auf einen Kreislauf (Zielsetzung, Umsetzung, Kontrolle) oder auf die Berücksichtigung der verschiedenen Dimensionen Mensch/Kultur, Organisation/Prozess und Technik[201].

2.1.3 Wissensmanagement und Strategie

Die Erkenntnis, dass ein Vorsprung bei wirtschaftlich relevantem Wissen den zentralen Wettbewerbsvorteil der Zukunft darstellt, hat in der Unternehmenspraxis breite Anerkennung gefunden. Noch vor wenigen Jahren betrieben Umfragen zufolge erst rund ein Viertel der Unternehmen Wissensmanagement - aber nahezu alle sind sich heute der Bedeutung dieses Themas bewusst und planen in den kommenden Jahren die Implementierung von Instrumenten und Technologien zur Erschließung und Bewirtschaftung der Ressource Wissen.[202]

Nach ALBRECHT[203] wurzelt der Begriff des Wissensmanagements ursprünglich im Begriff des „Knowledge Managements" von HERTZ[204] aus dem Jahr 1988. Ein früheres Auftauchen ähnlicher Begriffe ist u.a. in „Managing the Knowledge Organization" von ZAND und in „The Age of Discontinuity" von DRUCKER zu registrieren[205]. In der deutschsprachigen Literatur dagegen

---

198 Hierfür wird häufig der Begriff des *„Benchmarkings"* benutzt.

199 Vgl. [SCHMIEDEL-BLUMENTHAL 2000, S. 77], der den Hochleistungsorganisationen zusätzlich bessere Steuerung der Lernprozesse, mehr Flexibilität in Bezug auf Umweltveränderungen und bessere Antizipation zukünftiger Marktchancen testiert.

200 Siehe für einen Vergleich verschiedener Ansätze organisationalen Lernens [MAIER/KLOSA 1999, S. 9f.].

201 ALBRECHT definiert die Ganzheitlichkeit als Berücksichtigung von human- und technikorientierten Ansätzen sowie der Interaktion zwischen diesen. Vgl. [ALBRECHT 1992, S. 94ff.]. Obwohl grundlegend dieser Auffassung gefolgt werden kann, fehlt dem Autor in der Betrachtung ALBRECHTS die explizite Berücksichtigung der organisationalen und prozessualen Komponenten.

202 Vgl. [BULLINGER/WÖRNER ET AL. 1997, S. 16], [DELPHI 1997].

203 Vgl. [ALBRECHT 1992, S. 94].

204 Vgl. [HERTZ 1988, S. 114].

205 Vgl. [ZAND 1969], [DRUCKER 1969].

wird der Begriff Wissensmanagement erstmals von KLEINHANS 1989 und FOHMANN 1990 benutzt[206].

Teilt man den Begriff Wissensmanagement in seine Bestandteile[207], so weiß man recht schnell und intuitiv, was der Begriff Management ausdrücken soll. Ein deutsches Wort, das man sinngemäß anwenden könnte, findet sich jedoch nicht so schnell. Ursprünglich wurde er nur als Übersetzung für die Tätigkeit aller Führungsorgane in Form von leitender, dispositiver Arbeit, d.h. synonym für die Leitung und Weisungsbefugnis benutzt.[208] Das Management ist jedoch mehr als das und lässt sich aus unterschiedlichen Perspektiven interpretieren. Management ist auch als komplexe Aufgabe zu verstehen, innerhalb der Bewertungen vorgenommen, Analysen durchgeführt, Entscheidungen getroffen und Kontrollen ausgeübt werden.[209]

Im Duden findet man daher neben Leitung, Führung und Organisation noch diverse andere Umschreibungen, wobei der Begriff des Organisierens[210] noch am ehesten als Beschreibung herangezogen werden könnte. Durch die Verbindung der Begriffe Wissen und Management soll daher die Absicht ausgedrückt werden, das Wissen im Unternehmen organisieren zu wollen.[211] Hieraus ergeben sich vielfältige Aufgabenstellungen, die unterschiedlich angegangen werden und in verschiedenen Definitionen, Konzepten und Modellen[212] ihren Niederschlag finden.

2.1.3.1 Strategische Implikationen

Vor allem in der westlichen Welt wurden viele Theorien des strategischen Managements in der Vergangenheit[213] entworfen und fokussierten in unterschiedlicher Art und mit unterschiedlicher Methodik häufig auf explizite Informationen und Informationsträger. Als ein bekannter Vertreter dieser Strategiediskussion sei hier exemplarisch PORTER[214] genannt, der sich

---

206 Vgl. [KLEINHANS 1989, S. 26], [FOHMANN 1990, S. 8].

207 Der Bestandteil Wissen wurde ausführlich in Kapitel 2.1.1 behandelt und soll daher in diesem Abschnitt vernachlässigt werden.

208 Vgl. [WÖHE 1990, S. 95].

209 Vgl. [KRCMAR 1997, S. 27].

210 Verstanden als zyklische Verhaltensstrukturen, die durch die Entwicklung gemeinsamer Bedeutungen und Auffassungen sinnvoll und durch das Erzielen von Konvergenz gekennzeichnet werden. Vgl. [WEICK 1985], zitiert in [NONAKA/TAKEUCHI 1997, S. 54f.].

211 Vgl. [KLOSA 2001, S. 9]. Der ständig schwelende Streit, ob Wissen direkt oder nur über das Organisieren von Kontexten mittelbar steuerbar ist, soll hier nicht weiter entfacht werden. Es ist jedoch wichtig, sich dieser beiden unterschiedlichen Auffassungen bewusst zu sein.

212 KLOSA macht unterschiedliche Sichtweisen auf das Wissensmanagement für die tlw. sehr großen Unterschiede in den Konzepten verantwortlich. Siehe seine exemplarische Darstellung in [KLOSA 2001, S. 24ff.].

213 Siehe die historischen Entwicklungsstufen des strategischen Denkens bei [GLÜCK 2002, S. 115].

214 Vgl. [PORTER 1986].

mit seinem *„Fünf-Kräfte-Modell“* an der Schaffung und Bewahrung von Wettbewerbsvorteilen orientierte. Da er jedoch genauso wie andere strategisches Wissen als gegeben annahm und sich eher auf eine Betrachtung statischer Markt- und Branchenstrukturen konzentrierte, ist er vor allem vor dem Hintergrund dynamischer Marktentwicklungen, Konkurrenzsituationen und einer modernen Wissensorientierung in die Kritik geraten.[215]

Traditionelle Strategieüberlegungen sind nach NONAKA/TAKEUCHI darüber hinaus als kritisch zu betrachten, da sie u.a. implizite Komponenten wie Werte und Überzeugungen nicht berücksichtigen, einen hierarchischen Führungsstil mit exklusiver Nutzung expliziten Wissens durch die Unternehmensspitze voraussetzen und im Wissen keinen wesentlichen Wettbewerbsfaktor sehen.[216] Zumindest der letztgenannte Punkt lässt an der Aussagekraft derartiger Strategiebetrachtungen auf Grund der zunehmenden Wissensorientierung der Gesellschaft Zweifel aufkommen. Hier scheint ein neues, dynamisches und flexibles Strategieverständnis von Nöten.

Wissensmanagement berührt nach PROBST ET AL. die Ebene des strategischen Managements dort, wo es um langfristige Sicherung von Wettbewerbsvorteilen geht.[217] Als eine **Aufgabe von Wissensmanagement** gilt es, die Handlungskompetenz der Organisation zu erweitern und Voraussetzungen für das Handeln der Unternehmung zu schaffen. Wissensmanagement ist in diesem Zusammenhang als ein Unternehmenskonzept zu beschreiben, das die wissensorientierte Betrachtung der Organisation in den Vordergrund stellt und die Verantwortung der Unternehmensführung für die Ressource Wissen hervorhebt. Das Wissensmanagement wird daher zur Aufgabe der Unternehmensführung.[218] Die Erledigung dieser Aufgabe sieht NORTH bspw. in der Ausgestaltung aller Stufen seiner „Wissenstreppe“ und weist darauf hin, dass bei Nichtausbildung einzelner Stufen die große Gefahr des Stolperns besteht.[219]

Die Herausforderungen für ein Unternehmen liegen dabei in der Integration und Kombination bestehender mit neuen, eigens für die wissensbasierten Aktivitäten konzipierten Methoden und Instrumente, um die Handlungskompetenz der Organisation im Vergleich zu den Wettbewerbern schneller und zielgerichteter zu entwickeln.

Dieses Ziel verfolgend, hat es seit geraumer Zeit einen enormen Anstieg von Veröffentlichun-

---

215 Vgl. [NONAKA/TAKEUCHI 1997, S. 55 u. S. 60f.].
216 Vgl. [NONAKA/TAKEUCHI 1997, S. 55].
217 Vgl. [PROBST ET AL. 1999, S. 60].
218 Vgl. [ALBRECHT 1992, S. 97].
219 Vgl. [NORTH 1999, S. 43].

gen zum Thema Wissensmanagement gegeben, und die Tendenz ist steigend. Auch eine Zunahme von in hohen Hierarchiestufen angesiedelten Projekten und viel versprechenden Titeln und Rollen wie z.B. Chief Knowledge Officer oder Director Intellectual Capital sind in der Praxis zu verzeichnen.

In der Vergangenheit war Wissensmanagement in den Führungsetagen noch nicht zum „Mussprogramm" avanciert[220]. Obwohl sich Wissensmanagement in der Literatur und in der Forschung immer größerer Beliebtheit erfreut, ist diesem Thema zumindest auf den Führungsebenen der Unternehmen der große Durchbruch nach wie vor versagt geblieben. Dieses mag daran liegen, dass das Top-Management noch immer mit Wissensmanagement ein technologisches Thema verbindet. Die Vielzahl der in Unternehmen verfügbaren Funktionen und Systeme hat KLOSA erkundet und dargestellt.[221] SCHMIEDEL-BLUMENTHAL schließt sogar auf eine mangelnde Viabilität verschiedener Ansätze zum Wissensmanagement und den daraus resultierenden Schwierigkeiten bei der Implementierung eines funktionierenden Systems.[222] Vor diesem Hintergrund wurden im folgenden Kapitel zur Modellierung des internationalen Wissensmanagements Konzepte aus dem Wissensmanagement[223] und dem internationalen Management entnommen, die einen großen Praxisbezug aufweisen und sich tlw. schon in der Praxis bewährt haben.

Vor Beginn der Darstellung der ausgewählten Konzepte ist noch eine **Arbeitsdefinition von Wissensmanagement** in Unternehmen notwendig, die die Darstellung und Auswahl der Elemente leitet:

> Wissensmanagement in Unternehmen wird als Managementkonzept[224] und Führungskonstrukt[225] verstanden, welches humanorientierte, organisatorische, prozessuale und (informations-)technische Methoden und Mittel instrumentell einsetzt, um Prozesse des Wissenstransfers, der Wissensgenerierung und der Wissensanwendung im Sinn der übergeordneten Unternehmensziele kontextorientiert und optimal zu organisieren. Das Wissensmanagement kommt demnach nur in solchen Projekten und Arbeitsschritten zum Einsatz, in denen der Ressource Wissen eine entscheidende Rolle zur Erreichung von Projektzielen und Arbeitsergebnissen zuzuordnen ist.

Aus diesem Grunde muss es keine dedizierten Wissensmanagementprojekte geben, sondern

---

220 Vgl. [SCHNEIDER 1996, S. 24].
221 Vgl. [KLOSA 2001].
222 Vgl. [SCHMIEDEL-BLUMENTHAL 2000, S. 91].
223 Für Synopsen und Beurteilungen verschiedener Konzepte siehe [NORTH 1999, S. 167], [LEHNER 2000], [SCHINDLER 2000, S. 38 u. S. 53f.] und [AMELINGMEYER 2000, S. 29f. u. S. 40f.].
224 Im Widerspruch zu ALBRECHT, der keinen neuen Managementansatz sieht. Vgl. [ALBRECHT 1992, S. 97f.].
225 Vgl. [SCHMIEDEL-BLUMENTHAL 2000, S. 90], der sich aber in seiner Reichweite auf die Gestaltung der organisationalen Wissensbasis beschränkt.

es sollen in allen täglichen und üblichen Arbeitsaktivitäten die entsprechenden Wissensmanagementüberlegungen berücksichtigt werden, z.B. Projekte mit dem Ziel, das Wissen über Kunden besser zur Anwendung zur bringen. Wissensmanagement ist somit nicht als separates System oder IKT-Tool oder endliches Projekt zu verstehen, sondern als ergänzendes Instrument mit anderen Managementkonzepten wie Personal-, Qualitäts- oder Finanzmanagement gleichzusetzen.

2.1.3.2 Baustein-Modell nach Probst/Raub/Romhardt

Eine ganzheitliche Sicht verfolgen mehrere theoretische Ansätze zum Wissensmanagement. Einen aus praktischen Fällen im Rahmen von Aktionsforschung abgeleiteten Ansatz verfolgen PROBST/RAUB/ROMHARDT, die in enger Zusammenarbeit mit der Praxis[226] verschiedene Bausteine des Wissensmanagements identifiziert und in einem Managementkreislauf zusammengefasst haben.

Dieser Ansatz entstammt einer Gruppe führender Unternehmen, die 1995 in der Schweiz das „Forum für organisationales Lernen und Wissensmanagement“ mit dem Anliegen gegründet haben, durch den Austausch von Ideen und ein systematisches Benchmarking die als höchst relevant eingeschätzte Thematik aufzugreifen und in die Praxis umzusetzen. Dieses Forum wurde von wissenschaftlicher Seite durch die an der Universität Genf angesiedelte „Geneva Knowledge Group“ unterstützt. Das Baustein-Modell hat seine Validierung über kollaborative empirische Arbeiten mit Unternehmen wie z.B. dem Schweizer Bankverein, der Schweizer Telecom PTT, der DG Bank, DaimlerChrysler AG Forschung Gesellschaft und Technik, Arthur Andersen, Bertelsmann, ABB Consulting AG und Skandia bewiesen.[227] Hierdurch konnten sowohl neue theoretische Erkenntnisse als auch eine große Praxisnähe erzielt werden.

Die große Praxisorientierung des Modells hat auch dazu geführt, dass es später in der allgemeinen Praxis breite Anerkennung und vor allem im deutschsprachigen Europa als Quasi-Standard große Popularität erlangt hat.

Das integrative Konzept, das in erste Linie als Analyserahmen und Denkmodell gerade für die Praxis dient, soll ausdrücklich keine generelle Machbarkeit suggerieren.[228] Es soll an konkreten Fragestellungen ankoppeln und somit den Implementierungserfolg erhöhen. In diesem Zusammenhang erscheint es sinnvoll, Wissensmanagement innerhalb des strategischen Ma-

---

[226] Vgl. [ROMHARDT 1998, S. 8], der mit seiner durch die Schweizerische Gesellschaft für Organisation prämierten Dissertationsarbeit einen wesentlichen Beitrag zur Entwicklung des Baustein-Modells geleistet hat.
[227] Vgl. [NORTH 1999, S. 167], der auf den Einbezug von Praktikern in die Konzeption des Modells verweist.
[228] Vgl. [BENDT 2000, S. 37].

nagements anzusiedeln. Wissensmanagement hat dann zum Ziel, organisationale Kompetenz zu entwickeln, die wiederum zum Aufbau und zur Nutzung von Wettbewerbsvorteilen dient.

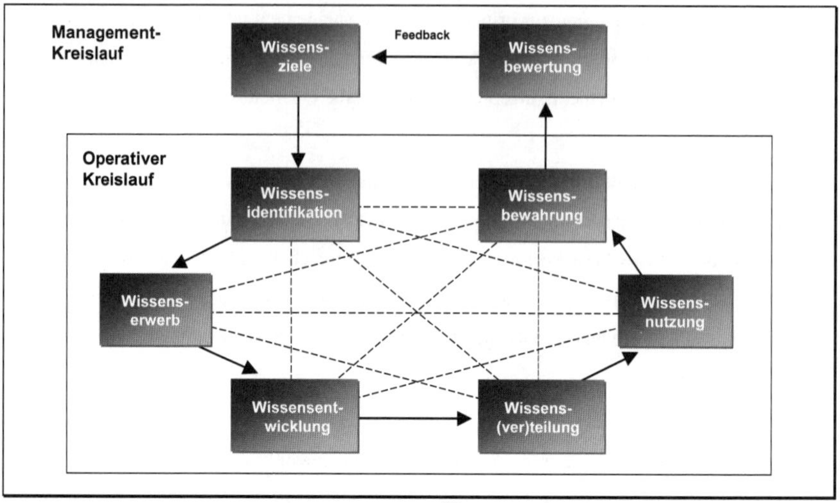

Abbildung 2-4: Bausteine des Wissensmanagements[229]

Neu im Vergleich zu anderen Konzepten ist die Integration der Bausteine in einem umfassenden Managementprozess, der ausgehend von den Wissenszielen bis hin zur Bewertung der Zielerreichung definiert ist. So unterteilt sich das Modell in einen strategischen (Zielsetzung, Umsetzung und Bewertung) und in einen operativen Kreislauf, der hauptsächlich operative Probleme abbildet[230]. Die Umsetzung der Ziele erfolgt in einem inneren Kreislauf, in dem sich die sechs Kernprozesse befinden, welche die Interventionsfelder für Wissensmanagementaktivitäten darstellen.

Die gestrichelten Verbindungen zwischen den Bausteinen weisen darauf hin, dass die jeweiligen Prozesse nicht linear ablaufen und nicht alle Bausteine zum Einsatz kommen müssen, obwohl sie in einem interdependenten Verhältnis zueinander stehen. Im Folgenden werden die Bausteine kurz dargestellt[231], wobei die Fragestellung der Arbeit eine nähere Auseinandersetzung mit den Bausteinen der Wissensentwicklung, -(ver-)teilung und vor allem der Wissensnutzung erfordert.

Im äußeren Kreislauf, dem eigentlichen Managementkreislauf, werden die Bausteine Wis-

---

229 In Anlehnung an [PROBST ET AL. 1999, S. 58].

230 Vgl. [GEHLE/MÜLDER 2001, S. 35].

231 Siehe ausführlich [PROBST ET AL. 1999]. Einen Überblick geben auch [ROEHL/ROMHARDT 1997] und [PROBST/ROMHARDT 1997].

sensziele und Wissensbewertung als strategische Steuerungsaufgaben angesiedelt. Hier beginnt der Wissensmanagementprozess.

Bei dem Baustein **Wissensziele** stellen sich PROBST ET AL. die Frage, wie sie den unterschiedlichen Lernanstrengungen eine Richtung geben können.[232] Diese Fragestellung dient als Orientierungsmaßstab für die Aktivitäten des Wissensmanagements und verdeutlicht, dass sich PROBST ET AL. auch mit organisationalem Lernen beschäftigen und diese Überlegungen in ihr Modell haben einfließen lassen. Dabei unterscheiden sie zwischen normativen, strategischen und operativen Wissenszielen. *Normative* Wissensziele betreffen die Schaffung einer wissensbewussten Unternehmenskultur. *Strategische* Wissensziele legen das organisationale Kernwissen fest und beschreiben somit den zukünftigen Kompetenzbedarf des Unternehmens. *Operative* Wissensziele unterstützen die Umsetzung der normativen und strategischen Wissensziele und geben somit die Auswahl und Richtung der jeweiligen Wissensbausteine des operativen Zyklus vor. Die Wissensziele stellen demnach eine bewusste Ergänzung bei der Definition von Unternehmens- und Organisationszielen dar.

In dem Baustein **Wissensbewertung** steht die Frage im Mittelpunkt, wie man den Erfolg der Lernprozesse messen kann. In diesem Baustein finden Methoden zur Messung der verschiedenen Wissensziele Anwendung, die u.a. die Qualität der formulierten Zielvorstellungen festhalten. Hierbei sind aber in Abweichung von z.B. erprobten Finanzindikatoren neue Wege zu beschreiten.[233] Diese neuen Wege jenseits traditioneller und quantitativer Methoden werden durch die Spezifika der Ressource Wissen erforderlich, da für Wissen und Fähigkeiten nur wenige brauchbare Indikatoren und Messverfahren existieren[234] und ein Benchmarking für diese „weichen" Faktoren (zuzüglich der Unternehmenskultur) in Ansätzen erst versucht wird.[235] Um jedoch den Kreislauf des Wissensmanagements zu vollenden, muss eine Prüfung der Qualität der formulierten Wissensziele anhand einer Erfolgsbewertung vorgenommen werden, denn erst wenn die Produktivität des Wissens in der Art eines RoK - Return on Knowledge - gemessen werden kann, erhält es die angemessene Aufmerksamkeit des Managements.[236]

Analog zu fehlenden wissenschaftlichen Konzepten mangelt es in der Praxis bis heute auch an

232 Vgl. [PROBST ET AL. 1999, S. 57].
233 Vgl. [PROBST ET AL. 1999, S. 58].
234 Vgl. [BULLINGER/WÖRNER ET AL. 1998, S. 32].
235 Vgl. [O.V. 1999E, S. 28].
236 Vgl. [SCHMITZ/ZUCKER 1996, S. 20].

Instrumenten und Werkzeugen für die Wissensbewertung.[237] So existieren zwar verschiedene Ansätze, im operativen Bereich mit Hilfe von IKT den Nutzungsgrad gespeicherter Wissensbestände zu bestimmen, doch eine Bewertung und Bilanzierung des Umfangs und der Qualität des Wissens im engeren Sinne stellt dies nicht dar.

Obwohl es sich bei der Wissensbewertung um eine äußerst schwierige Aufgabe handelt[238], ist deren Lösung unerlässlich, will man den effizienten Umgang mit Wissen in der Unternehmung auch nachweisen. Da die Messung und Bewertung der wissensbasierten Maßnahmen gerade in der Internationalität ein schwieriges Unterfangen bedeuten, sollen einige Überlegungen in Kapitel 5.5.4 skizziert werden, um so zur Erfüllung dieser anspruchsvollen Aufgabe beizutragen. Denn wenn eine Wissensbewertung gelingt, ist damit die Basis für ein umfassendes Wissenscontrolling geschaffen, in dessen Rahmen die Umsetzung der normativen, strategischen und operativen Wissensziele überwacht und ggf. Anpassungen vorgenommen werden können.[239]

Im inneren Kreislauf, dem eigentlichen Umsetzungskreislauf, werden die verschiedenen Bausteine Identifikation, Erwerb, Entwicklung, (Ver-)Teilung, Nutzung und Bewahrung aneinandergereiht. Mit ihnen erfolgt die operative Umsetzung der jeweiligen Zielsetzungen, die ein Unternehmen im Rahmen der Wissensüberlegungen anstrebt.

Bei der **Wissensidentifikation** fokussiert man sich auf die Schaffung einer angemessenen Transparenz über das vorhandene Wissen, welches sowohl intern als auch extern vorhanden sein kann. „Gerade multinationale Großunternehmen klagen darüber, dass sie in wichtigen Bereichen den Überblick über ihre internen Fähigkeiten und Wissensbestände verloren haben."[240] Ein hinreichendes Maß an Transparenz für die Organisation und die Mitarbeiter ist somit eine der Aufgaben von Wissensmanagement und lässt sich über diverse IKT-Tools wie z.B. Expertenverzeichnisse und Wissenslandkarten sowie andere Instrumente wie bspw. Best Practices erzielen. Moderne IKT eröffnet dabei zahlreiche neue Möglichkeiten; im Mittelpunkt sollte allerdings immer der Mensch stehen.[241] Neben den Organisationsmitgliedern gelten auch Organisationsgruppen und Wissensträger außerhalb der Organisation als Adressaten möglicher Intervention.[242] Transparenz lässt sich in diesem Sinne bspw. über Horchposten,

---

237 Vgl. [BULLINGER/WÖRNER ET AL. 1998, S. 20].
238 Vgl. [PROBST ET AL. 1999, S. 321f.].
239 Vgl. [PROBST ET AL. 1999, S. 321f.], [PROBST/ROMHARDT 1997, S. 141], [ROEHL/ROMHARDT 1997, S. 44].
240 Vgl. [PROBST ET AL. 1999, S. 103].
241 Vgl. [BENDT 2000, S. 38].
242 Vgl. [SCHÜPPEL 1996, S. 197].

Berater und Expertennetzwerke erzielen.

In dem Baustein **Wissenserwerb** stellen sich PROBST ET AL. die Frage, wie explizites Wissen akquiriert werden kann. Auf Grund der Wissensvielfalt, -komplexität und -dynamik ist es für Unternehmen nicht immer möglich oder effizient, bestimmtes Wissen selbst zu entwickeln. Hier geht es also um die Beschaffung externer Wissensträger in Form neuer Mitarbeiter, Erwerb von Wissen anderer Unternehmen und Stakeholder über Kauf oder Übernahme, Aktivierung von Kunden, Partnern und Lieferanten in Netzwerken und Allianzen oder um den Kauf von Wissensprodukten (z.B. CD-Roms, Online-Datenbanken). Die Aufzählung verdeutlicht die Nähe dieser Wissensaktivitäten zur Personalbeschaffung, zu M&A-Aktivitäten und zum Relationship Management[243]. Problematisch ist der Erwerb von Wissen, wenn dieses den unternehmensspezifischen Bedürfnissen nicht in ausreichendem Maße Rechnung trägt oder wenn es zu Abwehrreaktionen auf Grund der Fremdartigkeit des Wissens[244] kommt. Neben dem Erwerb aktuellen Wissens (Fertigkeiten) sind auch Investitionen in die Zukunft mit Potenzialcharakter (Fähigkeiten) von Bedeutung.[245]

Bei der **Wissensentwicklung** geht es darum, wie neues Wissen aufgebaut wird. Während sich die traditionelle Auffassung von Wissensentwicklung hauptsächlich an der Entwicklung und Anwendung neuer natur- und ingenieurwissenschaftlicher Erkenntnisse orientierte, umfasst ein ganzheitlicher Wissensmanagementansatz sämtliche organisationalen Lernprozesse, insbesondere auch soziale Phänomene in der Organisation.[246] Dieses meint die Produktion neuer Fähigkeiten und Produkte, besserer Ideen sowie leistungsfähigerer Prozesse. Es wird daher in diesem Baustein der allgemeine Umgang eines Unternehmens mit neuen Ideen und der Kreativität der Mitarbeiter untersucht. Die Wissensentwicklung ist vorteilhaft gegenüber dem Wissenserwerb, wenn intern eine höhere Effizienz erzielt wird oder strategische Aspekte gegen eine externe Wissensbeschaffung sprechen. Zwar entzieht sich die Wissensentwicklung einer direkten Steuerung, sie lässt sich aber bspw. durch ein Klima der Offenheit, des Vertrauens und der Fehlertoleranz fördern. Da eine Organisation neues Wissen nur auf der Grundlage bestehender Strukturen und ihrer zur Verfügung stehenden individuellen, kollektiven und organisationalen Wissensbestände generieren kann[247], müssen dementsprechend individuelle

243 CRM, SRM und Partner Management.

244 Das Schlagwort ist hier die kulturelle Inkompatibilität, die auch noch im Kapitel 3.2.1.1 zum Tragen kommt.

245 Vgl. [PROBST ET AL. 1999, S. 152ff.], [PROBST/ROMHARDT 1997, S. 136f.], [ROEHL/ROMHARDT 1997, S. 43].

246 Vgl. [PROBST ET AL. 1999, S. 180ff.].

247 Vgl. [GÜLDENBERG 1997B, S. 228].

und kollektive Entwicklungsprozesse gezielt gefördert werden, um die Rahmenbedingungen für eine effektive Wissensgenerierung zu schaffen.

Bei den *individuellen Entwicklungsprozessen* können deren systematische und chaotische Komponenten[248] über eine Kontextsteuerung positiv beeinflusst werden. Dieses meint die Schaffung struktureller und individueller Freiräume, die Harmonisierung individueller und organisationaler Entwicklungsinteressen, die Implementierung von Kreativitätstechniken und den innovationsfördernden Umgang mit Fehlern durch Akzeptanz einer „trial-and-error“-Vorgehensweise.[249] Das klassisch praktische Beispiel für die Förderung individueller Wissensentwicklung ist die Einrichtung eines betrieblichen Vorschlagwesens. Die Effektivität dieses Instruments ist jedoch nur bei entsprechender Motivation des Mitarbeiters durch finanzielle Honorierung[250], unmittelbares thematisches Feedback und durch eine schnelle Umsetzung gewährleistet[251] und erfordert somit eine Revitalisierung und Neuinterpretation dieses Konzepts in Richtung eines umfassenden Innovationsmanagements.[252] PROBST spricht in diesem Zusammenhang von einem „Verbesserungswesen“ anstelle eines Vorschlagwesens.[253] Die Schaffung von Motivationsfaktoren für die Externalisierung des impliziten Wissens eines Organisationsmitgliedes stellt einen zentralen Punkt individueller Wissensentwicklung dar, da eines der stärksten Hemmnisse für die Bereitstellung von Wissen die Befürchtung ist, sich selber durch die Preisgabe des eigenen Expertenwissens redundant bzw. überflüssig zu machen.[254] Die Kollektivierung individuellen Wissens ist jedoch aus Sicht der Organisation nötig, um z.B. durch Sichtbarmachung und Übertragung von Wissen die Auswirkungen des organisationalen Wissensverlustes bei Abgang eines einzelnen Experten zu dämpfen.[255] Die Thematik „Motivierung, Motivation und Motive“ wird daher in Kapitel 5.5.4 im Rahmen von Wissensmessung und -bewertung noch eingehender behandelt werden.

Bei der Betrachtung *kollektiver Wissensentwicklungs- und Lernprozesse* steht das Team im Mittelpunkt, das Fähigkeiten oder Eigenschaften entwickeln kann, die über die Summe der

---

248 Während das systematische Element in Form der Problemlösungskompetenz eines Individuums eine Abfolge mehrphasiger Prozesse darstellt, die der Lösung komplexer Probleme dient, ist die chaotische Komponente ein einmaliger, kreativer Schöpfungsprozess neuer Ideen. Vgl. [PROBST ET AL. 1999, S. 186ff.], [BULLINGER/WARSCHAT ET AL. 1998, S. 15].

249 Vgl. [PROBST ET AL. 1999, S. 189ff.].

250 DÖRING-KATERKAMP/TROJAN fordern mittlerweile Sensibilisierung und „Normalisierung“ anstelle extrinsischer Anreizsysteme im Wissensmanagement. Vgl. [DÖRING-KATERKAMP/TROJAN 2002, S. 135ff.].

251 Vgl. [IMAI 1994, S. 37f.], [WILDEMANN 1995, S. 15].

252 Vgl. [PROBST ET AL. 1999, S. 192ff.], [BULLINGER/WARSCHAT ET AL. 1998, S. 15].

253 Vgl. [PROBST 1999].

254 Vgl. [PROBST ET AL. 1999, S. 196].

255 Vgl. [PROBST ET AL. 1999, S. 197].

individuellen Fähigkeiten ihrer Mitglieder hinausgehen. PROBST ET AL. führen den Prozess der Überführung individuellen Wissens in kollektives Wissen auf die folgenden Schlüsselgrößen zurück:[256]

- Vermehrte Interaktion und Kommunikation[257],
- Förderung der Offenheit und des Vertrauens,
- Definition realistischer kollektiver Wissensziele,
- Integration individueller Wissensbestandteile,
- Schaffung organisationsweiter Wissenstransparenz.

In der Praxis hat die Berücksichtigung dieser Faktoren zur Bildung verschiedener Instrumente geführt, die kollektive Wissensentwicklungsprozesse fördern. Da sich jedoch Einrichtungen wie z.B. Kompetenzzentren (angels.: Think Tanks[258]), die sich der Exploration spezieller Wissensziele widmeten, auf Grund ihrer Stabsfunktion oftmals weit von den praktischen Erfahrungen entfernten, konzentrieren sich heute viele Instrumente auf die Nähe des Wissens zum Arbeitsprozess, also zur Arbeit der Teams. Zwei Grundausrichtungen sind hierbei erkennbar: Die Verarbeitung von Projekterfahrungen und das Lernen an simulierten Szenarien. Obwohl das Arbeiten mit Szenario-Techniken[259], Microworlds[260] oder anderen Planspielen den Kommunikationsprozess innerhalb eines Teams verbessert und somit ein „mentaler Pfad in die Zukunft“[261] entwickelt werden kann, können diese Mechanismen für den operativen Alltag als nicht besonders tauglich angesehen werden. Sie erfordern eine vglw. hohe Lernzeit[262], die aber im täglichen Berufsleben nicht (immer) gegeben ist. Die Verarbeitung projektbezogener Erfahrungen und hier im Speziellen das Instrument der *Lessons Learned* sind dagegen als besonders alltagstauglich zu bezeichnen und werden immer wieder als probates Mittel zur Entwicklung und Nutzung von Wissen bezeichnet.[263]

Sie bilden für diesen Wissensbaustein den Mittelpunkt des Interesses, da der kollektive Lernprozess erst durch die Dokumentation kritischer Erkenntnisse und Problemstellungen eines

---

256 Vgl. [PROBST ET AL. 1999, S. 197ff.].

257 Eine hohe Interaktions- und Kommunikationsintensität kann z.B. in Lernarenen stattfinden. Siehe zum Konzept der Lernarena [ROMHARDT 1997], [ROMHARDT 1995], [PROBST ET AL. 1999, S. 208]. Gleiches gilt auch für Entscheidungsarenen, in denen Meinungen gemacht, Werte geformt und neue Syntheseformen des Wissens gelernt werden. Vgl. [KUTSCHKER 1996, S. 15].

258 Vgl. [PROBST ET AL. 1999, S. 206].

259 Vgl. [PROBST ET AL. 1999, S. 214ff.]. Siehe ausführlich [FINK/SCHLAKE ET AL. 2001].

260 Vgl. [SCHÜPPEL 1996, S. 248].

261 Vgl. [SCHÜPPEL 1996, S. 247].

262 Vgl. [MÖHRLE 1996, S. 46].

263 Vgl. u.a. [SCHINDLER 2000, S. 150ff.]. Zu diesem Ergebnis kommt auch die Cross-Regionale Projektstudie, die der Autor bei SOFTLAB durchgeführt hat.

Projektes beginnt.[264] Das Potenzial unterschiedlicher Einschätzungen erschließt sich erst durch die abschließende Evaluation und Selbstreflexion, da einerseits individuelle Lernprozesse angestoßen werden und andererseits das Wesentliche der Erfahrungen für nachfolgende Projektteams zur erneuten Nutzung erhalten bleibt.[265] Dabei muss die Organisationskultur eine individuelle Bereitschaft zur Diskussion aufgetretener Fehler fördern, da die Bereitschaft des Einzelnen zur freiwilligen Offenlegung von Irrtümern essenziell für den kollektiven Lernprozess ist. Während also ein klassischer Projektablauf lediglich die individuelle Wissensentwicklung fördert, ermöglicht die Integration der Lessons Learned in den Projektablauf eine effektive Multiplikation der im Rahmen des Projektes erworbenen essenziellen Erfahrungen. Diese können in einem Kreislauf immer wieder neuen Projekten zugeführt werden.[266]

Der Baustein der Wissensentwicklung ist als komplementär zum Baustein des Wissenserwerbs zu verstehen. Zusammen mit diesem dient Wissensentwicklung auch dazu, im Rahmen der Wissensidentifikation identifizierte Wissenslücken zu schließen.

In der **Wissens(ver-)teilung** geht es um die Frage, wie das richtige Wissen an den richtigen Ort gebracht werden kann. Isoliert vorhandene Informationen und Erfahrungen sollen so der gesamten Organisation zugänglich gemacht werden. Da nicht alles von allen gewusst werden muss oder darf[267], sind insbesondere die Übergänge der Wissensbestände von der individuellen auf die Gruppen- und Organisationsebene zu analysieren.

Hierbei steht die folgende Leitfrage im Mittelpunkt: „Wer soll was in welchem Umfang wissen oder können und wie kann man die Prozesse der Wissensverteilung erleichtern?" Obwohl der Transport des Wissens an die Stelle, wo es am dringendsten gebraucht wird, von einigen Autoren als eine der schwierigsten und am meisten unterschätzten Aufgaben tituliert wird[268], kann in dieser Arbeit die Wissens(ver-)teilung nur als **notwendige Voraussetzung** für eine erfolgreiche Wissensorientierung im Geschäftsleben angesehen werden.[269]

Denn eine bloße Verteilung von Wissen ohne Überlegungen für Wiederverwendung und Nutzung der angebotenen Bestände entspricht einer nutzlosen Anhäufung von Wissen bzw. einer

---

264 Vgl. [BULLINGER/WARSCHAT ET AL. 1998, S. 15].
265 Vgl. [PROBST ET AL. 1999, S. 211ff.].
266 Siehe die Abbildung 3-7. Die Gestaltung eines wissensbasierten Projektablaufs wird noch ausführlicher behandelt werden, da sie erhebliche Potenziale im internationalen Geschäft von PSCs mobilisieren kann.
267 U.a. wegen der Vertraulichkeit und Sensibilität bestimmter Wissensbestände.
268 Vgl. [PROBST ET AL. 1999, S. 224]. Siehe auch [BENDT 2000, S. 39], die diese Feststellung durch ein lautes sic! bekräftigt, was jedoch vor dem Hintergrund ihrer Arbeit verständlich ist.
269 Auch VON HAYEK stellte schon fest, dass das ökonomische Problem der Gesellschaft nicht nur in der Verteilung gegebener Ressourcen besteht, sondern im Gebrauch von Wissen, das keinem in seiner Gesamtheit gegeben ist. Vgl. [VON HAYEK 1945, S. 519f.], zitiert in [NONAKA/TAKEUCHI 1997, S. 46].

„Entwertung" des Wissens in Richtung Information. Trotz dieser Gefahr ist der Aufbau von Redundanz durch Wissens(ver-)teilung umso notwendiger, je mehr Flexibilität eine Unternehmung anstrebt.[270] Auch ist die Redundanz ein Begünstigungsfaktor für die Erzeugung neuen Wissens.[271] Die Wissens(ver-)teilung kann aber trotz vielfältiger Probleme auch mit zahlreichen Vorteilen aufwarten. Sei es bspw. die unmittelbaren Effizienzsteigerungen in den betrieblichen Leistungseinheiten oder die mittelbare Erhöhung des Kundennutzens durch schnellere und bessere Leistungserstellung. Generell können mit der Wissens(ver-)teilung *drei Aufgaben* verbunden werden: die schnelle Verbreitung des Wissens innerhalb des Unternehmens, die Sicherung von Wissen durch Kollektivierung und die Entwicklung neuen Wissens durch den Austausch vorhandenen Wissen.[272]

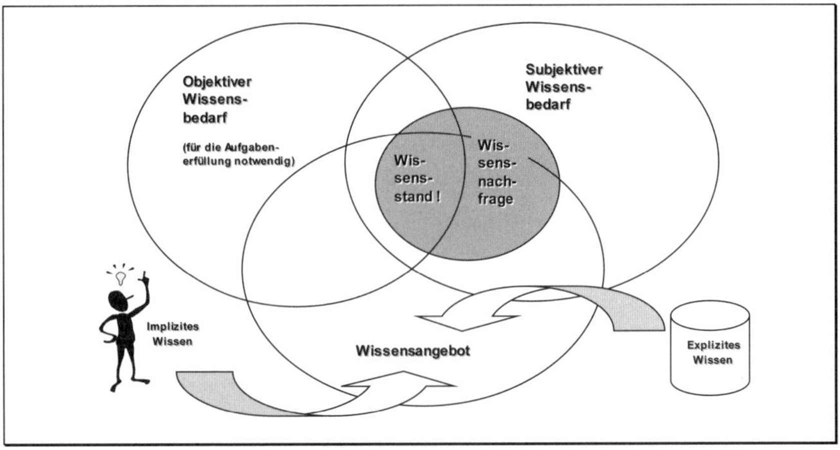

Abbildung 2-5: Die Ermittlung des Wissensstands aus Wissensbedarf, Wissensnachfrage und Wissensangebot[273]

Dabei darf das Verteilen vorhandenen Wissens aber nicht nur nach dem hierarchischen oder gar nach dem „Gießkannenprinzip" erfolgen, sondern muss die Wertschöpfungsketten und -netzwerke berücksichtigen.[274] Die Wahl einer *Wissens(ver-)teilungsstrategie* erfordert daher die Abstimmung der geäußerten, subjektiven Wissensnachfrage, des erforderlichen Wissensbedarfes sowie des Wissensangebotes und eine Verknüpfung mit den Geschäftsprozessen.

270 Vgl. [Bendt 2000, S. 39].
271 Vgl. [Nonaka/Takeuchi 1997, S. 25], die der Redundanz in einer Organisation eine wichtige Rolle zur Dialog- und Kommunikationsförderung zubilligen. Siehe auch die weiteren Ausführungen zur Redundanz innerhalb des SECI-Modells in Kapitel 2.1.3.3.
272 Vgl. [Bendt 2000, S. 39].
273 In Anlehnung an [Probst et al. 1999, S. 232ff.] und [Krcmar 1997, S. 52].
274 Vgl. [Aftabruyan 1998, S. K2].

Unterteilt wird die (Ver-)Teilungsstrategie üblicherweise in eine Push-Strategie (zentrale Wissensverteilung) und in eine Pull-Strategie (dezentrale Wissensverteilung), wobei auch Mischformen in der Praxis vorkommen (z.B. Demand-orientierte Verfahren).

Eine *Push-Strategie* wird im Rahmen der Wissensmultiplikation verfolgt. In diesen Bereich fällt die Sozialisation von Mitarbeitern sowie Aus- und Weiterbildung mit dem gesamten Spektrum von Personalentwicklungsmaßnahmen. Eine *Pull-Strategie* dagegen setzt an der Schaffung von Wissensnetzwerken[275] an, die die Infrastruktur für eigeninitiierte Wissenstransfers zur Verfügung stellen. In der Praxis werden diese Netzwerke häufig als Tertiärorganisation (neben der primären Organisationsform wie z.B. Funktional- oder Matrixorganisation und Durchführung von Sonderaufgaben in Projektform) in Unternehmen eingeführt und gefördert. Andere Bezeichnungen für diese Netzwerke sind z.B. Communities of Practice, Erfahrungsgruppen, Kommunikationsforen oder Lernarenen. Obwohl diese sich in Detailfragen unterscheiden, können sie im Rahmen dieser Ausführungen synonym verwendet werden. Der Aufbau von Wissensnetzwerken wird u.a. durch internationale Personaltransfers (angels.: Expatriates) oder Cross-Regionale Projekte gefördert, wobei der Schaffung organisationaler Netzwerke in stark wachsenden, internationalisierenden Unternehmen Grenzen gesetzt sind. Sie müssen dann auch durch die Möglichkeiten elektronischer Netzwerke unterstützt werden.[276]

Bei der **Wissensnutzung** geht es darum, die Anwendung von Wissen sicherzustellen. Dieser Baustein beschäftigt sich mit dem effektiven Einsatz des Wissens im Unternehmen. Denn „(...) mit der Produktion von Wissen allein lassen sich noch keine Wettbewerbsvorteile gewinnen, sondern erst bei seiner Anwendung während der Lösung von Aufgaben, die dem Kunden nutzen stiften."[277] Erst diese Wissensnutzung führt zu einem produktiven Einsatz organisationalen Wissens[278], also zu einer Umsetzung des Wissens in eine Handlung und Entscheidung.[279] Die Wissensnutzung kann auch als *Implementierungsphase des Wissensmanagements* verstanden werden, da Wissen durch die Anwendung in Organisationsnutzen umgewandelt und somit quantifizierbar wird. Sie ist als *zentraler Punkt aller Bausteine* zu sehen, da erst die Ausrichtung am Handlungszusammenhang der Organisationsmitglieder sicher-

---

275 Diese Netzwerke werden noch ausführlicher in Kapitel 3.3.1.2 behandelt.

276 Vgl. [PROBST ET AL. 1999, S. 221ff.], [PROBST/ROMHARDT 1997, S. 138f.], [ROEHL/ROMHARDT 1997, S. 44].

277 Vgl. [ZAHN 1998, S. 46].

278 Vgl. [BULLINGER/WARSCHAT ET AL. 1998, S. 19].

279 Vgl. [ALBRECHT 1992, S. 90].

stellt, dass in der Praxis auch tatsächlich eine Anwendung des als strategisch wichtig eingestuften und in der Organisation entwickelten Wissens vorgenommen wird.

Der effektive Einsatz des Wissens wird von PROBST ET AL. auch als **Ziel und Zweck des Wissensmanagements** gesehen. Obwohl die Erläuterungen zu diesem Baustein in den Ausführungen von PROBST ET AL. zu kurz kommen[280], kann deren Meinung bzgl. Ziel und Zweck jedoch gefolgt werden, sieht doch der Autor die Anwendung von Wissen auch als zentrales Gestaltungselement und Erfolgsfaktor für das internationale Wissensmanagement. Der Missstand der zu kurzen und oberflächlichen Bearbeitung der Wissensnutzung von PROBST ET AL. wird im Wasser-Modell nach REINMANN-ROTHMEIER aufgegriffen und durch eine zu anderen Bausteinen gleichberechtigte Gewichtung behoben. Für eine effektive Wissensnutzung ist es häufig notwendig, bestehende Routinen zu durchbrechen und neue Wege einzuschlagen, um dem natürlichen Beharrungsvermögen bei Menschen und Organisationen entgegenzuwirken. Nutzerfreundliche Wissensinfrastrukturen und die Integration in den jeweiligen Arbeitskontext erhöhen die Wahrscheinlichkeit des tatsächlichen Einsatzes neuen Wissens.

Der Baustein **Wissensbewahrung** schließlich beschäftigt sich mit der Frage, wie man sich vor *Wissensverlusten*[281] schützen kann. Gerade wegen Reorganisationen in Unternehmen, Weggang von Mitarbeitern und Wechsel von z.B. Produktlieferanten muss eine angemessene Speicherung und regelmäßige Aktualisierung des Wissens bewusst gestaltet werden. Wissensbewahrung umfasst dabei die Selektion, Speicherung und Aktualisierung wertvoller Wissensbestände der Unternehmung und dient dazu, eine *„kollektive Amnesie"* zu verhindern. Dieses beruht auf der effizienten Nutzung verschiedener organisationaler Speichermedien. Beispielsweise kann ein personaler Wissensträger über Anreizsysteme[282] und Austrittsbarrieren an das Unternehmen gebunden oder Wissen durch Kollektivierung und Explizierung im organisationalen Gedächtnis verankert werden.

Das Baustein-Modell kommt schließlich als integratives Konzept daher, das Wissensmanagement als Integrationsauftrag versteht und das Wissen ausschließlich als integrierendes Gliederungsprinzip in den Mittelpunkt stellt.[283] Mit dem Baustein-Modell bieten PROBST ET AL. ein

---

280 Da Wissensnutzung als Implementierungsphase verstanden werden kann, das Baustein-Modell aber kein Implementierungsmodell darstellt (vgl. [NORTH 1999, S. 167ff.]), ist es nicht verwunderlich - aber bedauerlich -, dass dieser Baustein in den Ausführungen zu kurz kommt.

281 Siehe ausführlich zur Thematik des Wissensverlusts [PROBST/KNAESE 1999], die den Risikofaktor Wissen insbesondere bei Banken untersucht haben.

282 Zu Motivation und Anreiz siehe auch Kapitel 5.5.4.

283 Vgl. [PROBST ET AL. 1999, S. 59].

Konzept, um Wissensmanagement täglich in der Praxis zu leben. NORTH[284] führt jedoch kritisch an, dass es kein explizites Implementierungsmodell ist, es daher auch nur eingeschränkte Hilfestellung zur Implementierung von Wissensmanagement in Unternehmen bietet. Ferner sei in den Bausteinen nur eine implizite Berücksichtigung von Rahmenbedingungen erfolgt, die aber nicht übergreifend ist. Auch erfolgt nur ein impliziter Bezug zu den Unternehmenszielen, deren Ableitung zu Wissenszielen jedoch unklar bleibt. NORTH kennt darüber hinaus (noch) keine Anwendung des Gesamtkonzepts in der Praxis.[285]

Das Baustein-Modell bietet jedoch ein bausteinbezogenes praktisches Instrumentarium zum operativen Wissensmanagement, dessen instrumentelle Aspekte eine besondere Betonung erfahren[286] und weist somit Vorteile gegenüber anderen Modellen auf, die den Aufbau, die Umsetzung und die Kontrolle eines derartigen Managementkonzepts in der Praxis begünstigen und eine Auswahl adäquater Instrumente ermöglichen.[287] So wird es u.a. der Nutzenerzielung im betriebswirtschaftlichen und wirtschaftlichen Sinne gerecht, indem es die Wissensbewertung in seinem Managementzyklus inkludiert.

Als besonderer Nutzen des Modells für die weitere Verwendung im Untersuchungskontext lässt sich das Folgende feststellen:

- Das Modell unterteilt einen Management (strategischen) und einen operativen Kreislauf. Dieses entspricht dem Verständnis des Autors, Wissensmanagement als Managementkonzept und Führungskonstrukt zu sehen.
- Das Modell fordert die Eingliederung aller Wissensaktivitäten in eine Zielsetzung und Validierung. Dieses kommt dem praktischen Anspruch nach, dass wirtschaftliche Maßnahmen zielorientiert und bewertbar ausgeführt werden müssen.
- PROBST ET AL. möchten das organisationale Wissensmanagement im strategischen Management verankert wissen. Diese korreliert positiv mit der besonderen Betonung, die die internationalen Anstrengungen häufig in den Unternehmen erfahren.[288]
- Das Modell versteht Wissensmanagement als Integrationsauftrag und stellt das Wissen als integrierendes Gliederungsprinzip in den Mittelpunkt. Hiermit wird die Grundannahme dieser Arbeit[289] untermauert, die sich auf Wissensmanagement als Unterstützungsfunktion in Projekten und Arbeitsschritten stützt, also sich alle Wissensmanagementüberlegungen in den täglichen und üblichen Arbeitsaktivitäten abspielen sieht.
- Der Gedanke der Arbeit in Teams und Netzwerken sowie die wissensbasierte Projektarbeit als praktische Ausprägung des Wissensmanagements zieht sich wie ein roter Faden durch die Aufzeichnungen von PROBST ET AL. und korreliert hierüber u.a. mit den Er-

284 Vgl. [NORTH 1999, S. 167f.].
285 Dieses wurde dem Autor auch in einem persönlichen Gespräch mit Herrn PROBST anlässlich der Unternehmensveranstaltung „K-Net“ der BMW AG am 24. April 2001 bestätigt.
286 Vgl. [BENDT 2000, S. 37].
287 Vgl. [KLOSA 2001, S. 35].
288 Teilweise in Form von internationalen Organisationseinheiten oder der Zuordnung der internationalen Geschäftstätigkeit zum Top-Management eines Unternehmens.
289 Siehe Kapitel 2.1.3.1.

gebnissen der empirischen Untersuchung bei SOFTLAB und der Arbeitsumgebung und -situation, die sich bei Business Integratoren finden lässt.

- Die Autoren bieten in ihren Beschreibungen der Bausteine vielfältige Praxisbeispiele mit pragmatischen Methoden und Hilfsmitteln an, die im internationalen Kontext von Unternehmen evaluiert wurden.
- Durch Einführung normativer Wissensziele wird die Notwendigkeit zum aktiven Kulturmanagement - leider nur auf oberster Managementebene - angedeutet und thematisch behandelt.
- PROBST ET AL. sehen die Wissensnutzung als Ziel und Zweck des Wissensmanagements. Hiermit wird die Überzeugung des Autors bekräftigt, der die Wissensanwendung und -nutzung als „Credo" für die internationale Geschäftstätigkeit von IT- und Managementberatungen sieht.

2.1.3.3 SECI-Modell nach Nonaka

SCHNEIDER[290] führt an, dass es bei dem Wissensmanagement „(...) in seinem instrumentellen Verständnis um die Vernetzung vorhandenen, Generierung neuen, Dokumentation (...) und Transfer von Wissen aus der Umwelt in die Unternehmung." geht. Diese Betrachtung von Lernprozessen macht deutlich, dass Wissen in der Regel auch nicht wie Informationen aufgenommen und gespeichert werden kann, sondern über einen längeren Zeitraum durch Interaktion erworben werden muss[291]. Sie hat auch zu einer Erweiterung und Optimierung des in Abbildung 2-2 dargestellten Schichtenmodells von PAUTZKE geführt.

Das SECI-Modell hat seine Validierung über die empirische Analyse der Produkt- und Prozessentwicklung japanischer Unternehmen[292] erfahren und in einem weiterführenden Test bewiesen[293]. Die Forscher untersuchten, wie erfolgreiche japanische Unternehmen (z.B. Honda, Canon, Matsushita, NEC, Sharp oder KAO) in der Lage sind, auf Kundenwünsche einzugehen, neue Märkte zu kreieren, neue Produkte schnell zu entwickeln und neu aufkommende Technologien zu beherrschen.

Zentral für den Ansatz ist die Überzeugung, dass neues Wissen nicht einfach aus der Verar-

---

290 Vgl. [SCHNEIDER 1996, S. 31].

291 Vgl. [NONAKA/TAKEUCHI 1997, S. 143].

292 Insgesamt wurden fast zwanzig Unternehmen, vornehmlich aus Japan, aber auch einige amerikanische Organisationen untersucht. Dabei wurden ausführliche Gespräche mit fast 130 Managern geführt. Vgl. [NONAKA/TAKEUCHI 1997, S. 28].

293 Siehe hierzu den Test mit 105 japanischen Mittelmanagern im Rahmen von Weiterbildungsmaßnahmen. Vgl. [NONAKA/BYOSIERE ET AL. 1994, S. 337]. Die Forscher üben an der Relevanz der Ergebnisse eine gesunde Eigenkritik, da sie die Zahl der Personen für allzu gering halten, alle Teilnehmer von unterschiedlichen Unternehmen kamen und alle Daten in Japan erhoben wurden. Sie empfehlen daher weitere Studien z.B. mehr auf Barrieren, auf größere Personenzahlen eines einzelnen Unternehmens oder auf Länder-, (Triade-)Regionen und/oder Industrievergleiche auszudehnen.

beitung objektiver Informationen entsteht.[294] Genauso hängt dieser Vorgang von stillschweigenden und oft höchst subjektiven Einsichten, Einstellungen und Mutmaßungen Einzelner ab. Als Hebel dienen dabei persönliches Engagement und die Bereitschaft aller, sich mit dem Unternehmen und seinem Auftrag zu identifizieren. Dieses entspricht einem asiatischen Verständnis von der Unternehmung als wissensschaffender Institution mit einer Betonung des „weichen" Wissens.[295]

Das Modell nimmt über die Visionsbildung Bezug zu den Unternehmenszielen und berücksichtigt Rahmenbedingungen in Form von Kontextgestaltungen zur Förderung der Kreativität. Die Orientierung an einem expliziten Managementkreislauf (Ziel, Maßnahme, Kontrolle) erfolgt nicht, da davon ausgegangen wird, dass der Beginn des Zyklus bzw. des Wissensgenerierungsprozesses durch intrinsische oder extrinsische Impulse individuell angestoßen wird.

Bei diesem Modell steht die Überführung des Anfangszustands eines Wissenselementes in explizite und implizite Endzustände im Mittelpunkt und es sind nun auch dynamische Elemente beinhaltet, die die immer wiederkehrende Multiplikation vorhandenen Wissens abbilden sollen. Es wird als selbstreferenzielles System[296] bezeichnet.

Der Schwerpunkt des Ansatzes besteht darin, aufzuzeigen, wie die Übergänge zwischen implizitem und explizitem Wissen gestaltet werden können und sensibilisiert dabei für die dynamische Wissenserzeugung[297]. Dazu stellen die Autoren zwei Dimensionen der Wissensschaffung in den Mittelpunkt ihrer Betrachtungen[298], die ontologische und die epistemologische Dimension[299], in der jeweils ein Spiralprozess enthalten ist.

Die **epistemologische Dimension** basiert auf der Unterscheidung von implizitem und explizitem Wissen. Ergebnis sind *vier Arten der Wissensgenerierung*, die im Rahmen einer *Spiralbewegung*[300] aufeinander folgen und als Phasen dargestellt werden. Die Beschreibung des Lernprozesses durch NONAKA ET AL. als Wissensspirale stellt die multiplikative Funktion

---

294 Siehe zur Kritik der Forscher an der Statik und Passivität eines reinen Informationsverarbeitungsansatzes [NONAKA 1994, S. 14], [NONAKA/TAKEUCHI 1997, S. 18] und die Fußnote 174 in Kapitel 2.1.2.1.

295 Vgl. [BENDT 2000, S. 28].

296 Vgl. [REHÄUSER/KRCMAR 1996, S. 24], die damit ein System bezeichnen, in dem sich ein bestimmtes Wissen wiederum auf weiteres Wissen bezieht. Vgl. auch [NONAKA/TAKEUCHI 1997, S. 90].

297 Vgl. [NONAKA 1994, S. 14], [NORTH 1999, S. 167].

298 Vgl. [NONAKA 1994, S. 15], [NONAKA/BYOSIERE ET AL. 1994, S. 338], [NONAKA/TAKEUCHI 1997, S. 68].

299 Mit Ontologie wird die Lehre vom Sein und von den Ordnungs-, Begriffs- und Wesensbestimmungen des Seienden bezeichnet. Die Epistemologie ist die Erkenntnistheorie. Vgl. [DUDEN 1974]. Sie umfasst die philosophische Auseinandersetzung mit Wissen. Vgl. [NONAKA/TAKEUCHI 1997, S. 32].

300 Dahinter verbirgt sich ein Spiralprozess, der im Sinn eines „Schneeball-Konzepts" immer mehr Teilnehmer einer Organisation erfassen kann (vgl. [NONAKA/TAKEUCHI 1997, S. 86]) und auch externe Marktteilnehmer nicht unberücksichtigt lässt. Vgl. [NONAKA 1994, S. 17], [NONAKA/TOYAMA ET AL. 2000, S. 13f.].

durch einen Kreislauf von *Sozialisation* (Aneignung von individuellem, nicht formuliertem Wissen in einem erlebten Austausch), *Externalisierung* (Entstehen von konzeptuellem Wissen durch Kodifizierung/Dokumentation), *Kombination* (Systemisches Wissen durch Zusammenfügen bekannten Wissens) und *Internalisierung* (Vertiefung der expliziten Wissensbasis durch Erfahrung mit neuem Wissen und Operationalisierung des individuellen Wissens) dar. Sie lässt die Schlussfolgerung zu, dass die Multiplikation von Wissen in einem ständigen Kreislauf der sozialen Interaktion zwischen implizitem und explizitem Wissen erfolgt und in jedem der vier Zustände unabhängig Wissen erzeugt werden kann. Dabei wird davon ausgegangen, dass implizites und explizites Wissen einander ergänzen.[301]

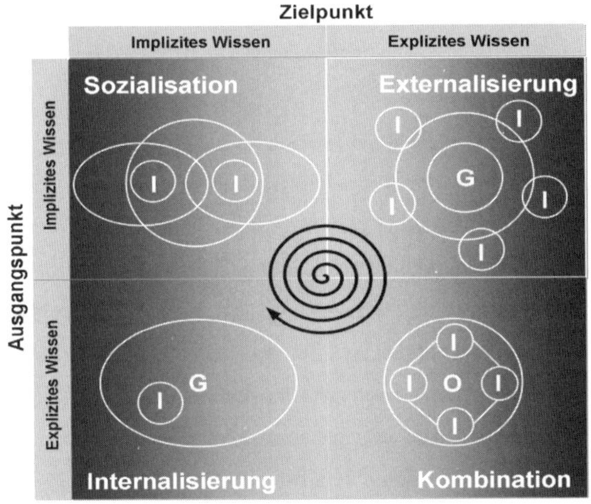

Abbildung 2-6: Wissensspirale unter Betrachtung der Umwandlung verschiedener Wissensinhalte[302] (Individuum, Gruppe, Organisation)

Die erste Form der Wissensgenerierung besteht in der **Sozialisation** (von implizit zu implizit). Dieser Fall tritt ein, wenn zwei Personen implizites Wissen direkt austauschen. Dieses beschreibt den Transfer impliziten Wissens durch *Modelllernen*, welches das Beobachten routinierter Handlungen beinhaltet, die sich schrittweise für den Beobachter erschließen.[303] Dieses Austauschverhältnis von Lehrmeister und Schüler wird im Japanischen mit „Sempai-kohai"

---

[301] Vgl. [NONAKA 1994, S. 19], [NONAKA/BYOSIERE ET AL. 1994, S. 340], [NONAKA/TAKEUCHI 1997, S. 9], [NONAKA/TOYAMA ET AL. 2000, S. 8].

[302] In Anlehnung an [NONAKA 1994, S. 19], [NONAKA/BYOSIERE ET AL. 1994, S. 338ff.], [NONAKA/TAKEUCHI 1997, S. 84ff.] und [NONAKA/TOYAMA ET AL. 2000, S. 12f.].

[303] Als Beispiel kann hier ein junger Berater angeführt werden, der durch Beobachtung in einem Projekt lernt, wie Projektmanagement durchgeführt wird und wie der erfahrene Projektmanager mit „brenzligen" Kundensituationen umgeht.

bezeichnet und kann annäherungsweise auch auf westliche Verfahren wie Nachfolgeregelungen, Coaching und Mentoring angewendet werden. Es handelt sich also um Lernen durch Sozialisation.[304] Das in einem solchen Prozess Gelernte erweitert das eigene implizite Wissen. Es wird klar, dass es sich bei diesem Grundmuster um eine begrenzte Wissenserzeugung handeln muss, da das Wissen nicht expliziert wird und somit nicht der gesamten Unternehmung zur Verfügung steht. Andererseits bietet diese Übertragung auch einen Schutz vor Nachahmung.[305]

Darauf folgt die **Externalisierung** (von implizit zu explizit), in der es um die Artikulation des impliziten Wissens geht. Erst in diesem Grundmuster wird neues und für die Organisation verwertbares Wissen geschaffen. Die Wissenstransformation implizit/explizit nimmt eine Schlüsselrolle bei der Wissenserzeugung ein, da es implizites Wissen in explizite „Wissensbausteine" überführt.

Da dieses nur schwer zu formulieren ist, werden für diese Art der Wissensgenerierung bspw. Metaphern und Analogien[306] eingesetzt. Explikation kann aber auch durch den Dialog der Mitarbeiter, kollektives Nachdenken und Bewusstmachung von Wissen ausgelöst werden. NONAKA ET AL. bewegen sich mit ihren Aussagen zu diesem Wissensprozess in einem Grenzgebiet. Auf Grund ihres erweiterten Begriffsverständnisses[307] arbeiten sie in ihrem Modell auch mit dem schwer bis nicht erfassbaren Teil des impliziten Wissens. Mit Blick auf die Besonderheiten des asiatischen Kulturhintergrundes kann von der Überzeugung einer weiterreichenden Explizierungsmöglichkeit ausgegangen werden als dies z.B. in westlichen Kontexten möglich wäre. Wie weit sie jedoch in ihrem Begriffsverständnis letztlich gehen, kann den diversen Beiträgen von NONAKA ET AL. nicht definitiv entnommen werden.

Die Frage jedoch, ob es implizites Wissen gibt, das nicht explizit gemacht werden kann und das dadurch zu einer tlw. Unterbrechung der Wissensspirale führt[308], beantwortet der Autor mit Überzeugung und Verweis auf diverse vorhergehende Ausführungen wie folgt: Es gibt implizites Wissen, das nicht explizierbar ist. Dieses muss jedoch nicht zu einer Unterbre-

---

304 Dieser Lernprozess mit Kopf und Körper ist ein besonderes Merkmal des japanischen Denkens und steht im scharfen Gegensatz zum systemischen Denkansatz nach SENGE. Vgl. [NONAKA/TAKEUCHI 1997, S. 20].

305 Vgl. [NORTH 1999, S. 51].

306 Durch sie wird es Menschen aus verschiedenen Erfahrungswelten möglich, Dinge durch Phantasie und Symbolik intuitiv zu begreifen. Dabei erlaubt die Analogie im Vergleich zur Metapher eine strukturiertere Differenzierung und ist als Stadium zwischen reiner Phantasie und logischem Denken zu verstehen. Vgl. [NONAKA/TAKEUCHI 1997, S. 24], [PROBST ET AL. 1999, S. 196].

307 Siehe die Erläuterungen in Kapitel 2.1.1.1.

308 Vgl. [NOPPENEY 1996, S. 34ff.], [WIEGAND 1996, S. 258ff.].

chung der Spirale führen, da die explizierbare Basis impliziten Wissens[309] durch Lernen (sprich laufende Aktualisierungen, Ergänzungen und Erweiterungen) kontinuierlich erhalten bleibt.

Im Rahmen der **Kombination** (von explizit zu explizit) soll das explizite Wissen miteinander verknüpft und dauerhaft in der Organisation verankert werden. NONAKA ET AL. empfehlen hierfür den vermehrten und kreativen Einsatz der IKT.[310] Das Gesamtwissen eines Unternehmens wird dadurch aber nicht vermehrt, da bereits bekanntes nur zusammengefasst oder in einer anderen Form dargestellt wird. Dies kann jedoch sehr nützlich sein, wenn z.B. Berater aus bereits bestehenden Projektpräsentationen eine neue Angebotspräsentation für einen Kunden generieren, indem Wissen über Kunden, das an vielen verschiedenen Stellen verteilt ist, zusammengetragen und ausgetauscht wird und somit für eine bessere und zügigere Marktbearbeitung zur Verfügung steht.

In der Phase der **Internalisierung** wird das in der Organisation verankerte Wissen dann von dem einzelnen Mitarbeiter aufgenommen, ergänzt und neu geordnet und somit in dessen Wissensstrukturen integriert. Dieser Prozess ist eng verwandt mit dem „Learning by Doing", mit der Schaffung von Handlungsroutinen bzw. dem Erwerb von Fertigkeiten.[311] Neben dem direkten, individuellen Nachvollziehen von Erfahrungen anderer kann die Internalisierung auch über die Lektüre von Erfolgsgeschichten (Best Practices) und das „Story Telling" in funktionsübergreifenden Teams erfolgen.[312]

Teilaufgabe des Wissensmanagements nach diesem Modell ist es, einen Prozess zu starten, der diese vier Teilprozesse verbindet und permanent in Bewegung hält. Diese vier Phasen zur Transformation des Wissens wirken in der Wissensspirale zusammen und entfalten dabei eine eigene Dynamik. So kann z.B. das Wissen über Kundenbedürfnisse durch Sozialisation und Externalisierung zu einem Konzept für ein neues Beratungs- oder Softwareprodukt führen. Durch die Kombination von neuem und bisher bestehendem Wissen kann dann ein Prototyp entwickelt werden. Durch verschiedene Methoden, wie bspw. durch einem simulierten Ablauf

---

309 Identisch mit dem internen Wissen aus Kapitel 2.1.1.1.

310 Vgl. [NONAKA 1994, S. 19], [NONAKA/BYOSIERE ET AL. 1994, S. 340], [NONAKA/TOYAMA ET AL. 2000, S. 10].

311 NORTH folgt damit den Ausführungen von [REHÄUSER/KRCMAR 1996]. Vgl. [NORTH 1999, S. 68]. Es fällt hier auf, dass NORTH sich auf den Begriff der Fertigkeiten (verstanden als das Können für den jetzigen, konkreten Bedarf) beschränkt. Ob er es für möglich hält, dass mit der Internalisierung auch die Fähigkeiten (das „Können sollen" für den zukünftigen Bedarf) ohne zusätzliche Maßnahmen erworben werden können, lässt er offen.

312 Vgl. [NONAKA/TAKEUCHI 1997, S. 83f.], [NONAKA/TOYAMA ET AL. 2000, S. 10].

innerhalb einer Kundenhotline oder eines CallCenters[313] in einer Kundenorganisation kommt es zur Internalisierung von Wissen über den tatsächlichen Gebrauch des Echtsystems im „Live-Betrieb".

Die **ontologische Dimension** des Modells wird von der Feststellung abgeleitet, dass Wissen nur von Einzelpersonen geschaffen werden kann und danach über die Verbreitung in der Gruppe der ganzen Organisation zugänglich gemacht werden soll. Ausgangspunkt der Spirale ist der einzelne Mitarbeiter und seine Fähigkeit, Wissen zu erzeugen. Durch die Kombination der Mitarbeiter im Kollektiv gibt der Einzelne sein Wissen preis[314] und überträgt es dadurch auf andere. Andererseits internalisiert der Einzelne den Erfahrungshintergrund des gesamten Kollektivs.

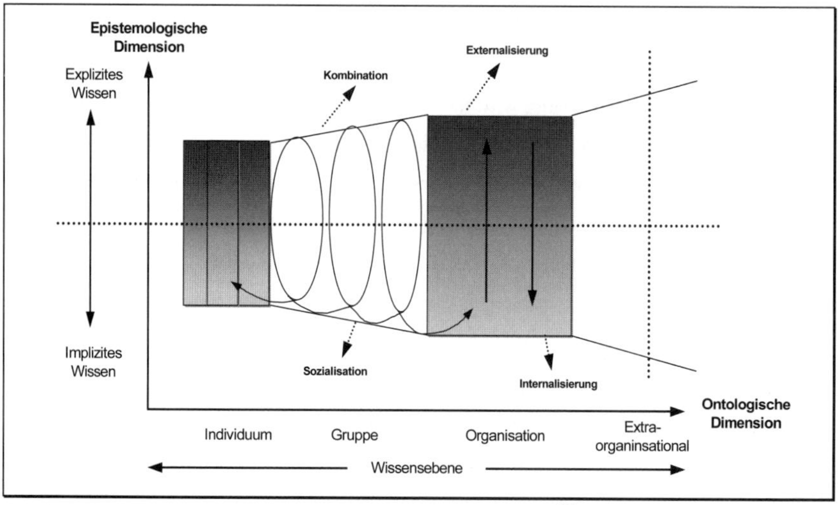

Abbildung 2-7: Die Spirale der organisationalen Wissenserzeugung[315]

Der ständige Wechsel von Externalisierung und Internalisierung entlang der verschiedenen Organisationselemente (Mitarbeiter, Gruppe, Abteilung, Organisation und über die Organisationsgrenzen hinweg) macht einerseits Wissen auf diesen unterschiedlichen Ebenen verfügbar und lässt andererseits das Wissen für das Unternehmen anwachsen. Voraussetzung sind natür-

---

313 Auf Grund der Relevanz des Themas Customer Relationship Management für Beratungs- und Systemintegrationsunternehmen werden in dieser Arbeit vorrangig Beispiele aus diesem Bereich entnommen.

314 Siehe kritisch zur Preisgabe des Wissens von Experten [BERGMANN 2001] und [LITTGER 2001].

315 In Anlehnung an [NONAKA 1994, S. 20], [NONAKA/BYOSIERE ET AL. 1994, S. 342] und [NONAKA/TAKEUCHI 1997, S. 87].

lich die persönliche Kommunikation und Interaktion[316] zwischen den Mitarbeitern und auch der Einsatz von Informations- und Kommunikationstechnologie.[317]

In dem durch die Ontologie auf der Abszisse und die Epistemologie auf der Ordinate aufgespannten Feld befindet sich die Wissensspirale, die durch die vier Arten der Wissensumwandlung das Wissen auf eine zunehmend höhere ontologische Stufe stellt. Wie die Spiralwirkung im Einzelnen erzeugt wird, verdeutlicht die vorhergehende Abbildung.

Die bisherigen Ausführungen verdeutlichen die **Gesamtaufgabe des Wissensmanagements** nach diesem Modell, die Voraussetzungen für den organisationsweiten und -übergreifenden wissensbildenden Zyklus zu schaffen, zu gestalten und zu lenken.

Der Ansatz von NONAKA ET AL. konzentriert sich vor allem auf die Generierung von Wissen bzw. auf die Wissensschaffung[318] und die dafür notwendige Nutzung in den diversen Wissensprozessen. Dieses wird in besonders guter Weise dargestellt, mit Umsetzungsbeispielen unterlegt[319] und weist ein hohes Maß an Viabilität auf.[320] Nach NONAKA ET AL. wird die Wissenserzeugung durch die folgenden Maßnahmen begünstigt[321]:

- **Intention:** Eine klare Vision bzw. Zielsetzung, die artikuliert, welche Art von Wissen aufgebaut werden soll und eine Umsetzung dieser Vision in Leitlinien und Handlungsanweisungen für das Management. Die Intention ist Basis für die qualitative Bewertung von Wissen.
- **Autonomie:** Freiheit der Mitglieder einer Organisation, innerhalb der gegebenen Rahmenbedingungen kreativ zu werden und Chancen zu nutzen.
- **Fluktuation und kreatives Chaos:** Gewohnheiten und Routinen können durchbrochen und Grundannahmen reflektiert und positiv gefördert werden.
- **Redundanz[322]:** Verfügung über mehr Information als für die Bewältigung der unmittelbaren operativen Aufgabe benötigt wird. Individuelle Wahrnehmungsperspektiven werden aufgebrochen und das Eindenken in Metaphern, Analogien und Bilder vor einem gemeinsamen kognitiven Hintergrund wird ermöglicht.
- **Notwendige Vielfalt:** Antworten auf externe Komplexität können gefunden werden, indem die Vielfalt an Mitarbeitern, freier und schneller Informationszugang, Veränderungen in der Organisationsstruktur sowie Personalrotationen genutzt werden.

---

316 Vgl. [NONAKA 1994, S. 15], [NONAKA/BYOSIERE ET AL. 1994, S. 339]. Siehe ausführlich zum unternehmensinternen Wissenstransfer in multinationalen Unternehmen [BENDT 2000].

317 Die vielfältigen Möglichkeiten, Funktionen und Systeme mit speziellem Bezug zum SECI-Modell werden in [KLOSA 2001, S. 32 u. S. 219] dargestellt.

318 Vgl. [NONAKA 1994, S. 14], [NONAKA/TAKEUCHI 1997, S. 69ff.], [NONAKA/TOYAMA ET AL. 2000, S. 6].

319 Vgl. [NORTH 1999, S. 167].

320 Zu dieser Meinung kommt auch Schmiedel-Blumenthal. Vgl. [SCHMIEDEL-BLUMENTHAL 2000, S. 96].

321 Vgl. [NONAKA 1994, S. 15 u. S. 27f.], [NONAKA/TAKEUCHI 1997, S. 25 u. 88ff.], wobei [NONAKA/TOYAMA ET AL. 2000, S. 26f.] neuerdings auch Liebe, Sorge, Vertrauen und persönliche Verpflichtung aufführen.

322 Die Redundanz wird jedoch unter Transparenzgesichtspunkten auch kritisiert. Vgl. [NONAKA/TAKEUCHI 1997, S. 96f.], [PROBST ET AL. 1999, S. 441], [NONAKA/TOYAMA ET AL. 2000, S. 27].

Die Forscher unterscheiden sich mit ihrem Konzept von anderen Ansätzen, indem sie nicht ein deterministisches Modell des Wissensmanagements vorlegen, sondern Kontexte gestalten, die der Erzeugung und dem Transfer von Wissen förderlich sind, also einen Fokus[323] auf das *Management von Wissensprozessen* legen.

Der Kritik, dass andere wesentliche Funktionen wie bspw. die Aktualisierung von Wissen kaum berücksichtigt werden[324], kann hier nicht gefolgt werden. Ist doch bereits beschrieben worden[325], dass die Einordnung neuen (impliziten oder expliziten) Wissens auch über Korrekturen in die vorhandenen mentalen Strukturen nicht nur zur Neugenerierung, sondern auch zur Aktualisierung bestehender Wissenszusammenhänge führt. Somit beinhaltet das Modell implizit das Double-Loop-Learning.[326]

Das Modell, das 1994 der wissenschaftlichen Öffentlichkeit vorgestellt wurde und wegen der Umwandlung individuellen in organisationales Wissen Parallelen zur vorab erfolgten Charakterisierung der organisationalen Wissensbasis aufweist, ist mittlerweile von den Autoren überarbeitet, um Aspekte des Managements von gemeinsam geteilten Kontexten und unterschiedlichen Wissensinhalten[327] ausführlich erweitert und auf externe Wissensträger wie z.B. Kunden und Lieferanten explizit ausgedehnt worden.

Als besonderer Nutzen des Modells für die weitere Verwendung im Untersuchungskontext lässt sich das Folgende feststellen:

- Das Modell der organisationalen Wissensschaffung entstand mit der Überzeugung, dass Wissensgenerierung die wichtigste Quelle für den Erfolg im internationalen Markt darstellt.[328] Es soll als universelles Managementmodell verstanden werden, das sich auf die Verschmelzung des Wissensverständnisses und der Managementpraktiken Japans und des Westens stützt.[329]
- Der Erkenntnisgegenstand des Modells - Reaktionsfähigkeit auf Kundenwünsche, Kreation neuer Märkte, Entwicklung neuer Produkte und Beherrschung neuer Technologien - entspricht exakt den Marktanforderungen, die sich heute und zukünftig den Beratungsunternehmen stellen.

---

323 NONAKA ET AL. führen an, dass viel über die Wichtigkeit von Wissen im Management geschrieben wurde, aber relativ wenig, wie ein Wissensgenerierungsprozess gestaltet werden kann. Vgl. [NONAKA 1994, S. 16], [NONAKA/BYOSIERE ET AL. 1994, S. 338], [NONAKA/TOYAMA ET AL. 2000, S. 6].

324 Vgl. [SCHMIEDEL-BLUMENTHAL 2000, S. 96].

325 Siehe Kapitel 2.1.2.1.

326 Diese Lernform wird von NONAKA ET AL. als „(...) not a special, difficult task but a daily activity (...).“ bezeichnet und darauf hingewiesen, dass sie somit “(...) built into the knowledge creating model (…)” ist. Vgl. [NONAKA 1994, S. 19], [NONAKA/BYOSIERE ET AL. 1994, S. 341], [NONAKA/TAKEUCHI 1997, S. 60].

327 [NONAKA/TOYAMA ET AL. 2000, S. 20] führen vier verschiedene „Knowledge Assets“ an, die den vier Feldern der Wissensgenerierung zugeordnet und als unternehmensspezifische Ressourcen unentbehrlich sind, um Werte für das Unternehmen zu kreieren.

328 Vgl. [NONAKA/TAKEUCHI 1997, S. 8 u. S. 31].

329 Vgl. [NONAKA/TAKEUCHI 1997, S. 27 u. S. 45].

- Die Autoren verfolgen bezüglich der Führung und Organisation von Wissensunternehmen eine Strategie der Balance, die sich u.a. im Konzept des Middle-Up-Down Managements (Balance zwischen Führungsspitze und Mitarbeiter), der Hypertext-Organisation (Balance zwischen Hierarchie und Arbeitsgruppe) und in der Interaktion von Individuum und Gruppe niederschlägt. Diese Balance unterstützt die drei präferierten Gestaltungsebenen (Mensch/Kultur, Organisation/Prozess, IT) des Autors.
- Der japanische Kulturhintergrund von Gruppenorientierung, transferiert auf die Arbeit in Netzwerken, lässt sich gut auf die Bedürfnisse moderner europäischer Beratungsunternehmen projizieren. Die Spiralwirkung auf Individuen, Gruppen und extraorganisationale Marktteilnehmer kann dabei das Tagesgeschäft der PSCs unterstützen, das sich in ständig neuen Projektbesetzungen mit Kunden, Partnern und Wettbewerbern[330] ausdrückt.
- Die kontextorientierte Kreativitätsförderung kommt den Anforderungen an Berater sehr entgegen. Sind sie doch stets gefordert, aus wenig Input viel Output für den Kunden erzeugen bzw. unter terminlichem und aufwandsmäßigem Druck ansprechende Resultate in Form von z.B. Konzepten, Prozessbeschreibungen oder Projektpräsentationen erzielen zu müssen.
- Die Trennung zwischen implizitem und explizitem Wissen, die eines der wesentlichen Unterscheidungsmerkmale japanischen und westlichen Wissensverständnisses darstellt, wird durch die verschiedenen Aktivitäten innerhalb der vier Wissensmodi weit gehend aufgehoben. Diese tlw. im internationalen Kontext evaluierten Maßnahmen unterstützen das Beratergeschäft, das nicht nur auf bloße Wissensexplizierung in Form von Konzepten ausgerichtet ist, sondern auch auf Interaktion mit Kunden und Projektteilnehmern sowie auf verbalen Wissensaustausch bspw. in Form von Workshops und anderen Arbeitstreffen.
- Berater sind ständig gefragt, ihr Wissen durch selbstmotivierte Weiterbildung in Form von Büchern oder Vorträgen zu erweitern. Darüber hinaus erfordern die Komplexität der Aufgabenstellungen und der wechselnde Einsatz in Kundenprojekten die (auch virtuelle) Interaktion mit anderen Beratern. Auch sind sie häufig über Zielvereinbarungen gezwungen, ihr Wissen in Form von Beiträgen und Vorträgen zum Wohle des Unternehmens[331] zu publizieren. Sie entsprechen also dem Prototyp des Wissensschaffenden im SECI-Modell.

2.1.3.4 Wasser-Modell der Münchener Schule um Reinmann-Rothmeier

Obwohl die Modelle von PROBST ET AL. und NONAKA ET AL. den Anspruch haben, den Umgang mit Wissen in Organisationen nicht einseitig auf einen oder wenige Faktoren einzuengen[332], werden jedoch psychologische Aspekte nur an der Oberfläche behandelt.[333] Das Münchener Modell reagiert auf dieses Defizit, zieht aber die Ergebnisse der vorgenannten Autoren zur Erarbeitung des eigenen Referenzmodells heran.

---

330 Gemeint ist die Coopetition, die sich noch verschärfend auf die Durchführung von gemischt-besetzten Projekten auswirkt.

331 Gemeint ist hier die Marketing- und Außenwirkung für die entsprechenden Beratungsunternehmen.

332 Vgl. [NORTH 1999, S. 153ff.].

333 Vgl. [REINMANN-ROTHMEIER 1999, S. 11], [REINMANN-ROTHMEIER 2001B, S. 1], [REINMANN-ROTHMEIER 2001C, S. 3].

Es orientiert sich an einem Managementprozess vor dem Hintergrund der pädagogischen Psychologie und setzt gleichzeitig bei Technik, Organisation und Mensch an, die als gemeinsame Standbeine des Wissensmanagements in der Praxis angesehen werden. Dabei lässt es aber dem Faktor Mensch eine besondere Beachtung zukommen.

Anders als die zwei vorgenannten Modelle ist das Münchener Modell nicht induktiv aus der Praxis, sondern *deduktiv* als Ergebnis langjähriger konzeptioneller und empirischer Arbeiten zum individuellen, sozialen und organisationalen Lernen (mit neuen Medien) entstanden. Es lässt sich als *Heuristik* für die Entwicklung unternehmensspezifischer Konzepte und Methoden zum Wissensmanagement nutzen und fungiert als Referenzmodell zur Analyse bestehender Situationen sowie zur Diagnose und Bewältigung psychologischer Hindernisse im Wissensmanagement. Dabei wird die **Nutzung von Wissen** ebenso wie bei anderen Modellen als **oberstes Ziel und primärer Zweck jeden Wissensmanagements** verstanden.[334]

Auch REINMANN-ROTHMEIER betont die Perspektivabhängigkeit von Wissensdefinitionen[335] und versteht unter soziokulturellen Aspekten und der Bedeutung von Interaktion zwischen Wissensträgern **Wissen als Prozess**, unter individuellen Aspekten und der Bedeutung von Kognition einzelner Wissensträger **Wissen als Objekt**. Sie führt auch die anwendungsorientierte Unterscheidung zwischen Informations- und Handlungswissen ein. Wissen als Objekt stellt dabei informationsnahes Wissen dar, das im Allgemeinen als Wissen bezeichnet wird, aber im Wissensmanagement als Information gilt. Dieses **Informationswissen** ähnelt somit explizitem Wissen, das leicht gespeichert und transferiert werden kann. **Handlungswissen** dagegen stellt Wissen dar, das einen Kontext benötigt, handlungsbezogen und prozessorientiert eingesetzt wird und somit dem impliziten Wissen gleichzusetzen ist. Die Zusammenhänge sind in der nachfolgenden Abbildung 2-8 zu erkennen.

Kern des Münchener Modells sind vier gleichberechtigte Aufgaben- und Prozessbereiche (Phänomene) im Umgang mit Wissen, die mit Repräsentation, Nutzung, Kommunikation und Generierung umschrieben und durch Zielstellung und Evaluation in einen Managementprozess eingebettet sind. Die Ausgestaltung dieser Bereiche erfolgt auf organisationaler Ebene in Abhängigkeit der übergeordneten Zielstellungen und Ergebnisse der Bewertung und auf individueller Ebene in Abhängigkeit von persönlichen Zielen und Ergebnissen der Selbstevaluation. Zielsetzung und Evaluation bilden somit den ökonomischen Rahmen für das organisatio-

---

334 Vgl. [REINMANN-ROTHMEIER 1999, S. 77f.].

335 Vgl. [REINMANN-ROTHMEIER 1999, S. 24], [REINMANN-ROTHMEIER 2001C, S. 10f.].

nale, aber auch eine Art psychologischen Rahmen für das individuelle Wissensmanagement.[336] Es wird deutlich, dass Wissensmanagement somit auch als eine individuelle Aufgabe und Kompetenz verstanden wird. Dieses ist relativ neu und doch in hohem Maße konsequent. Denn weder die Übernahme organisationaler Wissensaufgaben noch die Realisierung spezifischer Verfahren und Methoden des Wissensmanagements in Organisationen ist ohne Menschen denkbar. Deren Werte und Leistungsmaßstäbe, deren Führung und Kommunikationsverhalten, deren Wissen und Fähigkeiten sowie deren persönliche Ziele und Motive sind die eigentlichen Triebkräfte in der Organisation.

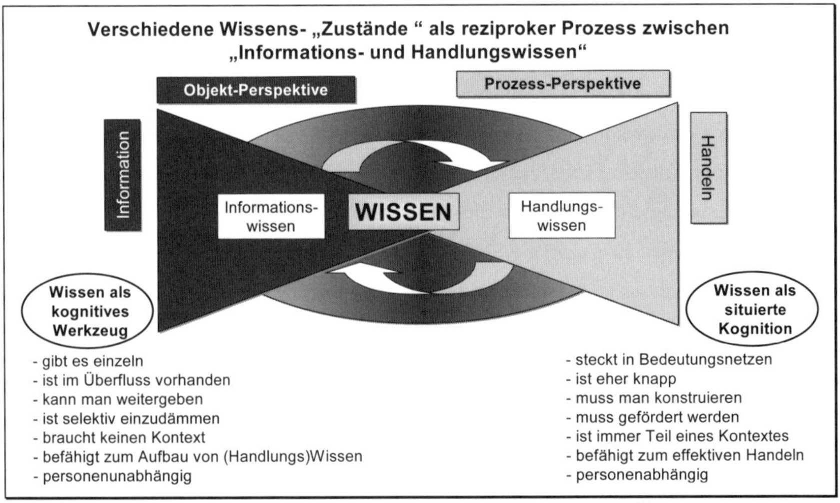

Abbildung 2-8: Reziproker Prozess von Informations- und Handlungswissen[337]

Die nachfolgend beschriebenen Phänomene des Wissens sind weder trennscharf noch voneinander unabhängig, sie bieten aber die Möglichkeit, die Vielfalt möglicher Wissensmanagementprozesse zu ordnen, zu analysieren und als Raster für eigene Beschreibungen heranzuziehen. Beispielhaft sei hier die Bündelung von Verteilung, Vermittlung und Kooperation in der Wissenskommunikation oder von Import, Entwicklung, Vernetzung und Explizierung in der Wissensgenerierung angeführt. Da die Bündelung der diversen Prozesse zwar neu, jedoch den vorherigen Beschreibungen des Baustein-Modells teilweise ähnlich sind, sollen die einzelnen Wissensphänomene hier nur kurz beschrieben werden.

---

336 Vgl. [REINMANN-ROTHMEIER 1999, S. 67].

337 In Anlehnung an [REINMANN-ROTHMEIER 1999], [REINMANN-ROTHMEIER 2001B], [REINMANN-ROTHMEIER 2001C, S. 11f.] und [REINMANN-ROTHMEIER 2004].

Die Prozesse der **Wissensrepräsentation** machen Wissen sichtbar, zugänglich, transportierbar und besser (be-)greifbar. Mit der Repräsentation ist die Tendenz verbunden, dass Wissen Informationscharakter bekommt, indem es expliziert, damit leichter weitergegeben und in neuen Kontexten genutzt werden kann. Man darf sich jedoch nicht auf die IKT allein verlassen, sondern muss für das implizite Wissen alternative Formen der Repräsentation (z.B. Visualisierung über MindMappings, diverse Wissenskartenformate, aber auch „Story Telling" und Analogien[338]) finden. In der Analogie zum Wasser lässt sich dieses Phänomen als Gefrieren von Wasser zu Eis ausdrücken. Die **Wissensnutzung** macht Wissen anwendbar und lässt dem Wissen Entscheiden und Handeln folgen. Lange Zeit war man im Wissensmanagement vorrangig damit beschäftigt, Wissen zu sammeln und aufzubewahren und hat damit dem „Umkehrprozess", Wissen in Handeln umzusetzen, wenig Beachtung geschenkt.[339] Best Practices und Lessons Learned können nun als klassische Maßnahmen helfen, vorhandenes Wissen nochmals zu nutzen und Fehler nicht beständig zu wiederholen. Es rückt das Wissen in die Nähe von Handlungswissen und lässt sich analogisch über die Umwandlung von Wasser zu Wasserdampf darstellen. Prozesse der **Wissenskommunikation** führen schließlich dazu, dass Wissen ausgetauscht, geteilt, vernetzt und in Bewegung gebracht wird. Sie lassen sich in der Wasser-Analogie mit der Wellenbildung und den ständigen Bewegungen des Wassers visualisieren. Die Mechanismen des Austauschs von informations- und handlungsnahem Wissen sind dabei aber recht unterschiedlich. Während auf der einen Seite die Verfahren der elektronischen Informationsweitergabe in Frage kommen, erfordert das Teilen von handlungsnahem Wissen in der Regel einen direkten Austausch von Menschen in (Wissens-)Gemeinschaften wie z.B. den Communities of Practice. Diese nehmen hinsichtlich ihres Innovationscharakters und ihrer Integrationsfunktion eine besondere Rolle im Münchener Modell ein, sollen aber erst in Kapitel 3 als mögliche Gestaltungselemente eines internationalen Wissensmanagements ausführlich behandelt werden. Damit es zu einer lebendigen Wissenskommunikation kommen kann, müssen Menschen u.a. das Gefühl eines persönlichen Nutzens von Geben und Nehmen haben. Vertrauen, Sympathie und soziale Fähigkeiten sind hier genauso wichtig wie Motivation und Anreizsysteme. Dies verdeutlicht den Einfluss der Unternehmenskultur auf den Erfolg von Wissensmanagement. Die Prozesse der **Wissensgenerierung** schließlich bewirken die Verarbeitung des Rohstoffs Information zu handlungsrelevantem Wissen und füh-

338 Zu „Story Telling" und Analogien siehe [REINMANN-ROTHMEIER ET AL. 2000, 2002 u. 2003], [REINMANN-ROTHMEIER/VOHLE 2001], [FAST 2002], [VOHLE 2004].

339 Vgl. [REINMANN-ROTHMEIER 2002, S. 3], [REINMANN-ROTHMEIER 2004].

ren letztlich zur Entwicklung neuer Ideen. Die Produktion neuen Wissens rückt das Wissensmanagement nahe an das Innovationsmanagement heran, was hinsichtlich immer schnellerer Wissenszyklen besonders wichtig erscheint. Lernfähigkeit und Kreativität, Denken und Problemlösen, aber auch Selbst- und Fremdbild haben einen oft unterschätzten Einfluss auf die Wissensgenerierung. Die Wissensgenerierungsprozesse werden in der Wasser-Analogie über den Erhalt der Quelle für das fließende Wasser ausgedrückt, so dass der Fluss des Wissens nicht versiegt.

Die Entwicklung hin zu einer lernenden Organisation ist im Münchener Modell **Zielrichtung des Wissensmanagements**. Es fußt dafür auf dem Verständnis der lernenden Organisation nach SENGE. In Kapitel 2.1.2.2 wurden bereits die fünf Disziplinen von SENGE als weiteren Vertreters der Organisationsentwicklung beschrieben[340], die für die Lernfähigkeit einer Organisation entscheidend sind. SENGE setzt dabei auf ein „systemisches Denken", um den Blick von einzelnen Teilen auf das Ganze zu lenken. Dieses Denken gilt als begriffliches Gerüst und als Wissensinstrumentarium, um eine klare Gesamtperspektive zu erreichen. Der Schwerpunkt des lernenden Unternehmens nach SENGE liegt somit ganz offenkundig auf dem dreistufigen Lernen[341] mit dem Verstand. SENGE geht sogar noch weiter und bezeichnet das Lernen durch Versuch und Irrtum, das bei NONAKA/TAKEUCHI Gültigkeit besitzt, als Illusion, da die wichtigen Entscheidungen in einem Unternehmen auf Jahre und Jahrzehnte hinaus systemweite Folgen nach sich ziehen; ein Zeitrahmen, der das Lernen aus unmittelbarer Erfahrung zur Unmöglichkeit macht.

Die notwendigen Bedingungen für das Lernen einer Organisation sind dabei die Lernbereitschaft und -fähigkeit der beteiligten Individuen, die den **„Ort des Wandels"**[342] bilden. Daneben sind das Bewusstsein der Organisationsmitglieder und deren Sensibilität für neue Anforderungen weitere Treiber des Wandels. Einen solchen individuellen Lernzyklus in Gang zu bringen, ist auf Grund der Veränderungsresistenz von Individuen nicht leicht, so dass es sinnvoll erscheint, die Organisation als **„Ort des Handelns"** in die Pflicht zu nehmen und schrittweise einen organisationalen Lernzyklus anzustoßen. Eine lernende Organisation kann nach SENGE ET AL. dann entstehen, wenn der individuelle und organisationale Lernzyklus miteinander verbunden wird.

Hier setzt das Münchener Modell an, indem es die vier Phänomenbereiche des Wissens so-

---

340 Siehe Seite 41 in Kapitel 2.1.2.2.
341 Vgl. [REINMANN-ROTHMEIER 2001C, S. 8].
342 Vgl. [SENGE ET AL. 1997].

wohl auf organisationaler als auch auf psychologischer bzw. individueller Ebene ansiedelt und somit die Wissens- und Lernprozesse auf beiden Ebenen in Zusammenhang bringt.[343]

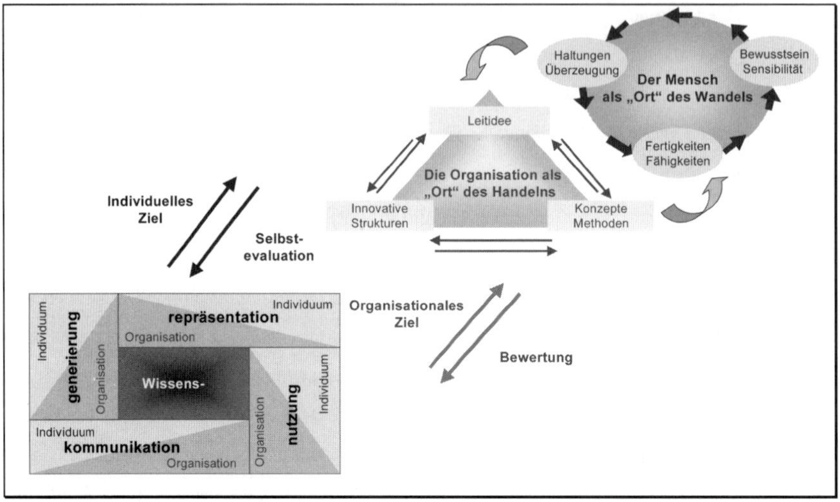

Abbildung 2-9: Verknüpfung von Wissen und Lernen im Münchener Modell[344]

Das vorliegende Referenzmodells fußt somit auf einer pragmatischen Position, einem anwendungsorientierten Wissensbegriff und einem integrativem Lernverständnis. Nach REINMANN-ROTHMEIER hat dieses einen wesentlichen Einfluss auf den Implementierungserfolg von Wissensmanagement, genauso wie die Verknüpfung des Wissensmanagements mit dem Lernen.[345]

Obwohl der Autor dem Münchener Ansatz auch vor SENGES Verständnishintergrund eines lernenden Unternehmens folgen kann, soll die kritische Stimme von NONAKA/TAKEUCHI nicht unerwähnt bleiben, die das systemische Idealbild des modernen lernenden Unternehmens nach SENGE im scharfen Gegensatz zum „japanischen Lernansatz" von Körper und Geist sehen.[346]

Um auch hier eine Balance zu erreichen, scheint es für den Autor notwendig, dem algorithmischen Denken in berechenbaren technischen Systemen ein Verständnis von Natürlichkeit und Chaos in nicht-linearen dynamischen Systemen[347] hinzuzufügen.

343 Siehe Abbildung 2-9
344 Vgl. [REINMANN-ROTHMEIER 2004].
345 Vgl. [REINMANN-ROTHMEIER 1999, S. 236].
346 Vgl. [NONAKA/TAKEUCHI 1997, S. 20].
347 Siehe ausführlich zur Chaosforschung [DESER 1997].

Als besonderer Nutzen des Modells für die weitere Verwendung im Untersuchungskontext lässt sich das Folgende feststellen:

- Auf Grund des Verständnisses von Anwendungsorientierung als oberstem Ziel und primärem Zweck von Wissensmanagement und des integrativen Lernverständnisses unterstützt dieses Modell den durch den Autor gewählten Ansatz zur Gestaltung des internationalen Wissensmanagements in wissensintensiven Unternehmen.
- Das Modell verfolgt einen ganzheitlichen Ansatz, d.h. macht den Implementierungserfolg des Wissensmanagements von der Einbeziehung der Komponenten Mensch, Organisation, Technik und von der Verknüpfung Wissensmanagement und Lernen abhängig. Darüber hinaus hat es einen interdisziplinären Anspruch, indem es personalorientiertes Kompetenzmanagement mit technologieorientiertem Informationsmanagement verbindet.
- Es verbindet Managementaufgaben (Zielstellung und Validierung) mit den vier Wissensphänomenen. Dieses entspricht dem Verständnis des Autors, Wissensmanagement als Managementkonzept und Führungskonstrukt zu sehen und kommt dem praktischen Anspruch nach, dass wirtschaftliche Maßnahmen zielorientiert und bewertbar ausgeführt werden müssen.
- Obwohl das Modell keine konkreten Anleitungen zum Management von Wissen im Sinn von Wiederholung und Imitation anbietet, greift es doch bestehende Methoden und Konzepte auf und ordnet sie auf individueller und organisationaler Ebene in die Phänomenbereiche ein. Es bietet somit einen Analyserahmen zur Problemlokalisierung, um im Vorfeld von Zielvereinbarung, Maßnahmendefinition und Umsetzung Überlegungen zur Klassifikation von Problemen sowie deren Interdependenz, Reichweite und Behebung anzustellen.
- Die Flexibilität der angebotenen Phänomenbereiche erlaubt die Analyse, Ordnung und Beschreibung vielfältiger Wissensmanagementprozesse. Hiermit konnten z.B. innerhalb der Fallstudie Potenziale, Barrieren und Handlungsfelder der internationalen Projektdurchführung eines Beratungsunternehmens bearbeitet werden.
- Die Akzentuierung von Lernen als wettbewerbsdifferenzierenden Faktor der Zukunft trägt dem Sachverhalt Rechnung, dass vor dem Hintergrund wachsender Komplexität und beschleunigter Veränderlichkeit von Beratungsinhalten das Lernen einen wichtigen Stellenwert im Arbeitskontext eines Beraters einnimmt.
- Reinmann-Rothmeier propagiert ein relativ neues Verständnis von organisationalem Wissensmanagement als individuelle Aufgabe und fordert somit ein neues Selbstverständnis, das den Berater als „Wissensarbeiter" par excellence persönlich anspricht.
- Reinmann-Rothmeier ist mit ihrer Definition von Handlungswissen sehr nah dem Verständnis des Autors von internem Wissen.

2.2 Internationalität und internationale Unternehmung

Der permanente Entwicklungsprozess in der Wirtschaft, der sich tagtäglich in der Presse verfolgen lässt und durch Firmenübernahmen, Fusionen und Joint-Ventures gekennzeichnet ist, wird häufig mit den Begriffen Internationalität, Internationalisierung oder Globalisierung umschrieben. Hiermit sind Konzepte und Strategien gemeint, die eine dauerhafte Wettbewerbsfähigkeit und Festigung der Unternehmensposition durch Auslandsgeschäfte gewährleisten. Unter **Internationalisierung** versteht man u.a. einen Prozess, durch den Unternehmen ihre grenzüberschreitenden Beziehungen und Transaktionen verändern, also z.B. die verschiedenen Formen des Markteintritts, die Anpassung der Produkte an die lokalen Anforderungen der verschiedenen Märkte und die Führung ausländischer Tochterunternehmen.[348] Um in einem Unternehmen Synergien auch über Ländergrenzen hinweg zu erzeugen, müssen das Unternehmen als Ganzes betrachtet und die Durchgängigkeit der Prozesse gewährleistet werden. Somit sind auch die Unternehmensbereiche wie Finanzen und Produktentwicklung einer internationalen Ausrichtung zu unterwerfen. Hier spricht man dann von einer funktionsübergreifenden Ausrichtung.

Mit dem Begriff der **internationalen Unternehmung** wird der Prozess der Internationalisierung mit der Institution der Unternehmung verknüpft. Von einem internationalen Unternehmen wird dann gesprochen, wenn dieses Unternehmen Aktivitäten im Ausland durchführt, wobei die Art der Aktivitäten keine Rolle spielt. Eine Rolle spielt hier jedoch der Grad der internationalen Aktivitäten, der z.B. mit dem Anteil des ausländischen Umsatzes am Gesamtumsatz oder der Anzahl der Auslandstöchter quantifiziert werden kann. WOLF hingegen bezeichnet Unternehmen erst dann als international, wenn sie ausländische Direktinvestitionen[349] aufweisen und bei ihnen die Leistungserstellung gleichzeitig in mehreren Ländern erfolgt.[350] Diese Zahlen sind jedoch nicht immer aussagekräftig, da die Ausprägungen der verschiedenen Branchen und Produkte hierbei nicht ausreichend berücksichtigt werden. Eine qualitative Bewertung scheint hier eher angebracht. Danach ist eine Unternehmung dann als international zu betiteln, wenn deren Auslandstätigkeit zum Erreichen und zur Sicherstellung des Unternehmensziels von maßgeblicher Bedeutung ist.[351]

Im allgemeinen Sprachgebrauch sowie in der einschlägigen Literatur sind auch Begriffe wie globale und multinationale[352], transnationale oder gar supranationale Unternehmungen[353] zu finden. Während im allg. Sprachgebrauch diese Begriffe häufig synonym verwendet werden oder das Gefühl für die Größe eines Unternehmens ausdrücken, umschreibt die Literatur bestimmte Konzepte und weitere Eingrenzungen mit den oben genannten Begriffen.

Die nachfolgende Abbildung 2-10 gibt einen Überblick über die ausländischen Aktivitäten

---

348 Vgl. [PERLITZ 1997, S. 9], [KUTSCHKER 1999, S. 1119], [KUTSCHKER 1999C, S. 3].

349 Hiermit sind Kapitalanlagen im Ausland gemeint, mit denen der Investor die Geschäftstätigkeit des kapitalempfangenden Unternehmens beeinflussen will.

350 Vgl. [WOLF 1994, S. 29].

351 Vgl. [PERLITZ 1997, S. 11].

352 Gemeint sind Unternehmen mit mehreren Binnenmärkten. Vgl. [BARTLETT/GHOSHAL 1997, S. 60].

353 Vgl. [BÜSCHGEN 1997, S. 448f.].

eines holländischen Softwarehauses, welches die Internationalität extensiv vorantreibt.

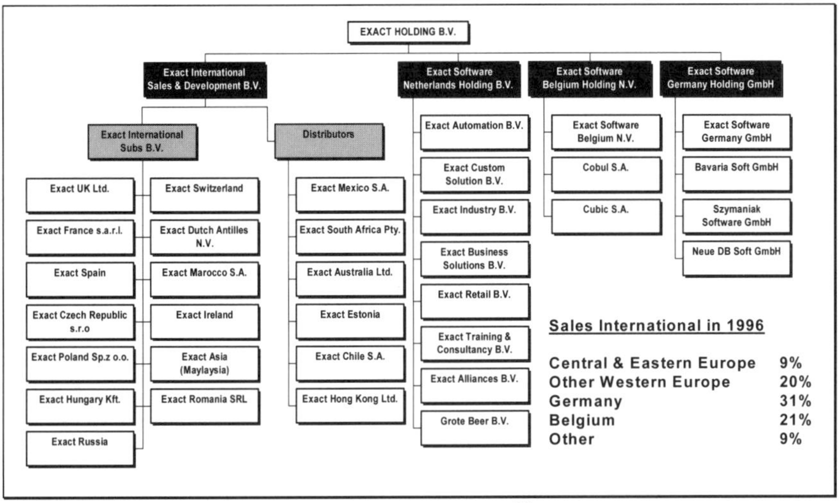

Abbildung 2-10: Internationalität in Organisation und Umsatz[354]

2.2.1 Globale Unternehmen und deren Organisationsstrukturen

In der heutigen Zeit spielen immer mehr die Skaleneffekte (z.B. Preisvorteile im Einkauf oder Kostenvorteile in der Entwicklung) eine Rolle[355], um den Kampf um die Globalität und damit um die umfassende Präsenz auf den einzelnen Märkten zu bestehen.[356] Die Verschmelzung von Unternehmen zu multinationalen Megakonzernen, die prägend für das heutige Zeitalter ist[357], erreichte 1998 in der Summe aller M&A-Transaktionen mit einem weltweiten Wert von ca. 2,1 Billionen USD einen Rekordstand.[358] Der Kauf von Compaq durch Hewlett-Packard in der IT-Branche, der Erwerb von Sprint durch MCI Worldcom in der Telekommunikationsbranche als größter Firmenzusammenschluss aller Zeiten[359], die Übernahme von Ernst & Young durch Cap Gemini in der Beratungsbranche oder die Fusion von Daimler-Benz und Chrysler in der Automobilbranche seien hier als eindrucksvolle Beispiele genannt. Auch 1999 hielt dieser Trend unverändert an, so dass allein in der IuK- und Medienbranche im ersten Halbjahr 1999 weltweit 2.900 Fusionen und Übernahmen mit einem Volu-

---

354 In Anlehnung an [Exact 1997, S. 2 u. S. 25].

355 Vgl. [Schoppe 1994, S. 157f.].

356 Gibbons et al. verstehen in diesem Zusammenhang die Globalisierung auch als "transformation of national economies into a single international economy." Vgl. [Gibbons et al. 1994, S. 167].

357 Vgl. [Malone/Laubacher 1999, S. 30].

358 Vgl. [Müller-Stewens/Muchow 1999, S. 61].

359 Vgl. [o.V. 1999].

men von ca. 545 Mrd. USD stattfanden.[360] Auch wenn sich nun die öffentlichkeitswirksamen Aktivitäten verlangsamen, so wird doch der Trend durch die permanenten Such- und Bewertungsaktivitäten (angels.: Due Diligence) der Unternehmen im „Stillen" fortgeführt.

Multinationale Unternehmen kennzeichnet im Vergleich zu nationalen agierenden Unternehmen eine Verteilung der Wertschöpfung auf verschiedene Ländermärkte.[361] Damit einher geht eine weltweite Streuung von Wissensbestand und Wissensbedarf. Es nimmt aber auch die Anzahl interessanter Wissensquellen zu, welche mehr Möglichkeiten zur Aufnahme neuer Trends und Anforderungen aus dem Markt und somit zur Vervollkommnung der angebotenen Produkte und Dienstleistungen bietet. Die Tochtergesellschaften entwickeln dabei vor dem Imperativ der Anpassung an lokale Bedürfnisse ihre eigenen Wissens- und Fähigkeitsbasen.[362]

Neben dem internen Wissenstransfer als besondere Herausforderung von multinationalen Unternehmen[363] gilt in der Internationalität der Wissensnutzung ein besonderes Augenmerk. Ein Blick auf die Umsetzungsschwäche von Ideen in marktreife Produkte und andere Hindernisse im Innovationsmanagement[364] verdeutlichen die Schwierigkeiten und Chancen einer verbesserten Nutzung von Wissen. Dass gerade multinationale Großunternehmen darüber klagen, dass sie in wichtigen Bereichen den Überblick über ihre internen Fähigkeiten und Wissensbestände verloren haben, erschwert diesen Umstand noch zusätzlich.

Auf Grund der Größe der Unternehmen kann eine Führung per Anweisung und Kontrolle kaum noch stattfinden. Entscheidungen werden zunehmend geografisch in die internationalen Tochterunternehmen sowie hierarchisch nach unten verlagert und Mitarbeiter in die Situation versetzt, selber zu überlegen, was zu tun ist und es dann auch zu erledigen. Hierzu ist eine entsprechende Wissensbasis von Nöten. Dieses soll ein Indiz dafür sein, dass die jeweilige Aufbau- und Ablauforganisation wegen ihrer Notwendigkeit zur Flexibilität und ihrer Abhängigkeit von unterschiedlichen Einflussfaktoren[365] situationsspezifisch in einfachen oder komplexen Strukturen festzulegen ist.[366] Auch flachere Hierarchien, die zur Dezentralisierung von Autorität und zur Bildung autonomer Arbeitsgruppen führen[367], sind denkbar. Die Strukturen

---

360 Vgl. [O.V. 1999A, S. 6].
361 Vgl. [BENDT 2000, S. 2].
362 Vgl. [KUTSCHKER 1999, S. 1142], [KUTSCHKER 1999D, S. 112].
363 Vgl. [BENDT 2000]. [ROEHL 2000, S. 16] führt u.a. an, dass die Globalisierung die Kommunikations- und Kooperationsformen verändert.
364 Vgl. [ZIMMER 2001].
365 Zu nennen sind bspw. sozio-kulturelle, technisch-ökonomische oder politisch-rechtliche Faktoren.
366 Vgl. [PERLITZ 1997, S. 609].
367 Vgl. [KANTER 1998, S. 108].

sollen auf jeden Fall transparent sein, so dass durch vereinfachte Kommunikation, Kontrolle und Aufgabenteilung zusätzliche Synergien gewonnen werden können.

2.2.1.1 Funktional-, Produkt- und Regionalprinzip

Diese als integrierte und globale Strukturen[368] bezeichneten Organisationsprinzipien sind u.a. durch ihre eindimensionale Betrachtung und Ausrichtung gekennzeichnet. Bei dem **Funktionalprinzip** ist der einzelne Funktionsbereich (z.B. Fertigung oder Konstruktion) Mittelpunkt der internationalen Geschäftstätigkeit. Sie gelten als höchste Verantwortungsbereiche und führen alle ihre eigenen internationalen Tätigkeiten aus. Diese Struktur lässt sich dort realisieren, wo sich die Tochtergesellschaften genau einem Funktionsbereich zuordnen lassen und eine nur unbedeutende Auslandsaktivität (z.B. Produktion in England auf Grund geringerer Lohnkosten) mit geringer Produktdifferenzierung besteht. In ihr lassen sich Spezialisten wirtschaftlich einsetzen und Doppelarbeit vermeiden. Die Implementierung einer weltweiten Unternehmenspolitik ist relativ einfach möglich, ein ortskundiges Management in einem nur kleinen Rahmen notwendig. Sollten sich die Tochtergesellschaften nicht klar einem Funktionsbereich zuordnen lassen oder besteht eine größere Diversifikation in den einzelnen Ländern, stößt diese Organisationsform an ihre Grenzen.

Wenn der Betrachtungsgegenstand eines Organisationsprinzips das Produkt ist, wird die entsprechende Struktur als **Produktprinzip** bezeichnet. Hierbei handelt es sich um eine Abteilungsbildung nach den jeweiligen Produkten eines Unternehmens mit einer weltweiten Linienverantwortung. Stäbe übernehmen dann die Koordination der regionalen und funktionalen Tätigkeiten. Die Existenz der Stäbe bewirkt eine gezielte Unterstützung der jeweiligen Produktabteilungen, so dass eine gute weltweite Produktkoordination und die Vermeidung einer Programmzersplitterung möglich werden. Diese Organisationsform ist vor allem dann vorteilhaft, wenn jeweils unterschiedliche Technologien in den einzelnen Produktdivisionen eingesetzt werden oder sich die Divisionen auf Märkten mit sehr unterschiedlichen Strukturen bewegen. Konzentriert sich das Unternehmen jedoch zu sehr auf einzelne Produkte und vernachlässigt die regionalen Gegebenheiten, werden die Defizite dieser Organisationsstruktur deutlich, die sich u.a. in mangelnder Flexibilität bei Auftragsschwankungen ausdrücken.[369] Zusätzlich hinderlich für die Zusammenarbeit ist es, wenn auf Grund eines gesteigerten Abteilungsegoismus der einzelnen Produktdivisionen eine Koordination zwischen diesen immer

---

[368] Vgl. [KUTSCHKER 1999, S. 1182ff.], [KUTSCHKER/SCHMID 1999, S. 364], [PERLITZ 1997, S. 611].
[369] Vgl. [SCHÜRINGS 1998, S. 219ff.].

schwieriger wird. Dann kann durch den gesteigerten Selbstorganisationswillen der einzelnen Divisionen die zentrale Rolle der Geschäftsführung ausgehöhlt werden.

Die Länder, in denen ein Unternehmen tätig ist, werden für die Organisationseinteilung nach dem **Regionalprinzip** herangezogen. Die Einteilung der Länder kann geographisch, nach Entwicklungsstand, wirtschaftspolitisch oder absatztechnisch erfolgen.[370] Die Führungskräfte der regionalen Divisionen sind dann jeweils für eine bestimmte Region zuständig. Der regionale Stab, der bei dem Produktprinzip eingesetzt ist, ist nun nicht mehr notwendig. Dafür muss ggf. ein Produktstab eingesetzt werden, der die Koordination der weltweiten Produkttätigkeiten wahrnimmt. Wenn jedoch das Produktportfolio des Unternehmens relativ homogen oder standardisiert ist, eignet sich diese Organisationsform besonders, da dann die Schwierigkeiten, die bei der Koordination der Produkte und der F&E-Tätigkeiten auftreten können, vermieden werden. Zusätzlich könnte dann aber der vorher erwähnte Produktstab wegfallen. Durch die regionale Ausrichtung lassen sich die Tätigkeiten auf den nationalen und internationalen Märkten besser integrieren und in der Organisationsstruktur abbilden. Die Entwicklung einer globalen Strategie und deren Ausführung in den Regionalgesellschaften kann zusätzlich optimiert werden. Auf Grund steigender Kosten, die durch die in jedem Land installierten Verwaltungen verursacht werden, wird jedoch die Gesamtrentabilität des Unternehmens belastet. Zusätzlich wird bei differenten Produkt- und Leistungsportfolios die Koordination sowohl der F&E als auch der einzelnen Produkte erschwert.

2.2.1.2 Gemischte, mehrdimensional-integrierte Strukturen

Auf Grund der zunehmenden Komplexität, die bei gleichzeitiger Betätigung auf verschiedenen Märkten entsteht, der Geschwindigkeit der Veränderungen auf diesen Märkten und der zunehmenden Wirtschaftsvariablen im globalen Geschäft, sind die vorher genannten Organisationsstrukturen mit ihrer eindimensionalen Ausrichtung nur noch bedingt anwendbar.[371] Aus diesem Grunde sind Mischformen (*Grid-Strukturen*[372]) entstanden, mit denen man versucht, verschiedenen Anforderungen gleichzeitig gerecht zu werden oder durchgängige Prozesse übergreifend darzustellen. Eine kurze Analyse[373] einiger Beratungsunternehmen zeigt auf, dass diese überwiegend nach dem Matrixprinzip als eine Ausprägung der gemischten Struktur organisiert sind. Daher ist eine nähere Beschreibung dieser Organisationsform hier

---

370 Vgl. [SCHÜRINGS 1998, S. 220].
371 Vgl. [ZIMMERMANN 1999, S. 31].
372 Vgl. [KUTSCHKER 1999, S. 1185], [KUTSCHKER/SCHMID 1999, S. 388].
373 Bspw. in [CW 2002], [STREICHER 2002], [BRANCHMED2001], [BRANCHMED 2001B], [SCHOLZ 2001, S. 10], [BLESSING 2001], [IGL/LEHNER 2000], [BDU 1995] und auf Internetseiten von Beratungsunternehmen.

opportun. Mit gemischten Strukturen werden Organisationsgebilde benannt, die mindestens zwei Variablen[374], z.B. Region und Produkt oder Funktion und Region miteinander kombinieren und somit verschiedene Anforderungen gleichzeitig berücksichtigen können. Das **Konzept der Matrixorganisation** strebt dabei nach einem Ausgleich zwischen den verschiedenen Gruppierungsgrundlagen und richtet zu diesem Zweck eine duale Weisungsstruktur ein, in deren Rahmen zwei Manager oder Bereiche gemeinsam und gleichberechtigt die Entscheidungsverantwortung tragen.[375] Hierbei kommt es zu einer Zusammenführung unterschiedlicher Erfahrungen und Wissensbasen, wodurch die Problemlösungskompetenz und Innovationskraft eines Unternehmens gestärkt wird.[376]

Jedoch reichen diese einfachen Matrixorganisationen heute auch nicht mehr aus, um ein wirklich globales Unternehmen zu formen bzw. den komplexen Produkten und Dienstleistungen eines Unternehmens gerecht zu werden. Berücksichtigt man z.B., dass bei größeren Projektvorhaben unterschiedliche Fachabteilungen und Ländergesellschaften sowohl auf Kunden- als auch auf Lieferantenseite oft monatelang - wenn nicht sogar über Jahre - miteinander arbeiten, dann wird deutlich, dass hierbei komplexere Matrixorganisationen und/oder spezielle Projektorganisationen notwendig sind. Diese benötigen dann meist einen direkten Durchgriff in die einzelnen Abteilungen, um einen erfolgreichen Ablauf des Geschäftes zu garantieren. Hierbei ist zu berücksichtigen, dass es bei einer Matrixorganisation zu erheblich erhöhtem Abstimmungsaufwand kommt. Dieser Abstimmungsprozess wird häufig mit dem Begriff der **konstruktiven Reibung** beschrieben, da die einzelnen Einheiten gleichberechtigt und der Geschäftsführung direkt unterstellt sind, so dass Entscheidungen nicht mehr hierarchisch, sondern fachlich-kooperativ herbeigeführt werden. Werden diese Abstimmungsprozesse übertrieben, droht zusätzlich die Gefahr der Innenorientierung, die in Zeiten erhöhter Kundenorientierung ein beträchtliches Potenzial für Wettbewerbsverluste birgt.

Von einer Matrixorganisation verspricht man sich die größte Anpassungsfähigkeit an simultane Anforderungen. Hierbei werden jedoch neue Kompetenzen bei allen Beteiligten benötigt, da das Hierarchiedenken abgeschafft und die Kommunikations- und Teamfähigkeit erweitert werden muss. Dieses erfordert eine Abkehr von den traditionellen Strukturen und die Einlei-

---

374 Bei Berücksichtung von drei und mehr Dimensionen spricht man von einer *Tensororganisation.* Vgl. [Schoppe 1994, S. 31], [Kutschker 1999, S. 1185], [Kutschker/Schmid 1999, S. 388].

375 Vgl. [Nonaka/Takeuchi 1997, S. 219].

376 Vgl. [Kutschker 1999, S. 1188], [Kutschker/Schmid 1999, S. 391].

tung eines Umwälzungsprozesses innerhalb des Unternehmens, der nicht selten recht lange dauert. So ist in der Praxis dann auch häufig zu beobachten, dass auch Matrixorganisationen schwerfällig agieren, da die Arbeit innerhalb dieser Organisationsform erst verinnerlicht werden muss.

Da in neuer Zeit und verschiedenen Branchen zunehmend auch die reine Matrixorganisation nicht die gewünschten Erfolge aufzeigt, sind neue Organisationsgebilde geschaffen worden, die den Trend zur weiteren Dezentralisierung (z.B. in Richtung Know-how-Center) aufzeigen. Auf Grund der Neuigkeit dieser Organisationsform werden hier unterschiedliche Begriffe wie virtuelle Unternehmen, Unternehmensnetzwerke oder Centers of Competence benutzt, die die Organisationen als Netzwerke beschreiben[377].

Die Vorteile einer multinationalen und einer globalen Unternehmung zu bündeln, ist die Zielstellung der **transnationalen Unternehmensform**. Mit ihr soll sowohl den lokalen Notwendigkeiten Rechnung getragen als auch durch standardisierte Produkte und Dienstleistungen, verbindliche Regelungen und Prozeduren sowie (partielle) Entscheidungskonzentration Kostenvorteile auf zentraler Unternehmensebene erreicht werden. Dieses wird durch eine weltweite Vernetzung der Tochtergesellschaften und ihrer Wertschöpfungsketten angestrebt[378], wobei eine Gleichordnung der Unternehmenseinheiten erwünscht ist. In diesem internen Netzwerk sind die jeweiligen Beziehungen durch einen regen Austausch von Materialien, Kapital, Technologien, Mitarbeitern, Normen, Werten und Fähigkeiten geprägt und werden durch komplexe Koordination und Kontrolle zusammengehalten. Hierbei kommt jedoch anstelle einer zentralen Koordination eine Steuerung über Werte, Empfindungen, Verhaltenskodex und auch ungeschriebene Regeln - also eine indirekte Steuerung über eine starke Unternehmenskultur - zum Tragen. Diese Art einer vermaschten Matrix ist daher auch weniger als Strukturmodell aufzufassen, das der Belegschaft den physischen und arbeitsrechtlichen Rahmen steckt, sondern als Denkmodell, welches die einzelnen Mitarbeiter in ihrer - teils virtuellen - Zusammenarbeit gedanklich leitet und daher in deren Köpfen zu verankern ist.

BARTLETT/GHOSHAL[379] bezeichnen diese Organisationsform als *integrierte Netzwerkstruktur* und schreiben ihr einen äußerst effizienten, differenzierten Umgang mit dynamischen und widersprüchlichen Anforderungen aus lokaler Differenzierung und globaler Integration zu.

---

377 Vgl. [PROBST ET AL. 1999, S. 208].
378 Vgl. [KUTSCHKER 1999, S. 1142], [KUTSCHKER 1999D, S. 112].
379 Vgl. [BARTLETT/GHOSHAL 1990, S. 101ff.].

Sie trägt daher die Züge einer Idealorganisation.[380]

2.2.2 Allianzen, virtuelle Unternehmen und elastische Netzwerke

Zusätzlich zu den vorgenannten *intra-organisationalen Netzwerkformen*[381] ist die Schaffung von übergreifenden Unternehmensnetzwerken und strategischen Allianzen notwendig, da sie zur Organisierung internationaler oder globaler Präsenz immer mehr an Bedeutung gewinnen[382] und als Voraussetzung gelten, um eine Strategie der Internationalisierung zum Tragen zu bringen und neue Märkte „zu knacken"[383]. Diese Verknüpfungen können dabei über „Product" oder „Knowledge Links"[384] realisiert werden und werden neuerdings soweit getrieben, dass die internationalen Konzerne sich sogar mit unmittelbaren Konkurrenten in Teilbereichen zusammenschließen. Hier ist man dann der Meinung, dass auf Grund der Erfahrungskurvenvorteile[385] nur von besseren oder ähnlich guten Mitbewerbern gelernt[386] oder wirklich profitiert[387] werden kann. Doch nicht nur die Lernkurve ist hierbei entscheidend, sondern auch der Effekt, dass vernetzte oder kooperierende Unternehmen, durch Studien nachgewiesen, einfach mehr Geld verdienen.[388] Als Beispiel hierfür kann die STAR ALLIANCE als Zusammenschluss verschiedener Fluggesellschaften gelten.

Als gegenläufiger Trend zur Entstehung immer größerer Konzerne kann jedoch die stetige Auslagerung von Unternehmensteilen, die nicht mehr zu den Kernkompetenzen zählen, an externe Firmen sowie das wachsende Interesse an einer flexiblen, temporären Arbeitsteilung zwischen den Unternehmen beobachtet werden.[389]

Virtuelle Unternehmen werden vielfach als die Organisationsform der Zukunft angesehen.[390] Hierbei schließen sich rechtlich voneinander unabhängige Firmen, Einzelpersonen oder Personengruppen für die begrenzte Dauer eines Projektes zusammen, um die Kompetenzen der unterschiedlichen Partner flexibel zu nutzen. Die *„Spitzenfirmen auf Zeit"*[391], die sich für bestimmte Vorhaben zusammenschließen bzw. Unternehmensteile, die in eigene Rechtsformen ausgegliedert werden, können, elektronisch vernetzt, bestimmte Entwicklungs-, Pro-

---

380 Vgl. [BÄURLE/SCHMID 1994], zitiert in [KUTSCHKER 1999, S. 1143].
381 Vgl. [KUTSCHKER/SCHMID 1999, S. 393f.].
382 Vgl. [BÜHNER 1996, S. 158], [KLUMPP 2002, S. 23].
383 Vgl. [BLEEKE/ERNST 1997, S. 52].
384 Vgl. [PROBST ET AL. 1999, S. 163].
385 Vgl. [SCHOPPE 1994, S. 158f.].
386 Vgl. [O.V. 1999B, S. 17].
387 Vgl. [HAMEL/DOZ ET AL. 1999, S. 8].
388 Vgl. [KANTER 1996, S. 132].
389 Vgl. [GEHLE/MÜLDER 2001, S. 32f.].
390 Vgl. [ABTS/MÜLDER 2000, S. 351ff.], [MALONE/LAUBACHER 1999, S. 32].
391 Vgl. [MERTENS/FAISST 1996, S. 281], zitiert in [KUTSCHKER/SCHMID 1999, S. 397].

duktions- und Vermarktungsaufgaben[392] übernehmen. So produzieren bspw. führende Sportartikelhersteller fast nichts mehr selber, sondern beschränken sich auf die Kernkompetenzen Produktentwicklung, Markenaufbau und Vertrieb, wobei dieses Netzwerk aus selbständig arbeitenden Unternehmensbereichen oder ausgelagerten Sparten von der modernen IKT zusammengehalten werden.[393] Anstelle der Einrichtung von Managementfunktionen beruht ein virtuelles Unternehmen somit auf der intensiven Nutzung von Kommunikationstechnologien zum Austausch von Wissen. Einzelne Mitglieder des Netzwerks konzentrieren sich dabei auf ihre jeweiligen Kernkompetenzen, wobei ein Netzwerkmitglied oft die Rolle des Koordinators übernimmt. Nach Abschluss des Projektes trennen sich die Partner wieder und schließen sich möglicherweise in veränderter Konstellation erneut zusammen. Gegenüber Kunden erscheint ein derartiger Verbund als wirtschaftliche Einheit, von der die angebotenen Leistungen in gewohnter Weise bezogen werden.

Virtuelle Unternehmen sind somit temporäre Netzwerke oder zeitlich begrenzte Allianzen unabhängiger Personen oder Firmen, die sich unter Zuhilfenahme informations- und kommunikationstechnischer Mittel zur Kooperation entschließen, um ihre Stärken und Kosten zu teilen, Fähigkeiten zu ergänzen, Märkte gemeinsam zu erschließen oder auch den Zugriff auf die Märkte des anderen zu gestatten[394].

Es können Zulieferer, Kunden und selbst Konkurrenten in einem derartigen Verbund zusammenarbeiten. **Das nachfolgende Beispiel 3[395] belegt dieses:**

> Die Spielwarenfirma LEWIS GALOOB TOYS INC., San Francisco kauft Produktideen bei unabhängigen Erfindern ein und lässt die Entwicklungsarbeit von selbständigen Ingenieurbüros durchführen. Die eigentliche Herstellung erfolgt durch Subkontrakt-Unternehmen in Hongkong, die ihrerseits arbeitsintensive Teile ihrer Fertigung nach China verlagert haben bzw. dort ausführen lassen. Die Fertigprodukte werden von Spediteuren in die USA transportiert. Der Vertrieb erfolgt dann über selbständige Vertragsrepräsentanten. Selbst einige Verwaltungsfunktionen, wie z.B. die Finanzbuchhaltung wurden an externe Dienstleister ausgelagert. Mit weniger als 200 fest angestellten Mitarbeitern erzielte dieser „Hersteller" aus der Vermarktung seiner Produkte 1994 einen Jahresumsatz von 178 Mio. Dollar, wobei sich der Umsatz seit 1985 verdreifachte, die Zahl der Mitarbeiter lediglich verdoppelte. GALOOB konzentriert sich damit auf seine eigenen Kernkompetenzen, und zwar die strategische Führung eines Netzes selbständiger Unternehmen. Hierdurch kann GALOOB flexibel am Markt agieren und schnell auf veränderte Konsumentenpräferenzen reagieren.

---

392 Vgl. [MALONE/LAUBACHER 1999, S. 28], [PROBST ET AL. 1999, S. 227].
393 Vgl. [O.V. 1999C, S. 20].
394 Vgl. [PETKOFF 1999, S. 251], [GEHLE/MÜLDER 2001, S. 33].
395 Vgl. [GEHLE/MÜLDER 2001, S. 33f.], [KNETSCH 1996, S. 17].

Die freie und explosionsartige Verbreitung von Linux über das Internet zeigt darüber hinaus, wie Wissen weltweit verteilt und anderen zugänglich gemacht wird und wie eine vernetzte Gemeinschaft ohne eine echte Organisationsform gemeinsam[396] an einem Vorhaben erfolgreich arbeitet. Innerhalb einer solchen **netzwerkartigen Organisationsform** ist nicht mehr die Organisation selbst der Mittelpunkt, sondern das Individuum[397] mit all seinen Fähigkeiten, Kenntnissen und seinem Wissen.[398] In dieser Organisationsform besteht zukünftig eine der Hauptaufgaben der Unternehmen darin, Regeln, Standards und Kulturen zu definieren, die das aktive und erfolgreiche Agieren der Individuen innerhalb der vernetzen Organisation erlauben und mehr noch fördern.

Dieses Netzwerkmodell, welches als marktorientierte Organisationsstruktur angesehen wird, ist auch in der Automobilindustrie zu finden, in der sich weltweit Entwicklungsingenieure und Designer in kleinen, sich intervallmäßig ändernden Gruppen organisieren, um an bestimmten Projekten zu arbeiten.[399] Ein anderes Beispiel ist sicherlich das Internet selbst, dessen Kapazität sich seit 1988 von Jahr zu Jahr verdoppelt und an das im Jahr 1999 bereits über 90 Millionen Menschen angeschlossen waren.[400] Es kann als größter bisheriger Modellfall einer umfassend vernetzten Organisation gelten.

In neuer Zeit und in verschiedenen Branchen sind zunehmend neue Organisationsgebilde (z.B. „Kleeblatt-Unternehmen“ mit einer Kernbelegschaft und darum herum vertraglich gebundene Spezialisten[401] oder Expertennetzwerke[402]) geschaffen worden, die den weiteren Trend zur Dezentralisierung und Modularisierung[403] aufzeigen. Bekannt ist diese Organisationsform, in der kleine Schaltstellen ein ganzes Netzwerk von Organisationen managen, unter dem Begriff „das Unternehmen als Schaltbrett“[404]. Hierbei wird tlw. noch halbherzig agiert, da häufig zwar der Wille existiert, z.B. Geschäftseinheiten zu einem elastischen Netzwerk zusammenzuführen, dieses sich in der Praxis aber meist auf die Ausschöpfung von Synergiepotenzialen auf der Kostenseite reduziert.[405] Diese *inter-organisationalen Netzwerke* lassen

---

396 Vgl. [GUTOWSKI/SCHIEB 1998, S. 115].
397 Vgl. [MALONE/LAUBACHER 1999, S. 29].
398 Dieses ist auch der Grund dafür, dass die virtuelle Unternehmensform der japanischen Herangehensweise an Wissensschaffung widerspricht, da sie nicht vorrangig auf das eigene, sondern auf das Wissen externer Partner - Zulieferer, Kunden, Konkurrenten und Spezialisten - setzt. Vgl. [NONAKA/TAKEUCHI 1997, S. 21].
399 Vgl. [MALONE/LAUBACHER 1999, S. 33].
400 Vgl. [MALONE/LAUBACHER 1999, S. 34].
401 Vgl. [HANDY 1998, S. 91].
402 Vgl. [QUINN/ANDERSON ET AL. 1997, S. 113].
403 Vgl. [PICOT 1999, S. 47], [PICOT ET AL. 2001].
404 Vgl. [KANTER 1998, S. 109].
405 Vgl. [ZIMMERMANN 1999, S. 31].

sich dabei nicht als Ersatz, sondern als Überlappung der Primärstruktur bzw. als mögliche Ergänzung mit einer Sekundärstruktur auffassen.[406] Dieses erhöht zwangsweise die Komplexität für die internationalen Unternehmungen.

In den vorhergehenden Erläuterungen wird deutlich, dass man sich über Kooperationen aller Art einen Zugang zu den Wissensbasen anderer Unternehmen sichern kann, was auch durch das **Kooperationskontinuum** beschrieben wird.[407] Die neuen Organisations- und Kooperationsformen deuten auch darauf hin, dass zukünftig vermehrt auf Projektbasis gearbeitet werden wird. SCHINDLER hat die Projektarbeit bereits als führende Arbeitsform identifiziert[408] und diese Entwicklung sowie ihre wissensbasierte Ausgestaltung umfänglich beschrieben. Da sowohl die interne und externe Vernetzung als auch die wissensbasierte internationale Projektarbeit einen besonderen Stellenwert für die Arbeit der Beratungsunternehmen einnimmt, werden sie später nochmals aufgegriffen und ausführlich behandelt. Im weiteren Verlauf der Arbeit soll nun auch der Begriff des internationalen Unternehmens synonym für alle international tätigen Unternehmen - unabhängig von ihren gewählten Organisationsstrukturen - verwendet werden.

2.2.3 Internationalisierungsmodell nach Kutschker

Sowohl die Durchführung internationaler Projekte als Dienstleistung als auch die internationale Unternehmenstätigkeit selbst bergen eine Reihe von Herausforderungen und vielfältige Hemmnisse. Denn hierbei müssen Unternehmen ihre Aktivitäten auf Märkte ausdehnen, die kulturell von ihrem Heimatmarkt verschieden sind, in denen lokale Wettbewerber Heimvorteile besitzen und wo die Erfahrungen aus anderen Märkten nur noch bedingt Gültigkeit besitzen, so dass diese fortwährend auf ihre jeweilige Gültigkeit zu überprüfen sind. Es entsteht somit ein Managementproblem, das aus der Verschiedenartigkeit, Veränderlichkeit, Neuartigkeit, Anzahl und Dynamik der Ländermärkte resultiert.[409]

Vielen theoretischen Ansätzen zum internationalen Management ist gemeinsam, dass die Annahme eines vollkommenen Marktes aufgegeben wird, so dass Unternehmen aus Marktunvollkommenheiten Vorteile ziehen können bzw. diese bewusst schaffen, um neue Freiräume zu erringen. Neben den mobilen und immobilen Faktorausstattungen in den Ländern wie z.B. Infrastruktur und Mitarbeiterqualifikation lassen diese Unvollkommenheiten für die Unter-

[406] Vgl. [KUTSCHKER/SCHMID 1999, S. 397].
[407] Vgl. [PROBST ET AL. 1999, S. 161].
[408] Vgl. [SCHINDLER 2000, S. 3f.].
[409] Vgl. [KUTSCHKER 1999, S. 1119].

nehmen Eigentums-, Internationalisierungs- und Standortvorteile entstehen. Mit Blick auf die Ausrichtung dieser Arbeit sollen nachfolgend die **Eigentumsvorteile**, die eine zwingende Voraussetzung für die Internationalisierung[410] eines Unternehmens darstellen, **und deren Verwertung in Form der Internationalisierungsvorteile** etwas näher beleuchtet werden.

Überlegene Technologien, hervorragende Projektqualitäten und Kostenvorteile sind bspw. solche *Eigentumsvorteile im Leistungsprogramm* und bergen Vorteile, die tlw. über Eigentumsrechte in anderen Ländern abgesichert werden können. Ausgehend von einer technologischen Lücke[411] kann somit ein zeitweiser Schutz vor Imitation und Wettbewerbsvorteile in der Vermarktung von Diensten und Produkten erreicht werden. Damit treten Transaktionskostenaspekte der internationalen Geschäftstätigkeit anfänglich noch nicht so sehr in den Vordergrund. Diese Vorteile sind als relative Vorteile zu betrachten und gelten immer im Vergleich zu anderen Wettbewerbern. Weitere *Vorteile* entstammen dem *Verbund der Unternehmensgruppe* und beinhalten z.B. Erfahrungskurveneffekte in Form von Skalenerträgen, organisationalem Lernen und Rationalisierungs- und Qualitätseffekten. Die „Economies of Scope“ helfen zusätzlich durch Fokussierung von Portfolioelementen Verbundeffekte im Bereich von z.B. Marketing- und Verwaltungskosten oder der Wiederverwendung von Projektlösungen zu erzielen. Freie Kapazitäten in der Gruppe können dabei grenzüberschreitend neuen Vertriebstätigkeiten oder Projekten zur Verfügung gestellt werden, so dass Wissen und Kosten gruppeneffizient behandelt werden. Die Internationalität selbst kann bei der Betrachtung von Vorteilen als Ressource gesehen werden, die sich u.a. in der *Internationalität der Kundenbasis* und der *Internationalisierungserfahrung* ausdrückt. Die Übereinstimmung des eigenen Standortnetzes mit bzw. die Befähigung zur Durchführung internationaler Projekte für internationale(n) Kunden gilt bspw. als eines der Schlüsselattribute erfolgreicher Beratungsunternehmen. Die Internationalisierungserfahrung (z.B. Erfahrung der Projektdurchführung in bestimmten Ländern) kreiert einen besonderen Erfahrungseffekt und eine organisationale Wissensbasis, die als Basis für eine weitere inkrementale Entwicklung[412] herangezogen werden können. So gehen Kunden häufig davon aus, das Unternehmen in der Lage sind, Projekte auch in bis dato nicht besetzten Ländern durchzuführen, wenn sie bereits Erfahrung in „genügend“ anderen Ländern oder Ländern ähnlicher Kulturzonen gesammelt haben. So wie die lokale technologi-

---

410 Vgl. [KUTSCHKER 1999, S. 1168].
411 Vgl. [KUTSCHKER 1999, S. 1153].
412 Die inkrementale Entwicklung kann als spiralförmiger Prozess zwischen den Zustandsgrößen „Wissen und Marktbindung“ und den Entwicklungsgrößen „Entscheidungen und Aktivitäten“ dargestellt werden. Vgl. [KUTSCHKER 1999, S. 1157f.].

sche Wissensbasis eines Unternehmens dessen Kosten und Qualität von Produkten und Diensten bestimmt, legt die internationale Erfahrung den Erfolg internationaler Projekte, das Umsatzwachstum im Ausland oder die Beherrschung interkultureller Kooperationen fest. Hierbei gilt, dass nicht allein die eigene organisationale Wissensbasis, sondern auch die Konstellation der Erfahrungen unter den Mitbewerbern den relativen Erfolg ausmacht.

KUTSCHKER hat sich des zu Beginn des Kapitels genannten, vielschichtigen Managementproblems angenommen und ein **mehrdimensionales Internationalisierungsmodell** entwickelt, das unterschiedliche Konzepte zur Messung der Internationalität integriert und nach dem sich die Internationalität entlang der *vier Dimensionen* Anzahl und geographisch-kulturelle Distanz der bearbeiteten Ländermärkte, Ausmaß der Wertschöpfung in diesen Ländern, Ausmaß der Integration bzw. Koordination der Aktivitäten im Unternehmensverbund sowie Veränderungen dieser Ausprägungen im Zeitablauf erfassen lässt.

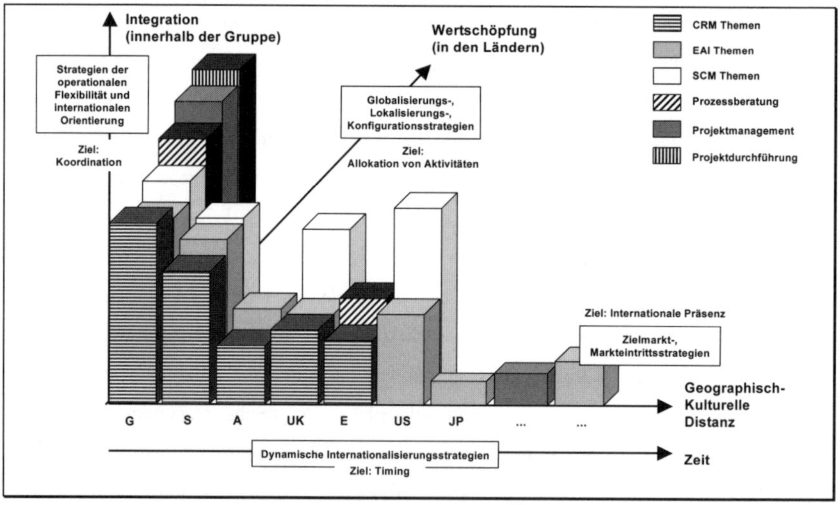

Abbildung 2-11: Internationalisierungsmodell und -strategien[413]

Im Nachfolgenden sollen die Dimensionen umrissen sowie selektiv Strategien beschrieben werden, soweit diese einen Zusammenhang zur Geschäftstätigkeit der Beratungsunternehmen aufweisen. In der **ersten Dimension**, der **Länderdimension,** werden nicht nur die Anzahl, sondern auch zunehmend deren geographisch-kulturellen Distanzen betrachtet, d.h. Internationalität steigt mit dem Tätigsein in unterschiedlichen Kulturkreisen. Hier kommen *Zielmarkt-*

[413] In Anlehnung an [KUTSCHKER 2002, S. 52 u. S. 63], [KUTSCHKER 1999, S. 1145 u. S. 1170], [KUTSCHKER 1999D, S. 116ff.], [KUTSCHKER 1997, S. 52 u. S. 63], [KUTSCHKER 1994], [KUTSCHKER 1992, S. 518ff.].

und Markteintrittsstrategien zum Tragen.

Während bei den Zielmarktstrategien Länder- und Risikoanalysen Aufgabenbestandteil und sowohl kulturelle als auch psychische Distanzen zu berücksichtigen sind, beschäftigen sich die Markteintrittsstrategien mit verschiedenen Formen der Geschäftsaufnahme und -ausweitung (*Eigentumsstrategien*[414]) sowie der Vorgehensweise innerhalb der einzelnen Unternehmensfunktionen (*Funktionalstrategien*). Markteintrittsstrategien zielen dabei auf ein simples Ausnutzen lokal gegebener Eigentumsvorteile. Die Marktbearbeitung kann hierbei u.a. durch eine eigene Niederlassung oder über Kooperationen und Joint Ventures erfolgen. Die Funktionalstrategien betreffen u.a. Entscheidungen über Service-, Produkt- und Preispolitik sowie die Auswahl von Technologie und Personal, die die Internationalität unterstützen sollen.

Die **zweite Dimension** fokussiert auf die **Art und den Umfang der Wertschöpfung**. Hierbei wird in Abhängigkeit der Größe und des Variantenreichtums der Wertschöpfung im Ausland die Internationalität des Unternehmens bewertet. Neben der reinen Umsatzbetrachtung muss auch die Kontrolle der Wertschöpfung über vertragliche oder Eigentumsrechte berücksichtigt werden. Dieses spielt sowohl für die Führung als auch für die Integrationsmöglichkeiten innerhalb der Gruppe eine große Rolle. Zum Ziel der optimalen Allokation von Aktivitäten werden hierbei *Globalisierungs-, Lokalisierungs-* und *Konfigurationsstrategien* verfolgt. Es gilt also Wettbewerbsvorteile auf Grund von Differenzierung oder Standardisierung zu erringen.[415] Die beiden erstgenannten Strategien markieren dabei das bekannte Spannungsfeld[416] zwischen länderspezifischen Anpassungen des Leistungsprogramms und Effizienzanforderungen durch weltweite Standardisierung. Im Beratungsgeschäft unterliegen z.B. Beratungsmethodologien oder Projektmanagementprinzipien häufig einer globalen Vereinheitlichung während Softwaresysteme z.B. über Sprach- und Verfahrensanpassungen lokalisiert werden. Die Konfigurationsstrategien beschäftigen sich mit Fragen der weltweiten Streuung bzw. Konzentration von Unternehmensaktivitäten. „Eine extreme Streuung ist nach PORTER dann erreicht, wenn in jedem Land die komplette Wertschöpfung vorhanden ist.“[417] Daneben kann es auch zu einer Konzentration einzelner Wertschöpfungssegmente in unterschiedlichen Ländern kommen. Dieses ist bei Beratungsunternehmen üblich, wenn neue oder strategische

---

[414] Vgl. [KUTSCHKER 1999, S. 1172], [KUTSCHKER 1994, S. 229], [KUTSCHKER 1992, S. 499ff.].

[415] Vgl. [KUTSCHKER 2002, S. 48], [KUTSCHKER 1999, S. 1173], [KUTSCHKER 1997, S. 48], [KUTSCHKER 1994, S. 225f.], [KUTSCHKER 1992, S. 519].

[416] Auch bekannt unter dem Begriff „*Konzerndilemma*“. Vgl. [SCHÜRINGS 1998, S. 223].

[417] Vgl. [PORTER 1989, S. 17ff.], zitiert in [KUTSCHKER 1999, S. 1174].

Themen (z.B. Business Intelligence oder CRM für Finanzdienstleister) in einem Competence Center gebündelt werden. Ausschlaggebend hierfür können bspw. bereits vorhandene Kenntnisse mit ähnlichen Produkten und Services oder die Durchführung eines erstmaligen Referenzprojektes sein. Zusammenfassend kann festgehalten werden, dass die Globalisierungsstrategien komplexer auf die perfektionierte Ausnutzung von Erfahrungskurveneffekten ausgelegt sind und die Konfigurationsstrategien diesen eine integrierte Führung hinzufügen, d.h. die Entstehung und Verwertung verteilter Fähigkeiten berücksichtigen. Diese Punkte sind auch für die Auswahl und Gestaltung einer länderübergreifenden Projektdurchführung als internationale Wissensbasis[418] ausschlaggebend.

Die **Integration der Auslandsaktivitäten** im internationalen Aufgabenverbund wird in einer **dritten Dimension** betrachtet. Sie kann dabei auf die Managementintensität einer Muttergesellschaft reduziert sein oder aber auch die Züge einer hochgradig vermaschten, wechselseitig sich abstimmenden *transnationalen Organisation*[419] annehmen. Das Ausmaß der Koordination bzw. Integration wird dabei an den *vier Faktoren* Anzahl und Intensität der Abstimmungspartner und -aktivitäten, Existenz gemeinsamer Kontexte, Intensität unternehmensinternen Ressourcenflusses und Ausmaß der möglichen Flexibilität festgemacht.[420] Demnach ist das internationale Unternehmen umso höher integriert, je größer die Anzahl abstimmender Parteien ist, je intensiver deren Abstimmung erfolgt, je homogener die Unternehmenskultur (deren gemeinsame Kontexte) und je intensiver der Ressourcenfluss ist. Die starke Abstimmung von Technologie, Infrastruktur und Managementsystem erhöht dabei die Flexibilität, da die Mitarbeiter der verteilt operierenden Einheiten dadurch auf eine gemeinsame und weit gehend identische organisationale Wissensbasis zurückgreifen können.

Die hierbei verwendeten Strategien dienen der *operationalen Flexibilität* und der *internationalen Orientierung*. Zur Unterstützung des erstgenannten Ziels werden *Leverage- und Arbitragestrategien* herangezogen, die auf eine intensive Ausnutzung im Unternehmensverbund verstreuter Ressourcen und Marktunvollkommenheiten hinweisen. Mit ihnen werden u.a. die multiple Nutzung von Eigentumsvorteilen angestrebt[421] oder über ein „Cross Subsidizing“ die

---

418 Siehe Kapitel 3.3.2.

419 Siehe Kapitel 2.2.2.

420 Vgl. [KUTSCHKER 2002, S. 51], [KUTSCHKER 1999, S. 1147], [KUTSCHKER 1999D, S. 118], [KUTSCHKER 1997, S. 51].

421 Bspw. über die lokale Neuakquisition eines globalen Kunden, mit dem man bereits in anderen Ländern Projekte durchgeführt hat.

Position einer Ländergesellschaft durch Rückgriff[422] auf „Überschüsse" eines anderen Landes gefestigt. Dazu müssen Managementsysteme, Informationsinfrastrukturen sowie Organisation und Managementqualifikation angepasst werden, die für beide Strategien als Voraussetzung gelten.

Zur Unterstützung der internationalen Orientierung kommen *Strategien* zum Tragen, die den *geistigen Kontext der Unternehmensführung* beeinflussen. Während die Strategien der operationalen Flexibilität eher an der sichtbaren Oberflächenstruktur eines Unternehmens ansetzen, tangieren diese Strategien in erste Linie die Gestaltung der tiefer liegenden und dadurch schwer erkennbaren Tiefenstruktur, die sich in Führungsverhalten, gemeinsamen Werten und der Erfahrungsbasis der Mitarbeiter ausdrückt. Auf Grund ihrer inhaltlichen Nähe und besonderen Relevanz zur Konstruktion eines internationalen Wissensmanagements wird dieses hier nicht näher beschrieben und auf die Ausführung zu den Führungskonstrukten in Kapitel 3.1 und zu Wert- und Kulturbesonderheiten in Kapitel 3.2.1 verwiesen.

Als **abschließende Dimension** im Modell von KUTSCHKER ist die **zeitliche Dynamik** zu betrachten, da Internationalisierung immer die Veränderung eines Unternehmens entlang mindestens einer der drei vorgenannten Dimensionen bedeutet. Die Beherrschung der Dynamik ist somit ein Teil der internationalen Managementaufgabe, wobei die zukünftige Gestalt eines Unternehmens und die Schnelligkeit der Zielerreichung sowohl von der Wahl als auch von der inhaltlichen Ausgestaltung und Reihenfolge diverser interdependenter Strategien abhängig sind. Hierbei sind sowohl das *Internationalisierungspotenzial* als auch der *relative Internationalisierungsgrad* eines Unternehmens zu berücksichtigen.[423] Mit den internationalen Entwicklungsstrategien versuchen Unternehmen, den wechselnden Anforderungen des internationalen Umfelds gerecht zu werden und durchlaufen dabei unterschiedliche Evolutionsstufen[424]. Dabei werden sie von Führungsstrukturen unterstützt, die in der Internationalität andere sind als für national agierende Unternehmen.

Insgesamt ist festzuhalten, dass die „diagnostizierte" Internationalität bei differenzierten Unternehmen nicht für die Organisation im Ganzen gilt, sondern dass unterschiedliche Ge-

422 Vgl. [KUTSCHKER 1999, S. 1175], [KUTSCHKER 1994, S. 228]. Als Beispiel kann hier das „Ausleihen" von nicht-ausgelasteten Beratern anderer Niederlassungen angeführt werden.

423 Vgl. [KUTSCHKER 1999, S. 1177], [KUTSCHKER 1994, S. 239], [KUTSCHKER 1992, S. 523] und dessen Darstellung einer Ordnungsmatrix.

424 Vgl. [KUTSCHKER 1996, S. 8ff.]. Diese sind z.B. mit dem Begriff des Lahmen, Bequemen, Entdeckers und des Eroberers benannt. Vgl. [KUTSCHKER 1999, S. 1177], [KUTSCHKER 1994, S. 239].

schäftsfelder bzw. Geschäftsbereiche unterschiedlich ausgestaltet sind.[425] Dieses kann im Rahmen von Best Practices wiederum dazu führen, dass Geschäftsfelder mit internationalem „Vorbildcharakter“ erkannt und als Modellfall für das organisationale Lernen herangezogen werden.[426] Neben diesen internen Benchmarks gilt es in der Internationalität auch, den Vergleich mit „klassenbesten“ Unternehmen anzustreben, wobei immer die Vergleichsebene (z.B. Geschäftsbereiche oder Gesamtunternehmen) gewahrt bleiben muss.

Abschließend lässt sich ergänzen, dass auch **Standortaspekte** für Beratungsunternehmen mit erheblichen Vorteilen verbunden sind, wenn diese bspw. in der Nähe führender Universitätseinrichtungen, strategischer Großkunden oder akkumulierter Wissensbasen wie z.B. dem Silicon Valley als Quelle innovativer Softwareentwickler und deren Produkte ihre Niederlassungen unterhalten. Auf Grund der Mobilität der angebotenen Beratungsprodukte und der humanen Wissensträger spielen die Standortaspekte jedoch keine so wichtige Rolle wie z.B. für produzierende Unternehmen.

Als besonderer Nutzen des Modells für die weitere Verwendung im Untersuchungskontext lässt sich das Folgende feststellen:

- Das Modell beseitigt durch Integration verschiedener Ansätze die Schwächen alternativer Betrachtungsweisen und kann somit als „schwergewichtiger“ bzw. umfassender betrachtet werden.
- Die Internationalisierung (als erster Abschnitt einer neuartigen Geschäftstätigkeit) und die Internationalität (als fortgeschrittene Aufgabe) werden differenziert, aber gleichrangig behandelt. Somit können auch die unterschiedlichen Stadien einer Geschäftstätigkeit gebührend berücksichtigt werden.
- Das Modell vermittelt einen differenzierten Überblick über die Probleme, Herausforderungen und Aufgaben in der Internationalität und unterstützt somit die Erkenntnisgewinnung vor dem Hintergrund der Arbeit. Es dient auch als Analyserahmen, in dem - vor dem Hintergrund der Internationalität und fokussiert auf diverse Strategien - Überlegungen zur internationalen Wissensanwendung erfolgen.
- In seinen Modelldimensionen berücksichtigt KUTSCHKER sowohl kulturelle als auch prozessuale, organisatorische und informationstechnologische Aspekte, so dass das „magische Dreieck des Wissensmanagements“ auch in der internationalen Betrachtung gewahrt bleibt.
- Es werden Handlungsoptionen sowie Ausgestaltungs- und Verwertungshinweise dargestellt, die sowohl internationale Strategien, Führungskonstrukte als auch die Bewältigung kultureller Varietät betreffen. Somit kann eine balancierte Betrachtung internationaler Aktivitäten aus Wissenssicht erfolgen.
- KUTSCHKER verknüpft in seinen Ausarbeitungen u.a. über Koordinationsaktivitäten und Wertschöpfungsbetrachtungen die Aspekte der Internationalität mit denen der Wissens-

---

[425] Dieses kann z.B. auch an unterschiedlichen Internationalisierungsstrategien im Rahmen von qualitativen Unternehmensplanungen festgemacht werden.

[426] Vgl. [KUTSCHKER 1999, S. 1148].

und Lernorientierung und erleichtert somit die kombinierte Betrachtung.

- Das Modell erlaubt nicht nur über die Aufführung diverser Aufgaben und Herausforderungen beispielhafte Maßnahmen zu extrahieren, die die Zielstellung dieser Arbeit unterstützen, sondern gibt Hinweise, wie die Auswirkungen eines internationalen Wissensmanagements bewertet werden könnten.

2.3 Das Spannungsfeld von Wissen und Internationalität

„Die Fähigkeit der Mitarbeiterinnen und Mitarbeiter zur Kommunikation und Zusammenarbeit über Abteilungs-, Unternehmens- und Landesgrenzen hinweg ist systematisch zu fördern, so dass durch einen zielgerichteten Integrationsprozess alle Beteiligten die notwendige Erfahrung, das Wissen und damit die globale Handlungsfähigkeit erhalten, die notwendig ist, um zukünftig in einem agilen, netzwerkartig organisierten Unternehmen die Herausforderung der wachsenden Komplexität immer differenzierterer Kundenbedürfnisse im globalen Wettbewerb schnell, zielgerichtet und erfolgreich bewältigen zu können."

Eberhard von Kuenheim[427]

Diese, durch den Aufsichtsratsvorsitzenden der BMW AG bereits im Jahr 1972 formulierte Forderung anlässlich der Eröffnung der neuen Konzernzentrale, verdeutlicht die immer neuen Anforderungen, die durch den wachsenden Wettbewerb, die dynamischen Veränderungen von Märkten und Kundenbedürfnissen sowie den vollzogenen Wandel vom Verkäufer- zum Käufermarkt an die Unternehmen gestellt werden. Time-to-Market und Time-to-Customer sind hier die vorherrschenden Begriffe. Immer kürzere Innovationszyklen und neue Herausforderungen, mit denen ein Unternehmen heute und morgen konfrontiert wird, machen nicht nur eine Abkehr von der traditionellen Organisationsform unvermeidbar, sondern erfordern ein ganz neues Verständnis für die Zusammenhänge auf den globalen Märkten und die Fähigkeit, sich diesen Veränderungen anzupassen. Diese Fähigkeiten können mit den drei Cs[428] oder drei Is[429] umschrieben werden und lauten: *Concepts* - herausragende Kenntnisse und neueste Ideen; *Competence* – Fähigkeiten, überall den höchsten Leistungsstandards zu genügen; und *Connections* - die besten Beziehungen bzw. *Information*, *Intelligence* und *Ideas*.

Wie in den vorhergehenden Kapiteln bereits mehrfach angeklungen ist, birgt die Kombination von Wissen und Internationalität ein besonderes Potenzial für Spannungen.

Beispielhaft sei nochmals auf verteilte Unternehmen mit der Notwendigkeit durchgängiger Prozesse und mit diversen lokalen Wissensbasen zur Selbstorganisation sowie auf fusionierte Unternehmen mit Schwierigkeiten auf Grund inkompatibler Wissensbasen hingewiesen. Durch die regionale Verteiltheit gehen den Organisationen hierbei Übersicht und wichtige

---

427 Vgl. [BMW 1997, S. 191].
428 Vgl. [KANTER 1996, S. 22].
429 Vgl. [HANDY 1997, S. 144].

Details verloren[430], so dass z.B. Kooperationschancen mit externen Experten oder wichtige Netzwerke außerhalb der Organisationsgrenzen nicht genutzt und somit günstige Gelegenheiten des Wissensimportes oder der Geschäftsanbahnung vergeben werden. Die Streuung von Wissensbestand und Wissensbedarf sowie die Zunahme des Schwierigkeitsgrades eines effizienten Wissenstransfers gehen mit diesen Beispielen einher.

Häufig werden die allgemeinen Probleme *Zeit*(-verschiebung), *Distanz* (räumlich und kulturell) und *Sprache* angeführt, die aber für eine genauere Betrachtung des Spannungsfeldes nicht differenzierend genug sind. Gerade die Interdependenz der beiden Dimensionen Wissen und Internationalität ist es auch, die eine eindeutige Zuordnung von Ursache und Wirkung nicht immer zulässt. Denn speziell Wissensmärkte werden als unvollkommene Märkte angesehen, in denen die marktliche Verwertung unternehmerischen Wissens erhebliche Transaktionskosten verursacht[431], so dass die Internationalisierung dieser Transaktionen im Sinn einer höheren Vorortpräsenz und -wertschöpfung nahe liegt. Bei wissensintensivern Gütern werden daher häufig als Internationalisierungsmotive die Vermeidung wiederholter Verhandlungen, Abstimmung grenzüberschreitender Geschäftsprozesse, Absicherung von Produkt- und Servicequalitäten, Schutz vor Betrug und Aufwand für Managementausbildung und Technologietransfer angeführt.[432]

Hinsichtlich des Wissens sind eine explosionsartige Vermehrung, eine weit gehende Fragmentierung sowie eine zunehmende Globalisierung desselben zu verzeichnen.[433] Dabei gilt die Fähigkeit von Unternehmen zur Generierung immer neuen Wissens als Quelle für Erfolg und Wettbewerbsvorteile in der Internationalität und Globalisierung[434], der „Information Overload" jedoch als schmerzliche Last im internationalen Tagesgeschäft. Die Vermehrung, Fragmentierung und Globalisierung resultieren tlw. aus einem neuen, gesteigerten Interesse an der effizienten Organisation dieser Ressource aber auch aus den zunehmenden internationalen Geschäftsverflechtungen. Hiermit einher geht auch, dass gerade multinationale Großunternehmen darüber klagen, dass sie in wichtigen Bereichen den Überblick über ihre internen Fähigkeiten und Wissensbestände verloren haben.[435] Dabei werden z.B. gleichartige Marktstudien an mehreren Stellen der Organisation erstellt, dieselben Portfolioelemente gleichzei-

---

430 Vgl. [PROBST ET AL. 1999, S. 105].
431 Vgl. [MÖSSLANG 1995, S. 195f.].
432 Vgl. [KUTSCHKER 1999, S. 67].
433 Vgl. [SCHMIEDEL-BLUMENTHAL 2001, S. 4], [PROBST ET AL. 1999, S. 23].
434 Vgl. [NONAKA/TAKEUCHI 1997, S. 8], [NONAKA/BYOSIERE ET AL. 1994, S. 337].
435 Siehe die Aussagen zur Wissensidentifikation in Kapitel 2.1.3.2 und zu multinationalen Unternehmen in Kapitel 2.2.1.

tig aufgebaut, bleiben wertvolle Wissensbestände unentdeckt und damit ungenutzt oder sind interne Experten nicht bekannt.[436] Auch können lokale Angebots- und Portfolioerweiterungen, die eigentlich vom zentralen Management nicht gewollt und nicht gebilligt sind, lokal heimlich vorangetrieben werden.

Im internationalen Fähigkeitswettbewerb entwerten sich Kompetenzen wie Wissen immer schneller und müssen daher systematisch entwickelt und gepflegt werden.[437] Da ein Stillstand der Entwicklung neuer Fähigkeiten rasch in die Sackgasse führt, müssen wissensbasierte Strategien die zeitliche Dynamik des Wettbewerbs berücksichtigen. Hierbei entsteht ein Paradoxon, da die Internationalität diese zeitliche Entwertung und Anhäufung von Wissen noch verschärft, auf der anderen Seite die Wissenskumulation sowie die steigende Anzahl und Verteilung von Wissensquellen[438] die Internationalität begünstigt. In der Praxis wird dieses Paradoxon u.a. in dem *Integrations-Responsiveness-Paradigma*[439] deutlich. Hierbei kommen einerseits die schnellen Reaktionen auf Veränderungen im lokalen Umfeld, die Anpassungen der Leistungen an lokal ausdifferenzierte Bedürfnisse sowie die Autonomie und Unabhängigkeit des lokal verankerten Wissens von Tochtergesellschaften zum Tragen, andererseits erzwingen Erfahrungskurvenseffekte, die gemeinsame Nutzung kritischer Ressourcen sowie die Ausnutzung weiterer internationaler Vorteile die Integration der weltweiten Aktivitäten.

Das Wissen und das Verständnis für die lokalen Besonderheiten sind hierbei wichtig, bzgl. der Anpassung ist aber Vorsicht geboten. Bei großen Erfolgen besteht die Gefahr der Überanpassung und somit der Statik. Hier ist es dann notwendig, über eine gemäßigte Anpassung die *dauernde Anpassungsfähigkeit* zu erhalten.[440]

In der Internationalität herrscht somit ein dauernder Kampf um Effizienz auf Ebene der Zentrale und Flexibilität auf lokaler Ebene. Das Spannungsfeld von Wissen und Internationalität zeigt sich hierbei darin, dass internationale Unternehmen über die lokalen Besonderheiten mit mehr Anforderungen an das Wissen konfrontiert werden, jedoch über zusätzliche (zentrale) Fähigkeiten verfügen, die ihnen letztendlich Vorteile gegenüber den lokalen Wettbewerbern

---

436 Vgl. [PROBST ET AL. 1999, S. 103].

437 Vgl. [PROBST ET AL. 1999, S. 63].

438 Beispielhaft sei hier das Internet angeführt, dessen Umfang 1999 im Sinn von statisch, öffentlich zugänglichen HTML-Seiten ca. 1,5 Mio. Büchern entsprach. Vgl. [SHAPIRO/VARIAN 1999, S. 20]. Siehe bzgl. der Bezeichnung „Internet als Wissensquelle“ die kritische Anmerkung des Autors in Kapitel 3.3.2.2.

439 Vgl. [KUTSCHKER 1999, S. 1141].

440 Vgl. [NONAKA/TAKEUCHI 1997, S. 187]. DOZ ET AL. sprechen anstelle gemäßigter Anpassung von der Projektion eines Wissensvorsprungs. Vgl. [DOZ ET AL. 1997], zitiert in [NORTH 1999, S. 170].

verschaffen.[441]

Über diese Eigentumsvorteile[442] (angels.: Ownership Advantages) verfügen nicht alle Unternehmen und sie sind auch vglw. schwierig von lokalen Wettbewerbern zu kopieren.[443]

Der internationale Wettbewerb der Zukunft steht im Zeichen des Wissensvorsprungs, den sich die einzelnen Nationen erarbeiten müssen.[444] Die zunehmende Mobilität von Wissensträgern und „Wissenspaketen" nivelliert dabei einfache Wissensvorsprünge.[445] Dieses umfasst auch die Zunahme und Virtualität des Wettbewerbs[446], sprich die Bedrohung durch bzw. über das Internet. Hier formt sich ein weiteres Paradoxon. Einerseits ist der technologische Fortschritt eine wesentliche Triebkraft für die Internationalität und somit ein Grund, warum ein Unternehmen aus einem technologisch weiter entwickelten Land (Nachzügler-)Vorteile in einem anderen Land erzielen kann[447], andererseits aber wird dieses Unternehmen durch die technische Entwicklung selbst bedroht. Die Zunahme des Wettbewerbs ist hierbei Gefahr und Chance in Einem, da sie nicht nur eine Bedrohung darstellt, sondern auch über diverse Partnerschaften als Möglichkeit gilt, um Barrieren beim Eintritt in neue Märkte zu überkommen.[448] Die Dezentralisierung und Globalisierung verändern hierbei die Kommunikations- und Kooperationsformen in den Unternehmen.[449] Die mannigfaltigen Handlungsoptionen der internationalen Gestaltung werden dabei in komplexe Planungen eingebettet, da dieses helfen soll, die Unsicherheit zu beherrschen bzw. zu minimieren. Dabei steigt die Unsicherheit aber mit zunehmendem Wissen, da immer mehr Optionen möglich bzw. Chancen und Gefahren erkannt werden, die vorher nicht „gesehen" wurden.[450] Die Anzahl der Handlungsoptionen im internationalen Geschäft ist dabei selbst für Dienstleister mit beschränkter Exportfähigkeit ihrer Leistungen äußerst variantenreich.[451]

---

441 Die Grundüberlegungen gehen davon aus, dass internationalisierende Unternehmen gegenüber der lokalen Konkurrenz auf Grund von Informationsbeschaffungskosten, der räumlichen Distanz von Mutter- und Tochtergesellschaft, erhöhten Koordinationsaufwendungen und der Unvertrautheit mit dem lokalen Umfeld Wettbewerbsnachteile haben, die durch spezifische Vorteile ausgeglichen bzw. überkompensiert werden müssen.

442 Siehe Kapitel 2.2.3.

443 Vgl. [KUTSCHKER 1999, S. 1153].

444 Vgl. [NONAKA/TAKEUCHI 1997, S. 18f.]. Diese Pflicht zur Entwicklung einer Wissensgesellschaft wird insbesondere für Deutschland gesehen, da es nicht mit Rohstoffen auf dem Weltmarkt bestehen kann. Vgl. [WEFER 2001, S. 30].

445 Vgl. [PROBST ET AL. 1999, S. 185].

446 Vgl. [ZIMMER 2001, S. 43], [PETERSON 2001, S. 4].

447 Vgl. [KUTSCHKER 1999, S. 1132].

448 Vgl. [NONAKA/BYOSIERE ET AL. 1994, S. 337], die Unternehmen wie NEC, HEWLETT-PACKARD, XEROX und GENERAL ELECTRIC als Beispiele aufführen.

449 Vgl. [ROEHL 2000, S. 16].

450 Vgl. [NONAKA 1994, S. 28].

451 Vgl. [KUTSCHKER 1999, S. 1123].

Die Vernetzung und Verzahnung der Mitarbeiter untereinander und mit der Umwelt zeichnen ein weiteres und hier letztgenanntes Spannungsfeld in der Internationalität auf. Die kulturübergreifende Sozialisation spielt im internationalen Markt und für die grenzüberschreitende Wissensschaffung eine besonders wichtige Rolle, ist aber viel zeitaufwändiger und kostspieliger.[452] Auch im Beratungsgeschäft zeichnet sich dieses Spannungsfeld ab, denn Beratungsprojekte von heute verlangen eine schnelle Umsetzung von Geschäftsideen und Projekten. Hier herrschen neuerdings viel kürzere Realisierungszeiträume vor, die intellektuell viel abverlangen, oftmals auch ein hypothesengetriebenes Vorgehen und die weltweite Einbindung von Experten erfordern.[453] Dieses natürlich bei möglichst geringen Kosten für den Kunden. Durch die zunehmende Pluralität sowohl innerhalb als auch im Umfeld von international tätigen Unternehmen erweitert sich das Schichtenmodell[454] von PAUTZKE zu einem Netzwerk lokaler Wissensbasen. Die Kollektivierung dieses individuellen Wissens wird dabei primär erst einmal nur innerhalb der lokalen Partialsysteme für möglich angesehen, ansonsten wird von polyzentrischen, tlw. inkommensurablen Wissensstrukturen ausgegangen.[455] Im Zuge der Interaktion von Individuen verändert sich das Wissensnetzwerk ständig, was die Sozialisation und die Nutzung wiederum erschwert. Je reifer ein Markt dabei wird, desto intensiver und häufiger müssen die Mitarbeiter mit ihm in Interaktion treten und desto impliziter wird das Marktwissen sein.[456]

Deshalb müssen die Unternehmen im nächsten Jahrzehnt mehr auf das implizit vorhandene Wissen im Unternehmen vertrauen, um globale Vorteile erreichen und halten zu können.[457] Denn das Wissen, das explizit ist und in Datenbanken einfach zur Verfügung steht, verliert in der Internationalität u.a. wegen unterschiedlicher Kulturverständnisse an Bedeutung und zwingt auf Grund der zur Anwendung notwendigen Kontextualität zu Interaktion. Dabei ist zu berücksichtigen, dass sich auch der spiralförmige Idealprozess[458] von NONAKA ET AL. in der internationalen Umsetzung äußerst schwierig gestalten wird, da die Komplexität und die Kosten der Externalisierung von Wissen in der Internationalität zunehmen, je mehr man sich der impliziten Wissensdimension nähert.

---

452 Vgl. [NONAKA/TAKEUCHI 1997, S. 236].
453 Vgl. [SCHULTE-CROONENBERG 2000, S. 77], der für Berater in diesem Kontext die zusätzliche Rolle als Netzwerkmanager sieht.
454 Siehe Abbildung 2-2
455 Vgl. [BENDT 2000, S. 22].
456 Vgl. [NONAKA/TAKEUCHI 1997, S. 261].
457 Vgl. [NONAKA/BYOSIERE ET AL. 1994, S. 351].
458 Siehe Abbildung 2-6 und Abbildung 2-7.

Das vorliegende Kapitel soll durch die Abbildung 2-12 abgeschlossen werden, die die vorgenannten Argumente nochmals zusammenfasst und damit die Komplexität der Interdependenz von Wissen und Internationalität demonstriert.

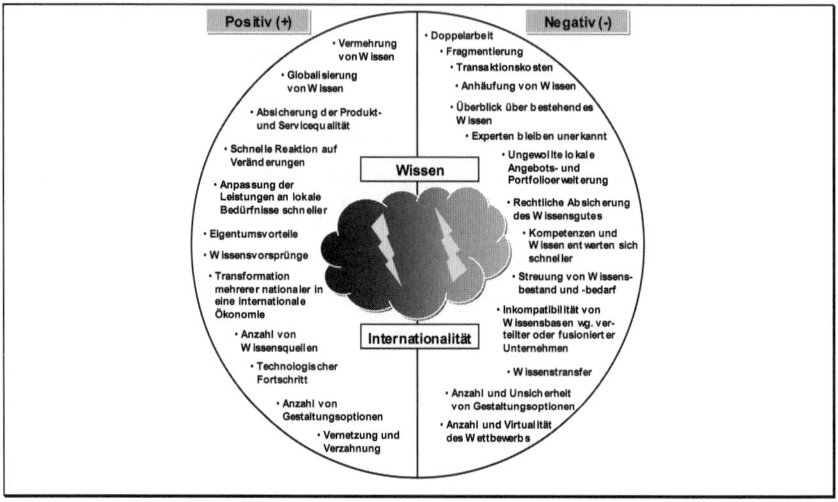

Abbildung 2-12: Das Spannungsfeld von Wissen und Internationalität

2.4 Die Bedeutung des Faktors Wissen für Beratungsunternehmen

„Mein wichtigstes Kapital hat Füße. Jeden Abend verlässt es das Unternehmen. Ich kann nur hoffen, dass es am nächsten Morgen wiederkommt."

Manager einer großen deutschen Unternehmensberatung (2001)[459]

Der Markt für Informations- und Kommunikationstechnologie befand sich seit Beginn der 90er-Jahre weltweit in einem stetigen Aufwärtstrend und galt mit Wachstumsraten von knapp 10% als einer der dynamischsten Märkte des Jahrzehnts.[460] Das Jahr 2001 brachte jedoch riesige Turbulenzen in der deutschen IKT-Branche und fand in 2002 vorerst seinen Höhepunkt, bei dem in manchen Segmenten ein Umsatzminus von 30% verzeichnet wurde, etwa 2.000 Unternehmen aus dem Markt verschwanden, ein Abbau von ca. 35.000 Stellen zu beklagen und ein allgemeiner Vertrauensverlust in die Branche zu verzeichnen war.[461]

Bis zum Jahr 2000/2001 galt auch die Beratungsbranche, die u.a. in Unternehmens-, Personal- und Steuerberatung unterteilt werden kann, als eine „Goldgrube", die Berater als die großen

---

[459] Vgl. [SIMON 2001, S. 112].

[460] Der Weltmarkt für IKT betrug 2,153 Billionen EUR im Jahr 2002, wovon mehr als 70% auf die Triade-Märkte entfiel. Deutschland stellt mit 6% Anteil den drittgrößten Ländermarkt nach USA und Japan und ist damit auch der größte in Europa. Vgl. [BITKOM 2003, S. 24].

[461] Vgl. [BITKOM 2003, S. 2. u. S. 23].

Gewinner[462]. Allein in Deutschland existierte im Jahr 2000 ein Beratungsvolumen für Management-, IT- und Personalberatung in Höhe von 12,17 Mrd. EUR, von denen die Professional Service Companies ca. 42% Anteil[463] hatten.[464] FINK[465] ermittelte für das Jahr 2001 ca. 9 Mrd. EUR Umsatz in reiner IT-Beratung und Systemintegration[466], der BITKOM[467] ca. 29,3 Mrd. EUR Umsatz in IT-Services[468].

Die Beratungsindustrie kann dabei als Wissensindustrie bezeichnet werden und gilt nach GIBBONS ET AL.[469] als eine der „Industries in which knowledge itself is the commodity traded". In ihr waren mit Verweis auf den Bundesverband Deutscher Unternehmensberater im Jahr 2001 mehr als 13.000 Beratungsfirmen mit Sitz oder Niederlassung in Deutschland tätig. SCHOLZ[470] hat die Beratungsbranche genauer analysiert und zeigt die nachfolgenden Trends auf, die einen zusätzlichen, verschärfenden Druck auf die Branche ausüben:

- Aufgabe von Spezialisierung und Ausweitung der Produktpalette[471],
- Größenwachstum[472] tlw. auch über Akquisitionen „artverwandter Beratungen",
- Aufkommen neuer Anbieter auf Grund o.g. Ausweitung der Produktpaletten und externer Marktorientierung von Inhouse-Beratern[473],
- Aufkommen neuer Beratungsformen über das Internet[474],
- Erhöhtes Know-how und höherer Anspruch auf Seiten der Kunden,
- Problem des Beraternachwuchses, bekannt als „War for Talents".

Hierdurch wird klar, dass die Abgrenzung ursprünglich spezialisierter Unternehmensberatungen (z.B. Strategie-, Organisations-, Prozess- und IT-Beratung) nicht mehr aufrechterhalten werden kann und die Beratungsfirmen nun versuchen, alles anzubieten, was als Beratungsbedarf beim Kunden wahrgenommen wird.[475]

---

462 Vgl. [PROBST ET AL. 1999, S. 134].
463 Inklusive Hardware, Software etc.
464 Vgl. [FISCHER 2001, S. 1].
465 Vgl. [FINK 2002, S. 13].
466 Ohne Standardsoftware, Hardware und Outsourcing.
467 Vgl. [BITKOM 2002].
468 Beratung, Implementierung inkl. Support, aber ohne Software.
469 Vgl. [GIBBONS ET AL. 1994, S. 167].
470 Vgl. [SCHOLZ 2001, S. 10].
471 Dieser Punkt wird auch von [STREICHER 2002, S. 30] angeführt.
472 Dieser Punkt wird auch von [BLESSING/BACH 2000, S. 268] angeführt.
473 Gemeint sind hiermit die tlw. ausgegliederten IT-Abteilungen von Unternehmen anderer Industriezweige.
474 Dieser Punkt wird auch von [PETERSON 2001, S. 4] angeführt.
475 Vgl. [SCHOLZ 2001, S. 10]. So haben z.B. die Top-Strategieberatungen A.T. KEARNEY mit der SITP (Strategic Information Technology Practice) oder MCKINSEY mit dem BTO (Business Technology Office) nun auch IT-Practices im Portfolio. Vgl. [SCHULTE-CROONENBERG 2000, S. 76], [IGL/LEHNER 2000, S. 47].

2.4.1 Die Besonderheiten der Business Integratoren

Im allgemeinen Sprachgebrauch und in Abhängigkeit von der jeweiligen Ziel- und Aufgabenstellung werden der Bezeichnung „Unternehmensberatung" unterschiedliche Inhalte zugeordnet. Auch für die IT-fokussierten Beratungshäuser als Teilgebiet der Unternehmensberatung werden unterschiedliche Begrifflichkeiten wie z.B. Management- und IT-Consulting, Systemintegrator oder Systemhaus verwendet.

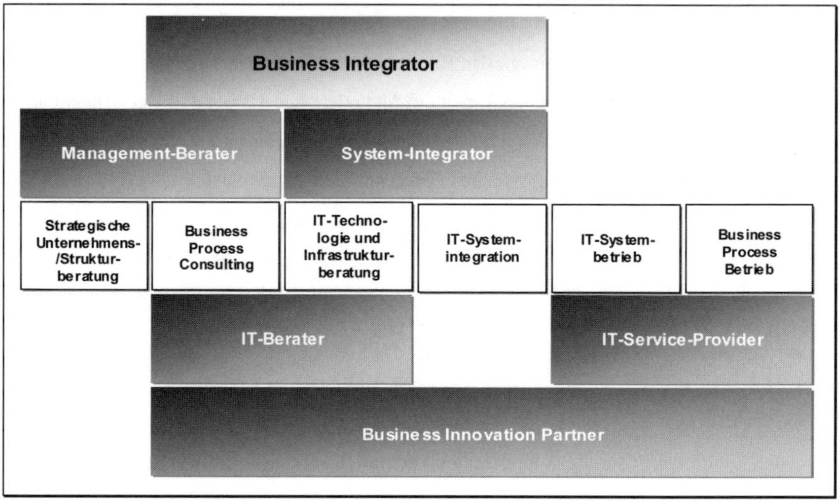

Abbildung 2-13: Anbieterstruktur am Berater- und IT-Dienstleistungsmarkt[476]

Im weiteren Verlauf dieser Arbeit wird der Schwerpunkt auf die Betrachtung von IT-fokussierten Beratungen gelegt und dem Trend Rechnung getragen, dass diese sich immer mehr in Richtung Prozess- und Organisationsberatung entwickeln. Es soll daher von **Business Integratoren** gesprochen werden, die der folgenden **Arbeitsdefinition** genügen:

> Ein Business Integrator ist ein Anbieter von Lösungen für ausgewählte Fachthemen im IT-Bereich - von der Analyse und Optimierung der Prozesse bis hin zur reibungslosen technischen Umsetzung. Der Vorteil liegt dabei in der Kombination von Technologiewissen und tiefem Verständnis der Geschäftsprozesse der jeweiligen Branche.

Synonym zu dieser Definition, die die gebräuchliche Einteilung von LÜNENDONK[477] in der vorhergehenden Abbildung ergänzt, werden nun auch die allgemeinen Begriffe Beratung und Beratungsunternehmen verwendet.

---

[476] In Anlehnung an [LÜNENDONK 2002, S. 14].
[477] Vgl. [LÜNENDONK 2002].

Bei einer kurzen Recherche[478] der größeren und großen Beratungsunternehmen fällt auf, dass der überwiegende Teil von ihnen in gemischten, mehrdimensional-integrierten Strukturen[479] organisiert ist. Man findet z.B. eine Matrixeinteilung nach Geschäftssegmenten und Ländern, nach Practices und Branchen oder nach Marktfeldern, Industriegruppen und Service Lines vor. Auf Grund einer frühzeitigen Orientierung in Richtung Matrixorganisation haben die Beratungsunternehmen und ihre Mitarbeiter gelernt, die Nachteile dieser Organisationsform u.a. über vermehrte Eigeninitiative, ausgeprägte Selbstverantwortung und virtuelle Zusammenarbeit auszugleichen.

Bei einigen dieser Unternehmen sind merkliche Anzeichen von transnationalen Unternehmen zu finden, was als Kennzeichen für deren internationale Entwicklungsfähigkeit und Vorreiterrolle gewertet werden kann. Bei ihnen ist jedoch eine chronologische Abfolge von Zielmarkt- und nachfolgenden Markteintrittsstrategien[480] nicht (immer) möglich, da häufig das Leadkunden-Prinzip vorherrscht, d.h. es muss einem großen internationalen Kunden für die Projektdurchführung ins Ausland gefolgt werden. Die großen Beratungsunternehmen sind alle international bzw. global vertreten, wobei die deutschen IT-Firmen noch nicht so weit entwickelt sind. **Die nachfolgenden empirischen Ergebnisse[481] belegen dieses:**

> Nur 52 Prozent großer börsennotierter und nicht-börsennotierter deutscher IT-Unternehmen sind überhaupt international aufgestellt. 43% von diesen haben durchschnittlich zwei Auslandsstandorte. Haben sie bereits mehr als 25% Auslandsumsatz, verfügen sie durchschnittlich über dreieinhalb Auslandsniederlassungen. Die Standorte sind dabei vorrangig in Europa, danach in Amerika (USA und Kanada) und nachfolgend in Asien.
>
> Bei der Hälfte der international tätigen deutschen IT-Firmen betrug der Auslandsumsatz 2001 weniger als 10 Mio. EUR und bei 35% der Unternehmen weniger als 10% des Gesamtumsatzes.

In der nachfolgenden Abbildung 2-14 sind - u.a. aus Studien und Kundenbefragungen extrahiert - die generellen Faktoren aufgeführt, die den Projekterfolg eines Business Integrators determinieren, also als Anforderungen des Marktes an Beratungsunternehmen gelten können. Die Kriterien, denen von Seiten der Kunden eine hohe Bedeutung beigemessen wird, werden aber von den Beratern vergleichsweise schlecht erfüllt.[482] So ist es nicht verwunderlich, dass

---

478 Bspw. in [CW 2002], [STREICHER 2002], [BRANCHMED2001], [BRANCHMED 2001B], [SCHOLZ 2001, S. 10], [BLESSING 2001], [IGL/LEHNER 2000], [BDU 1995] und auf Internetseiten von Beratungsunternehmen.

479 Siehe Kapitel 2.2.1.2.

480 Siehe Kapitel 2.2.3.

481 Vgl. [KLUMPP 2002], [O.V. 2002E, S. 27].

482 Vgl. [FINK 2002, S. 169].

deutsche IT-Beratungskunden im Jahr 2002 mit den Leistungen ihrer Berater deutlich weniger zufrieden waren als noch ein Jahr zuvor.[483]

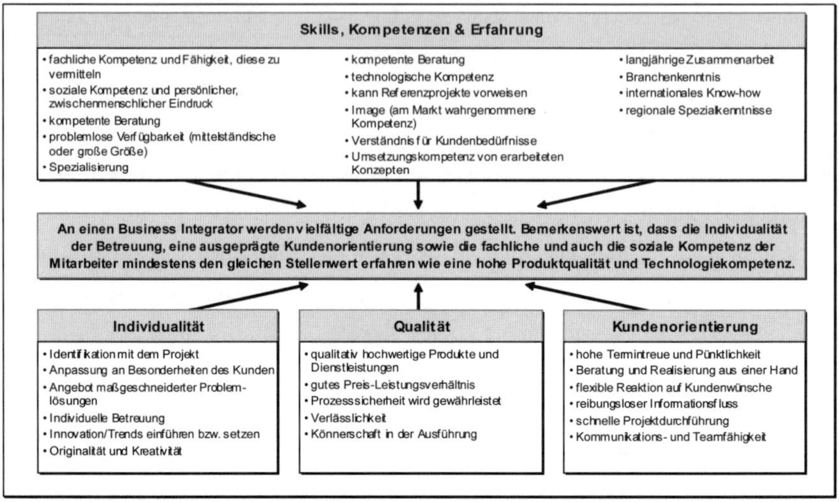
Skills, Kompetenzen & Erfahrung
• fachliche Kompetenz und Fähigkeit, diese zu vermitteln
• soziale Kompetenz und persönlicher, zwischenmenschlicher Eindruck
• kompetente Beratung
• problemlose Verfügbarkeit (mittelständische oder große Größe)
• Spezialisierung
• kompetente Beratung
• technologische Kompetenz
• kann Referenzprojekte vorweisen
• Image (am Markt wahrgenommene Kompetenz)
• Verständnis für Kundenbedürfnisse
• Umsetzungskompetenz von erarbeiteten Konzepten
• langjährige Zusammenarbeit
• Branchenkenntnis
• internationales Know-how
• regionale Spezialkenntnisse
An einen Business Integrator werden vielfältige Anforderungen gestellt. Bemerkenswert ist, dass die Individualität der Betreuung, eine ausgeprägte Kundenorientierung sowie die fachliche und auch die soziale Kompetenz der Mitarbeiter mindestens den gleichen Stellenwert erfahren wie eine hohe Produktqualität und Technologiekompetenz.
Individualität
• Identifikation mit dem Projekt
• Anpassung an Besonderheiten des Kunden
• Angebot maßgeschneiderter Problemlösungen
• Individuelle Betreuung
• Innovation/Trends einführen bzw. setzen
• Originalität und Kreativität
Qualität
• qualitativ hochwertige Produkte und Dienstleistungen
• gutes Preis-Leistungsverhältnis
• Prozesssicherheit wird gewährleistet
• Verlässlichkeit
• Könnerschaft in der Ausführung
Kundenorientierung
• hohe Termintreue und Pünktlichkeit
• Beratung und Realisierung aus einer Hand
• flexible Reaktion auf Kundenwünsche
• reibungsloser Informationsfluss
• schnelle Projektdurchführung
• Kommunikations- und Teamfähigkeit

Abbildung 2-14: Anforderungen/Auswahlkriterien für Business Integratoren[484]

Obwohl in vielen Unternehmen kaum mehr ein wichtiges Projekt ohne den Beistand externer Berater gestartet wird[485], werden diese - trotz ihrer besonderen Bedeutung für den Aufbau zukünftiger Wettbewerbsfähigkeit - immer stärker schon im Vorfeld auf den Prüfstand gestellt. Der unkritische Umgang mit den „Propheten der Effizienz" scheint nachzulassen und viele Kunden fordern heute Vorpräsentationen oder informieren sich im Vorfeld wesentlich stärker, welche Fähigkeiten von welchem Beratungsunternehmen am ehesten zu erwarten sind.[486] Dabei korrelieren deren Image und deren tatsächliche Kompetenz nicht immer.[487]

Auf Grund des hohen Komplexitätsgrades der Projekte ist oft jedoch eine objektive und differenzierte Beurteilung der wahren Kompetenz nur schwer möglich.[488] Die Beratungsunternehmen haben daher mit subjektiven Wahrnehmungen der Kunden und Partner zu kämpfen. Sie

---

[483] Weniger als 60% der Befragten beurteilten die von ihnen beauftragten IT-Beratungs- und Systemintegrationsprojekte als erfolgreich. Vgl. [FINK 2002, S. 12 u. S. 15].

[484] In Anlehnung an [FACIT 1999, S. 33], [FINK 2002, S. 166], [META 2002C], [FISCHER 2001, S. 1], [SHAPIRO/VARIAN 1999, S. 18], [HESKETT ET AL. 1994, S. 58], [PBS 2001], [SCHULTE-CROONENBERG 2000, S. 75], [PROBST ET AL. 1999, S. 209], [BLESSING/BACH 2000, S. 268ff.], [PETERSON 2001, S. 5].

[485] 97% der befragten deutschen Manager signalisierten eine generelle Bereitschaft, in IKT-Fragen externe Berater hinzuzuziehen, 62% haben dafür auch ein festes Budget, ca. jeder Achte hat mehr als 5 Mio. EUR dafür geplant. Vgl. [FINK 2002, S. 62ff.].

[486] Vgl. [PROBST ET AL. 1999, S. 134].

[487] Vgl. [FISCHER 2001, S. 2].

[488] Vgl. [FACIT 1999, S. 16].

liefern eben keine „handfesten" Produkte, die man anfassen kann. SCHÜPPEL[489] formuliert in diesem Zusammenhang: „Die erkennbaren Materialisierungen einer Organisation, wie z.B. (...) Ablaufprozesse, Produkte, Dienstleistungen etc. sind zu einem großen Teil *lediglich temporäre Materialisierungen* der dahinter liegenden individuellen und kollektiven Wissenspotenziale". Neben dem geschäftlichen und dem Unterhaltungswert spielt daher der Erfahrungswert bzw. die Erlebnisqualität von Information und Wissen eine besondere Rolle.[490] Im Beratersprachgebrauch findet man den Terminus der „*Quality of Service*", die als Wert der erbrachten Dienstleistung im Rückfluss der relativen Kundenwahrnehmung von besonderer Wichtigkeit[491] ist. Die Aufgeklärtheit der Kunden sowie ihre Erwartungen hinsichtlich Innovation und lebenswichtiger Trends bedeuten aber nicht nur einen zusätzlichen Druck für die Beratungsbranche.

Nach KUTSCHKER[492] führen sie früh zu einer Nachfrage weltweit vermarktbarer Produkte. Lokal bedeutsame Kundensegmente können so zur Herausbildung spezialisierter und weltweit dominanter Unternehmen führen. Neben den vorgenannten Anforderungen und tlw. empirisch bewiesenen Auswahlkriterien für Beratungs- und Dienstleistungsunternehmen werden in der Literatur immer wieder diverse Merkmale von Business Integratoren genannt. Diese sind in der nachfolgenden Tabelle 2-3 exemplarisch zusammengefasst und um persönliche Erfahrungen des Autors ergänzt.

Diese Merkmale zeigen auf, dass die Leistungsfähigkeit der Beratungsunternehmen als Vertreter moderner Unternehmen mehr auf deren intellektuellen und Servicefähigkeiten beruhen als auf Grundbesitz, Fabriken und Anlagen[493]. Da das Wissen jedoch vergänglich ist, dürfen sich die Unternehmen nicht mit dem Wissen von heute zufrieden geben.[494] Sie dürfen sich auch nicht nur durch passive Anpassung auf ein unsicheres Umfeld einstellen, sondern müssen ein aktives Zusammenwirken mit der Umwelt anstreben.[495] Diesbezüglich müssen Beratungsunternehmen, die die raschen Veränderungen im Umfeld dynamisch bewältigen wollen, nicht nur Informationen und Wissen effizient verarbeiten, sondern selbst hervorbringen.

Dabei arbeiten sie in einem neuen Paradigma, das von der Idee der *Service-Gewinn-Kette* ge-

---

489 Vgl. [SCHÜPPEL 1996, S. 48].
490 Vgl. [SHAPIRO/VARIAN 1999, S. 13].
491 Vgl. [HESKETT ET AL. 1994, S. 58].
492 Vgl. [KUTSCHKER 1999, S. 1164].
493 Vgl. [QUINN 1992].
494 Vgl. [NONAKA/TAKEUCHI 1997, S. 110].
495 Vgl. [NONAKA/TAKEUCHI 1997, S. 64].

prägt ist. Dieses Paradigma verdeutlicht, dass Elemente wie Kunden- und Mitarbeiterzufriedenheit und -treue, Mitarbeiterproduktivität, Servicenutzen und die Servicequalität letztlich mit Gewinn und Wachstum eng zusammenhängen.[496] Dieses drückt sich zunehmend auch in neuen Bezahlmodellen für Beratungsunternehmen aus, d.h. die Bezahlung durch den Kunden geschieht bei erfolgreichem Projektabschluss z.B. mit Unternehmensanteilen oder im prozentualen Verhältnis zu den erreichten Einsparungen.

Merkmale	Spezifische Ausprägungen			
Allgemeine	Hohe Wachstumsgeschwindigkeit, tlw. auch über Akquisitionen „artverwandter Beratungen“	Hohe(s) Umsatzwachstum, Dynamik der Entwicklung, Renditen, Internationalität, Marktanteile	Aufgabe von Spezialisierung und Ausweitung der Produktpalette	Vergleichsweise schlechte Erfüllung der von Kunden erwarteten Kriterien
	Propheten der Effizienz	Innovationskraft	Hohe Attraktivität als Arbeitgeber	Hohe Fluktuation
	Vorreiter bzgl. der Ergänzung klassischer Karrierewege	Unterschiedliches Image für bestimmte Themen	Matrixorganisation mit flachen Hierarchien und Arbeit in Projekten	Homogenität der Firmenkultur in Form einer „Metakultur Beratertum“
Wissensorientierte	Wissensfokussierte Unternehmen und Wissensgesellschaften par excellence	Besitz und Management von Partner- und Lieferantennetzwerken	Herstellung von Wissensprodukten und Exzellenz der Beratungsprodukte	Erachten Markt, Management- und Methodenwissen wichtiger denn soziale Kompetenz
	Besitzen neben Kernkompetenzen auch Soft Factors	Fach-, Methoden-, Branchenkompetenz	Prozess- und IKT-Know-how, Projektmanagement	Katalysatoren externen Wissens
	Durch Vernetzung Vorhandensein einer globalen Wissensbasis	Eigenverständnis als Portfolio organisationaler Fähigkeiten	Vielzahl von Experten mit unterschiedlichen Expertisen und Erfahrungen in unterschiedlichen Industrien	

Tabelle 2-3: Merkmale von Business Integratoren[497]

Im Gegensatz zu dem nur knappen Drittel der Dienstleistungsunternehmen, die über ein Wissensmanagementkonzept verfügen, besitzen bereits mehr als die Hälfte der Unternehmensberatungen ein Konzept zum Umgang mit Wissen.[498] Beraterunternehmen nehmen damit eine Vorreiterrolle im Wissensmanagement ein[499]; ARTHUR ANDERSEN oder MCKINSEY werden

[496] Vgl. [HESKETT ET AL. 1994, S. 50].

[497] Vgl. [GARTNER GROUP 1999], zitiert in [DICK 2001], [FISCHER 2001, S. 1f.], [PBS 1999, S. 5], [SCHOLZ 2001, S. 10], [SCHULTE-CROONENBERG 2000, S. 75f.], [PROBST ET AL. 1999, S. 83, S. 134 u. S. 174], [FINK 2002, S. 28 u. S. 169], [AHLERT/ZELEWSKI 2003, S. 78], [PETERSON 2001, S. 5].

[498] Vgl. [AHLERT/ZELEWSKI 2003, S. 73f.], die auch konstatieren, dass dieses Ergebnis die Erkenntnisse bisheriger Umfragen bestätigt, die alle ein hohes Interesse der Unternehmen am Wissensmanagement bei gleichzeitigen Defiziten in der Umsetzung festgestellt haben.

[499] Vgl. [BLAICH 2003B, o.S.].

bspw. als Pioniere des Wissensmanagements bezeichnet.[500] Die Konzepte der Beratungsunternehmen enthalten u.a. Schulungs- und Weiterbildungsmaßnahmen sowie Corporate Universities, Wissensdatenbanken mit relevanten Themen, Skill-Profilen, Projekt-, Erfahrungs- und Expertendatenbanken, Teammeetings zum Informationsaustausch, Job Rotation und variierende Projektteams. Hauptgründe für die Einführung von Wissensmanagement sind dabei die Verbesserung von Informationsaustausch und Wissensnutzung, Effizienzverbesserungen und Stärkung der Wettbewerbsfähigkeit sowie Steigerung der Fähigkeiten und der Zufriedenheit des Personals.

Nach AHLERT/ZELEWSKI[501] verfügen jedoch nur wenige der Unternehmen über ein ganzheitliches Wissensmanagementkonzept, das alle Phasen des Wissensmanagements beinhaltet. Auch sind institutionalisierende Maßnahmen, die eine kreative Re-Kombination von Wissensbeständen und damit die Schaffung neuen Wissens unterstützen, bei keinem Unternehmen vorhanden. Da sich jedoch Beratungsunternehmen wie z.B. ARTHUR ANDERSEN in ihrem Selbstverständnis als „Lieferanten von Wissen" verstehen[502], ist ein ganzheitliches Wissensmanagement für sie ein Muss.

Die Beratungsunternehmen beschäftigen eine Vielzahl von Experten, deren Fähigkeiten ein einzelnes Unternehmen nicht wirtschaftlich nutzen könnte.[503] Die beratenen Firmen kaufen somit Problemlösungskompetenz oder mindestens -kapazität ein, was durch die Qualität der Berater und die Nutzungsmöglichkeit der globalen Wissensbasis des Beraters repräsentiert wird. Daher wird für diese der Trend in der Wissensarbeit, der sich in der Notwendigkeit zur konsequenten Pflege des Unternehmensvermögens „Wissensarbeiter" - als globales Unterscheidungsmerkmal des Erfolgs des 21. Jahrhunderts[504] - ausdrückt, zur vordringlichen Managementaufgabe.[505] Die nachfolgenden Kapitel gehen daher näher auf die Wissensressource „Berater" und deren Wissensumfeld ein.

2.4.2 Der Berater als Hauptwertschöpfer

Für Topmanager erfolgreicher Dienstleistungsfirmen hat der Glanz von Gewinn und Marktanteilen als alleinige Erfolgskriterien verloren. Für das Servicegeschäft müssen heute Kunden und Mitarbeiter an der Verkaufs- und Servicefront in den Mittelpunkt des Interesses gerückt

500 Vgl. [PROBST ET AL. 1999, S. 361], [NOHR 2000, S. 4], zitiert in [AHLERT/ZELEWSKI 2003, S. 49].
501 Vgl. [AHLERT/ZELEWSKI 2003, S. 75].
502 Vgl. [PROBST ET AL. 1999, S. 245].
503 Vgl. [PROBST ET AL. 1999, S. 160].
504 Vgl. [META 2001G, S. 1].
505 Vgl. [PROBST ET AL. 1999, S. 40].

werden. Daher sind laut HESKETT ET AL.[506] verstärkt Investitionen in Menschen und Technik derart zu tätigen, dass Mitarbeiter in ihren Kundenkontakten gestärkt, verbesserte Einstellungs- und Schulungsmethoden entwickelt und leistungsorientierte Vergütung auf allen Ebenen angewendet werden. Beratungsunternehmen müssen darüber hinaus über Kernfähigkeiten verfügen, die sie mit einem Wettbewerbsvorteil auszeichnen bzw. diesen herbeiführen. Diese können das Wissen und die Fertigkeiten der Mitarbeiter, technische und Managementsysteme sowie Werte und Normen sein.

Die Köpfe eines Unternehmens gelten dabei als wichtigstes Kapital für Business Integratoren, die immaterielle Güter in Form von Beratungskonzepten und Softwaresystemen bereitstellen. Sie müssen deshalb die Fähigkeiten ihrer Berater kennen, denn wer die Fähigkeiten seiner Mitarbeiter nicht kennt, verpasst die Gelegenheit, sie zu nutzen.[507] Die Tätigkeiten in einem Dienstleistungsunternehmen zeichnen sich durch hohe Anforderungen im Hinblick auf die Kenntnisse und Fähigkeiten der Mitarbeiter aus. Dienstleistungsunternehmen sind also auf umfangreiches Wissen ihrer Mitarbeiter angewiesen.[508] Das Beratungsgeschäft wird deshalb - trotz vermehrten Einsatzes von Technik und Tools - weiterhin ein „People Business" bleiben.[509]

Während in der jüngeren Vergangenheit der Wettbewerb um Fachkräfte zwischen Unternehmen der New und Old Economy herrschte, besteht dieser heute u.a. im Zweikampf von Unternehmen mit hohem IKT-Anteil und großen EDV-Abteilungen (z.B. Banken, Versicherung, Telekommunikation), den Beratungsunternehmen und den reinen Softwareherstellern.[510]

Der „*War for Talents*" existiert somit nicht nur im New Economy-Zeitalter[511] und bedeutet über die mögliche Einstellung von Beratern bereits eine Vorentscheidung darüber, welche organisationalen Fähigkeiten zukünftig aufgebaut werden können[512]. Die herausragenden Mitarbeiter werden dabei als „*Unfixed Assets*" bezeichnet, was den Kern wesentlicher Probleme im Verhältnis von Unternehmen zu ihren Wissensarbeitern kennzeichnet. Das einfachste Mittel zur Pflege des intellektuellen Kapitals scheint daher die Schaffung eines Umfelds zu sein, welches den Gedanken an Wechsel überhaupt nicht aufkommen lässt.[513]

---

506 Vgl. [HESKETT ET AL. 1994, S. 50].
507 Vgl. [PROBST ET AL. 1999, S. 109].
508 Vgl. [AHLERT/ZELEWSKI 2003, S. 85], [BREDL ET AL. 2003, S. 1], [PETERSON 2001, S. 11].
509 Vgl. [SCHULTE-CROONENBERG 2000, S. 77].
510 Siehe die Trends in Kapitel 2.4.
511 Vgl. [SCHOLZ 2000, S. 14].
512 Vgl. [PROBST ET AL. 1999, S. 155].
513 Vgl. [PROBST ET AL. 1999, S. 301].

Die Attraktivität der IT-Firmen aus Manager- und Mitarbeitersicht definiert sich dabei auf Platz 1 über Kulturelemente wie z.B. ein gutes Betriebsklima und eine gute Atmosphäre.[514] Es herrscht jedoch bei IT-Unternehmen eine erhebliche Diskrepanz zwischen der Selbsteinschätzung des Mitarbeiterbindungserfolgs und der tatsächlichen Zuordnung auf einem Benchmark-Index.[515] Eine vglw. hohe Fluktuationsrate[516] - auch wegen „Startbrettmentalität", „Großartigkeitswahn" und übermäßiger Auslobungen - ist daher im Beratungsgeschäft üblich und erfordert gerade deswegen einen gezielten Umgang mit der Ressource Wissen. Dabei gelten Unternehmensberatungen schon seit vielen Jahren als Vorreiter in der Ergänzung klassischer Karrierewege.[517]

Da die Beratungsunternehmen keine materiellen Produkte produzieren, müssen sie ein Erlebnisgefühl für die Mitarbeiter hervorbringen. Sie müssen eine **Employee Value Proposition** entwickeln, die Mitarbeiter anspricht und die folgenden Punkte umfasst:[518] die *Marke des Unternehmens* (z.B. das Image als Marktführer, der Spielregeln für die Branche definiert oder bereits über einen interessanten Bestand an Mitarbeitern verfügt), den *Arbeitsplatz als Produkt*[519], also die Freiheit und Autonomie als Kulturelemente, den *Grad der Herausforderung*, die *Entwicklungsmöglichkeiten* in Übereinstimmung mit persönlichen Zielen sowie den *Preis* als Produkt von Entlohnung und Lebensqualität.

Fortwährend neue Einsatzvarianten für Mitarbeiter und hierzu eine schnelle und flexible Evaluation von Projektbesetzungsmöglichkeiten sind also notwendig, um deren Motivation positiv zu beeinflussen. Aber auch eine Abkehr von kollektiven Mechanismen und eine verstärkte Berücksichtigung der Bedürfnisse und Wertvorstellungen jedes Einzelnen - im Sinn der Zielsetzung „menschliche Talente zu mobilisieren" - sind erforderlich.[520] Die Kommunikation derartiger Einsatzplanungen kann sowohl einen Akquisitionseffekt für neue, einen Motivationseffekt für gegenwärtige Mitarbeiter als auch einen Imageeffekt für Kunden bewirken.

Berater sind diejenigen, die im Rahmen ihrer Beratungstätigkeit Wissen produzieren und sind somit die wichtigsten Lieferanten von Wissen und die wichtigsten Personen im Rahmen des

---

514 Vgl. [PBS 1999, S. 7].
515 Vgl. [PBS 1999, S. 34], die einen Index auf Basis der Fehlzeiten pro Jahr, der Fluktuationsrate und der durchschnittliche Betriebszugehörigkeit gebildet haben.
516 Mehr als 10% gelten als hoch. Vgl. [PBS 1999, S. 33].
517 Vgl. [SCHULTE-CROONENBERG 2000, S. 76].
518 Vgl. [SCHOLZ 2000, S. 15].
519 Dieser Punkt wird von [PROBST ET AL. 1999, S. 42] auch im Rahmen der Effizienz von Wissensarbeitern angeführt.
520 Vgl. [SCHOLZ 2000, S. 22].

Wissensmanagements.[521] Mit ihren Kenntnissen und Fähigkeiten sind sie die wichtigsten Produktionsfaktoren eines jeden Dienstleistungsanbieters.[522] Berater gelten im allgemeinen Sprachgebrauch als *Experten* und erfahren als Personen mit umfangreichem Know-how eine hohe Wertschätzung und Respekt im Dienstleistungsgeschäft.[523]

Die üblichen Anforderungen jedoch, die an den Begriff des Experten gestellt werden[524], sind im Rahmen von Beratungsleistungen u.a. auf Grund der Neuartigkeit von Themen und der begrenzten Tiefe persönlicher Beratererfahrungen nicht einfach zu übernehmen. Der Begriff des *qualifizierten Personals*[525] dagegen kann sehr gut auf die Berater angewendet werden, die sich mit der immer komplexer werdenden Materie der IKT auskennen, die Multimedialisierung verstehen und gestalten sowie kompetent mit Hardware und Software umgehen können und den sozi-emotionalen Anforderungen[526] genügen. Ergänzt wird dieses Know-how um Wissensinhalte aus den Bereichen Organisation und Personalmanagement.

IT-Spezialisten sind nach SCHOLZ ein Beispiel für eine besondere Berufsgruppe, die sich im Zuge zunehmender technologischer Entwicklung immer weiter verselbständigt hat.[527]

Sie benötigt aber gleichzeitig traditionelle Führungsleistungen wie z.B. Paten- oder Coachingvarianten und den Aufbau informaler Netzwerke in Unternehmen, um die Anforderungen der „Cyber-Realität" zu bewältigen. Bei diesen sind auf Grund innovativer Geschäftsmodelle auch ein unternehmerisches Denken und das Management interner und externer Risiken von Nöten.[528] Berater bringen dabei häufig schon einen hohen Internationalisierungsgrad mit sich, der aus ihrer akademischen Ausbildung oder der Teilnahme an internationalen Projekten herrührt.[529]

Die vorhergehenden Beschreibungen machen deutlich, dass der Weiterbildung in der Beratungsbranche ein besonderer Stellenwert zukommt. Die im Rahmen von Ausbildung und Studium erworbenen individuellen Qualifikationen werden dabei in Unternehmensberatungen

---

521 Vgl. [AHLERT/ZELEWSKI 2003, S. 54].
522 Vgl. [BLAICH 2003B, o.S.], [PFEFFER/SUTTON 2001, S. 149].
523 Vgl. [AHLERT/ZELEWSKI 2003, S. 80f.].
524 Vgl. [BREDL ET AL. 2002, S. 9f.], [BREDL ET AL. 2003, S. 1], [REINMANN-ROTHMEIER 2002B].
525 Vgl. [SCHOLZ 2000, S. 14 u. S. 19f.].
526 An IT-Spezialisten werden auf Grund der Technikorientierung insbesondere Anforderungen hinsichtlich der Soft Skills gestellt. Vgl. [SCHMITT 2002, S. 2].
527 Vgl. [SCHOLZ 2000, S. 22]. Diese Abgrenzung kann auch aus empirischen Erkenntnissen abgeleitet werden, nach denen sich IT-Spezialisten bezüglich berufsbezogener Verhaltensweisen und Neigungen mit hoher Wahrscheinlichkeit von Nicht-IT-Mitarbeitern unterscheiden. Vgl. [BERGER/HINKELAMMERT 2000, S. 68ff.].
528 Vgl. [SCHULTE-CROONENBERG 2000, S. 77].
529 Vgl. [FISCHER 2001, S. 1].

sehr wahrscheinlich nicht richtig genutzt, da diese nicht auf die Arbeit des Unternehmensberaters zugeschnitten sind.[530] Auch entwerten sich gewisse Kenntnisse relativ schnell oder ist deren Bedeutung für die Zukunft des Unternehmens noch unklar.[531] Für den Berater bedeutet das noch stärker als in anderen Branchen ein lebenslanges Lernen und die Herausforderung, neue Entwicklungen schneller zu erkennen und zu beherrschen.[532] Wissen und Expertise werden dabei in erste Linie „on the Job" gesammelt und erarbeitet[533] oder über strukturierte Weiterbildungsangebote wie z.B. Web-based Trainings, interne Akademien/Universitäten und klassische Schulungsangebote vermittelt[534]. Berater sind dabei gefordert, ihr Wissen und ihre Themen aus eigenem Antrieb aufzubauen, da sie neben der Einsatzfähigkeit für zukünftige Projekte auch ihre thematische Selbstverwirklichung als inhärente Zielstellung verfolgen.

Während der Berater durch Grundstudien möglichst viel Basiswissen erwirbt, will das Beratungsunternehmen Kompetenzen vermitteln. Dieser Begriff ist wie Wissen auch ein komplexer und nicht einheitlich definierter Begriff[535] und wird häufig als Ansatz im Personalbereich gebraucht, um den Ausbau individueller Befähigungen der Organisationsmitglieder voranzutreiben.[536]

Der *Kompetenzbegriff* in der Beratung verweist dabei auf die Möglichkeiten der Selbstorganisation des konkreten Individuums und ermöglicht Handlungsfähigkeit auch bei ungewohnten Handlungsanforderungen.[537] Als Voraussetzungen für die Selbstorganisation werden dabei das „Lernen lernen", notwendige Vielfalt, minimale Vorgaben und fachliche Redundanz angesehen.[538] Die Personalqualifizierung und die damit einhergehende Vermehrung von Wissen werden angesichts des zunehmenden Zeitdrucks eher auf eine Abnahme der Generalisierung und eine Zunahme der Differenzierung und Spezialisierung von Mitarbeitern hinauslaufen.[539] Die wirkliche Qualität und Einsetzbarkeit eines Beraters stellt sich dabei aber erst im Laufe eines Arbeitsverhältnisses heraus.[540]

---

530 Vgl. [AHLERT/ZELEWSKI 2003, S. 84].
531 Vgl. [PROBST ET AL. 1999, S. 159f.].
532 Vgl. [SCHULTE-CROONENBERG 2000, S. 76].
533 Dieses entspricht einem prozessorientiertem Lernen. Vgl. [REINMANN-ROTHMEIER 1999, S. 114]. Es ist z.B. über Beobachtungs-, Nachahmungs- und Interaktionslernen möglich. Vgl. [NONAKA/TAKEUCHI 1997].
534 Im Mittel erstrecken sich diese pro Jahr über 7,22 Fortbildungstage je Mitarbeiter. Vgl. [AHLERT/ZELEWSKI 2003, S. 92ff.].
535 Siehe als Beispiel die erweiterte Begriffshierarchie in Kapitel 2.1.1.4.
536 Vgl. [PROBST ET AL. 2000], [PROBST/RAUB 1998], [BREDL ET AL. 2002], [BREDL ET AL. 2003].
537 Vgl. [REINMANN-ROTHMEIER 1999, S. 113].
538 Vgl. [NONAKA/TAKEUCHI 1997, S. 108].
539 Vgl. [SCHOLZ 2000, S. 21], [PROBST ET AL. 1999, S. 23].
540 Vgl. [SCHOLZ 2000, S. 18].

Die Weiterbildung in der Beraterbranche bedeutet ein Spannungsfeld aus der Notwendigkeit zur Qualifikation, Möglichkeit zur Motivation und der Gefahr des Wissensverlustes. Einerseits verbleiben Mitarbeiter nur über längere Zeit in Firmen, in denen sie ihre Fähigkeiten erweitern und ihr eigenes Qualifikationsportfolio bereichern können.[541] Gerade Berater verfolgen dabei die Idee der Beschäftigungsfähigkeit (angels.: Employability) für ihre zukünftigen Karrierewege. Dabei geht es den Mitarbeitern bei der Weiterbildung weniger um die Bindung an den Arbeitgeber als vielmehr um ihre damit verbundene persönliche Attraktivität für den Arbeitsmarkt.[542] Andererseits müssen Beratungsunternehmen in das Wissen ihrer Mitarbeiter investieren, da Mitarbeiter als wichtigste Quelle von Innovationsideen gelten[543], die Beratungsunternehmen von der Nutzung des Wissens ihrer Mitarbeiter und der Qualität deren Analysen und Vorschläge leben[544] und die Erweiterung des individuellen Wissens der Ausgangspunkt für den Prozess der organisationalen Wissenserzeugung ist[545].

Letztendlich haben Beratungsunternehmen auf Grund des Spannungsfeldes von individueller und unternehmerischer Zielstellung nicht wirklich ein Interesse, Mitarbeiter über die reine Anpassungsqualifikation hinaus weiterzuentwickeln. Der damit verbundene Zeitverlust bedeutet Kapazitäts- und Umsatzausfall und die Investitionen in die „Employability" der Mitarbeiter können durch vorzeitige Abwanderung zu sog. „Sunk Costs" werden.[546] Unternehmen müssen sich deshalb darauf einstellen, dass Talente künftig nur noch auf Zeit eingekauft werden können und sie oft schneller wieder verloren werden, als man sie gewinnen konnte.[547] Es ist daher nicht verwunderlich, dass die Mitarbeiterbindung für 97% der IT-Firmen eine sehr hohe bis hohe Bedeutung hat und insbesondere erfahrene und fachkompetente Mitarbeiter auf Grund der gewachsenen Beziehung zwischen Kunden und Mitarbeitern gehalten werden müssen.[548]

Diese gewachsenen Beziehungen verdeutlichen ein weiteres Spannungsfeld, da der bereits in Kapitel 2.4.1[549] genannte kritischere Umgang der Kunden mit, die höheren Anforderungen an

---

541 Vgl. [ZIMMER 2001, S. 43], [SCHOLZ 2000, S. 16].
542 Vgl. [PBS 1999, S. 29], [SCHOLZ 2000, S. 16], [PROBST ET AL. 1999, S. 159f.].
543 Vgl. [KREUZ 2003, S. 9].
544 Vgl. [PROBST ET AL. 1999, S. 124].
545 Vgl. [NONAKA 1994, S. 22].
546 Vgl. [SCHOLZ 2000, S. 22].
547 Vgl. [ZIMMER 2001, S. 43]. PROBST ET AL. verweisen in diesem Zusammenhang auf die erhöhte Konfliktbereitschaft vieler Unternehmen im Wettbewerb um die besten Kandidaten. Vgl. [PROBST ET AL. 1999, S. 159].
548 Vgl. [PBS 1999, S. 6f.]. Ähnliche Ergebnisse einer Studie der MERCER Managementberatung in den USA beschreibt [SCHOLZ 2000, S. 16].
549 Siehe Seite 98ff. in Kapitel 2.4.1.

und die partielle Abhängigkeit von Beratern bis auf die individuelle Ebene wirken. Häufig muss der Berater mit Widerständen und Ängsten kämpfen, die ihm bei der Arbeit im und mit dem Kunden entgegenschlägt. Dieses drückt sich darin aus, dass Aufträge nicht mehr pauschal an ein großes Beratungshaus vergeben werden, sondern es wird direkt nach einem bestimmten Berater gefragt, von dem man weiß, dass er in ähnlich gelagerten Fällen erfolgreich agierte oder mit der Kundenkultur harmonierte. Auch die Übersendung ausführlicher Mitarbeiterprofile wird im Vorfeld der Projektvergabe zur Prüfung abverlangt. Hierzu gesellt sich das „Not-invited-here"-Syndrom als komplette Abwehrreaktion ganzer Abteilungen gegen externes Beraterwissen.[550]

Auf Grund der bisher formulierten Besonderheiten von Beratern als Hauptwertschöpfer scheint eine Neubewertung des Faktors Arbeit in Richtung Wissensarbeiter, Schlüsselmitarbeiter, Produzent und Inhaber immaterieller Vermögenswerte angebracht.[551] Dabei ist der Wissensarbeiter als treibende Kraft in einer Wissensgesellschaft spätestens seit DRUCKER[552] bekannt, wird jedoch nicht mehr als Wissenskapitalist mit nur eigenem Vermögen verstanden, sondern als Teil einer Wissensgemeinschaft[553] mit privatem und gesellschaftlichem Vermögen. Diese Entwicklung von einem Mitarbeiter, der nur „mit"arbeitet hin zu einem Wissensarbeiter, der sein Wissen als strategische Ressource einsetzt, weit gehend selbständig organisiert und es innerhalb und außerhalb der Unternehmensgrenzen vernetzt einsetzbar macht, schafft ein neues Selbstverständnis, das unter Einbezug der allerorts propagierten Kundenorientierung über den „Net"-worker zum „Nett"-worker führt.[554]

2.4.3 Netzwerkbildung als Pfeiler in der Virtualität

Nach NORTH[555] kann ein Unternehmen auch als Ort bezeichnet werden, „(...) an dem sich individuelles Wissen und Intelligenz zu kollektiver, kreativer Intelligenz zusammenfügt, fähig unternehmerisch tätig zu werden."

Diese Definition lässt den Anspruch erkennen, nach dem eine fortwährende Netzwerkbildung für ein modernes Unternehmen unabdingbar ist. Ein wissensschaffendes Unternehmen agiert dabei nicht in einem geschlossenen, sondern in einem offenen System und in einem kontinu-

---

550 Vgl. [PROBST ET AL. 1999, S. 151].
551 Vgl. [PROBST ET AL. 1999, S. 40].
552 Vgl. [DRUCKER 1993].
553 Vgl. [NONAKA/TAKEUCHI 1997, S. 172].
554 Vgl. [GEHLE/FELDHOFF 2002, S. 170], [GEHLE/FELDHOFF 2002B, S. 55].
555 Vgl. [NORTH 1999, S. 49]. NONAKA/TAKEUCHI beschreiben ein ähnliches Verständnis anhand des Beispiels der KAO CORP. Vgl. [NONAKA/TAKEUCHI 1997, S. 202].

ierlichen Wissensaustausch mit dem Umfeld[556], so dass die fortwährende Netzwerkbildung auch die Umwelt umfassen muss. Wie schon in Kapitel 2.2.2 mit Bezug auf Unternehmen als Ganzes dargestellt wurde, ist in der Wirtschaft eine zunehmende Vernetzung innerhalb und zwischen Unternehmen zu beobachten, die helfen soll, den komplexer werdenden Dynamiken im täglichen Geschäftsalltag besser begegnen zu können. Diese Vernetzung kann z.B. über vertragliche Vereinbarung, prozessuale oder informations- und kommunikationstechnologische Integration erfolgen.

In der Beratungsbranche jedoch wirkt diese Netzwerkbildung insbesondere auf der persönlichen, humanorientierten Ebene und umfasst neben den innerbetrieblichen, virtuellen Gemeinschaften die Netzwerkbildung mit immer wieder neuen Kundengruppen, mit Produkt- und Dienstleistungspartnern und letztlich auch mit Mitbewerbern. Dieses resultiert u.a. aus der komplementären Beziehung von Strategieentwicklung und -umsetzung, Prozessoptimierung und -unterstützung bzw. Hardware und Software. Die entsprechenden Anbieter sind als (teil-)komplementär[557] zu bezeichnen, so dass ein Unternehmen und dessen Mitarbeiter die Kompatibilität zu anderen beachten und den Markt mit Kunden, Partnern und Wettbewerbern in Gänze betrachten müssen.[558]

Die Berater selbst benötigen dazu neben einer besonderen fachlichen Fähigkeit ein hohes Maß an sozialer und kommunikativer Kompetenz. Sie müssen zukünftig die Rolle eines Managers von Know-how-Netzwerken einnehmen.[559] Diese Expertennetzwerke bieten dabei nicht nur die Möglichkeit zur Wissensidentifikation[560] sondern ermöglichen Wissens(ver-) teilung[561] und -kombination. Ein Beispiel hierfür kann die Verpflichtung erstklassiger internationaler Beratungsunternehmen sein, die weltweit etwa gleiche Qualitätsstandards für die Auswahl des Personals und die Erfüllung ihrer Mandate wahren müssen, wenn das Firmenimage keinem Schaden nehmen soll. Die Sozialisation von Mitarbeitern kann in beiden Fällen den Weg zur erfolgreichen Umsetzung der Anforderung weisen.[562]

Die Bedeutung informeller, interner und externer Netzwerke nimmt auch deshalb zu, weil der Austausch von Informationen und Wissen nicht mehr überwiegend über klassische Berichts-

556 Vgl. [NONAKA/TAKEUCHI 1997, S. 100].

557 Auf Grund des vorgenannten Trends zur Portfolioerweiterung sind zunehmend auch Überlappungen festzustellen.

558 Vgl. [SHAPIRO/VARIAN 1999, S. 22f.].

559 Vgl. [SCHULTE-CROONENBERG 2000, S. 77].

560 Vgl. [BENDT 2000, S. 38].

561 Vgl. [PROBST ET AL. 1999, S. 239].

562 Vgl. [PROBST ET AL. 1999, S. 231].

wege entlang der Hierarchie erfolgt.[563] Information gilt dabei immer noch als Holschuld, der effektive Umgang mit der Informationsflut als Schlüsselqualifikation.[564] Da jedoch für Informationen in Dienstleistungsunternehmen die Bringschuld an Bedeutung gewinnt[565], kann angenommen werden, dass die Balance von Geben und Nehmen einen besonderen Stellenwert im Wissensmanagement, insbesondere in Wissensnetzwerken, erfahren wird.

Problematisch bei Unternehmensberatungen ist, dass die Berater häufig in Teams einen Großteil ihrer Zeit beim Kunden vor Ort verbringen. Die räumliche Distanz erschwert auf Grund eines behinderten gemeinsamen Kontextes den persönlichen Transfer von Wissen und kann das Vertrauen zwischen den Beratern reduzieren und somit zusätzliche Hemmschwellen im Hinblick auf die Weitergabe von Wissen und von Problemlösungen aus dem Kundenalltag aufbauen.[566] Die Informations- und Kommunikationstechnologie wie z.B. E-Mail und Intranet kann die persönliche Kommunikation nur unzureichend ersetzen, so dass es auch zu Schwierigkeit kommt, die verschiedenen Wissensbasen zu synchronisieren. Die Virtualität gefährdet dabei auch die (Ver-)Teilung kulturellen Wissens.[567] Die interne Netzwerkbildung ist somit wichtig und erfordert immer wieder den persönlichen Kontakt und das physische Zusammenkommen der Akteure. Bei der Gestaltung intra-organisationaler Netzwerke ist jedoch zu beachten, dass gerade IT-Spezialisten ein geringeres Bedürfnis nach engen persönlichen Kontakten haben und dem sozialen Austausch mit Kollegen und Kunden eine geringere Bedeutung zumessen.[568]

Die informelle Vernetzung impliziten Wissens wird in Beratungen derart organisiert, dass häufig über *Knowledge Maps*, *gelbe Seiten* (angels.: *Yellow Pages*) oder *Skill-Verzeichnisse* ein persönlicher Zugang zu Experten ermöglicht und auch über Mentorenmodelle implizites Wissen transferiert werden soll.[569] Externes Wissen ist in die Produkte und Problemlösungen der Beratungen eingebunden und wird mit Hilfe von Datenbanksystemen verwaltet. Da eine vollständige Explizierung von Wissen nicht möglich ist, ist in diesen Dokumenten immer auch eine Verknüpfung zum jeweiligen Urheber des Wissens, zum jeweiligen Experten vorhanden.[570] Somit greift jeder einzelne Berater immer wieder auf das Wissen der gesamten

---

563 Vgl. [AHLERT/ZELEWSKI 2003, S. 86ff.].
564 Vgl. [PROBST ET AL. 1999, S. 144].
565 Vgl. [AHLERT/ZELEWSKI 2003, S. 101].
566 Vgl. [AHLERT/ZELEWSKI 2003, S. 53].
567 Vgl. [PROBST ET AL. 1999, S. 227].
568 Vgl. [BERGER/HINKELAMMERT 2000, S. 68ff.].
569 Vgl. [AHLERT/ZELEWSKI 2003, S. 52], [BULLINGER/WARSCHAT ET AL. 1998, S. 9].
570 Vgl. [AHLERT/ZELEWSKI 2003, S. 52].

Organisation zurück.

Gewisse Innovationen können nicht von Einzelpersonen allein erreicht werden, sondern sind nur im Team möglich.[571] Kollektives Wissen beschreibt daher nicht die Summe des individuellen Wissens, sondern die Fähigkeit dieses miteinander zu kombinieren und in Beziehung zu setzen.[572] Mitarbeiter, die auf verschiedene Orte verteilt sind und trotzdem gemeinsam an der Lösung eines Problems arbeiten, werden dazu in virtuellen Teams organisiert. Die Redundanz und das Teilen von Informationen hilft den Individuen nicht nur, Aufgabenstellungen gemeinsam und virtuell zu bearbeiten, sondern auch ihre Position in der Organisation zu erkennen, was die individuelle Kontrolle und das Einordnen des eigenen Denkens und Handelns erhöht.[573] Diese *Verortung der internen Position* ist einer der Pfeiler in der Virtualität.

Die Netzwerkbildung kann neben der internen Organisation auch dazu benutzt werden, Wissen von Stakeholdern[574] ins Unternehmen zu holen. Hierbei liegt der Fokus für Beratungsunternehmen wieder auf dem Kontakt mit Kunden, Lieferanten und Partnern.

Die Beratungsunternehmen befinden sich auch unter den Unternehmen, die am erfolgreichsten virtuelle Teams entwickeln und aufstellen können.[575] Sie haben und brauchen eine starke eigene Kultur, um auch in der Virtualität noch gefestigt zu sein. Andererseits müssen Berater aber kulturkompatibel zur Umgebung ihrer Kunden sein. Da diese in verschiedenen Branchen, Regionen und Ländern tätig sind, ist hier viel kulturelle Flexibilität gefragt.

Eine Annäherung der Beratungsunternehmen an ihre Kundschaft ist deshalb nicht nur auf die exponierte Stellung der Berater in wichtigen Projektthemen zurückzuführen, sondern auch auf die Notwendigkeit, den Kunden als wichtige Wissensquelle in einem interaktiven Wissensflussmodell[576] zu sehen. Darüber hinaus müssen Beratungsunternehmen im IT-Markt zunehmend die Rolle des Coaches und Intermediärs einnehmen, da sich die Distanz zwischen Softwarelieferanten und Endkunden zunehmend vergrößert, so dass der Berater das Wissen für beide Seiten vorhalten und effizient in Verbindung bringen muss.

LEHMAN BROTHERS haben diese Entwicklung in der nachfolgenden Abbildung 2-15 treffend dargestellt.

---

571 Vgl. [PROBST ET AL. 1999, S. 197].
572 Vgl. [SCHMIEDEL-BLUMENTHAL 2000, S. 89]. Siehe auch Kapitel 2.1.2.
573 Vgl. [NONAKA 1994, S. 28f.], [NONAKA/TAKEUCHI 1997, S. 96].
574 Siehe hierzu ein Beispiel in [GEHLE/MÜLDER 2001, S. 58].
575 Vgl. [META 2001G, S. 12].
576 Vgl. [PETERSON 2001, S. 202].

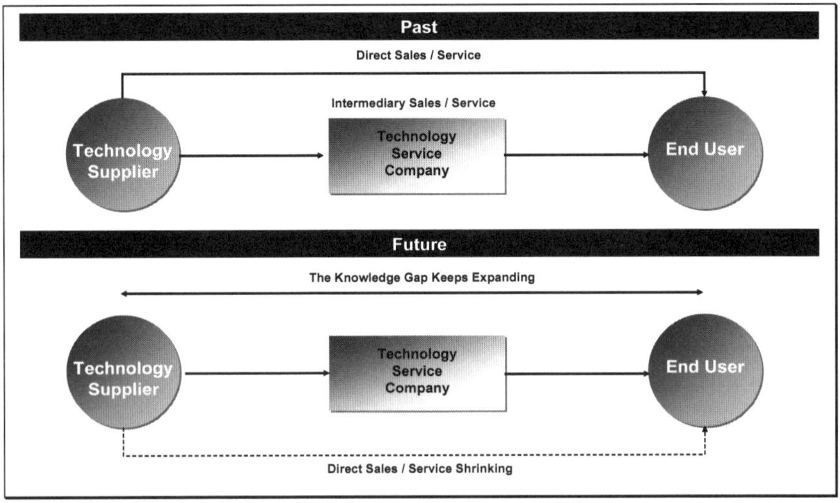

Abbildung 2-15: Business Integratoren zunehmend unter Wissensdruck[577]

Die *kulturflexible Zusammenarbeit mit unterschiedlichen Kunden, verbunden mit einer effizienten Vernetzung im eigenen Unternehmen* kann als weiterer Pfeiler für die Arbeit eines Beraters „zwischen den Fronten" gewertet werden.

Die Netzwerke mit Partnern gelten neben Mitarbeitern und Kunden als die wichtigste Quelle von Innovationsideen.[578] Der Zusammenschluss mit Produktpartnern über sog. *Product Links*[579] ist dabei notwendig, um die Nutzung des Know-hows des Partners zu ermöglichen und somit der zunehmenden Mobilität des Wissens zu begegnen. Man schließt damit Lücken im Portfolio eines Unternehmens mit dem Ziel der Kostenreduktion, der Risikominderung, der Verkürzung der Time-to-Market und - auf Grund von Standardsoftware - auch mit dem Ziel der Überwachung und Neutralisierung von Konkurrenten. Über die *Knowledge Links* können auch das gegenseitige Lernen und der Wissenserwerb gefördert werden.[580]

Die Koexistenz von Partnerschaft und Wettbewerb in der Informationswirtschaft erzeugt dabei ein besonderes Spannungsfeld[581] und ist unter dem Begriff „*Coopetition*"[582] als Zusammenfassung von „Cooperation" und „Competition" bekannt. In dieser Konstellation ist darauf zu achten, welches Wissen woher kommt und wie es weitergegeben wird, da jederzeit Wis-

577 In Anlehnung an [LEHMAN BROTHERS 2001, S. 17].
578 Vgl. [KREUZ 2003, S. 9].
579 Vgl. [PROBST ET AL. 1999, S. 163].
580 Vgl. [PBS 2001B, S. 7], [PROBST ET AL. 1999, S. 163].
581 Vgl. [SHAPIRO/VARIAN 1999, S. 22f.].
582 Vgl. [NALEBUFF/BRANDENBURGER 1996], zitiert in [NORTH 1999, S. 76].

sensverluste und Wettbewerbsnachtteile zu befürchten sind. Trotz dieses anstrengenden Balanceaktes sind über 75% der Dienstleistungsunternehmen bei der Erstellung der von ihnen erbrachten Dienstleistungen auf die Zusammenarbeit mit anderen rechtlich selbständigen Organisationseinheiten angewiesen.[583]

Diese *Verortung und Verstärkung der eigenen Position im Markt* wird im Zusammenhang dieses Kapitels als weiterer und letzter Pfeiler in der Virtualität gesehen.

2.4.4 Wissen als Ressource und Ergebnis von Beratungsdienstleistungen

Nach NONAKA ET AL.[584] müssen Unternehmen nicht nur Wissen verarbeiten, sondern es selber generieren. Wie schon mehrfach in dieser Arbeit angeklungen ist, gilt dieses im Besonderen für die Business Integratoren. Die hohe Bedeutung der Ressource Wissen liegt dabei in den Eigenschaften von Dienstleistungen selbst begründet.[585] Die nachfolgenden drei Kriterien verdeutlichen dieses:[586]

- Immaterialität,
- Integration eines externen Faktors in den Erstellungsprozess (z.B. eine Person oder Objekt, für die/an dem die Dienstleistung vollzogen wird),
- Zeitliche Synchronisation von Produktion und Absatz (durch das Zusammenfallen existiert keine Lagerfähigkeit).

Beratungsunternehmen entwickeln Problemlösungen und Konzepte durch die Verknüpfung von Informationen und unter Nutzung der Fähigkeiten ihrer Mitarbeiter, so dass die Ressource Wissen den wichtigsten Potenzialfaktor darstellt. Beratungsdienstleistungen sind daher als *wissensintensive Dienstleistungen* zu bezeichnen, die sich in hohem Maße durch Wissensarbeit auszeichnen.[587] Wissen ist also Voraussetzung der Beratungsleistung und deren Ergebnis in Form einer verbesserten Handlungs- und Problemlösungsfähigkeit der beratenen Organisation.

Wissensintensive Dienstleistungen lassen sich dabei durch das Ausmaß der **Arbeitsintensität** und der **Dienstleistungskomplexität** darstellen. Dieser Sachverhalt ist in der gegenüber liegenden Abbildung 2-16 dargestellt.

Das kostenmäßige Verhältnis der wissensintensiven Dienstleistung wird durch den Faktor der menschlichen (geistigen) Arbeit bestimmt. Die wissensintensiven Dienstleistungen sind dabei

---

583 Vgl. [AHLERT/ZELEWSKI 2003, S. 69].
584 Vgl. [NONAKA/TAKEUCHI 1997, S. 8].
585 Vgl. [BLAICH 2003B, o.S.].
586 Vgl. [AHLERT/ZELEWSKI 2003, S. 36ff.].
587 Vgl. [BLESSING/BACH 2000, S. 286], [AHLERT/ZELEWSKI 2003, S. 42 u. S. 49], [PETERSON 2001, S. VII].

von einer solch hohen Komplexität gekennzeichnet, dass auch von einem innovativen, individualisierten Leistungsergebnis auszugehen ist.

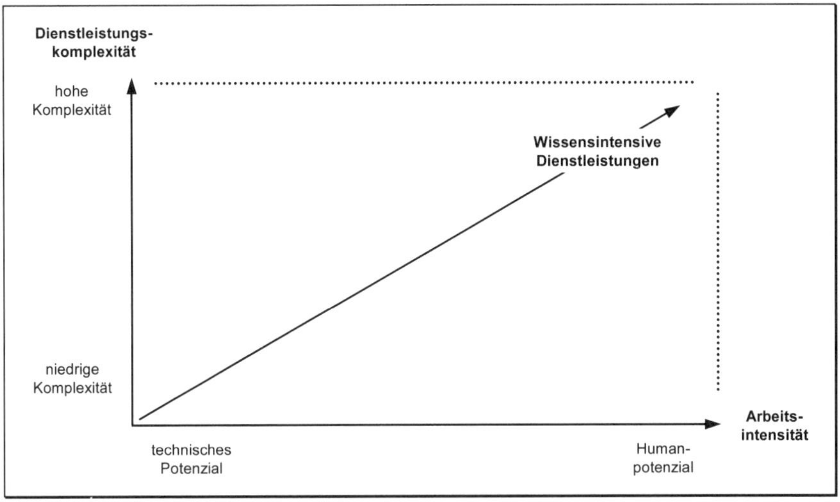

Abbildung 2-16: Kennzeichen wissensintensiver Dienstleistungen[588]

Da der Beratungskunde regelmäßig keine (konkrete) Vorstellung der Problemlösung hat, kann die wissensintensive Dienstleistung nach AHLERT/ZELEWSKI[589] tendenziell als kreativ- bzw. vertrauensdienstleistungsorientiertes Leistungsbündel bzw. als Vertrauensdienstleistung aufgefasst werden. Dessen Wert kann vor der Transaktion kaum glaubhaft dem Käufer kommuniziert werden, ohne ihn gleichzeitig zu zerstören. Dieses als **ARROW-Paradoxon**[590] bekannte Phänomen verweist auf die vorhergehenden Ausführungen zur Erlebnisqualität in Kapitel 2.4.1 und verdeutlicht einmal mehr, wie schwer das Ergebnis von Beratungsleistungen für den Kunden vielfach zu beurteilen ist. Insofern ist das gegenseitige Vertrauen von besonderer Bedeutung. Dieses Vertrauen aufzubauen und regelmäßig zu rechtfertigen, ist Sache der Berater und verlangt ein umfassendes fachliches und soziales Know-how. Hinzu kommt noch eine veränderte unternehmerische Einstellung, mit der Dienstleistungen in neuen Strukturen und Prozessen erbracht werden, so dass Kunden und Mitarbeiter zufrieden gestimmt und zur Loyalität angehalten werden können.[591]

Die rapiden Verfallszeiten von Wissen (z.B. des technischen Know-hows) stellen dabei eine

[588] Vgl. [AHLERT/ZELEWSKI 2003, S. 40].
[589] Vgl. [AHLERT/ZELEWSKI 2003, S. 39ff.].
[590] Vgl. [ARROW 1971, S. 170ff.], zitiert in [GLÜCK 2002, S. 2f.], [KUTSCHKER 1999, S. 1167].
[591] Vgl. [HESKETT ET AL. 1994, S. 50].

besondere Herausforderung für die Beratungsunternehmen dar. Die Klienten erwarten, dass Beratungen immer auf dem neuesten Stand der Entwicklung sind und Trends erkennen, die dann in die Beratungsdienstleistungen einfließen oder als eigene separate Beratungsthemen angeboten werden. Bei den meisten Entwicklungen kann aber nur bedingt auf vorhandenes externes Wissen zurückgegriffen werden, so dass die Berater sehr viel Wissen selbst entwickeln und vorantreiben müssen.[592] NONAKA/TOYAMA ET AL.[593] bezeichnen dieses intern aufgebaute Wissen als **Wissens-Assets**. Diese Wissens-Assets als Ergebnis der Entwicklung von Kernkompetenzen und als „virtuelle" Produkte von Beratungsdienstleistern korrelieren dabei mit der unternehmensweiten Aufgabenstellung, die in Kapitel 2.1.2 zur organisationalen Wissensbasis bereits angerissen wurde. Je wissensintensiver das Umfeld eines Unternehmens dabei ist und je ausgeprägter sich dessen eigene Wissensbasis darstellt, desto eher können die spezifischen Fähigkeiten eines Unternehmens eine strategische „Eigendynamik" entwickeln. Das bestehende Wissen kann dann häufig zu neuen und überraschend strategischen Optionen führen.[594] Kernkompetenzen generieren dann nicht nur einen zusätzlichen Wert bei Kunden, sondern werden einzigartig unter Mitbewerbern, da sie nicht leicht imitierbar und transferierbar sind und Zugang zu neuen Märkten verschaffen.[595] Beratungsunternehmen müssen deshalb auf Basis bestehender spezifischer Kompetenzen ständig neue Geschäftsfelder, Themen oder Branchen entwickeln und besetzen.

Durch die Betrachtung von Wissen als Ressource und Ergebnis von Beratungsdienstleistungen wird folgendes deutlich:

- Wissen ist nicht absolut,
- Wissen ist dynamisch,
- Wissen ist immer im Fluss,
- Wissen ist in neuen Kontexten immer neu zu validieren,
- Wissen ist subjektiv gebunden (in der Erbringung und in der Wahrnehmung),
- Wissen ist fraktal zu einer komplexen Gesamtlösung.

2.4.5 Kreativität in der Projektarbeit: Neuartig und doch erprobt

Da Berater entweder konvergent oder divergent ausgeprägt und somit unterschiedlich sind[596], müssen die Unternehmen ihre Berater entsprechend der Aufgabenstellung und deren spezifi-

---

[592] Vgl. [SCHULTE-CROONENBERG 2000, S. 76].
[593] Vgl. [NONAKA/TOYAMA ET AL. 2000, S. 20].
[594] Vgl. [PROBST ET AL. 1999, S. 26].
[595] Vgl. [NORTH 1999, S. 43].
[596] Vgl. [ZIMMER 2001, S. 48]

schen Ausprägung einsetzen, damit der Kunde die Leistung akzeptiert und eine Zusammenarbeit möglich ist. Dieser Einsatz erfolgt bei Beratungsunternehmen immer in Projekten, welche auch als zunehmende Organisationsform[597] in vielen anderen Unternehmen gilt. Der Erfolg dieser Projektgruppen wird dabei immer wichtiger, da neben der Hauptarbeit in Kundenprojekten auch innovative interne Fragestellungen in eigenen Projektteams (angels.: Task Forces) bearbeitet werden.

Im Rahmen von Projektteams wird - im Wesentlichen arbeitsteilig - in konkreten Handlungen angewandtes Wissen zum Einsatz gebracht. Mehrere, fachlich meist unterschiedlich qualifizierte Berater erarbeiten gemeinsam eine Lösung. Die Größe der Projektteams variiert und liegt meist zwischen 2 und 30 Beratern.[598] Auf Grund der Größe der Teams, der Komplexität der Aufgabenstellung und der immer stärkeren Spezialisierung des Wissens[599] ist es deshalb nicht zu erwarten, dass ein Berater individuell die Gesamtkomplexität eines durchschnittlichen Beratungsprojektes überblickt. Dieses ist allenfalls bei dem Projektleiter zu erwarten, dem dann aber die Detailkenntnisse fehlen. Die Verschiebung von einfachen zu immer komplexeren Problemsituationen führt auch dazu, dass Probleme nicht mehr von einer Person zu lösen sind und eine Netzwerkbildung von Beratern unabdingbar ist. Auch ist der Zugriff auf Erfahrungen abgeschlossener Projekte als ein zentraler Erfolgsfaktor zu werten. Beratungsunternehmen gelten dabei als Vorreiter im Management von Projekterfahrungen.

Während früher die Projektpreise keine allzu große Rolle spielten, sind die Beratungsunternehmen heute mit einem enormen Kosten- und Qualitätsdruck konfrontiert, wobei Projekte in Millionenhöhe heute zusätzlich noch in kurzen Zeitzyklen bei gleich bleibend guter Qualität abgewickelt werden müssen. Der Einfluss der IKT in Projekten zur Verbesserung der geschäftlichen Aktivitäten wird heute noch vielfach unterschätzt. Große Softwaresysteme müssen nicht nur als Prototypen zum Laufen gebracht werden, die Systeme müssen auch unter hoher Transaktionslast problemlos funktionieren. Bei dieser Umsetzung sind ein umfassendes Prozess- und IKT-Know-how erforderlich. Neben den Fähigkeiten, Aufgaben netzbasiert, sauber und gleichwohl preiswert zu lösen, sind zunehmend Kreativität, Originalität und neue Ideen ausschlaggebend.[600] Die Leistungen müssen schnellstens erbracht werden und Innovationen auf den Punkt terminiert sein.[601] Ob Dienstleistungsergebnisse dabei als Innovationen

597 Vgl. [SCHINDLER 2000, S. 3], [PROBST ET AL. 1999, S. 120].
598 Vgl. [BREDL ET AL. 2003, S. 5].
599 Vgl. [SCHMIEDEL-BLUMENTHAL 2001, S. 4].
600 Vgl. [SCHULTE-CROONENBERG 2000, S. 75].
601 Vgl. [ZIMMER 2001, S. 43].

bezeichnet werden können, hängt immer auch von der Wahrnehmung des Kunden ab. ROGERS/SHOEMAKER[602] definieren Innovation deshalb auch als „(...) any idea, practice, or object perceived as new by an individual". SCHRÖDER[603] spricht von subjektiv-neuem Wissen und stellt dieses im Innovationskontext zur Unterteilung neben das objektiv-neue Wissen.

Berater werden häufig mit Themen konfrontiert, die sie selber noch gar nicht beherrschen, bzw. die zwar theoretisch von diesen aufgearbeitet sind, aber noch nicht bei einem Kunden endgültig umgesetzt wurden. Berater werden z.B. gefordert, Konzepte zu erarbeiten, mit deren Hilfe sich Konzerne zu vernetzten Gebilden wandeln[604], mit denen Unternehmen das interne Wissen nutzen und neue Erkenntnisse berücksichtigen lernen oder mit denen sie ihre Kundenbeziehungen besser handhaben können[605]. Neben dem immer neuesten (Fach-)Wissen ist deshalb zunehmend kreative Denkfähigkeit und Leidenschaft notwendig, um kreative Lösungen zu erbringen.[606] Wissensentwicklung spielt sich dabei immer im Spannungsfeld von Kreativität und systematischem Problemlösen ab, wobei die Kreativität als allgemeine Fähigkeit zur Produktion neuer Ideen und Problemlösungen bezeichnet werden kann.[607] Während die Kreativität eher als einmaliger Schöpfungsakt angesehen wird, folgt die Lösung von Problemen eher einem Prozess, der durch mehrere Phasen beschrieben werden kann.[608] Kreativität ist daher eher die chaotische Komponente und die Problemlösungskompetenz die systematische Komponente der Wissensentwicklung.

Die erbrachten Dienstleistungen - als akkumulierte Erfahrungen und Kenntnisse der Berater[609] - müssen immer eine kundenindividuelle Ausprägung haben. Die individuellen Fähigkeiten der Wissensarbeiter sind dabei eine grundlegende Basis für das erfolgreiche Agieren der (Beratungs-)Unternehmen[610], wobei das Gelingen vieler Projekte und Strategien entscheidend davon abhängt, ob verschiedene Wissensbestandteile und Wissensträger effizient kombiniert werden können. Dieses führt auch dazu, dass quasi kein Prozess zur Lösung komplexer Probleme ohne die Entwicklung neuen Wissens oder neuer Fähigkeiten auskommt.[611] Ein

---

602 Vgl. [ROGERS/SHOEMAKER 1971, S. 19], zitiert in [WIMMER/ROTH 1994, S. 117].
603 Vgl. [SCHRÖDER 1999, S. 1012ff.].
604 Siehe die Ausführungen zu „virtuellen Unternehmen" und „vernetzten Organisationen" in Kapitel 2.2.2.
605 Vgl. [FISCHER 2001, S. 2].
606 Vgl. [ZIMMER 2001, S. 50f.], [GERTZ 1998, S. 46].
607 Vgl. [PROBST ET AL. 1999, S. 186].
608 Vgl. [PROBST ET AL. 1999, S. 187].
609 Vgl. [NONAKA/TAKEUCHI 1997, S. 47].
610 Vgl. [PROBST ET AL. 1999, S. 43].
611 Vgl. [PROBST ET AL. 1999, S. 187].

grundsätzliches und glaubwürdiges Klima der Fehlerfreundlichkeit im Unternehmen und auch im Umgang mit Kunden führt dazu, dass sich der Einzelne eher auf die Suche nach ungewöhnlichen Lösungen begeben wird.[612] Die Qualität des impliziten Wissens ist dabei abhängig von der Vielfalt an persönlichen Erfahrungen und dem persönlichen Erfahren[613] (angels.: Reflection in/on Action[614]), d.h. beim Kunden wirklich ein Projekt persönlich durchgeführt zu haben.

Trotz aller Individualität und Kreativität müssen Beratungsprojekte und deren Umsetzung alltagstauglich sein, d.h. erprobt in Bezug auf die Verfahren, Methoden und Techniken, und einem definiertem Qualitätsstandard entsprechen. Beratungsunternehmen verlassen sich dabei auf weltweit einheitliche Standards für ihre Beratungsleistungen.

Die schnelle Umsetzung von Geschäftsideen und Projekten und die viel kürzeren Realisierungszeiträume fordern dabei intellektuell viel, oftmals ein hypothesengetriebenes Vorgehen und auch die weltweite Einbindung von Experten.[615] Darüber hinaus muss das kundenspezifisch neu erarbeitete Wissen generalisiert werden, obwohl der nächste Kunde nicht dafür bezahlen möchte.[616] Der Aufbau und die Weiterentwicklung generalisierten Beraterwissens wird dabei als zentraler Erfolgsfaktor angesehen, wobei selbst Kreativität bis zu einem gewissen Grad erlernt[617] werden kann.

Das nachfolgende drittel Kapitel wird sich u.a. dieser Aufgabenstellung annehmen, wobei die anfangs erwähnte Einrichtung von Arbeitsgruppen bzw. internen Projektgruppen zu aktuellen Themen, bekannt unter dem Synonym der „Communities of Practice“ oder „Knowledge Networks“ ein wichtiges Gestaltungselement sein wird.

2.5 „The International House of Knowledge Management”: Analyserahmen und Auswahlkonzept

Es kann festgehalten werden, dass Wissensmanagement zu einer Verbesserung der Wettbewerbsfähigkeit der Organisation führen soll. Dieses trifft insbesondere im internationalen Umfeld zu. Ein Analyserahmen und Auswahlkonzept hat deshalb den verschiedenen Dimensionen Rechnung zu tragen, eine Ganzheitlichkeit zu wahren und eine ausgewogene sowie akzentuierte Betrachtung zu ermöglichen.

---

612 Vgl. [PROBST ET AL. 1999, S. 189].
613 Vgl. [NONAKA 1994, S. 21].
614 Vgl. [SCHÖN 1983], zitiert in [NONAKA 1994, S. 28], [REINMANN-ROTHMEIER 2002B].
615 Vgl. [SCHULTE-CROONENBERG 2000, S. 77].
616 Vgl. [SCHULTE-CROONENBERG 2000, S. 76].
617 Vgl. [PROBST ET AL. 1999, S. 190].

Das „International House of Knowledge Management“ ist solch ein ausgewogener Analyserahmen und setzt sich aus verschiedenen Elementen der vorher beschriebenen Modelle zusammen. Dabei wurde folgendes berücksichtigt:

Bei NONAKA ET AL. wird untersucht, inwieweit Innovationen durch Wissensmanagement gefördert werden können. PROBST ET AL. wollen die organisatorische Wissensbasis einer Intervention im Sinn der Unternehmensziele zugänglich machen. Im Münchener Modell nach REINMANN-ROTHMEIER soll eine lernende Organisation geschaffen werden. All diese Ziele haben letztlich das Oberziel, die Wettbewerbsfähigkeit einer Organisation zu steigern. Somit kann festgehalten werden, dass Wissensmanagement kein Selbstzweck ist, sondern einen Beitrag zum Unternehmenserfolg leisten muss. Aus diesen Ausführungen lässt sich ebenfalls erkennen, dass ein gängiges Verständnis von Wissen eine Handlungsorientierung beinhaltet. Wissen soll zur Lösung von Problemen und somit zur Verbesserung der Wettbewerbsfähigkeit beitragen.

Die verschiedenen Modelle streben eine ganzheitliche Betrachtung des Wissensmanagements an und beinhalten eine Betrachtung des Wissens aus internationaler Sicht[618]. Dies konkretisiert sich darin, dass das Management von Wissen in einzelne Bausteine oder Phasen zerlegt und als Thema des General Managements präsentiert wird. Dies bedeutet, dass das internationale Management von Wissen Personalaspekte, Organisationsstrukturen, IKT-Systeme, Führungsaspekte und die Unternehmenskultur berücksichtigen und entsprechend gestalten muss.

KUTSCHKER dagegen verknüpft in seinen Ausarbeitungen u.a. über Koordinationsaktivitäten und Wertschöpfungsbetrachtungen die Aspekte der Internationalität mit denen der Wissens- und Lernorientierung, d.h. er betrachtet die Internationalisierung und Internationalität auch aus Wissenssicht. Die Internationalität bzw. Internationalisierung von Wissen findet dabei eher im Gruppenkontext statt und zwingt auf Grund der zur Anwendung notwendigen Kontextualität zu Interaktion. Daher stehen Prozesse im Mittelpunkt, die das Wissen für die Organisation im Kontext verfügbar machen.

Die besprochenen Modelle haben dabei unterschiedliche Sichten auf ähnliche Prozesse. Insbesondere sind hier Prozesse des Lernens, der Interaktion von Individuen mit Organisationen und der Anwendung von Wissen hervorzuheben. Sie ermöglichen daher eine kombinierte Betrachtung desselben Forschungsgegenstandes. Eine Verknüpfung ist somit ratsam und möglich.

---

618 U.a. über den Einbezug internationaler Unternehmensbeispiele und -analysen.

Der „Rohbau" zum „International House of Knowledge Management" in der nachfolgenden Abbildung 2-17 ist so aufgebaut, dass er als Grundlage für die Auswahl und Betrachtung der verschiedenen Elemente der Internationalität und des Wissensmanagements dient.

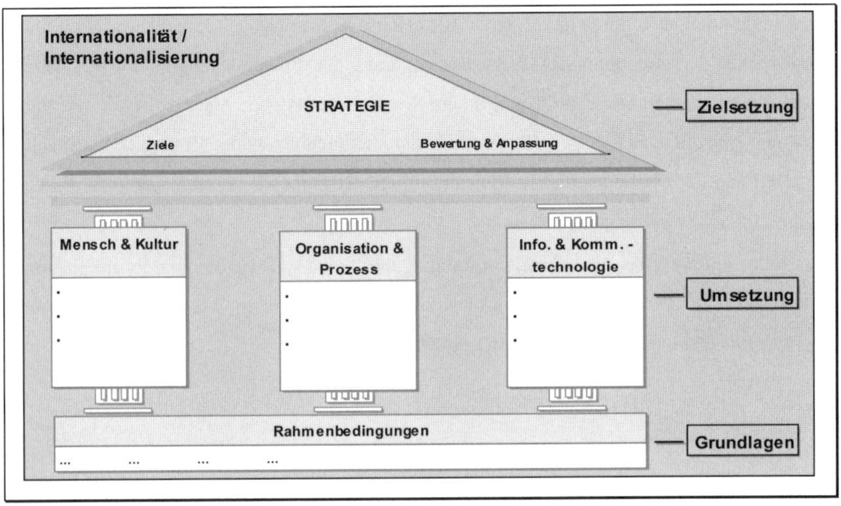

Abbildung 2-17: „The International House of Knowledge Management" (Rohbau)

Dabei kommt mit Bezug auf Kapitel 2.1.1.4 und Kapitel 2.1.3 das **erweiterte Verständnis von Wissensanwendung** zum Tragen, das sich wie folgt zusammenfassen lässt:

Die Ausrichtung von Fähigkeiten und die Verbesserung derselben stellen einen kontinuierlichen Kreislauf dar. Der Anwendungsbegriff ist dabei stringent auf das interne und externe Wissen ausgerichtet; das Wissen wiederum drückt sich selbst in der Anwendung aus. Dieses bildet einen rekursiven Kreislauf. Die Wissensnutzung und -generierung weisen eine inhaltliche Nähe zueinander auf und bilden in Summe das hinreichende Kriterium für das internationale Wissensmanagement. Dies geschieht vor dem Hintergrund der Wissenskommunikation bzw. der Wissens(ver-)teilung als notwendige Voraussetzung.

Die Rahmenbedingungen fungieren dabei als Fundament. Sie schaffen die Grundlagen für die drei Säulen und das Dach und sind selbst auch immer Objekt der Intervention. Dieses dient durch Anpassung und Stärkung einer Festigung des Fundaments. Die drei Säulen spiegeln die Ausgewogenheit der Interventionsbereiche wider und machen mit ihren speziellen Inhalten deutlich, dass ein Dach der Strategie ohne alle drei nicht wirklich dauerhaft bestehen kann. Die Strategie formuliert dabei die Zielsetzung und ist gleichfalls Maßstab für die Kontrolle der Umsetzungsaktivitäten. Die dargestellten Komponenten sind im Rahmen von Analystenausführungen[619] zum Wissensmanagement sinngleich dargestellt und werden dort als Schlüsselkomponenten bezeichnet, um eine „zukunftsweisende Organisation der Agilität“ zu formen.

Es wird deutlich, dass durch das „International House of Knowledge Management“ eine Standardisierung der internationalen Wissensorientierung für Business Integratoren geschaffen wird. Dieses erfolgt unter dem Motto „soviel Standardisierung wie nötig, so wenig wie möglich“ und spiegelt auch die Meinung von 71% der Unternehmen wider[620], nach denen standardisierte Prozesse, Methoden und Instrumente für ein effizientes Wissensmanagement für eher wichtig bis sehr wichtig gehalten werden.

Mit Fokus auf die Wissensnutzung, -anwendung und -wiederverwendung in der Internationalität kommt das „International House of Knowledge Management“ als Analyserahmen und Auswahlkonzept in den nachfolgenden Kapiteln zum Einsatz.

---

619 Vgl. [META 2001G, S. 6].
620 Vgl. [STEINBEISS 2003, S. 13].

3 Gestaltungselemente und Barrieren von Wissensmanagement und Internationalität

In diesem Kapitel der Arbeit werden, auf dem Grundlagenteil aufbauend, die in der Ist-Analyse im Rahmen der Fallstudienforschung identifizierten Barrieren und Potenziale internationaler Servicevorhaben (-projekte) aus Wissensperspektive vorgestellt und vertiefend diskutiert. Die Darstellung verschiedener Elemente, Determinanten und Lösungshinweise, die sowohl aus umfangreichen Literaturrecherchen als auch aus den Expertenbefragungen extrahiert wurden und vor dem wissensbasierten und internationalen Hintergrund beleuchtet werden, ergänzt diesen Grundlagenteil.

Der Fokus liegt dabei auf den bereits angeführten Besonderheiten und Tätigkeitsschwerpunkten von Business Integratoren.[621] In dem zentralen Prozess eines Beratungsunternehmens - dem Prozess der Leistungserstellung bzw. der Projekt- und Teamarbeit - wird vor allem die **Wissensanwendung** betrachtet, die auf Prozessen der *Interaktion*, des *Transfers* und der *Wiederverwendung* beruht. Hierzu wird der Projektprozess grob in die Phasen Initialisierung, Durchführung und Abschluss unterteilt. Die für den Ablauf dieses Prozesses notwendigen Rahmenbedingungen und zugrunde liegenden Erfolgsfaktoren bilden den Ausgangspunkt der Ausführungen. Vor dem Hintergrund der Betrachtung des jeweiligen Nutzens für das internationale Wissensmanagement liefert dieses Kapitel dabei die Grundgesamtheit möglicher Gestaltungselemente, die in der nachfolgend beschriebenen Fallstudie weiter eingegrenzt und verprobt wird.

Wegen des Symptoms „Information Overload“, das in der Internationalität durch eine steigende Anzahl neuer Wissensquellen verstärkt wird und zu einer Behinderung der Wissenstransparenz führt, ist eine strikte Selektion von Wissensträgern und -quellen notwendig. Diese Transparenz ist über die Gestaltung von Rollen, Organisationsprinzipien, Prozessen und Informationstechnologie zu erzeugen. Hierbei ist eine *angemessene Transparenz* notwendig, da man beim Streben nach absoluter scheitern wird.[622] Diese **Angemessenheit** gilt als **Grundsatz** für alle ausgewählten Elemente, damit eine kontinuierliche, sich ständig verbessernde und nachhaltige Organisation des internationalen Wissensmanagements erreicht werden kann.

---

[621] Siehe Kapitel 2.4.
[622] Vgl. [PROBST ET AL. 1999, S. 104].

Bei der Wissensorganisation ist eine *Routine*[623] zu entwickeln, die der Regelmäßigkeit anderer internationaler Transaktionsbeziehungen ebenbürtig ist. Leider wird immer wieder festgestellt, dass die Mehrzahl von Unternehmen in allen drei Gestaltungsdimensionen eines ganzheitlichen Wissensmanagements - Organisation (inkl. Prozesse), IKT und Human Resources - Defizite haben.[624]

Dabei gilt nach BENDT[625] - trotz der damit verbundenen Kosten - die Entwicklung eines entsprechenden „Werkzeugkastens" als Voraussetzung für den bedarfsgerechten Umgang mit dem organisationalen Wissen. Dessen Instrumente werden von 84% der Manager als „verbesserungsbedürftig" und von 74% als „weiter auszubauen" eingestuft. Nach PETERSON[626] muss Wissensmanagement in Unternehmensberatungen dann zu mehr Transparenz über Experten und deren Wissen führen, den Zusammenschluss der Experten der jeweiligen Fachgebiete fördern und letztendlich in Transformationsprozessen die Erzeugung des speziellen Wissens ermöglichen, das zur Erstellung der Kundenleistungen erforderlich ist. DELPHI[627] nennt hierbei im Rahmen der allgegenwärtigen Forderung von Top Management-Unterstützung und Vorbildfunktion durch Vorgesetzte die nachfolgenden Elemente, die zur Transformation des Knowledge Leadership-Gedanken in die praktische Wirklichkeit notwendig sind: Individuelles Sponsorship, Prozess- und Cross Function-Communities[628], unternehmensweite Best Practices und kollektive Netzwerke.

Dem Anspruch nach einem ausgeprägten Führungsverhalten in der Internationalität und in der Wissensorientierung wird auch in dieser Arbeit Rechnung getragen. Es soll den Anfang der Gestaltungselemente eines internationalen Wissensmanagements bilden.

3.1 Führung und Strategie

3.1.1 Führung und Kommunikation

In den Ausführungen zu den Grundlagen des internationalen Wissensmanagements sind immer wieder diverse Aufgaben und Anforderungen angeklungen, die dem Management eines Unternehmens zugeschrieben werden. So wird z.B. überwiegend auf Top-Ebene über die Ein-

---

[623] Da die Regelmäßigkeit von Transaktionsbeziehungen im Ausland als Kennzeichen für das internationale Unternehmen benutzt wird (vgl. [KUTSCHKER 1999, S. 1137]), soll hierzu synonym die Routine im Ablauf von Wissensmanagementprozessen als Anforderung und Kennzeichen einer wissensbasierten Unternehmung gelten.

[624] Vgl. [BULLINGER/WÖRNER ET AL. 1997, S. 33], [AHLERT/ZELEWSKI 2003, S. 75].

[625] Vgl. [BENDT 2000, S. 7].

[626] Vgl. [PETERSON 2001, S. 6f.].

[627] Vgl. [DELPHI 1998, S. 42].

[628] Gemeint sind speziell beauftragte und spezialisierte Arbeitsgemeinschaften.

führung von Wissensmanagement entschieden.[629] Deren Aufgaben werden u.a. auch darin deutlich, dass das Wissensmanagement von einer Vielzahl von Befragten als operatives und als strategisches Thema verstanden wird, das einen Sponsor auf oberster Unternehmensebene erforderlich macht.[630] Die vermehrte Etablierung spezieller Rollen in der Top-Ebene von Beratungsunternehmen mit Verantwortung für die beschleunigte Ausbreitung einer wissensfreundlichen Unternehmenskultur und die Konzipierung, Implementierung und Kontrolle entsprechender Wissenskonzepte[631] unterstützt diese Feststellung. Fehlende Managementunterstützung gilt deshalb auch als einer der drei Top-Gründe für gescheiterte Wissensmanagementprojekte.[632] Dabei ist eine Auflösung von Hierarchien bzw. die Verflachung derselben zu beobachten, die nicht nur die Attraktivität von IT-Unternehmen ausmacht[633], sondern auch für eine immer geringere Anzahl an Führungskräften immer mehr Führungsaufgaben und somit weitere Herausforderungen bedeuten.[634] Die Führungsstrukturen bilden dabei den Handlungsrahmen für die Prozesse.[635]

Die in der nachfolgenden Tabelle 3-1 dargestellte Verantwortlichkeit der Führung für Strategie, Kultur, Konzepte und Strukturen, ausgedrückt durch ein spezielles Führungsverhalten und eine ausgeprägte Kommunikation, ist als gebündelte Sammlung zu verstehen. Obwohl mehrere, unterschiedliche Betrachtungsweisen möglich sind, erlangen die ausgewählten Aspekte jedoch im Rahmen der gesteckten Zielsetzung dieser Arbeit eine besondere Wichtigkeit.

Sie sind aus zahlreichen, unterschiedlichen Quellen recherchiert, interpretiert und hinsichtlich der Signifikanz ihrer Aussagen geclustert. Die Inhaltsbeschreibungen einiger Autoren sind dabei teilweise als redundant zu bezeichnen. Die Auffächerung der Gestaltungselemente in der Tabelle ist dennoch sinnvoll, da verschiedene Aspekte hieraus später nochmals aufgegriffen, teilweise kommentiert und bewertet werden. Sie fungieren auch als Basis für die Gestaltungsempfehlungen des Autors im fünften Kapitel. Dieses gilt im späteren Verlauf auch für die Darstellung unterschiedlicher (Führungs-)Rollen innerhalb des Wissensmanagements in der Tabelle 3-6 und Tabelle 3-7.

---

629 Vgl. [IFEM 2001A, S. 2].
630 Vgl. [STEINBEISS 2003, S. 4 u. S. 7], die eine Zustimmungsrate von 77% ermittelt haben.
631 Vgl. [AHLERT/ZELEWSKI 2003, S. 53]. Neben diesen sprechen auch [NONAKA/TOYAMA ET AL. 2000, S. 24f.] z.B. von der Rolle eines „Chief Knowledge Officers“ (CKO). [PROBST ET AL. 1999, S. 125] haben in diesem Zusammenhang z.B. den „Knowledge Director“ bei MCKINSEY identifiziert.
632 Vgl. [META 2001A, o.S.], [META 2001E, o.S.].
633 Vgl. [PBS 1999, S. 7].
634 Vgl. [SCHOLZ 2000, S. 18], [PROBST ET AL. 1999, S. 108], [NONAKA 1994, S. 28].
635 Vgl. [KUTSCHKER 1996, S. 5].

	Führung ist verantwortlich für	Quelle
Strategie	Als Teil der Visionsbildung	[NONAKA 1994, S. 31]
	Schnelligkeit, Wahl, inhaltliche Ausgestaltung und Reihenfolge diverser Strategien der Internationalisierung	[KUTSCHKER 1999, S. 1119], [KUTSCHKER 1997, S. 48], [KUTSCHKER 2002, S. 48]
	Durch Schaffung einer Wissensvision, die der Unternehmensvision ähnelt und als Grundlage für die Unternehmensstrategie dient	[NONAKA/TAKEUCHI 1997, S. 257]
	Durch den Aufbau einer gemeinsamen Vision	[SENGE 1998]
	Beeinflussung der Tiefenstruktur und Ausrichtung der Kognitionen der Aktoren in Form von Vorgaben, Leitbildern, Entwurf strategischer Szenarien und vorgelebter Internationalität	[KUTSCHKER 1996, S. 15]
	Schaffung einer Wissensvision, die den Mitarbeitern eine Orientierungshilfe gibt	[NONAKA/TAKEUCHI 1997, S. 257]
	Klares, übergeordnetes Unternehmensleitbild und Vision	[FACIT 1999, S. 23]
	Ideen für die notwendige Corporate Strategy durch „wandering around"	[NONAKA/TOYAMA ET AL. 2000, S. 10]
Kultur	Führungspersönlichkeiten schaffen Unternehmenskultur	[SCHEIN 1995, S. 172ff.]
	Beeinflussung der Attraktivität des Unternehmens	[PBS 1999, S. 7]
	Schaffung von Werten, Überzeugungen und Ideen, um die Stabilität des Wissenssystems in der Organisation aufrecht zu erhalten und diese als kooperatives System zu lenken	[NONAKA/TAKEUCHI 1997, S. 50]
	Durch das Bergen und in Frage stellen vorherrschender mentaler Modelle	[SENGE 1998]
	Auf Platz 1 der wichtigsten Erfolgsfaktoren für Wissensmanagement	[MÜLLER/STRAHRINGER 2000, S. 3]
	Schaffung einer Wissensvision, die den Mitarbeitern einen mentalen Maßstab gibt	[NONAKA/TAKEUCHI 1997, S. 257]
	Bewältigung kultureller Varietät	[KUTSCHKER 1999, S. 1119]
	Durch aktive Beeinflussung oder Respektieren von lokalen Besonderheiten oder globale Integration der kulturellen Ausprägungen	[PERLITZ 1997, S. 141]
	Erleichtert effektives Wissensmanagement	[HEISIG/VORBECK 1998, S. 23]
	Förderung der Sozialisation durch „wandering inside": Einholen von Informationen von Ingenieuren und Vertriebesleuten an der „Front"	[NONAKA/TOYAMA ET AL. 2000, S. 10]
	Als viel versprechender Ansatzpunkt zur Förderung der Nutzungsbereitschaft von Wissen	[PROBST ET AL. 1999, S. 276]
	Indirekte Führung durch Beeinflussung der Tiefenstruktur	[KUTSCHKER 1996, S. 15]
	Als Determinante für die Unternehmenskommunikation, den Umgang mit Informationen und das Empfinden, was als „gut und richtig" empfunden wird	[SCHOLZ 2000, S. 15]
	Spitzenunternehmen setzen sich für die Teilhabe der Mitarbeiter an gemeinsamen Werten ein, so dass eine eigene Kultur geschaffen wird, die das Denken und Handeln bestimmt	[PETERS/WATERMAN 1993], zitiert in [NONAKA/ TAKEUCHI 1997, S. 55f.]
	Durch Kommunikation der Spezifika der eigenen Kultur an alte, neue und potenzielle Mitarbeiter	[META 2001G, S. 37]
	Vermittlung eines Krisengefühls und von hochfliegenden Idealen als Voraussetzung für kreatives Chaos und Initiierung der Wissensspirale	[NONAKA/TAKEUCHI 1997, S. 94]

Tabelle 3-1: Verantwortlichkeiten und Inhalte von internationaler und wissensorientierter Führung

	Führung ist verantwortlich für		Quelle
Konzepte & Strukturen (Organisation, Prozess, IT)	Gestaltung von Führungskonstrukten		[KUTSCHKER 1999, S. 1119]
	Die Partner bei BCG haben für die richtigen Strukturen zu sorgen, damit der Wissensmarktplatz funktionieren kann		[BUCHHOLZ/SOMMER 2003, S. 4]
	Führung durch Struktur und Führen von Prozessen ergänzen sich als zwei Seiten derselben Medaille		[KUTSCHKER 1996, S. 2]
	Artikulation von Metaphern, Symbolen und Konzepten und über die Festlegung von Standards, wie Wissensorientierung bemessen werden soll		[NONAKA 1994, S. 31]
	Das Top-Management muss die Organisation auf Basis des momentanen Besitzes von Wissen re-definieren		[NONAKA/TOYAMA ET AL. 2000, S. 24f.]
	Beherrschung der Dynamik des Internationalisierungsprozesses		[KUTSCHKER 1999, S. 1119], [KUTSCHKER 1997, S. 48], [KUTSCHKER 2002, S. 48]
	Das Top-Management muss die jeweilige Situation erkennen und dann die Prozesse an der Vision dynamisch ausrichten		[NONAKA/TOYAMA ET AL. 2000, S. 24f.]
	Verantwortung für den komplexen Veränderungsprozess "Wissensmanagement"		[REINHARDT 1999, S. 37]
	Aus Managersicht erhöhte Bindung der Mitarbeiter durch geschäftsprozessorientierte Medien möglich		[PBS 1999, S. 24 u. S. 26]
	Führung drückt sich aus durch		**Quelle**
Führungsverhalten (wissensbasiert, -orientiert)	**Commitment zu den Wissensmanagementzielen, Vorbildfunktion und Bereitstellung von Ressourcen**	Im Rahmen des komplexen Veränderungsprozesses "Wissensmanagement"	[REINHARDT 1999, S. 37]
		Auf Grund der längeren Laufzeiten der Wissensmanagementprojekte	[META 2001, S. 11 u. S. 14]
		Als einer der wichtigsten Erfolgsfaktoren für Wissensmanagement	[MÜLLER/STRAHRINGER 2000, S. 3]
		Zur Überwindung von Widerständen bei Veränderungen	[LINKAGE 2001, S. 6 und S. 8]
		Da Zeitknappheit und fehlendes Bewusstsein als wichtigste Barrieren beim Wissensmanagement identifiziert wurden	[BULLINGER/WÖRNER ET AL. 1997, S. 31]
		Da Zeitknappheit sowohl als Barriere für die Einführung als auch für die Umsetzung von Wissensmanagement gilt	[AHLERT/ZELEWSKI 2003, S. 76]
	Wissensmanagement muss durch das Management selber praktiziert werden	Zur Förderung des Wissensmanagements im Unternehmen	[JÄGER 1999, S. 16]
	Macht durch Know-how	Anstelle von Mitarbeiteranzahl	[SCHOLZ 2000, S. 18]
	Konsequente Pflege des Vermögens "Wissensarbeiter"	Wird zur vordringlichen Managementaufgabe	[PROBST ET AL. 1999, S. 40]
		„Die größte Aufgabe für Manager in den entwickelten Ländern ist die Steigerung der Produktivität von Wissens- und Servicearbeitern“	[DRUCKER 1991, S. 69], zitiert in [NONAKA/TAKEUCHI 1997, S. 57]
	Management des wissensgestützten Intellekts	Als entscheidende Führungskompetenz unserer Zeit	[QUINN 1992], zitiert in [NONAKA/TAKEUCHI 1997, S. 17]

Tabelle 3-1: Verantwortlichkeiten und Inhalte von internationaler und wissensorientierter Führung (Fortsetzung)

Führung drückt sich aus durch			Quelle
Führungsverhalten (wissensbasiert, -orientiert)	**Arbeitsinhalte, interessante Tätigkeiten, eigenverantwortliches Handeln und Motivation der Mitarbeiter fördern**	Beeinflussung der Attraktivität des Unternehmens	[PBS 1999, S. 7]
		Als einer der wichtigsten Erfolgsfaktoren für Wissensmanagement	[MÜLLER/STRAHRINGER 2000, S. 3]
		Zur Organisation der kreativen Stärken des Einzelnen	[NONAKA/TAKEUCHI 1997, S. 202]
		Erleichtert effektives Wissensmanagement	[HEISIG/VORBECK 1998, S. 23]
		Aktivierung der Mitarbeiter zur Wissensarbeit	[IFEM 2002, S. 20]
		Durch Herstellen der subjektiv erlebten, qualitativen und quantitativen Zufriedenheit mit der Unternehmenskommunikation	[SCHOLZ 2000, S. 15]
	Förderung persönlicher Kommunikationswege aller Mitabeiter	Diese werden am ehesten genutzt, um sich über das Arbeitsgebiet zu informieren	[IFEM 2002, S. 5]
		„Ist wesentlich wirksamer als die Information über Medien“	[WIMMER/ROTH 1994, S. 118]
		Zur Motivation und Zufriedenheit der Mitarbeiter	[SCHOLZ 2000, S. 15]
		Kontextschaffung für horizontale Direktkontakte anstelle vertikaler Kommunikation entlang des Dienstwegs	[PROBST ET AL. 1999, S. 108]
Kommunikation	**Einer Vision, von Zielen, Leitbildern und Geschichten und Übersetzung dieser in eine Sprache für unten**	"Storyteller" als eine Ausprägung des Knowledge Leadership Profils, der im „Nomadenstil“ durch das Unternehmen reist, sein Wissen verleiht und auch lehrt	[DELPHI 1998, S. 18f.]
		Als Grundlage für die Strategie	[NONAKA/TAKEUCHI 1997, S. 225]
		Unter Wissensbewahrungsaspekten kann hiermit ein Verständnis innerhalb und außerhalb der Organisation erreicht werden, normative Wissensziele durch überzeugendes Engagement	[PROBST ET AL. 1999, S. 73 u. S. 299]
		Wie das Unternehmens nach dem Veränderungsprozess sein wird	[LINKAGE 2001, S. 6 u. S. 8]
		Artikulation von Metaphern, Symbolen und Konzepten und über Festlegung von Standards, wie Wissensorientierung bemessen werden soll	[NONAKA 1994, S. 31]
		Im Rahmen des komplexen Veränderungsprozesses "Wissensmanagement"	[REINHARDT 1999, S. 37]
		Von neuen Informationen, Konzepten und Plänen, um eine Umgebung zu kreieren, in der Verständnis für die Expertise des Unternehmens möglich wird	[NONAKA/TOYAMA ET AL. 2000, S. 11]
		Vision in Verbindung mit Aktionszielen für den Einzelnen erhöht die Zufriedenheit	[SCHOLZ 2000, S. 16]
		Als Katalysatoren in einem neuen "Middle-up-down"-Modell des Managements	[NONAKA 1994, S. 29 u. S. 31]

Tabelle 3-1: Verantwortlichkeiten und Inhalte von internationaler und wissensorientierter Führung (Fortsetzung)

	Führung drückt sich aus durch		Quelle
Kommunikation	**Der Spezifika der eigenen Kultur**	In Form bidirektionaler Kommunikation an alte, neue und potenzielle Mitarbeiter, um eine besondere Kultur ins Leben zu rufen und die Mitarbeiterbindung zu verbessern	[META 2001G, S. 37]
	Verständigung über eigene und fremde Ideen und Erfahrungen	Dialog ist eines der mächtigsten Medien zur Überprüfung eigener Ideen	[NONAKA 1994, S. 25]
		Zwischen individuellen Wissensträgern	[PROBST ET AL. 1999, S. 198]
		Redundanz begünstigt den Austausch zwischen Hierarchie und Nicht-Hierarchie	[NONAKA/TAKEUCHI 1997, S. 96]
		Redundanz in Form überlappender Informationen führt dazu, dass die Erschaffung von Konzepten beschleunigt und Reduktion von Hierarchie möglich wird	[NONAKA 1994, S. 28]
	Offene Kommunikation	Erleichtert effektives Wissensmanagement	[HEISIG/VORBECK 1998, S. 23]
		Horizontale Direktkontakte lösen immer mehr die vertikale Kommunikation entlang des Dienstwegs ab	[PROBST ET AL. 1999, S. 108]
	Persönliche Kommunikation	„Ist wesentlich wirksamer als die Information über Medien"	[WIMMER/ROTH 1994, S. 118]
		Durch „wandering inside, outside, around"	[NONAKA/TOYAMA ET AL. 2000, S. 10]
	Stärkere Mitarbeiterbindung durch beziehungsorientierte IKT	Mitarbeiter verlangen z.B. mehr Mitarbeitergespräche, Betriebsversammlungen, Meetings und Open Door-Policy	[PBS 1999, S. 24 u. S. 26]
	Aufbau, Pflege und Nutzung von Wissensnetzwerken, Wissensaustausch	Haben einen Einfluss auf die Karriere	[SCHOLZ 2000, S. 18]
		Als wichtige Grundlage für den Wissenstransfer	[NONAKA/BYOSIERE ET AL. 1994, S. 339], [JÄGER 1999, S. 16]

Tabelle 3-1: Verantwortlichkeiten und Inhalte von internationaler und wissensorientierter Führung (Fortsetzung)

Anhand der Beschreibungen wird deutlich, dass in der Internationalität explizites Wissen genauso wichtig ist wie in der normalen Geschäftstätigkeit. Das interne Wissen erfährt jedoch im internationalen Beratungs- und Projektgeschäft eine Aufwertung und avanciert zum erfolgskritischen Differenzierungs- und Wettbewerbsmerkmal. Über Kooperation und Kollaboration, Nutzung, Anwendung und Wiederverwendung in der Internationalität internes und externes Wissen umzuwandeln, ist eine Zielstellung internationalen Wissensmanagements.

Zur Planung, Steuerung und Kontrolle der Organisation sind vielfältige und teilweise gegenläufige Management-Konzepte entwickelt worden.[636] Ähnliches gilt für die Inhalte und Konzepte von Führung, obwohl die Überlegungen hierzu noch jünger sind. Deutlich wird jedoch,

[636] Vgl. [WÖHE 1990, S. 143].

dass Manager aus aller Welt sich einfach keine simplizistischen Vorstellungen mehr über das Wissen und seine Erzeugung leisten können.[637] Die *Integration individueller Fähigkeiten und Wissensbestandteile zu einem funktionalen Ganzen* muss daher Bestandteil der Führungsaufgabe werden. Da sich die Wissensentwicklung einer direkten Steuerung fast vollständig entzieht[638], umfassen die wissensbasierten Führungsaufgaben auch das *effektive Management von Innovationsprozessen*. Dessen Bedeutung nimmt bei wachsendem Wettbewerbsdruck permanent zu und drückt sich in Überlegungen aus „mit wem und wie Wissen im Allgemeinen erzeugt werden kann" anstelle von „was genau erreichen wir wodurch". Die *Schaffung von Umwelten zur Lernförderung* und das explizite *Einfordern von Lernen* durch die Mitarbeiter gehören somit zu den Aufgaben der Führung. So darf dann z.B. das Fortkommen eines Beraters auch nicht mehr nur von der Auslastungsquote in Projekten abhängig sein, sondern auch von seiner Beteiligung an organisationalen Wissensaktivitäten, die dem Berater selbst und der Allgemeinheit zu Gute kommen. Es ist also ein klares Umdenken notwendig und eine Abkehr von der quantitativen Auslastungsorientierung in Richtung einer qualitativen Ergebnisorientierung.[639]

Für die Führungskräfte des Beratungs- und IT-Bereichs bedeutet dies die Notwendigkeit zu einer größeren Orientierung an den individuellen Merkmalen der Mitarbeiter[640], die auf Grund der Individualität der Charaktere der Berater mit *„flexible Leadership"* bezeichnet werden kann. Verschiedene Führungsstile müssen dazu vereint werden. Es sind daher zunehmend Unternehmen zu finden, die weniger auf Managementtheorien vertrauen als auf eine Philosophie zur Steuerung des Unternehmens.[641] Dies setzt die Überlegungen PERLMUTTERS fort, der schon im Jahr 1969 eine Führungskonzeption in Form des *EPRG-Modells*[642] vorgestellt hat, demnach primär Werte, Einstellungen und Erfahrungen der Manager und weniger finanzielle und technische Ressourcen bestimmen, wie entschieden, kommuniziert, Personal rekrutiert oder Kontrolle über die Organisation ausgeübt wird. Obwohl die Typisierungen PERLMUTTERS nicht empirisch bewiesen sind und als Idealtypen gelten, die in ihrer Reinform

---

637 Vgl. [NONAKA/TAKEUCHI 1997, S. 28].
638 Vgl. [PROBST ET AL. 1999, S. 185].
639 Ergebnis wird hier nicht nur als monetäres Ergebnis einer Projektleistung verstanden, sondern auch als qualitatives Ergebnis von Innovations- und Wissensaktivitäten.
640 Vgl. [SCHOLZ 2000, S. 22].
641 Vgl. [NONAKA/TAKEUCHI 1997, S. 201], die die Unternehmensleitung der KAO CORP. als Beispiel anführen.
642 Mit dem EPRG-Modell ist ein Modell zur Internationalisierungsstrategie gemeint, das vier Führungsstile exemplarisch unterscheidet: die ethno- (heimatlandorientierte), poly- (gastlandorientierte), regio- (regionenorientierte) und geozentrische (weltorientierte) Ausrichtung. Vgl. [PERLITZ 1997, S. 140], [KUTSCHKER 1999, S. 1140], [KUTSCHKER 1999D, S. 109f.].

in der Praxis nicht vorkommen[643], werden sie immer wieder für Überlegungen zu internationalen Führungskonstrukten herangezogen. Diese Grundformen werden hier nicht weiter detailliert vorgestellt, bilden jedoch den gedanklichen Hintergrund für die Darstellung eines innovativen Führungsstils in Kapitel 5, der sich in einer wissensbasierten, wissensorientierten, kommunikativen und flexiblen Art ausdrückt.

Da das aktive Erleben der erweiterten Führungsverantwortung nicht nur auf den obersten Ebenen eines Unternehmens stattfinden darf und sowohl Mitarbeiter, Kunden als auch Partner von diesen Neuerungen betroffen sind, haben NONAKA ET AL. eine neue Rolle des „*Middle-Up-Down-Managers*“[644] beschrieben, die als interner und externer Katalysator zwischen dem Top-Management und der Belegschaft fungiert. Dieses ist von der Überzeugung geprägt, dass weder ein hierarchisches noch ein partizipatives Management allein geeignet ist, die für die Wissensschaffung notwendige Dynamik zu entwickeln. Diese erneut einseitige Beschreibung der Führungsverantwortung scheint dem Autor jedoch ein wenig zu kurz gegriffen. Sie symbolisiert zwar eine erweiterte Verantwortung auf einer weiteren Führungsebene, entspricht aber eher einer Umschichtung als einer Ausdehnung der Führungsverantwortung. Dieses Defizit wird ebenfalls in der Beschreibung eines innovativen Führungsstils in Kapitel 5 aufgegriffen, der die Verantwortung jedes einzelnen Organisationsmitgliedes zur Führung in Wissensaktivitäten fordert.

Da Führung auch als Intervention in soziale Systeme verstanden wird[645], sind bei der Aktivierung der Mitarbeiter zur Wissensarbeit deren unterschiedliche Leistungsebenen zu berücksichtigen und eine flexible Ansprache dieser durch das Management von Nöten. Diese flexible Ansprache stellt sich wie in Tabelle 3-2 dar.

Ergebnisdimensionen	Sicht des Mitarbeiters	Handlungsverstärkung durch das Management
Leistungs-Bereitschaft	Ich will	Ermutigen
Leistungs-Fähigkeit	Ich kann	Aufbauen
Leistungs-Möglichkeit	Ich darf	Zulassen
Leistungs-Verantwortung	Ich soll	Erwarten/Auffordern

Tabelle 3-2: Aktivierung von Leistungsebenen aus Wissenssicht[646]

Der Führungsstil korreliert dabei zusätzlich mit den unterschiedlichen Entwicklungsstadien

643 Vgl. [KUTSCHKER 1999, S. 1140], [KUTSCHKER 1999D, S. 109].
644 Vgl. [NONAKA 1994, S. 29 u. S. 31], [NONAKA/TAKEUCHI 1997, S. 141].
645 Vgl. [SCHMIEDEL-BLUMENTHAL 2001, S. 47].
646 In Anlehnung an [IFEM 2002, S. 20].

einer Organisation[647] und wird hinsichtlich seiner Aufgabenkomplexität in der Internationalität allein dadurch erschwert, dass Transaktionen mit Wirtschaftssubjekten stattfinden, die den rechtlichen Normen sowie politischen und wirtschaftlichen Zwängen einer fremden Volkswirtschaft unterliegen[648]. Trotz der vielfältigen Aufgaben ist mit Führung aber nicht die Kontrolle jeglicher Aktivitäten gemeint, sondern die gezielte Überprüfung und Dokumentation der Vorgaben durch die Muttergesellschaft.[649] In den bisherigen Ausführungen wird das Entstehen einer komplexen Mehrdimensionalität in der wissensorientierten und internationalen Führungsaufgabe deutlich.

Neben dem wissensbasierten und -orientierten Führungsverhalten nimmt die **Kommunikation** in Zeiten veränderter Unternehmensausrichtungen (z.B. Dezentralisierung, Globalisierung und virtuelle Unternehmensformen) und Schnelligkeit der Veränderung von Marktbedingungen einen immer größer werdenden Stellenwert ein. Hier besteht nicht nur auf Grund des Zusammenwachsens von Telekommunikation und Informationstechnologie ein erhebliches Potenzial für Optimierungen.

Abbildung 3-1: Fehler und Probleme in der Wissenskommunikation von Experten und Managern[650]

Die Mitarbeiter haben ein besonderes Verlangen nach beziehungsorientierten Kommunikationsmedien wie z.B. Mitarbeitergespräche, Betriebsversammlungen, Meetings, Gruppen- und

647 Vgl. [HESKETT ET AL. 1994, S. 61].
648 Vgl. [KUTSCHKER 1999, S. 1138].
649 Vgl. [PERLITZ 1997, S. 620].
650 In Anlehnung an [EPPLER 2003, o.S.].

Projektarbeit sowie einer Open Door-Policy, schätzen diese als qualitätsbestimmend für einen hohen Informations- und Kommunikationsgrad im Unternehmen ein und fühlen sich hierdurch persönlich besonders gebunden.[651] Da Führungskräfte mehrheitlich davon ausgehen, dass eher geschäftsprozessorientierte Medien die Mitarbeiter binden[652], ist mit Problemen und Fehlern in der Kommunikation zu rechnen. Die vorhergehende Abbildung 3-1 verdeutlicht diese Fehler und Probleme, die z.B. bei der Wissenskommunikation zwischen Experten und Managern entstehen können.

Da an die internen Kommunikationswege im länderübergreifenden Geschäft steigende Anforderungen gestellt werden und ein Fehler im Aufbau der Kommunikation zwischen explizitem und implizitem Wissen erhebliche Probleme verursachen kann[653], sollen nachfolgend kurz die Unterschiede in der Kommunikation von Information und Wissen skizziert sowie die Wissenskommunikation definiert werden. Dabei wird auf Workshopergebnisse zurückgegriffen, die der Autor im Rahmen des Arbeitskreises Wissensmanagement mit Schwerpunkt Wissenskommunikation gesammelt hat.

Kommunikation von Information	Kommunikation von Wissen
Beantwortet was/wo/woher/wann/wie viel-Fragen	Beantwortet wie/warum/wenn dann-Fragen
Kann oft unabhängig von der Person oder dem Kontext erfolgen	Erfordert eine Klärung des Kontextes und der eigenen Perspektive
Kommunizierte Information kann falsch sein	Kommuniziertes Wissen ist eher unpassend als falsch
Kommunizierte Information muss belegt oder argumentiert werden	Kommuniziertes Wissen muss expliziert, legitimiert und motiviert werden
Information verändert sich nicht mit der Kommunikation	Wissen verändert sich mit der Kommunikation (in Form der Veränderung der Beziehung von Sender und Empfänger)

Tabelle 3-3: Unterschiede in der Kommunikation von Information und Wissen[654]

Durch Skizzierung der Unterschiede wird deutlich, dass es sich bei der Wissenskommunikation eher um einen Transfer des Know-how, Know-why, Know-what und Know-who durch persönliche/mediengestützte Interaktion handelt. Es werden also Kontexte, Hintergründe, Annahmen, Einsichten, Erfahrungen, Perspektiven, Prioritäten, Fertigkeiten, Intuition und Gespür vermittelt. Dieses kann bspw. durch stetige Veröffentlichungen von Nachrichten, Durchführung von Roadshows, das Engagieren von motivierenden Rednern und durch Nutzung

---

651 Vgl. [PBS 1999, S. 24 u. S. 26].

652 Vgl. [PBS 1999, S. 27].

653 Vgl. [NONAKA/BYOSIERE ET AL. 1994, S. 341], die darauf verweisen, dass nicht genügend konkretes Wissen schwierig zu benutzen ist, um neues Wissen zu generieren.

654 In Anlehnung an [EPPLER 2003, O.S.].

unternehmensbekannter Katalysatoren und Multiplikatoren erfolgen.[655] Auf den bisherigen Ausführungen aufbauend soll in dieser Arbeit die folgende **Arbeitsdefinition von Wissenskommunikation** verwendet werden, die den Aspekt der wissenskommunikativen Führung stützt:

> Unter Wissenskommunikation wird die absichtsvolle, interaktive Vermittlung und Konstruktion von Erkenntnissen, Fertigkeiten, Fähigkeiten und Werten auf der verbalen und nonverbalen Ebene mit Medienunterstützung wie auch ohne verstanden. Die wissenskommunikative Führung bedeutet dabei die Anwendung und Ausgestaltung der Wissenskommunikation durch fachliche und/oder disziplinarische Führungskräfte.

Bei dieser Definition umfasst der Begriff der Vermittlung die Signalisierung und Transferierung von Wissen, so dass die Wissenskommunikation auch die Voraussetzungen für Lernen schaffen kann. Die Sprache dient dabei nicht nur der Beschreibung einer Sache, sondern ist die Aktion selbst. Mit „*Language is behaviour*" beschreibt NONAKA[656] deshalb die Notwendigkeit, Spielregeln zur Kommunikation in Unternehmen aufzustellen. So sollen z.B. Dialoge zeitabhängig und mit vielen Facetten versehen sein, Platz bieten für Revision und Ablehnung, eine zeitliche Kontinuität haben, Ideen frei und offen kommunizierbar machen und Ablehnung um der reinen Ablehnung willen vermeiden.

Doch nicht nur die persönliche Kommunikation ist in der Internationalität zu beachten, sondern auch die Gewinnung und Verbreitung lokal gewonnenen Wissens. Denn dieses lokale Wissen bedeutet einen zunehmenden Wettbewerbsvorteil. Zukünftig gilt es deshalb, aus allen gewonnenen Informationen wieder verwendbares Wissen zu produzieren, welches im Unternehmen kommuniziert oder durch geschickte Suchmethoden jedermann zugänglich gemacht werden kann. Denn die Förderung des intellektuellen Kapitals lässt sich nicht von oben durchsetzen, denn die Voraussetzung für Kreativität und die Bereitschaft, sein Wissen zu kommunizieren, ist Freiwilligkeit und Euphorie.[657] Dies bedeutet für ein Unternehmen, einen sozialen Umwälzungsprozess in Gang zu bringen und zu verdeutlichen, dass die Weitergabe von Wissen nicht einen Wertverlust und die Austauschbarkeit der Mitarbeiter bedeutet. Denn nur wenn es gelingt, die Mitarbeiter zu motivieren, ihr Wissen auch freiwillig über geeignete Systeme zu kommunizieren, kann ein wirkungsvolles Wissensmanagement aufgebaut werden, welches für die Unternehmen immer mehr zu einer Überlebensfrage wird.[658]

---

[655] Vgl. [SCHULZE 2002, S. 12], [SCHULZE 2003, S. 14f.].
[656] Vgl. [NONAKA 1994, S. 25].
[657] Vgl. [GERTZ 1998, S. 46].
[658] Vgl. [BERG 1998, S. 75].

3.1.2 Strategische Rahmenbedingungen

Wie in Tabelle 3-1 auf Seite 126ff. ersichtlich wird, führen die jeweiligen Autoren unterschiedliche Aspekte zur Strategie ins Feld, tlw. auch abhängig von ihrer jeweiligen persönlichen Ausrichtung. In seiner vergleichenden Aufstellung präsentiert BLAICH[659] differente Forschungsausrichtungen zum strategischen Management, die entweder unternehmensinterne Gesichtspunkte oder Branchen und Industriezweige als Mittelpunkt ihrer Forschungsanstrengungen betonen. POLANYI, der als Vertreter eines Knowledge-based View schon in den Ausführungen zum impliziten und expliziten Wissen in Kapitel 2.1.1 zitiert wurde, fokussiert dabei ähnlich wie beim Resource-based View[660] auf die unternehmensinternen Ressourcen.

Zukünftig wird jedoch eine Mischung der unterschiedlichen strategischen Betrachtungsweisen notwendig werden, da weder eine rein interne Fokussierung ohne Berücksichtigung externer Anforderungen reüssieren wird, noch die einseitige Außenbetrachtung ohne Rücksicht auf interne Kompetenzen oder die organisationale Leistungsfähigkeit zum Ziel führen kann. Eine angemessene Außensicht, verknüpft mit der Betrachtung der internen Notwendigkeiten, Machbarkeiten und Wünsche scheint hier ein Erfolg versprechender Schritt in die Zukunft zu sein.

In den immer mehr Verbreitung findenden **Unternehmensleitbildern** finden sich überwiegend Passagen, die den angestrebten Grad der Internationalisierung oder die geographische Domäne aufzeigen.[661] Die folgenden drei aktuellen Beispiele belegen dieses: „ACCENTURE ist der weltweit führende Management- und Technologie-Dienstleister."[662], „Als CSC PLOENZKE gehören wir zu einem der global führenden IT-Beratungs- und -Dienstleistungsunternehmen."[663] oder „BEARINGPOINT bietet als eine der weltweit größten Consultingfirmen Unternehmensberatung, Systemintegration und Managed Services für die 2000 weltweit führenden Unternehmen (...) an."[664] Weitere Beispiele dieser Art lassen sich in fast beliebiger Anzahl finden. Gleiches lässt sich jedoch nicht für wissensorientierte Leitbilder sagen. Dieses wiegt umso schwerer, da knapp 80% der befragten Mitarbeiter der Meinung sind, dass ein Unternehmensleitbild eine hohe bis sehr hohe Bindungswirkung auf sie ausübt.[665] In Verbin-

---

659 Vgl. [BLAICH 2003, S. 20ff.].

660 Für diese Betrachtungsweise stehen stellvertretend z.B. WERNERFELT (vgl. [WERNERFELT 1984], zitiert in [BLAICH 2003, S. 20ff.]) oder BARNEY (vgl. [BARNEY 1991].

661 Vgl. [KUTSCHKER 1994, S. 235].

662 Vgl. [http://www.accenture.de], Abruf am 23. Juni 2003.

663 Vgl. [http://de.country.csc.com/de/], Abruf am 23. Juni 2003.

664 Vgl. [http://www.bearingpoint.de/content/about_us/176.htm], Abruf am 23. Juni 2003.

665 Vgl. [PBS 1999, S. 22].

dung mit der bereits erwähnten mangelnden Implementierung von Wissensmanagementkonzepten lässt sich hieraus eine erste Notwendigkeit zur aktiven Integration der Wissensorientierung in die Strategie von Beratungs- und Dienstleistungsunternehmen ableiten.

3.1.2.1 Notwendigkeit der Integration von Wissensorientierung in den Strategieprozess

Als gängige Ziele, die Unternehmen mit Wissensmanagement erreichen wollen, werden unter anderem die folgenden genannt:[666]

- Steigerung der Produktivität,
- Verbesserung der Servicequalität,
- Verbesserte Ressourcennutzung,
- Verbesserte Profitabilität,
- Sicherung der Wettbewerbsfähigkeit,
- Erhöhung der Kundenzufriedenheit,
- Verbesserung der Innovationsfähigkeit,
- Verbesserung der Prozesse und der Wiederverwendbarkeit bereits erarbeiteter Lösungen.

Bei einer näheren Betrachtung dieser Aufstellung wird deutlich, dass Wissensmanagement als Konzept zur Erreichung der originären Unternehmensziele benutzt wird. In diesem Zusammenhang wundert es jedoch, dass trotz dieser Zielstellungen erst 8% der Unternehmen in den USA und Europa[667] und erst 24% der Unternehmen in Deutschland[668] eine unternehmensweite Wissensmanagementstrategie implementiert haben. Diese neueren Ergebnisse sind umso verwunderlicher, als schon im Jahr 1997 gemäß Empirie[669] eine konsequente Identifikation und Definition strategischer Wissensziele, anhand derer z.B. Kompetenzportfolios für die Zukunft zu erstellen und operative Wissensziele abzuleiten sind, in den wenigsten Unternehmen stattfand. Das Ergebnis in Form gescheiterter Wissensmanagementprojekte auf Grund unzureichenden Wissens in Bezug auf Wissensmanagementkonzeptionsstrategien[670] ist deshalb leicht nachvollziehbar.

Das Wissensmanagement berührt die Ebene des strategischen Managements dort, wo es um die langfristige Sicherung von Wettbewerbsvorteilen geht.[671] Die strategischen Entscheidungen in internationalen Geschäften sowie die Auswahl wissensbasierter Methoden und Konzepte bedeuten dabei immer eine Abstimmung und den Kompromiss zwischen unterschiedlichen Kulturen, zwischen den Anforderungen des ausländischen Marktes und den Vorhaben des Unternehmens sowie zwischen den kurzfristigen Erfordernissen und den langfristigen

---

666 Vgl. [ILOI 1997B, S. 15], [HEISIG/VORBECK 1998, S. 17], [MÜLLER/STRAHRINGER 2000, S. 2], [META 2001B, o.S.], [META 2001E, o.S.].

667 Vgl. [CIN 1999], zitiert in [MÜLLER/STRAHRINGER 2000, S. 1].

668 Vgl. [MÜLLER/STRAHRINGER 2000, S. 3].

669 Vgl. [BULLINGER/WÖRNER ET AL. 1997, S. 19].

670 Dieser Grund steht, durch die META GROUP ermittelt, auf Platz 1 für gescheiterte Wissensmanagementprojekte. Vgl. [META 2001A, o.S.], [META 2001E, o.S.], [TENBIEG 2001, o.S.].

671 Vgl. [PROBST ET AL. 1999, S. 60].

Zielen.[672] Je wissensintensiver das Umfeld eines Unternehmens und je ausgeprägter dessen eigene Wissensbasis ist, desto mehr können spezifische Fähigkeiten eines Unternehmens eine strategische „Eigendynamik“ entwickeln. Bestehendes Wissen kann dann häufig zu neuen und überraschend strategischen Optionen führen.[673] Da Wissensmanagement an konkreten Fragestellungen ankoppeln und somit den Implementierungserfolg der Unternehmensstrategie erhöhen soll, erscheint es sinnvoll und notwendig, Wissensmanagement auch innerhalb des strategischen Managements anzusiedeln.[674] Dazu muss Wissensmanagement aber als Quelle von Wachstum und Gewinn verstanden und kommuniziert werden.[675]

Die strategischen Zielsetzungen auf Gesamtunternehmensebene (angels.: Corporate Strategy) und auf Geschäftsbereichebene (angels.: Business Strategy) konzentrieren sich in der Praxis vornehmlich auf markt- und wettbewerbsbezogene Elemente wie z.B. auf zu bearbeitende Märkte und dort angestrebte Marktpositionen sowie auf notwendige Kundenleistungen in Form von Produkten und Dienstleistungen. Wenn Wissensorientierung in der Internationalität angestrebt wird, dann muss die Integration von Internationalität und Wissen bereits in den Geschäftsbereichstrategien beginnen und darf nicht erst lapidar in operativen Aktivitäten erfolgen. Da die Ausrichtung der wesentlichen Unternehmensprozesse durch Definition von Zielen eine der Kernaufgaben des Managements ist[676], müssen somit auch Wissensziele definiert werden, wenn das Wissensmanagement Bestandteil der Führung und der Kernprozesse werden soll.

Leider ist der Nutzen einer wissensorientierten Unternehmensführung schwer messbar und wird zumeist noch nicht in die Entscheidungskalküle von Dienstleistungsunternehmen einbezogen.[677] Die nachfolgenden Ausführungen sollen daher einige Ansatzpunkte für die Integration der Wissensorientierung in die Strategie aufzeigen.

3.1.2.2 Ansatzpunkte zur Integration von Wissensorientierung in den Strategieprozess

Erste Schritte zur Ermittlung eines zukünftigen Handlungsbedarfes lassen sich über die **strategische Lücke**[678] initiieren, die das Defizit zwischen dem geplanten Unternehmensziel und dem derzeitigen Potenzial als Differenz bezeichnet. Dabei liegt, ausgehend von dem themati-

---

672 Vgl. [LÜCK 1982, S. 147].
673 Vgl. [PROBST ET AL. 1999, S. 26].
674 Vgl. [BENDT 2000, S. 37].
675 Vgl. [PROBST ET AL. 1999, S. 73].
676 Vgl. [PROBST ET AL. 1999, S. 65].
677 Vgl. [BLAICH 2003B, o.S.].
678 Vgl. [PERLITZ 1997, S. 74].

schen Schwerpunkt Wissen, das entscheidende Element einer Unternehmensstrategie darin, eine Vision über das zu entwickelnde Wissen in Konzepte zu fassen und diese durch ein geeignetes Managementsystem umzusetzen. Dieses kann bei einem Business Integrator z.B. in einer *Strategiekonferenz* erfolgen und später in *qualitativen Geschäftsplanungen* zur Abstimmung neuer Kerntechnologien, Softwarepartner, lokaler Know-how Center und themenorientierter Branchenakquisen verfeinert werden.

Die bereits erwähnte **Einführung von Wissenszielen** muss dabei nicht als eine vollkommene Revolutionierung der Planung verstanden werden. Wissensziele sollten vielmehr eine bewusste Ergänzung herkömmlicher Planungsaktivitäten darstellen. Sie können entweder auf Basis einer bestehenden Geschäftsstrategie formuliert werden und dann zur Bewertung deren Umsetzbarkeit aus Wissenssicht beitragen oder als eigenständige Wissensstrategie formuliert sein und dann neue strategische Optionen ermöglichen.[679] Die folgenden **Beispiele 4 und 5** verdeutlichen die unterschiedlichen Planungsansätze[680]:

> Anhand von Empirie konnten Internationalisierungsstrategien belegt werden, nach denen eine Diversifikation in verwandte Produkt- oder Industriebereiche drastisch höhere Erfolgsaussichten hat als eine solche, die einen Vorstoß in fremde Industrien beinhaltet. Die Übertragung bestehender Fähigkeiten erwies sich in diesen Fällen als relativ einfacher als der Aufbau neuer Fähigkeiten. Hier kann die Ableitung und zusätzliche Formulierung von Wissenszielen helfen, die Erfolgswahrscheinlichkeit der jeweiligen Vorhaben sowie den notwendigen Ressourceneinsatz besser abzuschätzen. Die entsprechende Managemententscheidung würde dann z.B. lauten: Anstelle eines Neuaufbaus[681] in Land A erfolgt die Entsendung der Projektmanager X und Y vom Stammhaus in das Land A, die Übertragung von Projektlösungen und Know-how aus Land B nach Land A und die lokale Anpassung dort.
>
> Innerhalb des zweiten Planungsansatzes würde bspw. eine Analyse des bestehenden Fähigkeitenportfolios stattfinden und hierauf aufbauend die Ableitung neuer Betätigungsfelder. Auf Basis des bestehenden Wissens und der vorhandenen Ressourcen können dann neue Geschäftsziele definiert werden. Die entsprechende Managemententscheidung würde dann z.B. lauten: In Land B und C wurden vermehrt Projekte im CRM-Umfeld für Telekommunikationsanbieter durchgeführt, zahlreiche Berater sprechen sowohl die einheimische als auch fließend die englische Sprache. Die Branche Telekom soll nun als neue Zielbranche der Beratung international angegangen werden bzw. es wird ein neuer zentraler Geschäftsbereich für CRM-Themen gegründet. Als Referenzen für lokale Akquisen werden bestehende Projekte verwendet, die entsprechenden Berater werden in einem virtuellen Pool bzw. Competence Center zusammengefasst und können für internationale Akquisen angefordert werden.

Da die strategischen Wissensziele das organisationale Kernwissen festlegen und somit das

[679] Vgl. [Hofer-Alfeis/van der Spek 2002, S. 26ff.], [Probst et al. 1999, S. 78f.].
[680] Die hier aufgeführten Planungsansätze spiegeln Lokalisierungs- und Globalisierungsstrategien wider.
[681] Verstanden als von der Zentrale unabhängiger Aufbau einer Niederlassung mit eigenem lokalem Portfolio.

angestrebte Fähigkeitenportfolio bzw. den zukünftigen Kompetenzbedarf des Unternehmens beschreiben[682], erlauben sie eine strategische Orientierung von Organisationsstrukturen und Managementsystemen entlang der unterschiedlichen Wissensdomänen. Eine erste Integrationsmöglichkeit auf oberster Unternehmensebene bietet dabei die *Einbindung von Wissenszielen in die Balanced Scorecard* eines Unternehmens. Da dieser Aspekt eine besondere Relevanz innerhalb der Messbarkeit und Bewertung von Wissen erfährt, wird er noch in Kapitel 5.5.4 näher ausgeführt werden. Auf Grund der Notwendigkeit zur Integration der Wissensorientierung bereits auf der Ebene der Geschäftsbereichsstrategien ist die Zusammenarbeit und Abstimmung der funktionalen Einheiten eines Unternehmens bzw. der verschiedenen Regionengesellschaften unabdingbar. Als weitere Integrationsbeispiele können hier die Zusammenarbeit von Projektabteilungen mit dem Personalwesen zum Aufbau von *an unternehmensweiten Skillmatrizen angelehnten Schulungs- und Umschulungsmaßnahmen* angeführt oder die durch Orientierung an volkswirtschaftlichen Entwicklungen notwendige internationale *Gestaltung azyklischer Rekrutierungsstrategien* genannt werden. Durch das so genannte „*Diversity Recruiting*" können mittels Einstellung von Mitarbeitern mit extrem unterschiedlichem fachlichen und kulturellen Hintergrund dann zusätzlich neue Erfahrungen, Problemlösungsansätze und Werte in die Organisation gelangen.[683]

Innerhalb eines Geschäftsbereiches oder einer Abteilung helfen Wissensziele die Kohärenz der Kompetenzen zu sichern. Über diese Ziele werden z.B. notwendiges Basis-, Methoden- und neues Themenwissen sowie das „weiche Wissen" für den Umgang mit Kunden und Partner festgelegt. Hier können detaillierte *Jobprofile* helfen, die Anforderungen und Entwicklungspfade für Mitarbeiterwissen unterschiedlicher Hierarchiestufen zu dokumentieren und fungieren damit als Planungs- und Interventionsmittel.[684]

Auf der individuellen Ebene helfen *wissensorientierte Zielvereinbarungen*[685], z.B. das aktive Streben nach wieder verwendbaren Projektlösungen und den Wissensaustausch in Richtung der gesamten Wissensgemeinschaft bei einzelnen Beratern zu motivieren.

Bei allen Überlegungen gilt es, die Kohärenz der Ziele und Strategien auf der einen Seite und die operative Implementierung auf der anderen Seite zu sichern. Die Ableitung operativer

---

682 Vgl. [PROBST ET AL. 1999, S. 57 u. S. 71ff.].
683 Vgl. [PROBST ET AL. 1999, S. 157].
684 Siehe zur Verlinkung der Wissensorientierung und der Formalisierung der Mitarbeiterentwicklung die Erklärungen und den möglichen Prozessablauf bei [META 2001G, S. 71ff.].
685 Vgl. [AHLERT/ZELEWSKI 2003, S. 97].

Wissensziele aus den vorher beschriebenen strategischen Aktivitäten darf daher nicht fehlen. Sie ermöglichen die systematische Steuerung und Kontrolle der Wissensaspekte im Rahmen operativer Projekte und Implementierungsprozesse. Als hier letztgenanntes Beispiel für einen operativen Ansatzpunkt kann der Einsatz von *Wissensteams* genannt werden, der den Strategieprozess einer Unternehmensberatung durch Finden neuer strategischer Themen, Branchen oder Kundengruppen aktiv unterstützt und somit hilft, eine wissensorientierte Strategie Wirklichkeit werden zu lassen.[686] Da das Herunterbrechen von (Teil-)Strategien und operativen Maßnahmen aus einer Gesamtstrategie jedoch dem geschäftlichen Usus entspricht, soll die operative Definitionsebene von Wissenszielen nicht weiter beschrieben werden.[687] Als Komplettbeispiel zur Ermittlung, Darstellung und Umsetzung der Wissensorientierung im Strategieprozess soll jedoch der sechsstufige Wissensstrategieprozess von HOFER-ALFEIS/VAN DER SPEK[688] hier nicht unerwähnt bleiben.

3.2 Mensch und Kultur

Wie in Tabelle 3-1 auf Seite 126ff. zum Ausdruck kommt, gilt die Kultur als begrenzende Rahmenbedingung ökonomischer und wissensbasierter Aktivitäten und ist gleichzeitig selber Ziel unterschiedlicher Interventionen. Die Kultur ist bereits seit langer Zeit Forschungsgegenstand verschiedener Disziplinen. Obwohl deren Bedeutung in der Betriebswirtschafts- und Managementlehre vglw. lange vernachlässigt wurde, existierten schon in den 60er-Jahren mehr als 160 verschiedene Definitionen von Kultur.[689]

Die zunehmende Internationalisierung und Wissensorientierung der Wirtschaft und die damit verbundene Konfrontation mit den unterschiedlichen Kulturen der Länder, Kunden, Partner und Mitarbeiter führt immer mehr vor Augen, dass Kultur einen erheblichen Einfluss auf das Verhalten von und in Unternehmen hat und dieser Einfluss sich auch in Modellen, Konzepten und Theorien niederschlagen soll. Mehr noch ist die Kulturauseinandersetzung eine aktuelle Notwendigkeit geworden.[690] Die Bearbeitung unterschiedlicher Kulturaspekte in den nachfolgenden Kapiteln und deren konzeptionelle Berücksichtigung im internationalen Wissensmanagement ist daher mehr als opportun.

---

686 SCHULTE-CROONENBERG 2000, S. 76] nennt bspw. die Generalisierung von kundenspezifisch neu erarbeitetem Wissen und den Aufbau aktuellen Wissens als Verantwortung von Wissensteams bei A.T. KEARNEY.

687 Für den weiteren Umsetzungsprozess von Wissenszielen sei auf [PROBST ET AL. 1999, S. 87ff.] verwiesen.

688 Vgl. [HOFER-ALFEIS/VAN DER SPEK 2002].

689 Vgl. [KUTSCHKER 1999, S. 1190f.].

690 Vgl. [NONAKA/TAKEUCHI 1997, S. 49].

3.2.1 Kulturelle Rahmenbedingungen

Die weiteren Ausführungen sollen vor dem Hintergrund einer definitorischen Basis erfolgen, die KUTSCHKER[691] als zweckmäßige Synthese versteht und die um Lernaspekte von SCHEIN[692] und Wissensaspekte von NONAKA ET AL.[693] erweitert wurde. Demnach wird in der folgenden **Arbeitsdefinition Unternehmenskultur** wie folgt beschrieben:

> Unternehmenskultur ist der gemeinsame Vorrat an Grundannahmen, Werten, Einstellungen, Überzeugungen, Vorstellungen und Wissen einer sozialen Unternehmenseinheit, den diese bei der Bewältigung ihrer Probleme externer Anpassung und interner Integration erlernt hat, der sich im Laufe der Zeit herausgebildet und bewährt hat, sich in einer Vielzahl von Verhaltensweisen und Artefakten ausdrückt, als bindend gilt und daher an neue Mitglieder als rational und emotional korrekter Ansatz für den Umgang mit diesen Problemen weitergegeben wird. Hierzu gehört auch, „(...) wie die Mitglieder einer Gruppe relevante Informationen ermitteln, wie sie sie interpretieren und wann sie den Prozess der Meinungsbildung abschließen und entscheiden, ob und wie sie handeln wollen".

Die Unternehmenskultur besteht dabei aus einer Vielzahl von Subkulturen, die fraktal mit ihr ein großes Ganzes bilden, d.h. jede Niederlassung, jeder Geschäftsbereich, jede Abteilung und jede Gruppe hat eine eigene Kultur bzw. ist als Miniaturgesellschaft selbst eine Kultur. Internationale Unternehmen weisen somit nicht zwingend eine Einheitskultur auf, sondern vereinen eine Vielzahl von Teilkulturen unter ihrem Dach, die nicht unabhängig von anderen Kulturen (z.B. Landeskulturen, Wissenskulturen) existieren.[694] Eine ähnliche Eigenschaft kann vice versa auch für Wissensunternehmen angenommen werden, die somit unterschiedliche Wissenskulturen aufweisen und auch von diversen lokalen oder Branchen- und Hierarchiekulturen geprägt sind. Da sich mit zunehmender Anzahl der bearbeiteten Ländermärkte und mit zunehmender kultureller Distanz dieser Ländermärkte die landes-, gesellschafts- und wissenskulturelle Komplexität erhöht, wird hier auch nochmals das Entstehen der komplexen Mehrdimensionalität in der wissensorientierten und internationalen Führungsaufgabe deutlich, die schon in Kapitel 3.1.1 angeführt wurde.

Die Kultur kann in eine *Oberflächen-* (*Percepta*) und *Tiefenstruktur* (*Concepta*) unterteilt werden und umschreibt damit Phänomene, die einerseits empirisch wahrnehmbar und beobachtbar, andererseits als tiefer liegende Bestandteile schwerlich erfassbar sind. Während somit Prozesse, Abteilungsgliederungen, offizielle Regeln und Ziele sowie Berichts- und Ma-

691 Vgl. [KUTSCHKER 1999, S. 1191].
692 Vgl. [SCHEIN 1995, S. 25 u. S. 94f.].
693 Vgl. [NONAKA/TAKEUCHI 1997, S. 56].
694 Vgl. [KUTSCHKER 1999, S. 1193].

nagementsysteme die sichtbare Oberfläche einer Organisation darstellen, gelten Werte, Überzeugungen und Einstellungen als individuelle Basis, die Synthese und Überzeugung erst durch einen Kontext erhält. Die Tiefenstruktur einer Organisation ist die Summe aller von ihren Aktoren gehaltenen Wissensbestandteile und dafür verantwortlich, welche Oberflächenstrukturen erzeugt werden.[695] Bei gleicher Ausgangslage können im Zuge von Kommunikation unterschiedliche, aber funktional äquivalente Oberflächen entstehen. Eine Oberfläche ist somit nicht eindeutig aus einer Tiefenstruktur erklärbar, beide sind aber interdependent und getrennt voneinander entwicklungsfähig.

Kultur kann in verschiedene **Kulturdimensionen** untergliedert werden, die helfen, Länder, Unternehmen und soziale Gruppen kulturell-quantitativ zu erfassen und einzuteilen. In der Arbeit von HOFSTEDE[696] zu Beginn der 80er-Jahre sind bspw. vier Kulturdimensionen aufgeführt, die mit *Machtdistanz* (+/- Akzeptanz einer Ungleichverteilung der Macht), *Unsicherheitsvermeidung*, *Individualismus vs. Kollektivismus* und *Maskulinität vs. Femininität* (+/- Abgrenzung der Geschlechter) bezeichnet werden.

TROMPENAARS[697] hat die Studie von HOFSTEDE sogar noch erweitert und fünf bzw. sieben Kulturdimensionen ermittelt, die er mit *Universalismus vs. Partikularismus* (Gesetze vs. Regeln), *Kollektivismus vs. Individualismus*, *Neutral vs. Emotional* (Spannbreite der ausgedrückten Gefühle), *Diffus vs. Spezifisch* (Spannbreite der Betroffenheit), *Leistung vs. Ansehen* (Status) umschreibt und um das *Zeitverständnis* (Sequentiell vs. Parallel) und die Beziehung der Menschen zur Umwelt und zur Natur ergänzt. Er trägt damit noch weiter zur Popularisierung der Kulturthematik bei, da seine Veröffentlichung stark für die Zielgruppe der Manager geschrieben ist.

Unabhängig von der tatsächlichen detaillierten Ausgestaltung der vorgenannten Kulturdimensionen wird anhand ihrer Clusterüberschriften deutlich, dass auch die Wissenskultur und die damit verbundene Ausprägung der Wissensaktivitäten stark von der jeweiligen Ausrichtung innerhalb der Cluster abhängig sind. Dieses wird in der nachfolgenden Tabelle 3-4 an wissensorientierten Aussagen von NONAKA ET AL.[698] zu asiatischen und westlichen Verhaltensweisen veranschaulicht.

---

695 Vgl. [KUTSCHKER 1996, S. 13].

696 Diese Arbeit wird immer noch als *die* zentrale Studie der betriebswirtschaftlichen Landeskulturforschung bezeichnet. Vgl. [KUTSCHKER 1999, S. 1195].

697 Vgl. [TROMPENAARS 1993, S. 49ff.].

698 Vgl. [NONAKA/TAKEUCHI 1997, S. 19 u. S. 41-45].

	Wissensinhalte	Kulturdimension
Asiatisch	Vor dem Hintergrund der Betonung impliziten Wissens wird das Unternehmen als lebender Organismus verstanden	Mit der Natur im Einklang bzw. sich ihr unterwerfend (vs. die Natur beherrschend)
	Ein gemeinsames Verständnis für Werte und Ziele gewinnt in diesem Kontext weit größere Bedeutung und ein harmonisches Zusammenleben mit anderen wird als „kollektives Ich" verstanden	Kollektivismus
	Visuelles Denken, das räumlich und zeitlich stark kontextgebunden ist	Diffusität
	Zeit als Kontinuum in einer immer neuen Gegenwart	Parallelität
	Beziehung wird kollektiv und organisch verstanden, die Aussagen des Anderen sind ohne öffentliche Kritik zu achten	Kollektivismus, Neutralität
Westlich	Westliche Gesellschaften sehen Verwirklichung des „individuellen Ichs" als Lebensziel	Individualismus
	Vergangenheit, Gegenwart und Zukunft sind getrennt	Sequenz
	Westliche Bilder gehen von einem festen Standpunkt des Betrachters aus	Spezifität
	Menschliche Beziehungen sind meist atomistisch und mechanistisch	Individualismus, die Natur beherrschend

Tabelle 3-4: Kulturdimensionen am Beispiel asiatischer und westlicher Verhaltensweisen

In den Kulturausprägungen sind vielfältige Ansatzpunkte für Barrieren zu finden, die die Wissensaktivitäten unterbinden oder zumindest stören könnten. BENDT[699] nennt bspw. eine Vielzahl von Barrieren im multinationalen Wissenstransfer, die auf kulturelle Aspekte zurückzuführen sind:

- Mangelnde Teilungsbereitschaft[700] (Angst vor Machtverlust, keine Aussicht auf Kompensation, Überlegenheitsdenken),
- Mangelnde Absorptionsbereitschaft[701] (Ablehnung von Neuem und Fremdem, Angst vor Gesichtsverlust, Überlegenheitsdenken),
- Schwierige Beziehungen,
- Fehlende gemeinsame Sprache,
- Verzerrung durch Kommunikationsmittler,
- Unfruchtbares organisationales Umfeld und transferfeindliche Kultur.

Die Verbindlichkeit, Werte und gelebten Vorbilder sind essenzielle Bestandteile einer Vertrauenskultur. So etwas lässt sich jedoch nicht von heute auf morgen wie ein technisches Tool einführen.[702] „*Commitment to Organizational Culture*" gilt daher als notwendiges Merkmal

[699] Vgl. [BENDT 2000, S. 51ff.].
[700] Vgl. auch [PROBST ET AL. 1999, S. 258].
[701] Vgl. neben [PROBST ET AL. 1999, S. 258] auch [ZIMMER 2001, S. 53], der diesen Punkt im Zusammenhang mit mittelständischen Unternehmern anführt und darauf hindeutet, dass diese akzeptieren müssen, dass neue Ideen, die nicht von ihnen selbst stammen, keine Majestätsbeleidigung sind.
[702] Vgl. [MALIK 2000].

von Veränderungen.[703] Denn es sind die Menschen - und nicht die Computer -, von denen augenscheinlich das Innovationsgeschehen vorangetrieben wird. Es müssen daher aktiv bessere Rahmenbedingungen geschaffen werden, die ein strikt auf den Menschen ausgerichtetes Innovationsmanagement ermöglichen.[704] Dieses gilt insbesondere auch für Beratungsfirmen. Einerseits müssen sie über eine starke Kultur verfügen, um auch in der Virtualität noch gefestigt zu sein, andererseits müssen die Berater aber kulturkompatibel zur Umgebung ihrer Kunden sein. Da die Beratungskunden aus verschiedensten Branchen, Regionen und Ländern stammen, ist hier viel Flexibilität gefragt.

Die Ausführungen im nächsten Kapitel beziehen sich auf die vorrangig unternehmensinterne und wissensbewusste Kultur, deren gewünschte Ausprägung z.B. durch normative Wissensziele[705] bestimmt wird.

3.2.1.1 Notwendigkeit der Betrachtung und Gestaltung

Eine Vielzahl von Studien[706] belegt, dass Kultur, Werte und Normen sowie deren Veränderung entweder die wesentlichen und wichtigsten Erfolgsfaktoren oder die bedeutsamsten Barrieren und Gründe für das Scheitern von Wissensmanagement sind. Einen ähnlichen Einfluss übt die Kultur auch auf das Personalmanagement aus.[707] Hier werden speziell Motivation und Bindung von Mitarbeitern häufig als Faktoren genannt. Da die Motivation und Fluktuation wiederum eng mit der Kunden-, Mitarbeiterzufriedenheit und Mitarbeiterproduktivität[708] sowie mit dem Wissensmanagement[709] zusammenhängen, kann somit eine starke Interdependenz zwischen kulturellen, personellen und wissensorientierten Maßnahmen angenommen werden.

Wenn nun die Kultur ein begrenzender Faktor des Wissensmanagements ist, das Wissensmanagement jedoch auch als Teil der Unternehmenskultur angesehen wird[710], ist hiermit die

---

703 Vgl. [LINKAGE 2001, S. 6].

704 Vgl. [ZIMMER 2001, S. 42], der den Kunden im Speziellen meint.

705 Vgl. [PROBST ET AL. 1999, S. 57 u. S. 72ff.].

706 Vgl. [BLAICH 2003, S. 16], [STEINBEISS 2003, S. 24], [APOSTOLOU/MENTZAS 1999, S. 137], zitiert in [AHLERT/ZELEWSKI 2003, S. 54], [LEVEC 2002, S. 55ff.], [META 2001, S. 14], [MÜLLER/STRAHRINGER 2000, S. 3], [BULLINGER/WÖRNER ET AL. 1998], [HEISIG/VORBECK 1998, S. 19], [BULLINGER/WÖRNER ET AL. 1997, S. 32].

707 Vgl. [GEHLE 1999B, S. 18], [PBS 1999, S. 7, S. 10 u. S. 22], [META 2001G, S. 36].

708 Vgl. [HESKETT ET AL. 1994, S. 54], die für die Kostenermittlung der Fluktuation nicht nur die direkten Kosten des Ersatzes und der Einarbeitung kalkulieren, sondern auch den Verlust der Produktivität, die geringere Kundenzufriedenheit und den Wiederaufbau von Kundenbeziehungen.

709 Vgl. [MÜLLER/STRAHRINGER 2000, S. 3].

710 Vgl. [HEISIG/VORBECK 1998, S. 10], [IFEM 2001B, S. 1]. Bei REHÄUSER/KRCMAR wird dies bspw. durch die Formulierung „Das organisatorische Gedächtnis nimmt das gewachsene Wissen einer Unternehmung in Form der Unternehmenskultur in sich auf" deutlich. Vgl. [REHÄUSER/KRCMAR 1996, S. 16].

Notwendigkeit gegeben, Kultur sowohl als Rahmenbedingung als auch als Objekt von Intervention einer besonderen Betrachtung und Gestaltung zu unterziehen.

Laut Empirie gilt die Steigerung der Fähigkeiten und der Zufriedenheit der Mitarbeiter als ein Grund für die Einführung von Wissensmanagement.[711] Davon ausgehend, dass im Dienstleistungsbereich beim Erstellungsprozess ein enger Kontakt zwischen Mitarbeitern und Kunden besteht, könnte die angestrebte Verbesserung der Mitarbeiterzufriedenheit auch auf eine Verbesserung der Kundenzufriedenheit abzielen, wodurch eine Verknüpfung der internen und externen Dimension des Beratungsgeschäftes erreicht wäre. Verbunden mit notwendigen Maßnahmen zum Erwerb nicht-technologischer Fähigkeiten[712] und zum persönlichen Kennen lernen[713] der Mitarbeiter könnte hiermit den kulturellen Inkompatibilitäten Einhalt geboten werden, die auch schon innerhalb der Ausführungen zum Wissenserwerb in Fußnote 244 angeklungen sind.

Ein *einheitliches Wertesystem* wird für die Globalisierung von Unternehmensberatungen als unerlässlich betrachtet, da man sich bei der benötigten Expansionsgeschwindigkeit auf Kollegen in anderen Ländern verlassen können muss.[714] Bei der Expansion von Wissensunternehmen ins Ausland kann dann eine bestimmte Kultur übertragen werden - eine Art und Weise, Wissen zu generieren und für individuelle Probleme nutzbar zu machen.[715] Hierzu muss den Mitarbeitern genügend Zeit und Freiraum gelassen werden, eine eigene gemeinsame Basis für die Arbeit vor Ort zu entwickeln. Wissensunternehmen müssen somit Menschen bewegen und die Expansion aus einer Kultur heraus betreiben, die einen Wissensaustausch sicherstellt.[716] Die gemeinsamen Wertvorstellungen und Interessen sowie die gemeinsame Sprache und Terminologie sind dabei auch für den Wissensaufbau und -transfer in internationalen Netzwerkstrukturen von größter Bedeutung.[717] Ein gemeinsamer Kontext ermöglicht dann, dass Sender und Empfänger bei der Kommunikation eine Information auf eine vergleichbare Weise verknüpfen. Eine vollständige Übereinstimmung kann es jedoch nicht geben, da dann Empfänger und Sender eine Person sein müssten.[718]

Auf Grund der kulturellen Heterogenität der Länder und der dadurch unterschiedlichen Aus-

---

711 Vgl. [STOCK 2001], zitiert in [AHLERT/ZELEWSKI 2003, S. 75].
712 Vgl. [PROBST ET AL. 1999, S. 83].
713 Vgl. [IFEM 2002, S. V].
714 Vgl. [BUCHHOLZ/SOMMER 2003, S. 6], die MCKINSEY als Beispiel anführen.
715 Vgl. [BUCHHOLZ/SOMMER 2003, S. 1].
716 Vgl. [BUCHHOLZ/SOMMER 2003, S. 2].
717 Vgl. [NORTH 1999, S. 173].
718 Vgl. [WILLKE 2001, S. 8], zitiert in [AHLERT/ZELEWSKI 2003, S. 95].

prägung der Kognitionen der Organisationsmitglieder ist auch von heterogenen Tiefenstrukturen in den Unternehmen und Tochtergesellschaften auszugehen[719], so dass die Schaffung einer einheitlichen Kultur ein schwieriges und langwieriges Unterfangen darstellt.[720] Den Unternehmen mit einer ausgeprägten Unternehmenskultur gelingt es aber, Wissen weit gehend unabhängig von Landeskulturen zu bewegen. Die Garanten einer solchen Unternehmenskultur sind vor allem internationale und interkulturelle Führungskräfte, die sich zuallererst ihrer Unternehmenskultur und dann einer Landeskultur verpflichtet fühlen. Daneben tragen kulturflexible einheimische Mitarbeiter - trotz der ggf. vorhandenen Betonung lokalkultureller Ausprägungen - erheblich zur Stärkung einer einheitlichen Unternehmenskultur bei.

Unternehmen, die in mehreren Kulturkreisen agieren, weisen dabei eine höhere Varietät kultureller Managementaufgaben auf als Unternehmen, die nur in einem Kulturkreis vertreten sind. Managementaktivitäten wie z.B. extensive Personalgespräche, die Erstellung von Sollprofilen als Anforderungsbeschreibung für eine Stelle und die offene Anerkennung durch Kollegen, Vorgesetzte und die Geschäftsleitung sind dann notwendig, um den neuen sprich „normalen" Stellenwert der Ressource Wissen zu garantieren.[721] Auch müssen diese Aktivitäten dann im Rahmen einer kommunizierten „Wissenskultur" herausgestellt werden.

Kulturelle Aspekte sind auch verantwortlich, um die *individuellen Barrieren* der Mitarbeiter aufzulösen, die sich u.a. in zu wenig Zeit für Wissensaktivitäten, in Angst vor Machtverlust und in mangelndem Verständnis für den Nutzen ausdrücken.[722] So nutzen laut PETERSON[723] besonders Berater nur ungern von anderen erarbeitetes Wissen, weil es sie selbst als unwissend in bestimmten Bereichen qualifizieren könnte. Auch sehen diese Experten oftmals nicht die Notwendigkeit zu kooperieren, da der eigene Vorteil als zu klein bewertet wird, als dass man größeren Aufwand in eine Zusammenarbeit stecken möchte.

Dabei ist gerade das Anwenden vorhandenen Wissens ein wesentlicher Bestandteil des Ausbaus der eigenen Wissensbasis und der Entwicklung neuer Ideen. Dieses wird auch bei MCKINSEY bereits gelebt, bei denen es Teil der Kultur ist, seinen Beitrag zur Allgemeinheit zu leisten. Denn „wer bei MCKINSEY nicht zur allgemeinen Wissensbasis beiträgt, ist auf län-

---

719 Vgl. [KUTSCHKER 1996, S. 16].

720 So kann z.B. Vertrauen durch positive Beispiele und Vorbilder nur langsam geschaffen, aber durch negative Vorkommnisse schnell und nachhaltig zerstört werden.

721 Vgl. [IFEM 2002, S. 9].

722 Vgl. [IFEM 2002, S. 2], [PROBST ET AL. 1999, S. 258].

723 Vgl. [PETERSON 2001, S. 8].

gere Sicht (...) fehl am Platze".[724] Hierbei ist besonders **Vertrauen** notwendig, denn gerade die Explizierung wird als Preisgabe von Expertenwissen verstanden, und es kann hier vieles falsch gemacht werden, wenn man einfach Experten „aussaugen" will, um sich von ihnen unabhängig zu machen.[725] Das hinsichtlich der Bereitschaft zur Wissensweitergabe zahlreich für schlecht befundene Klima[726] ist ein Ausdruck dieser Problematik. So ist es dann auch nicht verwunderlich, dass einer der Preisträger der Auszeichnung „Wissensmanager des Jahres 2002"[727] ein Unternehmen ist, das eine Betriebsvereinbarung eingeführt hat, nach der das Vorenthalten von Wissen für abmahnungsfähig erklärt wird. Getreu dem Motto „Wissen teilen ist Macht und Wissen vorenthalten ist Mobbing".

Ein schlechtes Vertrauensklima führt z.B. durch die Schaffung von „Herrschaftswissen" als Machtbasis zur Entwicklung *machtbedingter Barrieren* und verhindert somit den Wissensfluss. Durch ein solch strategisches Verhalten werden in der Praxis oftmals Wissensmonopole aufgebaut. Selbst bei Veränderung der Organisationskultur zugunsten einer generellen individuellen Bereitschaft zur Wissensteilung stellt die Unkenntnis über den Wissensbedarf anderer Organisationsmitglieder eine bedeutende Barriere beim Wissenstransfer dar.[728] Informations- und Kommunikationstechnologie kann eine entscheidende Rolle spielen, die Bereitschaft zur Wissensteilung aktiv zu fördern und vice versa ist Kultur notwendig, um IKT anzunehmen. Damit zählt neben technischen Aspekten und der Wahl einer angemessenen Wissensverteilungsstrategie die Bereitschaft zur Wissensteilung und somit die psychologische Komponente[729] zu den wichtigsten Punkten einer effizienten Wissensdistribution. Die Unternehmenskultur muss daher den Umgang mit Wissen fördern und belohnen[730] und hat damit auf die Schaffung und Beseitigung individueller und *kollektiver Teilungsbarrieren* einen entscheidenden Einfluss[731]. Die Beseitigung ökonomischer, rechtlicher, organisationaler, individueller und kultureller Barrieren stellt somit einen sehr wichtigen Aspekt des Wissensmanagements dar und findet seinen Niederschlag u.a. in diversen *Motivationsmodellen.*[732] Die Unternehmenskultur kann neben dem Umfang auch den Inhalt der Wissens(ver-)teilung, und somit der

[724] Vgl. [BUCHHOLZ/SOMMER 2003, S. 5].
[725] Vgl. [PROBST ET AL. 1999, S. 196].
[726] Vgl. [PFEIFER ET AL. 2002, S. 27], der bei mehr als der Hälfte der befragten KMU, von denen 41% Dienstleistungsunternehmen waren, diesen Befund ermittelte.
[727] Vgl. [PRUDENT 2003, S. 33], [NORTH 2003].
[728] Vgl. [BULLINGER/WARSCHAT ET AL. 1998, S. 18].
[729] Vgl. [HÖNICKE 1999, S. 53].
[730] Vgl. [HÖNICKE 1999, S. 54].
[731] Vgl. [PROBST ET AL. 1999, S. 257f.].
[732] Vgl. [COESTER 1999, S. 62].

-generierung und -anwendung beeinflussen. In einer quantitativ ausgerichteten Kultur bspw. finden häufig nur Finanz- und Projektkennziffern Beachtung, während eine Marketing- und Vertriebskultur hauptsächlich den Kundenutzen berücksichtigt. Dieses bedeutet in der Praxis, dass Mitarbeiter aus vermeintlich weniger relevanten Wissensbereichen vom Wissenstransfer ausgeschlossen werden bzw. deren Wissen weit gehend ignoriert wird.

Die Schaffung einer wissensbewussten Unternehmenskultur, die sich in einem Klima der Offenheit, des Vertrauens und der Fehlertoleranz ausdrückt, wird bei PROBST ET AL.[733] über die Formulierung *normativer Wissensziele* angestrebt. Hiermit können Wissensentwicklung, Innovationsgeist und Innovationsbereitschaft gefördert werden. Innovation wird dabei als höchst individueller Selbsterneuerungsprozess der Mitarbeiter und des Unternehmens verstanden, der als Kulturelemente das persönliche Engagement und die Identifikation der Mitarbeiter mit dem Unternehmen und dessen Mission unverzichtbar werden lässt.[734] Kultur wird somit zum gemeinsamen Kontext, der für die Schaffung von Wissen notwendig ist.[735] Zu diesem sozialen Kontext gehören z.B. Moral, Zugehörigkeitsgefühl zu einer Arbeitsgruppe und die Fähigkeit zum Verständnis menschlicher Verhaltensweisen in einer Gruppe.[736] NONAKA/TOYAMA ET AL.[737] haben für diesen Kontext, der den Organisationsmitgliedern ein Interaktionsfeld gibt, in dem sie durch häufigen und intensiven Austausch reiche und originelle Erfahrungen sammeln, Wissensumwandlung durch Dialog erreichen und eine gemeinsame Sprache entwickeln können, den Begriff bzw. das Kunstwort des „**BA**" eingeführt. Mit ihm wird ein Wissensraum bezeichnet, der auch eine Plattform für Wissenstransfer und -umwandlung, ein Marktplatz für Multi-Kontexte ist. Er wird als geteilter, individueller Kontext gesehen, der immer in Bewegung ist und in verschiedenen Ausprägungen vorkommt: sozial, kulturell, historisch, physisch, virtuell, mental, verbal, individuell und kollektiv.[738] Er gilt als ein Schlüsselelement im Wissensgenerierungsprozess und vermittelt den Teilnehmern eine höher gelegene Betrachtungsebene als die ursprüngliche eigene.[739]

Somit ist die Gestaltung des persönlichen Arbeitsumfelds, das die Anwendung von Wissen unterstützt, auch ein kultureller Bestandteil.[740] In solch einem Umfeld wird bspw. ein Fehler

---

733 Vgl. [PROBST ET AL. 1999, S. 72 u. S. 74].
734 Vgl. [NONAKA/TAKEUCHI 1997, S. 21].
735 Vgl. [NONAKA/TAKEUCHI 1997, S. 25].
736 Vgl. [NONAKA/TAKEUCHI 1997, S. 49].
737 Vgl. [NONAKA/TOYAMA ET AL. 2000, S. 8].
738 Vgl. [NONAKA/TOYAMA ET AL. 2000, S. 13].
739 Vgl. [NONAKA/TOYAMA ET AL. 2000, S. 15].
740 Vgl. [PROBST ET AL. 1999, S. 274f.].

nicht als Versagen interpretiert, sondern als notwendiges Lehrgeld auf dem Weg zur richtigen Lösung verstanden. Es bewirkt, dass sich der Einzelne eher auf die Suche nach ungewöhnlichen Lösungen begeben wird. Das Problem der Auf- und Annahme fremden Wissens spiegelt sich dabei auch in Form der Best Practices wider, die wegen Rivalitäten zwischen Abteilungen oder Unternehmensteilen, wegen generellen Widerstands gegen Wandel oder wegen des Not-invited-here-Syndroms aber auch wegen mangelnder Absorptionsfähigkeit in der aufnehmenden Einheit sowie Mehrdeutigkeit des zu transferierenden Wissens nur zögerlich aufgenommen werden.[741] Diese Problematik in Bezug auf den Wissensarbeiter „Berater“ ist bereits mehrfach angeklungen, drückt sich aber widersprüchlich in der Mitarbeitermotivation aus, da nach SCHOLZ[742] gerade wegen der intensiv erlebten Wettbewerbssituation für IT-Personal die subjektiv erlebte Mischung aus Qualität und Quantität von Informationsmedien und -inhalten ausschlaggebend für deren Motivation ist. Von der Kultur hängt es also stark ab, wie mit Informationen umgegangen wird und was letztlich als gut und richtig empfunden wird. Das Wichtigste ist dabei, dass Berater dazu motiviert werden, fremdes Wissen anzunehmen und zu verwenden, was ein langer Prozess und Teil einer Kulturveränderung ist.[743] Letztendlich gilt es, den „gordischen Knoten“ im Beratertum, bestehend aus Motivation und Barriere, Teilen und Annehmen, Wissen und Kultur zu durchschneiden.

Obwohl die Kultur von Dienstleistungsunternehmen im Allgemeinen geeignet scheint, Wissensmanagementkonzepte zu unterstützen[744], ist eine Einzelfallanalyse der unternehmensspezifischen Kultur immer notwendig. Aus den bisherigen Ausführungen wird ersichtlich, dass bei der Gestaltung von Wissensmanagement die Gestaltung von Kultur eine Notwendigkeit darstellt, obwohl es auf Grund derer niedrigen Veränderungselastizität in der heutigen schnelllebigen Zeit riskant ist, Kulturveränderungen zur Bedingung für das Funktionieren von Wissensmanagement zu machen.[745] Die wissensbezogenen Aspekte der Unternehmenskultur entscheiden aber den Erfolg oder Misserfolg eines Wissensmanagementkonzepts.[746] Aus diesem Grund muss jede Form von Wissensmanagement durch ein umfangreiches Veränderungsmanagement (z.B. 360-Grad-Beurteilungen oder regelmäßige Workshops zur Institutionalisierung der Wissensweitergabe) flankiert werden.[747]

---

741 Vgl. [PROBST ET AL. 1999, S. 261].
742 Vgl. [SCHOLZ 2000, S. 15].
743 Vgl. [BUCHHOLZ/SOMMER 2003, S. 4].
744 Vgl. [AHLERT/ZELEWSKI 2003, S. 106].
745 Vgl. [DÖRING-KATERKAMP/TROJAN 2002, S. 144].
746 Vgl. [ZOBEL 2001, S. 273], zitiert in [AHLERT/ZELEWSKI 2003, S. 79].
747 Vgl. [HERMSEN/VOPEL 1999, S. K6].

Durch die Ausführungen wird jedoch auch deutlich, dass Organisationen, die sich auf eine wissensorientierte Kultur und die Verpflichtung hierzu fokussieren, in einer sehr guten Position sein werden, auch Mangelzeiten von Skills und Arbeit gut zu überstehen.[748] Bei allen Überlegungen zu und Abwägungen von kulturellen Aktivitäten sollte daher das Motto berücksichtigt werden: „Kultur ist nicht alles, aber ohne Kultur ist alles Nichts".[749]

3.2.1.2 Zusammenhang von Unternehmenswerten und -kultur

Neben den normativen Wissenszielen benutzen Unternehmen in der Praxis zunehmend, zuvor mehr oder weniger aufwändig ermittelte Unternehmenswerte als plakative Methode, eine bestimmte Kultur extern bei den Kunden demonstrieren und/oder im eigenen Hause stärken bzw. verändern zu wollen. Dies ist insofern verständlich, als dass bei Beratungsunternehmen gerade das Miteinander mit Kunden und Kollegen als Teilausprägung[750] eines Dienstleistungsproduktes fungiert und die unternehmensspezifischen Werte dieses Produkt in seiner Ausgestaltung erheblich beeinflussen. Insofern gilt es diejenigen Werte herauszustellen, die Kernelemente der spezifischen Kultur sind, und nicht das Endprodukt. In Verbindung mit der Neugestaltung von u.a. Unternehmensnamen, -logos und -farben wird dieses Vorgehen unter dem Begriff des „*Corporate Brandings*" propagiert.

Auch im Rahmen der zahlreichen Übernahmen und Neuausrichtungen von IT-Unternehmen ist es häufig zu einer Umfirmierung und Umgestaltung gekommen, so dass faktisch von einer „Branding-Welle" gesprochen werden kann. Als Beispiele hierfür können MUMMERT CONSULTING (vormals Mummert+Partner), ROLAND BERGER STRATEGY CONSULTANTS (vormals Roland Berger & Partner), BRAXTON (vormals Deloitte Consulting) und BEARINGPOINT (vormals KPMG Consulting) fungieren sowie die auf Grund der riesigen Marketingaufwendungen besonders bekannte ACCENTURE (vormals Andersen Consulting).

Die größte Herausforderung bei einer solchen Umbenennung - so Andreas Bureau, Director Consulting der META GROUP - besteht aber darin, mit dem neuen Namen auch eine entsprechende Botschaft zu verknüpfen. „Es muss klar sein, welches Image, welche Werte mit diesem neuen Namen verbunden werden sollen (...)"[751]

Die *Marke eines Beratungsunternehmens* wird somit nicht mehr vorrangig von dessen Bran-

---

748 Vgl. [META 2001G, S. 2].

749 Vgl. [GEHLE/SIEGNER 2003, S. 232].

750 Die Unterteilung der Qualität von Beratungsleistungen in die Ausprägungen Ergebnisqualität, Abwicklungsqualität und Beziehungsqualität wird noch einen wichtigen Stellenwert in der Fallstudie von SOFTLAB einnehmen.

751 Vgl. [META 2002D, o.S.].

chenexpertise, Prozess- und Technologie-Know-how oder Themen- und Produktkenntnissen getragen, sondern ganz erheblich von der Art und Weise, wie Dienstleistungen erbracht werden. Die Unternehmenswerte, die als Symbolik für die vom Kunden später noch zu erlebende Dienstleistung stehen, haben dann u.a. über eine Steigerung der Auftragswahrscheinlichkeit und die Stärkung der Beratertagessätze auch einen erheblichen Einfluss auf den *Unternehmenswert.*[752] Gleiches gilt wegen einer gesteigerten Unternehmensattraktivität auch in Bezug auf neue hoch qualifizierte Mitarbeiter. Die Unternehmensmarke und das Unternehmenswissen werden daher von den Unternehmen als wichtigste intellektuelle Vermögenswerte betrachtet.[753]

Unternehmenswerte dienen dabei einerseits zur Materialisierung und Darstellung einer für den Kunden nicht sichtbaren, aber erlebbaren und fühlbaren Kultur - im Sinn von „so sind wird und so werden wir sein". Andererseits werden sie zur internen Zielstellung und Veränderungssymbolik für die Mitarbeiter benutzt - im Sinn von „so sind wir und so wollen wir sein". Das nachfolgende Beispiel eines von vier Unternehmenswerten von SOFTLAB verdeutlicht die externe und interne Verwendbarkeit von Werten sowie deren Motivationscharakter.

Kernwert	Menschlichkeit
Wert-Facetten	Offenheit, Respekt, Verständnis, Vertrautheit
Slogan	Miteinander, füreinander
Ausformulierung	Mit Respekt füreinander arbeiten wir im Team, kommunizieren offen und finden Inspiration in einer verständnis- und vertrauensvollen Atmosphäre. Wir sind mit Spaß bei der Sache.

Tabelle 3-5: Unternehmenswert und dessen Ausprägung

Zusätzlich zur verbalen Darstellung werden Farben, Symbole und Bilder eingesetzt, um Werte und Zielsetzungen in einen visuellen Code (angels.: Mood Boards) zu überführen. Die nachfolgende Abbildung demonstriert die visuelle Darstellung am Beispiel des Unternehmenswertes „Menschlichkeit".

Es entsteht hierbei eine besondere Problematik, da zu allgemeine Werte auf Grund beliebiger Austauschbarkeit nicht als Alleinstellungsmerkmale des Unternehmens taugen und zu „abgehobene" Werte nicht kompatibel zur bestehenden Kultur sind. Ohne das Umsetzen der Werte im täglichen Berufsalltag durch Interaktion mit allen Beteiligten bleiben jedoch auch die besten Werte nur leere Worthülsen ohne Sinn und Auswirkung.

---

752 Ein weiteres Beispiel für den Zusammenhang zwischen Markenwert und Unternehmenswert ist die BMW Group. Anfang 2003 wurde durch verschiedene Berechnungsmodelle intern ermittelt, dass der Markenwert von BMW (gestützt durch Markenkern, -werte und -facetten) ca. 48% des Börsenwertes ausmacht.

753 Vgl. [KPMG 2003, S. 2].

Abbildung 3-2: Visualisierung und Symbolik eines Unternehmenswertes

Trotz einer individuellen Interpretationsmöglichkeit der Unternehmenswerte kann hinsichtlich der herausgestellten Kulturelemente eine Homogenität in der Unternehmung erreicht werden. Die Homogenität der Kultur ist dann ein Anzeichen für eine hohe Integration einzelner Unternehmensteile in einem Unternehmensverbund.

Die internationalen Beratungsunternehmen bspw. erzeugen trotz der Vielfalt an Kulturen und Herkunft der Mitarbeiter diese Homogenität über die „Beraterkultur", die als „Metakultur" die diversen Subkulturen überlagert. Für die Wissensorientierung bedeutet dieses, dass von den Unternehmen z.B. ein „*Wissenswert*" kreiert werden muss, der entweder separat und plakativ herausgestellt oder in einem anderen Wert (wie z.B. der Intelligenz) unterschwellig mitgeführt wird. Beides ist hier möglich, da nach NONAKA/TOYAMA ET AL. das Wissen in seiner subjektiven Natur über die Ausprägung von Glaube und persönlicher Verpflichtung repräsentiert und bereits tief in dem Wertesystem eines Individuums verankert ist.[754] Für Beratungsunternehmen könnte dieses bedeuten, dass bspw. die traditionelle Betrachtung von „Information als Holschuld" durch werteorientierte Führungssysteme in eine Bringschuld transformiert wird. Anreize dazu können positiver und negativer Art sein. Diese Transformation kann dann u.a. auch den Umgang der Mitarbeiter untereinander, die Bereitschaft Wissen zu teilen, die offene Problematisierung und das Vertrauen als wesentliche Werte der Unternehmens-

754 Vgl. [NONAKA/TOYAMA ET AL. 2000, S. 7].

kultur[755] bzw. der Wissenskultur betreffen.

Wie jedoch die unterschiedliche kulturelle Distanz zu einzelnen Ländern nach unterschiedlicher Anpassungs- und Transformationsleistung in den Unternehmen verlangt[756], so ist auch hinsichtlich subkultureller Wissensinterpretationen flexibel und mithilfe unterschiedlicher Zielstellungen und Methoden zu agieren und sind Abweichungen in vorbestimmten Toleranzen zu dulden. Dieses wird z.B. bei ARTHUR D. LITTLE so gehandhabt, bei denen die Bedeutung einer global einheitlichen Marke zwar sehr hoch eingeschätzt wird, regionale Differenzierungen aber erlaubt sind, solange das Spektrum insgesamt konsistent bleibt.[757]

Letztendlich positionieren sich Business Integratoren immer noch zu häufig über die Information und übersehen dabei die Möglichkeit der zusätzlichen Positionierung durch Emotionen.[758] Sie verwirken damit die Chance, Werte z.B. als externe Stützpfeiler einer Dienstleistungskultur zu gestalten, die den Kunden, potenziellen Kunden und Partnern den gewünschten und notwendigen Erfahrungswert immaterieller Produkte im Vorfeld der Vertragsgestaltung näher bringen können. Es bleibt jedoch nicht aus, dass das Leben und Erleben der spezifizierten Werte im täglichen Umgang mit Mitarbeitern und Kollegen, in der gemeinsamen Akquise mit Partnern und im Projektverlauf mit Kunden die unternehmensspezifische Kultur erst ausmachen.

Neben den Kulturbesonderheiten und den zahlreichen Möglichkeit zur nonverbalen, visuellen und symbolischen Darstellung und Gestaltung von Werten spielt auch die Sprache in der wissenskulturellen Auseinandersetzung eine Rolle, die aber auf Grund der eingeschränkten Problematik im Kontext von Business Integratoren nur anrissweise im folgenden Kapitel behandelt werden soll.

3.2.1.3 Sprache

Die Dezentralisierung und Globalisierung verändern die Kommunikations- und Kooperationsformen[759] von Unternehmen und werden ihrerseits durch die Sprache als limitierenden Faktor beeinflusst[760]. Das Fehlen einer gemeinsamen Sprache gilt dabei als Barriere im multinationa-

---

755 Vgl. [PROBST ET AL. 1999, S. 383] und [HEISIG/VORBECK 1998, S. 25], die empirisch zusätzliche Werte wie Fehlertoleranz in einem gewissen Rahmen, Ermutigung der Mitarbeiter zum Wissensaustausch, eigenverantwortliches Handeln und Lernen der Mitarbeiter als die wichtigsten Wissenselemente der Kultur bei über 60% der befragten Unternehmen ermittelt haben.

756 Vgl. [KUTSCHKER 1999, S. 1171].

757 Vgl. [BUCHHOLZ/SOMMER 2003, S. 5].

758 Vgl. [SCHOLZ 2000, S. 15].

759 Vgl. [ROEHL 2000, S. 16].

760 Vgl. [BUCHHOLZ/SOMMER 2003, S. 5].

len Wissenstransfer[761] und im internationalen Personalmanagement[762].

Das Vorhandensein von Sprachbarrieren in der Interaktion internationaler Niederlassungen wird in der Literatur häufig zitiert. Damit einhergehend werden auch Probleme in der Abfassung von Dokumenten und deren Einstellung in IKT-Systemen angeführt. Gemeint sind mit dieser Problematik die *mangelnde Fähigkeit*, sich differenziert in einer anderen als der eigenen Muttersprache *auszudrücken* und die *Probleme* Dritter, schnell Informationen in gespeicherten fremdsprachlichen Texten *zu suchen und zu finden*. Sprache stellt in diesem Kontext eine *Quelle der Macht* dar, da durch überlegende Sprachfähigkeiten Abhängigkeiten etabliert und Wissensflüsse gesteuert werden können.[763] Als Lösung hierzu werden sowohl vermehrt Sprachtrainings angeführt als auch die Verpflichtung zum Einstellen von Texten in einer zuvor definierten einheitlichen Unternehmenssprache. Auch die *zentrale Übersetzung* wichtiger Beiträge von der lokalen Landessprache in die Unternehmenssprache wird als Lösung angesehen.

Die verbale Unternehmenssprache ist jedoch bei Beratungsunternehmen nicht wirklich als Problem zu sehen, da viele Berater mindestens bilingual ausgebildet sind und Englisch als Unternehmenssprache in den meisten Unternehmen vorherrschend ist. Die vorgenannte Problematik kann daher im Kontext von Beratungsunternehmen vernachlässigt - wenn auch nicht ganz ausgeschlossen - werden. In der externen Betrachtung taucht sie nochmals auf, da sich z.B. in der Umsetzung strategischer Projekte überwiegend national besetzte Teams als effektiv erwiesen haben. Alle expertisebasierten Empfehlungen funktionieren daher sehr gut in englischer Sprache, so dass im Consulting hervorragend global gearbeitet werden kann, aber im Kernteam eines Projektes müssen Einheimische eingebunden sein, da in der Umsetzung lokale Kollegen benötigt werden.[764]

Mit der sprachlichen Problematik sind jedoch nicht nur die muttersprachlichen Kenntnisse im Allgemeinen gemeint, sondern auch das **Finden einer gemeinsamen Sprachregelung** z.B. in Bezug auf die gewählte *Terminologie* in Angeboten oder die *Verschlagwortung* in Systemen, die dem schnellen Wiederauffinden von Best Practices und Lessons Learned aus Projekten dient. Gerade in dezentralen oder heterogenen Unternehmen fällt dabei die Integration verschiedener Vorstellungen oft sehr schwer. Somit erschweren nicht nur die Sprachbarrieren,

---

[761] Vgl. [BENDT 2000, S. 51ff.].
[762] Vgl. [GEHLE 1999B, S. 18].
[763] Vgl. [BENDT 2000, S. 34].
[764] Vgl. [BUCHHOLZ/SOMMER 2003, S. 5].

sondern auch unterschiedliche Werte und Problemlösungsansätze die Verständigung.[765] Jede Unternehmung verfügt über ihre eigene Sprache aus Begriffen und Redewendungen, die einen unternehmensspezifischen Bedeutungsinhalt aufweisen. Mit der Entwicklung einer organisationalen Wissensbasis geht somit auch die Entwicklung der Sprache einer Unternehmung einher, indem neue Worte, Begriffe oder Redewendungen hinzukommen bzw. bestehende einen neuen Bedeutungsinhalt erfahren. Ohne eine gemeinsame Sprache könnte ein Großteil des Wissens innerhalb von Unternehmen nicht transferiert oder durch den Einsatz in einem neuen Kontext fortentwickelt werden. Im Vordergrund steht hierbei neben der Konsensfindung vor allem die Etablierung eines gegenseitigen Verständnisses.

Eine organisationsweite Erarbeitung von Definitionen, welche in angemessener Form dokumentiert werden, kann in der Zukunft die Gefahr von Missverständnissen verringern. Dieses kann allgemeine Begriffe umfassen aber auch Themenstellungen, die international einheitlich als Beratungsleistungen angeboten werden sollen, wie z.B. die technisch-fachliche Terminologie im CallCenter-Umfeld oder das branchenspezifische Verständnis von CRM. Eine einheitliche internationale Darstellung des Leistungsportfolios eines Beratungsunternehmens z.B. in Akquisevorhaben wird somit ermöglicht. Die *kollektive Begriffsbildung* bietet hierbei eine Möglichkeit der Verankerung und Bewahrung zentraler Ideen und Vorstellungen[766], womit auch das Verständnis Dritter für schwierige Gruppenprozesse ermöglicht wird. Dieses wird immer dann erschwert, sobald externe Parteien neu hinzukommen bzw. die internationalen Niederlassungen auftreten. Die sprachliche Ambiguität kann dabei abgemildert werden, wenn speziell für zentrale Begrifflichkeiten ein *gemeinsames Verständnis* vorherrscht.

Abschließend sei hier erwähnt, dass einheitliche Sprachregelungen in Form eines „Controlled Vocabulary" auch für die Gestaltung und Nutzung notwendiger IKT-Systeme eine Rolle spielen. Es gilt dabei den Inhalt von und den Umgang mit der Technologie zu regeln. Da Verständigung, Verständnis und einheitliche Sprachregelung als Teilaspekte der Sprache auch ihren Niederschlag in den Bereichen Projektprozess und Projektabwicklung sowie in der Informations- und Kommunikationstechnologie finden, sollen sie in den entsprechenden Kapiteln nochmals aufgegriffen werden. Denn „die Investitionen zur Schaffung einer gemeinsamen Sprache (...) können hier erheblich sein".[767]

---

765 Vgl. [Nonaka/Takeuchi 1997, S. 243].
766 Vgl. [Probst et al. 1999, S. 309].
767 Vgl. [Probst et al. 1999, S. 309f.].

3.2.2 Rollenbildung (der Mensch als Knowledge- und Net-Worker)

Ein Ansatzpunkt zur Koordination und Beschleunigung von Abläufen und Wissensprozessen besteht darin, einzelnen Mitarbeitern, Gruppen oder Organisationseinheiten ihre **jeweilige Rolle im Gesamtprozess** zu verdeutlichen und die notwendigen Kommunikationsbeziehungen herauszustellen. Der Wissensarbeiter fungiert dabei als treibende Kraft und als Wissensmanager, der das Wissen im Sinn eines produktiven Nutzens zuteilen kann.[768] Er kann aber auch ein symbolischer Analytiker sein, der selbst mit dem Wissen zur Erkennung, Behandlung und Lösung neuer Probleme ausgestattet ist.[769]

Beide Aussagen verdeutlichen die **aktive Rolle** eines Individuums im Wissensprozess, die sowohl viel *Eigenverantwortung* als auch *Verantwortung für andere* bzw. für das Ganze enthält. In der Literatur werden viele verschiedene Rollen für das Wissensmanagement genannt und beschrieben, die jedoch immer wieder dieselben Ebenen und Domänen berühren und tlw. überlappend sind. Da diese Rollen einen erheblichen symbolischen Einfluss auf die Wissenskultur eines Unternehmens ausüben[770] und auch organisatorische, prozessuale und informationstechnische Bereiche tangieren, werden sie in der Tabelle 3-6 und Tabelle 3-7 exemplarisch ausgeführt.

Rolle	Beschreibung	Quelle
Direktor WissensMgtm.	Verantwortung für die internen Prozesse der Wissensschaffung	[PROBST ET AL. 1999, S. 77]
Chief Knowledge Officer	Strategische Rolle im Wissensmanagement	[BLESSING/BACH 2000, S. 272]
	Vertretung der Wissensperspektive in der Geschäftsleitung, Verantwortung für Infrastrukturen, Hilfe bei der Übersetzung von Unternehmenszielen in Wissensziele, Sensibilisierung und Mobilisierung der Gesamtorganisation, Identifikation von Wisseninseln, Vorleben der Wissenskultur	[PROBST ET AL. 1999, S. 183f.]
Visionär, Kontextgestalter	Erkennen von Marktpotenzialen, Schaffung eines wissensfördernden Rahmens, Übernahme von Bewertungs- und Kontrollaufgaben	[NORTH 1999, S. 126ff.]
Wissensverwalter	Führungskraft als Steuermann der Wissensschaffung auf Unternehmensebene (durch Visionsaufbau, Entscheidung und Finanzierung wichtiger Projekte, Bildung von Wertmaßstäben, Motivationsschaffung u.a. durch „walking around")	[NONAKA/TAKEUCHI 1997, S. 171 u. S. 176ff.]
Wissensproduzent	Für die Gestaltung gemeinsam genutzter Kontexte verantwortlich und steht im Schnittpunkt Top Management/Personal; initialisiert und fördert Wissensprozesse; muss wissen, wo welches Wissen gefunden werden kann und welche Leute in der Lage sind, das Unternehmen zur Kreation neuen Wissens zu befähigen	[NONAKA/TOYAMA ET AL. 2000, S. 5 u. S. 22ff.]

Tabelle 3-6: (Führungs-)Rollen des Wissensmanagements

[768] Vgl. [DRUCKER 1993], zitiert in [NONAKA 1997, S. 17].
[769] Vgl. [REICH 1993], zitiert in [NONAKA 1997, S. 17].
[770] Vgl. [PROBST ET AL. 1999, S. 77].

Rolle	Beschreibung	Quelle
Knowledge Analyst	"Responsible for collecting, organizing and disseminating knowledge, usually on demand. (...) provide knowledge leadership by becoming walking repositories of best practices (...)"	[DELPHI 1998, S. 38f.]
Wissens-ingenieur (auch Wissens-unternehmer)	Bündelung des Wissens der Wissenspraktiker und Umsetzung dieses für Lösungen von Kundenproblemen, Erwerb und Erneuerung integrativer Fähigkeiten	[NORTH 1999, S. 126ff.]
	Mittelmanager ist als Change Agent, Teamplayer und -leader unterwegs, als Vermittler der Wissensschaffung zwischen Führung und Mitarbeitern, schafft durch Visionstransfer implizites Wissen, expliziert und bündelt es in neuen Produkten und Technologien	[NONAKA 1994, S. 31f.], [NONAKA/ TAKEUCHI 1997, S. 171ff.]
Knowledge Manager	Überwachung der Prozesse und Rollen in den Einheiten	[BLESSING/BACH 2000, S. 272]
Knowledge Steward	"Responsible for providing minimal but ongoing support to knowledge users in the form of expertise in the tools, practices and methods of knowledge leadership"	[DELPHI 1998, S. 38f.]
	Gibt die strategische Richtung für Knowledge Management innerhalb eines Markt- oder Funktionsbereiches vor	[BORDT 2000]
Wissens-praktiker a.) -werker b.) -spezialist	Mitarbeiter und Linienmanager, der a.) vorrangig mit implizitem Wissen in Berührung kommt wie z.B. Presales-Berater oder b.) überwiegend mit explizitem Wissen umgeht wie z.B. Software-Ingenieur und strategischer Planer	[NONAKA/ TAKEUCHI 1997, S. 171ff.]
Project Knowledge Manager	Verantwortlichkeit für die Durchführung der Dokumentation in Projekten	[BLESSING/BACH 2000, S. 272]
Project Knowlege Champion	Ihm obliegt die operationale Verantwortung für Knowledge Management in dem Projekt, er treibt die Wissenserfassungsaktivitäten in dem Projekt voran und mobilisiert das Projektteam	[BORDT 2000]

Tabelle 3-6: (Führungs-)Rollen des Wissensmanagements (Fortsetzung)

Die Auflistung vermittelt schnell einen Eindruck über die zukünftigen wissensorientierten Qualifikationsherausforderungen, die in Ergänzung zu den kulturellen Verantwortlichkeiten und Befähigungen erneut die Komplexität der modernen, wissensbasierten Führungsaufgabe verdeutlichen.

Trotz der Vielzahl der verschiedenen Rollen darf nicht angenommen werden, dass nun beliebig viele zusätzliche Mitarbeiter einzustellen sind, die diese neuen Rollen auszufüllen haben. Es ist davon auszugehen, dass bereits bestehende Rollen in den Unternehmen aus Wissenssicht erweitert werden oder die vorhandenen Mitarbeiter neue Rollen mit übernehmen müssen. Als Beispiele können der Qualitätsmanagementbeauftragte, der im Projektablauf nun auch verstärkt Wissensaktivitäten ausführt[771] oder der einzelne Berater, der in gemeinsamen internationalen Akquisen die Rolle des Netzwerkmanagers und Vermittlers (angels.: Broker)

[771] Dieser „mutiert" dann zu einem Knowledge Quality Manager.

übernimmt, angeführt werden.

Rolle	Beschreibung	Quelle
Internationalisierungs-Scout	Person, die mit Auslandsmärkten vertraut ist und internationales implizites Wissen explizit machen kann	[NONAKA/TAKEUCHI 1997, S. 237]
Technology Scout, Horchposten, Think Tank, Think Factory	Hilfe bei der weltweiten Suche nach neuen Partnern, Technologien und Themen	[PROBST ET AL. 1999, S. 77ff.]
Wissens-praktiker	Professionelle Durchführung fachlicher Aufgaben, kontinuierliche und eigenverantwortliche Weiterentwicklung von Wissen und Können und Weitergabe dieses an das Team und andere Organisationsmitglieder	[NORTH 1999, S. 126ff.]
Wissens-ingenieur	Pflege technischer, vom Kunden verwendeter Begriffe u. deren Synonyme, erfolglose Suchen werden als neue Begriffe in das System aufgenommen	[PROBST ET AL. 1999, S. 169]
Verbindungs-mann	Beobachtet z.B. die Herstellung und berichtet Probleme an die Fabrik (i.S. Horchposten / Boundary Spanner zwischen Entwicklung und Produktion)	[NONAKA/TAKEUCHI 1997, S. 247]
Wissens-manager	Schaffung eines positiven, lernfreundlichen Kontextes der Wissensentwicklung	[PROBST ET AL. 1999, S. 183f.]
Informations-broker, Infrastrukturmanager	Technische, inhaltliche Weiterentwicklung und operatives Management der Informations- und Kommunikationsinfrastruktur eines Unternehmens	[NORTH 1999, S. 126ff.]
Wissens-praktiker a.) -werker b.) -spezialist	Mitarbeiter und Linienmanager, der a.) vorrangig mit implizitem Wissen in Berührung kommt (z.B. Presales-Berater) oder b.) überwiegend mit explizitem Wissen umgeht (z.B. Software-Ingenieur und strategischer Planer)	[NONAKA/TAKEUCHI 1997, S. 171ff.]

Tabelle 3-7: Allgemeine Rollen des Wissensmanagements

Die neuen *Rollen* können neben einzelnen *Individuen* auch von *Gruppen* oder *ganzen Organisationseinheiten* wahrgenommen werden. Als Beispiel hierfür kann das MCKINSEY Rapid Response Network dienen, das Projekterfahrungen aller Beratungsprojekte von MCKINSEY verwaltet und den Nachfragenden Erfahrungsberichte sowie Ansprechpartner zu spezifischen Fragestellungen vermittelt, die in einem Projekt auftreten können.[772]

Hierbei fungiert eine ganze Gruppe als zentraler Project Knowledge Broker, der die folgenden Hilfestellungen leistet: Sicherung von Projekterfahrungen durch automatisches Einfordern der Lessons Learned am Ende eines jeden Projektes, Erhöhung der Transparenz über aktuelle Projekte, so dass Doppelarbeit vermieden und Kooperationen ausgelöst werden können und Ermöglichung eines direkten Zugriffs auf Projektmitarbeiter und deren Erfahrungen.

---

[772] Vgl. [PROBST ET AL. 1999, S. 120]. Der Name für das Rapid Response Network bei MCKINSEY ist mittlerweile geändert worden, die Wichtigkeit und der Nutzungsgrad im Unternehmen sind jedoch gleich geblieben. Vgl. [STOFFELS 2003].

Die Rolle des „**Knowledge Brokers**“ wird in der Literatur sehr häufig und in unterschiedlichen Kontexten verwendet. Auch wird diese Rolle hinsichtlich verschiedener, ihr zugeteilter Aufgaben unterschiedlich benannt, obwohl die Basis der Aufgaben immer die gleiche ist: *Transparenz* über Wissensträger, *Vernetzung* von Kompetenzfeldern, *Kontaktvermittlung* zwischen Wissensnachfragern und -anbietern, *Aufspüren* neuer Geschäftsmöglichkeiten und ungenutzter Wissensbestände und *Initiierung* von Wissenskommunikation[773]. Die praktische Ausprägung eines Wissensbrokers im Beratungsgeschäft kann bspw. ein Berater sein, der für sein Land oder Team an zentralen Veranstaltungen oder spezifischen Loss-Analysis-Meetings teilnimmt, themenorientierte Vernetzungsworkshops organisiert oder als erster Vermittler für Kontakte zu weiteren Kollegen seiner Niederlassung oder Abteilung fungiert, um den Aufbau eines interfunktionalen und interdisziplinären Beziehungsgeflechts in der Organisation voranzutreiben. Da eine Transparenzschaffungsstelle in den Organigrammen der Unternehmen jedoch in der Regel nicht vorgesehen ist, obwohl Transparenz eines der wesentlichen Probleme im Wissensmanagement darstellt[774], können hieraus auch die Notwendigkeit und die Rolle von zentralen oder dezentralen Knowledge Brokern und die Verpflichtung eines jeden Mitarbeiters zur Vernetzung abgeleitet werden. Der Berater von morgen wird also als *„Intrapreneur“*[775] fungieren, mit vielen Freiräumen und Rechten, aber auch mit mehr Verpflichtung und Verantwortung für sich und die Allgemeinheit. Dieses Verständnis einer dynamischen und wechselnden Einnahme von Rollen durch alle Mitarbeiter steht im Gegensatz zu einigen Vertretern[776], die z.B. die Rolle des Wissensbrokers als dedizierte Vollzeit-Instanz für ein bestimmtes Thema im Rotationsprinzip verstehen.

Die Ausführungen in diesem Kapitel machen deutlich, dass eine Modernisierung traditioneller Rollen unter Wissensaspekten unabdingbar ist. Die zukünftigen Anforderungen werden als Gestaltungselemente in Kapitel 5 formuliert werden. Hier sei schon einmal darauf hingewiesen, dass eine Abkehr vom „reinen Wissenskapitalismus“ und - unter Berücksichtigung der allseits formulierten Kundenorientierung - eine Evolution vom Wissensarbeiter in Richtung „Net“-worker bzw. „Nett“-worker[777] notwendig werden.

---

[773] Vgl. [REINMANN-ROTHMEIER 1999, S. 280f.] für weitere Erläuterungen zum Wissensbroker als Instrument der Wissenskommunikation.

[774] Vgl. [PROBST ET AL. 1999, S. 107].

[775] Diese Bezeichnung kann auch mit „der Unternehmer im Unternehmen“ beschrieben werden und lehnt sich an das Konzept des Entrepreneurs an, das auf den französischen Ökonomen JEAN-BAPTISTE SAY (1776-1832) zurückzuführen ist (vgl. [o.V. 2004, S. 1]).

[776] Vgl. [SD&M 2001].

[777] Vgl. [GEHLE/FELDHOFF 2002, S. 170], [GEHLE/FELDHOFF 2002B, S. 55].

Die Bedeutung der individuellen Leistung im alleinigen, losgelösten Kontext geht damit zurück. Dies bedeutet nicht, dass die Teamarbeit und der Teamerfolg - wie von einigen Vertretern propagiert - unter Aufgabe der individuellen Zielstellungen die Lösung der Zukunft bedeuten. Es heißt aber, dass die individuelle Arbeit zunehmend im Gruppenkontext erfolgsentscheidend wird und mit der „reinen" Gruppenarbeit ein zukünftiges Ganzes bildet. Bis zu einem gewissen Grad ist es dann egal, ob der Knowledge Worker die Ergebnisse auf Grund seiner eigenen Fertigkeiten erlangt oder aus dem Networking mit Gleichgesinnten und anderen Spezialisten.[778]

Letztendlich ist dann jeder Mitarbeiter aktiver Manager seines ihn umgebenden Wissensraumes und muss daher selbstverantwortlich für sich und andere handeln, d.h. er muss immer wieder flexibel in neue Rollen schlüpfen können, um die individuellen und kollektiven Herausforderungen zu meistern. Denn Wissensmanagement braucht Wissensmanager.[779]

3.3 Organisation und Prozess

„Structure follows Strategy". Diese Aussage CHANDLERS[780] aus dem Jahr 1962 ist zwar zwischenzeitlich kontrovers diskutiert, symbolisiert heute aber immer noch die Notwendigkeit zu struktureller Veränderung in (Teil-)Abhängigkeit von der gewählten Strategie. Dies gilt insbesondere bei weit reichenden Restrukturierungen, was im Falle eines neuen internationalen Wissensmanagements anzunehmen ist. Das Umdenken in der Marktbearbeitung betrifft nicht nur die Organisation an sich, sondern auch die anderen Objekte innerhalb und außerhalb eines Unternehmens in Form der Mitarbeiter, der Informationsflüsse und der verbundenen Wirtschaftspartner. Denn die geradezu revolutionären Veränderungen in der Unternehmensumwelt zwingen besonders die auslandsorientierten Unternehmen zu neuen Strategien und Konzepten[781], da die alleinige Ausrichtung des strategischen Denkens auf die Kostenseite wenig Erfolg versprechend ist[782] und Innovationsfähigkeit sich auch in Prozessinnovationen[783] ausdrückt. Diese Prozessinnovationen[784] bedeuten neue Verfahrensweisen und entscheiden in der Zukunft über die Wirtschaftlichkeit der Produkterstellung und der Erbringung von Dienstleis-

---

778 Vgl. [HOFER-ALFEIS/VAN DER SPEK 2002, S. 27].

779 Vgl. [PROBST ET AL. 1999, S. 367].

780 Vgl. [CHANDLER 1962, S. 383], der den Strukturwandel von Organisationen auf Grund Strategieänderungen untersucht hat und zum Schluss kam, dass die jeweilige Strategie die Wahl der Organisationsstruktur bestimmt.

781 Vgl. [PERLITZ 1997, S. 1].

782 Vgl. [PERLITZ 1997, S. 4].

783 Vgl. [PERLITZ 1997, S. 5], [PROBST ET AL. 1999, S. 182].

784 Im Sinn durchgängiger Unternehmensprozesse über Ländergrenze hinweg und mit Einbindung von Kunden und Partnern, um somit Synergien zu erzeugen. Siehe Kapitel 2.2.

tungen.[785] Darüber hinaus wird die Fähigkeit zur strategischen Innovation das nächste Wettbewerbskriterium für Unternehmen überall auf der Welt sein.[786]

Dienstleistungsunternehmen stehen vor dem Problem, der zunehmenden Dynamik und Turbulenz des Unternehmensumfelds durch flexible Organisationsformen für ihre Geschäftsprozesse Rechnung tragen zu müssen.[787] Dabei gelten die fehlende Integration von Wissensmanagement in die Organisation und fehlendes Schnittstellenmanagement beim Wissensaustausch innerhalb und zwischen Unternehmen als Barrieren des Wissensmanagements.[788]

Diese Erkenntnisse und die Ausführungen zu Konzepten und Strukturen in Tabelle 3-1 auf Seite 126ff. machen ersichtlich, dass organisatorische und prozessuale Maßnahmen wesentliche Gestaltungselemente des internationalen Wissensmanagements sind, die sich gegenseitig fördern und ergänzen. Das mehrheitliche Eigenverständnis zahlreicher Unternehmen, mit *flachen Hierarchien*, *regelmäßigen Teamsitzungen* und *bereichsübergreifenden Teams* bereits über geeignete Organisationsstrukturen zur Transparenz des unternehmensinternen Wissens zu verfügen[789], deutet erste notwendige Gestaltungsformen an. Im Weiteren werden die für Business Integratoren relevanten Elemente näher beschrieben.

3.3.1 Organisatorische Rahmenbedingungen

Die Organisation umschreibt den Prozess des Organisierens oder das Ergebnis organisatorischer Tätigkeit. Dieser Prozess wird immer dann notwendig, wenn die Aufgabenbewältigung der Unternehmung durch zwei oder mehr Aufgabenträger sichergestellt werden soll. Die *formale Organisation* wird als die bewusst geschaffene, rational gestaltete Struktur definiert[790], wobei die Organisationseinheit als Sammelbezeichnung und Zusammenfassung von Teilaufgaben zu personellen Aufgabenträgern gilt.[791]

Durch hierarchische Verknüpfung dauerhafter Organisationseinheiten, Abteilungen oder Stellen entsteht die *Primärorganisation* (z.B. Matrixprinzip in einem Beratungsunternehmen), wogegen die *Sekundärorganisation* (z.B. die Projektorganisation eines Beratungsunternehmens zur Erbringung des primären Leistungsspektrums) alle hierarchieergänzenden und hie-

---

785 Vgl. [BÜHNER 1996, S. 184].
786 Vgl. [HAMEL 1998, S. 78].
787 Vgl. [BARTH/KIEFEL ET AL. 2002], zitiert in [AHLERT/ZELEWSKI 2003, S. 7].
788 Vgl. [BULLINGER/WÖRNER ET AL. 1997, S. 10], [BULLINGER/WÖRNER ET AL. 1998, S. 23].
789 Vgl. [PFEIFER ET AL. 2002, S. 25], die diese Eigeneinschätzung bei 84% der befragten KMUs, von denen 41% Dienstleistungsunternehmen waren, ermittelt haben.
790 Vgl. [BÜHNER 1996, S. 6].
791 Vgl. [BÜHNER 1996, S. 63].

rarchieübergreifenden Organisationsstrukturen umfasst.[792]

Wie im weiteren Verlauf der Arbeit noch ersichtlich wird, ist die Ergänzung der Organisation um eine **Tertiärorganisation** (z.B. über die Instrumentalisierung von Communities of Practice) in der Internationalität heutzutage äußerst hilfreich, um die gesteigerten Anforderungen bewältigen zu können. Die Fähigkeit einer Organisation zur Bildung effektiver Teams (verstanden als Projektteams und Communities i.w.S.) gilt dabei für Analysten[793] als ein Schlüsselelement, um die Agilität eines Unternehmens zu erhöhen.

Die Primärorganisation wurde am Beispiel globaler Unternehmen in Kapitel 2.2.1 dargelegt, da sie zum Verständnis des organisatorischen Aufbaus von Business Integratoren unerlässlich ist. In den nachfolgenden Kapiteln werden daher die Grundelemente der Sekundär- und Tertiärorganisation vorgestellt. Den Abschluss der organisatorischen Rahmenbedingungen bildet dabei die Darstellung der *Hypertext-Organisation* nach NONAKA, die eine primäre Verknüpfung der primären und sekundären Organisationsform enthält.

Durch die Summe der Ausführungen wird dabei zunehmend die Idee des Autors materialisiert, der die Gestaltung und das Management einer dynamischen, auch virtuellen Vernetzung über alle drei Organisationsformen unter Berücksichtigung der internen und externen Umwelt als zukunftsträchtiges Organisationsgebilde zur Realisierung eines internationalen Wissensmanagements ansieht. Dieses wird in Kapitel 5 weiter ausgeführt.

3.3.1.1 Projektorganisation und Teambildung

Ein wichtiges Kriterium für das Verständnis von Projekt- und Teamarbeit ist der spezifische Charakter eines Beratungsprojektes eines Business Integrators. In der gängigen Literatur zur Projektarbeit und zum Projektmanagement finden sich eine Reihe von Definitionen, die im Kern auf die Definition eines **Projektes nach DIN 69 901** zurückgehen und die Merkmale *Einmaligkeit der Bedingungen in ihrer Gesamtheit*, *Zielvorgabe*, *zeitliche*, *finanzielle*, *personelle* und *andere Begrenzungen, Abgrenzung gegenüber anderen Vorhaben* und *projektspezifische Organisation* umfassen. Obwohl die drei Merkmale Zielgerichtetheit, Abgrenzung von Routinearbeiten und zeitliche Begrenztheit ebenfalls die drei wesentlichen Aspekte von Beratungs- und Implementierungsprojekten sind, sollen die Merkmale moderner Projektarbeit unter Berücksichtigung der bereits genannten aktuellen Umwelterscheinungen grafisch nochmals dargestellt werden, bevor die Arbeitsdefinition festgehalten wird.

---

792 Vgl. [SCHULTE-ZURHAUSEN 1995, S. 221ff.].

793 Vgl. [META 2001G, S. 12].

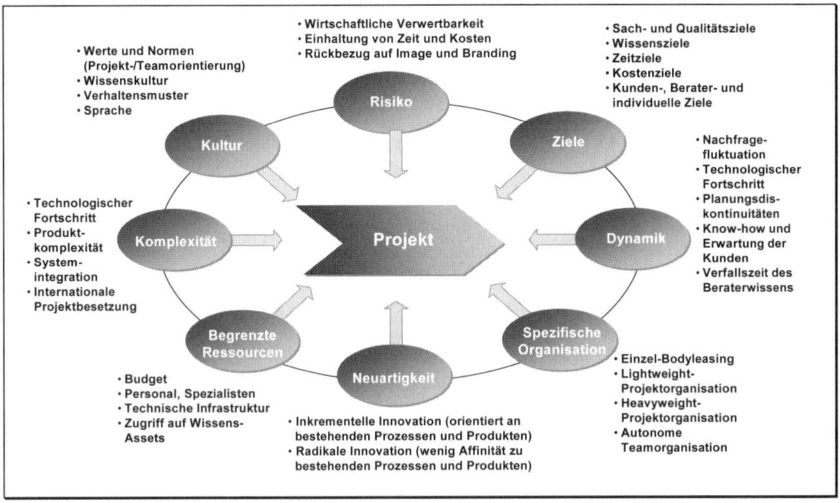

Abbildung 3-3: Merkmale moderner Beratungs-/Implementierungsprojekte[794]

Unter Berücksichtigung der aufgeführten Merkmale und vor dem Hintergrund der Wissensorientierung soll die folgende Beschreibung als **Arbeitsdefinition von internationalen, wissensbasierten Projekten** gelten:

> Ein internationales, wissensbasiertes Projekt ist ein Vorhaben, dessen Ablauf weit gehend einmalig ist, dessen Aufgabenstellung außerhalb der regulären Tätigkeit eines Unternehmens liegt, dessen Teammitglieder auf Grund ihrer Fähigkeiten eigens für das Projekt zusammengestellt wurden und aus verschiedenen Ländern stammen und/oder dessen Projektaktivitäten unter Einsatz strategischer Ressourcen aus mehreren Ländern grenzüberschreitend und arbeitsteilig durchgeführt werden. Dabei ist die Zielsetzung - durch Anwendung und Transformation von dezentralisiertem internem und/oder externem Wissen neues Wissen zu gewinnen oder vorhandenes umzusetzen, um neue Konzepte und Methoden bei Klienten zu entwickeln oder zu verbessern und unter Berücksichtigung der Prozessdimension in IT-Systeme umzusetzen - in Kooperation, in vorgegebener Zeit und mit den gegebenen Mitteln zu erreichen. Das Projektteam löst sich nach Erfüllung der Projektaufgabe auf und steht für neue interne oder externe Aufgaben wieder zur Verfügung.

Diese Definition verbindet eine vorhabenszentrierte Behandlung von Aufgaben mit der Betrachtung von Projekten als komplexe dynamische soziale Systeme. Die Auslagerung der Projektarbeit auf ein Team ermöglicht dabei eine höhere Fokussierung von Vollmachten und Verpflichtungen, eine Überwindung der Trägheit von Hierarchien bei den Kunden und Beratungsunternehmen und der dort regelmäßig anzutreffenden längeren Kommunikationswege.

---

[794] In Anlehnung an [GASSMANN 1997, S. 28], [PETERSON 2001, S. 48ff.], [SCHINDLER 2000, S. 19ff.].

Diese Argumentation verdeutlicht, dass die Team- und Projektorganisation - trotz einiger weniger Gegenstimmen[795] - immer noch eine gute und weit verbreitete Organisationsform ist. Der Begriff des Teams bzw. der Gruppe wird in der Literatur mannigfaltig und unterschiedlich beschrieben.[796] Auf Grund des artverwandten Arbeitskontextes soll deshalb die **Arbeitsdefinition eines Teams** von PETERSON[797] übernommen werden, die als Basis für die weiteren Ausführungen dient. Dabei sollen die Begriffe der Gruppe und des Teams synonym verstanden werden.[798]

> *„Ein Team ist ein soziales Gebilde, das zur Erfüllung einer gemeinsamen Aufgabe zeitlich begrenzt zusammenkommt und sich von seiner sozialen Umwelt, insbesondere von anderen Teams, klar abhebt. Die einzelnen Teammitglieder erleben sich dabei als zusammengehörig, haben ein gemeinsames Interesse, handeln kooperativ und zeichnen sich durch gemeinsame Verhaltensregeln und Leistungsnormen aus. Dabei sind die individuellen Fähigkeiten und die gegenseitige Einstellung der Teammitglieder derart koordiniert und abgestimmt, dass sich aus ihrem Zusammenwirken eine Steigerung der Gesamtleistung erwarten lässt, welche die Summe der isolierten Einzelleistungen der Teammitglieder in quantitativer und qualitativer Hinsicht übertrifft.“*

Diese Definition umfasst auch die multikulturellen Teams, bei denen aber nach ZEUTSCHEL/THOMAS[799] unter dem Motto „Synergy is not for free“ erst eine Annäherung und Angleichung u.a. durch aktives Moderieren und Coaching sowie durch ein bewusstes Verständnis der Unterschiede als Potenziale erreicht werden müssen.

Eine Verknüpfung des Projekt- und des Wissensmanagements kann u.a. über die Sensibilisierung und Schulung der Führungskräfte und Projektleiter in Bezug auf das Management des Wissens in Projekten, die Erweiterung von Referenzmodellen des Projektmanagements, die Schaffung einer gemeinsamen Sprache zur Klassifizierung von Wissen und Erfahrung, Methodentrainings der Projektmitarbeiter und die Einführung und Nutzung von Softwarewerkzeugen erfolgen.[800] Ein Wissensmanagementprojekt kann zudem ohne Mühe in bestehende Projekte integriert werden.[801] Die Interaktion in der Gruppe bewirkt dabei die Erweiterung und Generierung von Wissen[802], so dass als häufigster Entstehungsort kollektiven Wissens in modernen Organisationen das Team oder die Arbeitsgruppe bezeichnet werden

---

795 Vgl. [MALIK 1999, S. 32ff.].
796 Siehe hierzu die Ausführungen von [PETERSON 2001, S. 43ff.].
797 Vgl. [PETERSON 2001, S. 46].
798 Eine differenzierende Betrachtung von Arbeitsgruppen und Teams ist zwar z.B. nach [ANTONI 1994] oder [ANTONI 1996] möglich, bietet in diesem Kontext aber keinen zusätzlichen Nutzen.
799 Vgl. [ZEUTSCHEL/THOMAS 2003, S. 3f.].
800 Vgl. [HEISIG 1998B, S. 6].
801 Vgl. [PROBST ET AL. 1999, S. 60].
802 Vgl. [NONAKA 1994, S. 15].

kann[803]. Da immer mehr Menschen heute einen wachsenden Teil ihrer Arbeitszeit in Teams oder projektorientierten Arbeitsprozessen verbringen, nehmen neben den traditionellen Projektaufgaben[804] das Gewinnen neuer Erkenntnisse für die Gesamtorganisation und der gleichzeitige Aufbau individueller Fähigkeiten in der wissensbasierten Projektarbeit an Bedeutung zu.

Best Practice- und Benchmarking-Teams leisten durch die Suche nach externen und internen Vorbildern, die kontinuierliche Förderung des Wissenstransfers und die Konzentration auf organisationale Kernprozesse hierbei eine erhebliche Vorarbeit.[805] Untersuchungen zeigen in diesem Kontext, dass hinsichtlich der Wissensbewahrung Teams effektiver sind als die Kumulation von Individuen, was sich u.a. darin ausdrückt, dass Teams sich an mehr Einzelheiten erinnern können.[806] Soziale und kognitive Verbindungen fördern somit also die Überlegenheit des kollektiven Projektgedächtnisses.

Da das Erfahrungswissen der Projektmitarbeiter im traditionellen Projektmanagement ein wesentlicher Erfolgsfaktor ist, rücken die *Personalauswahl* und die Dokumentation der Erfahrungsprofile der Mitarbeiter in den Mittelpunkt.[807] In diesem Zusammenhang ist es notwendig, die **Projektbesetzung** als wesentliche Einflussgröße der Teambildung und des Teamerfolgs näher auszuführen.

Die einem Business Integrator erteilten Beratungsaufträge werden durch Berater immer in Projektform ausgeführt. Hierzu werden Teams derart zusammengestellt, dass auf Grund der spezifischen Erfahrungen, Fähigkeiten und Kompetenzen Einzelner das notwendige Wissen zur Durchführung des Auftrags möglichst vollständig vorhanden ist. Hierbei können einzelne Berater auch mehrere Kompetenzfelder abdecken und mehrere Rollen in einem Projekt wahrnehmen. Ein Beispiel hierfür ist ein CRM-Projekt in der Financial Services-Industrie[808], bei dem das Know-how über Bankenprozesse, über Vertriebs- und Marketingbesonderheiten, über IKT-Infrastruktur und über das eingesetzte Softwareprodukt vorhanden sein muss.

Bei großen Unternehmensberatungen werden die *Erfahrungsprofile* von den Mitarbeitern selbst gepflegt, da hierüber die Nachfrage nach deren Wissen und die Teilnahme an weiteren

---

[803] Vgl. [PROBST ET AL. 1999, S. 200].
[804] Siehe für eine ausführliche Beschreibung der „traditionellen" Verantwortlichen, Fertigkeiten, Wissensbestandteile, Erfahrungen, notwendigen Beziehungsgeflechte und Gehälter von Projektmanagern und Projektspezialisten die Ausführungen in [META 2001D, S. 179ff.].
[805] Vgl. [PROBST ET AL. 1999, S. 262].
[806] Vgl. [PROBST ET AL. 1999, S. 307].
[807] Vgl. [LEVEC 2002, S. 58], [HEISIG 1998B, S. 4ff.].
[808] Überbegriff für Banken, Versicherungen und andere Finanzdienstleister.

Projekten geregelt werden. Über das Intranet als Technikplattform sind diese Profile nicht nur für die gezielte Zusammenstellung von Projektteams sehr hilfreich, sondern für jede schnelle Nachfrage zu aktuellen Themenstellungen. *Wissenslandkarten, Gelbe Seiten* (angels.: Yellow Pages) und *Best Practice Maps* sind gängige Umschreibungen für die entsprechenden Lösungsansätze, die das Finden und Kontaktieren von Erfahrungsträgern erleichtern oder tlw. erst möglich machen.

Durch die richtige Projektbesetzung ist nicht nur die Verknüpfung notwendiger Erfahrungshintergründe und thematischer Wissensdomänen der Berater anzustreben, sondern auch eine eigene Kultur zu schaffen, die das interaktive Denken und Handeln der einzelnen Teammitglieder bestimmen wird. Über eine *interkulturelle Zusammensetzung*[809] wird dabei eine erhöhte kulturelle Sensitivität erreicht, die es erlaubt, auch in unterschiedlichen Ländern und Marktsegmenten oder über verschiedene Ländergrenzen hinweg erfolgreich zu sein. Ein Grund für die besonderen Fähigkeiten von Teams liegt somit in der Qualität der Beziehungen der Teammitglieder untereinander.[810] Eingespielte Teams können auf geteilte Erfahrungen zurückgreifen, sind sich der Vernetzung verschiedenster Aktivitäten bewusst und können so mit deutlich niedrigeren Fehlerzahlen operieren als neu zusammengesetzte Teams, welche formell das gleiche Fachwissen besitzen. Eine Autonomie der Teams fördert dabei die Motivation der Teilnehmer und die Bündelung individueller Perspektiven.[811]

Neben der Verantwortung und dem Fähigkeitenniveau wurde eine bestimmte *Mitgliederanzahl* als günstige Rahmenbedingung für den Teamerfolg ermittelt.[812] So bestehen erfolgreiche Projektteams im Durchschnitt aus 10 bis 30 Mitgliedern mit 4 bis 5 Kernmitgliedern, die bereits Arbeitserfahrungen in mehreren Tätigkeiten und Rollen gesammelt haben und hinsichtlich des Informationsaustauschs im Team eine kritische Rolle übernehmen.[813] Neben diesen speziellen Förderern der Kommunikation gelten nach REINMANN-ROTHMEIER[814] grundlegende Kommunikations- und Kooperationsfähigkeiten aller Beteiligten, die sorgfältige Planung der Zusammenarbeit, die Eignungsprüfung der anstehenden Aufgabe zur kooperativen

---

809 Hinsichtlich der Performanz kulturell-gemischter Teams existieren gegensätzliche Meinungen. Grundsätzlich sind beide Richtungen nachvollziehbar, hängen aber von den Notwendigkeiten, Voraussetzungen und Kontexten der Teamzusammenstellung ab. Die überwiegend positive Beurteilung interkultureller Teams durch den Autor resultiert in den Überlegungen, dass die Teammitglieder kulturelle Distanzen und Konflikte internalisieren und innerhalb der Gruppe austragen. Es kommt so zu einem Anpassungs- und Lernprozess, der weniger Konflikte ausserhalb der Gruppe wirksam werden lässt.

810 Vgl. [PROBST ET AL. 1999, S. 127].

811 Vgl. [NONAKA/TAKEUCHI 1997, S. 90f.].

812 Vgl. [PROBST ET AL. 1999, S. 201].

813 Vgl. [NONAKA 1994, S. 23], [NONAKA/TAKEUCHI 1997, S. 91].

814 Vgl. [REINMANN-ROTHMEIER 1999, S. 85].

Bearbeitung sowie die Prüfung einer speziellen Steuerungsnotwendigkeit der Kooperation als Voraussetzungen für die erfolgreichen Austausch-, Arbeits- und Lernprozesse im Team.

Variierende Projektteams sind als eines der wesentlichen Elemente existierender Wissensmanagementkonzepte ermittelt worden.[815] Eine *Multifunktionalität* bei der Besetzung kann dabei als Methode und Instrument zur Förderung der Wissensgenerierung verwendet werden.[816] Der Zusammenschluss verschiedener Mitarbeiter und die individuellen Wissenszuwächse im Laufe der Zeit können dabei sogar eine Gemeinschaft mit eigenen Zielen erwachsen lassen[817], die als *selbststeuernde interdisziplinäre Teams* auch bereits von einer überwiegenden Anzahl von Unternehmen sehr gut eingesetzt werden, um die Anwendung von Wissen zu fördern.[818] Die *Rotation von Spezialisten* unterstützt darüber hinaus die Informationsredundanz innerhalb der Unternehmung[819], die für die vermehrte Wissensanwendung in der Internationalität ebenfalls wichtig ist. Welche *Fluktuationsrate* der Teambesetzung hierbei förderlich ist, wird kontrovers diskutiert. Nach PROBST ET AL. führt eine hohe Fluktuation im Team schnell zu einer herabgesetzten organisationalen Intelligenz. NONAKA vertritt eine gegensätzliche Meinung, nach der eine regelmäßige, signifikante Fluktuation den Wissensgenerierungsprozess im Team und in der Organisation erheblich fördert.

Als *Fazit für das internationale Wissensmanagement* von Business Integratoren scheint eine gemäßigte Fluktuationsrate von Projektteilnehmern bei einem zukünftig stabileren Gesamtpersonalbestand die richtige Wahl zu sein.

Nicht nur die interne Vernetzung der Berater ist eine wichtige Aufgabenstellung im Kontext der Projektbesetzung. Auch die effiziente und nachhaltige Vernetzung der Berater über das eigentliche Projektteam hinaus fördert die Nutzung zusätzlicher Wissensquellen und die Generierung zusätzlicher Synergien. Erfolgreiche virtuelle Teams erfordern aber eine neue Sichtweise hinsichtlich Kommunikation, Kooperation, Organisation und Unterstützung.[820] Für Unternehmen, die es verstehen, wie Beziehungsgeflechte, Kommunikationsfähigkeiten und ein solides Beziehungsmanagement als kritische Schlüsselelemente in der Entwicklung sich selbstorganisierender, virtueller Teams ausbalanciert werden müssen, bedeutet ein *virtuelles Team* eine „Best of Breed"-Sammlung humaner Vermögenswerte. Ein Hauptvorteil die-

---

815 Vgl. [BLAICH 2003B, o.S.].
816 Vgl. [LEVEC 2002, S. 72], [REINMANN-ROTHMEIER 1999, S. 235], [PROBST ET AL. 1999, S. 242].
817 Vgl. [BENDT 2000, S. 19].
818 Vgl. [HEISIG/VORBECK 1998, S. 34].
819 Vgl. [NONAKA/TOYAMA ET AL. 2000, S. 27].
820 Vgl. [META 2001G, S. 12].

ser virtuellen Teams, bei denen die Mitarbeiter gemeinsam an der Lösung eines Problems arbeiten und auf verschiedene Orte verteilt sind, ist, dass sie auch komplexe Projekte ohne Rücksicht auf geografische Distanzen und Zeitzwänge vollenden können.

Da durch die interne und externe Vernetzung von Teams und Projektgruppen die Evolution zu einer **virtuellen Hochleistungsorganisation** möglich erscheint und dieser Aspekt ein entscheidendes Gestaltungsmerkmal im internationalen Wissensmanagement darstellt, soll er im folgenden Kapitel näher beschrieben werden.

3.3.1.2 Netzwerkbildung und Hochleistungsteams

Die Verbesserung der Kommunikation der Organisationsmitglieder untereinander[821], eine bessere Zusammenarbeit und die Gewinnung neuer Erkenntnisse durch Zusammenführung vorhandenen Wissens sind aktuelle Schwerpunktthemen für viele Organisationen.[822] Dieses resultiert u.a. aus der überwiegenden Anzahl von Unternehmen, die bei der Erstellung der von ihnen erbrachten Dienstleistungen auf die Zusammenarbeit mit anderen rechtlich selbständigen Organisationseinheiten angewiesen sind.[823] Es wird aber auch in aktuellen Preisverleihungen wie z.B. dem „Wissensmanager des Jahres 2002" deutlich, dessen Gewinner u.a. für die globale Vernetzung von Fach- und Führungskräften ausgezeichnet wurde.[824]

Während mit der internen Vernetzung vorrangig die Verknüpfungen der Mitglieder eines bestimmten Projektes oder der Teams untereinander gemeint sind, werden unter der **externen Vernetzung** regelmäßig die Verknüpfungen der Mitarbeiter über ihre originäre Organisationseinheit hinaus (*externe Vernetzung i.e.S.*) oder sogar mit Wirtschaftssubjekten außerhalb der Unternehmung (*externe Vernetzung i.w.S.*) verstanden. Diese können unter Berücksichtigung von z.B. Notwendigkeit, Nutzen oder Intensität der Vernetzung sowohl einen statisch regelmäßigen als auch einen dynamisch wechselnden Charakter haben. Auf Grund der regelmäßig vorkommenden lokalen Distanz der Beteiligten in der externen Netzwerkbildung wird deshalb auch von einer **virtuellen Vernetzung** gesprochen. Diese existiert in der Praxis z.B. in *formeller* und/oder *direkt gesteuerter* bzw. in *informeller* und/oder *kontextgesteuerter* Form. In Ansätzen mit einer personellen Ausrichtung werden Netzwerke daher als Gefüge sozialer Beziehungen interpretiert, bei dem jeder Mitarbeiter als *Netzwerkknoten* zu verstehen

---

821 Vgl. [LEVEC 2002, S. 69f.], [BULLINGER/WÖRNER ET AL. 1997, S. 32].
822 Vgl. [IFEM 2001A, S. 2].
823 Vgl. [AHLERT/ZELEWSKI 2003, S. 69].
824 Vgl. [PRUDENT 2003, S. 33], [NORTH 2003].

ist und als *Intermediär*, der bestehende Lücken zwischen anderen Knoten zu schließen im Stande ist. Die Herausbildung solcher interpersonaler Netzwerke als informelle, laterale Informationskanäle wird als erfolgskritisch für die Funktionstüchtigkeit und Stabilität der Netzwerkbeziehungen angesehen.

Die *„Wissensnetzwerke"* (angels.: *Knowledge Networks*), die in Unternehmensberatungen insbesondere zu finden sind[825], überlagern die Grundorganisation der Unternehmen[826] und verbinden Wissensträger miteinander. Mit Hilfe dieser Netzwerke wird der Wissensaustausch innerhalb und zwischen Unternehmen gefördert. Funktionale oder hierarchische Barrieren haben keine Bedeutung, da in solchen Netzwerken nur das Wissen, die Kenntnisse und Fähigkeiten eines Akteurs zählen und nicht seine Funktion oder Position innerhalb der Hierarchie. Das gegenseitige Vertrauen, das durch persönliche Kontakte aufgebaut und verstärkt wird, ermöglicht einen informell-direkten Kommunikationsstil, der es den Netzwerkteilnehmern wiederum erlaubt, sich in einem rasch wandelnden Umfeld schnell zu orientieren.[827] Netzwerke gehen daher auch nicht durch das Ausscheiden einzelner Teilnehmer unter.

Für Netzwerkformationen[828] sind fast unbegrenzt viele Bezeichnungen in der Literatur zu finden. NONAKA/TAKEUCHI[829] z.B. sprechen von *Arbeitsgruppen*, die als flexible, anpassungsfähige, dynamische und partizipative Organisationsstruktur über die Zusammenführung von Vertretern verschiedener Bereiche die Schwächen der Bürokratie beheben. Aber auch *Erfahrungsgruppen, Kommunikationsforen, Think Tanks, Special Interest Groups, Practice Groups, Lernarenen* oder sogar der inhaltlich bereits besetzte Begriff der *Competence Centers* werden häufig als Umschreibung benutzt. Obwohl diese sich in Detailfragen unterscheiden, werden sie im Rahmen dieser Arbeit synonym aufgefasst.

In der Wissensmanagementliteratur nimmt der Ansatz von vernetzten, virtuellen Mitarbeitervereinigungen - mit und ohne Förderung seitens des Managements, mit und ohne Steuerung von außen, mit und ohne Technikunterstützung, lokal oder global verlinkt - einen stetig steigenden Stellenwert ein.[830] In einem solchen Kontext wird immer auch der Begriff der **Com-**

---

825 Vgl. [BLEICHER 2002, S. 62], zitiert in [AHLERT/ZELEWSKI 2003, S. 44].

826 Vgl. Kapitel 2.1.3.2, in dem PROBST ET AL. Wissensnetzwerke als Tertiärorganisation im Rahmen der Wissens(ver-)teilung anführen.

827 Vgl. [PROBST ET AL. 1999, S. 135f.].

828 Eine Vielzahl verschiedener Formen von Netzwerkarrangements wird in der Abbildung von [BORCHERT ET AL. 1999, S. 57], zitiert in [AHLERT/ZELEWSKI 2003, S. 43] dargestellt.

829 Vgl. [NONAKA/TAKEUCHI 1997, S. 182].

830 Vgl. z.B. [NONAKA 1994, S. 17], der die Knowledge Networks als Muss für die ontologische Dimension seines Modells deklariert. Vgl. weiter [REINMANN-ROTHMEIER 2001C, S. 2], bei der Communities die Keimzelle des Wissensmanagements bilden und die Integrationsfunktion des Münchener Modells unterstützen.

munity of Practice (CoP) benutzt. Das Konzept der CoPs wird im Rahmen des Wissensmanagements bereits von einer überwiegenden Anzahl von Unternehmen als wichtig bis sehr wichtig eingestuft[831], gilt als bedeutende Methode der Wissensgenerierung[832] und als eine der wichtigsten Quellen von Innovationsideen[833].

Auch solche *Expertennetzwerke* orientieren sich nicht an Branchen- oder Unternehmensgrenzen. Sie ermöglichen eine freie Zirkulation von Information, Vermittlung von Kontakten und Sicherung von Informationsvorsprüngen. Expertenwissen ist dabei oftmals informationstechnisch nicht greifbar und kann nur durch Externalisierung im Rahmen direkter Kommunikation mit dem Wissensträger auf Basis der informellen Netzwerke[834] übertragen werden. Eine Aufgabe des Wissensmanagements stellt daher die Schaffung von Rahmenbedingungen für die Bildung solcher Netzwerke dar, d.h. eine personelle und strukturelle Transparenz der Organisation muss geschaffen werden. Dies führt langfristig zu einem Aufbau horizontaler, direkter *Kommunikationsnetzwerke* und damit zur Wissensmultiplikation zwischen bisher nicht im persönlichen Kontakt stehenden Organisationsmitgliedern, da diese zuvor durch den Aufwand vertikaler Kommunikation entlang von Hierarchiestrukturen und Ländergrenzen eingeschränkt wurden.

Der Abbau von Hierarchien sowie der Aufstieg von Wissensarbeitern und Experten haben bereits zu einem offeneren Kommunikationsstil geführt.[835] Die vertikale Kommunikation entlang des Dienstwegs wird deshalb immer mehr von horizontalen Direktkontakten abgelöst. Dieses erhöht nicht nur die Kontaktqualität; der direkte Vorgesetzte verliert in dieser Phase der (Wissens-)Kommunikation als vormals zentraler Wissensbroker sogar an Bedeutung. Formale Hierarchien werden in diesem Kontext immer stärker aufgelöst bzw. verlieren ihre Funktion. Die nachfolgende Abbildung verdeutlicht diesen Sachverhalt.

Netzwerke sind somit wichtige Hilfsmittel zur Identifikation von Wissensträgern und Wissensquellen[836] sowie zur Wissenskommunikation. Dabei sind kleinere dichtere Netzwerke mit einem hohen Grad an Gegenseitigkeit und Gruppenzugehörigkeit für den Austausch strategischer und persönlicher Informationen geeignet, große Netzwerke mit eher losen Beziehungen

---

831 Vgl. [STEINBEISS 2003, S. 26f.], die eine Zustimmungsquote von 86% ermittelten.
832 Vgl. [AHLERT/ZELEWSKI 2003, S. 52].
833 Vgl. [KREUZ 2003, S. 9].
834 Vgl. [BULLINGER/WARSCHAT ET AL. 1998, S. 9].
835 Vgl. [PROBST ET AL. 1999, S. 108].
836 Vgl. [PROBST ET AL. 1999, S. 134].

mehr für den Austausch technischer und wenig komplexer Information.[837]

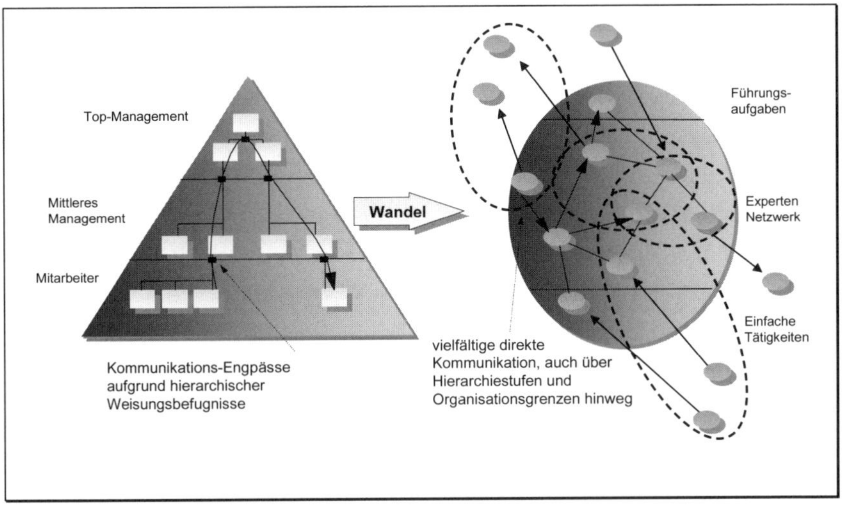

Abbildung 3-4: Wissensmultiplikation durch Kommunikationsnetzwerke

Der **Aufbau von Netzwerken** kann bspw. über *Job Rotation* und Einsätze in speziellen Teams gezielt gefördert werden.[838] *Internationale Personaltransfers* (angels.: *Expatriates*) in multinationalen Unternehmen werden damit nicht nur zum Mittel der individuellen Mitarbeiterentwicklung, sondern können als Mittel der Organisationsentwicklung interpretiert werden. Auf Grund der physischen Distanzen müssen diese zusätzlich durch Informationstechnologie und elektronische Netzwerke (z.B. Intranets und Groupware) gestützt werden[839], so dass auch im Rahmen von Netzwerkbildung und -management eine *Hybridstruktur* anzustreben ist. Im täglichen Berufsalltag bilden sich informelle Gruppen immer dann, wenn Personen ein bestimmtes Problem lösen oder ein anderes gemeinsames Ziel erreichen wollen.[840] Die Mitgliedschaft dieser Gruppen entscheidet sich je nach der Fähigkeit Einzelner, praktisch wertvolle Informationen beizusteuern.[841] Wissensschaffung erstreckt sich also nicht nur auf große Innovationen, sondern auch auf das Lernen von Dingen, die die tägliche Arbeit weiterentwickeln können.

Ein Netzwerk zeichnet sich somit prinzipiell durch ein gemeinsames Basisinteresse seiner

[837] Vgl. [REINMANN-ROTHMEIER 1999, S. 73].
[838] Vgl. [BLAICH 2003B, o.S.], [PROBST ET AL. 1999, S. 241], [REINMANN-ROTHMEIER 1999, S. 235].
[839] Vgl. [PROBST ET AL. 1999, S. 221-236], [PROBST/ROMHARDT 1997, S. 138f.], [ROEHL/ROMHARDT 1997, S. 44].
[840] Vgl. [NONAKA/TAKEUCHI 1997, S. 106f.], [ILOI 1997B, S. 17].
[841] Vgl. [NONAKA 1994, S. 23].

Mitglieder, konsequente Personenorientierung und die Freiwilligkeit der Teilnahme aus. Auch gegenseitiges Vertrauen für und durch die Wissensteilung sowie ein ständiger Dialog sind **Merkmale** einer Community of Practice.[842] Die Anerkennung durch Kollegen, Vorgesetzte und durch die Geschäftsleitung gilt dabei als notwendige Rahmenbedingung, durch die die Beteiligung an und Nutzung von Communities gefördert wird.[843] Trotz der allgemeinen Funktionstüchtigkeit einer CoP in der Virtualität sind neben informationstechnischen und kommunikativen Plattformen *regelmäßige physisch-persönliche Kontakte* unerlässlich. So müssen sich die Teilnehmer einer Gruppe - trotz der hohen Kosten für die raum-zeitliche Überbrückung[844] - z.B. speziell für die Sozialisation von Wissen persönlich kennen lernen[845], einen gemeinsamen Raum teilen und Zeit miteinander verbringen[846]. Die Beziehungen zwischen den Teilnehmern beruhen auf dem Tauschprinzip. Kommunikation in Netzwerken folgt damit radikal anderen Gesetzmäßigkeiten als Prozesse des geregelten Informationsaustauschs in hierarchisch gegliederten Unternehmen. Mitarbeiter tauschen dabei in vertrauten und anerkennenden Konstellationen vorrangig dann Wissen aus, wenn aus der Perspektive des Mitarbeiters keine besonderen Mühen damit verbunden sind. Mühevolle Tätigkeiten werden erst dann erledigt, wenn sie ernsthaft durch das Management gefordert und/oder vom Mitarbeiter als wesentlicher Teil seiner täglichen Arbeit (z.B. als Teil eines Projektberichts) angesehen und akzeptiert werden.[847]

Durch die Verknüpfung internen Wissens wird im Rahmen von Netzwerken zwischen Personen und/oder Gruppen neues Wissen im Sinn neuer Problemlösungsfähigkeiten generiert. Das Problem für viele Organisationen liegt jedoch in der mangelnden Nutzung von Expertennetzwerken. So können z.B. neue Mitarbeiter oft nur unzureichend in das komplexe Beziehungsgeflecht ihrer Vorgänger eingeführt werden.

Es wird daher häufig versucht, mittels einer **bewussten Steuerung** in die Entstehung und Weiterentwicklung von Netzwerken einzugreifen. Es wird z.B. versucht, Netzwerke über *Mitarbeiterbefragungen* sichtbar zu machen, so dass als Ergebnis Darstellungen von Beratungs-, Vertrauens- und Kommunikationsnetzen entstehen, die in anschaulicher Form die verschiede-

---

842 Vgl. [NONAKA 1994, S. 24].
843 Vgl. [IFEM 2002, S. 6].
844 Vgl. [KUTSCHKER 1996, S. 17].
845 Vgl. [IFEM 2002, S. V].
846 Vgl. [NONAKA/TOYAMA ET AL. 2000, S. 15].
847 Vgl. [IFEM 2002, S. 6].

nen Beziehungsqualitäten darstellen.[848]

Auch über die Einrichtung so genannter *Gelber Seiten* (angels.: *Yellow Pages*) bzw. *Expertenverzeichnisse*, die u.a. Problemlösungsfähigkeiten und Erfahrungen einzelner Organisationsmitglieder enthalten, sollen (Erst-)Kontaktmöglichkeiten geschaffen werden. Die wichtigen Elemente der Yellow Pages sind daher Funktions-, Team- und Projektbeschreibungen sowie die detailliert erläuterten Wissensfelder.[849] Während die frühere Praxis, gedruckte Personalhandbücher und Verzeichnisse verfügbar zu machen, u.a. an hohen Erstellungs-, Druck- und Distributionskosten sowie an mangelnder Akzeptanz durch Medienbrüche (Buch-Brief-Telefon) scheiterte, hat die Erstellung, Aktualisierung und Distribution elektronischer Mitarbeiterprofile in firmeneigenen Intranets schon weite Verbreitung gefunden[850]. Unter Berücksichtigung datenschutzrechtlicher Gesichtspunkte ermöglichen diese eine organisationsweite Suche nach Experten für spezifische Fragestellungen. Die elektronische Form ermöglicht die Vermeidung von Medienbrüchen, da durch Hyperlink-Strukturen die direkte Kontaktaufnahme des Wissensnachfragers mit dem Wissensträger, zum Beispiel per E-Mail, erreicht wird. Darüber hinaus ermöglicht die informationstechnische Nutzung des Interessenprofils die automatisierte Auswahl und Zustellung der für das Organisationsmitglied relevanten Informationen. Dies führt zu einer gezielten Versorgung des Experten mit für ihn wesentlichem Wissen und erleichtert ihm die Identifikation in der Organisation vorhandener, bisher unbekannter Wissenspotenziale. Zusätzlich wirkt dies als Motivationskomponente für eine ständige Aktualisierung des eigenen Mitarbeiterprofils.

Für die **Wirksamkeit** von CoPs bedarf es jedoch zusätzlicher räumlicher und organisatorischer Strukturen[851], obwohl die personellen Netzwerke in der Regel auch nur in geringem Umfang vom Management beeinflussbar sein werden[852]. Sie müssen jedoch aktiv unterstützt und nicht durch Pläne oder Befehle der Zentrale gesteuert werden[853], da Kreativität und Spontaneität weitere Merkmale und wohl auch das „Erfolgsgeheimnis“ dieser Netzwerke sind, die bei einer zu starken Regulierung verloren gingen[854]. Ein angepasstes Führungsverhalten und die notwendige Kultur sind auch hier wieder notwendige Gestaltungselemente, die über eine

---

848 Vgl. [PROBST ET AL. 1999, S. 126].
849 Vgl. [BERG 1998, S. 76].
850 Vgl. [ZACCONI 1998, S. 52].
851 Vgl. [ILOI 1997B, S. 17].
852 Vgl. [AHLERT/ZELEWSKI 2003, S. 89].
853 Vgl. [NONAKA/TOYAMA ET. AL. 2000, S. 20].
854 Vgl. [ENKEL/BACK 2002, S. 154], zitiert in [AHLERT/ZELEWSKI 2003, S. 89].

Kontextsteuerung entsprechend wirken. Hier gilt das Motto „So viel Freiheit wie nötig, so wenig Steuerung wie möglich". Da bei Wissensnetzwerken Nutzungsbarrieren auf struktureller, persönlicher, politischer und kultureller Ebene auftauchen können[855], sind die Aspekte Führung und Kultur jedoch nur als eine Auswahl zahlreicher notwendiger Aktivitäten aufzufassen.[856] Neben vielen inhärenten Vorteilen, die bereits in den vorhergehenden Beschreibungen deutlich geworden sind, können zusätzlich die folgenden positiven Aspekte von Netzwerken im Allgemeinen und Communities of Practice im Speziellen zusammengefasst werden:

Positive Aspekte & Vorteile	Quelle
Ausgeprägter Einfluss auf die Organisation, in einigen Fällen Verdrängen oder Ersatz der offiziellen organisatorischen Struktur möglich.	[ILOI 1997B, S. 17]
Überwindung des Gegensatzes zwischen lokaler Orientierung und Globalisierung über multi-lokales und globales Netzwerk-Management möglich.	[NONAKA/TAKEUCHI 1997, S. 131]
Quantitatives Wachstum der Wissensbasis wird durch Zugriff auf externe Wissensbestände möglich; die Kombination von Kernkompetenzen ermöglicht den Aufbau neuer Kompetenzen und die flexible Nutzung von Marktchancen; inter-organisationales Lernen wird u.a. über Prozessintegration und Best Practices möglich, was zu einer qualitativ gesteigerten Nutzung von Wissensressourcen führt.	[BLAICH 2003, S. 26]
Durch Interaktion von Individuen untereinander und mit der Umwelt wird Wissen erzeugt.	[NONAKA/TOYAMA ET AL. 2000, S. 8]
Vernetzung mit Schlüsselkunden hilft mehr zu erfahren, wie die Dienstleistung beim Kunden ankommt bzw. wie die tatsächliche Nutzung eines Systems ist. Das Erleben mit dem Kunden führt dazu, mit der eigenen Anschauung das Gesamtbild zu komplettieren und ein ganzheitliches Verständnis der komplexen Kundenbedürfnisse zu entwickeln.	[PROBST ET AL. 1999, S. 166f.]
Konflikte in der Internationalität können in Innovationschancen verwandelt werden.	[NONAKA/TAKEUCHI 1997, S. 251]
In Internationalisierungsarenen sind sachbezogene Meinungsbildung, Aufbau persönlicher Beziehungen, organisationales Lernen und Wissenstransfer möglich.	[KUTSCHKER 1996, S. 16]
Es besteht eine signifikante Korrelation von Umsatz-/Mitarbeiterwachstum bzw. -sicherung und dem regelmäßigen Einsatz von Methoden zum Aufbau von Netzwerken.	[BULLINGER/WÖRNER ET AL. 1997, S. 38]
Eine gezielte Entwicklung innovativer strategischer Themen oder von Lösungsmethoden aus verschiedenen Projektergebnissen wird möglich.	[BLESSING/BACH 2000, S. 271]
Wissensinseln persönlicher, funktionaler oder geographischer Art können in einen gesamten Wissensfluss integrieren werden.	[PROBST ET AL. 1999, S. 241]
Identifikation von Best Practices und Lessons Learned	[BULLINGER/WÖRNER ET AL. 1997, S. 27]
Netzwerk von Kooperationen oder mit unterschiedlichen Partnern reduziert naturgemäß die Abhängigkeit von einem einzelnen Lieferanten oder Partner.	[KUTSCHKER 1992, S. 502]
Technologievorsprünge über Einbindung von Experten aus anderen Ländern/Regionen oder über Planungsteams, die zur Trendbeobachtung ins Ausland geschickt werden	[NONAKA/TAKEUCHI 1997, S. 113]

Tabelle 3-8: Positive Aspekte von Netzwerken im Allgemeinen und Communities of Practice im Speziellen

855 Vgl. [PROBST ET AL. 1999, S. 124].

856 Eine umfassende Darstellung aller Facetten der Gestaltung und Steuerung von Communities of Practice würde im Rahmen dieser Arbeit zu weit reichen. Es sei daher auf weiterführende Literatur verwiesen.

Anhand der nachfolgenden **Beispiele**[857] **6 und 7** soll die momentane Ausprägung von Hochleistungsteams in der Praxis der Beratungsbranche verdeutlicht werden:

> Bei McKinsey existieren Netzwerkformationen für ausgewählte Branchen und aktuelle Spezialthemen in Form von Think Tanks. In ihnen werden von erfahrenen Beratungsspezialisten neben der regulären Projektarbeit Projekterfahrungen gebündelt, weiterentwickelt und kommuniziert. In Special Interest Groups kommen Mitarbeiter aus allen weltweit verstreuten Büros regelmäßig zusammen und entwickeln dabei auch ihr eigenes Fachwissen weiter. Das jeweilige Wissen steht dann in komprimierter Form als Lessons Learned der gesamten Organisation zur Verfügung. Jungberater können sich über diese Wissenspakete ein fundamentiertes Know-how aneignen und dieses dann in neuen Projektansätzen kapitalisieren. Bei Rückfragen besteht die Möglichkeit, die entsprechenden Netzwerkteilnehmer direkt zu kontaktieren. Das schon einmal angeführte Rapid Response Network kann hierbei als Beispiel für einen Netzwerkknoten und Intermediär dienen, da bei zentralen Anfragen nicht nur auf Dokumente und diverse Systeminhalte, sondern auch auf weitere Experten verwiesen wird.
>
> Bei Arthur Andersen organisieren sich Netzwerke in sog. Competence Centers, die u.a. die Verdichtung kommentierter Projektberichte auf Best Practice Niveau übernehmen. Dieses geschieht z.B. in Form von CDs mit allen Global Best Practices, die dann von den Beratern auch beim Kunden vor Ort mit Hilfe portabler Rechner studiert und verwertet werden können.

In den bisherigen Ausführungen wird deutlich, das mit Hilfe der internen und externen Vernetzung die Bildung virtueller Hochleistungsteams ermöglicht wird, welche durch eine verbesserte Kommunikation, Generierung und Wiederverwendung von Wissen in der Internationalität zu erheblichen Leistungssteigerungen der Organisation führen können. Unternehmen und Unternehmensmitglieder sind daher gefordert, nicht mehr als reine Prozessverarbeiter zu denken, sondern proaktiv, dynamisch und fortwährend mit der Umwelt zu interagieren.[858]

Die dynamische Verknüpfung von Gruppen und Individuen über verschiedene Organisationsprinzipien hinweg zum Zwecke der Optimierung der Wissensgenerierung haben Nonaka et al. in Form der Hypertext-Organisation der wissenschaftlichen Gemeinschaft vorgestellt. Da diese einen erheblichen Schritt in Richtung der Gestaltung einer virtuellen Hochleistungsorganisation darstellt, soll deren Organisationsprinzip nachfolgend abrissweise vorgestellt werden.

3.3.1.3 Hypertext-Organisation

Traditionelle, starre Organisationsstrukturen weisen eine Vielzahl von Kritikpunkten auf.[859] Dabei sollte gerade ein nach Größe und Komplexität wachsendes Unternehmen gleichzeitig

---

[857] In Anlehnung an [Probst et al. 1999, S. 120, S. 201 u. S. 240ff.], ergänzt um eigene Erfahrungen.

[858] Vgl. [Nonaka/Byosiere et al. 1994, S. 338].

[859] Siehe die Aufzählung bei [Nonaka/Takeuchi 1997, S. 182].

die Effizienz auf Ebene der Zentrale und die Flexibilität auf lokaler Ebene maximieren.[860] Hierfür sind jedoch neue Strukturen oder die Kombination zweier Organisationstypen notwendig. Infrastrukturen, die quer zur Hierarchie verlaufen, bieten dabei eine Reihe von Vorteilen. Sie erlauben u.a. das bedarfsgerechte und fallweise Zugreifen auf im Unternehmen vorhandenes Wissen und ermutigen unter Berücksichtigung von Benutzerorientierung und Anreizsystem zur (Ver-)Teilung und Selbstorganisation von Wissen.[861] Neben die historisch gewachsenen Organisationsstrukturen müssen daher interessen- oder themengeleitete Strukturen treten, die die Grundlage von effizienten Wissensnetzwerken bilden.

NONAKA ET AL. haben in diesem Kontext eine neue Organisationsform entwickelt, die starre Strukturen bzw. traditionell hierarchische Konzepte mit flexiblen Systemen (Gruppenkonzepte bzw. Knowledge Networks) koppelt, um eine neue Balance zu erreichen.[862] Dieses unter dem Begriff der **Hypertext-Organisation** bekannt gewordene Organisationsmodell versteht die Organisation als Zusammensetzung verschiedener Schichten oder Kontexte.

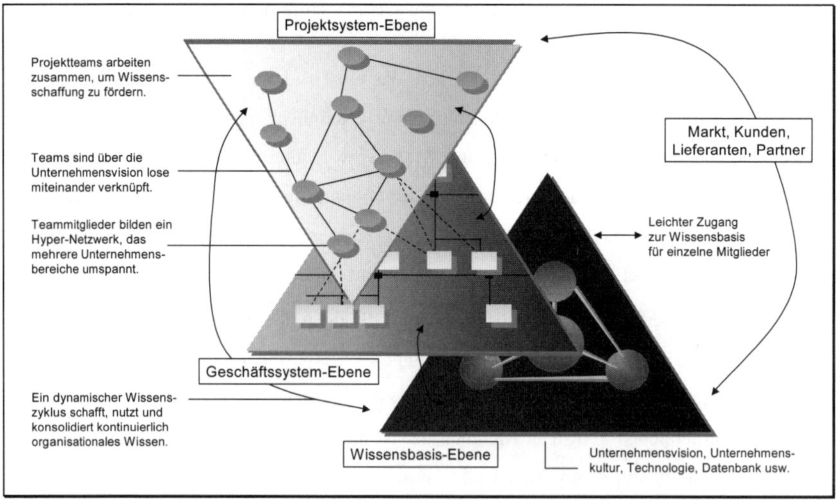

Abbildung 3-5: Hypertext-Organisation[863]

In ihm koexistieren *drei Strukturebenen:* die Geschäftssystem-, die Projektteam- und die Wissensbasis-Ebene. Die Mitarbeiter einer solchen Organisation haben die Fähigkeit - ähnlich den Links in einer Hypertext-Datei (z.B. ein Set von Internet-Seiten) - mühelos durch alle drei

860 Vgl. [NONAKA/TAKEUCHI 1997, S. 188].
861 Vgl. [PROBST ET AL. 1999, S. 240].
862 Vgl. [NONAKA 1994, S. 17], [NONAKA/TAKEUCHI 1997, S. 31].
863 In Anlehnung an [NONAKA 1994, S. 34], [NONAKA/TAKEUCHI 1997, S. 191].

Ebenen hindurchzunavigieren, d.h. sie erfüllen Funktionen innerhalb des Geschäftssystems, denken und entscheiden variabel und prozessorientiert in wechselnden Projektteams und speisen, nutzen und reflektieren die Wissensbasis. „Hypertext" wird dabei als organisatorisches Design und strukturelle Basis zur Wissensgenerierung verstanden.[864] Diese Fähigkeit, zwischen verschiedenen Kontexten der Wissensgenerierung umschalten zu können, soll als Kernfunktion die Verknüpfung von Effizienz (durch Routine und Stabilität einer Hierarchie) und Effektivität (durch Flexibilität und Dynamik von Teams und Netzwerkgruppen) ermöglichen.

Die Überlegungen zu diesem Gestaltungskonzept sind vor dem Hintergrund entstanden, dass eine flache und flexible Organisationsstruktur mit Vernetzung die Vielfalt im Unternehmen fördert.[865] Hierbei wurden auch die Merkmale anderer neuer Organisationsformen (z.B. Spinnennetz) berücksichtigt, die sich in flachen, konstant dynamischen Strukturen, Förderung der Selbstverantwortung im Umgang mit Kunden und einer Betonung der großen Bedeutung von Kompetenzen ausdrücken.[866]

Das Hypertext-Konzept darf aber nicht mit einer Matrix-Organisation[867] verwechselt werden. Eine Unterscheidung findet nach NONAKA ET AL.[868] vor allen in den folgenden Punkten statt:

- In der Matrix muss ein Organisationsmitglied gleichzeitig zwei Strukturen angehören oder berichten; bei der Hypertext-Organisation existiert zu einem gegebenen Zeitpunkt nur eine Struktur.
- Die Wissensschaffung ergibt sich ganz natürlich aus der Hypertext-Organisation; eine Matrix-Organisation orientiert sich nicht primär an der Wissensumwandlung.
- Bei der Hypertext-Organisation wird Wissen von Schicht zu Schicht und zeitlich flexibel verbunden; in der Matrix besteht die Gefahr der Isolation/Abschottung der Matrixdimensionen.
- Die Projektschicht der Hypertext-Organisation sorgt für die Konzentration von Ressourcen.
- Die Kommunikation ist intensiviert und verkürzt, da Projekte der Hypertext-Organisation direkt der Unternehmensführung unterstehen.
- Die Hypertext-Organisation ist explizit als offenes System konzipiert, das über die Interaktion mit Kunden und anderen auch unternehmensexternes Wissen umwandelt; die Matrix ist eine Organisationsstruktur mit primärem Fokus auf die Innensicht.

Um aber ein Organisationsmodell wie die Hypertext-Organisation letztendlich in die Praxis zu überführen, ist bei den Organisationsmitgliedern ein Wandel einzuleiten, der in Anlehnung

---

864 Vgl. [NONAKA 1994, S. 32].
865 Vgl. [NONAKA/TOYAMA ET AL. 2000, S. 28].
866 Vgl. [NONAKA/TAKEUCHI 1997, S. 183].
867 Siehe Kapitel 2.2.1.2.
868 Vgl. [NONAKA/TAKEUCHI 1997, S. 193].

an KUTSCHKERS[869] Aussagen zu einer transnationalen Unternehmung wie folgt umschrieben werden kann: Da über laterale Strukturen der Transfer weit gestreuter und interdependenter Ressourcen, Fähigkeiten und Kompetenzen ermöglicht werden soll, ist in den Köpfen der Mitarbeiter die notwendige Matrix zu verankern, die keine physischen Grenzen kennt. Der Mitarbeiter sollte idealerweise permanent unterschiedliche funktionale, prozessuale oder regionale Perspektiven in seinem Kopf vereinen.

Gelingt dieses, wäre ein weiterer Schritt in Richtung einer virtuellen Hochleistungsorganisation getan. Mit Verweis auf die vorherigen Kapitel und die Ausführungen zur Struktur der Hypertext-Organisation kann daher für das internationale Wissensmanagement in Beratungsunternehmen abgeleitet werden, dass zukünftig Berater in Kunden- und internen Projekten, Mitglieder der formalen Organisation sowie diverse interne und externe (unter Einbezug von Kunden, Lieferanten und Partnern) Netzwerkformationen dynamisch und virtuell miteinander verlinkt werden müssen.

Da sich heutzutage immer mehr Unternehmen um die Kernprozesse herum organisieren[870], gilt auch für die Wissensorganisationen, dass neben der Vernetzung der Organisation die jeweiligen Kernprozesse modernisiert und die Erbringung der vorrangigen Leistungen wissensbasiert gestaltet werden müssen. Für Beratungsunternehmen bedeutet dieses im Besonderen die wissensbasierte Gestaltung des Projektprozesses und dessen Integration in eine Netzwerkstruktur.

3.3.2 Der Prozess der Projektdurchführung als internationale Wissensbasis

Neben den organisatorischen Strukturen spielen die Prozesse, deren Gestaltung und Ausführung eine immer größere Rolle für das Agieren der Unternehmen auf den internationalen Märkten. Hierbei kommt es nicht darauf an, die Anforderungen in immer neuen Prozessen abzubilden, sondern die Prozesse derart zu modernisieren und zu verbinden, dass eine durchgängige Wertschöpfungskette unter Einbindung von Lieferanten und Kunden möglich wird. Erst so werden Synergiepotenziale erschlossen, Stärken des Unternehmens ausgenutzt und Möglichkeiten für neue Betätigungsfelder geschaffen.

Die Abbildung 3-6 gibt ein Bild möglicher Prozessketten eines Beratungsunternehmens unter Berücksichtigung der Vernetzungsthematik wider. Der Projektprozess ist dabei nicht nur der Kernprozess für Beratungsunternehmen, sondern auch der Kernprozess der Entwicklung von

---

[869] Vgl. [KUTSCHKER 1999, S. 1190].
[870] Vgl. [PROBST ET AL. 1999, S. 117].

Produkten und Dienstleistungen und gilt als Best Practice-Kandidat für Wissensmanagement in Geschäftsprozessen.[871]

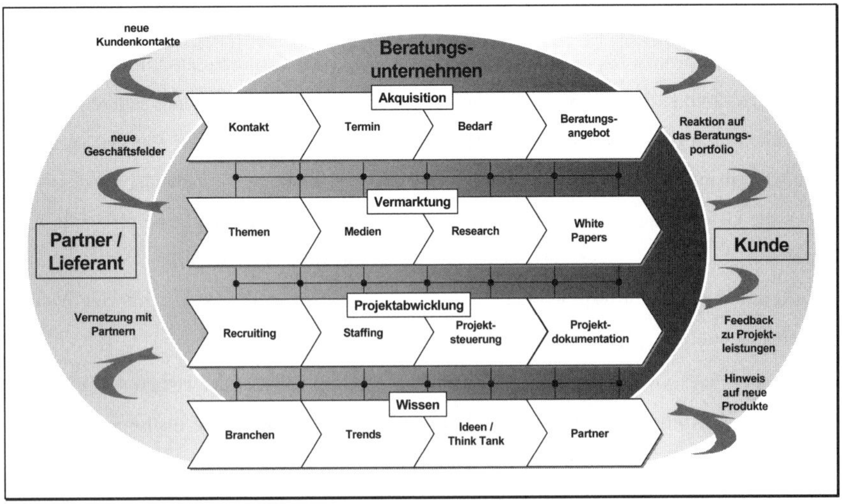

Abbildung 3-6: Mögliche Prozessketten eines Beratungsunternehmens

Die Projektarbeit „macht ca. 80-90% der Beratertätigkeit aus und stellt damit den mit Abstand wichtigsten Ort für die Prozesse des Wissenstransfers, der Wissensgenerierung und der Wissensanwendung dar.“[872] Es ist jedoch davon auszugehen, dass die Internationalität von Prozessen besondere Probleme des Prozessmanagements hervorruft. Hierbei gilt zunehmend als Nebenbedingung, dass Zielkonflikte zwischen Zeit, Kosten und Qualität von Geschäftsprozessen nicht substitutiv, sondern komplementär zu lösen sind.[873] Dieses gilt insbesondere als Herausforderung für die Kombination von Internationalität und Wissensmanagement.

Die Prozessorientierung meint eine an Geschäftsprozessen ausgerichtete Unternehmensgestaltung. Ein *Geschäftsprozess* besteht dabei aus einer Kette von Aktivitäten, die inhaltlich abgeschlossen sind und unter Zuhilfenahme von Ressourcen und eingehenden Informationen durch Menschen und/oder Maschinen auf ein Unternehmensziel hin ausgerichtet werden.[874] Der Prozess entsteht[875], wenn Ereignisse in Form von Veränderungen an Objekten, in den Be-

---

[871] Vgl. [HEISIG/VORBECK 1998, S. 37].
[872] Vgl. [PETERSON 2001, S. 12].
[873] Vgl. [KUTSCHKER 1996, S. 6]. Dieses gilt auf Grund der Erweiterung des Projektzielkonfliktes durch zwei weitere Dimensionen „Beteiligte“ und „Methoden/Tools“ auch für das „magische Fünfeck“. Vgl. [HEILMANN 2001, S. 49f.].
[874] Vgl. [MAURER/SCHWICKERT 1998, S. 9], zitiert in [SCHREINER/HERTEL ET AL. 2001, S. 11].
[875] Vgl. [KUTSCHKER 1996, S. 3].

ziehungen und an den Potenzialen der Aktoren logisch aufeinander bezogen sind. Um die Willkürlichkeit des möglichen Verlaufs durch wiederkehrende Muster zu unterdrücken, existieren in Organisationen Regeln, Routinen, Zweckmäßigkeitsüberlegungen und Erfahrungen.

Wissensmanagement weist einen engen Bezug zu den Geschäftsprozessen auf.[876] Daher fordern u.a. SCHREINER/HERTEL ET AL.[877], dass Wissensmanagementprojekte mit anderen organisatorischen Projekten gekoppelt und nicht isoliert betrieben werden sollten. Ein **viel versprechender Ansatz** bei der Gestaltung neuer und der Umgestaltung bestehender Prozesse ist dabei, die Geschäftsprozesse gezielt wissensunterstützt zu strukturieren. Eine effiziente Ablauforganisation hat deshalb die Fragen der länderübergreifenden Koordination, Kontrolle und Kommunikation zu beantworten[878], denn bei der Arbeit in Projekten wird viel Wissen eingebracht und viel gelernt[879].

Die Begriffe *Lessons Learned* und *Best Practices* sind im Verlauf der bisherigen Arbeit in verschiedenen Kontexten häufiger angeführt worden. Da sie bedeutende Instrumente des internationalen Wissensmanagements sowohl zur Erfahrungssicherung als auch zum Transfer und zur Anwendung von Wissen im Rahmen der Projektarbeit darstellen, sollen nun die Facetten **Projektaktivitäten zur Erstellung und Verwendung von Lessons Learned und Best Practices**, **Prozesseinbindung** und **inhaltliche Ausprägungen** dargestellt werden. **Weitere Potenziale** unter Berücksichtigung der Vernetzungsthematik komplettieren dieses Kapitel.

Obwohl schon im Jahr 1997 eine hohe Korrelation von Umsatz-/Mitarbeiterwachstum und dem systematischen, häufigen Sichern von Expertenwissen bzw. dem systematischen Transfer von Best Practices bestand[880], fehlen immer noch im speziellen ausgearbeitete Methoden zur effizienten Dokumentation von Erfahrungen und zur Erschließung des internen Wissens der Erfahrungsträger sowie entsprechende Trainingskonzepte für Projektleiter und Projektmitarbeiter.[881]

Das Best Practice Potenzial der *Sicherung von Projekterfahrungen* wird damit im Allgemeinen kaum genutzt. Die folgenden Aussagen verdeutlichen diesen Sachverhalt:

---

876 Vgl. [ALLWEYER 1998, S. 38], zitiert in [SCHREINER/HERTEL ET AL. 2001, S. 15].
877 Vgl. [SCHREINER/HERTEL ET AL. 2001, S. 16].
878 Vgl. [PERLITZ 1997, S. 619].
879 Vgl. [AHLERT/ZELEWSKI 2003, S. 100].
880 Vgl. [BULLINGER/WÖRNER ET AL. 1997, S. 38f.].
881 Dieses verdeutlicht u.a. die Tatsache, dass auch im Jahr 2001 auf der nur zweijährig stattfindenden GI-Fachtagung „Management und Controlling von IT-Projekten" ein wissensbasiertes Projektmanagement immer noch kein Thema war. Siehe zu den Tagungsinhalten [RICHTER 2001].

- Gerade in internationalen Organisationen ist es oft schwierig, auf die Erfahrungen von Projekten, die schon länger abgeschlossen sind, zurückzugreifen[882].
- 70% der Befragten halten Cross-Region Projektinformationen und -referenzen für ein geeignetes Mittel, um die Barrieren in der Projektinitialisierung zu beseitigen, bemängeln aber deren unzureichendes Vorhandensein und deren schlechte Qualität[883].
- Über 50% der Unternehmen beklagen Wissensverluste bei der Auflösung temporärer Strukturen[884].
- Wissen, das aus seinem Kontext gerissen wird, kann leicht seine problemlösende Kraft und damit seinen Wert verlieren[885].
- 82% der befragten Unternehmen sind in der Erschließung von implizitem Erfahrungswissen und 48% sind in der systematischen Aufbereitung von Erfahrungswissen erst sehr schlecht bis mittelmäßig[886].
- Die Beschäftigung mit Verbesserungsideen und Innovationen geht häufig in der operativen Hektik unter[887].
- Ehemalige Projektmitglieder verbleiben in den Teams, weil ihr implizites Wissen noch weitergebraucht wird[888].
- Trotz hohen Aufwands wird ein großer und wichtiger Teil des Wissens von Experten nie explizierbar sein und damit besteht immer die Gefahr der Abwanderung bzw. des Wissensverlustes für die organisationale Wissensbasis[889].
- Die Identifikation und Aufbereitung von Expertenwissen erfolgt nur ansatzweise über nicht-standardisierte und noch geringer über standardisierte Dokumentation[890].
- Wegen der zeitlichen Begrenztheit kann das in der Gruppe neu geschaffene Wissen nach Abschluss des Projektes kaum an andere Unternehmensangehörige weitergegeben werden[891].

Die gängige Projektdokumentation orientiert sich immer noch stark an den gesetzlichen Vorschriften. Die wissensbasierte Projektdokumentation muss aber u.a. das konkrete Vorgehen, die dedizierten Probleme und deren Lösungen sowie Randbedingungen beschreiben, um die Möglichkeit zum organisationsweiten Lernen zu eröffnen. Hier kann z.B. die Erstellung eines *Know-how Sicherungsplanes*[892] wertvolle Hilfe leisten. Verschiedenartige Protokolle und andere Dokumentationstechniken (z.B. Erfahrungsgeschichten) können helfen, Gruppenerfahrungen festzuhalten und für andere nachvollziehbar zu machen.[893] Auch kollektive Begriffs-

882 Vgl. [PROBST ET AL. 1999, S. 120].
883 Vgl. [LEVEC 2002, S. 59].
884 Vgl. [TROJAN 2002B, S. 2].
885 Vgl. [PROBST ET AL. 1999, S. 153].
886 Vgl. [HEISIG/VORBECK 1998, S. 31].
887 Vgl. [PROBST ET AL. 1999, S. 188].
888 Vgl. [NONAKA/TAKEUCHI 1997, S. 121].
889 Vgl. [PROBST ET AL. 1999, S. 196].
890 Vgl. [BULLINGER/WÖRNER ET AL. 1997, S. 36].
891 Vgl. [LEVEC 2002, S. 62], [NONAKA/TAKEUCHI 1997, S. 182].
892 Vgl. [HEISIG 1998B, S. 4].
893 Vgl. [PROBST ET AL. 1999, S. 308].

bildungen helfen zur Verankerung und Bewahrung zentraler Ideen und Vorstellungen.[894]

Das Projektmanagement kann von den Erfahrungen des Wissensmanagements lernen.[895] Im Kontext der Erfahrungssicherung und -wiederverwendung ist daher das **(Project-)Briefing** näher zu beleuchten, das durch Kodifizierung von Mitarbeiterwissen bereits für eine Vielzahl von Unternehmen Nutzen gestiftet hat[896]. Es können hierbei Extrakte aus unzähligen Beispielen der Beratungsbranche[897] entnommen werden, da die Beratungsunternehmen als Vorreiter im Management von Projekterfahrungen gelten[898]. Dieses ist jedoch vorsichtig zu handhaben, da der bisherige Fokus der Unternehmen auf der Wissensbewahrung lag, während die Aspekte der (Wieder-)Verwendung und Nutzung wenig berücksichtigt wurden.

Die Verarbeitung projektbezogener Erfahrungen und hier im Speziellen das Instrument der *Lessons Learned* sind als besonders alltagstauglich zu bezeichnen und werden immer wieder als probates Mittel zur Entwicklung und Nutzung von Wissen bezeichnet.[899] Sie bilden den Mittelpunkt des Interesses, da der kollektive Lernprozess erst durch die Dokumentation kritischer Erkenntnisse und Problemstellungen beginnt.[900] Das Potenzial unterschiedlicher Einschätzungen erschließt sich dabei durch die Evaluation und Selbstreflexion, da einerseits individuelle Lernprozesse angestoßen werden und andererseits das Wesentliche der Erfahrungen für nachfolgende Projektteams zur erneuten Nutzung erhalten bleibt.[901] Denn nur wer schnell und einfach auf Vorhandenes zurückgreifen kann, gewinnt Freiräume für kreative neue Lösungsoptionen.[902]

Die Erfahrungsbildung in Gruppen wirkt dabei über die Öffnung kollektiver Erfahrungshorizonte auf die Weitergabe individuell-impliziten Wissens an andere Organisationsmitglieder und ermöglicht den Aufbau eines gemeinsamen Verständnisses für Probleme.[903] Dabei muss die Organisationskultur eine individuelle Bereitschaft zur Diskussion aufgetretener Fehler

---

[894] Die Aussagen über Verständigung, Verständnis und einheitliche Sprachregelung, die in diesem Kapitel getroffen werden, greifen nochmals den Themenkomplex „Sprache" aus Kapitel 3.2.1.3 auf und vervollständigen somit diesen Aspekt.

[895] Vgl. [HEISIG 1998B, S. 3].

[896] Vgl. [TROJAN 2002B, S. 2].

[897] Siehe u.a. [SCHULZE 2002], [BLESSING 2001], [MERTINS/HEISIG ET AL. 2001], [LINKAGE 2000], [IGL/LEHNER 2000].

[898] Vgl. [PROBST ET AL. 1999, S. 120].

[899] Vgl. u.a. [SCHINDLER 2000]. Zu diesem Ergebnis kommt auch die Cross-Regionale Projektstudie, die der Autor bei SOFTLAB durchgeführt hat.

[900] Vgl. [BULLINGER/WARSCHAT ET AL. 1998, S. 15].

[901] Vgl. [PROBST ET AL. 1999, S. 211ff.].

[902] Vgl. [HEISIG 19989B, S. 8].

[903] Vgl. [ILOI 1997B, S. 7].

fördern, da die Bereitschaft des Einzelnen zur freiwilligen Offenlegung von Irrtümern essenziell für den kollektiven Lernprozess ist. Während also ein klassischer Projektablauf lediglich die team-individuelle Wissensentwicklung fördert, ermöglicht die Integration der Lessons Learned in den Projektablauf eine effektive Multiplikation der im Rahmen des Projektes erworbenen essenziellen Erfahrungen. Diese können in einem Kreislauf immer wieder neuen Projekten zugeführt werden.

Die nachfolgende Abbildung macht das bisherige Verständnis von Lessons Learned deutlich, bei dem diese nicht als Ideenlieferanten und Innovationsmotor betrachtet werden, sondern eher als kontinuierliche Verbesserungsmaßnahme (z.B. „Wer machte was wie in einem ähnlichen Projekt bzw. was lief warum falsch?") im laufenden Projektprozess. Ob die Lessons Learned dabei vorrangig als physische Wissensträger (z.B. in Form von Dokumenten) verstanden werden oder als Prozess mit Lessons Learned am Anfang und am Ende, wird nicht deutlich. Beide Punkte sind auf jeden Fall kritisch und als nicht mehr zeitgemäß zu werten.

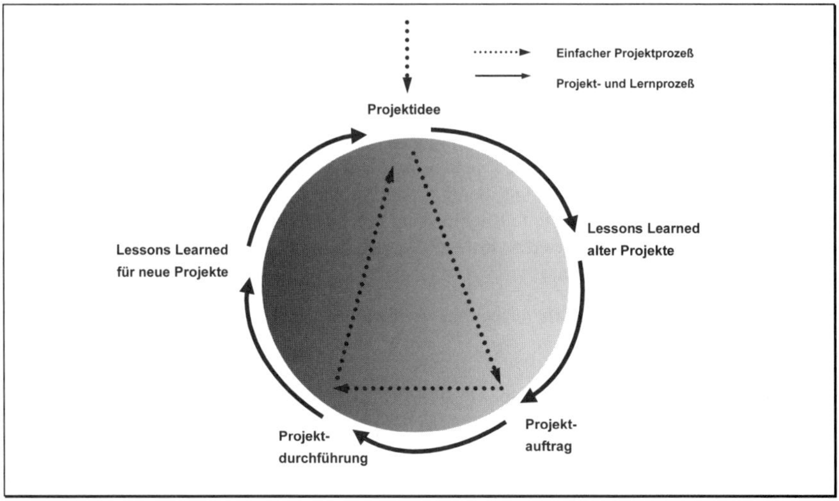

Abbildung 3-7: Wissensmultiplikation im Projektprozess durch Lessons Learned[904]

Wissensbewahrungsroutinen müssen auf Kernbereiche konzentriert werden (z.B. Wissen über den Kunden) und sollten einen deutlichen Bezug zu speziellen Problembereichen (z.B. Projektabwicklung) herstellen. Nur was in der Zukunft für Dritte nutzbar sein könnte, verdient es, bewahrt zu werden. Es ist somit unsinnig, alles und jedes zu dokumentieren; man kann und

904 In Anlehnung an [PROBST ET AL. 1999, S. 211] und [BULLINGER/WÖRNER ET AL. 1998, S. 29].

soll nicht alles bewahren. Die Herausforderung liegt darin, wertvolle Erfahrungen von wertlosen zu trennen und sie in organisationale Systeme zu überführen, in denen sie für die Gesamtunternehmung nutzbar werden.[905] Hierzu braucht man Selektionsregeln. Dabei ist allerdings zu berücksichtigen, dass nur ein kleiner Teil der zukünftigen Informationsbedürfnisse abgeschätzt werden kann und daher die entsprechenden Selektionsgrenzen nicht zu eng gezogen werden dürfen. Auch sollte immer genügend Raum für Veränderungen und Erweiterungen dieser Regeln vorgesehen werden. Da eine Evaluation der Wissensaktivitäten im operativen Modus auch über das klassische Projektcontrolling betrieben werden kann[906], bietet sich die **Integration der Lessons Learned in den Projektprozess** z.B. mittels Knowledge Milestones, einer laufenden Dokumentation von Erfahrungen im gesamten Projektprozess und über die Aufnahme von Wissensdiskussionen in Projektsitzungen und Projektberichten an.

Um die Vorteile und Besonderheiten des Managements von Projekterfahrungen besser verstehen zu können, wird zum Aufbau eines gemeinschaftlichen Verständnisses für dessen Aufgaben und Inhalte eine **Arbeitsdefinition für Lessons Learned** entwickelt.

> Unter Lessons Learned wird eine Methodik verstanden, die mit dem Ziel der Sicherung, Übertragung und (Wieder-)Verwendung wertvollen Projektwissens die Umwandlung von internem zu externem zu internem Wissen unterstützt. Der zugehörige Prozess, bestehend aus den Aktivitäten Pre-Briefing, Briefing und De-Briefing, umfasst die Explizierung von Mitarbeiterwissen in Form von Lessons Learned- und Best Practice-Dokumenten, die Implizierung derer durch die Mitarbeiter bei der Durchführung der Aktivitäten sowie die gezielte Rückführung von Wissen in die Wertschöpfungskette der Organisation. Ein integriertes Rollenkonzept ermöglicht die effiziente Ausübung der notwendigen Aktivitäten.

Das *Pre-Briefing* wird dabei als initiierende Wissensaktivität vor oder zu Beginn eines Projektes, *Briefing* als kontinuierliches Aufnehmen und Abgeben externer und interner Wissensbestandteile im Projektverlauf und *De-Briefing* als finalisierende Wissensaktivität zum Schluss des Projektverlaufs verstanden. Die Gesamtaktivität eines Unternehmens in Form der Lessons Learned ist als eine rein positive zu verstehen, in der einzelne Mitarbeiter selbst durch Kommunikation und Reflexion ihres Wissens profitieren, während sie ihr Wissen in die Wissensbasis der Organisation einfließen lassen. Die Teilnahme der Mitarbeiter an den Lessons Learned ist als Auszeichnung zu verstehen, da das Unternehmen sie als „*Wissenshelden*" wahrnimmt, die externes Wissen produzieren und die durch den weiteren Einbezug in Lö-

---

905 Vgl. [PROBST ET AL. 1999, S. 296].
906 Vgl. [REINMANN-ROTHMEIER 1999, S. 276].

sungsprozesse ähnlicher Problemstellungen als „*Wissenspartner*“ fungieren.[907] Im Sinn dieser Definition ist eine Enteignung von Experten - trotz einiger Gegenstimmen[908] - nicht möglich.

Laut neuerer Studien[909] wird das relevante Wissen zu 57,8% von Experten selber festgehalten, 33,3% setzten spezielle Rollen (z.B. De-Briefer) ein. Bei dem festgehaltenen Wissen handelt es sich zu fast 50% um projektbezogenes, zu 23% um themenbezogenes und zu 15% um prozessbezogenes Wissen. Fast die Hälfte aller Unternehmen stellt das festgehaltene Wissen allen Mitarbeiter im Unternehmen zur Verfügung, fast 1/3 nur den nach Unternehmenseinheiten ausgewählten Mitarbeitern.

Mangelnde Zeit, abweichende Prioritäten und mangelnde Bereitschaft auf Grund Nichterkennens des Nutzens verhindern jedoch oft ein systematisches Aufarbeiten der Projektaktivitäten. Die mangelnde Mitarbeitermotivation und Probleme bei der Messung des Nutzens und beim Festhalten des Wissens derart, dass es von anderen einfach nachvollzogen werden kann, gelten daher als die *größten Probleme* bei den Briefing-Aktivitäten. In diesem Kontext gilt es die folgenden *Kriterien* zu beachten, die ein positives Umfeld für die *Durchführung* der Lessons Learned beschreiben:[910]

- Offenlegung sämtlicher Fehler ohne Geheimhaltung,
- Sofortige Auswertung und De-Briefing von Operationen und Projekten,
- Beteiligung des gesamten betroffenen Teams,
- Untersuchung auch der beteiligten Prozesse auf Fehler hin und nicht nur der Projektinhalte,
- Gegenseitige Überwachung ohne Vertrauensverlust.

Die Aufzählung macht deutlich, dass kulturelle, kontinuierliche, gruppenspezifische und organisationsweite Aktivitäten notwendig sind, um das gesamte Potenzial der Lessons Learned für eine Organisation auszuschöpfen. Werden die Problemfelder der Lessons Learned effizient bearbeitet und die Methodik vollständig in den täglichen Arbeitsablauf der Organisation integriert, können *weitere Potenziale* ausgeschöpft werden. So fördert die Durchführung der Lessons Learned-Workshops die Bildung von Communities of Practice über die eigentliche Projektzeit hinaus, was zu einer Stärkung des Gruppenkontextes in der Virtualität führt. Auch die Vermeidung der Wiederholung von Fehlern und das Sparen von Kosten durch Fehlervermeidung kann hauptsächlich durch das systematische Festhalten von Lessons Learned sowie

---

907 Vgl. [TROJAN 2003, S. 2].
908 Vgl. [BERGMANN 2001], [LITTGER 2001], die auf ein Interview mit VON ROSENSTIEL verweisen.
909 Vgl. [TROJAN 2003, S. 3ff.].
910 Vgl. [PROBST ET AL. 1999, S. 212].

deren Transfer an relevante Beteiligte gelingen.[911] Die Redundanz von Informationen im Unternehmen sorgt weiterhin dafür, dass jeder Mitarbeiter die Chance hat, ein *Knowledge Leader* für das ganze System zu werden.[912] Weiterführende Aktionen sind dann von denjenigen anzustoßen, die über das meiste relevante Wissen verfügen. Einzelne können dann dank redundanter Informationen die fachlichen Grenzen anderer überschreiten, ihnen aus anderer Perspektive heraus Ratschläge oder neue Aufschlüsse geben und somit ein Lernen durch Eindringen in individuelle Wahrnehmungssphären ermöglichen. NONAKA ET AL. nennen dieses Leadkonzept in der Gruppe oder der gesamten Organisation den „*Rugby-Style*".[913]

Mit neuen Technologien wie z.B. dem Workflow Management eröffnen sich zusätzliche Dimensionen der Bewahrung organisationalen Wissens. Jedoch ist den Schlüsselmitarbeitern im Projektprozess (z.B. den Projektmanagern) eine besondere Aufmerksamkeit zu widmen, da sie immer noch die zentrale Instanz für sinnvolle oder fatale Selektion sind. Sie zu identifizieren und an das Unternehmen zu binden, ist der sicherste Weg zur Verhinderung kollektiver Amnesie.[914] Daneben gelten Intranets, Hypermedia und Projektdatenbanken als gebräuchliche Methoden zur Wissensnutzung mittels Lessons Learned.[915] Die Verfahren, die zusammen den Aufbau von Lernarenen für Projektmitarbeiter ermöglichen, sollen an den folgenden beiden **Beispielen 8 und 9** der Beratungsbranche verdeutlicht werden:

> Da die Klienten erwarten, dass die Beratungen immer auf dem neuesten Stand der Entwicklung sind und Trends erkennen, dabei aber meist nur bedingt auf vorhandenes externes Wissen zurückgegriffen werden kann, hat A.T. KEARNEY[916] einen Prozess institutionalisiert, der die Projekterfahrungen und das im Projekt erarbeitete Fachwissen als intellektuelles Kapital destilliert, aggregiert und in einem Knowledge Management System zur Verfügung stellt. Damit greift der einzelne Berater auf das Wissen der gesamten Organisation zurück.
>
> Da die Qualität von Beratungsbeiträgen in Foren sehr unterschiedlich ist und viele von ihnen bereits nach kurzer Zeit veraltet und damit wertlos sind, liegt die Herausforderung darin, die divergierenden Einzelinformationen zu analysieren und in wichtiger Erkenntnisse für alle zu konvertieren. Als Endprodukte kommen dann z.B. Best Practices und Lessons Learned heraus, die als Präsentationen, Prozessdefinitionen, Studien und Wirkungsanalysen wiederum im System gespeichert werden. Bei ARTHUR ANDERSEN werden diese Arbeiten von jedem Kompetenzzentrum wahrgenommen und entsprechen somit einem semi-zentralen Content Management. Das Löschen und Verdichten der Beiträge in dem System AA Online bewahrt die Datenbank vor Dysfunktionalität.

---

911 Vgl. [PROBST ET AL. 1999, S. 230].
912 Vgl. [NONAKA 1994, S. 26].
913 Vgl. [NONAKA/TAKEUCHI 1997, S. 92]. Bei dieser Metapher ist jedoch, mit Verweis auf diverse Spielszenen in einem Rugbyspiel, das Problem eines sinnlosen „Durcheinanders" zu berücksichtigen.
914 Vgl. [PROBST ET AL. 1999, S. 300].
915 Vgl. [REINMANN-ROTHMEIER 1999, S. 235 u. S. 280f.].
916 Vgl. [SCHULTE-CROONENBERG 2000, S. 76].

Berater verfügen durch zahlreiche solcher Datenbanken und Market Research-Dienste heute eher über zuviel als zu wenig Information. Die Flut von Fachliteratur, Memos, Technologieberichten, E-Mails und anderen Kommunikationsergebnissen zwingt letztendlich zu einer Selektion des Notwendigen und Machbaren. Hierbei gelten laut einer Delphi Studie[917] im Jahr 1998 die folgenden Fähigkeiten als entscheidend, um die Informationsfluten und komplexer werdenden Tools zu beherrschen:

- Kritisches Bewerten von Informationen und Wissen,
- Kommunikationsfähigkeiten,
- Lernbereitschaft.

In diesem Kontext wiegt es umso schwerer, dass Beratungsexperten erst bei einem hohen Expertisegrad erkennen, dass Informationen zur Problemlösung fehlen.[918] Eine problemträchtige Interdependenz scheint sich auch hier abzuzeichnen.

Neben der bereits ausgesprochenen Kritik der bisher vorrangigen Fokussierung der Erfahrungssicherung auf die Wissensbewahrung ist hier noch kritisch zu ergänzen, dass gängige Ausführungen im Rahmen der Lessons Learned von einem finalen Briefing (dem so genannten De-Briefing) zum Ende eines Projektprozesses ausgehen. Auf Grund der zeitlichen Dynamik (Zeitdruck im Allgemeinen und längere Laufzeiten komplexerer Projekte) und des schnellen Wiedereinsatzes von Beratern in neuen Projekten gilt in der Zukunft jedoch ein kontinuierlich ergänzendes Briefing in jeder relevanten Projektphase mit den zwei Schwerpunkten Pre-Briefing zu Beginn und De-Briefing zum Ende eines Projektes als effektive und effiziente Methode der Wissenssicherung und -übertragung.

Dieser Sachverhalt wird noch im Rahmen der Unternehmensstudie SOFTLAB und in den Gestaltungsempfehlungen des Kapitels 5 eine wichtige Rolle spielen. Neben einzelnen Wissensaktivitäten im unmittelbaren Projektgeschehen und der (Wieder-)Verwendung von Projektwissen in neuen Projektkontexten ist sowohl die Interaktion mit weiteren internen und externen Wissensbasen/-systemen als auch die Zurverfügungstellung von Wissenspaketen für andere Wertschöpfungsbereiche des Unternehmens ein wesentliches Gestaltungsmerkmal des internationalen Wissensmanagements.

3.3.2.1 Interaktion mit internen Wissensbasen und -systemen

Die vorgeschaltete **Projektangebotsphase** ist u.a. auf Grund ihres für die Auftragserteilung

---

[917] Vgl. [REINMANN-ROTHMEIER 1999, S. 54].
[918] Vgl. [BREDL ET AL. 2002].

notwendigen positiven Verlaufs von besonderer Bedeutung. Hier birgt das Vorhandensein eines *unternehmensinternen Analyse- und Research-Dienstes*[919] ein enormes Potenzial. Hauptaufgabe dieser Abteilung ist die Sammlung von Informationen innerhalb und außerhalb des Unternehmens. Relevante Inhalte sind Informationen über aktuelle Managementthemen, Markt- und Branchenentwicklungen oder technologische Neuerungen. Die Generierung erfolgt über die Zusammenarbeit mit externen Institutionen wie z.B. Marktforschungseinrichtungen oder über die Analyse allgemein zugänglicher Quellen wie z.B. des Internets. Durch das Zusammentragen von Marktinformationen, Presseberichten und Analystenmeinungen über Kunden und potenzielle Kunden auf der einen Seite und die Analyse historischer und aktueller Akquisen und Projekte auf der anderen Seite wird der stetige Aufbau einer internen (Kunden-)Wissensbasis ermöglicht. Hierdurch wird nicht nur die Handlungsfähigkeit der Berater in Akquisesituationen wesentlich gefördert, sondern auch die Grundlage für eine branchenspezifische Kommunikationsebene gelegt. So erlangt das Beratungsunternehmen das Image als branchenkompetenter Gesprächspartner und wird in die Lage versetzt, die spezifischen Probleme des Kunden besser zu verstehen und in die vorgeschlagene Projektlösung einfließen zu lassen. Die Etablierung spezieller Research-Abteilungen kann dem Kernprozess der Wissensgenerierung zugeordnet werden[920] und wird um Aspekte der Wissensanwendung und -(wieder-)verwendung ergänzt, wenn eine stetige und proaktive Interaktion mit Projektgruppen erfolgt. So kann dann auch der Nutzen von (Project-)De-Briefings, den bereits 68% aller Befragten als moderat bis hoch einschätzen[921], weiter gesteigert und vervielfältigt werden.

Die **Projektteambesetzung** ist ein weiterer entscheidender Schritt im Projektverlauf, da die zukünftigen Projektteammitglieder die personale Basis zu Beginn eines Projektes darstellen und diese Wissensbasis somit determinieren. Notwendige *Voraussetzungen* für eine effiziente Teambesetzung sind:[922]

- Überblick über das verfügbare Personal,
- Überblick über Fähigkeiten und Kompetenzen der einzelnen Mitarbeiter,
- Überblick über den bisherigen Erfahrungshintergrund einzelner Mitarbeiter aus ähnlich gelagerten Projekten.

---

919 Beispielhaft kann hier A.T. KEARNEY'S Information Research Center (vgl. [SCHULTE-CROONENBERG 2000, S. 77]) oder die Research & Information Services der BOSTON CONSULTING GROUP (vgl. [IGL/LEHNER 2000, S. 7]) angeführt werden.
920 Vgl. [AHLERT/ZELEWSKI 2003, S. 52].
921 Vgl. [TROJAN 2003, S. 4].
922 Vgl. [PETERSON 2001, S. 50].

Zur Erfüllung der Besetzungsaufgabe sind aus dem Projektauftrag bzw. der Projektanfrage *Sollprofile* zu erstellen, die dann mit dem vorhandenen und verfügbaren Mitarbeiterstamm abgeglichen werden. Die dazu erforderlichen *Mitarbeiterprofile* enthalten in der Beratungsbranche üblicherweise die Dokumentation des Ausbildungsverlaufs, der Fähigkeiten und Kompetenzen sowie der detaillierten Projekterfahrungen der Mitarbeiter. Projektspezifische Mitarbeiterbeurteilungen und Teilnahmen an Weiterbildungs- und Seminarveranstaltungen komplettieren das individuelle Mitarbeiterbild. Innerhalb eines solchen *Verwaltungs- und Suchdienstes für Mitarbeiter und deren Fähigkeiten* führen die verwalteten Informationen nicht nur zu einer Erhöhung der Transparenz und zur Identifikation und Ansprache interner Wissensträger, sondern ermöglichen auch personalstrategische Planungen vielfältiger Art. Diese Planungsüberlegungen sind bereits im Rahmen der Diskussion zur Strategieintegration in Kapitel 3.1.2.2 angesprochen worden. Hier bedeutet das *Diversity Recruiting* die Zusammenarbeit mit dem Personalwesen, um eine offene Projektposition gezielt mit neuen Mitarbeitern zu besetzen oder auch die Zusammenarbeit mit einem zentralen Projektbüro zur Suche geeigneter Mitarbeiter in der Zentrale und in den internationalen Niederlassungen. Diese Interaktion mit internen Wissensbasen ermöglicht über die Erhöhung der Diversität in Fachlichkeit und Kultur das Hervorbringen neuer Problemlösungsansätze und in letzter Konsequenz die Verbesserung der Effektivität und Reaktionsfähigkeit der Gesamtorganisation.[923]

Um die Kooperation und Interaktion mit den diversen internen Wissensbasen in adäquater Weise zu ermöglichen, ist der Einsatz entsprechender Informationssysteme z.B. von Skill Information oder Project Experience Systems unentbehrlich. Die dafür notwendigen Infrastrukturen und vorhandene Ausprägungen möglicher Softwaresysteme werden in Kapitel 3.4 ausführlicher behandelt werden. Die **Beispiele 10**[924] **und 11**[925] sollen vorerst genügen, um einen ersten Eindruck aus der Praxis zu erhalten.

> Das schon einmal angeführte Rapid Response Network von MCKINSEY kann hierbei als Beispiel für ein Projektauskunftssystem fungieren. Der Erfolg des Systems beruht im Wesentlichen auf drei kritischen Größen. Ein spezielles Computersystem verwaltet die Dokumentenbibliothek sowie persönliche Kompetenzprofile der Berater. Permanente Mitarbeiter nehmen Anfragen per Telefon entgegen und vermitteln, wenn möglich selbst, Dokumente und Experten. Spezielle Experten aus den Practices stehen schließlich für die Bearbeitung komplizierterer Anfragen auf Abruf zur Verfügung. Über diese Experten wird letztendlich die Wissensteilung von Person zu Person ermöglicht.

923 Vgl. [PROBST ET AL. 1999, S. 158].
924 Vgl. [PROBST ET AL. 1999, S. 242f.].
925 Vgl. [BUCHHOLZ/SOMMER 2003, S. 4].

> Auch BOOZ ALLEN & HAMILTON verfügt über redaktionell betreute Datenbanken, in denen Informationen gespeichert werden, die alle Berater nutzen und ergänzen. BA&H bezeichnet die gespeicherten Informationen über Prozesse, Strukturen, kulturelle Besonderheiten, Trends usw. als Wissenspakete. Das Wichtigste bei diesem System ist jedoch, dass die Berater dazu gebracht werden, fremdes Wissen anzunehmen und zu verwenden. Dies ist jedoch ein langer Prozess.

Sowohl die formelle Zusammenarbeit als auch der informelle Austausch über eine gegenseitige Vernetzung der Projektteams mit anderen Wertschöpfungseinheiten fördern im Gruppenkontext die Ideenfindung und das Lernen. Die dabei entstehende Transparenz liefert dem Einzelnen in der Organisation eine bessere Orientierung und einen besseren Zugriff auf das externe Wissensumfeld.[926] Dadurch können weitere Synergien erzielt und Kooperationen geschlossen werden. Die Organisation nutzt im Resultat interne und externe Ressourcen effizienter und erhöht damit die eigene Reaktionsfähigkeit.

Für die **Zusammenarbeit mit der qualitativen Geschäftsentwicklung und Portfoliogestaltung** (angels.: Business Development) bedeutet dieses u.a. die Möglichkeit, aus dem operativen Geschäft Eindrücke sammeln, erste Ideen entwickeln und neue Betätigungsfelder im vor aus eruieren zu können. Mit Verweis auf das Kapitel 2.1.2 sind somit erste Rückschlüsse auf den notwendigen Auf- und Ausbau zukünftiger Kernkompetenzen und die Erstellung vom Kunden geforderter innovativer Beratungsprodukte möglich. Dies umfasst nicht nur die Themen („Was soll beraten werden?") sondern auch die Methoden („Wie soll beraten werden?"). Innovation kann in diesem Kontext als individueller Selbsterneuerungsprozess der Mitarbeiter und des Unternehmens verstanden werden, bei dem das Wesen der Innovation darin liegt, die „Beratungswelt" im Sinn eines Ideals immer wieder neu zu erschaffen.[927] Da Ideen wertlos sind, wenn sie nicht in Handlungen umgesetzt werden, die auf irgendeine bedeutende oder unbedeutende Weise unser Leben umgestalten[928], kann hieraus die Notwendigkeit zur Interaktion und zur Etablierung gegenseitiger Informationsströme abgeleitet werden.

Dies kann z.B. über die *temporäre Freistellung* der Projektmitarbeiter vom operativen Geschäft und die Einrichtung sog. „*Spinnerecken*" und „*Kreativzonen*", welche örtlich vom normalen Arbeitsumfeld getrennt sind, erfolgen.[929] Die gemeinsame Arbeit in „*Think Rooms*"[930] schafft dabei Freiräume und unterstützt den kreativen Prozess. Da Innovationen teils einem

---

926 Vgl. [PROBST ET AL. 1999, S. 106].
927 Vgl. [NONAKA/TAKEUCHI 1997, S. 21].
928 Vgl. [NONAKA/TAKEUCHI 1997, S. 40].
929 Vgl. [PROBST ET AL. 1999, S. 189].
930 Ein Beispiel eines solchen Think Rooms wird in der Fallstudie von SOFTLAB dargestellt.

bewussten, teils einem unbewussten Prozess entspringen[931], können über das Zusammenspiel konvergent und divergent denkender[932] Mitarbeiter beide Prozessbereiche adressiert werden. Die jeweiligen Ergebnisse dieser *Wertschöpfungsnetzwerke* können schließlich sowohl intern weiter ausgearbeitet als auch im nächsten Akquise- oder Projektkontext verprobt werden. Die *Kreativität* in der qualitativen Geschäftsentwicklung und Portfoliobearbeitung benötigt jedoch neben den diversen Wissensquellen zusätzlich ein *Umfeld*[933], das sich in Spaß, Offenheit, Lust am Neuen, Handlungsfreiheit, Vertrauen, Risikobereitschaft, Muße und guten Arbeitsbedingungen ausdrückt. Da viele Ideen in der Freizeit geboren werden[934] und die interne Qualität des Arbeitsumfelds sehr zur Zufriedenheit der Mitarbeiter beiträgt[935], muss zur Nutzung dieses Potenzials überlegt werden, mit welchen Mitteln sich ein Transfer von Ideen in die Arbeitsumgebung gestalten lässt. *Home Offices*, die Anbindung der Berater über *Extranets* und die Verwendung von *Conferencing Systemen* sind ein denkbarer Ansatz, um auch hier im Gruppenkontext kreativ agieren zu können.

Eine andere *wenig strukturierte Möglichkeit* zur Interaktion mit internen Wissensbasen lässt sich aus den Ausführungen von NONAKA/TOYAMA ET AL.[936] ableiten, die das „*wandering around*" des Managements zur Förderung der Sozialisation beschreiben. Auf den hiesigen Kontext bezogen bedeutet dieses, dass auch Projektmitarbeiter und vice versa in der Unternehmung unterwegs sind, um von Kollegen, Pre-Sales Beratern, Entwicklern und Vertriebsleuten Informationen „von der Front" einzuholen. Der bei diesem „*wandering inside*" entstehende, meist bilaterale Austausch fördert die individuellen Rückflüsse von Wissen in die jeweiligen Arbeitsbereiche der Beteiligten. Die Unstrukturiertheit der Zusammenkünfte, die Ungewissheit bzgl. der Qualität, Quantität, Richtung und Verwendung der Wissensflüsse geben jedoch Anlass zur Kritik.

Die Einführung *formaler Prozesse* der Ideensammlung aus dem Projektgeschäft und die informationstechnische Unterstützung dieser z.B. im Sinn einer *„Ideenbörse auf Intranetbasis"*

931 Siehe [ZIMMER 2001, S. 44ff.] für eine detaillierte Beschreibung zahlreicher Arbeitsschritte im Gesamtprozess.

932 Bei der Konvergenz wird das Vertrauen auf Gleichmaß und Struktur gelegt. Es wird dann strukturiert nach Informationen gesucht, wenn ein Problem aufgetaucht ist. Divergenz meint die Kreativität, die mit gegebenen Strukturen spielt und Informationen immer neu kombiniert. Vgl. [ZIMMER 2001, S. 48].

933 Vgl. [ZIMMER 2001, S. 43].

934 Vgl. [ZIMMER 2001, S. 56], der eine Quote von 70% und als Beispiel die „private" Erfindung der PostIt-Aufkleber von 3M anführt.

935 Vgl. [HESKETT ET AL. 1994, S. 54f.], die die interne Qualität u.a. an den Gefühlen oder Einstellungen bemessen, die Mitarbeiter ihren Aufgaben, Kollegen und dem Unternehmen entgegenbringen und an der Art, wie man sich im Unternehmen untereinander unterstützt.

936 Vgl. [NONAKA/TOYAMA ET AL. 2000, S. 10].

stellt eine weitere, hier abschließende und in der Praxis nicht erschöpfende Maßnahme dar. Das bloße Einsammeln und Auswerten von Vorschlägen hat sich in den Unternehmen als nicht wirklich erfolgreich herausgestellt, kann aber eine sinnvolle Ergänzung zu weiteren Maßnahmen sein.

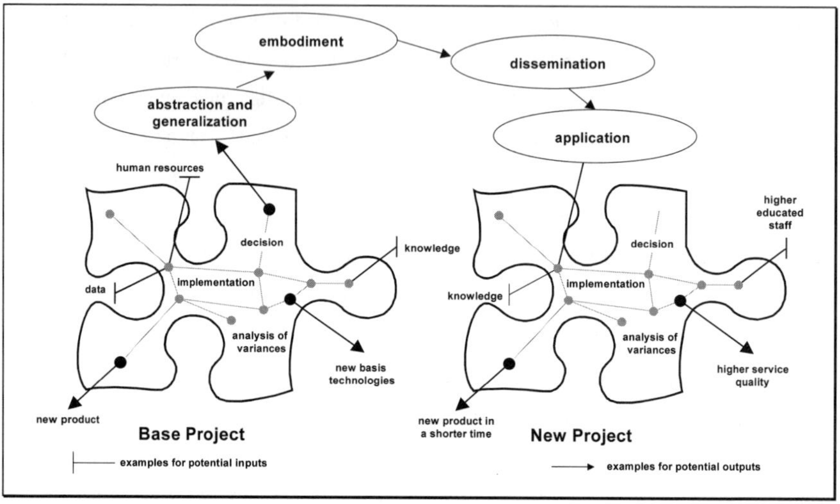

Abbildung 3-8: The Inter-Projekt Learning und Knowledge Process[937]

Alle vorgestellten Interaktionen mit internen Wissensbasen und -systemen haben letztlich das Ziel, die Diffusion von projektrelevantem Wissen in, zwischen und aus Projekten und die Anwendung dessen in neuen Kontexten zu ermöglichen. Dieses wird beispielhaft in der vorherigen Abbildung dargestellt.

Hierbei ist wichtig, dass auch eine entstehende *Kenntnis über das Nicht-Wissen* ein wirksamer Auslöser von Lernprozessen ist.[938] Wenn sich die Wissensunternehmen letztendlich durch die vorgestellten Aktivitäten Eigentumsvorteile erarbeiten können, bietet sich der Transfer neuer Portfolioelemente und Ressourcen zur weiteren Auslandsmarktbearbeitung an.[939]

Da Kunden und Partner/Zulieferer nicht nur für die wissensbasierte Geschäftsentwicklung, sondern auch für Projektteams als Wissens- und Innovationsquellen fungieren können[940], soll

---

[937] In Anlehnung an [FITZEK 1999, S. 37].

[938] Vgl. [PROBST ET AL. 1999, S. 106].

[939] Vgl. [KUTSCHKER 1999, S. 1168f.], der auf die Entscheidungsmatrix nach der eklektischen Theorie von DUNNING aus dem Jahr 1988 hinweist. Siehe auch die Ausführungen zur Ausnutzung von Eigentumsvorteilen in Kapitel 2.2.3.

[940] Vgl. [PETERSON 2001], [ZIMMER 2001, S. 44].

eine mögliche Interaktion mit ihnen im folgenden Kapitel beschrieben werden. Über diese Verknüpfung der Innen- und Außensicht wird dann auch der Idee einer kontinuierlichen Verbesserung nach japanischem Vorbild Rechnung getragen[941], die aber nicht gleichbedeutend mit westlichem Benchmarking ist - verstanden als Lernen von anderen und Übernahme von Best Practices -, sondern die primäre eigenständige Entwicklung von Wissen ergänzt[942].

3.3.2.2 Interaktion mit Kunden und Partnern als externe Wissensbasen

Was für die Informationsgewinnung in der Internationalität allseits bekannt ist, scheint sich trotz der Hype-Themen CRM und SCM für die Wissensorientierung noch nicht durchgesetzt zu haben. Die Interaktion mit externen Wissensbasen zur besseren Wissensorganisation innerhalb und außerhalb von Unternehmen und die damit verbundene Möglichkeit zur nachhaltigen Vernetzung und Bindung der Wissensbasen werden entweder noch recht zögerlich in der Durchführung oder ohne effiziente Konzepte gehandhabt.[943] Internationale Großorganisationen haben deshalb mit der Verfolgung des externen Wissensumfelds oft noch größere Mühe als mit der internen Transparenz.[944] Viele Mitarbeiter haben gar keine Verbindung zu externen Wissensquellen und -trägern oder kapitulieren vor dem „Information Overload". Hier zeigen die natürliche und die gewollte Selektion[945] ihre Schattenseiten auf.

Kunden- und Partnernetzwerke gelten aber als wichtige Quelle von Innovationsideen.[946] Kunden und Lieferanten werden deshalb auch als Wissensträger gesehen, welche über Kompetenzen verfügen, die innerhalb eines Unternehmens nicht notwendigerweise vorhanden sind.[947] Innerhalb der Unternehmen muss man sich deshalb bewusst machen, wie die eigene Arbeit im Zusammenspiel mit Kunden, Partnern und Lieferanten die anderen beeinflusst.[948] Denn Wissen wird dann erzeugt, wenn Individuen untereinander und mit der Umwelt z.B. mittels *Co-Experience* und *kreativem Dialog* interagieren.[949] Wissensschaffung überschreitet somit auch Unternehmensgrenzen.[950] Die Quote von mehr als 75% aller befragten Dienstleis-

---

941 Vgl. [NONAKA 1997, S. 16], [IMAI 1994].

942 Vgl. [NONAKA 1997, S. 21].

943 Japanische Unternehmen scheinen hier besser aufgestellt zu sein, denn sie haben immer ein offenes Ohr für neue Erkenntnisse oder Hinweise von Zulieferern, Kunden, Händlern, Behörden oder sogar Konkurrenten. Vgl. [NONAKA/TAKEUCHI 1997, S. 15].

944 Vgl. [PROBST ET AL. 1999, S. 130].

945 Hiermit sind z.B. die bewusste, selektive Wahrnehmung und die kollektiven blinden Flecken, verstanden als Nichtvorhandensein eines Wissensinhaltes in der Organisation und Nichtwissen über dessen Vorhandensein, gemeint.

946 Vgl. [KREUZ 2003, S. 9].

947 Vgl. [PROBST ET AL. 1999, S. 131ff.].

948 Vgl. [HESKETT ET AL. 1994, S. 61].

949 Vgl. [NONAKA 1994, S. 23], [NONAKA/TOYAMA ET AL. 2000, S. 8].

950 Vgl. [NONAKA/TAKEUCHI 1997, S. 31].

tungsunternehmen, die bei der Erstellung der von ihnen erbrachten Dienstleistungen auf die Zusammenarbeit mit durchschnittlich drei anderen rechtlich selbständigen Organisationseinheiten angewiesen sind, verdeutlicht die Notwendigkeit zur Interaktion mit externen Wissensbasen.

Da jeder **Mitarbeiter mit Kundenkontakt als Marktforscher** verstanden werden kann[951], gilt es diese Ressource zu nutzen, um Erfahrungen aus Projekten oder anderen Kundenkontakten sinnvoll in das Unternehmen zurückzubringen. Dieses kann sich z.B. auf den *Rückfluss der Kundenwahrnehmung* bzgl. der aktuell erbrachten *Dienstleistung* beziehen oder auf deren *Vorschläge* und *Meinungen* zu neuen *Themen* und *Produkten*. Ein reines Sammeln von Kundenfeedback und die bloße Auswertung von Beschwerden reichen jedoch heute nicht mehr für ein umfassendes Verständnis der Kundenbedürfnisse aus.[952] Jeder einzelne Berater muss daher auch ein neues und exklusives *Selbstverständnis* als *individuell verantwortlicher Kundenmanager* oder *„Customer Knowledge Broker“* seines Unternehmens entwickeln.

Über den aktiven Einbezug von Kunden bei der Produktentwicklung und -gestaltung lässt sich nicht nur Wissen transferieren und aktiv verwenden, sondern ist zusätzlich eine *Steigerung der Kundenloyalität* möglich. Diese Kundenloyalität wird zu einer zunehmend wichtigeren Bestimmungsgröße des Gewinns. Verschiedene Schätzungen ergeben, dass eine um 5% gesteigerte Kundenloyalität Gewinnsteigerungen von 25 - 85% bewirken können.[953] Die Aktivitäten der Projekt-Kunden-Interaktion werden immer mehr zu einer Notwendigkeit, da Kunden im Projektprozess einen reibungslosen und stetigen Informationsfluss fordern.[954] Dieser soll im Rahmen der Realisierung dazu beitragen, dass ein *Know-how-Transfer* auf das Kundenpersonal gewährleistet wird. Ein offener und ehrlicher Kommunikations- und Informationsstil, der den Kunden als Partner mit einbezieht, macht dann auch vor der Ansprache von Problemen und Schwachstellen keinen Halt mehr.

Die *unmittelbare Erfahrung* bei und mit einem Kunden z.B. durch die temporäre Mitarbeit eines Beraters im CallCenter des Kunden ermöglicht einen Lernprozess im Kopf und im Körper.[955] Dieses mehr asiatische Lernverständnis steht prinzipiell in einem Gegensatz zum westlichen Lernen mit Verstand und dem Blick für das Ganze. Für den *Wissensarbeiter der Zu-*

---

951 Vgl. [HESKETT ET AL. 1994, S. 54].
952 Vgl. [KREUZ 2003, S. 23].
953 Vgl. [HESKETT ET AL. 1994, S. 52].
954 Vgl. [FACIT 1999, S. 17f.].
955 Vgl. [NONAKA/TAKEUCHI 1997, S. 20].

kunft gilt es aber eine *Balance* zu erreichen, d.h. dass ein Berater bspw. viel mehr Gefühl für den Kunden und dessen Probleme entwickeln muss und trotzdem das Ganze nicht aus den Augen verlieren darf. Auch benötigt der systemische Ansatz zukünftig viel mehr Platz für die Aufnahme von Kundenreaktionen und Meinungen z.B. in Form regelmäßiger Befragungen und Interviews.

Die vorgenannten Aktivitäten bedeuten für den Projektprozess eine enge Vernetzung mit der Wissensquelle Kunde im Allgemeinen und mit dem Projektumfeld des Kunden im Speziellen. Hierdurch werden Kundenbedürfnisse schneller und deutlicher sichtbar, werden Detaillierungen und Spezifizierungen von Projektaufträgen genauer und die rechtzeitige Prüfung von Systemen vor einem unternehmensweiten Rollout möglich. Klienteninteraktion ist somit ein zentraler Erfolgsfaktor für die Projekt- und Teamarbeit[956], denn „kaum jemand bezweifelt die Notwendigkeit, die Prozesse zu den Kunden besser zu gestalten“[957].

Für die **Interaktion mit Lieferanten und Partnern** können analog zur Kundenbetrachtung gleichlautende Aussagen getroffen werden.

Beispielhaft für eine praktische Ausprägung der Lieferanten-/Partnerinteraktion können hier *Feedbackgespräche* mit Lieferanten zu laufenden *Projekten* oder auch die *gemeinschaftliche Betrachtung der Zukunft* z.B. mittels „*Future Conferences*“ angeführt werden. Aber auch die bloße *gemeinsame Akquisition* von Kundenprojek-ten oder die *(teil-)gemeinschaftliche Durchführung von Projekten* z.B. auf neuen Softwareplattformen sind Anwendungsszenarien der Interaktion mit externen Wissensbasen mit einem besonders hohen Synergiepotenzial.

Die gesamten organisationalen Fähigkeiten sind auch bei diesen Partnerverbindungen, die sich z.B. in längerfristige Produktlieferanten und auftragsbezogene Partnerschaften unterscheiden lassen, mehr als die Summe der Mitarbeiter. Das Zusammenspiel mit Lieferanten und Computersystemen spielt eine wichtige Rolle, da die richtige Kombination all dieser Komponenten - das Wissen um die entsprechenden Beziehungsnetzwerke und die geheimen Spielregeln - die so schwer imitierbare organisationale Kompetenz ausmachen.[958] In dem neuen wissensbasierten Miteinander müssen die jeweils betroffenen Personen dann aber auch ein neues und exklusives *Selbstverständnis* als *individuell verantwortlicher Partnermanager* oder „*Supplier/Partner Knowledge Broker*“ ihres Unternehmens entwickeln.

---

956 Vgl. [PETERSON 2001, S. 12].
957 Vgl. [O.V. 2001A, S. 13].
958 Vgl. [PROBST ET AL. 1999, S. 117].

Im Rahmen dieses Kapitels soll schließlich das **Internet** nicht unerwähnt bleiben, das von einigen Autoren[959] ebenfalls als Wissensquelle angeführt wird. Vor dem Hintergrund des definierten und ausgiebig formulierten Gesamtverständnisses dieser Arbeit wird das Internet jedoch nicht als Wissensbasis verstanden, sondern als *Informationsquelle* und *technologische Infrastruktur*, die z.B. auch im Rahmen des bereits angeführten unternehmensinternen Analyse- und Research-Dienstes zum Einsatz kommt. Entsprechende Nutzungsmöglichkeiten und technische Detaillierungen dieser Plattform werden im nachfolgenden Kapitel aufgezeigt und beschrieben.

Aus den vorhergehenden Ausführungen wird deutlich, dass sowohl in Akquisitionen, in den diversen Phasen eines Projektverlaufs als auch in anderen tlw. sekundären Wertschöpfungsbereichen eines Beratungsunternehmens das Wissen über Details laufender und abgeschlossener Projekte, deren Lessons Learned, Best Practices sowie deren aktiven Lösungshinweise und Empfehlungen nutzbringend sind, so dass sich die Etablierung eines **Wissensmanagements auf Basis vernetzter internationaler Projektarbeit als 360° Konstrukt** anbietet. Dieses wird in den Handlungsempfehlungen des Kapitels 5 noch näher ausgeführt und visualisiert.

3.4 Informations- und Kommunikationstechnologie

Die informationstechnologischen Systeme bilden neben den Bereichen Mensch/Kultur und Organisation/Prozess die dritte Gestaltungsdimension eines ausbalancierten Wissensmanagements und stellen sogar einen entscheidenden Faktor des Wettbewerbs und des technologischen Fortschritts von Volkswirtschaften dar. Technologischer Fortschritt übt in vielfältiger Weise einen erheblichen Einfluss auf die Internationalisierung der Wirtschaft aus, wobei u.a. Entwicklungskosten neuer Technologien, Standardisierung und Normung, kürzere Produktlebenszyklen, Reduzierung von Transportkosten und -zeiten sowie das Zusammenwachsen von Telekommunikations- und Informationstechnologie wesentliche technologische Triebkräfte der Internationalisierung sind.[960]

Die Vielzahl vorhandener Technologien und deren Eignung für die verschiedenen Aspekte des Wissensmanagements kann am Beispiel transnationaler F&E-Projekte verdeutlicht werden.

---

959 Hier soll [PETERSON 2001] stellvertretend für diverse Andere stehen.
960 Vgl. [KUTSCHKER 1999C, S. 20].

Technologien	Entwicklung informeller Netzwerke	Kreativitätsförderung	Informationsaustausch	Koordinationsunterstützung	Wirtschaftlichkeit
Telefon/Voicemail	●	◑	●	●	◑
Telefax	◔	◔	◑	◑	●
Telefonkonferenzen	●	◕	◔	●	◔
Videokonferenzen	●	●	◑	◑	○
E-Mail/Memos	◕	◑	●	●	●
LAN/WAN/GAN	◑	◕	●	◕	◑
Electronic Calendar	◔	○	◔	●	◕
Foren	◕	◕	●	◑	●
Software-Library	○	◔	●	●	◕
File Transfer	◑	◕	◑	●	●
Remote Systems	○	◔	◔	○	◕
Projektmanagement System	◔	○	◔	●	●
Groupware	◕	●	◑	●	●
Intranet	◕	◕	●	●	●
Client/Server Umgebung	◕	◕	◑	○	◑
CASE Tools	◔	◔	◕	◑	◕
CAD	◔	◕	◕	◑	◕

Tabelle 3-9: **Bewertung von IKT in transnationalen F&E-Projekten** (geringe Eignung ○◔◑◕● hohe Eignung)[961]

Die Software kann als zentrales Element von Informationssystemen bezeichnet werden, was sich u.a. in einem großen Anteil der Softwareausgaben an den Gesamtausgaben für informationstechnologische Angebotsleistungen niederschlägt.[962] Für die besondere Bedeutung von Software im Gesamtkontext eines Systems spricht auch, dass aus Kundensicht allein sie den Anwendungsnutzen ausmacht, während Hardware austauschbar ist bzw. nur das notwendige Werkzeug darstellt.[963]

Trotzdem gelten Software und Hardware als Komplementärfelder, als gegenseitige Werttreiber.[964] Die Einführung von Softwarepaketen ist aber der sichtbarste Eingriff in die organisationale Wissensbasis.[965] Nutzerfreundliche Wissensinfrastrukturen und die Integration der Software in den jeweiligen Arbeitskontext bzw. -prozess erhöhen dabei die Wahrscheinlichkeit der tatsächlichen Nutzung neuer Systeme und des Einsatzes neuen Wissens.

---

961 Vgl. [GASSMANN 1997, S. 198].
962 Vgl. [WIMMER/ROTH 1994, S. 115].
963 Vgl. [RAPPAPORT/HALEVI 1992, S. 105 u. REIS 1992, S. 42], zitiert in [WIMMER/ROTH 1994, S. 115].
964 Vgl. [SHAPIRO/VARIAN 1999, S. 13 u. S. 22].
965 Vgl. [PROBST ET AL. 1999, S. 171].

Laut einer Studie[966] beziehen sich die am häufigsten genutzten IKT-Medien der befragten Unternehmen eher auf die Inhalts- und Geschäftsprozessebene als auf die Beziehungsebene. Die eher geschäftsprozessorientierten Kommunikationsmedien wie z.B. E-Mail, Informationsveranstaltungen, Intranet und Workshops werden bei fast allen Unternehmen genutzt und sind somit weit verbreitet. Die Kommunikation ist folglich weit gehend zweck- und nur wenig beziehungsorientiert. Diesen Schwachpunkt gilt es bei der Gestaltung neuer technologischer Lösungen zu berücksichtigen, da in einem internationalen Wissensmanagement gerade die Kombination von physischen und humanen Wissensträgern in Form von Hybridsystemen unabdingbar ist.

Der Weltmarkt für Wissensmanagementsoftware wird sich laut Schätzungen der INTERNATIONAL DATA CORPORATION von 1,4 Mrd. USD in 1999 auf 5,4 Mrd. USD zukünftig ausweiten.[967] Das deutsche Marktsegment für Wissensmanagementsoftware ist dabei äußerst intransparent, was u.a. auf Grund der verschiedenen durch die Anbieter favorisierten Definitionen von Wissensmanagement verursacht ist.[968] Deren Lösungen sind fast zu 60% erst in den Jahren 1999 bis 2000 auf den Markt gekommen. Einer Selbsteinschätzung zufolge, bei der Mehrfachnennungen möglich waren, lassen sich 50% der Produkte der Kategorie Document Management Systems (DMS), 47,8% den Intranets, 41,3% der Portalsoftware und ebenfalls 41,3% den Content Management Systems (CMS) zuordnen.

Da durch die IKT die Grundvoraussetzung für Wissensmanagement geschaffen wird[969] und die Technik ohne Zweifel ein „Enabler“ des Wissensmanagements ist[970], sollen im Folgenden sowohl technologische Rahmenbedingungen als auch einige ausgewählte Systeme näher beschrieben werden. Für einen Überblick über die Wurzeln und Einflüsse von Wissensmanagementsystemen sei auf die ausführliche Abbildung bei MAIER[971] verwiesen.

Mögliche Anbieter von Wissensmanagementsystemen und deren jeweilige Vorzüge und Anwendungsgebiete lassen sich in vielen Quellen finden.[972]

---

966 Vgl. [PBS 1999, S. 24 u. S. 26].
967 Vgl. [BLAICH 2003, S. 4].
968 Vgl. [HANNIG/HAHN 2001, S. 12].
969 Vgl. [PETERSON 2001, S. 8].
970 Vgl. [IFEM 2002, S. 18].
971 Vgl. [MAIER 2002, S. 3].
972 Siehe u.a. [META 2002B, o.S.], [BULLINGER 2001, S. 54ff.], [META 2001, S. 13], [META 2001F, S. 10], [IFEM 2001A, S. 4], wobei [BULLINGER 2001, S. 158ff.] einen Kriterienkatalog zur Abfrage möglicher Lieferanten liefert.

3.4.1 Technologische Rahmenbedingungen

Empirische Untersuchungen haben gezeigt, dass die Wirkung von IKT auf die Internationalität der Wirtschaft oftmals überschätzt wird.[973] Auch die meisten Beratungen sehen die Technologie nur als unterstützendes Hilfsmittel des Wissensmanagements an.[974] Bei Wachstum und Internationalisierung greifen aber alleinige organisatorische Lösungen nicht mehr. **Elektronische Netzwerke** gewinnen dann an Relevanz.[975] Die IKT erleichtert damit zumindest die Koordination der international verteilten Tätigkeiten und trägt auf diese Weise zu einem erhöhten Internationalisierungsgrad der Unternehmung bei.

Die Revolution in der Computerindustrie hat auch die elektronischen Speichermedien in den letzten Jahren vervielfacht[976], so dass in Zukunft schier unerschöpfliche Speichermöglichkeiten zu sehr geringen Kosten erwartet werden können. Während die Erstellung von Erstinformationen (z.B. von Best Practices) einen erheblichen Kostenfaktor ausmachen kann, bewegen sich die Grenzkosten der physikalischen Verteilung über Netzwerke in Richtung Null. Durch das Zusammenwachsen unterschiedlicher Quellen sowie interner und externer Systeme bei einer gleichzeitig größeren Durchgängigkeit der technischen Prozessunterstützung ist daher zukünftig das Aufkommen gigantischer **Meta-Archive** in den Unternehmen zu befürchten, die als „Knowledge Databases at your Fingertips" für Alles und Jeden herhalten müssen. Inkonsistente Daten, mangelhafte Informations- und Kommunikationsflüsse sowie eine starre Wissensaufbereitung sind bereits als Barrieren des Wissensmanagements identifiziert[977], was den Aufbau eines entsprechenden Systems nicht vereinfacht.

Ursache und Wirkung möglicher Störungen sind daher immer genau zu bedenken und sollen an den folgenden Beispielen kurz dargestellt werden:

→ Nicht/Falsch-Interpretierbarkeit (Code)	→ Nicht/Falsch-Verwendbarkeit
→ Nicht-Einstellen (Dokument)	→ Nicht-Verfügbarkeit
→ Falsch-Codierung (Index)	→ Nicht-Auffindbarkeit
→ Falsch-Ablage (Dokument)	→ Nicht-Auffindbarkeit
→ Nicht/Teil-Vernetzung (System/Datenbank)	→ Nicht-Kommunikation

Die **Organisation der elektronischen Wissensbasis** wird vor diesem Hintergrund zu einer wichtigen Aufgabe im internationalen Wissensmanagement. Mit Blick auf den Schwerpunkt

---

973 Vgl. [KUTSCHKER 1999, S. 1134].
974 Vgl. [AHLERT/ZELEWSKI 2003, S. 53], [SD&M 2001], [PWC 2001], [WIEMANN 1997, S. 10].
975 Vgl. [PROBST ET AL. 1999, S. 243].
976 Vgl. [PROBST ET AL. 1999, S. 310f.].
977 Vgl. [BULLINGER/WÖRNER ET AL. 1998, S. 23], [BULLINGER/WÖRNER ET AL. 1997, S. 10].

dieser Arbeit wird im Folgenden ein besonderer Augenmerk auf die Darstellung systematischer Ablage, Verteilung und Weiternutzung digitalisierten Know-hows sowie auf die Vernetzung von Wissensträgern gelegt.

Die Teilaspekte der Sprache[978] in Form von Verständigung, Verständnis und einheitlicher Sprachregelung finden ihren Niederschlag auch in der Informations- und Kommunikationstechnologie. Die **Qualität der Informationsmedien** ist dabei ein entscheidender Einflussfaktor der Kommunikationszufriedenheit der Mitarbeiter.[979] Für die IKT bedeutet dies u.a. die Berücksichtigung der Bedienerfreundlichkeit des Systems auf Grund benutzerabhängiger Mehrsprachigkeit, die verfügbaren Sprachen und die Verschlagwortung von Inhalten sowie die Automatismen zur Verlinkung von physischen und humanen Wissensträgern auf Grund häufig vorkommender Wörter und Autorennamen. Im Rahmen der GUI-Akzeptanz durch die Anwender ist eine einfache Bedienbarkeit und verständliche Umsetzung der zugrunde liegenden Methoden, Standard-Schnittstellen und Prüfprozeduren für Eingaben anzustreben.[980] Zusätzlich muss es gelingen, die Mitarbeiter zu motivieren, ihr Wissen auch freiwillig in geeigneten Systemen preiszugeben[981], denn mit dem bloßen Einsatz von IKT sind noch keine organisatorischen und kulturellen Barrieren überwunden[982].

In der Vergangenheit wurden technische Lösungen vorrangig dafür benutzt, einen effizienten Zugriff auf Informationen und eine vereinfachte Identifikation von Experten zu ermöglichen.[983] Der Prozess der Wissensverteilung wurde dabei am häufigsten informationstechnologisch unterstützt. Als Nutzen hiervon wird in erste Linie die Zeitersparnis genannt, gefolgt von der Kostenersparnis und dem Produktivitätszuwachs.[984] Fraglich bleibt hierbei, wie die Zielerreichung auf Grund reiner Kommunikation und Verteilung bewertet wird und welche Maßnahmen ergriffen werden, um die spätere Nutzung und Anwendung zu steuern. Die **(Ver-)Teilung von Wissen** über E-Mail Systeme oder Intranets als Beispiele *divergenter Wissenssysteme*[985] ohne große Qualitätskontrolle und Synthese muss unter den *Gesichtspunkten Konsistenz und Koordination* betrachtet werden, da diese äußerst problembehaftet sind.[986]

---

978 Siehe Kapitel 3.2.1.3.
979 Vgl. [SCHOLZ 2000, S. 16].
980 Vgl. [KOPPERGER/SCHULTE 2001, S. 35]. Eine mangelnde Bedienerfreundlichkeit der eingesetzten Software führt schnell zu einer ablehnenden Haltung der Mitarbeiter. Vgl. [IFEM 2002, S. 2].
981 Vgl. [BERG 1998, S. 75].
982 Vgl. [PETERSON 2001, S. 8].
983 Vgl. [BULLINGER/WÖRNER ET AL. 1997, S. 21f.].
984 Vgl. [HANNIG/HAHN 2001, S. 12].
985 Vgl. [WIEMANN 1997, S. 7].
986 Vgl. [PROBST ET AL. 1999, S. 249].

Das E-Mail z.B. bietet eine zielgerichtete Verteilung, aber keinen Schutz vor gleichzeitig erhaltenen widersprüchlichen Informationen. Die Konsistenz im Intranet ist dagegen besser organisierbar, weist aber das Problem der Ungerichtetheit der (Ver-)Teilung auf. Der Suchaufwand wird einfach dem Nutzer eines Intranets aufgebürdet.

Mittlerweile ist für die diversen sich im Kontext des Wissensmanagements im Einsatz befindlichen IKT-Lösungen der Begriff der „**wissensbasierten Informationssysteme**" eingeführt worden, der jedoch nicht exakt abgegrenzt und definiert ist.[987] Aus der Kombination der Begriffsbestandteile und den Feststellungen[988], dass sich bei der Repräsentation von Daten und Informationen in Computersystemen im Allgemeinen keine Unterschiede in der Darstellung finden lassen[989] und Computersysteme sich nicht in der eigentlichen Repräsentation von Daten unterscheiden, sondern wie und von wem sie zu welchem Zweck genutzt werden, lässt sich jedoch die Aufgabe ableiten, herkömmliche und zukünftige Informationssysteme mit menschlicher Interaktion und Vernetzung zu vereinen. Grundsätzlich handelt sich es hierbei um Intranet-Lösungen, die mehr oder weniger komfortable Suchmaschinen, DMS, DWH, CMS und Groupware enthalten. Sie sollen sowohl Kommunikation, als auch Koordination und Kooperation unterstützen. Im Bereich der Kommunikation müssen dazu unterschiedliche Kanäle und Endgeräte bedient werden. Die Koordination hat zu berücksichtigen, dass der Zugriff und somit das Verarbeiten von Dokumenten unter Berücksichtigung von Ladezeiten, Transferraten etc. in verschiedenen Formaten möglich sein muss bzw. die **Einheitlichkeit von Formaten** über das *Electronic Document Publishing* zum Unternehmensstandard erklärt und fortwährend gewährleistet wird. Hier gilt im Allgemeinen, dass das Festhalten von Wissen nicht statisch sein und nicht die Privatsphäre verletzen darf. Die jeweiligen Aufzeichnungen sind als „**lebende Dokumente**" (angels.: Living Documents) zu verstehen, die niemals fertig und ständig aktualisiert bzw. erweitert werden. Da die Qualität der Eingabe entscheidend für die Qualität und Richtigkeit der Ausgabe ist, ist diese über *Controlled Vocabularies*, *vergleichbare Begriffsverwendungen*, *Schlagworte* und *Klassifizierungen* zu fördern. Wie im World Wide Web (WWW) können auch innerhalb von Unternehmen Suchabfragen und -roboter verwendet werden. Die intelligenten Agenten der Zukunft werden noch näher an den Informationsinteressen der Nutzer ansetzen, indem diese Wissensfelder angeben können, in

---

[987] Vgl. [MÜLLER/KRETSCHMANN 2001, S. 45ff.].
[988] Vgl. [WOLF ET AL. 1999, S. 748].
[989] Es werden immer Zeichen in Form von Bits und Bytes gespeichert und verarbeitet.

denen sie regelmäßig über Neuigkeiten informiert werden wollen.[990] Der Trend führt somit weg von den sog. Suchmaschinen. Dasjenige aufzugreifen und anzuzeigen, was den Nutzer wirklich interessiert, wird Erfolgskriterium für die effiziente Nutzung der Systeme sein. Eine praktische Anforderung dabei ist, dass jedem Mitarbeiter mit möglichst wenigen Schritten Zugriff auf die notwendigen Informationen gewährt wird.[991] Hierzu sind intelligentere Mechanismen in Form von **Findemaschinen** inkl. vielfältiger Darstellungsmechanismen notwendig.

Trotzt aller übrigen Kernfunktionalitäten darf nicht vergessen werden, dass die technologischen Lösungen zum Wissensmanagement auch den Vorgang der Aktualisierung und Löschung - **das elektronische Vergessen** - von Wissensbeständen berücksichtigen müssen.[992] Ansonsten droht hier die Todesspirale.[993] Als weitere Rahmenbedingung muss also auch die Aktualisierung der Bestände z.B. über *automatische Erinnerungen* an den jeweiligen Autor und das technische Verlernen - das automatische *Löschen über Gültigkeitsstempel* - von Beständen angesprochen werden. Die IKT-Lösungen in den Unternehmen brauchen, wie auch das Internet, eine sinnvolle **Nutzungsstrategie**. Auf struktureller Ebene kann diese über ein *Bewertungsraster* möglicher IKT-Instrumente evaluiert werden.

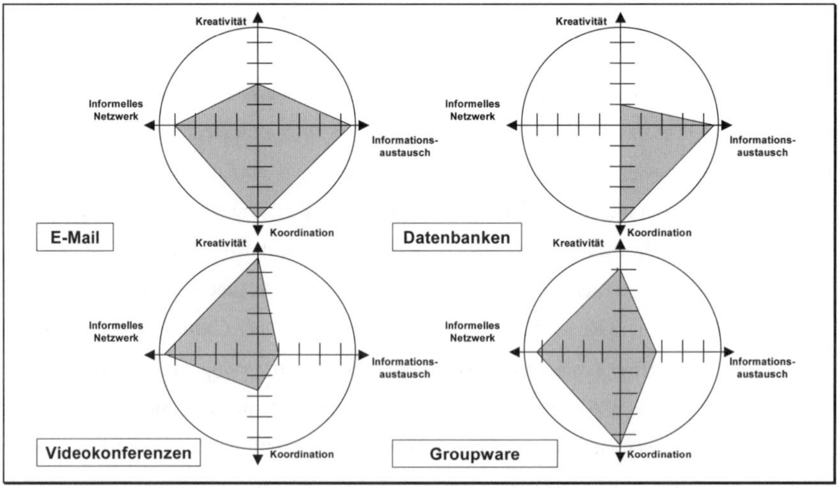

Abbildung 3-9: Bewertungsraster ausgewählter IKT-Instrumente[994]

---

[990] Vgl. [PROBST ET AL. 1999, S. 138].
[991] Vgl. [NONAKA 1994, S. 29].
[992] Vgl. [PROBST ET AL. 1999, S. 315].
[993] Siehe die Abbildung bei [PROBST ET AL. 1999, S. 316].
[994] In Anlehnung an [GASSMANN 1997, S. 199].

Auf operativer Ebene können *Meta-Medien* helfen. Meta-Medien sind dabei Medien, welche auf andere Medien verweisen und somit den schnellen Zugriff auf weit entfernte Informationen und Wissensträger ermöglichen. Die Meta-Beschreibungen sind auch für den Zugriff auf Skills und Projekte hilfreich. Weiterhin gilt es, die jeweiligen Lösungen ziel- und sinngerecht in den Unternehmenskontext einzubetten. Letztendlich kann kein Instrument seine beabsichtigte Wirkung zeigen, wenn es nicht zum bestehenden unternehmensspezifischen Kontext passt.[995] Die weit reichende *Kompatibilität* unternehmensintern verwendeter Technologien muss daher am Anfang stehen.

Zur Gestaltung und Bedienung mannigfaltiger IKT-Systeme im Wissensmanagement werden entsprechende **Rollen** benötigt. Letztlich hat jeder einzelne Mitarbeiter als *Knowledge Leader* seine Rolle und Verantwortung zu übernehmen.

Mit Bezug auf die in Tabelle 3-7 genannten allgemeinen Rollen können hier ergänzend z.B. *Wissensredakteure* und *Content Manager* genannt werden, die Projektberichte und andere Wissensdokumente nachträglich klassifizieren bzw. über die Einhaltung von Standards bei deren Erstellung „wachen“.

Bei HEWLETT PACKARD[996] bspw. greifen Spezialisten zwar nicht in die grundlegenden Funktionen des webbasierten Wissensmanagementsystems „Knowledge Links“ ein; sie editieren, formatieren und klassifizieren jedoch einzelne Beiträge und verleihen diesen dadurch eine einheitlichere Struktur, die den Zugang zum System und dessen Nutzung vereinfacht. Die Mobilität des Wissens und die Zielstellung der effektiven und vermehrten Wissensnutzung und -wiederverwendung zwingen zu einer **weiträumigen und dauerhaften Vernetzung** von Wissensbeständen, -trägern und -systemen[997]. Die *Internettechnologie* kann hierbei als eine wesentliche Infrastruktur zum Aufbau eines technisch gestützten Wissensmanagements verstanden werden und bringt eine Vielzahl verschiedener Wissensquellen und -nutzer miteinander in Verbindung. Kunden und Berater können so z.B. simultan dieselben Dateien bearbeiten, entfernt tätige Experten sind in Projekte einbindbar und auf lokal verteilte Dokumente, Anwendungen und Datenbanken kann mittels *Hyperlinks* und *Integrationsplattformen* (Enterprise Application Integration) ohne Kommunikations- und Prozessbrüche jederzeit zugegriffen werden.

---

[995] Vgl. [PROBST ET AL. 1999, S. 191].

[996] Vgl. [PROBST ET AL. 1999, S. 255].

[997] Vgl. [LEVEC 2002, S. 69f.], die die Vernetzung von Mitarbeitern und wissenstragenden Systemen bei mehr als 70% der Befragten als Lösung zur Überwindung von Barrieren in der Wissensrepräsentation und -verteilung ermittelt hat.

Das **Internet**, das 1969 im Auftrag des US-Verteidigungsministeriums entstanden ist, verband bereits im Jahr 1999 über eine dezentrale Struktur zwischen verschiedenen Kommunikationspunkten rund 50.000 kleinere Computernetzwerke, 5 Millionen Computer und rund 30 Mio. Nutzer.[998] Kern dieses „*Netzwerks der Netzwerke*“ ist das WWW, das durch Nutzung der *HyperText Markup Language* (HTML) einen einheitlichen Standard für die anwenderfreundliche Übertragung von Texten, Grafiken, Tönen und Videos zur Verfügung stellt. In der Hypertext-Struktur des Netzes gelangt ein Anwender von einer Internetadresse zu einer anderen und erhält somit weltweiten Zugriff auf alle gespeicherten Inhalte. Die Hyperlinks, die auch in einfachen Dokumenten wie z.B. Text- oder Präsentationsdateien bereits Einzug gehalten haben, werden mitunter als Schlüsselfaktoren für den Aufbau eines leistungsfähigen elektronischen Gedächtnisses bezeichnet[999], die durch ihre Neuronalstruktur das Verständnis für die jeweiligen Inhalte und Zusammenhänge fördern.

Unter einem **Intranet** versteht man ein Datennetz, das auf einen bestimmten, meist durch die Grenzen der Organisation definierten Bereich eingegrenzt ist und den Prinzipien und Standards des Internets folgt.[1000] Es bietet eine höhere Datensicherheit als das Internet und damit weit gehende Vertraulichkeit. Der Zugriff und die Verwendung können individuell definiert werden. Beinahe alle großen Organisationen haben ein Intranet und/oder eine Groupware Plattform mit Dokumentenmanagement im Einsatz; diese Datenbanken mit Informationen über Wissensobjekte werden laut Studien zu rund 62% als gut bis hervorragend geeignet bezeichnet, um Wissensmanagement technologisch zu unterstützen.[1001]

Ist das Intranet auch außerhalb der Organisationsgrenzen für Mitarbeiter zugriffsbereit oder werden Lieferanten, Partner und Kunden mit eingebunden, spricht man von einem **Extranet**. Auf Grund der Mobilität von Beratern und der Notwendigkeit, zu jeder Zeit und von jedem Ort auf relevante Wissensobjekte zugreifen zu können, werden Extranets als technische Elemente eines internationalen Wissensmanagements eine besondere Rolle einnehmen.

Neben diesen Infrastrukturen werden in der Literatur mannigfaltige andere Systeme und Anwendungen beschrieben. Anhand der nachfolgenden Abbildung 3-10 und der Abbildung 3-11 soll ein Eindruck der Vielfältigkeit der Systeme demonstriert werden.

---

998 Vgl. [PROBST ET AL. 1999, S. 136].
999 Vgl. [PROBST ET AL. 1999, S. 314].
1000 Vgl. [GEHLE/MÜLDER 2001, S. 125ff.].
1001 Vgl. [MAIER 2002, S. 13], [IFEM 2001A, S. 6].

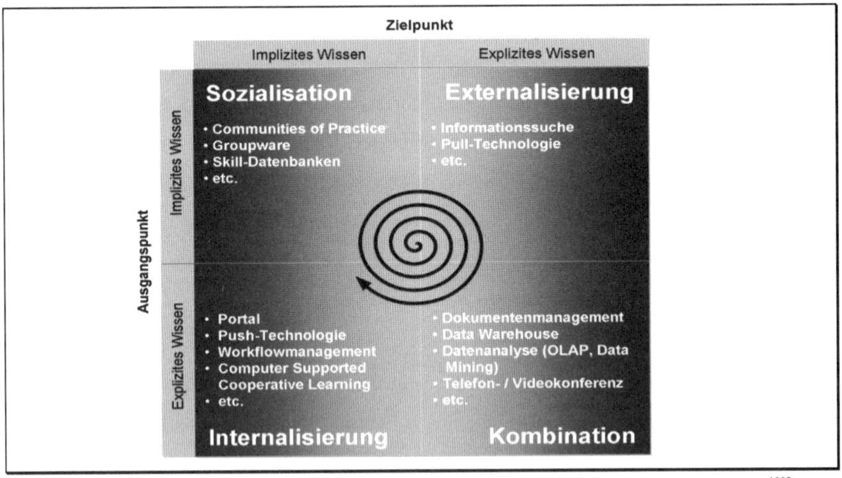

Abbildung 3-10: IKT-Unterstützung der Wissensumwandlung (basierend auf dem SECI-Modell)[1002]

Diese Zusammenstellung erfolgt vor dem Hintergrund des SECI- und Baustein-Modells und demonstriert die verschiedenen Möglichkeiten, Aktivitäten und Prozesse des Wissensmanagements informationstechnologisch zu unterstützen.

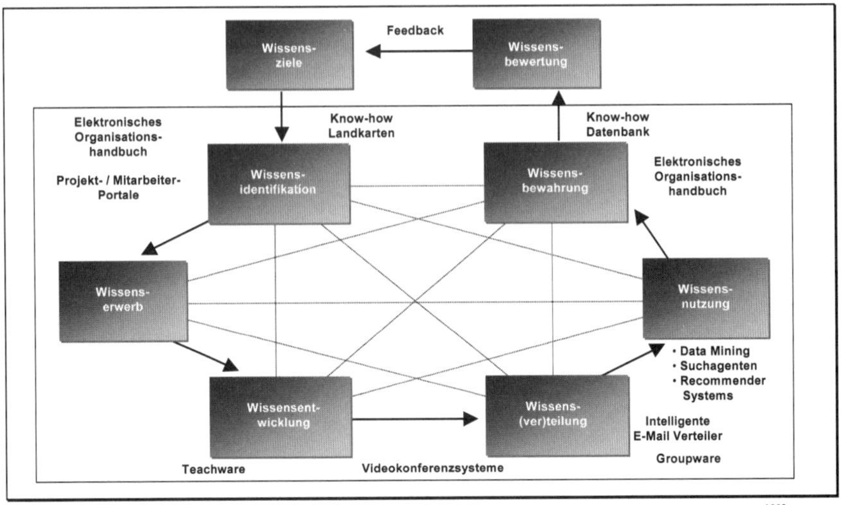

Abbildung 3-11: IKT-Unterstützung der Wissensbausteine (basierend auf dem Baustein-Modell)[1003]

Insgesamt wird es für die potenziellen Nutzer von IKT-Systemen immer schwieriger, die rich-

[1002] In Anlehnung an [KLOSA 2001, S. 32], [NONAKA/BYOSIERE ET AL. 1994, S. 340], [SCHILDHAUER 2003, S. 14].

[1003] In Anlehnung an [KLOSA 2001, S. 36] und [MERTENS 2002], ergänzt um [LEVEC 2002].

tige Auswahl für ihre spezifischen Belange zu treffen. Immer mehr Anbieter von Softwaresystemen nutzen den Begriff des Wissensmanagements, um ihren Anwendungen und Systemen einen größeren Markt zu erobern. Das führt dazu, dass Anbieter aus verschiedenen Anwendungsgebieten wie z.B. Dokumentenmanagement, Workflow, Retrieval und Personalmanagement einheitlich unter dem Label Wissensmanagement firmieren. Die META GROUP drückt diesen Sachverhalt dermaßen aus, dass der IT-Markt für Wissensmanagement in Bezug auf die enge oder weite Abgrenzung von Systemen ein Volumen von wenigen Millionen bis zu vielen Milliarden Dollar annehmen kann und weigert sich deshalb, von „**dem**" Markt für Wissensmanagement zu sprechen.

Reine IKT-Lösungen werden jedoch alleine nicht reüssieren. So wie schon im Jahr 1997 die meisten Unternehmen häufig den informellen Austausch sowie den formellen Austausch mit Fach- und Führungskräften als Methode der Identifikation von Best Practices und Lessons Learned benutzten und die IKT noch selten bis mittelmäßig einsetzten[1004], wird auch zukünftig das Netzwerk formeller und informeller Beziehungen in und zwischen Unternehmen als wichtig erachtet werden müssen. Eine erfolgreiche IKT-Lösung hat daher die Aufgabe, diese Netzwerke auch in der Internationalität zu ermöglichen und mit Funktionalitäten zur Kommunikation und Kooperation zu unterstützen.

Zum Abschluss der Erläuterungen soll hier die Position des Autors manifestiert werden, der sich für die Einführung einer gemäßigten informationstechnologischen Lösung[1005] unter Berücksichtigung unternehmensspezifischer Belange ausspricht. Dabei sollen eine Konsistenz der verwendeten Technologien gewahrt und die Integration bereits bestehender Systeme und Anwendungen in einem Gesamtkonstrukt ermöglicht werden.

Da bereits viele Wissensmanagementfunktionen in den Unternehmen implementiert sind, aber (noch) nicht intensiv genutzt werden[1006], liegt auch bei der Gestaltung und Einführung der technologischen Komponente eines internationalen Wissensmanagements ein Schwerpunkt auf der effektiven und effizienten Anwendung der Systemteile. Die unternehmensspezifische Lösung, die in Form eines Hybridsystems auf eine intelligente Art und Weise Technik und Mensch zusammenführen soll und hierin ein enormes Potenzial verwirklicht, kann dann als ein wirklicher „Enabler" des internationalen Wissensmanagements fungieren.

1004 Vgl. [BULLINGER/WÖRNER ET AL. 1997, S. 27].

1005 Dieses geht mit empirischen Ergebnissen konform, nach denen ein begrenzter Einsatz von Technologie oft höheren Nutzen bringen kann als die technische Rundumlösung. Vgl. [PROBST ET AL. 1999, S. 254].

1006 Siehe die Darstellung einer Vielzahl von IKT-Funktionen, die im Rahmen von Wissensmanagement ausgeübt werden können in [MAIER 2002, S. 9ff.], [KLOSA 2001], [MAIER 2000, o.S.].

3.4.2 Ausgewählte Systeme zur Förderung internationalen Wissens

Verschiedene Anwendungen und Systeme wie z.B. Skill Information Systems und Yellow Pages, Dokumentenmanagement, Workflow und Erfahrungsdatenbanken sind im Verlauf der bisherigen Arbeit bereits mehrfach angeklungen.

Laut diverser Studien gehören Erfahrungs-, Skill- und Wissensdatenbanken[1007], Intranets[1008], DMS[1009] sowie Groupware[1010] zu den häufigst eingesetzten bzw. am wichtigsten erachteten Systemen. Diese können alleinig vorhanden oder in einen System-Mix eingebunden sein.

Der einheitliche Zugang zu Wissen in Systemen ist als wichtiges Trendthema evaluiert worden.[1011] **Portale** sind hierbei sowohl als herausragende Anwendungssysteme als auch als wichtigste Plattformen des internationalen Wissensmanagements zu bezeichnen. Sie helfen u.a. durch Bündelung verschiedener Quellen, Anwendungen und Prozesse sowie durch Verwendung von Hyperlink-Strukturen die Masse an Informationen zusammenzufassen und den „Information Overload" zu reduzieren bzw. zu selektieren. Die Internettechnologie bietet hierfür die technischen Konzepte, um erforderliche Anwendungen und Systeme auf Intranet- oder Extranet-Basis zu entwickeln. Da der Einsatz von Internet, Extranet und Intranet als technologische Plattform inzwischen als selbstverständlich angesehen werden kann[1012], sprechen sich bereits 81% der befragten Unternehmen im Rahmen von Wissensmanagement für den Einsatz unternehmensweiter Portale (angels.: Enterprise Information Portal) aus.[1013]

Ein Enterprise Information Portal könnte dabei in Anlehnung an die META GROUP wie in nachfolgenden Abbildung 3-12 beschrieben aussehen. Auf eine detaillierte Beschreibung der einzelnen Komponenten soll im Rahmen dieser Arbeit verzichtet werden. Eine geradezu inflationäre Anzahl von Veröffentlichung hat sich bereits mit dem Aufbau, der Gestaltung und den Nutzungsszenarien der unterschiedlichen Systeme beschäftigt. Auf diese sei hier verwiesen.[1014]

1007 Vgl. [BLAICH 2003B, o.S.], [LEVEC 2002, S. 59], [BULLINGER/WÖRNER ET AL. 1997, S. 21f.].

1008 Vgl. [NOHR 2001B, S. 6 u. S. 9], [GEHLE/MÜLDER 2001], [GEHLE 1999B, S. 16 u. S. 21], [DELPHI 1999], [CIN 1999], zitiert in [MÜLLER/STRAHRINGER 2000, S. 1], [BULLINGER/WÖRNER ET AL. 1997, S. 21f.].

1009 Vgl. [AHLERT/ZELEWSKI 2003, S. 103], [NOHR 2001B, S. 6 u. S. 9], [META 2001C, o.S.], [TENBIEG 2001, o.S.], [BLESSING 2001, S. 15], [CIN 1999], zitiert in [MÜLLER/STRAHRINGER 2000, S. 1], [BULLINGER/WÖRNER ET AL. 1997, S. 21f.].

1010 Vgl. [LEVEC 2002, S. 70], [META 2001C, o.S.], [TENBIEG 2001, o.S.], [NOHR 2001B, S. 6 u. S. 9], [BLESSING 2001, S. 15], [DELPHI 1999].

1011 Vgl. [IFEM 2001B, S. 1], [LEVEC 2002, S. 65].

1012 Vgl. [IFEM 2003, S. 5f.], [NOHR 2001B, S. 6], [META 2001, S. 11f.], [JÄGER 1999, S. 8f.].

1013 Vgl. [META 2001, S. 11f.], [TENBIEG 2001, o.S.].

1014 Siehe bspw. [GEHLE/MÜLDER 2001, S. 90ff.], [KLOSA 2001, S. 104ff.], [BLESSING 2001, S. 28ff.] und [WOLF ET AL. 1999, S. 757ff.].

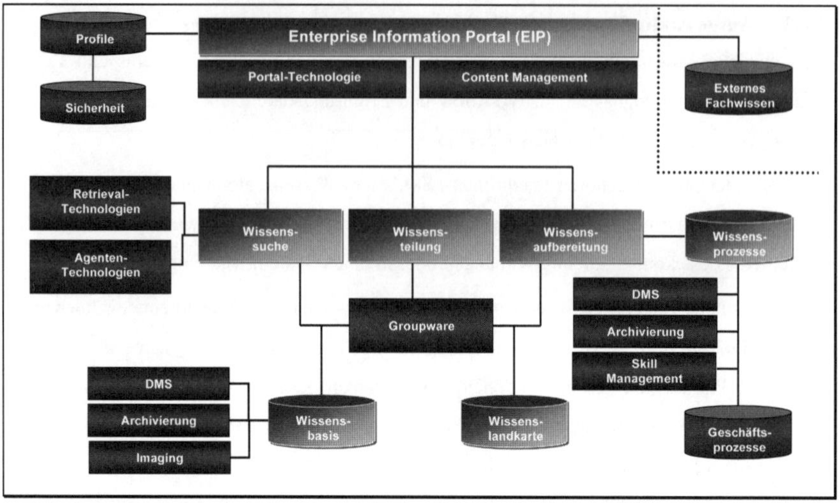

Abbildung 3-12: Struktureller Aufbau eines Enterprise Information Portals[1015]

Ein Portal stellt letztendlich eine multifunktionale Informationsplattform dar, in der eine Vielzahl von Einzelsystemen integriert wird.

Sie aggregiert sowohl strukturierte als auch unstrukturierte Informationen und stellt diese kontextbezogen und in personalisierter Form innerhalb eines standardisierten Rahmens zur Verfügung. Solch eine unternehmensweite Implementierung und Integration verschiedener Systeme verursacht erhebliche Kosten. So hat die META GROUP[1016] bspw. für die Implementierung von Wissensportalen in mittleren Unternehmen ein durchschnittliches Investitionsvolumen von 125 bis 250 TEUR ermittelt. In einer vollständigen Betrachtung spielen jedoch die Total Cost of Ownership (TCO) eine Rolle. Gerade in der Internationalität mit ihren häufig dezentralen Lösungen ist diese Betrachtung notwendig, da dezentrale Lösungen auf Grund des dezentral verteilten Wissens über Anwendungen und IKT-Plattformen häufig kostenintensiver sind als zentrale Lösungen.[1017] Neben den direkten Kosten für die Anschaffung eines dezentralen Systems, die zahlreichen Studien zufolge nur einen Bruchteil der Kosten ausmachen, die für die Pflege der Systeme, Help Services und Datenverluste entstehen[1018], sind auch die Kosten und Sachbearbeiterzeiten bei den Anwendern zu betrachten[1019]. Diese als „Hidden Costs" bezeichneten Zusatzkosten können ein Informations- und Kommunikations-

1015 In Anlehnung an [META 2001, S. 12], [META 2001F, S. 2], [TENBIEG 2001, o.S.].
1016 Vgl. [BLAICH 2003B, o.S.].
1017 Vgl. [TAUCHNITZ 1999, S. B4].
1018 Vgl. [EISELIN 1999, S. B2]. Dieses gilt auch für wissensbasierte Systeme. Vgl. [WOLF ET AL. 1999, S. 748].
1019 Vgl. [PETROVIC 1993, S. 133ff.].

konzept ad absurdum führen.[1020]

Es kann weiterhin erwartet werden, dass die **Elemente des virtuellen Teamings** in Zukunft noch an Bedeutung gewinnen werden, da die Projekte immer schneller abgewickelt und Experten weltweit eingebunden werden müssen. Organisierte Austauschmöglichkeiten stehen deshalb auf den vorderen Plätzen der Verbesserungspotenziale zu einem erfolgreichen Wissensmanagement[1021] und werden in Form *physikalischer und virtueller Kommunikationsforen* als Methode und Instrument zur Förderung der Wissenskommunikation und Wissensnutzung vorgeschlagen[1022]. Bei A.T. KEARNEY und PLAUT bspw. existieren solche Systeme schon in Form von „eRooms", „Project-, Special-, Center- und PlautRooms", welche als *Workgroup-System* für die laufende Projektarbeit ein gemeinsames Arbeiten an verschiedenen Themen und Dokumenten in virtuellen Teams erlauben.[1023] Auch ANDERSEN CONSULTING vernetzt seine Berater mit Hilfe einer *Groupware-Lösung*, mit dessen Hilfe weltweit verteilt arbeitende Beraterteams auf gemeinsame Dateien zugreifen und sie parallel bearbeiten können.[1024] Das Schlagwort für die virtuelle Zusammenarbeit innerhalb der Beratungsbranche und über verschiedene Grenzen hinweg lautet *„Collaborative Consulting"*. Im technischen Sprachgebrauch wird dieses mit *Workgroup-Computing* bzw. mit *Computer Supported Collaborative Work* (CSCW) umschrieben.

Insbesondere das **Management der internationalen Projekterfahrungen** benötigt eine entsprechende Lösung. Bei Beratern werden Wissenspakete häufig im Intranet abgelegt und mittels eines *Document Management Systems* und/oder eines *Content Management Systems* derart organisiert, dass u.a. unterschiedliche Themengebiete und Vertraulichkeitsstufen verwaltet werden. Die *„Project Yellow Pages"* im Intranet enthalten dabei neben einer Kurzbeschreibung des Projektes, Kundenbezeichnungen und Terminen auch den Namen des jeweiligen Projektleiters, möglicherweise die Mitglieder des Projektteams sowie deren Telefonnummern.[1025] Ergänzt wird dieses System möglicherweise durch sog. *„Expert Yellow Pages"*, in denen zusätzlich die Qualifikationsprofile der humanen Wissensträger, deren Bild und andere Attribute vermerkt sind. Auch die gespeicherten Nutzungsgrade derer Beiträge durch andere Kollegen können schnell Aufschluss darüber geben, ob sie bei einem konkreten Wissensbe-

---

[1020] Vgl. [EISELIN 1999, S. B2].
[1021] Vgl. [BULLINGER/WÖRNER ET AL. 1997, S. 32].
[1022] Vgl. [REINMANN-ROTHMEIER 1999, S. 235].
[1023] Vgl. [SCHULTE-CROONENBERG 2000, S. 76], [PLAUT 2002].
[1024] Vgl. [PROBST ET AL. 1999, S. 171].
[1025] Vgl. [BRUNK/SCHNEIDER 2001, S. 14], [BULLINGER/WÖRNER ET AL. 1997, S. 22].

darf mögliche, adäquate Ansprechpartner sein können. Als Wissensverteilungsstrategien sind auch in diesen Systemen *Push-* (z.B. für die Multiplikation von Projekterfolgen) und *Pull-Mechanismen* (z.B. für nutzerorientierte Anfragen in Wissensnetzwerken) vorhanden. *Hyperlink-Strukturen* ermöglichen hier ebenfalls die schnellen Verweise auf Autoren, verantwortliche Content Manager oder artverwandte Themenbeiträge. Auch das automatische Anwählen von Ansprechpartnern mittels *Computer Telephony Integration* (CTI) ist bereits in der Praxis realisiert und vereinfacht die Aufnahme der Kommunikation. Hemmschwellen auf Grund umständlicher und langwieriger Suchen und Kontaktaufnahmen und die damit verbundenen erhöhten Aufwände können hiermit umgangen werden.

Die großen Potenziale des Austauschs und der Verwendung von Projekterfahrungen zeigen auch in der Presse ihre Wirkung. Der erfolgreiche Austausch von Ideen, Projekterfahrungen, Benchmarks und Checklisten mit anderen (Branchen-)Kollegen mittels Extranet hat so zum Gewinn der Auszeichnung „Wissensmanager des Jahres 2002“ geführt.[1026] Der entsprechende Gewinner erfasst hierbei über sein „IQ-Portal“ vollständig Pläne, Verträge und Projekterfahrungen aus ca. 1.400 Projekten pro Jahr und stellt sie dann allen Mitarbeitern abrufbar bereit.

Speziell in Bereichen mit raschen Veränderungen der Anforderungen sind frühzeitige Personalbestandsinformationen notwendig, um bei einer möglichen Unterdeckung proaktiv eine Problemlösung zu generieren.[1027] Gerade eine möglichst breite Erfassung der Fähigkeiten in Verbindung mit einem fokussierten Anforderungsprofil erscheint hier Erfolg versprechend. Darüber hinaus sind fortwährend neue Einsatzvarianten für Mitarbeiter notwendig, um deren Motivation positiv zu beeinflussen. Eine schnelle und flexible Evaluation von Projektbesetzungsmöglichkeiten ist hier notwendig. Ein **Skill Information System** kann Abhilfe schaffen und sollte die Personalbestandsanalyse, Personaleinsatzplanung (Projektbesetzung) und die Personalentwicklung unterstützen. Da ein Business Integrator die Fähigkeiten seiner Berater als die wichtigsten Träger von Wissen kennen muss, sind bereits vielfältige Ausprägungen von „*Yellow Pages*“ im praktischen Einsatz. Sie dienen zur Identifikation der weltweit verteilten Experten, zur Vernetzung derer und zur optimalen Nutzung der Fähigkeiten der Mitarbeiter. Denn wer die Fähigkeiten seiner Mitarbeiter nicht kennt, verpasst die Gelegenheit, sie zu nutzen. Für „Yellow Pages“ und Skill Information Systems werden auch Bezeichnungen wie *Expertenverzeichnisse* und *Know-how-Trägerkarten* verwendet. Zeigen sie neben verbalen

[1026] Vgl. [PRUDENT 2003, S. 33], [NORTH 2003].
[1027] Vgl. [SCHOLZ 2000, S. 21].

Erklärungen auch graphische Verzweigungen von Wissensträgern, -beständen, -quellen, -strukturen und -anwendungen auf oder stellen sie die Ausprägung von Fertigkeiten und Fähigkeiten visuell dar, bezeichnet man sie auch als *Wissenstopographien* und *Wissenslandkarten*. Eine Verbindung von Skill Information und Project Experience Systems bietet sich zur Schaffung kontext-sensitiver Informationssysteme im Beratungsbereich an. Die Systeme, die sich durch die Abbildung eines Wissensbildungsprozesses, bei dem Wissen gezielt identifiziert, aufbereitet, kategorisiert und verfügbar gemacht wird, auszeichnen, werden dann als *konvergente Wissenssysteme*[1028] bezeichnet.

Zum Abschluss der Beschreibung dedizierter Systeme und Techniken muss auch die **Prozessautomation** erwähnt werden. Um eine angemessene Prozessautomation in der Praxis zu erreichen, sind in den diversen Systemen *Automatismen zur Ablaufkontrolle* und zur *Steuerung standardisierter Aktivitäten* enthalten. Dieses ist jedoch von dem klassischen Workflow Management abzugrenzen. Mit den Workflow Management Systems (WFMS) wird zwar der höchste Automatisierungsgrad von Geschäftsprozessen erreicht[1029], dieses gilt allerdings nur für den Ablauf (vor-)definierter Prozesse. Hier muss in der Praxis der Berater noch viel Platz und Flexibilität für menschliche Eingriffe gelassen werden. Der Einsatz eines WFMS ist daher erst ab einem signifikanten Standardisierungsniveau des Geschäftsprozesses sinnvoll und kann kaum für die individuelle und komplexe Projektarbeit Verwendung finden. Die Grundüberlegungen dieser Systeme sollten jedoch für die (Teil-)Prozesse einer neuen wissensbasierten internationalen Projektarbeit angewendet werden. So können z.B. Nachlässigkeiten in der Anlage und Vervollständigung von Projekterfahrungen vermieden, Fehler beim Ablegen von Lessons Learned und Best Practices reduziert und der Gesamtaufwand für die Wissensaktivitäten im Projektkontext letztendlich minimiert werden.

[1028] Vgl. [WIEMANN 1997, S. 8]
[1029] Vgl. [KOPPERGER/NÄGELE ET AL. 2001, S. 31].

4 Fallstudie der Softlab GmbH

„Unser eigentliches Problem ist ein mentales: Es ist ja nicht so, als ob wir nicht wüssten, dass wir Wirtschaft und Gesellschaft dringend modernisieren müssen. Trotzdem geht es nur mit quälender Langsamkeit voran. Uns fehlt der Schwung zur Erneuerung, die Bereitschaft Risiken einzugehen, eingefahrene Wege zu verlassen, Neues zu wagen. Ich behaupte: Wir haben kein Erkenntnisproblem, sondern ein Umsetzungsproblem."

Bundespräsident Roman Herzog[1030]

In diesem Kapitel wird nun die Fallstudie bei SOFTLAB detailliert beschrieben, die auf Basis der gesamten theoretischen und empirischen Erkenntnisse durchgeführt wurde und die zusammen mit Kapitel 3 eine wichtige Grundlage für die in Kapitel 5 beschriebenen Gestaltungskonzepte, Handlungsempfehlungen und Koordinationsinstrumente bildet. Dabei orientierte sich die Auswahl der Maßnahmen, Prozesse und Informationstechnologien sowohl an dem unternehmensspezifischen Kontext als auch an den evaluierten Gestaltungsmöglichkeiten des internationalen Wissensmanagements.

4.1 Rahmeninformationen

4.1.1 Unternehmensprofil

Seit mehr als zehn Jahren ist SOFTLAB ein Unternehmen der BMW Group. Rund 1.100 Mitarbeiter erwirtschafteten im Jahr 2004 bei einem kaptiven Anteil von ca. 48 Prozent einen Umsatz von 165 Mio. EUR. Das Münchener Unternehmen konzentriert sich als Business Integrator auf den europäischen Markt und besitzt - neben den vier deutschen Standorten - Niederlassungen in Großbritannien, Österreich und der Schweiz. In den USA unterstützt SOFTLAB vor allem BMW-Projekte. Zusammen mit BMW gründete SOFTLAB im Jahr 2000 das Tochterunternehmen NEXOLAB, das sich auf Strategieberatung für E-Business-Lösungen in der Fertigungsindustrie spezialisiert. Zusätzlich ist SOFTLAB zu 50 Prozent an dem Forschungsinstitut für angewandte Softwaretechnologie (FAST) beteiligt.

SOFTLAB beschäftigt sich vor allem mit Themen, die heute beinahe für alle Unternehmen von wesentlicher Bedeutung sind. Dazu gehören vordringlich CRM, SCM, Business Intelligence, Enterprise Application Integration (EAI) und IT-Services. Die Mitarbeiter verfügen über Expertise in den Branchen Banken, Versicherungen, Industrie und Telekommunikation. Das Leistungsangebot umfasst dabei die klassischen IT-Schwerpunkte Beratung (angels.: Plan), Implementierung (angels.: Build) und Betrieb (angels.: Run).

Neben projektbezogenen individuellen Partnerschaften werden langfristig orientierte Produkt- und Servicepartnerschaften vor allem mit AMDOCSCLARIFY, BEA, BUSINESS OBJECTS,

[1030] Anlässlich seiner Rede in Berlin vom 26. April 1997.

COGNOS, FUJITSU, GENESYS, HEWLETT PACKARD, KANA, MATRIXONE, MICROSOFT, ORACLE, PIVOTAL, PRIMUS, REMEDY, SAP, SIEBEL und SUN gepflegt.

4.1.2 Geschichtlicher Hintergrund und struktureller Aufbau

Das Unternehmen wurde 1971 von den Herren Neugebauer und Heldmann, zwei Pionieren der bayerischen Softwareentwicklungsszene als spezialisiertes Softwarehaus in München gegründet. Die gemeinsamen Anstrengungen führten schließlich in den Jahren 1985 bis 1990 zur weltweiten Markführerschaft im Umfeld des Computer Aided Software Engineerings (CASE), basierend auf dem selbstentwickelten Produkt Maestro®.

Auf Grund der abnehmenden Anpassungselastizität von SOFTLAB hinsichtlich neuer Trends im Software(entwicklungs-)umfeld und der damals vorherrschenden Bestrebungen zahlreicher Industrieunternehmen zur Diversifikation in die Informationstechnologie kam es 1992 zu einer Firmenübernahme seitens der BMW Group. Diese ging einher mit der Besetzung von Top-Positionen durch BMW- und externe Führungskräfte und mündete schließlich in einer Organisationsstruktur von Geschäftsbereichen, die sowohl Softwareentwicklungs- als auch zunehmend Beratungs- und Servicedienstleistungen unterstützen sollte. Auf Grund des Inhaber- und Strategiewechsels und der negativen Wachstumsraten im angestammten Marksegment der Host-basierten CASE-Tools kam es zu zeitweiligen unternehmerischen Entwicklungsturbulenzen.

Nach einem erneuten Führungswechsel im Jahr 1996 verantwortet nun ein Managementteam, das sehr viel Erfahrung sowohl im produktbasierten Dienstleistungs- und im Beratungsgeschäft als auch in der Anwendungsentwicklung aufweist, die Geschäfte. Verschiedene Right Sizing-Maßnahmen führten dazu, dass Niederlassungen in Frankreich und Spanien geschlossen, das Eigenprodukt nebst zugehöriger Entwicklungsmannschaft an FUJITSU verkauft und externe Firmen wie z.B. AT&T ISTEL, VERSDATA und LOT CONSULTING in die englische und deutsche Organisation integriert wurden.

Das Unternehmen, das heute in einer Matrixstruktur von Geschäftssegmenten und Ländern/Regionen organisiert ist, erwirtschaftet in ca. 400 Projekten[1031] pro Jahr 47% seines Umsatzes mit CRM-, 42% mit SCM- und 11% mit EAS-Themen (Stand 2004). Die Projekte, die zu 10% Projekte mit Verantwortung zur Generalunternehmerschaft sind, haben eine durchschnittliche Laufzeit von 11 Monaten.

[1031] Diese Anzahl umfasst nicht die „kleineren" Beratungsaufträge, die relativ kurzläufig durchgeführt werden. Mit ihnen zusammen ergibt sich eine Gesamtanzahl von ca. 950 Projekten pro Jahr (Stand 2003).

Die Altersstruktur der Mitarbeiter, von denen ca. 70% Erfahrungen in Großprojekten gesammelt haben, liegt im Durchschnitt bei 41,2 Jahren (Stand Dezember 2003), wobei die meisten zwischen 31 und 42 Jahren alt sind. Die durchschnittliche Betriebszugehörigkeit beträgt 7,4 Jahre, wobei ca. ¼ der Mitarbeiter bis 3 Jahre und ca. die Hälfte bis 7 Jahre im Unternehmen tätig sind. Die Frauen-/Männer-Quote der Belegschaft beträgt 30% / 70%. Die Mitarbeiter sind zu 75% deutscher Staatsangehörigkeit, die restlichen 25% verteilen sich auf 39 weitere Nationalitäten.

Die gemeinsamen Anstrengungen der letzten Jahre haben dazu geführt, dass SOFTLAB laut Wettbewerbsstudien[1032] (Stand 2001) bereits Platz 3 der IT-Dienstleister für das Thema SCM und Platz 4 für das Thema EAS in Deutschland eingenommen hat. SOFTLAB hat darüber hinaus einen 67%-igen Bekanntheitsgrad bei IT-Entscheidern. Beide Aspekte konnten jedoch nicht davor schützen, dass man in der jährlichen Lünendonk-Liste von Platz 10 auf Platz 16 abgerutscht ist (Stand 2001) und damit als Absteiger Nr. 1 im IT-Consulting[1033] gilt.

4.1.3 Zusammenfassung bisheriger und aktueller Probleme

Bei der Betrachtung der Dimension **Führung/Kommunikation** wird man auf *Kulturunterschiede zwischen der Belegschaft und der Führungsebene* aufmerksam. Diese sind u.a. durch den noch nicht verarbeiteten Wechsel vom Produkt zum Projekt und vom Entwickler zum Servicemitarbeiter geprägt. Weiterhin wird auf Grund der ehemaligen patriarchalischen Gründerprägung Führung als Orientierung, Unterstützung und Motivation bei den Mitarbeitern nicht aktiv wahrgenommen. Obwohl Vertrauen in die Führungsmannschaft vorhanden ist, wird die eigene Mitarbeiterbeteiligung beim Erreichen der Unternehmensziele nicht genug reflektiert. Bei den Mitarbeitern herrscht eher eine beobachtende Haltung in Bezug auf die Unternehmensentwicklung. Dieses wird unterstützt durch eine hohe Eigenständigkeit in der Organisation der Projektarbeit, die als primäre Aufgabe wahrgenommen wird und daher keine zusätzliche Energie erzeugt, Führung einzufordern.

Auf Grund der Neubesetzungen existieren auch *innerhalb der Führungsmannschaft Friktionen*, die zu Bereichsdenken führen. Die Kommunikation und Diffusion von Managementinformationen in die jeweiligen Geschäftsbereiche ist ohne die Vereinbarung einer gemeinsamen „Bandbreite“ sehr individuell geprägt und wird äußerst unterschiedlich gehandhabt. Diese bewusste und/oder unbewusste Kommunikationsfilterung betrifft auch den Informations-

---

[1032] Vgl. [FINK 2002, S. 39 u. S. 43].
[1033] Vgl. [STREICHER 2002, S. 30].

fluss zwischen Geschäftsführung und Managementteam. Darüber hinaus treten die „üblichen" Reibungspunkte einer Matrixorganisation verstärkt zu Tage und werden durch die „Abteilungssilos" und das Hinzukommen einer neuen Vertriebsfunktion als „Schnittstelle zwischen den Schnittstellen" intensiviert.

Eine Vision ist nicht in der Kultur verankert. Noch immer finden sich in den Köpfen der Manager und Mitarbeiter unterschiedliche Vorstellungen von SOFTLAB als Produkt- oder Projekthaus. Die Dimension der **Strategie** ist damit nicht einheitlich besetzt und kommuniziert. Auf Grund verschiedener Änderungen in der Organisation[1034] ist eine *Ungläubigkeit bzw. ein Ausharren* hinsichtlich der Nachhaltigkeit einer Strategie zu verzeichnen. Dieser Sachverhalt wird dadurch verstärkt, dass größere Strategieüberlegungen und deren Umsetzung erst nach Freigabe durch den BMW-Vorstand möglich und daher erst spät kommuniziert werden.

Die *Unsicherheit* hinsichtlich möglicher Strategieoptionen ist ein prinzipielles unternehmerisches Problem, tritt aber bei Business Integratoren auf Grund der Schnelligkeit des Aufkommens neuer Trends, Produkte und Anbieter besonders in Erscheinung. Bei SOFTLAB bedeutete dieses auf Grund der Vielfältigkeit der vorhandenen Portfolioelemente neben der Notwendigkeit zur strategischen Vorausschau eine zusätzliche Fokussierung und Eliminierung von Portfolioelementen vornehmen zu müssen. Somit trat neben die „normale" Unsicherheit des Managements eine weitere Unsicherheit in den Reihen der betroffenen Beratungs- und Softwarespezialisten.

In der **Kulturdimension** sind die bereits genannten *Unterschiede zwischen Führung und Belegschaft* aufzuführen. Hinzu kommt, dass bei vielen Mitarbeitern von SOFTLAB die *Wertschätzung der Organisation und dem Unternehmen gegenüber* eher gering ausgeprägt ist. Man ist nicht stolz darauf, bei SOFTLAB zu arbeiten, sondern eher darauf, die alten innovativen Zeiten miterlebt zu haben bzw. Teil einer bestimmten Organisationseinheit zu sein. Die Verbindung zwischen der eigenen Arbeit und dem Erfolg von SOFTLAB wird nicht emotional gespürt. Die Kultur ist in weiten Teilen als konservativ zu bezeichnen und am Status quo orientiert. Die Entstehung eines neuen Portfolioelements oder eines neuen Prozesses stellt also einen Bruch mit der Vergangenheit dar und wird nicht von allen Mitarbeitern positiv aufgenommen.

[1034] Hier sind im Besonderen die folgenden Änderungen zu nennen: 1.) Wechsel vom Funktions- zum Matrixprinzip und innerhalb der Matrixorganisation von Lines of Business/Branchen und Themen nach Geschäftssegmenten/Themen und Ländern 2.) Erstmaliger Aufbau einer zentralen Vertriebsabteilung und spätere Verteilung dieser in die Geschäftsbereiche und Regionen.

Erfahrung und Wissen zu haben, verschafft Respekt und erzeugt Vertrauen. Denjenigen, die längere Zeit dabei sind und viele Erfahrungen gesammelt haben, wird die „*Meistereigenschaft*" zugestanden, Diese, auf die Qualität der Arbeit prinzipiell positiv wirkende Eigenschaft, steht jedoch der wissensorientierten Interaktion mit neuen und bereichsfremden Kollegen entgegen.

Innovation ist ein weiterhin wichtiger Wert für SOFTLAB. Da jedoch Innovation vorrangig mit dem (Software-)Technologiebereich gleichgesetzt wird und ein Wertempfinden für innovative Dienstleistungskonzepte und -produkte fehlt, kann ein *fehlendes wissens- und dienstleistungsorientiertes Innovationsverständnis* als Problem lokalisiert werden.

Als weiteres Problem treten bei SOFTLAB die *gruppenspezifischen Kulturunterschiede* in besonderer Anzahl hervor. Dieses resultiert einerseits aus einer verstärkten Regionalisierung, so dass Spannungen zwischen den Ländern/Regionen und der Zentrale ein Thema sind. Gleiches gilt für den Ausbau des Portfolios in Richtung erweiterter Beratungskompetenz. Hierzu wurden zahlreiche „reine" Berater eingestellt, die als Individualisten mit den Entwicklern, die als Prozessverarbeiter angesehen wurden, auf Grund von Selbstdarstellung und Geltungsdrang in kulturelle Konflikte gerieten. Selbiges gilt für die „traditionellen" Kulturunterschiede zwischen den Service-/Beratungseinheiten und der Vertriebsfunktion, die im Rahmen einer neuen Kunden- und Vertriebsorientierung aufgebaut werden sollte. Die kulturellen Reibungen zwischen Projekteinheiten, die mehrheitlich BMW-Projekte durchführen und denen, die Kunden auf dem „freien Markt" unterstützen, zwischen produkt- und dienstleistungsorientierten Projektgruppen und letztendlich zwischen Verwaltungs- und produktiven Einheiten komplettieren das vorgenannte Argument, das auch für die drei im Jahr 2002 übernommenen, zwischenzeitlich integrierten Firmen gilt. Da die jeweiligen Gruppen (noch) kein Verständnis für das virtuelle Zusammengehörigkeitsgefühl und die disziplinenübergreifende Kooperation entwickelt haben, kann dieser Punkt als Grund für zahlreiche Probleme angesehen werden.

Die Dimension **Organisation/Prozess** umfasst u.a. die Problematik, dass es für die Mitarbeiter nicht üblich war, ihr Unternehmen darzustellen oder über ihr Unternehmen zu reflektieren. Diese fehlende Auseinandersetzung mit SOFTLAB auf der Metaebene führte zu einem geringen Gesamtwissen über das Unternehmen. Es wurde daher schwer, SOFTLAB im Außenverhältnis glaubwürdig zu präsentieren. Wo früher Kunden von selbst kamen, um Produkte nachzufragen, muss man sich heute um einen möglichen Kunden bemühen und strategisch agieren. *Mitarbeiterbeteiligung und -vernetzung sowie Kundenbeziehung* sind hier die defizitären Bereiche.

Die Menschen bei SOFTLAB arbeiten prozessorientiert. Auf Grund der Softwareentwicklungstradition werden Probleme in viele Prozessschritte zerlegt und auftragsbezogen abgearbeitet. Der Auftrag als solches wird nicht in Frage gestellt. Damit tritt die Ziel- und Ergebnisorientierung hinter die *Auftrags- und Themenorientierung* zurück. Obwohl das Denken in Bezug auf den Auftrag ganzheitlich ist, wird für die Klassifizierung von Problemen in Rastern von „Softwaremodulen" gedacht. Zu jeder Anforderung sucht man ein Modul, mit dem man diese abdecken kann. Wenn es kein Modul gibt, „strickt" man halt ein neues.

Obwohl die Mitarbeiter von SOFTLAB den Markt beobachten, verstehen sie jedoch seine Dynamik nicht immer. Eine intensive Beschäftigung mit den Abläufen auf dem Markt findet nicht statt. So bietet man seine qualitätsvolle Arbeit angebotsorientiert an; wenn diese jedoch nicht angenommen wird, agiert man, tlw. unsystematisch, nachfrageorientiert. Die hierbei gewonnenen Erfahrungen fließen aber nicht in die *Weiterentwicklung der Geschäftsstrategie* zurück bzw. werden nicht übergreifend zur Verfügung gestellt.

Die bereits angeführten *Übernahmen* von Unternehmen in Deutschland und Großbritannien treten im Kontext dieses Absatzes nochmals auf, da die organisatorische und prozessuale Einbindung der jeweiligen Unternehmensstandorte eine besondere Herausforderung birgt. Die Veränderung der Matrixdimensionen schließlich bedeutet häufig auch die Neustrukturierung der Abteilungsgrenzen. Die *Strukturänderungen* drücken sich dabei u.a. in Problemen der Neuzuordnung von Mitarbeitern oder ganzen Abteilungen und in dem Bruch oder Verlust von Netzwerkverbindungen aus.

Die Problematik neuartiger Projektvorgehen und -prozesse ist bereits im Rahmen von Kundenerwartungen und anderer Rahmenbedingungen beschrieben worden.[1035] Für SOFTLAB bedeutete dieses die Notwendigkeit zu mehr abteilungs-, geschäftsbereichs- und regionenübergreifenden Verbundprojekten und die vermehrte Erweiterung von Projektaufträgen in Richtung vorgeschalteter Strategie-, Konzeptions- und Prozessberatung. Weitere Probleme speziell von Cross Region-Projekten, die im Rahmen einer Umfrage ermittelt wurden, sind in der nachfolgenden Tabelle 4-1 dargestellt. In ihr finden sich auch Interdependenzen wieder. So sind bei SOFTLAB diverse Barrieren im internationalen Projektgeschäft zu finden, die einen kulturellen Ursprung haben.[1036]

[1035] Siehe u.a. Seite 98ff. in Kapitel 2.4.1 und Seite 161ff. in Kapitel 3.3.1.
[1036] Vgl. [LEVEC 2002, S. 55ff.].

Auch die Dimension der **Informations- und Kommunikationstechnologie** ist bei SOFTLAB noch nicht ausgeschöpft. Natürlich sind zahlreiche operative Systeme zur Steuerung und Bewertung von Projekten und des Geschäftes im Allgemeinen verfügbar. Neben SAP sind so z.B. diverse Projektmanagement-, Risikobewertungs-, Kalkulations- und Qualitätsmanagementsysteme im Einsatz, die die unterschiedlichen Aufgabenstellungen informationstechnologisch unterstützen. Vor dem Hintergrund der *Wissensorientierung* jedoch gab es keine Systeme, die die Wissensanwendung im Sinn der Interaktion, des Transfers und der Wiederverwendung von Wissensbausteinen aus den Bereichen Mitarbeiter, Projekt, Kunde und Markt ermöglichten.

Projekt- bzw. Wissenssicht	Priorität 1	Priorität 2	Priorität 3
Initialisierung	Suche nach Mitarbeitern mit geeigneten Fähigkeiten	Zeitliche Verfügbarkeit der Mitarbeiter	Wieder verwendbare Vorlagen oder Erfahrungen aus Projekten
Durchführung	Unterschiedliche Interessen der beteiligten Einheiten	Politische Entscheidungen / Machtspiele	Zeitliche / Räumliche Distanzen
Abschluss	Zuständigkeiten bzgl. der weiteren Betreuung des Kunden	Erfahrungsübertragung und -sicherung	Verlust von kollektivem Beziehungswissen
Repräsentation	Zugriff auf das implizite Wissen der Mitarbeiter	Keine Zeit für geeignete Kodierung / Aufbereitung von Wissen	Örtliche Verteiltheit des Wissens
Nutzung	Das vorhandene Wissenspotenzial wird nicht erkannt oder nicht kommuniziert	Projekterfahrungen / Good Practices für Cross Region-Projekte sind nicht vorhanden	Ungeeignete IKT-Tools zur Wissensaufbereitung
Verteilung	Zu wenig persönliche Interaktion	Undefinierte Kommunikationswege	„Wissen ist Macht" und „Wissen ist Holschuld" -Gedanke
Generierung	Nicht vorhandene Lessons Learned oder Good / Bad Practices	Erschwertes und ungenügendes Project-(De-Briefing)	Keine oder zu geringe lernfreundliche Projektkultur

Tabelle 4-1: Barrieren und Probleme von Cross Region-Projekten[1037]

Da SOFTLAB in ca. 1.100 Köpfen hervorragendes und spezialisiertes Wissen vorrätig hat, dieses Wissen aber flüchtig und nicht immer optimal auf Projekte verteilt ist, Individuallösungen immer mehr mit Standardlösungen im Wettbewerb stehen und die Ausdehnung ehemals angrenzender Mitbewerber in die eigenen Kompetenzfelder unaufhaltsam ist, ist mit der Notwendigkeit zur Optimierung der technologischen Unterstützung ein weiteres Aktionsfeld angezeigt.

[1037] Vgl. [LEVEC 2002].

4.1.4 Programmatische Entwicklung

Die vorgenannten Probleme wurden vom SOFTLAB Management erkannt und Mitte 2000 im Rahmen eines großangelegten Veränderungsprogramms namens PMS „People Moving Softlab“ angegangen. Dabei wurde auf die Erfahrungen diverser vorhergehender Initiativen aus den Jahren 1996/1997 zurückgegriffen, die jedoch nur Teilerfolge bewirken konnten.

Neben dem Beseitigen der bekannten Probleme stand das Erreichen der zukünftigen *Kernfähigkeiten* im Fokus. Sie wurden wie folgt beschrieben:

1.) Wissen über Märkte, Kunden, Partner, Anwendungen, Technologien und Produkte muss schnell aufgebaut und in der Organisation wieder verwendet werden können. Basis hierfür ist eine professionelle abnehmer-/nutzerorientierte interne Information und Kommunikation.

2.) Die Kernprozesse von SOFTLAB müssen sinnvoll und einheitlich in wechselnden Teams angewendet und verbessert werden können; ergänzend hierzu sind Methoden zu identifizieren und wieder zu verwenden mit dem Ziel der schnelleren und sicheren Abarbeitung in Teams; Tools, die diese Methoden unterstützen, müssen eingeführt und genutzt werden.

3.) Eine Firmenkultur ist zu gestalten, die kundenzentrische Ergebnis- und Handlungsorientierung bei gegenseitiger Unterstützung und Zusammenarbeit in Fachthemen und Projekten fördert.

4.) Die Beschleunigung und Professionalisierung der Mitarbeiterentwicklung (von der Identifizierung potenzieller Mitarbeiter bis zu deren Austritt) ist zu erreichen.

Zur Zielerreichung wurden diverse Teilprojekte ins Leben gerufen, die sich u.a. mit Themen wie der Mitarbeiterzufriedenheit, Information und Kommunikation, Portfoliokonsolidierung, organisatorische Verankerung und Zusammenarbeit mit der Tochtergesellschaft NEXOLAB, Einführung der Balanced Scorecard sowie Strategie- und Organisationsentwicklung befassten. Die jeweiligen Teams bestanden aus einem Projektleiter, einem Coach, verschiedenen Sponsoren in der Geschäftsführung bzw. -leitung, dem Kernteam und einem externen Experten. Mit diesen Initiativen konnten verschiedene Erfolge erzielt werden, die sich neben organisatorischen und prozessualen Änderungen z.B. auch in der Etablierung sog. „Practice Champions“ als verantwortliche Rollen in der Geschäftsleitung niederschlugen.

Im Verlauf der Zeit wurden verschiedene Initiativen zusammengefasst, gestoppt oder als beendet erklärt und so existierten zum Beginn des Jahres 2001 letztlich nur noch drei separate Programme, die einerseits eine große Interdependenz (z.B. Steuerungs-, Umsetzungs- und Werteaspekte) aufwiesen und um die selben begrenzten Ressourcen wie z.B. Managementaufmerksamkeit, zeitliches und finanzielles Budget sowie die Mitwirkungsnotwendigkeit verschiedener als „Key Player“ identifizierte Mitarbeiter fochten. Andererseits hegten alle drei einen Hegemonialanspruch und befanden sich hinsichtlich ihres Reifegrades zwischen dem Status einer Initiative und der Regelorganisation. Diese Programme waren:

1.) **Corporate Branding**: Steigerung der Werthaltigkeit gegenüber BMW, Anpassung der Kommunikation gegenüber dem Markt, (Weiter-)Entwicklung der Unternehmensstrategie und Steigerung der Service Qualität durch die Mitarbeiter infolge einer Neupositionierung und eines werteorientierten Change Managements,
2.) **we.know@softlab**: Einführung eines ganzheitlich ausgerichteten Wissensmanagements unter besonderer Akzentuierung der prozessualen und organisatorischen Elemente vor dem Hintergrund internationaler Projektarbeit,
3.) **Balanced Scorecard**: Etablierung einer ganzheitlichen und nun auch qualitativen Betrachtung des Geschäftserfolgs auf der Managementebene.

Da bereits das Bewusstsein herrschte, dass Wissensmanagement als „moderner Selbstzweck" nicht von der Organisation akzeptiert und umgesetzt würde und die gegenseitigen Unterstützungseffekte der drei Programme als wesentlich erachtet wurden, entschloss man sich, die Wissensmanagementaktivitäten organisatorisch in das Corporate Branding-Programm zu integrieren und über die interdisziplinäre Besetzung eines Steering Committees zu steuern. Dieses geschah vor dem Hintergrund der Überzeugung, dass Corporate Branding und Wissensmanagement auf derselben Basis fußen: den zentralen Werten, die SOFTLAB nach innen lebt und nach außen repräsentiert. Ohne diese Wertebasis können somit eine lernende Organisation und eine klare, gelebte Identität des Unternehmens nicht existieren. Wissensmanagement und Corporate Branding bei SOFTLAB verzahnen sich deshalb zu den zentralen Treibern einer starken, wandlungsbereiten markt- und kunden- sowie wissens- und lernorientierten Unternehmenskultur und eines zukunftsorientierten Unternehmensbildes im Markt.

Im Nachfolgenden werden die Konzepte, Maßnahmen und Ergebnisse detailliert dargestellt, die primär dem Programm „we.know@softlab" zugeordnet werden können. Weiterhin werden Aktivitäten vorgestellt, die zwar in anderen Bereichen behandelt, aber durch das wissensorientierte Programm selbst beeinflusst werden bzw. dieses ihrerseits beeinflussen.

4.2 we.know@softlab: Ganzheitlichkeit und Integration

4.2.1 Zielstellungen und deren Fokussierung

Umfangreiche theoretische Überlegungen, Wettbewerbsanalysen und die abteilungsübergreifende Arbeit einer unternehmensweiten Community of Practice, die sich unter der Moderation des Autors speziell zum Thema Wissensmanagement bei SOFTLAB gegründet hatte, führten dazu, dass die sieben nachfolgend beschriebenen Ziele als dedizierte Gestaltungsfelder ausgemacht und vorgeschlagen wurden:

1.) Übergeordnete *Practice Groups/Kompetenzzentren* für unterschiedliche Themen und Practices als Tertiärorganisation im Unternehmen sind fest zu verankern (zur Förderung des Wissensaustauschs, der Wissenstransparenz und des Organisationalen Lernens).
2.) *Bestehende Prozesse* (z.B. Projektinitialisierung, -durchführung und -abschluss sowie Portfolioentwicklungsprozesse) sind aus der Wissensperspektive zu erweitern und zu aktualisieren.
3.) Die angewendete Projektmethodik ist in Richtung Akquisephase zu erweitern, aus der Wissensperspektive zu aktualisieren und zu optimieren und für den unternehmensweiten Einsatz verpflichtend zu machen.
4.) Bestehende Rollen (z.B. QM) in der Organisation sind um Wissensaufgaben zu erweitern oder neue Rollen sind im Rahmen dauerhafter Stabsstellen formal zu instanziieren.
5.) Der Einsatz der vorhandenen IKT ist zu beschreiben und zusammenzuführen, so dass im Sinn eines "MySoftlab.net" ein wissensbasiertes Mitarbeiterportal zielgerichtet und effizient zur Verfügung gestellt werden kann, um bestehende und zukünftige Aufgaben für unterschiedliche Mitarbeitergruppen optimal und flexibel zu unterstützen.
6.) Ein Motivations- und Anreizsystem ist einzuführen, um sowohl intrinsische (kommunikative Maßnahmen) als auch extrinsische (Modelle zur Bewertung von Inhalten und Nutzungsaktivitäten) Maßnahmen zur erfolgreichen und dauerhaften Umsetzung der Inhalte dieses Vorhabens durchzuführen.
7.) Ein System von Wertmassstäben für die wissensbasierte internationale Zusammenarbeit ist zu definieren, um eine einheitliche Qualität und Durchgängigkeit der Umsetzung der Maßnahmen zu gewährleisten und die operative Performance von SOFTLAB zukünftig wissensbasiert zu monitoren.

Die ausführliche Interaktion mit möglichen Beratungs- und Umsetzungspartnern[1038] ergab ein notwendiges Projektbudget von ca. 500.000 EUR, das sowohl externe und interne Aufwendungen als auch umfangreiche Kommunikationsmaßnahmen enthielt. Die bereits angeführte Wirtschaftsentwicklung im Markt für IT- und Beratungsleistungen, die auch bei SOFTLAB zu einer angespannten Budgetlage führte und die Interdependenzen mit den anderen internen Programmen resultierten schließlich in einer weiteren Eingrenzung der Zielstellungen, Verteilung der Aufgaben und Finanzierung dieser aus operativen Abteilungsbudgets:

- Definition einer wissensbasierten Projektmethode inkl. internem und externem Marketing durch:
    - Systematische Erweiterungen um gezielte Wissensmanagementaktivitäten
    - Pre-Briefing (Projekt-Initialisierung, Kick-off)
    - Briefing als permanenter Input/Output-Prozess für das Projekt
    - Wiederverwendung von Projektergebnissen und Aufbereitung von Inhalten
    - Knowledge Milestones und Goaling
- IKT-Unterstützung definieren und Tool auswählen für:
    - Inhalt (Deliverables etc.)

1038 Im Speziellen sind hier die Fraunhofer IPK Berlin, Fraunhofer IAO Stuttgart und die Business Media AG St. Gallen/Schweiz zu nennen.

    - Methode (Templates, Tools, Milestones etc.)
    - Prozess (Menschen, Inhalte suchen, kontaktieren, kollaborieren, veröffentlichen)
- Integration der Maßnahmen und Ergebnisse in Qualitätssicherungsprogramme zur Messung der Project Excellence und zur Verbindung mit anderen „allgemeinen“ SOFTLAB Methodiken

Letztendlich wurde im Jahr 2000/2001 ein Innovationsprogramm ins Leben gerufen, das vor dem Hintergrund einer ausbalancierten Gleichbehandlung der Gestaltungsdimensionen Mensch/Kultur, Organisation/Prozess und Informationstechnologie die zunehmend wissensbasierte Ausgestaltung der unternehmensweiten Projekt- und Beratungsarbeit zum Ziel hatte. Hierbei galten die Wissensbewahrung und -kommunikation als notwendige Voraussetzung, jedoch erst die Anwendung und Wiederverwendung des vorhandenen Beraterwissens als hinreichende Kriterien zur Generierung neuer innovativer Kundenlösungen.

Zur erfolgreichen Umsetzung der Maßnahmen in der Praxis wurde dabei integrativ mit den Abteilungen Marketing und Kommunikation, Corporate Project Office, Corporate Human Resources und dem Betriebsrat in Deutschland zusammengearbeitet.

4.2.2 Methoden/Gang der Untersuchung und Ergebnisse der Theorie

Aufbauend auf einer im Jahr 1999 durchgeführten Kundenumfrage, in deren Zentrum die projektorientierte Analyse der Stärken und Schwächen von SOFTLAB und die Gewinnung konkreter Ansatzpunkte für eine weitere Optimierung der Kundenzufriedenheit stand, sollte nun eine weitere Konkretisierung der wissensorientierten Aufgabenstellung erfolgen. Hierbei galt es zuerst, das Wissen der Organisation zur weiteren Eingrenzung möglicher Barrieren und Lösungspotenziale zu nutzen und gleichzeitig eine Sensibilisierung für das Thema zu erreichen.

Auf Grund der unterschiedlichen Interessengegenstände (Führung, Mensch/Kultur, Prozess/Organisation und IT), Hierarchieebenen der Interakteure und Gestaltungsräume innerhalb SOFTLAB wurden jeweils **individuelle Forschungsansätze** gewählt und in der praktischen Arbeit kombiniert.

Im Rahmen der Evaluierung von „Werte, Vision und Strategie: Roadmap zur Ermittlung und Optimierung“ wurden **qualitative Ansätze** in Form von **Experteninterviews** und **teilnehmender Beobachtung** verwendet. Dieses bot sich besonders an, da so einerseits die persönlichen Einsichten des teilnehmenden Managements (siehe Anhang 2) in persönlichen Gesprächen relativ verzerrungsfrei ermittelt werden konnten und andererseits die Rolle des Autors[1039] bei SOFTLAB zusätzliche beobachtete Erkenntnisse in dieser Hierarchiestufe hervor-

[1039] Der Autor war als Corporate Development Manager bei SOFTLAB tätig.

brachte. Die Experteninterviews mit teilstrukturierten Fragebögen (siehe Anhang 1) wurden im Zeitraum vom 04. September 2001 bis 29. April 2002 durchgeführt und dauerten im Durchschnitt jeweils 2 Stunden. Die teilnehmenden Beobachtungen fanden in regelmäßigen Arbeitstreffen und außerordentlichen Zusammenkünften des gesamten Managementkreises statt oder in Treffen mit einzelnen Managern im Rahmen der z.B. regulären Vertriebs- und Planungsaktivitäten. Die Ergebnisse dieser Befragungen fanden ihren Eingang in der praktischen Ausgestaltung einzelner Lösungselemente bei SOFTLAB und in den weiterführenden Vorschlägen zur zukünftigen Gestaltung. Sie stützen ferner die entsprechenden Gestaltungselemente eines „International House of Knowledge Management" in Kapitel 5.

Im Rahmen einer **quantitativen Befragung** wurden die Barrieren und Lösungspotenziale einer wissensbasierten Cross Region-Projektmethodik für SOFTLAB ermittelt. Der zugehörige Fragebogen (siehe Anhang 4) wurde im Rahmen der Betreuung einer Diplomarbeit im Herbst 2001 konzipiert und im Februar 2002 durch das Management, den Betriebsrat und die Personalabteilung des Unternehmens freigegeben. Da bereits durch umfangreiche theoretische Vorarbeiten eine Auswahl möglicher Hindernisse und unterschiedlicher Methoden und Tools zur Überwindung dieser ermittelt wurden, konnte die für SOFTLAB relevante Eingrenzung sehr gut im Rahmen eines Multiple Choice-Fragebogens mit geschlossenen Fragen ermittelt werden. Zusätzlicher Raum für persönliche Erweiterungen der Antworten ermöglichte eine angemessene Freiheit der befragten Personen. Um die Antworten aufgabenspezifischer zuordnen zu können, wurden für die Klassifizierung der Fragen eine Dreiteilung des Projektprozesses (Initialisierung, Durchführung und Abschluss), eine Vierteilung der Wissensaktivitäten[1040] (Repräsentation, Nutzung, Verteilung, Generierung) und eine Ergänzung um Wissensziele und deren Bewertung vorgenommen.

Eine erste Probebefragung fand im persönlichen Beisein des Autors mit 8 Teilnehmern der österreichischen Tochtergesellschaft statt. Dort wurden im Rahmen eines dreistündigen Treffens der Fragebogen anonym ausgefüllt, unterschiedliche Fragen seitens der Teilnehmer beantwortet und am Ende ein Feedback aller Personen gesammelt. Da es keine nennenswerten Einwände zum Fragebogen gab, wurde eine englische Version erstellt und im März postalisch zusammen mit einem personalisierten Anschreiben (siehe Anhang 3) an weitere Teilnehmer (siehe Anhang 5) in der Schweiz, in Deutschland und in England verteilt. Bis Anfang Juni 2002 wurden 73% der Fragebögen zurückgeschickt, so dass von einer sehr guten Rücklauf-

---

[1040] Siehe hierzu die Ausführungen zum Münchener Wasser-Modell in Kapitel 2.1.3.4.

quote gesprochen werden kann. Die Auswahl der Befragten hinsichtlich geographischer (Deutschland, Österreich, Schweiz, Großbritannien) und hierarchischer Zuordnung (Regionen-/Ländermanager, Servicemanager, Projektleiter und Projektmitarbeiter) sowie thematischer Heimat spiegelt dabei einen repräsentativen Querschnitt aus Bereichs- und Länderorganisation sowie Expertentum wider.

Die Top-Ergebnisse der jeweiligen Fragendimensionen werden in den nachfolgenden Abbildungen dargestellt.

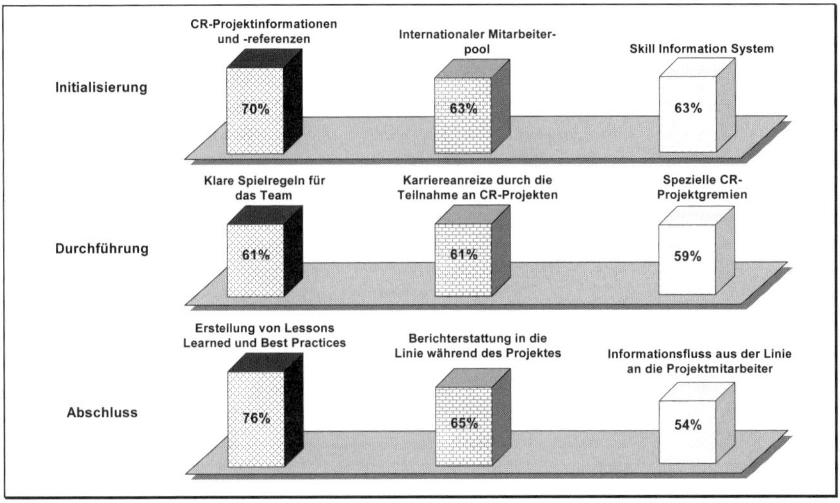

Abbildung 4-1: Top 3-(Wissens-)Lösungen nach Projektphasen (n=46 Personen, Mehrfachnennungen möglich)

Bei Betrachtung der Lösungsvorschläge in der Phase Abschluss wird auffällig, dass hier Maßnahmen zur Optimierung formuliert wurden, die als Aktivitäten eigentlich in der Durchführung greifen müssen. Auch der Lösungsvorschlag „Klare Spielregeln für das Team" in der Phase Durchführung lässt Potenziale für die Initiierung erahnen, die z.B. in der Aktivität „Festlegung von Wissens- und Lernzielen zu Beginn" liegen könnten.

Die anonymisierten Gesamtergebnisse wurden im Anschluss an die Auswertung nochmals an die Teilnehmer zur weiteren Interpretation und Priorisierung zurückgegeben, so dass eine Konkretisierung und Fokussierung der Umsetzungserfordernisse und Implementierungsmaßnahmen erreicht werden konnte. Dieses erfolgte sowohl in persönlichen Telefongesprächen als auch in Gruppenworkshops (siehe Anhang 6).

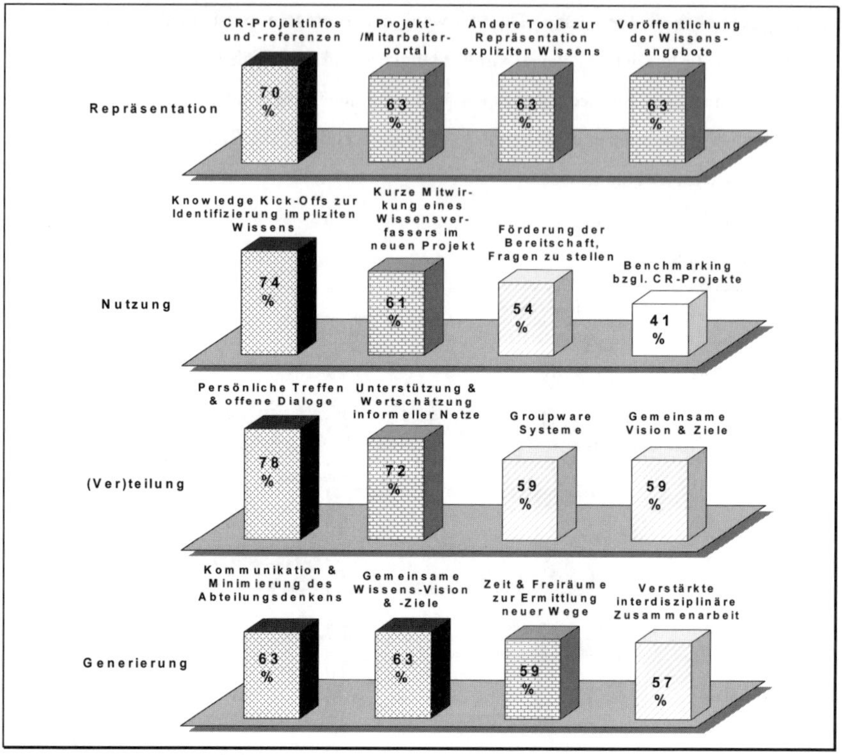

Abbildung 4-2: **Top 4-(Wissens-)Lösungen nach Wissensdomänen** (n=46 Personen, Mehrfachnennungen möglich)

Die Implementierung der ausgewählten Maßnahmen wurde schließlich in der **partizipativen Aktionsforschung** begleitet. Hierbei wurden u.a. Workshops und Arbeitstreffen mit diversen Themenstellungen durchgeführt und besucht und Informationsveranstaltungen begleitet. Die Teilnahme des Autors im Steering Commitee von „we.know@softlab" ermöglichte darüber hinaus die **nicht-teilnehmende Beobachtung** und Interaktion mit anderen Aktivitäten und Projekten, die bei SOFTLAB durchgeführt wurden. Ergänzt wurde die gesamte Forschungsstrategie durch permanente Validierungsgespräche mit unterschiedlichsten Vertretern von SOFTLAB, von Hochschulen und anderen Organisationen. Auch fand eine fortwährende persönliche Reflexion des Autors statt, so dass z.B. verzerrende Interventionen in der partizipativen Aktionsforschung vermieden werden konnten. Insgesamt war so eine umfassende Qualitätssicherung gewährleistet.

4.3 Darstellung der Programmteile und erste Ergebnisse in der Praxis

4.3.1 Unternehmenswerte und Wissensorientierung

Die besondere Betonung einer wissensorientierten Kultur und einer wertorientierten Ausgestaltung der Beratungsdienstleistung durch ein paralleles Programm zum Corporate Branding von SOFTLAB hat wesentlich zur Evidenz des Wissensmanagementgedankens beigetragen. In der Dimension Mensch/Kultur wurden somit nicht die üblichen Floskeln zu kulturellen Voraussetzungen berücksichtigt, sondern fokussiert Werte, Bilder und Pattern[1041] ermittelt, die als Leitlinie für alle Mitarbeiter dienen und hierdurch die kulturelle Neuausrichtung des Unternehmens in Richtung „Knowledge-based Customer Excellence" fördern.

SOFTLAB hat in seiner 30jährigen Geschichte selbst die Erfahrung gemacht, wie über Jahre hinweg ein „Brand" entwickelt wurde, mit dem Kunden, Interessenten, Stakeholder und Wettbewerber die Identität des Unternehmens assoziierten. Die Auswirkungen, die das Corporate Branding auf das operative Geschäft haben könnte, wurden daher wie folgt beschrieben:

- Eine starke Marke bringt einen Vertrauensvorschuss beim Kunden und ist der Türöffner in der Akquisition,
- Eine starke Marke bietet dem Kunden Sicherheiten, die sich auch in seiner Zahlungsbereitschaft widerspiegeln,
- Werden die Kundenerwartungen an die Marke konsequent erfüllt, festigt sich die langfristige Kundenbindung und die Empfehlungswirkung,
- Starke Marken wirken nach innen wie nach außen. Für die Mitarbeiter bedeutet eine starke Marke die Sicherheit, im richtigen Unternehmen zu arbeiten (angels.: Corporate Identity)
- Langfristig erhöht eine starke, glaubwürdige Marke den Unternehmenswert.

Unter der Prämisse eines starken Wettbewerbs in gesättigten Märkten, wo die Differenzierung der Leistung mehr und mehr auf „weichen Kriterien" basiert, stellte sich der Markenaufbau als eine neue Aufgabe für die erfolgreiche Erhaltung und Weiterentwicklung der SOFTLAB Geschäftstätigkeit. Auf Grund des gewählten methodischen Prinzips „von außen nach innen" stand am Anfang des Programms eine Analyse des Wettbewerbs. Die empirische Untersuchung des Kommunikationsverhaltens ausgewählter Mitbewerber ergab das nachfolgende Bild.

Da die drei Dimensionen Ergebnisqualität, Ausführungsqualität und Beziehungsqualität als Balance im Markenerlebnis eines Dienstleisters eine prägende Rolle spielen, galt es unter Zu-

[1041] Durch diese Bilder, Geschichten und Symbole drückt sich das Brand Equity als konzeptuelles Knowledge Asset aus. Vgl. [NONAKA/TOYAMA ET AL. 2000, S. 20f.]. [FORRESTER 2002] beschreibt in diesem Zusammenhang den Firmenwert auch als Summe aus Branding-, Intellectual-, Human- und Financial Capital.

hilfenahme von Soziogrammen und den Ergebnissen weiterer Kunden- und Partnerbefragungen ein zukünftiges Set an Wertepaaren herauszufiltern, das den einzelnen Qualitätsebenen wunschgerecht entspricht. Diese sollen in ihrer spezifischen Beschreibung das neue Alleinstellungsmerkmal für SOFTLAB bilden und sowohl intern als auch extern als Kriterien dienen, an denen man die zukünftigen geschäftlichen Handlungen der Mitarbeiter und der Organisation festmachen kann.

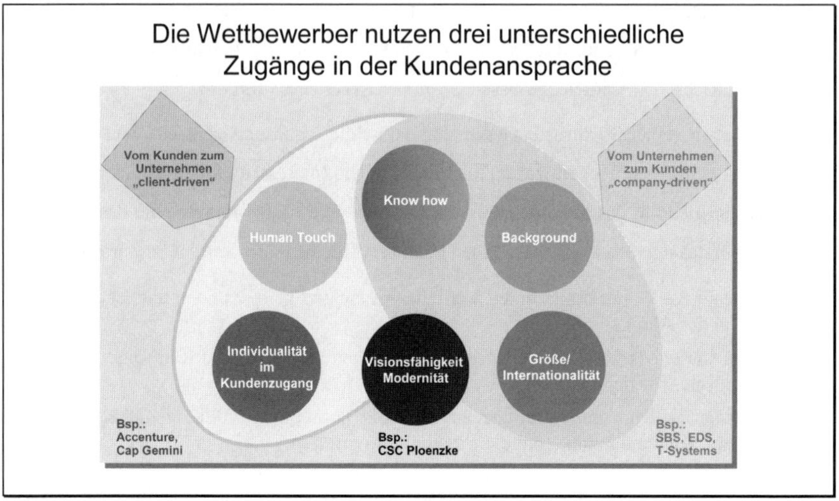

Abbildung 4-3: Wettbewerbsanalyse der Kommunikationszugänge zum Kunden

Besonders anspruchsvoll war diese Aufgabe auf Grund ihrer bipolaren Anforderungen: Werte müssen einerseits anschlussfähig zum momentanen Unternehmensverständnis sein, andererseits aber auch herausfordernd für die Veränderungsnotwendigkeit der Zukunft. Sie dürfen daher nicht zu „abgehoben" sein und auch nicht „allgemeingültig".

In ständig revolvierenden Brainstorming- und Wertesessions wurde versucht, auf Basis der gefundenen Werte und einer zusätzlichen Attributierung dieser in einem Werterad eine Unternehmenspositionierung zu formulieren. Hierbei fand auch die Wissensorientierung ihren vermehrten Eingang. Das Vorhandensein eines interdisziplinären Werteteams, das die vielfältige Ausgestaltung der Thematik bisher im Bootlegging-Verfahren[1042] intern vorangetrieben hatte, konnte hierbei als Quelle einer nicht zu unterschätzenden Eigenmotivation weiterhin genutzt werden.

[1042] Vgl. [PROBST ET AL. 1999, S. 189]. Obwohl bei SOFTLAB hinsichtlich des Teams keine Heimlichkeit bestand, gab es auch keine explizite Autorisierung seitens der Geschäftsführung.

Durch Moodboards wurden die ausgewählten Kernwerte schließlich mit einem visuellen Code unterlegt. Die multimediale Form mit Animation und Musik emotionalisiert darüber hinaus die individuelle und organisationale Auseinandersetzung mit den Werten und wirkt damit nachhaltig. Dabei wurde auf Grund einer verstärkten Beratungs- und Dienstleistungsorientierung auch der bisherige techniklastige Slogan „Where Technology meets Business" durch einen humanorientierten „We've got the right People" ersetzt und mit mannigfaltigen mitarbeiterzentrierten Aktivitäten[1043] im Unternehmen eingeführt.

Abbildung 4-4: Unternehmenswerte mit Wissensorientierung

Die Wissensorientierung in den Unternehmenswerten erschließt sich nicht jedem Leser unmittelbar aus der vorherigen Abbildung. Denn SOFTLAB hat sich in vielen und langen Debatten entschlossen, den „Wissenswert" nicht plakativ herauszustellen, sondern immanent in den diversen Subwerten[1044] und Slogans zu verankern. Letztendlich wurde auf Basis der Kernwerte, ihrer Werte-Facetten und der zugehörigen Slogans eine Positionierungsbeschreibung gefunden, die die Wissensorientierung in allen Bereichen inhärent ausdrückt und nun als Basis für jegliche schriftlichen Aussagen zum Unternehmen dient:

> „Bei Softlab treffen Sie Menschen, die langfristig *Verantwortung* übernehmen. Wir schaffen Lösungen, die wir *an den Strategien* und Visionen unserer Kunden *messen*

[1043] Zu nennen sind bspw. Fotoshootings mit Mitarbeitern und die Verwendung dieser Fotos für Wertbematerialien, Internet- und Messeauftritte.

[1044] Menschlichkeit enthält Offenheit, Respekt, Verständnis und Vertrautheit, Intelligenz enthält Geradlinigkeit, Wissen, Innovation und Geschwindigkeit, Effektivität enthält Verantwortung, Klarheit, Effizienz und Nachhaltigkeit, Solidität enthält Erfahrung, Verlässlichkeit, Integrität und Standhaftigkeit.

Mit Respekt füreinander arbeiten wir *im Team, kommunizieren* offen und finden Inspiration in einer *verständnis- und vertrauensvollen Atmosphäre*. Wir sind mit *Spaß* bei der Sache. Wir *erkennen* relevante Marktentwicklungen und *wissen* um unsere *Fertigkeiten* und *Fähigkeiten*. Wir *entscheiden* gradlinig und schnell. Wir *hören* zu, *verstehen* die Bedürfnisse und *analysieren* die Notwendigkeiten. Stets ergebnisorientiert übernehmen wir die *Verantwortung* für nachhaltige Lösungen. Vielfältig *erfahren* sind wir standhaft in einem dynamischen Markt. Wir sind ein verlässlicher und integrer *Partner*."

4.3.2 Führung und Kommunikation

Bereits im Jahr 2001 beschäftigte sich das Management von SOFTLAB dediziert mit dem Thema Wissensmanagement. So wurde mit Hilfe eines Planspiels als Katalysator für die Strategieentwicklung ein nachhaltiger bereichsübergreifender Dialog der Führungskräfte zu den Themen des Knowledge Managements initiert.[1045] Auf Basis weiterer Studien, externer und interner Berater sowie umfangreicher Diskussionen wurde für SOFTLAB eine Wissensmanagementstrategie entwickelt, die vor dem internationalen Projekthintergrund die Wiederverwendung und Nutzung von Wissen fokussiert. Da die diversen Aktivitäten, die sowohl innerhalb des Corporate Branding-Programms als auch im Rahmen von we.know@softlab stattfinden, von der Geschäftsführung offiziell beauftragt und regelmäßig überprüft werden, lässt sich hieraus die aktive Übernahme der obersten Verantwortung und ein gewisses Sponsorship ableiten. Darüber hinaus ist das Managementteam der zweiten Ebene aktiv in die Gestaltung und Implementierung der neuen Corporate Branding- und Wissensaktivitäten eingebunden, so dass von einer großflächigen Führungsbeteiligung gesprochen werden kann.

Im Rahmen regelmäßiger Gruppenzusammenkünfte werden die Bedeutung und Auswirkung der Werte- und Wissensaktivitäten auf das Führungsverhalten intensiv diskutiert und reflektiert. Ein aktives Vorleben der neuen Haltung und Einstellung seitens der Führungsmannschaft lässt sich daher bereits in vielen Bereichen positiv vermerken. Als ein Beispiel kann hier die neue, wissensbasierte[1046] Zusammenarbeit der Regionen / Länder angeführt werden.

Die Kommunikation des Unternehmens lässt sich in interne und externe Kommunikation unterscheiden und ist seit geraumer Zeit Ziel zahlreicher Interventionen. So wurden nicht nur vermehrt Events und Präsentationsforen durchgeführt, um die direkte Kommunikation mit Kunden und Partnern zu fördern, sondern auch der Internetauftritt komplett neu gestaltet. Sowohl die Kundenveranstaltungen als auch der Internetauftritt wurden durch Kunden und Mitbewerber sehr positiv beurteilt. Dieses wird ergänzt durch eine verstärkte Kommunikation mit

---

[1045] Vgl. [BECK/KELLER 2001].

[1046] Bezogen auf den komplementären Aufbau dedizierter Mitarbeiterfähigkeiten und Portfoliothemen, die sich sowohl in der Akquise als auch in der späteren Projektdurchführung ergänzen.

Pressevertretern. Alle Maßnahmen zusammen ergaben, dass die externe Unternehmenskommunikation für überwiegend gut befunden und SOFTLAB als bedeutender Anbieter nach IBM CONSULTING und ACCENTURE im deutschen Wettbewerbsumfeld wahrgenommen wird.

Die interne Unternehmenskommunikation im Jahr 2002[1047] wurde laut neuesten Mitarbeiterumfragen immer noch als stark defizitär beurteilt. Hier schnitten die Bereiche „Softlab liefert ein klares Bild über Ziele und Strategien“ und „Softlab fördert die Kommunikation nach oben“ am schlechtesten ab. Obwohl in der Vergangenheit bereits zahlreiche Verbesserungen stattgefunden hatten, die sich u.a. in der unternehmensweiten intranetbasierten Veröffentlichung der qualitativen Geschäftsplanungen und -strategien[1048] und der laufenden Projektdokumentation und -kommunikation aktueller und wichtiger interner Projekte niederschlugen, schien dieses für die Bedürfnisse der Mitarbeiter nicht ausreichend gewesen zu sein.

Die Befragungsergebnisse, die im Rahmen der Bewertung einer BSC-Dimension einen ganz besonderen Stellenwert einnehmen, wurden daher in einer speziellen Task Force nochmals zum Anlass genommen, über weitere Verbesserungsmaßnahmen nachzudenken und der Geschäftsführung zur schnellen Entscheidung vorzulegen. Letztendlich wurden neun Kernpunkte der Kommunikation festgehalten, deren schnelle und effiziente Umsetzung das gewünschte Maß an nachhaltiger Mitarbeiterzufriedenheit garantieren sollen:

1. Report der Geschäftsführung zur Geschäftssituation 1 x pro Quartal,
2. Chatroom mit der Geschäftsführung,
3. Konkretisierende Darstellung des SOFTLAB Kernportfolios,
4. Definition einer Kommunikationskaskade,
5. Monatliche Meetings mit der Geschäftsführung,
6. Sommer- und Weihnachtsfest,
7. Vermehrte Kommunikation der Unternehmensstrategie,
8. Management by walking around,
9. Raum und Zeit für informelle Meetings.

4.3.3 Das Projekt als unternehmensweite Wissensbasis

„Um im Wettbewerb langfristig mithalten zu können, sind wir bei Softlab auf eine systematische Sicherung unserer Erfahrungen aus den Projekten und deren Wiederverwendung angewiesen.“

Dr. Stefan Aicher (Geschäftsführer)

[1047] Bezogen auf den Informationsaustausch seitens des Managements, von Unternehmenseite und zwischen den Mitarbeitern.

[1048] Auch hier wurden schon Erkenntnisse von [NONAKA/TOYAMA ET AL. 2000, S. 11] berücksichtigt, nach denen Manager die Verantwortung haben, eine Umgebung zu kreieren, in der das Verständnis für die Expertise des Unternehmens möglich wird und deshalb neue Informationen, Konzepte und Pläne veröffentlichen sollen.

Schon im Jahr 1996 wurde SOFTLAB klar, dass die zerklüfteten Wissensinseln (u.a. durch die Arbeit der Berater vor Ort, unterschiedliche Ländergesellschaften und die Projektarbeit in verschiedenen Branchen) dafür verantwortlich waren, dass immer wieder ähnliche Lösungen gänzlich neu erarbeitet, bestehende Lösungen nicht wiederverwendet und Fehlerbeseitigung anstelle Fehlervermeidung betrieben wurden.

Die diversen Aktivitäten im Haus konnten daher als ausgesprochen heterogen bezeichnet werden:

- Projektschritte, die ein wissensbasiertes Management der Wertschöpfungsprozesse zum Ziel hatten, wurden nicht stringent gelebt.
- Wissensaustausch passierte willkürlich und nicht systematisch vernetzt.
- Wiederverwendung von Wissen wurde individuell gehandhabt und hing zu sehr von persönlichen Bekanntschaften der jeweiligen Nutzer ab.
- Es existierte nur eine partiell systematische Übertragung des Portfolios zwischen den Ländergesellschaften und der Zentrale.
- Cross-Regionale Projekte wurden nur schleppend und jeweils individuell akquiriert und vereinbart.
- De-Briefings und Lessons Learned aus laufenden Projekten wurden nicht übergreifend zur Verfügung gestellt.
- Bereits durchgeführte Projekte konnten nicht effizient in neue Projektakquisitionen umgesetzt werden.

Da als strategische Ausrichtung des Wissensmanagementkonzepts „we.know@softlab" die Anwendung und Wiederverwendung von Beraterwissen definiert war, musste eine Fokussierung des vorhandenen und neuen Wissens mit Blick auf die Kernprozesse vorgenommen werden. Dieses versprach sowohl für die Kunden als auch für SOFTLAB den höchstmöglichen Nutzen der wissensbasierten Geschäftstätigkeit. Dieser Nutzen spiegelt sich in verschiedenen Dimensionen u.a. wie folgt wider:

- Qualität und Schnelligkeit der ausgeführten Projektarbeit,
- Minimierung der vorhandenen Projektrisiken,
- Erreichen der definierten Business Values für Kunden,
- Zufriedenheit der Mitarbeiter mit ihrer Arbeit,
- Weiterentwicklung/Lernen der Mitarbeiter und der Organisation,
- Erreichen und Übererreichen der angestrebten Finanzziele von SOFTLAB,
- Sicherung der zukünftigen Geschäftstätigkeit durch eine neue Ergebnis-, Abwicklungs- und Beziehungsqualität im Projektgeschäft.

Bei der Gestaltung des Konzepts wurden die Identifikation von Wissensträgern, deren Vernetzung, die qualitative Personalplanung, die Organisation internen und externen Wissens über

Projektergebnisse und externe Markt- und Analysteninformationen berücksichtigt. Aus den bereits erwähnten Einzelmaßnahmen ist ein Gesamtkonzept kreiert und implementiert worden, das die vorher genannten Ziele und Ergebnisse zunehmend Wirklichkeit werden lässt.

Der Aufbau umfangreicher Kenntnisse der gängigen Literatur und praktizierter Methoden und Verfahren war zur Konzeption notwendig. Es wurde daher ein Projektvorgehen gewählt, das aus sieben Stufen besteht und mit einem Vorprojekt begann. Nach umfangreichen Erfahrungen in der Einführung und im Betrieb des ersten wissensbasierten Systems ist in einer weiteren Ausbaustufe das System zum Management des Projektwissens konzipiert worden. Hierbei wurden mittels eines Prototyps die Anforderungen der Belegschaft eruiert und deren Bereitschaft zur Nutzung „eingekauft". Weitere Aktivitäten zur Sicherung und Nutzung des Projektwissens und Schulungen im Umgang mit dem Projektwissenssystem garantieren die erfolgreiche weitere Umsetzung der Gesamtstrategie.

Bei der Einführung der Systeme wurden nicht nur technische, sondern vor allem die folgenden Faktoren berücksichtigt:

- Die Systeme mussten in die Geschäftsprozesse eingebunden werden, um die Erfassung und Aktualisierung von Informationen durch die Mitarbeiter z.B. nach Abschluss einer Weiterbildungsmaßnahme oder eines Projektes sicherzustellen.
- Noch vor der Einführung der Systeme in Deutschland waren der Datenschutzbeauftragte und der Betriebsrat rechtzeitig zu beteiligen.
- Sehr wichtig für die Einführung der Systeme waren umfassende Informationsveranstaltungen, in denen die Mitarbeiter systematisch mit der Zielsetzung und Benutzung der Systeme vertraut gemacht wurden. Um eine möglichst hohe Akzeptanz der Systeme zu erzielen, wurde verdeutlicht, wie wichtig das Feedback der Benutzer für die Weiterentwicklung der Systeme ist und dass jeder Mitarbeiter und nicht nur das Management oder die Personalabteilung das System nutzen soll.
- Der kulturelle Wandel, Informationen nicht mehr als Privatbesitz zu betrachten, sondern diese als Ursprung des Wissens zu teilen, bedarf besonderer Unterstützung.

4.3.3.1 Prozesse und Methodik

Im Rahmen der Grundlagen wurde bereits auf die Potenziale hingewiesen, die das optimierte Finden und Kontaktieren von Experten für die Akquisition und die anschließende Besetzung von Projekten erschließen kann. Im April 2002 wurden daher in der Kölner Niederlassung in einem Pilotprojekt mit dem Institut für e-Management prototypartig die Besonderheiten eines *wissensorientierten Pre-Sales-Prozesses* und die spezielle Verwendung von Skill Management und Projekterfahrungssystemen untersucht und skizziert.

Die hierbei gewonnenen Erkenntnisse konnten in die Weiterentwicklung und Handhabung des internen CRM-Systems „CorSa" (Corporate Sales) und des Skill Information Systems sowie in Überlegungen zur Vernetzung mit dem Market Research-Dienst genutzt werden.

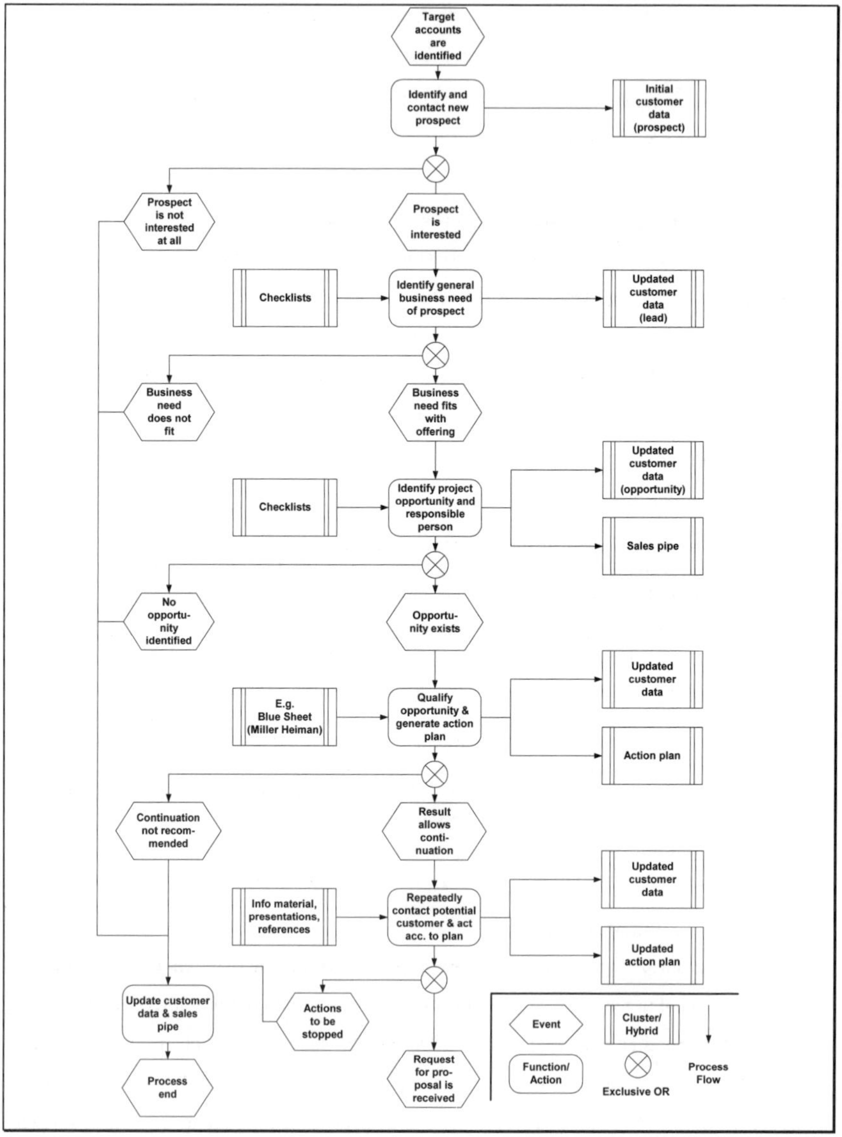

Abbildung 4-5: Pre-Sales-Phase aus Wissenssicht

Zur Vereinheitlichung der Pre-Sales-Aktivitäten der Vertriebsfunktionen oder gar zur Einführung eines verpflichtenden Prozesses haben die Erkenntnisse u.a. auf Grund der wechselnden Unterschiedlichkeit der Kundeninteraktion eines Business Integrators nicht geführt, obwohl die verschiedenen Prozesse aus Gründen der Information und Orientierung ebenfalls detailliert dokumentiert wurden. Ein Beispiel ist in der vorhergehenden Abbildung 4-6 zu sehen.

Die Verwendung des Skill Information Systems ist im Rahmen der *Projektbesetzung* und der Suche nach Ansprechpartnern bei der Problemlösung z.B. im Rahmen der Angebotsschreibung mittlerweile Usus im Unternehmen. Da jedoch die prozessuale Integration (z.B. bei Abschluss eines Projektes Verpflichtung zur Änderung bzw. Aktualisierung der Skills oder Skill-Suche im Rahmen eines Angebotsprozesses) eines solchen Systems marginal ist, werden der Aufbau und die Funktionalität dieses Systems erst im Rahmen der Ausführungen zur informationstechnologischen Unterstützung beschrieben.

Zur Erreichung der Zielstellung sind auch die *bestehenden Projektprozesse* erweitert worden. Dabei hat SOFTLAB den Fokus auf seine Kernkompetenz gerichtet, nämlich den Prozess der Projekt- und Auftragsabwicklung, der eine hohe Wissensintensität aufweist. Auf Basis von eigens erstellten Wissensaktivitätsprofilen ließen sich die Methoden und Aktivitäten der Projekterfahrungssicherung und -wiederverwendung sowie des Skill Managements in die bestehenden Kernprozesse „minimal-invasiv" integrieren.

Das methodische Ziel des ganzheitlichen Ansatzes bei SOFTLAB war es, eine Geschlossenheit der neuen Wissensprozesse (Projekterfahrungssicherung und -wiederverwendung, Skill Management) und eine hohe Integrität der Gestaltungsfelder Kultur, Organisation, Prozesse und IKT zu erreichen. Die Projektmanager wurden deshalb schnell mit den neuen Methoden der Projekterfahrungssicherung vertraut gemacht und wenden sie in den einzelnen Phasen der Projektabwicklung, also Projektinitialisierung (Pre-Briefing), Projektausführung (Briefing) und Projektabschluss (De-Briefing) bereits an.

Ihre Ergebnisse legen sie vom Projektbeginn bis zum Projektende kontinuierlich im Project Experience System (ProX) ab. Über kontinuierliches Pre- und De-Briefing wird so nun bestehendes Wissen vor Projektanfang geprüft und neu gewonnene Erfahrungen und Kompetenzen in der laufenden Projektdurchführung der gesamten organisationalen Wissensbasis zugeführt. So kann aktuelles Wissen aller laufenden und abgeschlossenen Projekte in Akquisen, in anderen Projekten oder zur Portfolioplanung herangezogen werden.

Um den Aufwand für die Wissensauf- und -abnahme in Grenzen zu halten, werden diese Aktivitäten vorrangig während der definierten Projektmeilensteine durchgeführt. Die Pflege der entsprechenden Inhalte ist dabei mit dem Aufbau eines „Living Documents" zu vergleichen, das sich nach und nach zu einem vollständigen Lessons Learned- und/oder Best Practice-

Dokument entwickelt. Aber auch nach Projektabschluss leben diese Dokumente weiter, da sie von anderen Mitarbeiter bewertet, kommentiert und um eigene Informationen und weiterführende Dokumente ergänzt werden können.

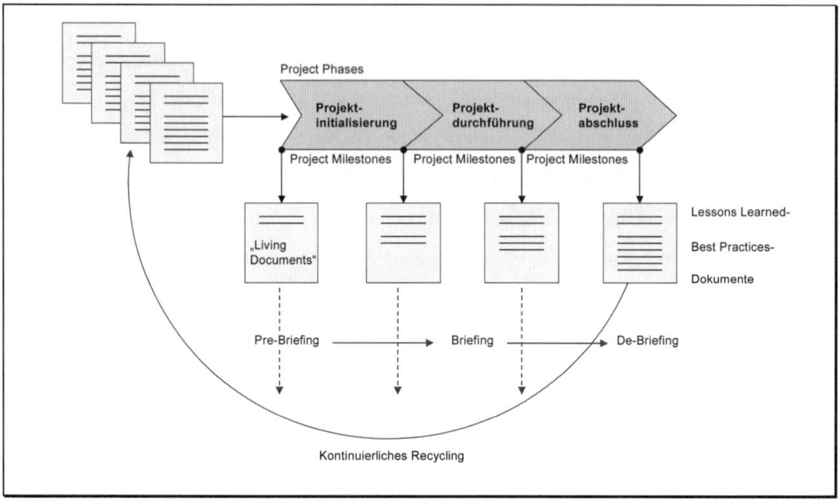

Abbildung 4-6: Wissensbasierter Projektprozess

Um die neuen Aktivitäten und Prozessschritte zu standardisieren, detailliert für jedermann verständlich zu machen und zu schulen, sind u.a. Verfahrensbeschreibungen, Checklisten, Templates, MindMaps, Workshop-Drehbücher und ein Methodenkoffer entstanden.

Activity	Description
1	Determine the characteristics of your new project, which should help you to find information about previous projects in ProX dealing with the same/similar subject. To do this, consider the following criteria: customer, industry, business segment, -area, project type, -subject, -phase, -role
2	Make a dedicated search for project information and experiences in ProX using the appropriate search criteria and keywords that match with the determined characteristics of your new project
3	Go through the displayed search results, particularly the available lessons learned and best practices, and identify the projects that seem to provide the most useful information for your research
4	Evaluate the provided information and check what you can learn from it or reuse for your new project
5	Contact the contact persons mentioned in the provided information in ProX to get additional input and help for your current project information research
6	Evaluate this additional input and check what you can learn from it or reuse for your new project
7	Create the fist lessons learned of your new project in ProX
8	Enter the results of your evaluation into the pre-briefing entry field to document what kind of benefit you could reap out of the previous projects and their available contact persons. Enter also your rating in the respective fields of the found project documentary

Tabelle 4-2: Checkliste zum (Project-)Pre-Briefing

Beispielhaft ist in der vorhergehenden Tabelle 4-2 eine Checkliste zum (Project-)Pre-Briefing in der Projektphase Initialisierung dargestellt.

Die Projektmanager können zusätzlich noch vor Projektbeginn das SIS nutzen, um gezielt Mitarbeiter mit den erforderlichen Skills firmenweit zu identifizieren und anzufragen. Die Projektmitarbeiter wiederum können in jeder Phase ihres Projektes detaillierte Know-how-Anfragen via SIS an ihre Kollegen absetzen, um schnell auf benötigtes Expertenwissen zurückzugreifen. Somit ergänzen sich die Systeme SIS und ProX hinsichtlich ihrer personellen und materiellen Wissensträger.

Es darf hier nicht verschwiegen werden, dass die neuen Wissensaktivitäten auch Aufwände in Form von Zeit und Geld (z.B. interne Leistungsverrechnung für die De-Briefing-Moderation) bedeuten. Hier müssen dann neben den allgemeinen positiven Aspekten auch ganz operative Prozessverbesserungen und Lernkurven im Laufe der Zeit eintreten. Um gerade den erhöhten Aufwand für die finalen De-Briefing-Workshops in Verbindung mit Kunden in ein angemessenes Verhältnis setzen zu können, sind bei SOFTLAB Kriterien definiert worden (z.B. Projektvolumen > 150 TEUR, Projektthema aus einem innovativem Marktbereich), von denen die Initialisierung und der Umfang der jeweiligen Workshops als Verpflichtung oder Empfehlung abhängig sind.

4.3.3.2 Rollen und Vernetzung

Im Rahmen der ISO-Zertifizierung hat SOFTLAB für seine Organisation eindeutige Rollen in den operativen und unterstützenden Prozessen definiert. Es wurden umfangreiche Überlegungen zu diversen Wissensmanagementrollen angestellt und diese auch umfänglich dokumentiert. Auf Grund interner Befragungsergebnisse wurde jedoch bewusst davon *Abstand genommen, zusätzliche Wissensrollen* einzuführen, weil diese in der bestehenden Organisation keine Akzeptanz gefunden hätten. Stattdessen wird sehr viel Wert darauf gelegt, die bestehenden Rollenträger mit den Methoden und Zielen des integrierten Wissensmanagements vertraut zu machen. Diese übernehmen dann in der täglichen Arbeit die verschiedenen Aktivitäten und „mutieren" damit zu modernen „Knowledge Workern".

Eine *zusätzliche und spezielle Rolle* wurde jedoch auf Grund ihres neuartigen Charakters, ihrer Wichtig- und Schwierigkeit und der damit verbundenen Notwendigkeit der anfänglichen Unterstützung und Fokussierung seitens des Corporate Project Offices eingeführt: der *(De-)Briefing Moderator*. Dessen Ziele, Verantwortlichkeiten, Aufgaben sowie notwendigen Erfahrungen und Fähigkeiten sind im Anhang 7 beschrieben. Die Initialschulung von Mitarbeitern des Corporate Project Offices, das anschließend verwendete Train-the-Trainer-

Konzept inklusive Zertifizierung in Zusammenarbeit mit der Abteilung „People Development“ und das Ziel des Einsatzes von (De-)Briefing Moderatoren aus unterschiedlichen Unternehmensteilen von SOFTLAB verankern diese Rolle nachhaltig im Unternehmen und machen schnelle Lernerfolge möglich.

Nicht nur der Einsatz der „fremden“ (De-)Briefing Moderatoren in den eigenen Projekten stärkt die Verbindung zu bisher nicht oder weniger bekannten Mitarbeitern und deren Abteilungen. Auch der bewusste Zusammenschluss von Mitarbeitern unterschiedlicher Organisationseinheiten und Länder im Sinn von *Communities of Practice* (z.B. für den europaweiten Wissensaustausch und die Kooperation in den Themengebieten CallCenter, Sales Force Automation und CRM-Methodik) unterstützen die Vernetzung. Deren Wirksamkeit lässt sich sogar nachweislich über das Wachstum des Umsatzanteils mit den entsprechenden Produkten und Dienstleistungen oder die Erreichung hoch gesteckter qualitativer und quantitativer Kontakt- und Akquisitionsziele darstellen.

Ein weiteres Beispiel hierfür kann die bereits angesprochene CoP „Wissensmanagement“ sein, die nicht nur das Thema zur Implementierungsreife bei SOFTLAB geführt, sondern auch einen wesentlichen Teil zur Verbreitung des Wissensmanagementgedankens in der gesamten Organisation beigetragen hat.

Da jedoch die Institutionalisierung von CoPs z.B. über die Definition einer Charta, Spielregeln für deren Gründung und weiteren Werdegang sowie Voraussetzungen zu deren finanzieller Unterstützung[1049] seitens des Unternehmens erst einmal verschoben wurde, kann die systematische Ausprägung dieser tertiären Organisationsform hier noch nicht weiter beschrieben werden. Die Wirksamkeit und Nützlichkeit von CoPs wird grundsätzlich jedoch bei SOFTLAB nicht in Frage gestellt. Deshalb wird deren Interaktion und Kommunikation, wie in der nachfolgenden Abbildung 4-7 dargestellt, schon einmal informationstechnologisch unterstützt.

Diese CoP-Plattform erlaubt es den Mitarbeitern über Projektgrenzen hinweg, sich zu bestimmten Themen, Technologien und Methoden auszutauschen, um auf diesem Wege neues Wissen aus und für die Organisation zu erzeugen. Hauptbestandteile der Plattform sind elektronische Diskussionsforen, gemeinsame Ablagen, Bulletin Boards und E-Mail-Listen.

Einen *weiteren Ansatzpunkt zur Vernetzung* stellen die unterschiedlichen Systeme und Dienste selbst dar. So sind z.B. die Potenziale der Interaktion der Berater mit einem internen Mar-

[1049] Auch der interne Zeitverbrauch eines Beraters ist für einen Business Integrator kostenintensiv.

ket Research-Dienst bereits in Kapitel 3.3.2.1 auf Seite 187ff. ausführlich beschrieben.

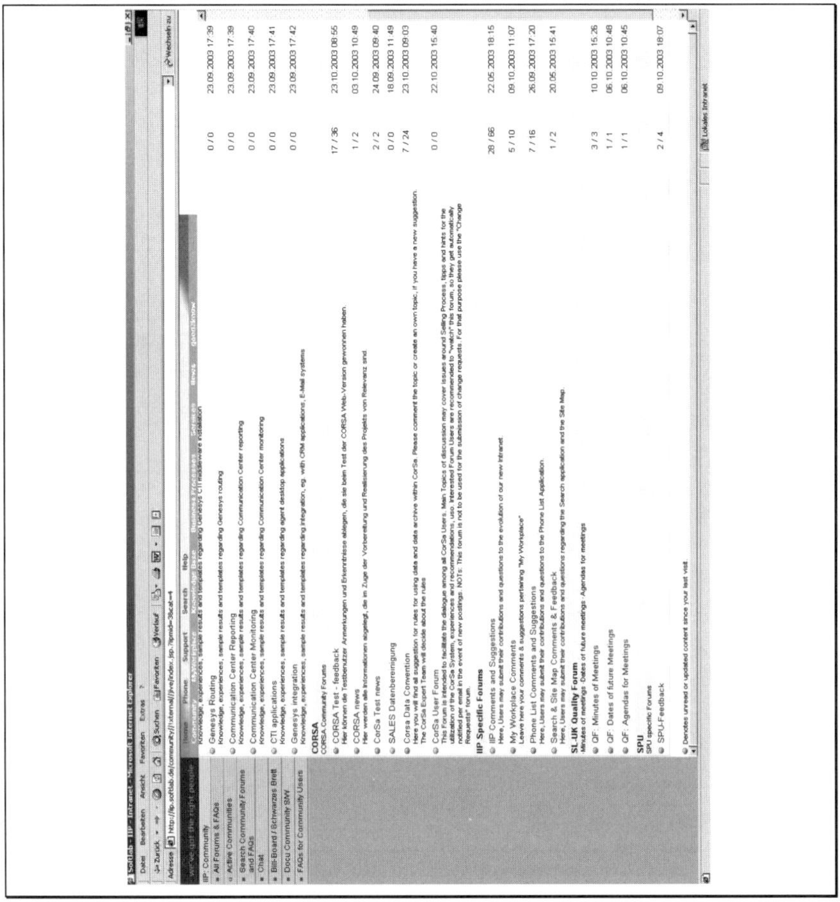

Abbildung 4-7: CoP-Unterstützung in einem Enterprise Knowledge Portal

Auch SOFTLAB unterhält die zentrale Stelle MARES, die sowohl in Eigeninitiative die verschiedenen Analysten- und Zeitungsquellen sichtet und z.B. nach den Ordnungskriterien Kundenname, Technologie, Branche oder Quelle sortiert bereitstellt als auch anfragespezifische Suchen durchführt und in Dossiers zusammenstellt.

Die Interaktion mit Vertretern der Abteilung findet dabei noch telefonisch, per E-Mail oder persönlich statt, soll aber zukünftig auch über arbeitsplatzorientierte Videoconferencing-Systeme möglich sein. Die folgende Abbildung 4-8 kombiniert den Ist- und den Sollzustand.

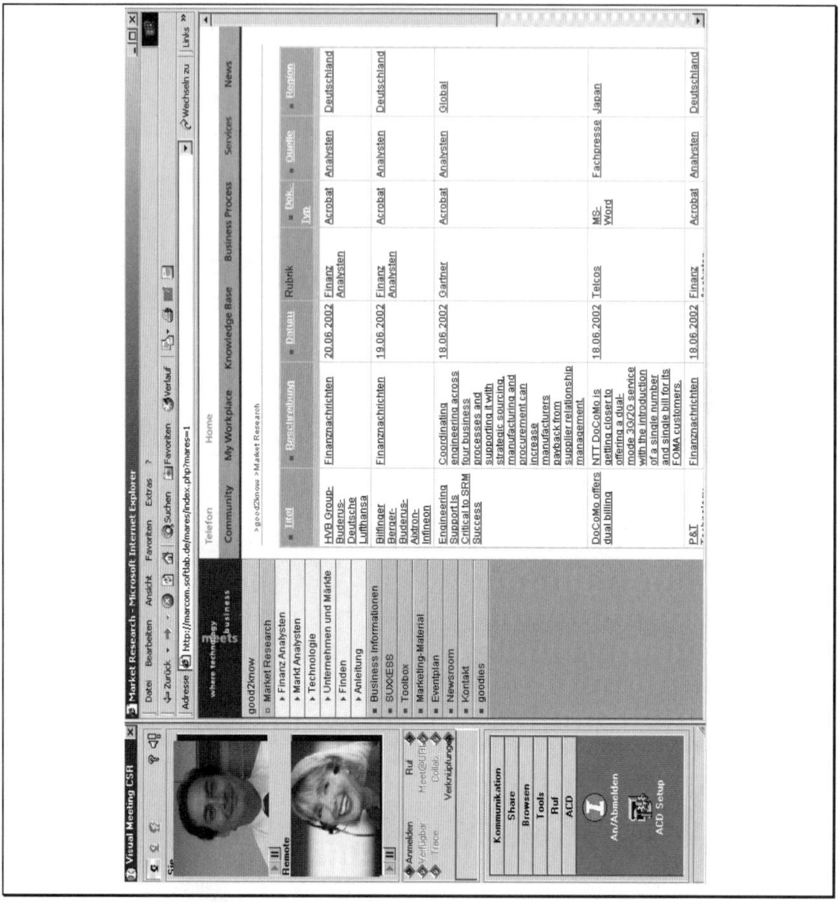

Abbildung 4-8: Vernetzung und Interaktion eines Beraters mit dem Market Research-Dienst

Wie nachfolgend näher beschrieben wird, enthalten die Systeme SIS und ProX Funktionalitäten, mit denen die humanen Wissensträger (z.B. Skill-Träger oder Autoren von Dokumenten) schnell und einfach kontaktiert werden können. Da bei SOFTLAB die *Hybrid-Strukturen* der eingesetzten Systeme als einer der Erfolgskriterien lokalisiert wurden, wird die systemtechnische Kontaktaufnahme und Vernetzung mit anschließender persönlicher Kommunikation und Kooperation in verschiedenen Systemfunktionalitäten abgebildet und unterstützt.

Eine Möglichkeit sind dabei die Chatforen, die nicht nur intern z.B. als Kommunikationsplattform der Experten untereinander oder zwischen Mitarbeitern und Geschäftsführung benutzt werden, sondern auch schon im Austausch mit Kunden und anderen Stakeholdern z.B. im

Rahmen des 30-jährigen Bestehens extern über das Internet eingesetzt wurden. Eine andere Möglichkeit ist die elektronische Zustellung von Projektinformationen und Aufgaben mit direktem Link (Hyperlink) in das Projekterfahrungs- und CRM-System.

4.3.3.3 Informationstechnologische Unterstützung

In der technischen Dimension wurden Systeme bereitgestellt, die sowohl die Identifikation von und Vernetzung mit verschiedenen Wissensträgern ermöglichen als auch umfangreiches Projektwissen zur Verfügung stellen. Ergänzt werden diese „internen" Wissenssysteme durch einen zentralen Research-Dienst, der den Kontakt zu externen Analysten, Zeitungsdiensten und Internetquellen hält.

Die Architektur der einzelnen Systeme und die Schwierigkeiten der Migration und Integration dieser in einem einheitlichen Intranet erforderten, dass in einem größeren Projekt mit dem Namen „International Information Plattform" (IIP) eine erste Vereinheitlichung unter Berücksichtigung internationaler, wissensorientierter, technischer und kostensensitiver Erfordernisse erfolgte. Nachdem nun die ersten großen Anforderungen erfolgreich umgesetzt wurden, wird mit „MySoftlab.net" zunehmend erfolgreich ein „Enterprise Knowledge Portal" aufgebaut, das den wissens- und mitarbeiterzentrierten Erfordernissen entspricht. Die Oberfläche dieses Portals, die individuell über „MyWorkplace" angepasst werden kann, gestaltet sich in der Dimension „Knowledge Base" wie in der nachfolgenden Abbildung 4-9 dargestellt.

Von dieser wissenszentrierten Oberfläche gelangt man per Hyperlinks in die gewünschten Themengebiete wie z.B. Märkte, Partner und Unternehmen und kann dort auf umfangreiche Informationen zugreifen. Die jeweils benannten Content Manager sind dabei die obersten „Hüter" der Inhalte. Über die Wissensgebiete Kunde, Projekt und Mitarbeiter gelangt man neben den Inhalten auch zu den entsprechenden Anwendungen CorSa, ProX und SIS, die dann unmittelbar aufgerufen werden können und sich vollständig in das Portal integrieren.

Aktuelle Auswertungen aus dem Monat Oktober 2003 beweisen, dass quasi jeder Mitarbeiter das Intranet regelmäßig nutzt, durchschnittlich 30 HTML-Seiten pro Besuch aufruft und hierbei auf ca. 100 Informationsobjekte (z.B. HTML, DOC-, PPT-, PDF-Dateien) zugreift. Insgesamt wurden so 4,22 GB[1050] aus dem Intranet auf die stationären und mobilen Rechner herunter geladen.

[1050] Diese Menge entspricht auch dem ungefähren Mittelwert von ca. 5 GB pro Monat. Eine von wenigen Ausnahmen sind nur die 53,63 GB im März 2003, in dem die qualitativen Businesspläne unternehmensweit veröffentlicht wurden.

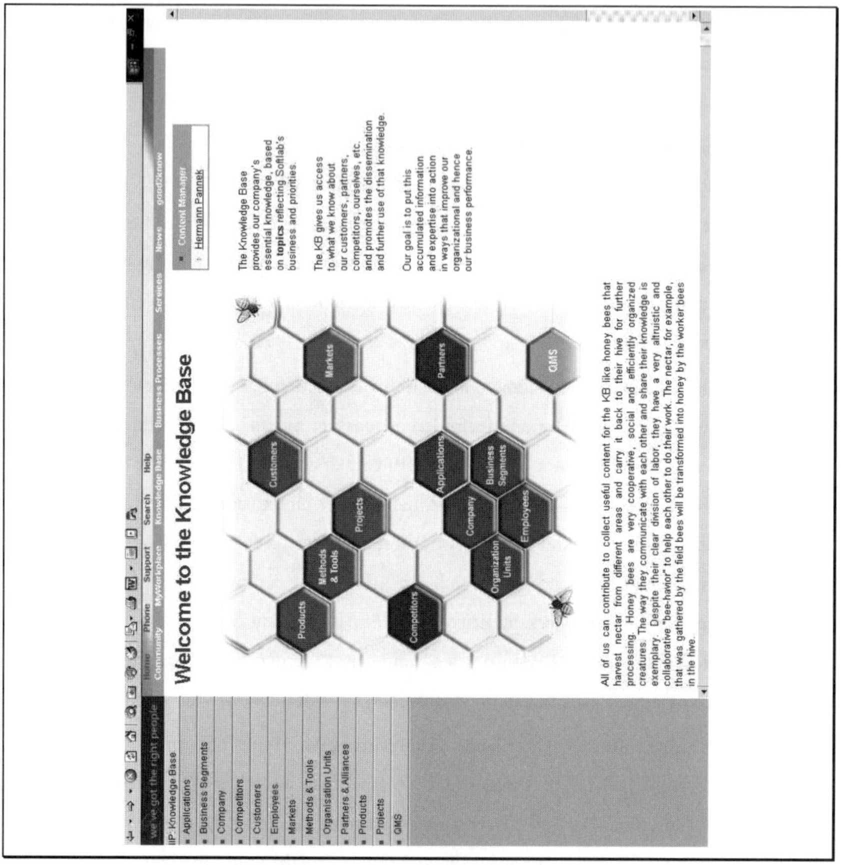

Abbildung 4-9: Enterprise Knowledge Portal „MySoftlab.net“

Skill Information System (SIS)

Um die Mitarbeiter mit den jeweiligen Fähigkeiten effektiv suchen, mit einer persönlichen E-Mail ansprechen und ihr Know-how schnell nutzen zu können, hat SOFTLAB ein Skill Information System eingeführt. Dieses verwaltet neben IT-typischen Fähigkeiten auch weitere Qualifikationen, wie etwa Fremdsprachenkenntnisse oder beratungsspezifisches Know-how in definierten Skill-Ausprägungen (z.B. ausgeprägt oder sehr ausgeprägt). Das SIS dient allen Mitarbeitern des Unternehmens als interner Marktplatz, auf dem sie ihre Skills anbieten können, um sich für neue Aufgaben oder Projekte zur Verfügung zu stellen. Ziel ist, durch diese Einsätze das Wissen der Mitarbeiter zu mehren und ihre Karriere gezielt zu fördern.

Konzeption und Zielstellung

Das Skill Information System wurde auf Grund einer Markt- und Wettbewerbsanalyse in einer Make-Entscheidung[1051] als Self Service-Anwendung konzipiert und ermöglicht den Anwendern, ihre Skills und deren Qualifikationseinstufung mit Hilfe eines Web-Interfaces zu erfassen. Ein klar und übersichtlich strukturierter Skill-Baum mit hierarchisch geordneten Skill-Kategorien und -Kriterien fördert die additive und flexible Erfassung der unterschiedlichen Skills für Branchen, Themen, Tätigkeiten, Technologien und Produkte. Dieser Skill-Baum macht den Mitarbeitern nicht nur das Geschäft und die Aufgaben des Unternehmens transparent, sondern spiegelt auch die Skill-Anforderungen des IT-Marktes wider.

Die Skill-Suche des SIS ermöglicht es, bestimmte Know-how-Träger im Unternehmen ausfindig zu machen, um z.B. kompetente Ansprechpartner für spezifische Problemlösungen oder geeignete Mitarbeiter für ein Projektteam zu gewinnen. Mithilfe der Skill-Anzeige können Portfolioplanungen, strategische Ausrichtungen sowie der Know-how-Aufbau des Unternehmens genau und zielgerichtet durchgeführt werden, um den raschen Änderungen und Anforderungen des Marktes entsprechen zu können.

Das SIS macht das Wissen über das Wissen allen Mitarbeitern zugänglich und fördert daher die unmittelbare Kommunikation und den Austausch zwischen den Mitarbeitern über Bereichs-, Standort- und Ländergrenzen hinweg. Es bietet eine zentrale Ablage für einheitlich gestaltete Mitarbeiterprofile, die im System generiert und anschließend zur Angebotserstellung verwendet werden können, um dem Kunden die Qualifikation und die Projekterfahrung der Mitarbeiter aufzuzeigen.

Die Benutzerschnittstelle des Systems und der Skill-Katalog sind übersichtlich strukturiert, leicht und intuitiv bedienbar und mehrsprachig verfügbar, was für den internationalen Einsatz besonders förderlich ist. Zudem unterstützt eine kontext-sensitive und ausführliche Online-Hilfe den Anwender bei der Bedienung des Systems.

Der Benutzer soll nicht nur einen leichten Systemzugang haben (ohne eigene Login-Abfrage mit Passwort), sondern er soll auch aus dem System heraus leicht Feedback zum System (z.B. Skill-Vorschläge und Funktionsanforderungen) direkt an den Administrator des Systems senden können. Dadurch entstehen kreative Ideen zur Optimierung des Systems und wird die

[1051] Viele Mitbewerber setzten für ihr Skill Management individuelle Systeme ein. Die damals verfügbaren Standardlösungen waren häufig auf die Nutzung in Personalabteilungen fokussiert (vgl. [GEHLE/MÜLDER 2001, S. 199ff.]), verfügten auf Grund ihrer Architektur über Funktionalitäten, die bei SOFTLAB nicht gewünscht waren, und waren wegen ihres Grundpreises und notwendiger Anpassungen außerordentlich kostenintensiv.

aktive Auseinandersetzung mit dem Wissensmanagementsystem gefördert. Auch können andere Anwender bestehende Vorschläge in einer Historie verfolgen und werden somit aktiv und passiv in die Weiterentwicklung des Systems eingebunden.

Erfahrungen bei der Einführung

Bei der Einführung des Skill Information Systems spielte nicht nur die zugrunde liegende Technologie eine Rolle, sondern musste die Verwendung des Systems in die bestehenden Geschäftsprozesse eingebunden werden, um die Erfassung und Aktualisierung der Skill-Daten durch die Mitarbeiter bei Unternehmenseintritt, nach Abschluss einer Weiterbildungsmaßnahme oder z.B. nach Abschluss eines Projektes sicherzustellen. Als ein wichtigstes Kriterium für die Einführung ist dabei die Akzeptanz der Mitarbeiter in den Vordergrund zu stellen.

Noch vor der Einführung des Systems in Deutschland waren der Datenschutzbeauftragte und der Betriebsrat rechtzeitig zu beteiligen. In Zusammenarbeit mit diesen wurden Inhalte, Funktionen und Verwendungsszenarien des Systems hinsichtlich der datenschutzrechtlichen Vorgaben abgestimmt, um den Einsatz und den eventuellen Missbrauch des Systems per Betriebsvereinbarung zu regeln.

Sehr wichtig für die Einführung des Systems waren umfassende Informationsveranstaltungen, in denen sämtliche Mitarbeiter des Unternehmens systematisch mit der Konzeption, Zielsetzung und Benutzung des Systems vertraut gemacht wurden. Um eine möglichst hohe Akzeptanz des Systems von Seiten der künftigen Anwender zu erzielen, wurde dabei verdeutlicht, wie wichtig das Feedback der Benutzer für die Weiterentwicklung des Systems (z.B. für zusätzliche Funktionen und Skills) ist.

Hervorgehoben wurde auch, dass jeder Mitarbeiter und nicht nur das Management oder die Personalabteilung das System nutzen kann, was zu einer hohen Akzeptanz im Unternehmen führte.

Der kulturelle Wandel, Informationen nicht mehr als Privatbesitz zu betrachten, sondern diese als Ursprung des Wissens zu teilen, kann nicht von heute auf morgen bewirkt werden. Dieser kulturelle Wandel muss durch die allmähliche Integration in die internen Prozesse, Vorteile für alle Beteiligten in der täglichen Arbeit und durch eine spürbar erhöhte Innovationsfähigkeit des Unternehmens unterstützt werden. Das SIS hat aber schon recht schnell seit seinem Bestehen einen wesentlichen Beitrag zur Wissensteilung und -multiplikation im gesamten Unternehmen geleistet. Empirische Untersuchungen im Juli 2003, nach denen 91% der SIS-

Anfragen in Feedback und persönlichen Kontakten münden und bei 54% eine aktive Unterstützung und Lösung des jeweiligen Problems stattfindet, bestätigen dieses.

Die Lösung

Das bei SOFTLAB eingeführte System orientiert sich an einem Kreislauf des Wissens und unterstützt diesen durch:

- unternehmensweit systematische Erfassung der Skills, die die genaue Wissensidentifikation ermöglicht,
- Wissenserwerb und -entwicklung, die durch den Ausbau vorhandener und den Aufbau neuer Skills (Training) erfolgen,
- Wissensteilung dank der unternehmensweiten Transparenz über das Intranet,
- Wissensanwendung durch Initiierung der Vernetzung und Kollaboration,
- Wissenstransparenz auf Grund des Zugangs zu den verfügbaren Skills für alle Mitarbeiter,
- individuelle Verantwortlichkeit für die Vollständigkeit und Aktualität der eigenen Skills, somit leistet jeder einen unentbehrlichen Beitrag zur Wissensorganisation.

Abbildung 4-10 gibt einen schematischen Überblick über die technische Architektur des SIS aus Sicht der Administratoren und Benutzer.

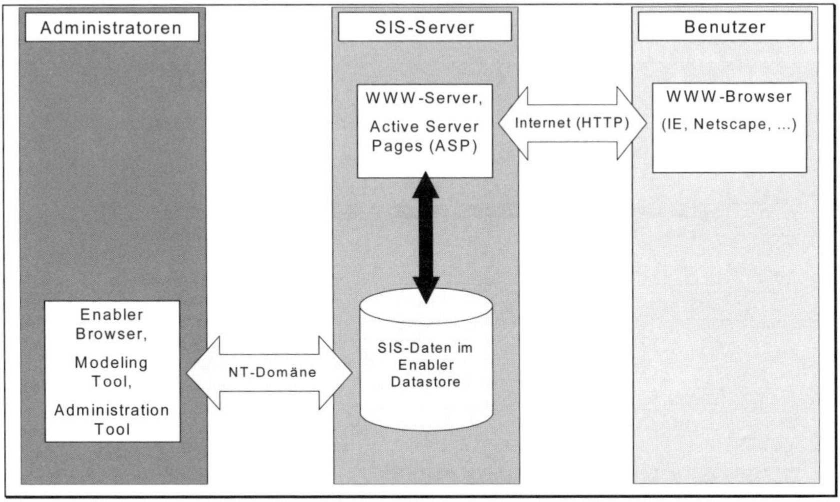

Abbildung 4-10: Technische Architektur des Skill Information Systems (SIS)

Alle Skill-Daten befinden sich in einem Enabler-Datastore auf dem SIS-Server. Ein WWW-Server (also z.B. der MS Internet Information Server) publiziert diese Daten auf den Web-Seiten des SIS, die von jedem Anwender angesteuert werden können, der HTTP-Zugriff auf das SOFTLAB Intranet hat. Der SIS-Anwender benötigt also zur Benutzung des SIS lediglich einen Web-Browser. Die Administration (z.B. Wartung und Backup) des Enabler-Datastores wird vom SIS-Administrator mit den Standard-Enabler-Tools (Enabler Browser, Modeling Tool, Administration Tool) vorgenommen.

Das System ist somit als „schlanke" Intranetanwendung entwickelt worden, die sich auf die Kernfunktionen Administration, Suche und Kontaktierung, Profilerzeugung und -ablage konzentriert.

Erfassung und Einstufung

Jeder Mitarbeiter hat die Möglichkeit, seine Skills und deren Qualifikationseinstufung detailliert, auch mit persönlichen Kommentaren versehen, zu erfassen und unternehmensweit anzubieten. Damit kann z.B. die optimale Besetzung eines Projektteams gewährleistet werden. Bei der Eingabe von z.B. Branchen-, Themen-, Tätigkeiten-, Techniken- und Produkte-Skills sind jeweils individuelle Ausprägungen zu ergänzen, die es u.a. ermöglichen, dass bei der Anzeige von Suchergebnissen die Kandidaten nach „Best Fit" sortiert werden können. Auch die Zuordnung einer Merkmalsausprägung „interessiert an" ist möglich, so dass alle interessierten Mitarbeiter zu bestimmten Themen gleichzeitig angesprochen und für Weiterbildungsmaßnahmen zusammengefasst werden können. Dieses ist Ausgangspunkt für eine *qualitative Personalplanung.*

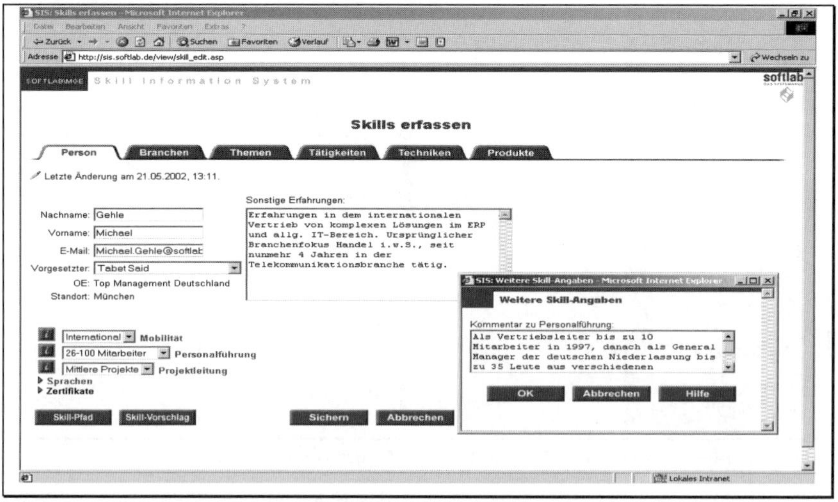

Abbildung 4-11: Skill-Erfassung mit Einstufungen und Kommentaren im SIS

Automatische Farbkennzeichen, die hierarchisch im Skill-Baum vererbt werden, zeigen dem Anwender an, unter welchen Kategorien er bereits Skills erfasst hat bzw. wo neue Skills seit seiner letzten Skill-Sicherung hinzugekommen sind. Auch gibt es Funktionen, die ihn bei Bedarf direkt zu einzelnen Skills im Skill-Baum führen.

„Automatic Reminders" machen auf neue im System verfügbare Skills aufmerksam und erinnern den Anwender regelmäßig daran, seine Skills zu aktualisieren, falls er das System länger nicht besucht haben sollte.

Suche und Suchergebnisse

Unabhängig vom Standort der einzelnen Mitarbeiter können bestimmte Know-how Träger im Unternehmen schnell und zielsicher ausfindig gemacht werden. Dem Anwender steht dafür sowohl eine komfortable Schnellsuche, in der er Skill-Kriterien mit Booleschen Operatoren verknüpfen kann, als auch eine komplexe Suche, in der er beliebig viele Skill-Kriterien mit Skill-Einstufungen verknüpfen kann, zur Verfügung. Die für die jeweiligen Bedürfnisse definierten Suchen können im System abgespeichert und später wieder verwendet werden. Bei ungenauen Suchabfragen macht das System von sich aus intelligente Vorschläge, die Suche zu präzisieren oder einzugrenzen.

In dem folgenden Beispiel werden alle Mitarbeiter gesucht, die mindestens 25% der vier vorhandenen „IT-Security"-Skills (d.h. mindestens 1) mit mindestens dem Status „ausgeprägt" (d.h. „ausgeprägt oder „sehr ausgeprägt") haben und zusätzlich mindestens einen Skill der weiteren sieben „Middleware"-Skills mit dem Attribut „sehr ausgeprägt" besitzen.

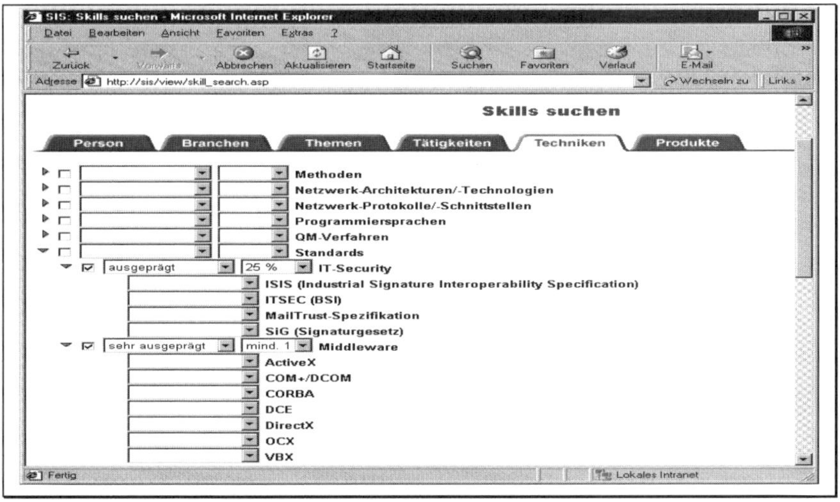

Abbildung 4-12: Gezielte Suchmöglichkeiten im SIS

Nach dem Start einer Suchanfrage erhält der Anwender in Sekunden die Anzeige seiner Suchabfrage und die zugehörige Trefferliste. Diese Trefferlisten sind so sortiert, dass die Kandidaten, die am besten zu der Suchanfrage passen, in der Liste zuerst aufgeführt werden. Mit den Mitarbeitern kann dann per vordefinierter E-Mail direkt Kontakt aufgenommen werden.

Mit Hinblick auf den Datenschutz werden die gefundenen Mitarbeiter nicht mit ihren Namen angezeigt, sondern anonym belassen. Da das mögliche E-Mail zur Kontaktierung der Kandidaten keine Adressaten anzeigt und somit ein Feedback der Kandidaten nicht garantiert ist, werden auch die entsprechenden Personalverantwortlichen angezeigt, die dann ebenfalls bzgl. ihrer Mitarbeiter direkt angesprochen werden können und bei Projekteinsatz über deren aktuelle Verfügbarkeit bestimmen. Die Responserate von 91% auf die abgeschickten Skill-Anfragen und die gelebte Kultur, auch auf E-Mails zu antworten, wenn man nicht weiterhelfen kann, beweisen, dass die Anonymisierung gefundener Wissensträger nicht ein Problem darstellt.

Die zusammenfassende Skill-Anzeige gibt dem Anwender bzw. seinem Vorgesetzten einen Überblick über die erfassten Skills und dient vor allem zur Auskunft bei Skill-Anfragen und zur Entscheidungsfindung für Mitarbeiter-Weiterbildungsmaßnahmen. Sie bietet auch einen Überblick über den Stand der Unternehmenskenntnisse und ermöglicht somit sowohl *strategische Portfolio-Planungen* als auch den gezielten Ausbau des Unternehmenswissens. Die nachfolgende Abbildung stellt die Suchergebnisse einer Skill-Anfrage dar.

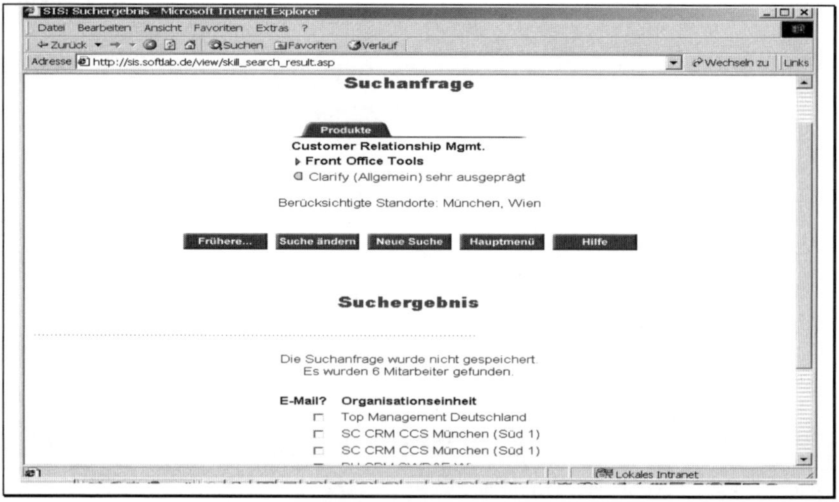

Abbildung 4-13: Suchergebnisse nach „Best Fit" im SIS

Ablage für Mitarbeiterprofile

Einheitlich gestaltete Mitarbeiterprofile werden zentral abgelegt, um sie z.B. während der Angebotserstellung verwenden zu können. Die Profile werden im System mit den Skill-Angaben des betreffenden Mitarbeiters generiert, vom Mitarbeiter um dessen Projekterfahrungen ergänzt und dann über Workflow-Mechanismen für den Review und die Abnahme durch den Vorgesetzten freigegeben.

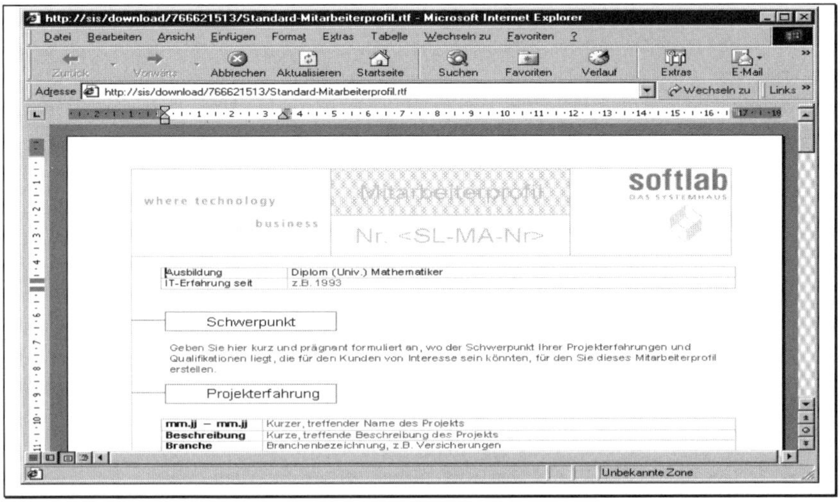

Abbildung 4-14: Profilablage und Automatismus für Textverarbeitung im SIS

Dieses Vorgehen unterstützt den üblichen Anspruch der Kunden im IT-Dienstleistungsgeschäft, bei Vergabe von Beratungsaufträgen die Berater im Vorfeld besser „kennen lernen“ zu wollen.

Personalisierung

Das SIS ist personalisiert und ermöglicht damit dem einzelnen Benutzer einen emotionalen Bezug zum System, weil er mit seinem Namen, tageszeitlich bedingten Begrüßungen und individuellen Reminders persönlich angesprochen wird.

Zudem kann der Benutzer selbst via System Skill-Requests eingeben, um an der inhaltlichen und funktionalen Gestaltung des Systems aktiv mitzuwirken. Denn es soll ja „sein System“ sein und eine hohe Identifikation stattfinden, um die Akzeptanz des Systems insgesamt zu erhöhen.

Erfahrungen aus dem Einsatz und weitere Vorhaben

Der Einsatz des SIS erfolgte bei SOFTLAB im März 2001. Die folgenden konkreten Ergebnisse konnten erzielt werden:

- Das System hat eine sehr hohe Akzeptanz bei den Mitarbeitern gefunden, was der Skill-Befüllungsgrad von 85% nach 1 Jahr und von 93% (Stand Dezember 2002) anzeigt.
- Das System bietet inzwischen 2.550 Skill-Kriterien (Stand November 2003) in deutscher und englischer Sprache an. Ein hoher Anteil der Kriterien ist von den Anwendern selbst per Skill-Request via System vorgeschlagen worden, was die aktive Mitgestaltung des Systems seitens der Mitarbeiter verdeutlicht.
- Alle Skill-Anfragen erfolgen via SIS unternehmensweit gezielt an die entsprechenden Skill-Inhaber und nicht mehr global an alle Mitarbeiter via MS Outlook, was eine viel genauere Adressierung zulässt und dadurch weniger Mail-Aufkommen im Unternehmen verursacht.
- Skill-Anfragen von Kollegen werden zumeist umgehend beantwortet, was als deutliches Indiz für den verantwortungsvollen und kooperativen Wissensaustausch der Skill-Inhaber gilt.
- Durch die optimierte Identifikation der benötigten Know-how-Träger im SIS sind zahlreiche neue Projekte für das Unternehmen gewonnen worden.
- Die Rekrutierung von Mitarbeitern für Projekte konnte durch die Skill-Recherchen via SIS deutlich beschleunigt werden.
- Im Projektgeschäft sind neue Synergien über Bereichs- und Ländergrenzen hinweg durch den Informationsaustausch via SIS entstanden.
- Die Mitarbeiter nutzen intensiv die Möglichkeit, auch interne Fachfragen zu Produkten oder Themengebieten via SIS an die möglichen Wissensträger zu stellen, d.h. gerade im Tagesgeschäft hilft das SIS den Kollegen, schnell Antworten zu Problemstellungen zu erhalten und dabei vorhandenes Wissen zu multiplizieren.
- Der 7 Tage/24 Stunden-Betrieb, d.h. die hohe Verfügbarkeit des Systems, hat zusätzlich zur Zufriedenheit der Anwender beigetragen.

Die Konzeption und Etablierung eines Wissensmanagementsystems und der zugehörigen Prozesse wird bei SOFTLAB nur in Rücksprache mit den Anwendern als weiterer Schritt auf dem gemeinsamen Weg zu einer ganzheitlichen Wissenskultur vollzogen. Auch Meinungen und Feedback von Mitbewerbern und Experten werden immer wieder herangezogen, um die Systeme zu verbessern.

So wurde bspw. das SIS in einer größeren Präsentation von den Mitbewerbern HEWLETT PACKARD CONSULTING und SIEMENS BUSINESS SERVICES „auf Herz und Nieren" geprüft und für äußerst weit reichend und innovativ befunden. Auch das nachfolgend vorgestellte System ProX wurde bereits in der Prototyp-Phase durch einen zwanzigköpfigen Doktorandenarbeitskreis mit Schwerpunkt Wissensmanagement begutachtet. Auch hier war die einhellige Meinung, dass alle wesentlichen Aspekte des Wissensmanagements bereits bei der Konzeption berücksichtigt seien und der Prototyp eine gute Systemgrundlage zur Erfüllung der Zielstellungen von SOFTLAB böte.

Das Skill Management System wird auf Grund vieler Ideen und neuer Anforderungen, die seit seinem Bestehen gesammelt wurden, weiter ausgebaut. Im Vordergrund stehen dabei folgende Anforderungen:

- Das SIS soll auch die Verfügbarkeit und die Auslastung der Mitarbeiter erfassen und somit als Ressource Management System fungieren,
- Mittels grafischer Darstellung der Fähigkeiten und Fertigkeiten sollen Übersichten in Form von Wissenslandkarten und -topographien realisiert werden,
- Das SIS soll eine Schnittstelle zum ProX erhalten, so dass integrierte Projektinformationen und -erfahrungen (Lessons Learned, Best Practices, Success Stories etc.) eingesehen werden können. Umgekehrt wird man von den Projektinformationen zu den Skills der jeweiligen Projektmitarbeiter gelangen,
- Das SIS soll als integrativer Bestandteil des wissensbasierten Intranets Schnittstellen zu den Communities of Practice und Expert Directories (Yellow Pages) erhalten, damit die Verknüpfung der Wissensträger im Unternehmen noch stärker vorangetrieben und ihr Wissen aus unterschiedlichen Arbeitskontexten direkt zugänglich gemacht wird.

Mit dem Skill Information System wurde ein entscheidender Schritt in die wissensbasierte Projektorganisation eines lernenden Unternehmens gemacht. Dieses verdeutlicht auch die Teilname[1052] des SIS am erstmalig vom Institut für Knowledge Management e.V. und von der Zeitschrift Wissensmanagement vergebenen „Best Practice Award" für das beste produktiv arbeitende KM-System, der im Rahmen der internationalen Kongressmesse für Knowledge Management und Business Intelligence im Juni 2002 vergeben wurde.

Project Experience System (ProX)

Bei der Entwicklung und Einführung des Project Experience Systems hat SOFTLAB die Erfahrungen des ersten Wissensmanagementsystems berücksichtigt. Die bestehende IKT-Landschaft konnte derart erweitert werden, dass das vermehrt wissensbasierte Arbeiten im Projektkontext ermöglicht und dabei die zentralen Kernaktivitäten des Wissensmanagements (Erzeugen, Speichern, Verteilen, Anwenden) unterstützt werden.

Konzeption und Zielstellung

Zum einen schafft das ProX für alle Mitarbeiter Transparenz hinsichtlich der laufenden und abgeschlossenen Projekte. Zum anderen können Projektmitarbeiter anhand von vorgegebenen Suchkriterien und Freitextsuche spezifische Projekterfahrungen aus vergangenen Projekten

---

[1052] Das SIS kam unter die letzten sieben Teilnehmer der Auswertung.

europaweit gezielt abrufen, um sowohl aus den gemachten Fehlern als auch den errungenen Erfolgen zu lernen und diese neuen Erfahrungen in ihren eigenen, nachfolgenden Projekten effektiv einzusetzen. Zudem kann das Management via ProX gezielt Informationen (z.B. über Schlüsselerfahrungen, Erfolgsfaktoren) auswählen und zusammenstellen, um erfahrungsbasierte und somit risikoärmere Projektentscheidungen treffen zu können.

ProX hat aber nicht nur das Ziel, abgeschlossene Projekterfahrungen für andere bereitzustellen, sondern aus der Dokumentation laufender Projekte heraus eine Hilfestellung für neue Akquisen und die Angebotserstellung zu geben sowie eine Fehlervermeidung in ähnlich gelagerten Projekten durch parallele Beobachtungsmöglichkeit zu erreichen.

Da ohne eine verbindliche Wiederverwendung von bereits erfassten Projekterfahrungen die Erfassung selbst schnell obsolet ist, muss die Durchsicht, Auswertung und Anwendung von vorhandenem Projektwissen in Zukunft obligatorisch sein. Deshalb setzt die Geschäftsführung von SOFTLAB die Kenntnis und Nutzung des Systems bei allen Mitarbeitern zukünftig voraus. Gleiches gilt natürlich auch für die Externalisierung der eigenen Erfahrungen, da solch ein System nur auf einer Balance des Gebens und Nehmens existieren kann. Durch die Integration des Systems in den täglichen Projektverlauf werden dann auch die übergeordneten Ziele einer Verbesserung der „Customer Excellence" gefördert.

Erfahrungen bei der Einführung

Die Einführung bzw. Etablierung von Projektwissensmanagement bei SOFTLAB konnte nur in überschaubaren und messbaren Stufen erfolgen, weil das Unternehmen damit zunächst Erfahrungen sammeln und andererseits gewinnbringende Resultate erzielen muss. Der Fokus der Systemeinführung[1053] war also auf aktuelle Schwachstellen und Verbesserungspotenziale gerichtet. Aus diesem Grunde war ProX auch nicht als „Project Portal" angekündigt, das die gesamte Abwicklung von Projekten mit den dazu erforderlichen Projektmanagement-Tools, Ablagestrukturen und Kommunikationsmedien unterstützt. Obwohl die spätere Entwicklung zu einem Projektportal nicht ausgeschlossen und durch das aktuelle Konzept nicht beeinträchtigt ist, gilt ProX vorerst als *Auskunftssystem*, in dem jeder Mitarbeiter sich über den Gegenstand aller Projekte der SOFTLABGRUPPE selbst informieren kann, als *Wissenspool*, in dem das Projekt-Know-how in Form wichtiger Projekterfahrungen, bewährter Praktiken und Lösungen jederzeit abgelegt und abgerufen werden kann und als *Plattform*, die die projektbezogene Vernetzung der Mitarbeiter initiiert.

[1053] Der Systembegriff wird auch in diesem Kapitel immer im weiteren Sinn verstanden.

Ein systematisches Vorgehen der Einführung, das der Wichtigkeit des Themas für SOFTLAB entsprach, sollte die Integration und Abstimmung der Ergebnisse mit parallelen Projekten und einen sicheren und zügigen Projektverlauf ermöglichen. Dazu wurden die systemtechnischen Anforderungen im Januar 2002 mit einem Klick-Modell visualisiert und in einem Grobkonzept beschrieben. Nach mehreren Review-Zyklen und der nachfolgenden Freigabe durch das Management konnten die Funktionsblöcke Edit & View bis zum Februar 2003 fertiggestellt werden. Dieser Prototyp wurde dann im März 2003 als Pilotbetrieb in zwei regional verteilten Organisationseinheiten von Beratern, Vertriebsmitarbeitern und anderen Kollegen umfangreich getestet. Die durchweg guten Ergebnisse, die als Honorierung der umfangreichen Vorarbeiten gelten können, sind nachfolgend dargestellt:

Testfeld	**Resultate (1 schlecht/nicht erfüllt - 5 sehr gut/voll erfüllt)**				
GUI: Design und Benutzung	1	2	3	(4)	5
Online-Hilfe: Inhalt und Benutzung	1	2	3	(4)	5
Performance des Systems	1	2	3	(4)	5
Verständlichkeit der Prozesse und Aktivitäten	1	2	3	(4)	5
Unterstützung der Datenerfassung	1	2	(3)	4	5
Nutzen des Systems	1	2	3	(4)	5
Erfüllen der Erwartungen an das System	1	2	3	(4)	5

Tabelle 4-3: Test-User Beurteilung des ProX-Prototyps

Bei der schlechtesten Note „Unterstützung der Datenerfassung" muss erwähnt werden, dass eher das inhaltliche Abfassen von Best Practices etc. Schwierigkeiten bereitete und weniger die systemgestützte Eingabeführung.

Auf Grund der hohen Akzeptanz des Prototyps im Feld wurde die Entwicklung eines weiteren Funktionssets Search & Personalization begonnen und die flächendeckende Einführung des Systems im Juni 2003 gestartet. Dieses wurde durch zahlreiche Wissensmanagementworkshops begleitet, die sowohl dem Training als auch dem Feedback weiterer Organisationsmitglieder dienten. Die Entwicklung der Funktionen Review & Rating konnte bis Oktober 2003 auch abgeschlossen werden. Ab Oktober 2003 wird nun der vorerst letzte Funktionsblock Notify & Measure entwickelt und zum Einsatz gebracht.

Die laufende Kommunikation über das System und das Einholen des Feedbacks der Mitarbeiter können als Erfolgsfaktoren für die Einführung gewertet werden. In regelmäßig wiederkehrenden Podiumsveranstaltungen wurden Zielstellung, Nutzen und Aufwand des Systems dargelegt und viel Platz zur konstruktiven Auseinandersetzung mit den Beteiligten gegeben. So konnten nicht nur viele hundert Mitarbeiter informiert, sondern auch aktiv und passiv an der Einführung und Ausgestaltung des Systems beteiligt werden.

Die Niederlassungen in den Regionen und Ländern wurden dabei nicht vergessen. Mit Hilfe von Roadshows, Videokonferenzen, E-Mail Ankündigungen, Verlautbarungen der Geschäftsführung und mit großflächigen Informationsplakaten konnte jeder Mitarbeiter erreicht und das Thema sichtbar und „griffig" dargestellt werden.

Der bereits erwähnte Aufruf des Managements, künftig die Kenntnis und Nutzung des Systems bei allen Mitarbeitern vorauszusetzen, die aktive und operative Mithilfe[1054] der projektleitenden Abteilung Corporate Project Office (CoPo) und das „Testat" des zwanzigköpfigen Doktorandenkreises mit Schwerpunkt Wissensmanagement haben sicherlich zur Akzeptanz und erfolgreichen Einführung des Systems beigetragen. Für den sinnvollen und nutzbringenden Einsatz war eine recht schnelle Befüllung mit aktuellen Projekten erforderlich. Hierfür wurde das Ziel von 300 erfassten Projekten innerhalb der ersten drei Monate nach Produktivschaltung des Systems definiert. Aus diesem Grund wurde ein Stichtag gewählt, nach dem alle relevanten Projekte zu erfassen waren. Obwohl für alle historischen Projekte die Freiwilligkeit der Erfassung galt, wurde relativ kurzfristig eine erhebliche Anzahl dieser im ProX erfasst. Dieses kann als Beweis für eine weit reichende Lösungsakzeptanz und ein umfassendes Notwendigkeitsverständnis in der Organisation gewertet werden.

Die Lösung

Auch das ProX wurde als Self-Service-Anwendung individuell entwickelt und entspricht nahezu der technischen Architektur des SIS. Es ist als „schlanke" Intranetanwendung auf Basis eines MySQL-Servers konzipiert, die sich vollständig in das Enterprise Knowledge Portal integriert. Die Vielfältigkeit des in diesem System organisierten Projektwissens wird u.a. an dem nachfolgend illustrierten Datenmodell ersichtlich.

Über einen einfachen Rollen- und Zugriffsmechanismus wird der Datenschutz sichergestellt. Auf Grund der offenen Projektkultur wird hierbei nur nach Mitarbeitern, Projektmanagern und dem Systemadministrator unterschieden.

Bei der Gestaltung der Benutzeroberfläche und Funktionen zielte die Umsetzung insbeson-

---

[1054] Gemeint ist hier z.B. die Unterstützung der Projektleiter beim Ausfüllen von Lessons Learned, die „sanfte" Erinnerung zum Ausfüllen von Projektinformationen, die initiale Begleitung von De-Briefing-Workshops oder die Migration bereits vorhandener Success Stories und Short References in das System.

dere auf die Erfüllung der folgenden Qualitätskriterien ab:

- Einheitliches Erscheinungsbild und Layout,
- Benutzer- und Navigationsfreundlichkeit,
- Benutzung anerkannter Standards (HTML, PDF, etc.),
- Upload- und Download-Möglichkeiten,
- Angemessene Technologie (MySQL, PHP, IIS),
- Integrität der Website mit den System- und Designvorgaben der International Information Plattform.

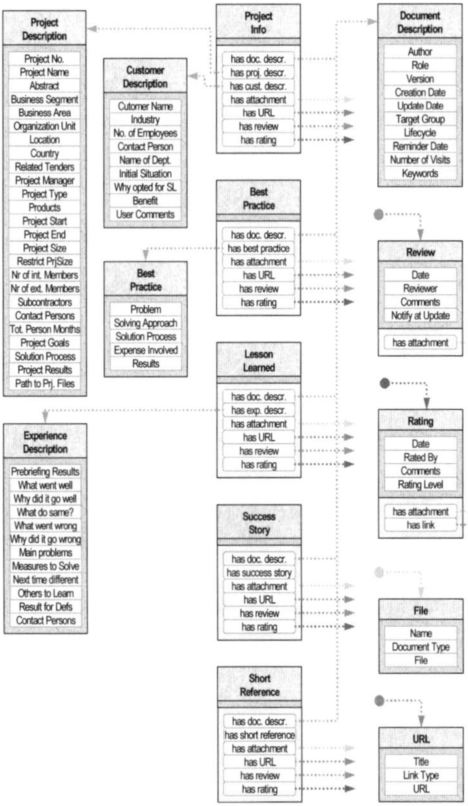

Abbildung 4-15: Datenmodell des Project Experience Systems (ProX)

Erfassung und Publikation

Das ProX bietet zwei Arbeitsmodi an: den View- und den Edit-Modus. Während im View-Modus lediglich das Anzeigen von Inhalten möglich ist, kann man im Edit-Modus je nach Zugriffsrecht Text- und Auswahlfelder editieren. Dabei gilt es, die Erfahrungen und Erkenntnisse, die sowohl im täglichen Projektverlauf als auch in speziellen Workshops gesammelt werden, für Dritte verständlich und nachvollziehbar im ProX zur Verfügung zu stellen. Die Rolle des (De-)Briefing Moderators hat hierbei eine unterstützende Funktion. Die Verantwortung für den Inhalt der verschiedenen Wissensdokumente liegt jedoch beim Projektmanager, der diese anhand der vorgegebenen Kriterien erfasst und veröffentlicht. Sind die Ergebnisse im ProX schließlich erfasst, so muss der QMB des Projektes bzw. der Abteilung diese mit Hilfe der dafür vorgesehenen ProX-Funktionen einem abschließenden Review unterziehen und abnehmen, damit sie für die Gesamtorganisation qualitätsgesichert sind.

Die Erfassung des „Project Abstracts", einer kurzen Projektinformation, erfolgt immer in der englischen Sprache, die restlichen Informationen werden in heimischer (vorwiegend deutscher) Sprache hinterlegt. So erhalten die Kollegen im Ausland die Möglichkeit, sich zumindest einen Eindruck aller Projekte zu verschaffen. Bei Interesse können sie dann den entsprechenden Autor oder Projektmanager persönlich kontaktieren und weitere Details erfragen.

Die unterschiedlichen Wissensdokumente, die im ProX verwaltet werden können, werden in unterschiedlichen Prozessschritten und zu unterschiedlichen Zeiten angelegt und aktualisiert. Aus diesem Grunde wurden Prozess- und Inhaltsbeschreibungen aller Wissensdokumente angelegt, die den Projektmitarbeitern eine Orientierung geben. Der Ausschnitt einer Inhaltsbeschreibung eines Lessons Learned-Dokuments (siehe die nachfolgende Tabelle 4-4) und seiner Erfassungsmaske (siehe die nachfolgende Abbildung 4-16) vermitteln einen Eindruck der Erfassungsfunktionalität.

Bezeichnung	Inhalte
Pre-Briefing Results	Angaben zur Auswertung früherer Lessons Learned, die für das aktuelle Projekt relevant sind
Positive Experiences	Angaben zu positiven Erfahrungen (erfolgreiche Vorgehensweisen, bewährte Lösungen etc.)
Negative Experiences	Angaben zu negativen Erfahrungen (gemachte Fehler, Fehleinschätzungen etc.)
Main Problems/Obstacles	Angaben zu den Hauptschwierigkeiten, die sich bei der Projektabwicklung ergeben haben
Measures	Angaben zu den Maßnahmen, die zur Beseitigung bzw. Minderung der Probleme/Hindernisse getroffen worden sind
Results	Ergebnisse (z.B. Verfahren), zu denen die Maßnahmen geführt haben
Recommendations	Allgemeine Empfehlungen, Hinweise, Tipps etc. zur Projektabwicklung
Results for Project and Service Portfolio Definitions	Angaben zu den Erfahrungen, die in die Portfoliogestaltung von SOFTLAB aufgenommen werden sollten

Tabelle 4-4 Inhaltsbeschreibung (Ausschnitt) einer Lessons Learned

Bezeichnung	Inhalte
Main Contact Persons	Angaben zu den Erfahrungsträgern/Ansprechpartnern, die zusätzliche Informationen liefern können
Document Description	Angaben zum Ersteller, Lifecycle, Verschlagwortung, Zielgruppen etc.
Attachments/Links	Verweise auf ähnliche und im gleichen Kontext relevante Informationen bzw. Dokumente
Review/Rating	Name des Erarbeiters, der die Lessons Learned einem Review unterzogen hat, Review-Kommentare, Attachments und Links

Tabelle 4-4 Inhaltsbeschreibung (Ausschnitt) einer Lessons Learned (Fortsetzung)

Da nicht immer und für jedermann klar ist, welche Arbeitsergebnisse für die Organisation als Lessons Learned oder Best Practices interessant sind, wurde eine Checkliste (siehe Anhang 8) erstellt, anhand der man sich einen Eindruck verschiedener Möglichkeiten verschaffen kann.

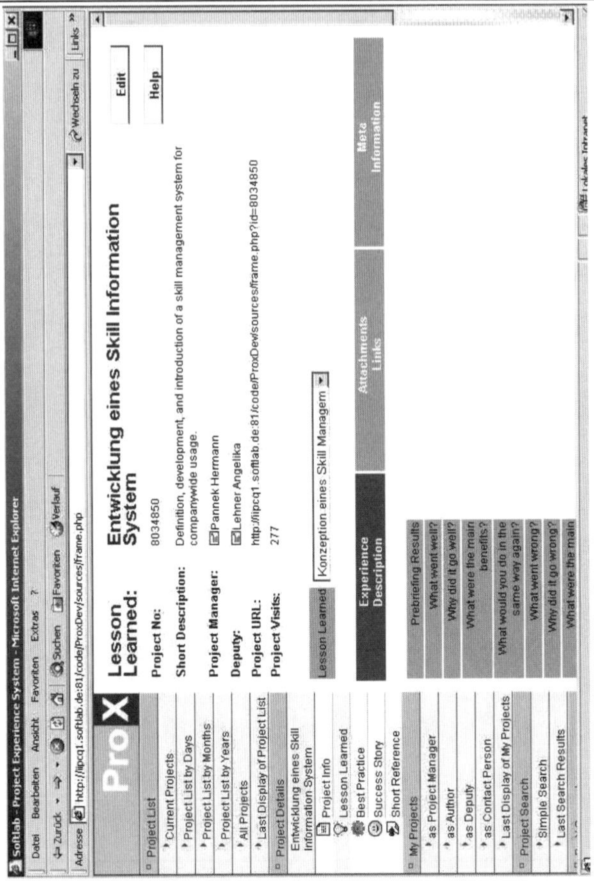

Abbildung 4-16: Erfassung einer Lessons Learned im ProX

Da es für die Projektmanager, QMBs und Projektteam-Mitglieder nicht immer einfach sein wird, das rechte Maß bei Auswahl und Umfang der relevanten Projektinformationen und -erfahrungen zu finden, wurden formularähnliche Eingabefelder entwickelt, die zusammen mit ihrer verbalen Beschreibung eine einheitliche Vorgabe bieten und somit Hilfe zur Homogenität und Vergleichbarkeit der Angaben leisten. Die Ergänzung der Eingaben mit Attachments unterschiedlicher Dateiformate oder mit Links zu Seiten des Internets ist darüber hinaus immer möglich. Da im ProX kein Workflow mit Genehmigungsstufen der Veröffentlichung implementiert ist, sind alle Einträge sofort für alle Mitarbeiter ersichtlich.

Anzeige, Suche und Suchergebnisse

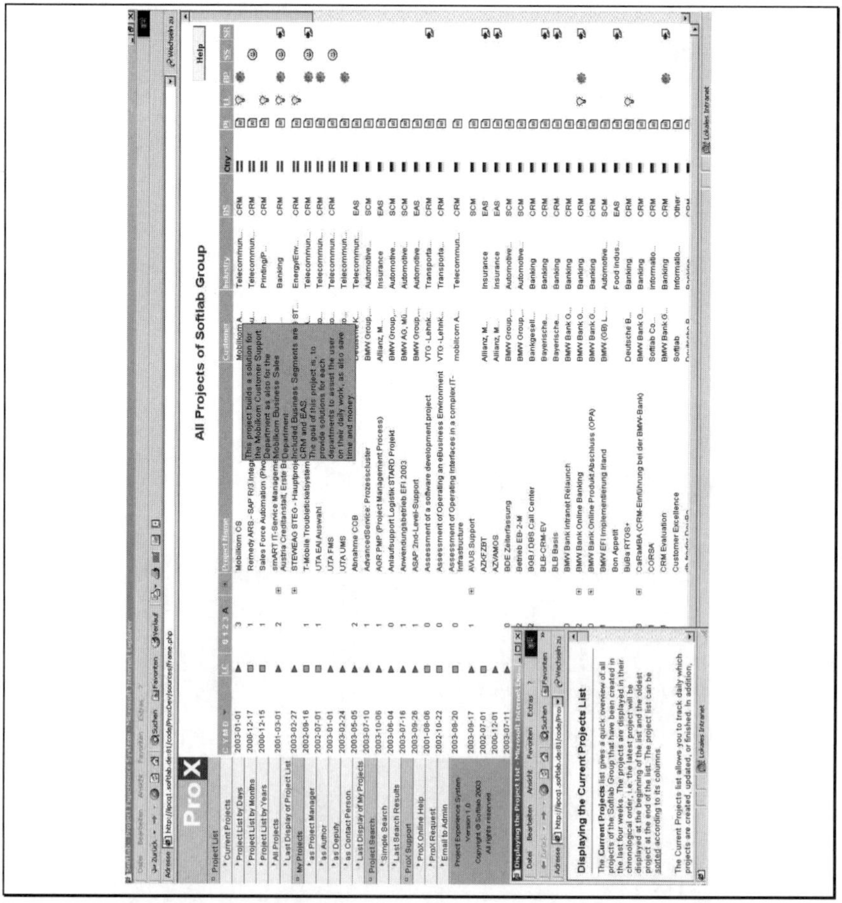

Abbildung 4-17: Projektüberblick im ProX

Die unterschiedlichen Projektlisten geben den Nutzern einen schnellen, stets aktuellen und umfangreichen Überblick über die Projekte von SOFTLAB. Anhand von Icons kann auf einen Blick erkannt werden, welche Informationsobjekte zu einem Projekt vorhanden sind.

Standardmäßig zeigt das ProX eine Liste aller Projekte der letzten vier Wochen an (siehe die gegenüber liegende Abbildung 4-17), die nach ihrem Erstellungsdatum sortiert sind. Es besteht darüber hinaus die Möglichkeit, diese Liste nach allen vorhanden Kriterien zu sortieren, um z.B. alle Projekte eines Landes oder eines bestimmten Kunden im Überblick zu haben. Die jeweiligen Project Abstracts werden dabei bereits als erweiterte Texte zum Mauszeiger angezeigt, bevor der Anwender ein bestimmtes Projekt im Detail auswählt.

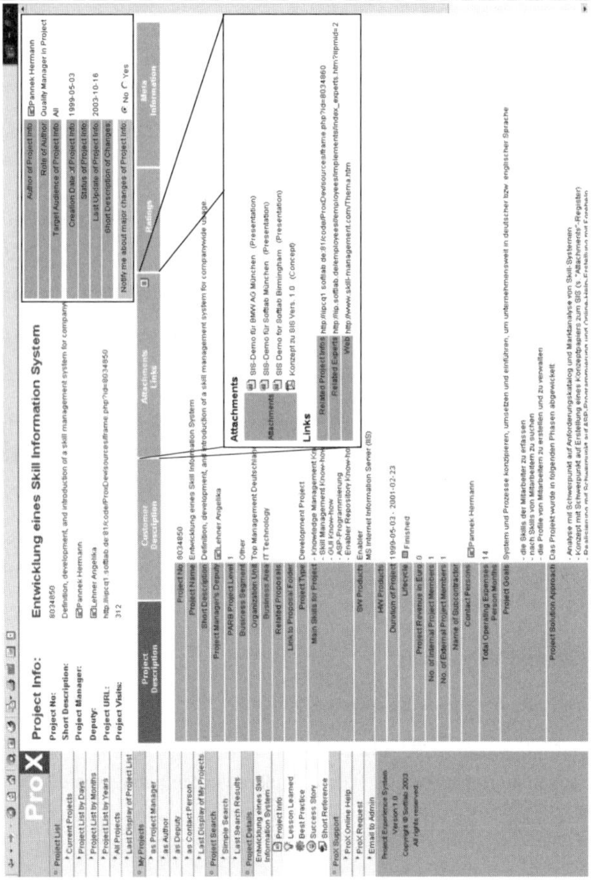

Abbildung 4-18: Informationsobjekte und -einheiten im ProX

Als Einstieg in ein bestimmtes Projekt wird dem Benutzer rasch ein Überblick über die wichtigsten Informationen zu diesem Projekt gegeben. Im linken Bildrand sind dabei die verschiedenen Informationsobjekte eines Projektes (z.B. Lessons Learned, Best Practice und Success Story) abgebildet, die eine schnelle und selektive Verzweigung per Mausklick erlauben. In der Hauptanzeige sind jeweils zu einem ausgewählten Informationsobjekt verschiedene Informationseinheiten (z.B. die „Karteireiter" Project Discription, Attachments/Links und Ratings) angezeigt, die einem vertiefenden Zoom-In aller Projektinformationen dienen. Die vorhergehende Abbildung 4-18 zeigt die individuelle Projektsicht. Einige Funktionsblöcke aus den einzelnen Informationseinheiten wurden dabei zur besseren Visualisierung in einer Abbildung zusammengefasst.

Schon im Pre-Briefing, also zu Beginn eines neuen Projektes, sucht der Projektmanager anhand einer Checkliste im ProX nach den Lessons Learned, Best Practices, Success Stories etc. früherer bzw. laufender vergleichbarer Projekte, wertet diese aus und nutzt sie für das neue Projekt.

Neben der erweiterten Suche, die mit komplexen Suchangaben das Auffinden spezifischer Informationen ermöglicht, bietet bereits die einfache Suche (siehe die nachfolgende Abbildung 4-19) eine schnelle und komfortable Möglichkeit, Informationen zu einem oder mehreren Projekten zu sichten. Dieses erfolgt über diverse Suchkategorien, die als Auswahllisten implementiert sind.

Dabei kann nicht nur nach Inhalten in Feldern gesucht werden, sondern auch nach Informationsobjekten und -einheiten und sogar nach Dateitypen (z.B. PDF oder Word-Templates). Die Schlagwort-Suche schließlich hat zum Ziel, mit vordefinierten Schlagwörtern Projektinformationen aufzufinden. Die Schlagwörter der Auswahlliste werden dabei von dem Administrator des Systems gepflegt, der eine ständige Auswertung von Vorschlägen seitens der Projektmanager vornimmt.

Kommunikation und Vernetzung

Die Verbesserung der organisationsweiten Kommunikation und die persönliche und systemtechnische Kooperation von Mitarbeitern aus unterschiedlichen Organisationseinheiten wurden schon mehrfach angesprochen.[1055] Diese Punkte wurden auf verschiedenen Ebenen realisiert.

[1055] Siehe u.a. Seite 230ff. in Kapitel 4.3.2, Seite 237ff. in Kapitel 4.3.3.2 und Kapitel 4.3.3.3.

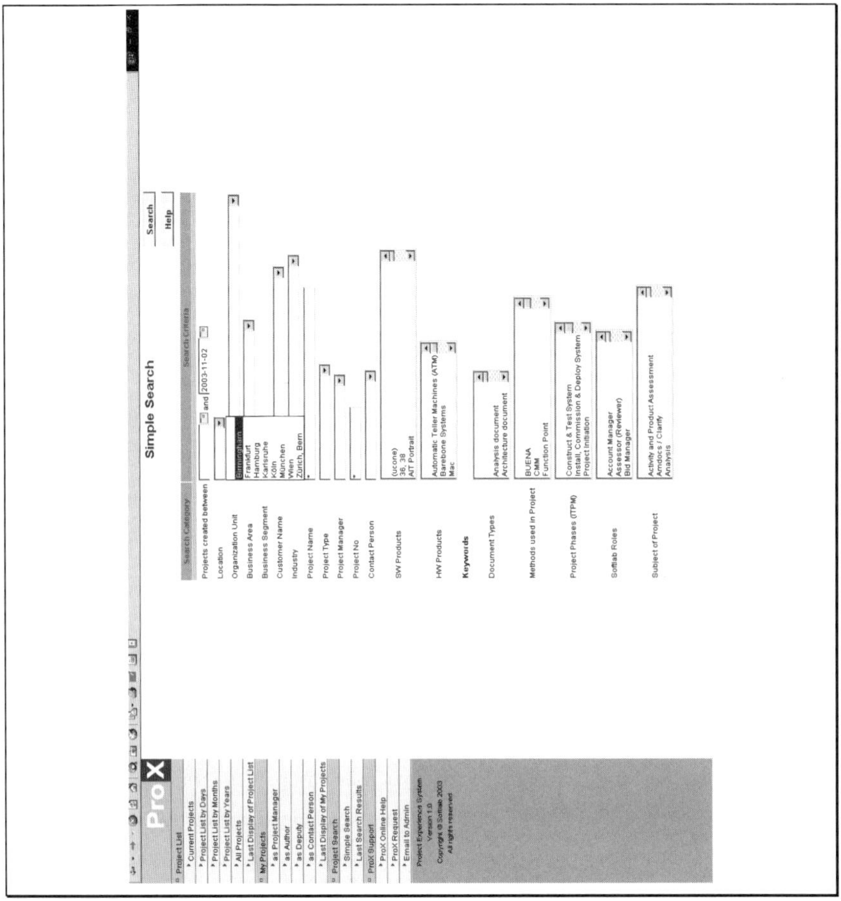

Abbildung 4-19: Einfache Suchmöglichkeit im ProX

Auf der einen Seite ermöglichen die Funktionen des ProX die Vernetzung von Mitarbeitern mit entsprechenden Informationen in anderen Systemen.

So kann z.B. mit dem Versenden einer E-Mail zur Publikation eines Akquiseerfolgs die entsprechende Project-URL gleich mitgeschickt werden. Mit diesem Hyperlink kann dann direkt in das System verzweigt werden, um sich detaillierter über das entsprechende Projekt zu informieren, als das in einer unternehmensweiten E-Mail möglich wäre.

Auf der anderen Seite werden auch die virtuelle Zusammenarbeit und der kollegiale Wissensaustausch gefördert. So können mit den umfangreichen Feedback- und Rating-Funktionen[1056] Meinungen zum System oder zu den Beiträgen ausgetauscht werden, die als Basis für die persönliche Kommunikation dienen. Eine „Notify me about changes"-Funktion sorgt dafür, dass die Kollegen nicht immer manuell jede Projektinformationen beobachten müssen, sondern vom System generierte Mitteilungen erhalten, sobald sich wieder etwas an dem jeweiligen Gegenstand des Interesses geändert hat. Der richtige Weg zwischen der Kontextorientierung[1057] und der Generik der eingestellten Beiträge wird dabei im Verlauf der langzeitigen Nutzung des Systems gefunden werden. Wie gut die Qualität bzw. Wiederverwendbarkeit der Informationen und Hilfsmittel letztlich ist, geht dann sicher aus den Kommentaren und Bewertungen der Kollegen hervor, die sie bereits begutachtet und verwendet haben. Da jeder Mitarbeiter das verfügbare Know-how durch weitere wertvolle Kommentare und Dokumente anreichern kann, entstehen darüber hinaus auch kompakte gebündelte Wissenspakete.

Die verschiedenen Such- und Reportmöglichkeiten innerhalb von ProX haben schließlich nicht nur im operativen Projektumfeld eine besondere Bedeutung. Die Exploration neuer Kundenbedürfnisse, die in Form von „Kreativ-Werkstätten"[1058] über die Bildung übergreifender Erfahrungspools möglich werden, erfordern umfangreiche Möglichkeiten zur Aus- und Bewertung der organisationalen Erfahrungen. Diese Funktionen, die der Geschäftsentwicklung zugeordnet werden, ermöglichen die Vernetzung administrativer/unterstützender Einheiten mit dem operativen Projektgeschäft.

Zum Schluss der Ausführungen darf auch die systemtechnische Vernetzung bzw. Integration nicht unerwähnt bleiben. Sie ist einer der Punkte, die die erfolgreiche Nutzung und Bedienung eines Systems entscheidend beeinflussen kann. Dieses wurde auch bei SOFTLAB aufgegriffen und in Form verschiedener Integrationsszenarien verwirklicht. So werden z.B. alle Namen von Software- und Hardwareprodukten, die bereits im SIS erfasst sind, innerhalb des ProX im Bereich der Project Info zur Auswahl angeboten. Bei der Auswahl der Namen von Projektmanagern, deren Vertretern und Autoren greift das System auf eine LDAP-Tabelle zu, so dass nicht jedes Mal an verschiedenen Orten die Mitarbeiternamen gepflegt werden müssen. Auch die Namen von Kunden und Interessenten kommen aus dem zentralen CRM-System CorSa, welches für die Kundendaten das Master System ist.

[1056] Bei der Entwicklung dieser Funktion wurde eine Anleihe aus der Buchbewertung von amazon.com vorgenommen.

[1057] U.a. über die Vergabe von Schlüsselwörtern zu Rollen, Phasen, Methoden etc.

[1058] Vgl. [FACIT 1999, S. 47ff.].

Die Erinnerungen zur Anlage und Aktualisierung von Projektdaten schließlich, die als festgelegte Aktualisierungsmechanismen das Aussterben des Systems verhindern, werden in Form von Automatic Reminders & Notifications durch das System erzeugt. Dieses geschieht automatisch z.B. bei der Erteilung einer neuen Projektnummer oder kann individuell durch den Benutzer selbst als „Gedankenstütze“ eingestellt werden.

Der Aufbau einer kompletten Hyperlink-Struktur über verschiedene Systeme von SOFTLAB hinweg ist noch nicht realisiert worden. Hier gilt es den Mehrwert der systemübergreifenden Navigation (z.B. von einem Kunden im CRM-System CorSa zu seinen Projekten im ProX, von den dort erwähnten Projektmanagern zu deren Skills im SIS und schließlich zur Experten- und Telefonliste) im Verhältnis zum gesamten Aufwand vorerst genauer zu untersuchen.

Erfahrungen aus dem Einsatz und weitere Vorhaben

Folgende Effekte wurden bereits durch das wissensbasierte Projektmanagement erzielt:

- Seit der Einführung des ProX können sich die Mitarbeiter über den Gegenstand aller Projekte der SOFTLABGRUPPE selbst informieren und dadurch das vorhandene Projekt-Know-how viel stärker als zuvor bei der eigenen Projektarbeit ausschöpfen.
- Die Projektmanager haben erstmals einen einheitlichen Wissens-Pool, in dem sie wichtige Projekterfahrungen, bewährte Praktiken und werbewirksame „Success Stories“ strukturiert ablegen und gezielt abrufen können, um das Projektmanagement bei der Projektabwicklung zu optimieren.
- Durch den systematischen Rückgriff auf Praktiken (Best Practices), die sich in der Vergangenheit bewährt haben, und auf Lernerfahrungen (Lessons Learned) aus vergangenen Projekten konnten die Risiken, Aufwände und Kosten bei der Projektabwicklung um insgesamt ca. 20% gesenkt werden.

Die Entwicklung und weitere Integration des ProX ist noch lange nicht abgeschlossen. Der Ruf der Mitarbeiter nach neuen Funktionalitäten verhallt nicht so schnell und so gilt es z.B. die Interaktion der Mitarbeiter in den verschiedenen Projektgeschehen auch jenseits der eigenen Projektgrenzen zu unterstützen. Dieses wurde bereits im vorhergehenden Kapitel Rollen und Vernetzung beschrieben.

Die Weiterentwicklung wird z.Zt. vor allem in den folgenden Bereichen vorangetrieben:

- Das ProX soll eine Schnittstelle zum SIS erhalten, so dass man über die Projektinformationen direkt zu den Projektbeteiligten und deren Skills gelangen kann,
- über die Verknüpfung zum SIS und zu den Intranet-Telefonlisten sollen Expertenlisten auf Freiwilligkeit entstehen, die zu den einzelnen Mitarbeitern umfangreiche geschäftsorientierte und nach Wunsch private Auskünfte geben,
- das ProX soll als integrativer Bestandteil des wissensbasierten Intranets Schnittstellen zu den Communities of Practice und Expert Directories (Yellow Pages) erhalten, damit die

Verknüpfung der Wissensträger im Unternehmen noch stärker vorangetrieben und ihr Wissen aus unterschiedlichen Arbeitskontexten direkt zugänglich gemacht wird,

- die Aufnahme von betriebswirtschaftlichen und projektbezogenen Kennziffern (u.a. aus angrenzenden Systemen) soll helfen, Wissenszuwächse auch in quantitativen Domänen zu erreichen und andererseits ein projektbezogenes Wissenscontrolling aufzubauen,
- die Verknüpfung mit interaktiven Prozess-Workflows soll die Qualität der einzelnen Wissensaktivitäten nachhaltig verbessern und die automatische Verteilung relevanten Projektwissens ermöglichen.

Die einfachen Wissensmanagementmetriken, die z.Zt. u.a. in Form der Nutzungshäufigkeit eingestellter Beiträge, deren Bewertung sowie deren Gesamtanzahl vorliegen, zeigen bereits an, dass der Ausnutzungsgrad der beiden Unternehmensressourcen „Projektwissen" und „Skills" im laufenden Jahr 2003 um 32% verbessert werden konnte.

4.3.4 Weitere Gestaltungselemente

4.3.4.1 Personalmanagement-Instrument: Job-Modell@softlab

Die anderorts erwähnte[1059] Einführung von Wissenszielen muss nicht als eine vollkommene Revolutionierung der Planung verstanden werden.[1060] Wissensziele sollten vielmehr eine bewusste Ergänzung herkömmlicher Planungsaktivitäten darstellen. Wie im Kapitel 3.1.2.2 bereits ausgeführt, helfen Wissensziele, innerhalb eines Geschäftsbereiches oder einer Abteilung die Kohärenz der Kompetenzen zu sichern. Über diese Ziele werden dann z.B. notwendiges Basiswissen, Methodenwissen und neues Themenwissen sowie das „weiche Wissen" für den Umgang mit Kunden und Partnern festgelegt. Hier können detaillierte *Jobprofile* helfen, die Anforderungen und Entwicklungspfade für Mitarbeiterwissen unterschiedlicher Hierarchiestufen zu dokumentieren und somit als Planungs- und Interventionsmittel zu fungieren.

Zielstellung

SOFTLAB hat diesen Punkt aufgenommen und mit wissenschaftlicher Hilfe ein Laufbahnsystem namens Job-Modell@softlab (siehe zum personalpolitischen Stellenwert des Modells die nachfolgende Abbildung 4-20) entwickelt, das zunächst als reines *Personalentwicklungssystem* eingeführt wurde. In intensiver Zusammenarbeit mit dem Betriebsrat wurde später auch das derzeitige *Laufbahn- und Gehaltssystem* entsprechend adaptiert.

Der Grundgedanke bei der Konzeption des Job-Modells im Februar 2002 war, dass jeder Mitarbeiter bei SOFTLAB zur Erreichung seiner individuell gewünschten und vom Unternehmen benötigten Weiterentwicklungsmöglichkeit zielgerichtete Informationen benötigt. Hier setzt

---

[1059] Siehe Seite 137ff. in Kapitel 3.1.2.2.

[1060] Vgl. [PROBST ET AL. 1999, S. 70].

das Job-Modell an und steckt als „Landkarte" die Rahmenbedingungen ab und schafft Transparenz über die Vielfalt an Tätigkeiten und Entwicklungsbedürfnissen.

Es ist ein Instrument, mit dessen Hilfe jeder Mitarbeiter seine Ziele und Erwartungen definieren und strukturieren kann, und schafft so die Voraussetzung für eine langjährige Betriebszugehörigkeit und eine hohe Arbeitsmotivation. Darüber hinaus leistet das Job-Modell einen wichtigen Beitrag, um die Wettbewerbsfähigkeit des Unternehmens und dessen Attraktivität als Arbeitgeber bei potenziellen Mitarbeitern signifikant zu erhöhen.

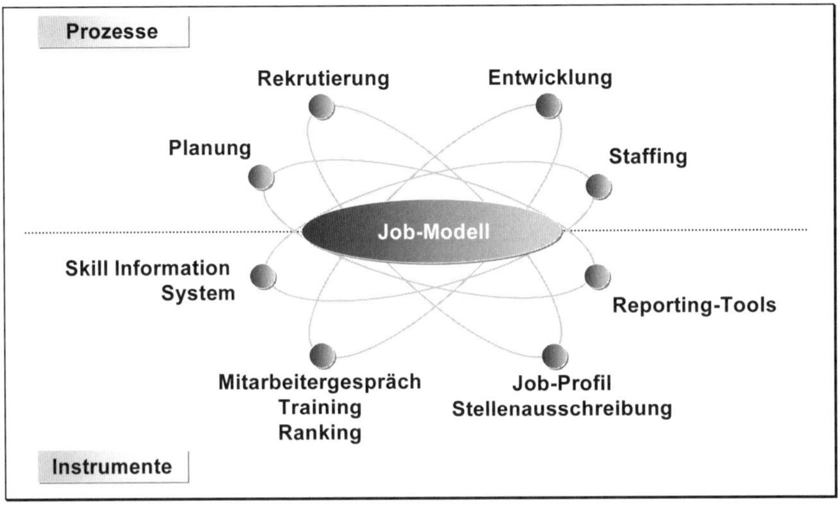

Abbildung 4-20: Job-Modell@softlab als Basis für die Personalpolitik

Nutzen

Das Job-Modell definiert Job-Profile für Fach- und Führungslaufbahnen, indem es die grundlegenden Tätigkeiten und Anforderungen beschreibt und nach Komplexitäts- und Schwierigkeitsgrad einstuft. Für die *Mitarbeiter* bedeutet das Job-Modell dabei eine Orientierungshilfe, wo ein Mitarbeiter mit seinen Kompetenzen und Erfahrungen im Unternehmen eingeordnet ist und eine Planungsgrundlage, wohin sich ein Mitarbeiter weiterentwickeln kann und welche Anforderungen bestehen. *Den Führungskräften* dient das Job-Modell als Basis für die Personalplanung, -entwicklung und den Einsatz der Mitarbeiter. Die beschriebenen Anforderungen dienen darüber hinaus als Leitlinien für die individuellen Mitarbeitergespräche und Personalentwicklungsprogramme.

Dem *Unternehmen* hilft das Modell bei der Umsetzung der Strategien, indem es als strukturelles Abbild der Tätigkeiten bei SOFTLAB fungiert, als Grundlage für Marktvergleiche und unternehmensbezogene Benchmarks und somit die aktuellen und zukünftigen Arbeitsanforderungen insgesamt berücksichtigt.

Struktur

Aus Gründen des Wettbewerbsschutzes kann dieses Instrument im Rahmen dieser Ausführungen nicht ausführlich diskutiert werden. Kurze Anhaltspunkte skizzieren jedoch die Struktur des Systems, das nachfolgend anrissweise dargestellt ist.

Das Job-Modell ist eine Matrix, die aus zwei Dimensionen besteht: **Job Familie** und **Anforderungsstufe** (Level). Die **Job-Profile** wurden an den Schnittpunkten zwischen den Job-Familien und den Anforderungsstufen eingeordnet.

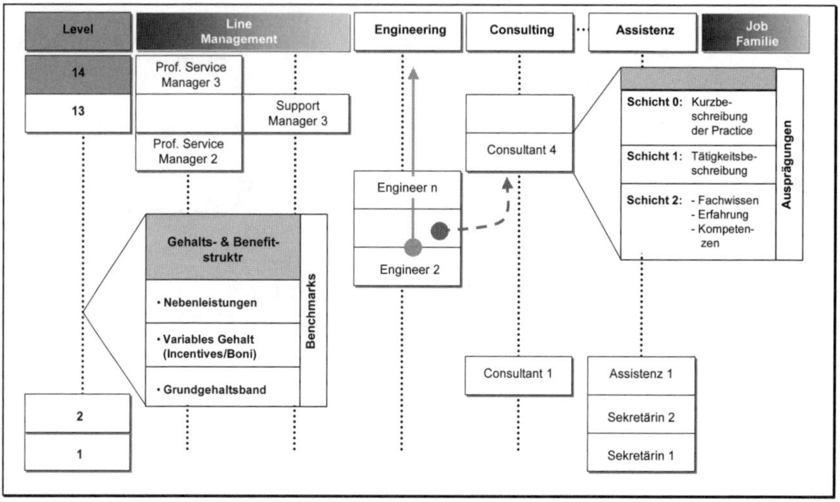

Abbildung 4-21: Struktur des Job-Modell@softlab

Die *Job-Familien* sind durch die bereits angeführten[1061] Practice Champions und Experten der Fachfunktionen aus der Wertschöpfungskette von SOFTLAB abgeleitet. Sie repräsentieren die wesentlichen Unternehmensfunktionen von SOFTLAB. Die *Anforderungsstufen* (Levels) bilden die zunehmende Komplexität und Schwierigkeit der Fachaufgabe in einem hierarchischen System ab. Das wissenschaftlich fundierte Verfahren der „analytischen Arbeitsbewertung“ erlaubt es, die Positionierung der Job-Profile in Beziehung zueinander vorzunehmen und verwendet für die Bewertung der Tätigkeiten die Kriterien „Wissen“, „Denkleistung“ und „Verantwortung“.

[1061] Siehe Seite 220 in Kapitel 4.1.4.

Das jeweilige *Job-Profil* ist eine fest definierte Einheit von Fachaufgaben und Anforderungen innerhalb einer Job-Familie. Auf Grund einer längeren Analyse und Systematisierung der bei SOFTLAB ausgeführten Tätigkeiten wurden Beschreibungen gefunden, die generisch und unabhängig von bestimmten Technologien oder Produkten formuliert sind und die nicht nur den Ist-Stand darstellen, sondern das Kriterium „zukunftsweisend" erfüllen. Hiermit ist die Grundbeständigkeit der Formulierungen auf drei und mehr Jahre hinaus gemeint. Die einzelnen Anforderungen können natürlich entwicklungs- und bedarfsgemäß aktualisiert werden. Ein Job-Profil mit einer niedrigeren Nummerierung entspricht dabei einem geringeren Komplexitäts- und Schwierigkeitsgrad als eine höhere Nummerierung. Da es Anforderungssprünge zwischen den einzelnen Job-Profilen gibt, sind nicht alle Schnittpunkte zwischen den Job-Familien und Anforderungsstufen mit Job-Profilen besetzt. Ein ausschnitthaftes Beispiel eines wissensbasierten und -orientierten Job-Profils ist im Anhang 9 zu finden.

Die Zuordnung der Mitarbeiter findet dabei in ausführlichen Gesprächen und Interviews und mittels Prozessbeschreibungen und Tools zur Gruppenzuordnung und zur Planung der Qualifizierungsmaßnahmen mindestens einmal jährlich statt. Als Grundprinzip gilt, dass jeder Mitarbeiter eindeutig einer Job-Familie und einem Job-Profil zugeordnet wird, wodurch auch ein fachlicher Schwerpunkt definiert wird. Die Wertschätzung „multifunktional" einsetzbarer Mitarbeiter erfolgt im Rahmen des jährlichen Mitarbeitergesprächs. Ein fachlicher Wechsel zischen den Job-Familien ist möglich. Da jedoch jedes Job-Profil eine fest definierte Einheit bildet, widerspricht ein selektives Herausgreifen einzelner Tätigkeitsbeschreibungen dem Grundprinzip des Job-Modells.

Kommunikation

Die gesamte Job-Matrix inkl. aller Job-Familien, Job-Profile und Anforderungsstufen ist im Enterprise Knowledge Portal als interaktive Map hinterlegt. So können per einfachen Mausklick die Beschreibung zu jedem Profil abgerufen, entsprechende E-Learning-Materialien bestellt (z.B. CD-Roms) und interne Fortbildungskurse angefordert werden. Durch Hyperlink erhält man auch Verweise ins Internet, so dass zu speziellen Aufgabenstellungen und Anforderungen externe Trainingsanbieter evaluiert werden können.

4.3.4.2 Service Standards: Customer Excellence@softlab

Wie schon in Kapitel 3 innerhalb der allgemeinen Gestaltungselemente beschrieben wurde, ist neben der verbesserten internen Kollaboration die effektive und effiziente Interaktion mit der Umwelt als wesentlicher Erfolgsfaktor zukünftiger wissensbasierter Geschäftstätigkeit zu bezeichnen.

Daher hat die Geschäftsleitung von SOFTLAB zusätzlich zu den bereits beschriebenen Programmen, Projekten und Systemen im zweiten Quartal 2003 die Initiative „Customer Excellence" initiiert. Customer Excellence verfolgt die Einlösung des Premium Anspruchs der BMW Group im IT-Service Geschäft. Customer Excellence bedeutet, dass bestehende und zukünftige Kunden wann immer und wo immer sie auf SOFTLAB treffen, das Unternehmen als exzellent wahrnehmen. Grundlegend dafür sind der Ausbau der Kernkompetenz und der Marktpositionierung und die Differenzierung von den Wettbewerbern - und das vor allem in der *Wahrnehmung der Kunden.*

Die Verbesserung der Customer Excellence in der hier dargestellten Initiative ist am ehesten als *methodenorientierter Veränderungsprozess* zu beschreiben und hat als dediziertes Ziel die Verbesserung der Ergebnis-, Abwicklungs- und Beziehungsqualität in der Beratungs- und Projektarbeit. Hierbei hilft die Erkenntnis, dass gerade technologieorientierte Mitarbeiter häufig die weichen, qualitativen Faktoren in der Kundenbeziehung unterschätzen (d.h. Betonung der Produkt-/Ergebnis- bzw. Abwicklungsqualität) und Kunden eher die Beziehungs- und Abwicklungsqualität vor einer gegebenen Ergebnisqualität fokussieren. Um als exzellent wahrgenommen zu werden, wurden daher die folgenden Themen bei SOFTLAB angegangen:

- die Weiterentwicklung und Konkretisierung des Portfolios,
- die Vertiefung der Partnerschaften,
- die Optimierung der Projektqualität,
- der Ausbau der strategischen Prozess- und Beratungskompetenz,
- der Grad der Kunden- und Marktorientierung.

Customer Excellence setzt bei der Kunden- und Marktorientierung an, insbesondere bei der Qualität und Intensität der Beziehungen zu den Kunden. In der Projektarbeit vor Ort wirkt die Kundennähe direkt auf die Qualität der Abwicklung und die Qualität des Portfolios - also direkt auf die Kompetenz des Anbieters zurück. Fundierte Kundenbeziehungen und eine starke Kundenbindung sind Faktoren, die direkt den Ertrag des Unternehmens und damit die Wachstums- und Zukunftsfähigkeit beeinflussen.

Erst mit dem Feedback der Kunden und mit einer entsprechenden Auseinandersetzung wird der Berater befähigt, kundenorientiert seine Beratung zu verbessern, die Intelligenz in der Entwicklungsarbeit auszubauen, das Projektmanagement zu verfeinern, die Projektarbeit zu optimieren und die Branchenkompetenz zu steigern.

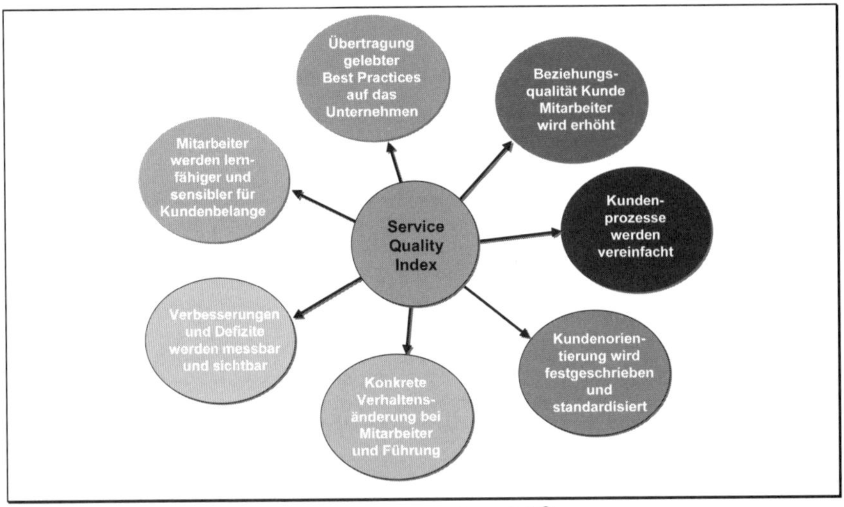

Abbildung 4-22: Wirkungsgrad des Service Quality Indexes (SQI®)

Mit Hilfe von Customer Excellence-Standards werden die Mitarbeiter im Geschäftsalltag unterstützt, um gezielter und sicherer im Kundenkontakt aufzutreten, den Dialog mit den Kunden aufzunehmen und ihn in das Unternehmen zurückzutragen. Die *Messbarkeit der Standards* in Form eines Service Quality Indexes (SQI®) ermöglicht, den Lernfortschritt in der Organisation transparent und nachvollziehbar zu machen und damit stetig zu verbessern. Die nachfolgende Tabelle gibt einige Beispiele, worauf sich Qualitätsstandards beziehen können.

Abwicklungsqualität	Beziehungsqualität	Ergebnisqualität
Termintreue	Aktives Informationsverhalten	Supportqualität
Geschwindigkeit der Rückmeldungen	Verhalten bei kritischem Projektverlauf	Wissenstransfer auf Kundenmitarbeiter
Reklamationsprozesse	Kontakthäufigkeit	Übergabestandards
Ausprägung kundenrelevanter Dokumentation	Transparenz in der Darstellung von Inhalten	Nachhaltigkeit der erarbeiteten Lösung

Tabelle 4-5: Beispiele für Customer Excellence Standards

Ziel der Customer Excellence Initiative ist, eine Nachhaltigkeit in der wissensorientierten, kommunikativen und reflexiven Beziehung zu den Kunden zu erreichen. Wesentlicher Bestandteil des Projektes ist daher, die Kundensicht noch besser kennen zu lernen und zu wissen, wie die Kunden die SOFTLAB Mitarbeiter tatsächlich wahrnehmen. Daher basiert die Customer Excellence Initiative auf der Untersuchung konkreter Kundenprojekte, die für das Beratungs- und Projektgeschäft von SOFTLAB und seiner Tochtergesellschaft NEXOLAB typisch sind. Es geht darum, heraus zu finden und zu dokumentieren, was die Kunden als Qualität in der Projektarbeit wahrnehmen und bewerten.

Hierzu wurde ausführlich mit in Projekten engagierten SOFTLAB Mitarbeitern gesprochen. Dies galt als Vorbereitung, um danach wohl informiert und sensibilisiert qualitative Kundeninterviews führen zu können. Insgesamt wurden sechs Kundenprojekte ausgewählt, über die die zahlreichen Mitarbeiter vor Ort und verantwortliche Manager intensiv anhand eines Fragebogens (siehe Anhang 10) befragt wurden. Die Ergebnisse der internen Befragung wurden dann diskutiert, gruppiert und bewertet. Als Ergebnis dieser Bewertung entstanden kunden- und projektspezifische Fragebögen, mit denen die Kundensicht erfasst werden sollte.

	Phase 4 **Ermittlung Indicator**	Phase 5 **Ermittlung Standards**	Phase 6 **Implementierung**	Phase 7 **Monitoring**
Inhalte	Festlegung Zielkategorien zur Erstellung der Standards	Entwicklung der Standards pro Zielkategorie	Priorisierung und Gewichtung der Standards	Entwicklung des Monitoringsystems intern und extern
	Verzahnung der „Moments of Truth" mit den Kundendefiziten	Verprobung auf Relevanz und Machbarkeit	Festlegung der Messkriterien und Indexierung	Festlegung des Mindesterfüllungsgrades
	Identifikation der Indikatoren zur Entwicklung der Standards	Auswirkung auf interne Schnittstellen und Festlegung der Verantwortlichkeiten	Integration in die Zielvereinbarungen und Schulung der Mitarbeiter über die Multiplikatoren	Festlegung der Zeitachsen
Ziele	Präzisierung und Priorisierung der Potenziale	Identifikation der Mitarbeiter mit Servicestandards	Kommunikation der Standards unternehmensweit	Reporting des Lernfortschritts
	Fokus auf jene Defizite, deren Behebung den größten Hebel in der Kundensicht garantieren	Ausrichtung der Stabsstellen und internen servicierenden Bereiche auf die Standards	Herstellen der Verbindlichkeit für alle Mitarbeiter	Monitoring der Veränderung bei Mitarbeitern und Kunden
	Filtern der Möglichkeiten für die Wertedarstellung intern und extern			Sichtbarmachen der Werteentwicklung

Tabelle 4-6: Weitere Phasen zur Ermittlung und Einführung des Service Quality Indexes (SQI®)

In einer weiteren Projektphase wurde dann die Befragung mit Mitarbeitern und Managern der Kundenseiten durchgeführt. Die entsprechenden Interviewergebnisse wurden danach in einem Projektteam, bestehend aus Mitarbeitern aller Unternehmensbereiche mit direktem und indirektem Kundenkontakt, verarbeitet und aufbereitet. Hieraus sollen schließlich als Ergebnis der Initiative verbindliche Customer Excellence Standards entwickelt werden, die im Tagesgeschäft beim Kunden zum Handwerkszeug werden und Orientierung schaffen. Zur Konkretisierung des Gesamtvorgehens sollen die ausstehenden vier Phasen in der vorhergehenden Tabelle 4-6 und nachfolgenden Abbildung 4-23 kurz skizziert werden.

Da die Initiative noch nicht abgeschlossen ist und die detaillierten Ergebnisse äußerst wettbewerbsrelevant sind, können hier keine endgültigen Ergebnisse in Form allgemein verbindlicher Standards und deren Messkriterien vorgestellt werden.

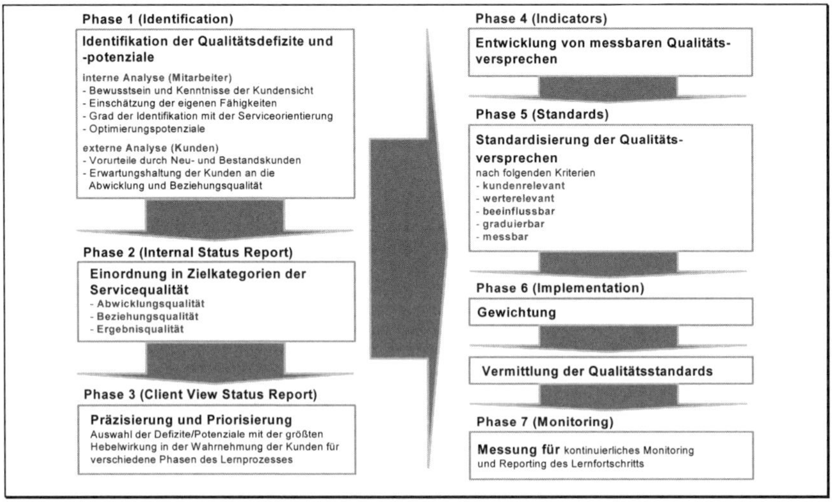

Abbildung 4-23: Vorgehen von Customer Excellence@softlab

Der Erfüllungsgrad der Qualitätsstandards wird einerseits aus der Sicht des Kunden bewertet, andererseits werden interne Messmethoden implementiert, die den Grad der Kundenorientierung sichtbar machen. Der SQI® ist graduierbar und passt sich dem Lernfortschritt der Mitarbeiter und auch den neuen Marktanforderungen und Kundenbedürfnissen an. Die Messbarkeit ist dabei die Voraussetzung für die Integration von Servicestandards in die Zielvereinbarungen der Mitarbeiter.

Damit kann der SQI® als ein langfristiges Führungsinstrument für eine gelebte, wissensbasierte und serviceorientierte Kundenorientierung innerhalb einer komplexen Organisationsstruktur gewertet werden.

4.3.4.3 Planung, Portfolio und Infrastruktur

Mit den drei nachfolgend genannten Bereichen soll die Beschreibung der Gestaltung und momentanen Ausprägung einer aktiven Wissensorientierung bei SOFTLAB beendet werden. Obwohl sie nicht als primäre Elemente einer Veränderung gelten, ergänzen sie jedoch im Gesamtzusammenhang die umfangreichen Maßnahmen auf den verschiedenen Ebenen.

Im Bereich der jährlichen qualitativen Planungen wurden im internationalen Kontext zahlreiche *Knowledge Conferences* als Brainstorming Camps[1062] durchgeführt. Hiermit konnten nicht nur Überlegungen zur Gestaltung der Strategie und des Portfolios initiiert, sondern letztendlich ein Instrument zur Evaluation der Inhalte und zur Überprüfung der regionalen und thematischen Abstimmung etabliert werden. Dieses Verfahren wurde auch im Rahmen einer Task Force erprobt, so dass ein ständiger Erfahrungsaustausch und eine Community-Bildung im internationalen Vertrieb von CRM-Lösungen, basierend auf einer neuen strategischen Produktpartnerschaft, im Banken- und Versicherungsbereich instanziiert werden konnten. Für die Geschäftsleitung wurde dieses Instrument erweitert und in Form einer *Scenario Conference* durchgeführt, in der langfristige, auch äußerst gewagte und tlw. abwegig anmutende Überlegungen zur Entwicklung des Gesamtunternehmens angestellt wurden.

Im Bereich der Portfoliogestaltung führte die intensive Beschäftigung mit dem Thema Wissensmanagement dazu, dass über zahlreiche *Akquisen* zu diesem Thema neue Kundenkontakte in den angestammten Zielbranchen geknüpft und schließlich sogar *Wissensmanagementprojekte* bei unmittelbaren Mitbewerbern[1063] erfolgreich durchgeführt werden konnten.

Letztendlich beeinflusst auch die Gestaltung der Infrastruktur in Form von *„Besprechungsinseln"* und *„Think Rooms"* die innovationsfördernde Arbeitsumgebung, was sich indirekt auch in der Qualität von Angeboten und Projektlösungen niederschlägt.[1064] Die gleichzeitige Erhöhung der Mitarbeiterzufriedenheit ist dabei ein notwendiger und gewünschter Nebeneffekt. In der gegenüber liegenden Abbildung wird ein solcher „Think Room" am Beispiel der Tochtergesellschaft NEXOLAB illustriert.

4.3.5 Messbarkeit und Bewertung sowie kurzer Ausblick

Die Messung von Wissen und von Wissensaktivitäten ist ein ständig diskutiertes Thema in der Literatur und Praxis des Wissensmanagements. Es sind jedoch bis heute noch keine Konzepte entstanden, die dieses Thema umfassend oder gar vollständig zufrieden stellend behandelt hätten.

Auch bei SOFTLAB besteht der Bedarf, die verschiedenen Aktivitäten hinsichtlich ihrer Auswirkungen und Nachhaltigkeit zu beurteilen. Dabei liegt der Fokus weniger auf der Errechnung des unmittelbaren Rückflusses investierter Mittel in Form eines Return on Knowledge (RoK). Vielmehr ist die Beurteilung, Nachvollziehbarkeit und Steuerung der gewünschten

---

1062 Vgl. [NONAKA/TAKEUCHI 1997, S. 75].

1063 Als Beispiele können hier die die deutsche SIEMENS BUSINESS SERVICES (vgl. [GEHLE/MÜLDER 2005]) oder die amerikanische COMPUTER SCIENCE CORPORATION (CSC) angeführt werden.

1064 Siehe hierzu auch die Aussagen in Kapitel 3.3.2.1.

Veränderungen im Fokus der verantwortlichen Personen. Aus diesem Grund existiert bei SOFTLAB auch nicht ein einziges Messinstrument, sondern ein Set von Systemen mit verschiedenen Parametern, Indikatoren und Attributen, die eine Bewertung der Geschäftsentwicklung erlauben.

Abbildung 4-24: „Think Room" als Ausprägung einer wissensorientierten Infrastruktur

Im Bereich der **strategischen Zielkontrolle** und hier insbesondere für die Länder Deutschland, Österreich und Schweiz ist im Jahr 2002 für die oberste Managementebene die *Balanced Scorecard* (BSC) eingeführt worden. Obwohl innerhalb des Programms we.know@softlab bereits verschiedene Überlegungen zur strategischen Bewertung der Wissensaktivitäten stattgefunden haben, haben diese noch keinen dedizierten Eingang in die aktuelle Balanced Scorecard gefunden.[1065] Trotzdem sind in den verschiedenen Dimensionen bereits Leistungsmaßstäbe und -ziele zu finden, die die Wissensorientierung aus der strategischen Kontrollsicht heraus fördern. Die Anzahl und Dokumentation geführter Mitarbeitergespräche, die Vollständigkeit der im SIS erfassten Skills und der Zufriedenheitsindex der Belegschaft sind nur einige Beispiele aus der BSC-Perspektive „Mitarbeiter". Ein ausgewogener Businessmix nach Regionen und Themen, die Anzahl von Großvorhaben in der SOFTLABGRUPPE und von Kunden mit Aufträgen in mehreren Portfolioelementen sowie die Dauer von Akquisen, die

[1065] Anhaltspunkte gaben u.a. die empirischen Ergebnisse, die als meßwürdige Zielstellungen von Wissensmanagement u.a. die Förderung des Know-how Transfers, die Wiederverwendbarkeit von Wissenspaketen, das Sicherstellen ständiger Verfügbarkeit von Wissen sowie die Erweiterung und Stärkung der Kernkompetenzen des Unternehmens hervorbrachten. Vgl. [LEVEC 2002, S. 73].

Vollständigkeit der Angebots- und Vertragsprüfung und der durchschnittliche Risikoindex ausgewählter Projekte sind weitere Beispiele aus den Dimensionen „Finanzen/Prozesse".

Das Ziel ist, die Entwicklung der BSC als Steuerungsinstrument weiter voranzutreiben, indem eine Version für die gesamte SOFTLABGRUPPE entwickelt wird und die Manager der einzelnen Ebenen hieraus eine detaillierte BSC für den eigenen Verantwortungsbereich ableiten. Dann wird - auch im Rahmen des in Kapitel 4.3.4.2 beschriebenen *Service Quality Indexes* (SQI®) - nochmals über das fokussierte Monitoring der Wissensaktivitäten auf Strategieebene beraten werden.

Bis dahin werden die taktischen und operativen Bewertungsmechanismen weitergeführt, die bereits mannigfaltig im Einsatz sind. Als eine **taktische Erfolgsbewertung** zählt zum Beispiel die quartalsweise *Honorierung* von unternehmensweit verwendeten Best Practices und/oder Lessons Learned durch die Geschäftsleitung. Andere Mechanismen sind die *Systemkennziffern* aus den Systemen SIS und ProX, die z.B. die Informationsdeckung oder allgemeine Verbesserungskennzahlen in Form von Kosten, Zeit und Qualität der Prozessdurchläufe betreffen. Auch die *Mitarbeiterzufriedenheit* mit den gewünschten und notwendigen Systemen wird immer als Erfolgskriterium behandelt werden.

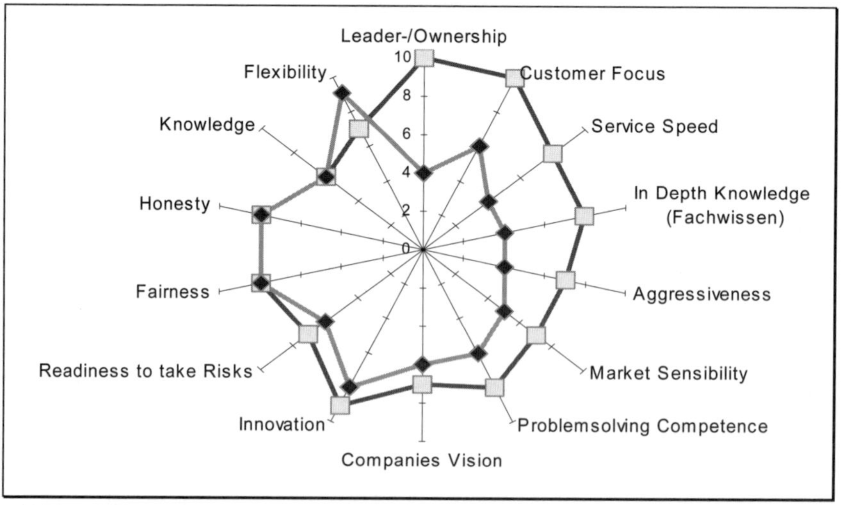

Abbildung 4-25: Kulturanalyse als taktisches Bewertungskriterium (Soll vs. Ist)

Ein anderes Instrument aus dem Bereich der Taktik sind die *Skill- und Kulturanalysen*, wie sie z.B. bei SOFTLAB in der Schweiz und in England regelmäßig durchgeführt werden. Die Abbildung 4-25 und Abbildung 4-26 verdeutlichen diese Instrumente, die in Form von Soll-

Ist-Abgleichen und deren Veränderungen den Erfolg durchgeführter Maßnahmen sichtbar machen.

Die nachfolgende Darstellung einer Skillmatrix kann dabei sowohl taktischer Natur sein oder auch als Instrument für die operative Bewertung fungieren.

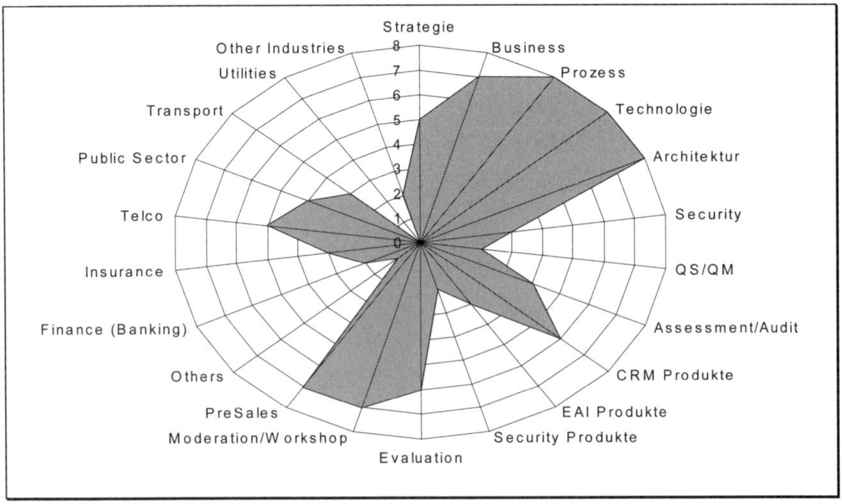

Abbildung 4-26: Skill-Analyse als Bewertungskriterium

Zahlreiche **operative Maßnahmen der Qualitäts- und Erfolgskontrolle** wurden bereits im Verlauf der Systembeschreibungen aufgeführt. Zu nennen ist hier nochmals die *aktive Auseinandersetzung mit der Umwelt* in Form von Veröffentlichungen[1066], von Meinungsaustauschen mit Expertenkreisen und Mitbewerbern sowie in Form von Präsentationen für Interessentenkreise[1067], Kongressen und Messen. Die verschiedenen Aktivitäten gipfelten schließlich in der Bewerbung des Skill Information Systems für den „Best Practice Award“ für Knowledge Management und Business Intelligence und in der Bewerbung des Gesamtkonzepts für den „Wissensmanager des Jahres 2002“. Beides führte trotz guter Platzierungen leider (noch) nicht zum Sieg. Die verschiedenen Anstrengungen wurden jedoch zum Ende des Jahres 2003 indirekt doch noch belohnt, da Softlab den „BestPers Award 2003“ für die beste Personalarbeit im Jahr 2003 gewinnen konnte. Neben dem Gesamtsieg in der Rubrik „mittelständische Arbeitgeber“ konnten jeweils erste Plätze im Bereich Kommunikation und Personalbeschaf-

1066 Siehe z.B. [GEHLE/MÜLDER 2005], [KÖNNECKER 2003], [GEHLE/PANNEK 2002], [ZEITHAMMER 2002].

1067 Beispielhaft kann hier die Knowledge Net-Veranstaltung der BMW AG angeführt werden, an der fast einhundert BMW-Mitarbeiter unterschiedlicher Hierarchiestufen teilnahmen.

fung sowie ein zweiter Platz im Bereich Strategie und Vision errungen werden.

Insgesamt ist hinsichtlich der Integration der Wissensaktivitäten in Bewertungsmaßnahmen noch einiges zu tun. So ist bspw. noch zu erreichen, dass die verwendeten *Projektstatus-Reports* (auch *Ampel-Reports* genannt) zukünftig auch auf Gelb oder Rot schalten, wenn Wissensziele (noch) nicht erreicht bzw. Wissensaktivitäten noch nicht in geplanter Qualität ausgeführt wurden.

Der Aufruf der Muttergesellschaft BMW, sich zu einem Premium-Supplier in der IT-Beratung weiterzuentwickeln, der durch Fokussierung auf die Premium-Segmente der bestehenden bzw. zukünftigen Kundschaft und durch eine hervorragende Lieferungs- und Leistungsqualität eine nachhaltig hohe Umsatz-/Gewinnquote erreicht, hat die Weichen für die Zukunft gestellt. Im internationalen Wissensmanagement von SOFTLAB gilt daher der Prozess„normalität“ ein besonderes Augenmerk. Dies meint die Integration der Wissensaktivitäten in weitere Prozessschritte, eine Normalisierung des täglichen Arbeitsablaufs und eine damit einhergehende Verselbständigung der Wissensorientierung. Eine weiterhin starke Betonung der kulturellen Aspekte wird dafür Sorge tragen, dass unter Berücksichtigung einer vernetzten und gelebten Kundenorientierung die Evolution der SOFTLAB Berater weiter voranschreitet. So werden dann aus Wissensarbeitern „Net“-worker und schließlich „Nett“-worker.[1068]

[1068] Vgl. [GEHLE/FELDHOFF 2002, S. 170], [GEHLE/FELDHOFF 2002B, S. 55].

5 Handlungsrahmen und Gestaltungsoptionen von internationalem Wissensmanagement

„Die Zukunft wird Wirklichkeit,
noch während wir die Fiktion entwerfen."

Steven Spielberg (Regisseur)

Im Verlauf der Abhandlung wurde deutlich, wie schwer die Prozesse zum Wissenstransfer, zur Wissensgenerierung und zur Wissensanwendung in der Internationalität zu analysieren sind. Dennoch wurden Mittel und Wege gefunden, um die Ausprägungen eines internationalen Wissensmanagements zu veranschaulichen und so Rückschlüsse auf die untersuchten Aspekte ziehen zu können. In diesem Kapitel werden nun die theoretischen und praktischen Erkenntnisse und Erfahrungen weiter eingegrenzt und gebündelt. Ferner werden die evaluierten Interventionspunkte, Maßnahmen, Methoden und Techniken vor dem Hintergrund ihrer gleichzeitigen Eignung der Förderung von Wissensmanagement und Internationalität in die jeweiligen Bereiche des „International House of Knowledge Management" eingeordnet.

Dieses Endkonstrukt ist dann als **„virtuelle Best Practice-Organisation"** zu verstehen, die durch Analyse und Synthese einer Auswahl von „Successful Practices-Organisationen" sowie empirischer Befunde und theoretischer Erkenntnisse entstanden ist und in einer praktischen (Teil-)Umsetzung erfolgreich verprobt wurde. Sie ermöglicht das Erreichen der gesetzten (Wissens-)Zielstellung „Kommunikation, Teilung, Interaktion, An- und Wiederverwendung von individuellem und Unternehmenswissen in der Internationalität". In der hier dargestellten Gesamtheit entstehen so ein **anwendungsorientiertes Handlungskonzept und Managementinstrumentarium** für die Organisation des internationalen Wissensmanagements von Business Integratoren. Hinweise auf Anreize und Motivation sowie Ansatzpunkte zur Bewertung wissensbasierter Aktivitäten in der Internationalität runden - im Sinn der Komplettierung einer Managementbetrachtung - dieses Kapitel ab.

Die nachfolgenden Gestaltungsempfehlungen eines internationalen Wissensmanagements werden aus einer übergeordneten Sicht heraus beschrieben, d.h. dass dort, wo es möglich ist, Gestaltungsoptionen im Detail beschrieben, andere Bereiche dagegen jedoch nur als notwendiger Handlungsrahmen im Groben skizziert werden. Somit werden nicht alle erwähnten operativen und individuellen Gestaltungsmöglichkeiten wiederholt, sondern es werden ganzheitliche Gestaltungsempfehlungen im Sinn einer in sich abgeschlossenen Managementbetrachtung und -vorgehensweise ausgesprochen. Verweise auf vorhergehende Kapitel und Textstellen sowie auf weiterführende oder vertiefende Literatur ergänzen das Dargestellte.

Die nachfolgenden Gestaltungsbereiche sind als eine Auswahl zu verstehen, die im Rahmen dieser Arbeit evaluiert wurden. Weitere sind sicherlich jederzeit möglich, hängen aber von der jeweiligen individuellen Zielstellung ab.

5.1 Strategie und Kontextorientierung

Alle bisherigen Überlegungen machen deutlich, dass ein **neues, dynamisches und flexibles Strategieverständnis** für das internationale Wissensmanagement von Business Integratoren notwendig ist.

Der Anspruch auf **Neuigkeit** drückt sich u.a. darin aus, dass *Wissen als internationaler Wettbewerbsfaktor* anerkannt und tief in den strategischen Überlegungen und Formulierungen[1069] verankert werden muss. Dazu kann die Wissensorientierung innerhalb der übrigen strategischen Überlegungen z.B. mit Hilfe von *Strategie- und Szenariokonferenzen* gefördert und mit den anderen Strategien (z.B. der Internationalisierungs-, Dienstleistungs- oder Produktstrategie) verknüpft werden. Hierbei ist keine Revolution notwendig, sondern eine bewusste Ergänzung des Vorhandenen. Als Beispiele können hier die Einbindung von Wissensvisionen und -zielen in die strategische *Balanced Scorecard*, die taktische Zusammenarbeit mit den unterstützenden Funktionen des Personalmanagements (z.B. für eine azyklische oder branchenfokussierte[1070] Rekrutierungspolitik) oder die persönliche Verankerung in *wissensorientierten Jobprofilen*[1071] und *Zielvereinbarungen* angeführt werden. Bei der Ableitung untergeordneter Ziele von den Wissenszielen ist jedoch die Kohärenz aller Zielhierarchien des Unternehmens sicherzustellen, damit keine negativen Interferenzen, Interdependenzen oder sogar Ausschlüsse entstehen.

Auch müssen die notwendige Sponsorenschaft und Unterstützung seitens des Managements, die bisher häufig versagt geblieben oder zu kurz gekommen ist[1072], und die Verantwortung eines jeden Mitarbeiters zur verbesserten, unternehmensorientierten Wissensarbeit ein neues Gleichgewicht und somit ein neues Ganzes bilden. Das neue Strategieverständnis hat somit die *Verpflichtung und die Verantwortung beider Parteien* zu berücksichtigen und zu beschreiben, so dass z.B. gescheiterte Wissensmanagementprojekte auf Grund unzureichender Kenntnis der Strategien[1073] zukünftig nicht mehr auftreten können.

1069 Vgl. [LINKAGE 2000, S. 54], die die Einbettung in der Geschäftsstrategie ansprechen.

1070 Hier kann wiederum MCKINSEY angeführt werden, die bspw. alle summa cum laude-Promotionsabsolventen im Fachbereich Chemie engagierten, um einen neuen Geschäftsbereich aufzubauen.

1071 Siehe Anhang 9.

1072 Vgl. Kapitel 3.1.1.

1073 Vgl. Kapitel 3.1.2.1.

Ein neues Strategieverständnis wird auch dadurch erreicht, dass *kulturelle Besonderheiten als notwendige Rahmenbedingung* einerseits und als *aktive Interventionsdimension* andererseits berücksichtigt werden. Zu deren Ausgestaltung finden sich in Kapitel 5.1.2 weitere Ausführungen.

Die Tabelle 3-1 auf Seite 126 stellt darüber hinaus eine Vielzahl von Verantwortlichkeiten und Inhalten dar, die in Abhängigkeit von u.a. regionalen, branchen- oder unternehmensspezifischen Kontexten einzeln oder gebündelt als Führungsaufgaben gelten. Da die Führungs- und Strategiestrukturen auch den Handlungsrahmen für die Prozesse bilden, umfassen die **Dynamik und Flexibilität** des Strategieverständnisses die *variable Handhabung unterschiedlicher Strategieoptionen* und -elemente, die *Umsetzung* der Erfordernisse in *laufend aktualisierten* und tlw. *neuen Prozessen* und die *angemessene Unterstützung mittels effizienter Infrastrukturen.* Die Dynamik und Flexibilität korrelieren dabei mit der jeweiligen Entwicklungsstufe einer Organisation. Die vermehrte Dynamik, die u.a. durch die Individualität der eigenen Berater und die der Branchen-, Kunden- und Themenbesonderheiten getrieben wird, verlangt schließlich nach einer *flexiblen Einstellung* hinsichtlich der *strategischen Positionierung* und *Vorhaben* der Business Integratoren. Wie bereits in Kapitel 3.1.2.2 dargestellt wurde, können dabei Geschäftsziele durch Wissensziele tangiert werden und vice versa.

Die Flexibilität im Strategieverständnis manifestiert sich auch darin, dass nicht mehr ein einfaches hierarchisches Führungsverständnis unternehmensweit vorherrschen kann, sondern die *Ausweitung der Führungsverantwortung* im Prinzip auf alle Wissensarbeiter erfolgen muss. Dieses geschieht vor dem Hintergrund einer *verstärkten internen und externen Wissenskommunikation* und erfordert ergänzend, dass *verschiedene Führungsstile situativ vereint* werden. Diese Aspekte werden in Kapitel 5.1.3 weiter ausgeführt.

Auf Grund einer eingeschränkten direkten Steuerbarkeit[1074] der internationalen Wissensaktivitäten und der mehrdimensionalen Komplexität des Aufgabengebiets geht die Dynamik und Flexibilität des internationalen Wissensmanagements mit einem „*Makro-Management*" in komplexen Umfeldern einher, d.h. es gilt vermehrt kulturelle, organisationale, prozessuale und technische Kontexte auf individueller, gruppen- und organisationsweiter Ebene zu gestalten, so dass die gewünschten Wissensprozesse und -aktivitäten durch die jeweiligen Wissensträger ausgeführt werden können. Ein Aspekt der neuen strategischen Aufgabe ist hierbei das

---

[1074] Vgl. [PROBST ET AL. 1999, S. 183], die auf Wissen als Ergebnis eines Prozesses abzielen.

Management der Integration und der Schnittstellen.[1075] Hiervon sind neben den unterschiedlichen internen und externen Wissensträgern auch vielfältige Informationsquellen und verschiedene (Teil-)Prozesse tangiert. Als eine Maxime kann hier gelten, nicht alles neu machen zu wollen, sondern Bestehendes zu aktualisieren, zu integrieren und dort, wo es notwendig erscheint, zu erweitern.

Internationales Wissensmanagement ist nicht als endliches Projekt zu verstehen, sondern als eine *moderne Unternehmensaufgabe und ein Selbstverständnis*, welche(s) in einer zukünftigen Normalität von allen Organisationsmitgliedern getragen werden muss. Das neue Verständnis von internationalem Wissensmanagement als Bestandteil des Strategiesystems ermöglicht es dann, Ideen zu generieren, in kundenspezifische Leistungsbündel zu transformieren, für die Problemlösung von Kundenbedürfnissen zu nutzen und Ideen über die gesamte Wertschöpfungskette zu verteilen und zu sichern. Hiermit wird nicht nur der Wissensorientierung genüge getan, sondern auch ein erheblicher *Beitrag zur nachhaltigen Unternehmensführung* geleistet.

Die Organisation der verschiedenen Gestaltungselemente muss dazu als *Orchestrierung*[1076] virtueller Wertschöpfungsketten verstanden werden. Internationales Wissensmanagement ist daher nicht als Instrument, sondern als integraler Bestandteil einer erfolgreichen Unternehmensentwicklung zu verstehen.

Im Nachfolgenden wird auf die vier strategischen Grundvoraussetzungen eines neuen, dynamischen und flexiblen Strategieverständnisses, die sich, miteinander verzahnt, in der Balance innerhalb einer mehrdimensionalen Komplexität, einem aktiven Kulturmanagement, einem erweiterten Führungsverständnis und einer ausgeprägten Wissenskommunikation sowie in einem dynamischen Rollenverständnis ausdrücken, nochmals näher eingegangen.

5.1.1 Balance innerhalb einer mehrdimensionalen Komplexität

Die Bipolarität verschiedenster Orientierungen, Meinungen und Elemente ist bereits mehrfach in dieser Arbeit angeklungen. Zusammenfassend können die folgenden Dichotomien hier nochmals aufgeführt werden:

- Lokalisierung vs. Globalisierung,
- Personalisierungs- vs. Kodifizierungsstrategie,
- Bring- vs. Holschuld,
- Divergenz vs. Konvergenz,

[1075] Siehe einige Beispiele in Kapitel 5.1.3.

[1076] Zum Begriff der Orchestrierung siehe [NORTH 1999, S. 168ff.].

- Innen- vs. Außenorientierung,
- Westliches vs. (fern-)östliches System-, Lern- und Kulturverständnis,
- Individualismus vs. Kollektivismus,
- Wissenskapitalismus vs. -kommunismus.

Da das kurzfristig orientierte Maximierungsdenken gerade erst „schmerzliche Wunden" in der Wirtschaft hinterlassen hat[1077] und obwohl noch immer einige Vertreter der ökonomischen Gemeinde an das Mini-Max-Prinzip[1078] zu glauben scheinen, gilt insgesamt, dass ein permanentes Streben nach dem jeweiligen Maximum nicht reüssieren wird. Für den Erfolg des internationalen Wissensmanagements gilt gerade unter dem dogmatisierenden Imperativ der Nachhaltigkeit in der Unternehmensführung *das relative Optimum des jeweiligen Betrachtungsgegenstandes* als ausschlaggebendes Kriterium. Dieses soll am Beispiel einiger Dichotomien ausgeführt werden.

Aus der Literatur[1079] lässt sich bereits ableiten, dass eine kontinuierliche Entwicklung und Vermischung der „reinen", idealtypischen Unternehmensformen stattfinden wird. Die damit einhergehenden Strategien werden dazu lokale und globale Aspekte in Form einer ausgewogenen Balance berücksichtigen müssen. So werden bspw. weiterhin einige Wissensinhalte zentral entwickelt, dann in die lokalen Niederlassungen diffundiert und dort ggf. modifiziert werden. Dieses wird durch die Entwicklung eigener lokaler Wissens- und Fähigkeitsbasen ergänzt, die bei strategischer Relevanz für den Unternehmensverbund vereinheitlicht werden. In bedeutenden Ländermärkten werden darüber hinaus ganze Abbilder der Wertschöpfungsstruktur der Muttergesellschaft entstehen.

Da die totale Explizierung von Wissen gar nicht möglich ist und auch die gemäßigte in der Internationalität immer schwieriger wird, sollten die Bemühungen zur Explizierung nur angemessen und mit viel Gefühl und Sachverstand angegangen werden. Die Strategien der Personalisierung und Kodifizierung müssen daher zukünftig in Einklang gebracht werden, wobei im internationalen Dienstleistungsgeschäft ein Überhang humanorientierter Interaktion gefragt ist.

Im Bereich der Dimension Bring-/Holschuld war das Verständnis der Holschuld für Informa-

---

[1077] Man denke z.B. an die zahlreichen Konkurse von E-Business-Softwareanbietern und Internetunternehmen verschiedener Couleur.

[1078] Unmögliche Kombination des Minimum-Prinzips (ein gegebenes Ziel mit minimalen Mitteln erreichen) und des Maximum-Prinzips (mit gegebenen Mitteln ein maximales Ergebnis erreichen). Ein Beispiel wäre der Versuch, in der schnellsten Zeit die weiteste Strecke zu laufen.

[1079] Vgl. [KUTSCHKER 1999, S. 1142ff.].

tionen im beruflichen Alltag bis jetzt üblich. Von einigen Autoren[1080] wird nun die Bringschuld als Muss für Dienstleistungsunternehmen propagiert. Da aber die Balance von Geben und Nehmen einen besonderen Stellenwert im internationalen Wissensmanagement - insbesondere in Wissensnetzwerken - einnimmt, kann diese neue und wiederum einseitige Betonung nicht gutgeheißen werden. Die gerade für Wissensnetzwerke erfolgreiche initiierende Wirkung eines großzügigen Gebens von Wissen bzw. die kulturschädigenden Auswirkungen eines reinen „Wissenskonsums" dürfen bei den jeweiligen Überlegungen nicht unterschätzt werden und verdeutlichen die Notwendigkeit zum Gleichgewicht in diesem Gestaltungsraum. Der Berater von morgen ist somit verpflichtet, sich notwendiges Wissen immer wieder neu aus vielen Quellen zu beschaffen und gleichzeitig hat er zu überlegen, für wen und in welchem Kontext eine Information, die er besitzt, noch interessant sein könnte[1081].

Auch die Innen-/Außenorientierung erfordert neue Optionen für die Zukunft. Eine reine unternehmensinterne Fokussierung ohne Berücksichtigung externer Anforderungen im Sinn eines „reaktiven Prozessverarbeiters" bzw. „Anpassers" kann in der modernen Arbeitswelt nicht weiter erfolgreich sein. Gleiches gilt auch für die einseitige Außenbetrachtung ohne Rücksicht auf interne Kompetenzen, Entwicklungsmöglichkeiten und -geschwindigkeiten, die mit „aktionistischer Opportunismus" umschrieben werden kann. Eine angemessene Außensicht (z.B. auf Kunden, Partner/Lieferanten, Wettbewerber und die Forschung) verknüpft mit der Betrachtung interner Notwendigkeiten, Machbarkeiten und Wünsche scheint dagegen ein Erfolg versprechender Schritt in die Zukunft zu sein. In Anlehnung an WILDEMANNS Beschreibung der Evolutionsstufen von Unternehmen[1082] und unter Berücksichtigung der drei As[1083] - *Agilität:* die Fähigkeit, schnell und flexibel unterschiedliche Aufgaben- und Problemstellungen aufzunehmen und Lösungsvarianten umzusetzen, *Antizipation:* frühzeitiges Erkennen von Trends und Transformation dieser in Chancen für das Unternehmen und *Adaption*: durch ganzheitliche Anpassung die effiziente Umsetzung von Chancen in Wettbewerbsvorteile realisieren - kann dieser zukünftige Typus mit dem Begriff *„lösungsorientierter Innovator"* bezeichnet werden.

1080 Vgl. [AHLERT/ZELEWSKI 2003, S. 101].

1081 Das Problem „How do we get our employees to accept, build on, and enrich the knowledge of their colleagues?" wird auch im Rahmen von „Customer Knowledge Management" erneut diskutiert. Vgl. [GIBBERT ET AL. 2002, S. 461].

1082 Genannt wurden anlässlich seines Vortrages zu einer nachhaltigen profitablen Unternehmensführung im 9. Management Kolloquium an der Technischen Universität München vom 09. und 10. April 2002 (vgl. auch [WILDEMANN 2002, S. 40ff.]) die Stufen funktions-, prozess-, problem- und lösungsorientierte Organisation.

1083 Hier wurde eine Anleihe an die drei Cs und drei Is anderer Autoren getätigt. Siehe die Fußnoten 428 und 429.

In der Dimension westliches/(fern-)östliches Gedankengut ist ein gewichtiger Schritt für das Management von Beratungsunternehmen und im Besonderen für das internationale Wissensmanagement von Nöten. Dem algorithmischen Denken in berechenbaren technischen Systemen muss ein Verständnis von Natürlichkeit und Chaos in nicht-linearen dynamischen Systemen hinzugefügt werden. Westliches und (fern-)östliches Gedankengut ergänzen sich somit[1084] und können zukünftig eine relative Balance erreichen. Eine Annäherung des westlichen Lernens mit Verstand und Blick für das Ganze an die Form des asiatischen Lernens mit Kopf und Körper, also das unmittelbare Erfahren, wird in den Ausführungen zu einem wissens- und servicebasierten Kundenmanagement nochmals aufgegriffen. Das Sinnlernen, die Veränderung der Selbstbeschreibung auf der Sinnebene, impliziert dabei u.a. einen Wandel von Werten und Normen in der Organisation, der ein aktives Kulturmanagement, wie im nachfolgenden Kapitel beschrieben, erleichtert.[1085]

Die vorherigen Ausführungen finden auch ihren Niederschlag in den Überlegungen zu einer Balance hinsichtlich Individualismus/Kollektivismus. Obwohl bei allen Maßnahmen eines internationalen Wissensmanagements - schon allein auf Grund der Natur der Sache - eine besondere Egozentrik zu vermeiden ist, kann z.Zt. auf Grund allgemeiner Tendenzen in der Beratungsbranche ggf. eine stärkere Akzentuierung der Individualorientierung ratsam sein. Diese Berücksichtigung individueller Wünsche, Neigungen und Kompetenzen findet jedoch vor dem Hintergrund einer übergeordneten Balance hinsichtlich solcher Maßnahmen und Ziele statt, die die gruppenorientierte und unternehmensweite Ebene betreffen.

Die Komplexität der wissensbasierten internationalen Aufgaben und die Gruppenorientierung bei der Lösungsfindung verdeutlichen, dass der Mitarbeiter zukünftig als aktiver Teil der Wissensgesellschaft mit privatem und gesellschaftlichem Vermögen umgehen muss und trotz vereinzelter Gegenstimmen[1086] nicht mehr als reiner „Wissenskapitalist" nur mit seinem eigenen intellektuellen Vermögen fungieren kann. Es setzt als „*Wissensunternehmer*" sein eigenes und fremdes Wissen als strategische Ressource ein, organisiert es weit gehend selbständig und macht es innerhalb und außerhalb der Unternehmensgrenzen vernetzt auch für andere

---

1084 Vgl. [NONAKA/TAKEUCHI 1997, S. 33], die die Ergänzung sogar als Pflicht für eine angemessene Theorie der Wissensschaffung formulieren.

1085 Auch sämtliche andere Handlungen und Prozesse in einer Organisation werden durch einen Lernfortschritt auf dieser Ebene beeinflusst. Vgl. [SCHMIEDEL-BLUMENTHAL 2000, S. 80f.].

1086 Vgl. [BERGMANN 2001] und [LITTGER 2001], die ein Interview mit VON ROSENSTIEL wiedergeben, in dem dieser „Wissensmanagement als Enteignung von Experten" bezeichnet. Eine ähnliche Überzeugung trat bei GLÜCK (Vgl. u.a. [GLÜCK 2002]), einem erfolgreichen Doktoranden VON ROSENSTIELS zu Tage, mit dem der Autor mehrfach persönlich gesprochen hat.

einsetzbar. Um ihn jedoch als „Wissenskapitalisten" vor Isolation einerseits und als „Wissenskommunisten" vor Ausbeutung andererseits zu schützen, sind Maßnahmen in und zwischen Unternehmen notwendig, die, in Anlehnung an die Mechanismen des Wirtschaftssystems der Bundesrepublik Deutschland, den Aufbau einer *sozialen, marktorientierten Wissenswirtschaft* als Ziel haben könnten.

Resümierend darf das Anstreben einer relativen Balance innerhalb der mehrdimensionalen Komplexität, ausgehend von einer unternehmensindividuellen Positionsbestimmung, nicht als absolutes Erreichen eines Soll-Zustands oder als dauernde Überbetonung eines gegenüberliegenden Pols innerhalb einer Dichotomie interpretiert werden. Denn es ist eine kontinuierliche Annäherung an die Balance zu erreichen, bei der jeder Fortschritt im Sinn einer kontinuierlichen Verbesserung erfolgswirksam ist. Hierzu sind fortwährend Entscheidungen zu treffen, in welchen Situationen welche Dimensionen etwas stärker betont und wann eine Ausgeglichenheit der Möglichkeiten angestrebt werden soll. Kontinuität, Nachhaltigkeit und Verlässlichkeit sind hierbei prägende Faktoren, die auch insgesamt für den internationalen Wissensmanagementansatz gelten.

5.1.2 Aktives Kulturmanagement

Im internationalen Wissensmanagement reicht es nicht mehr aus, von Kultur nur als notwendiger Rahmenbedingung zu sprechen. Führung und Mitarbeiter haben eine zunehmend aktive Verantwortung, die spezifische Unternehmenskultur zu prägen und zu tragen.

Die **kulturstiftende Aufgabe** ist dabei von einem Verständnis getragen, das die Kultur als aktiven Interventionsgegenstand betrachtet. Diese Intervention erfolgt von außen z.B. mit Hilfe eines *Corporate Branding*-Programms[1087] oder durch den Aufbau von *Cultural Universities*[1088] und ist vorrangig durch das Management initiiert. Zum Kulturmanagement gehören auch die Kulturanalyse sowie die Definition von angestrebten Soll-Zuständen, die auf Managementebene u.a. durch *gelebte Vorbilder* und *„Cultural Guidelines bzw. Codex"*[1089] ver-

---

1087 Siehe zu den Inhalten und Zielstellungen eines Corporate Branding-Programms die Ausführungen im Rahmen der Fallstudie SOFTLAB in den Kapiteln 4.1.4 und 4.3.1. Praktische Beispiele dafür, wie Kultur aktiv gestaltet werden kann, sind die Herstellung von Tragetüten mit den Konterfeis der Mitarbeiter oder die wiederholte „offizielle" Vergabe von Auszeichnungen für besondere Wissens(zusammen-)arbeit.

1088 Hiermit werden wiederkehrende Trainings- und Informationsveranstaltungen bezeichnet, in denen entweder ausgewählte Zielgruppen oder sogar alle Organisationsmitglieder mit den Zielen, Ausprägungen, Besonderheiten und Notwendigkeiten der unternehmensspezifischen Kulturaspekte vertraut gemacht werden.

1089 Diese kulturellen Richtlinien verdeutlichen durch prägnante Symbole, Bilder und/oder kurze Aufforderungen oder Feststellungen die gewünschten Soll-Zustände in einer leicht nachvollziehbaren und einprägsamen Art. Sie werden in den Unternehmen u.a. durch Kommunikationsträger wie z.B. Plaketten, Poster und Merkzettel gestreut. Beispiele von der CITIBANK und ELECTRONIC ARTS sind im Anhang 12 aufgeführt.

sinnbildlicht werden. Die Führungskräfte müssen hierbei ihre führungs-, team- und interkulturelle Handlungskompetenz nutzen, um die vorhandenen Potenziale möglichst vollständig in die Aufgabenbewältigung einzubringen[1090] und fungieren somit ggf. auch als *Cultural Coaches* und *Kulturmoderatoren*.

Die **kulturfördernde Aufgabe** versteht Kultur als Rahmenbedingung und meint die Umsetzung von Aktivitäten, die z.B. im Rahmen des Corporate Brandings[1091] evaluiert wurden, im täglichen Umgang miteinander und mit den Geschäftspartnern. Hierunter fällt auch das aktive Leben und Erleben von Kulturelementen, die z.B. in den Cultural Universities „erlernt“ wurden. Die Einführung von Cultural Universities bedeutet dabei, die Tiefenstruktur in größtmöglichem Maße zu verändern, ohne ein kulturelles „Brain-Washing“ zu betreiben.

Die Nachhaltigkeit der Wirkung unternehmensindividuell spezifizierter Maßnahmen wie z.B. von „*Service Pattern bzw. Standards*“[1092], von „*Cultural Guidelines bzw. Codex*“ oder einer „*Knowledge Charta*“[1093] ist hiermit gewährleistet. Die Kulturförderung hat dabei durch jeden Mitarbeiter - unabhängig von dessen Hierarchie und geografischer bzw. thematischer Heimat - zu erfolgen. Fördern und Fordern, Geben und Nehmen sind dabei zwei Seiten derselben Medaille.

Eine wissensorientierte Unternehmenskultur muss dafür integrierend, kommunikativ und wertorientiert sein, muss also Wissensaspekte abhängig von der jeweiligen unternehmensspezifischen Ausgangssituation inhärent oder explizit integrieren und eine Übersetzung aller Kulturaspekte in ein einheitliches Verständnis und eine für alle verständliche Sprache ermöglichen.

Dieses umfasst auch die unternehmensexterne Umwelt und geschieht z.B. mittels „*Story Tel-*

[1090] Vgl. [ZEUTSCHEL/THOMAS 2003, S. 17].

[1091] Siehe die Fußnote 1087. Beispiele für Umsetzungsmaßnahmen sind die Definition verbindlicher Service Standards, die neue inhaltliche Gestaltung von Kundenveranstaltungen, die Auswahl neuer Veranstaltungen zur Erhöhung der Mitarbeiter- und Kundenbindung, die Aktualisierung von Unternehmenspräsentationen durch eine angepasste Bildsprache und kulturelle Positionierungserklärungen und die Durchführung „kultureller Roadshows“ in den Niederlassungen.

[1092] Siehe die Erklärungen im Rahmen der Fallstudie SOFTLAB in Kapitel 4.3.4.2 und das Beispiel in Tabelle 4-5.

[1093] Dieser „verbriefte“ Umgang mit internem und externem Wissen entspricht konzeptionell den „Cultural Guidelines“ (siehe Fußnote 1089), ist aber speziell auf die Belange der neuen Wissensorganisation ausgerichtet. Die „Knowledge Charta“ umfasst somit gemäß der Zielrichtung dieser Arbeit die Soll-Zustände in Bezug auf die Kommunikation, die Interaktion, den Transfer und die An- und Wiederverwendung von Wissen in der Internationalität.

ling"[1094] und „*Vision Painting*"[1095]. Durch eine ausgeprägte internationale Wissensorientierung können dabei Kulturbarrieren aller Art überwunden werden.

Obwohl in dieser Arbeit vorrangig auf die unternehmensinterne (Wissens-)Kultur[1096] der internationalen Anwendung und Wiederverwendung abgestellt wurde, umfasst ein aktives Werte- und Kulturmanagement der Zukunft auch andere Wissenskulturen sowie die verschiedenen Kulturen der Internationalität, der Vernetzung, der Virtualität und der Kunden- und Partner-/Lieferanteninteraktion. Dieses zeigt sich auch darin, dass u.a. auf Grund der Zunahme der Ländermärkte und Wissensbasen und der Öffnung der Unternehmen zu ihren Kunden und Lieferanten/Partnern eine Vielzahl von Subkulturen entsteht.

Dieses erfordert bei Führung und Mitarbeitern ein zukünftig *flexibles und mindestens multidisziplinäres Kulturverständnis*. Kardinalfehler, wie die Annahme, dass kulturelle Unterschiede auf Grund ungefähr gleicher Ausbildung oder eines fachlichen Auftrags vernachlässigbar sind, wie das Erdulden bewusster Verhaltens- oder Einstellungsunterschiede auf Grund überzogener Toleranzansprüche oder der Angst, den Unternehmensfrieden zu stören oder wie die Nichtbeachtung der Kooperationsprozesse und des Gruppenklimas dürfen somit in der Zukunft nicht mehr begangen werden.[1097]

Das *aktive Kulturmanagement* ist dabei handlungsorientiert, d.h. es enthält einen stringenten Handlungsbezug (z.B. den Umgang mit Informationen und deren Interpretation sowie die Entscheidungsfindung) und wird selbst durch vielfältige Handlungen und Plattformen (z.B. Chatforen oder unternehmensinterne Informationsveranstaltungen) umgesetzt. Es wirkt durch die Außenorientierung auch auf das Kunden- und Partner-/Lieferantenmanagement.[1098] Das Kulturmanagement darf jedoch nicht als Uniformierung der Organisationsmitglieder verstanden werden. Es soll aber durch die Einführung „kultureller Leitplanken"[1099] für die tägliche

---

1094 Vgl. [REINMANN-ROTHMEIER ET AL. 2003], [REINMANN-ROTHMEIER/VOHLE 2001], [REINMANN-ROTHMEIER ET AL. 2000]. Das „Story Telling" strebt auf erzählerische Weise z.B. durch Analogien und durch Einbindung verschiedener Sichtweisen auf historische Ereignisse einen Erkenntnis- und Wissenszuwachs für zukünftige Anforderungen und einen Brückenschlag vom Reden bzw. Erzählen zum Handeln an.

1095 Im Gegensatz zum „Story Telling" fokussiert das Vision Painting die Zukunft, die in bildlicher und ausladender Form - also „farbenfroh" - dargestellt wird und begeistern soll. So erhält die gesamte Organisation und deren Umwelt ein Bild von dem Soll-Zustand des Unternehmens. Da dieses individuell interpretierbar ist, müssen Ableitungen von der Vision in Form von Strategien den gewünschten Rahmen konkretisieren.

1096 Inbegriffen sind die individuellen, auf die Mitarbeiter bezogenen und kollektiven z.B. gruppen- oder abteilungsbezogenen Kulturausprägungen.

1097 Vgl. [ZEUTSCHEL/THOMAS 2003, S. 8].

1098 Die Außenorientierung wird z.B. durch ein neues Miteinander bei der Akquise oder Geschäftsplanung von Business Integratoren und deren Partner/Lieferanten deutlich oder drückt sich durch ein qualitativ vermehrtes Feedback oder wiederkehrende Umfragen in diesem Kontext aus.

1099 Siehe als Beispiel die Formulierung von SOFTLAB in Kapitel 4.3.1 und den Anhang 12.

Arbeit inner- und außerhalb des Unternehmens eine Einheitlichkeit bewirken, wobei individuelle Interpretationsmöglichkeiten bei Wahrung einer ganzheitlichen Konsistenz zulässig sind.

Da das aktive und *nachhaltige Kulturmanagement* ein schwieriges und langwieriges Unterfangen bedeutet, ist eine andauernde Änderung - wohl aber wiederkehrende Aktualisierung - der spezifizierten Werte und deren Ausprägung sowie der Zielrichtung der jeweiligen Umsetzungsmaßnahmen nicht statthaft. Auch darf den notwendigen Maßnahmen nicht nach kurzer Zeit bereits die finanzielle, zeitliche und personelle Unterstützung versagt bleiben. Ein *kommunikatives Kulturmanagement*[1100] bietet hier die Möglichkeit zur fortwährenden individuellen Reibung und Anpassung und hebt die kulturelle Diskussion aus dem Unterbewussten und Unbewussten heraus.

5.1.3 Erweitertes Führungsverständnis und ausgeprägte Wissenskommunikation

Wissensbasierte und -orientierte Führungsaspekte sind zunehmend disziplinarisch und thematisch/fachlich zu unterscheiden und vereinen flexibel verschiedene Führungsstile im Sinn einer neuen *Führungsphilosophie*. Die wissensbasierte Führung umfasst dabei die Wissensorientierung bei sich selbst und bei anderen.

Auf Grund der wachsenden Komplexität der disziplinarischen Führungsaufgaben besteht eine vermehrte Notwendigkeit zur Selektion, Priorisierung und Vernetzung, so dass Aufgaben noch mehr als bisher gemeinsam erledigt werden sollen. Dies gilt als „Zerreißprobe“ für das Management, da es verstärkt vertikal und horizontal delegieren[1101] und widersprüchlichen Anforderungen begegnen muss. Dazu sind die jeweiligen Mitarbeiter und die ggf. im Rahmen von Sonderaufgaben zugeteilten Fachleute dermaßen zu befähigen, dass diese im Rahmen ihrer Kompetenzen freier und ungezwungener kreativen Lösungsaufgaben nachgehen können. Hierzu sind die jeweiligen Betätigungsfelder im Groben abzustecken, bürokratische Hürden zu beseitigen und aufgabenspezifische Kontexte zu gestalten.[1102] Dieses umfasst auch kommunikative Maßnahmen wie z.B. die jeweils unternehmensweite Bekanntmachung eines Mit-

---

[1100] Verstanden als erstens, mit der Organisation während des Prozesses der Neubildung, Änderung oder Anpassung der Kultur intensiv kommunizierend und zweitens, die Kommunikation betreffend, also z.B. die Entwicklung einer unternehmensspezifischen Sprachregelung, einer kollektiven Begriffsbildung bzw. einer Terminologie und einer Verschlagwortung in technischen Systemen.

[1101] Dieses umfasst auch die zukünftige Delegation von Aufgaben an höhere Hierarchiestufen bzw. an gleiche Hierarchiestufen anderer Geschäftsbereiche und Niederlassungen.

[1102] Vgl. „Makro-Management“ in Kapitel 5.1. ZIMMER führt zusätzlich folgendes an: Pflege eines kreativitätsfördernden Führungsstils, Zulassen von Neugierde, Stimulation der Mitarbeiter zum Experimentieren mit neuen Ideen, Akzeptanz von Fehlern als Lernchance. Vgl. [ZIMMER 2001, S. 53].

arbeiters, der interne Spezialaufgaben in anderen Abteilungen und Niederlassungen übernehmen soll. All diese Aktivitäten können mit einem *wissensbasierten Empowerment* der Mitarbeiter bezeichnet werden. Die Führung für eine Aufgabenstellung übernimmt dann entweder dynamisch und zeitlich flexibel oder auch bestimmt und für einen abgesteckten Zeitraum der Wissensarbeiter mit dem größten Erfahrungsschatz oder dem größten Fachverständnis.

Was für jeden Mitarbeiter gilt, gilt auch für die Manager. Für diese kommt jedoch noch einiges mehr zum Tragen. Die disziplinarische Führung hat sich mit der (Wissens-)Vision und -strategie sowie den Wissenskonzepten und -strukturen zu beschäftigten und diese so zu gestalten, dass internationale Wissensarbeit für jedermann möglich wird. Für das Management heißt dieses, flexibel individuelle Fähigkeiten zu integrieren[1103], die Interaktion der jeweiligen Akteure auch über Grenzen hinweg zu ermöglichen[1104] und auf eine Kontextsteuerung für Innovationsprozesse zu fokussieren[1105]. Die Schaffung von Rahmenbedingungen für Wissensnetzwerke jeder Couleur sowie das explizite Fordern und Fördern der angestrebten Wissensaktivitäten sind weitere Bestandteile. Dabei gilt aber auch hier als Maxime, nicht alles im Detail steuern zu wollen, sondern ein *„Makro-Management“*[1106] zu betreiben.

Für das Management bedeutet das ein Umdenken und eine Abkehr von der quantitativen Auslastungsorientierung hin zu einer *qualitativen Ergebnisorientierung*. Dieses geht einher mit einer größeren Orientierung an den individuellen Merkmalen der Mitarbeiter. Das Management muss dazu gemäß den Inhalten der Tabelle 3-2 die verschiedenen Leistungsebenen der Mitarbeiter flexibel ansprechen und fördern, so dass jeder eine Kultur des „ich will, ich kann, ich darf und ich soll“ verspürt. Hierbei bedeutet Lernen für das Management, nicht nur einfach ein bekanntes „Management by ...“ anzuwenden, sondern umfassende Kenntnisse von verschiedenen Methodiken ggf. auch anderer Kulturkreise miteinander zu verbinden und anzuwenden. Jeder Manager muss sich dabei als *Lehrer und Schüler* sehen.[1107] Innerhalb einer Situation beides sein zu können, gilt als Kunst.[1108] Auch die disziplinarische (Wissens-) Führung entspricht somit mehr einer Philosophie der Führung als einer Managementtheorie. Sie basiert hierfür zunehmend auf Werten und Einstellungen denn auf Ressourcen und ist gleichermaßen im eigenen Führungskreis und bei den Mitarbeitern als auch bei Kunden und

---

[1103] Vgl. „Management der Integration“ in Kapitel 5.1.
[1104] Vgl. „Management der Schnittstellen“ in Kapitel 5.1.
[1105] Vgl. „Makro-Management“ in Kapitel 5.1.
[1106] Siehe auch die Ausführungen zum „Makro-Management“ in Kapitel 5.1.
[1107] Vgl. [Heskett et al. 1994, S. 51].
[1108] Vgl. [Romhardt 2001, S. 183f.].

Partnern/Lieferanten spür- und erlebbar.

Die Mitarbeiter dagegen haben wiederum die Verantwortung, die jeweilige (Wissens-)Kultur zu leben, die vorhandenen Strukturen zu nutzen und Feedback[1109] zur individuellen und organisationalen Verbesserung zu geben. Dazu müssen sie die Versprechen des Managements einfordern, interessiert sein und Fragen stellen. Die *persönliche Verpflichtung und die Verantwortung zur Wissensorganisation* sind bei jedem Organisationsmitglied von Nöten.

Die vorgenannten Überlegungen entsprechen einer *flexiblen Ausdehnung der Führungsverantwortung im Prinzip auf alle befähigten Mitarbeiter*[1110] eines Unternehmens. Wissensbasierte und -orientierte Führung wird somit zur Gesamtaufgabe aller Wissensarbeiter. Der Mitarbeiter fungiert somit zukünftig als *(Wissens-)Intrapreneur*, als (Wissens-)Unternehmer im Unternehmen. Da jedoch nicht jeder Mitarbeiter alle Rechte zur Aufgabenlösung hat, geht die thematische/fachliche (Wissens-)Führung auch nur mit einer erweiterten und nicht mit der vollen Verantwortung für die Ergebniserzielung einher.

Die Verpflichtung zu einer *ausgeprägten Wissenskommunikation* gilt im Rahmen dieser Ausführungen für alle Organisationsmitglieder. Hierbei ist das „was, wo und wann?“ nur noch notwendige Voraussetzung. Entscheidender Faktor ist das *„warum, wie und in welchem Kontext?“*, denn mit diesen Fragen und der absichtsvollen und interaktiven Auseinandersetzung verschiedener Akteure können mentale Stützen geschaffen und Mitarbeiter motiviert sowie Verständnis aufgebaut werden. Die Mitteilung reiner Fakten ist daher nicht mehr ausreichend. Neben der internen Kommunikation müssen dabei auch lokale Besonderheiten aus den Märkten und von den Kunden und Partnern/Lieferanten in das Unternehmen gelangen bzw. Besonderheiten des Unternehmens in den Markt hinausgetragen werden. Hierbei verlieren die vertikale Kommunikation entlang der Hierarchie und der jeweilige Manager als ehemaliger zentraler Knowledge Broker[1111] zunehmend an Bedeutung. Die *horizontale Direktkommunikation* gilt als zukünftige Erfolgsbasis einer vernetzten Gemeinschaft.

Dieses entbindet die disziplinarischen Führungskräfte jedoch nicht von der eigenen Verpflichtung zur Anwendung der Wissenskommunikation. Wie bereits angeklungen, müssen zukünf-

---

1109 Hierunter fällt auch das Strukturlernen, das zu einer Veränderung in der Tiefenstruktur führt. Diese Art des Lernens beinhaltet das Infragestellen bestehender Organisationsstrukturen sowie der, in der Unternehmung ablaufenden Prozesse. Darauf aufbauend werden Veränderungen angestoßen, die eine bessere Bewältigung von Problemen der Ablauf- und Aufbauorganisation erlauben. Vgl. [SCHMIEDEL-BLUMENTHAL 2000, S. 80].

1110 Diese Zielformulierung lässt sich aktuell auch in amerikanischen Wissenschaftsüberlegungen feststellen. Vgl. [WHARTON 2003, o.S.].

1111 Siehe zu Inhalten und Aufgaben eines Knowledge Brokers die Ausführungen in den Kapiteln 3.2.2 und 3.3.2.2, die Tabelle 3-6 und Tabelle 3-7, sowie die Gestaltungsempfehlung im folgenden Kapitel 5.1.4.

tig verstärkt Unternehmensleitbilder über „Story Telling"[1112] und „Vision Painting"[1113] formuliert und den Mitarbeiter nahe gebracht werden. Hier fehlen in der Praxis noch immer wissensbasierte Leitbilder, d.h. die Mischung und Ausdehnung einer Formulierung[1114] zum Zweck und Ziel der Unternehmenstätigkeit, bestehend aus internationalen, wissensbasierten und wissensorientierten, internen und externen Elementen.

Mit Verweis auf die „kulturellen Leitplanken" aus dem vorherigen Kapitel gilt es für das Management, auch „*kommunikative Leitplanken*" zu setzen, innerhalb derer Strategien, Ideen, Vorhaben, Wünsche und Anforderungen unter Berücksichtigung des individuellen Charakters einer jeden Führungskraft interpretiert und kommuniziert werden sollen und müssen. Die vertikale Wissenskommunikation kann somit nicht beliebig gefiltert, interpretiert oder zeitlich versetzt erfolgen. Ähnliches kann auch für die horizontale interne und externe Wissenskommunikation definiert und angewendet werden.

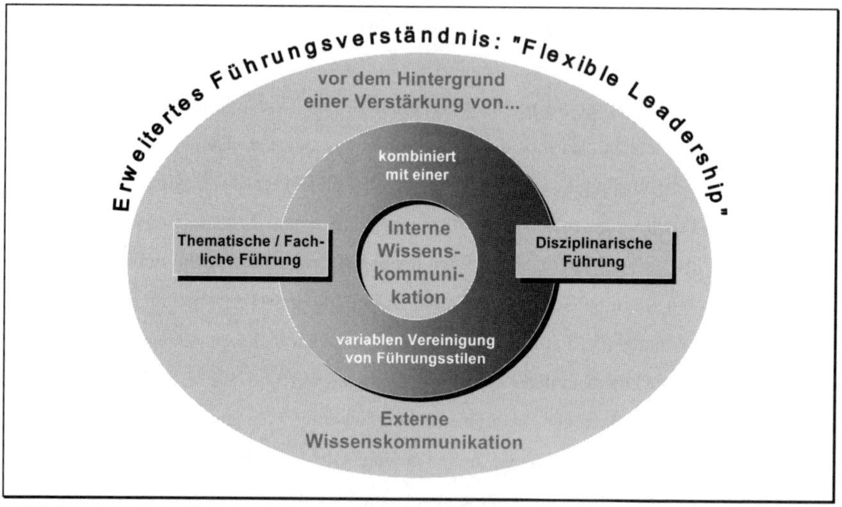

Abbildung 5-1: Erweitertes Führungsverständnis: „Flexible Leadership"

Das erweiterte Führungsverständnis, das sowohl die thematische/fachliche und die disziplinarische (Wissens-)Führung als auch die individuelle, kontextsensitive Vereinigung verschiedener Führungsstile vor dem Hintergrund einer ausgeprägten internen und externen Wissens-

[1112] Siehe die Fußnote 1094.
[1113] Siehe die Fußnote 1095.
[1114] Inhärent oder explizit.

kommunikation umfasst, wird in Form des *„Flexible Leadership-Gedankens“* in der gegenüber liegendenden Abbildung 5-1 visuell verdeutlicht.

5.1.4 Dynamisches Rollenverständnis

In unterschiedlichen Kontexten dieser Arbeit sind diverse Rollen mit ihren variierenden Bezeichnungen und Inhalten als elementare Gestaltungselemente eines internationalen Wissensmanagements angeführt worden. Beispielhaft seien hier nochmals der „Boundary Spanner“[1115] mit seiner integrativen Wirkung auf den Wissenstransfer und die Kooperation in der Internationalität, der „Netzwerkmanager“, der sowohl die Knoten eines Wissensnetzwerks aktiv besetzt als auch Lücken zu schließen im Stande ist und der „Wissensunternehmer“, der sowohl sein eigenes als auch fremdes Wissen als strategische Ressource einsetzt, weit gehend selbständig organisiert und es innerhalb und außerhalb der Unternehmensgrenzen vernetzt auch für andere einsetzbar macht, genannt.

Obwohl die Inhalte der einzelnen Rollen kontext- und situationsspezifisch variieren und auch von der Hierarchie abhängig sind, weisen die Rollen selbst jedoch immer gleiche Bezugspunkte auf: Sie tangieren immer die Rolleninhaber selbst und deren Umwelt. Sie sind also bezogen auf Personen, Prozesse, die Organisation, die Informationstechnologie, die Kultur, Netzwerke im Allgemeinen sowie auf Kunden, Partner, Lieferanten und Märkte. Rollen beziehen sich also auf alles, was wissensrelevant ist.

Die zentrale Rolle ist dabei die des *„Knowledge Brokers“*.[1116] Er sorgt für Transparenz über die verschiedenen Wissensträger, für die Vernetzung aller relevanten Wissensgebiete, vermittelt Kontakte zwischen Wissensnachfrage und -angebot, fungiert als Scout neuer Chancen und Ideen und als Initiator für die Wissenskommunikation. Er existiert als *zentrale Rolle* oder *dezentral* verteilt in verschiedenen Gruppen, Abteilungen und/oder Länderorganisationen. Jeder Mitarbeiter eines Unternehmens fungiert als ein solcher, da der Wissensarbeiter der Zukunft eine persönliche Verpflichtung und individuelle Verantwortung für die integrierte Aufgabenstellung eines Knowledge Brokers trägt. Die Rollenübernahme ist dabei immer als aktive Rolle zu verstehen, die viel Eigenverantwortung und Verantwortung für das Ganze enthält.

Zur Entfaltung ihrer vollen Wirkung müssen die jeweilige Rolle im Gesamtprozess verdeutlicht und deren Kommunikationsbeziehungen herausgestellt werden. Dann kann jede Rolle als

[1115] Siehe die Fußnote 38.

[1116] Siehe zu Inhalten und Aufgaben eines Knowledge Brokers die Ausführungen in den Kapiteln 3.2.2 und 3.3.2.2, die Tabelle 3-6 und Tabelle 3-7, sowie die Gestaltungsempfehlung im folgenden Kapitel 5.1.4.

ein Wissensmanager wirken, als treibende Kraft, die Wissen lokalisiert, integriert und zuteilt oder als analytische Kraft, die notwendiges Wissen vorrätig hat.

Um die neuen Rolleninhalte in der Organisation zu verankern, gilt es, bereits bestehende Rollen und Verantwortlichkeiten zu erweitern und für spezielle Notwendigkeiten ggf. dedizierte Rollen einzufügen. Auf Grund der für die operative Performanz notwendigen Akzeptanz der Rollen in der Regelorganisation gilt hier das Motto „so wenig neue Rollen wie möglich, so viele wie nötig". Rollen können von einzelnen Mitarbeitern, von einer oder mehreren Gruppen oder auch von ganzen Organisationseinheiten wahrgenommen werden.

Wie auch schon in den Ausführungen zur (Wissens-)Führung (angels.: Knowledge Leadership) im vorherigen Kapitel betont, müssen die verschiedenen Wissensrollen praktisch von allen Mitarbeitern unabhängig von deren Hierarchie dynamisch und abwechselnd eingenommen werden können. Dazu erhalten sie nicht nur mehr Freiräume und Rechte. Die Übernahme von Rollen ist mit zusätzlichen Aufgaben, Kompetenzen und Verpflichtungen verbunden, so dass die Mitarbeiter jeglicher Hierarchien im internationalen Wissensmanagement nicht nur Rollen, sondern auch spezielle Verantwortlichkeiten im Rahmen der wissensbasierten Prozesse übernehmen.[1117]

5.2 Wissensbasierte internationale Projektarbeit als 360°-Konstrukt

Alle bisherigen Ausführungen[1118] machen deutlich, dass die Bedeutung der individuellen Leistung im alleinigen losgelösten Kontext zurückgeht und die individuelle Arbeit zunehmend im Gruppenkontext entscheidend wird. Somit haben die Gestaltungsüberlegungen eines internationalen Wissensmanagements die Beratungs- und Projektarbeit eines Business Integrators, die im direkten oder virtuellen Gruppenkontext erfolgt, in vielfältiger Weise zu unterstützen.

Durch eine optimierte Prozessgestaltung und die Vernetzung unterschiedlicher Mitarbeitergruppen bzw. Integration von Projektgruppen in eine Netzwerkstruktur können Spill over-Effekte[1119] für die gesamte Organisation erzeugt werden. Diese Zielstellung wird durch die Feststellung von KIRSCH aus dem Jahr 1990 unterstützt, dass erst kollektives Organisationswissen dazu beiträgt, längerfristige Wettbewerbsvorteile zu erzeugen.

Dabei wird die Definition einer organisationalen Wissensbasis nach KIRSCH[1120] so interpre-

[1117] Vgl. [BLESSING 2001, S. 40], [ZIMMER 2001, S. 54].

[1118] Siehe beispielhaft die Ausführungen in Kapitel 3.2 und insbesondere in Kapitel 3.2.2.

[1119] Hiermit ist die, über die reine Wissens(ver-)teilung hinausgehende Wissensmultiplikation gemeint, die zur vermehrten unternehmensweiten Wertschöpfung beiträgt.

[1120] Siehe die Fußnote 160.

tiert, dass es sich hierbei um das interne und externe Wissen handelt, das hinsichtlich seiner Verfügbarkeit für die Organisationsmitglieder direkt oder indirekt zugriffsbereit ist. Dieses Verständnis umfasst also nicht alles vorhandene Wissen. Hierbei gilt, dass die Mitarbeiter nicht alles wissen sollen, sondern zukünftig mehr von dem, was sie wissen können, also auf das sie zugreifen können bzw. was wissenswert ist, wieder verwenden und in neuen Kontexten anwenden. Die Fokussierung auf eine Explizierungsstrategie reicht hierfür nicht aus.

Mit Verweis auf das erweiterte Verständnis von Wissensanwendung[1121] wird hierzu auch der Lernaspekt mit einbezogen. Lernen wird aber nicht als pure Anhäufung von Wissen verstanden, sondern als Reflexion, Selektion und Sondierung von Anwendungsmöglichkeiten für spezifische neue Wissensaspekte und als Anwendung von Erlerntem im Prozess des Lernens selbst mit dem Ziel, die Handlungsfähigkeit und Interaktion zu verbessern. *Lernen und Wissen* sind als zwei Seiten derselben Medaille zu verstehen und müssen daher gemeinsam, tlw. integrativ behandelt werden.

Durch das umfassende Verständnis von Projekten als vorhabenzentrierte Prozesse und als komplexe dynamische soziale Systeme wird ein zusätzlicher Lösungsraum erschlossen, der z.B. Methoden des Projektmanagements als Lösungsansätze zum Umgang mit Wissen bietet[1122], Aspekte des qualitativen Personalmanagements umfasst und über ein Portfolio- und Partnermanagement sogar die strategische Unternehmensplanung von Business Integratoren berührt.

Wissensmanagement in der Projektabwicklung kann somit unter Wiederverwendung bestehender Lösungen u.a. zu einer schnelleren Projektabwicklung, zu Einsparungen von Entwicklungsaufwänden und zu einer Erhöhung der Rentabilität beitragen. Weniger misslungene Projekte durch Verwendung der Lessons Learned-Methodik[1123], eine höhere Kundenzufriedenheit und mehr Attraktivität für Partner und Lieferanten wären die Folge. Durch die Verallgemeinerung und verstärkte Vermarktung unternehmensspezifischer „Knowledge Assets" (z.B. Systeme zum Skill und Project Experience Management oder Verfahren und Methoden zur Erstellung und Verbreitung von Lessons Learned- und Best Practice-Dokumenten) wird eine zusätzliche Differenzierung und neue Positionierung der Unternehmen möglich. Internationales Wissensmanagement bedeutet darüber hinaus auch eine engere Mitarbeiterbindung und niedrigere Fluktuationsraten durch Einbindung und Austausch in Netzwerken, eine

---

1121 Siehe die Ausführungen zum „International House of Knowledge Management" in Kapitel 2.5.
1122 Vgl. [GISSLER 1999, S. 5], der dieses für das Wissensmanagement in der Produktentwicklung evaluierte.
1123 Siehe die Definition in Kapitel 3.3.2, die das neue erweiterte Verständnis dieser Methodik widerspiegelt.

flexiblere mentale und kulturelle Einstellung, eine schnellere Einarbeitung neuer und eine höhere Produktivität bestehender Mitarbeiter und eine effizientere internationale Zusammenarbeit durch gezielte Transparenz von Quellen und Experten und durch schnellere Zugriffe auf Wissenswertes.

Die zentrale Betrachtung wissensorientierter internationaler Projektarbeit als Motor für Wachstum, Sicherheit und Dynamik, die wissensbasierte Besetzung von Projekten jenseits regionaler Grenzen, die Ausdehnung in und Verzahnung mit vorgelagerte(n) und parallele(n) Prozesse(n) sowie die projektinterne und externe Vernetzung von Teams in Form eines 360°-Konstrukts sind dabei als erste Schritte in Richtung einer virtuellen Hochleistungsorganisation zu werten.

5.2.1 Aktualisierung und Erweiterung des Projektprozesses

Zur Verwirklichung der vorgenannten Zielstellung muss die neue Wissensorientierung in dem Primärprozess eines Business Integrators verankert werden. Hiermit wird aber nicht auf eine quantitative Vermehrung im Sinn zusätzlicher Prozessschritte oder Projektmeilensteine abgezielt, sondern eine vorrangig qualitative Aktualisierung und Erweiterung angestrebt. Bestehende Methoden sollen verbessert, einige Verfahren anders und Weniges zusätzlich neu gemacht werden.

Im Gegensatz zu anderen Autoren[1124] wird aber kein eigenständiges Prozessgerüst in Form von Schnittstellenprozessen sowie originären und unterstützenden Wissensmanagementprozessen unterschieden, sondern es sollen in Übereinstimmung mit LINKAGE[1125] Wissensziele, Wissensaufgaben und Wissensaktivitäten durch *Erweiterung und Modernisierung bestehender Prozesse* implementiert werden. Dieses umfasst auch die Einbindung aktueller Konzepte in bereits vorhandene Vorgehensmodelle und Beratungsmethoden. Durch die Verknüpfung von Projektprozessen und Wissensmethodik sowie durch interne und externe Vernetzung werden dann durchgängige Wertschöpfungsketten aufgebaut.

In diesem Abschnitt sollen nicht alle möglichen Details von Projektwissensmanagement dargelegt werden. Für Einzelheiten der Gestaltung wird auf andere Autoren[1126] und auf die Unternehmensstudie von SOFTLAB in Kapitel 4 verwiesen, in der auch ein wissensbasierter Pro-

---

1124 Vgl. [PWC 2001B].

1125 Vgl. [LINKAGE 2000, S. 54].

1126 Vgl. [PETERSON 2001] und [SCHINDLER 2000] als aktuelle Vertreter einer zunehmenden Anzahl anderer Autoren.

jektprozess[1127] visualisiert ist.

Eine besondere Betonung erfährt in dem vorliegenden Kontext aber das Verständnis von Lessons Learned als eine Methodik.[1128] Sie muss die Dokumentation und Nachvollziehbarkeit von Erfahrungen ermöglichen, muss also möglichst zeitnah und unmittelbar, muss vor, während[1129] und nach den Projekten erfolgen, muss Interaktion fordern und fördern und ortsungebunden stattfinden können. Das (Project-)Briefing, verstanden als Sub-Prozess, ergänzt die Methodik und sorgt für individuellen und kollektiven Output z.B. in Form von Lessons Learned- und Best Practice-Dokumenten.

Das aktuelle Wissen wird mit Hilfe der *„Living Documents"*[1130] in einem revolvierenden Kreislauf kontinuierlich der Organisation wieder zugeführt. Andere Elemente der Methodik fördern sich darüber hinaus gegenseitig.[1131] Die gezielte Neueinführung einer Rolle, z.B. des „(De-)Briefing Moderators"[1132] kann über das Training und den Einsatz auch abteilungs- oder regionenfremder Mitarbeiter in Briefing-Workshops die Verteilung von Wissen und die Vernetzung von Wissensträgern wesentlich vorantreiben.

Die Forderung nach Aktivität und Nachhaltigkeit von Maßnahmen verlangt dabei, dass in Lessons Learned-Dokumenten nicht nur einfach Erfahrungen festgehalten, sondern *aktive Empfehlungen für die Nutzung* der Erkenntnisse in neuen Kontexten (z.B. in anderen Branchen oder Kundengruppen) ausgesprochen werden. Die Verwendung von Analogien in diesem Prozessschritt fördert den notwendigen Wissenstransfer.[1133]

1127 Siehe die Abbildung 4-6.

1128 Siehe die Definition in Kapitel 3.3.2, die das neue erweiterte Verständnis dieser Methodik widerspiegelt.

1129 Dieses Erfordernis entstammt u.a. dem Ziel, Transparenz auch über laufende Projekte zu erhalten und das aktuelle Wissen hieraus für andere laufende Projekte oder Akquisen zu verwenden.

1130 Gemeint sind physische Wissensträger in Form dynamischer Dokumente, die laufend aktualisiert, erweitert und ergänzt werden können und somit niemals fertig sind. Ein Beispiel aus der Praxis ist ein elektronisches Dokument, das zu Beginn einer Akquise in einem System angelegt und um Erfahrungen und Lerneffekte aus dem Akquiseprozess ergänzt wird. Wird der Projektauftrag später erteilt, wird das Ursprungsdokument mit den Lessons Learned und Best Practices aus der Projektabwicklung aktualisiert. Werden diese Erfahrungen für weitere Projekte verwendet, können Feedbacks und Verwendungsvorschläge zu diesen Einträgen hinzugefügt werden. So entsteht ein Dokument, das den gesamten Lebenszyklus eines Projektes (von der Akquise über die Durchführung bis zur Wartung) umfasst. Siehe auch die Ausführungen in Kapitel 3.4.1.1 und die Funktionsbeschreibung des Project Experience Systems von SOFTLAB in Kapitel 4.3.3.3 Absatz „Erfassung und Publikation".

1131 Beispielhaft sei hier die Wirkung von Lessons Learned-Workshops auf die Entstehung und Förderung von CoPs bzw. vice versa die Förderung der Ehrlichkeit und Qualität bei der Erstellung von Lessons Learned-Dokumenten durch vorheriges Kennenlernen in CoPs aufgeführt.

1132 Siehe die Anforderungen, Aufgaben und notwendigen Erfahrungen dieser Rolle in Anhang 7.

1133 Vgl. [PROBST ET AL. 1999, S. 70].

Die Inhalte von Lessons Learned- und Best Practice-Aktivitäten[1134] variieren in Abhängigkeit der gewählten Wissenszielstellung. *(Project-)Briefings* müssen jedoch im internationalen Kontext zukünftig auch die *kulturellen Faktoren umfassen*. Fragen wie z.B. „wie wurde die schnellere Annäherung einer multikulturellen Gruppe erreicht?“, „welche Methoden wurden benutzt, um die Potenziale einer innovativen Ergänzung unterschiedlicher kulturell bedingter Arbeitsstile und Kommunikationsgewohnheiten zu erschließen?“[1135] oder „wie kann ein vorbildstiftendes Arbeits- oder Kooperationsmodell zwischen Niederlassungen übertragen werden?“ müssen zukünftig beantwortet und deren Lösung diffundiert werden.

Ein „*Stopping*“[1136] im permanent vorherrschenden Zeitdruck und Schnelligkeitswahn der Projektabwicklung kann hierzu Freiräume schaffen. Dieses heißt, sich Zeit zu nehmen für das Kommunizieren, Zeit zum Verinnerlichen und Zeit zum Kreieren von Lösungen, und bedeutet nicht die einfache Wiederholung von Altbekanntem. Strategien zur individuellen Wissensnutzung[1137] fördern die Entdeckung der *gezielten Entschleunigung*[1138] bzw. Langsamkeit.

Letztendlich gilt es, den neuen wissensbasierten und -orientierten Projektprozess inkl. einer modifizierten und erweiterten Methodik über die Vernetzung „breiter“ in der Organisation zu verankern, um zusätzliche Potenziale zu erschließen. Am Beispiel der nachfolgenden Abbildung 5-2 soll der aus Wissensperspektive aktualisierte und erweiterte Projektprozess visualisiert und beschrieben werden.

In Schritt 1, d.h. kurz nach Beauftragung bzw. vor dem offiziellen Projektstart gilt es eine grobe Projektübersicht über das neue, anstehende Projekt zu erstellen. Dieses soll den Projektbeteiligten nochmals in kurzer Form u.a. die Projektziele, die -struktur und die -beteiligten verdeutlichen. Diese Übersichtsinformation dient auch dazu, im Unternehmen bekannt zu machen, in welchen Branchen, bei welchen Kunden und an welchen Themen zurzeit oder in naher Zukunft gearbeitet wird. Dieses Wissen kann dann bspw. umgehend in neuen Akquisen verwendet werden. Hiermit wäre ein erster Schritt in Richtung „Ausdehnung in und Verzahnung mit andere(n) Prozesse(n)“ getan, was noch ausführlicher in Kapitel 5.2.3 beschrieben

---

1134 Siehe die Aufgaben und Ergebnisse zur Erstellung von Lessons Learned bei [BORDT 2000] bzw. die Inhaltsbeschreibung eines Lessons Learned-Dokuments am Beispiel von SOFTLAB in Tabelle 4-4.

1135 Vgl. [ZEUTSCHEL/THOMAS 2003, S. 3].

1136 Vgl. [KUNTZ 1998], zitiert in [ZIMMER 2001, S. 56].

1137 Vgl. [REINMANN-ROTHMEIER 1999, S. 296ff.], die u.a. das Experimentieren inkl. Fehlermanagement, das Anstreben eines tiefen Verstehens inkl. Selbstevaluation, das Betrachten von Wissen aus verschiedenen Perspektiven, das Lernen durch Lehren und das Visualisieren von Wissen anführt.

1138 Siehe zum Begriff der Entschleunigung die Ausführungen bei [ROMHARDT 2001, S. 97ff.].

wird. Der hier dargestellte Zeitpunkt eignet sich sehr gut, um das in Anhang 13 angeführte Beispiel einer lebendigen Projektinformation (angels.: Living Document) initiierend mit den bisher bekannten oder geplanten Informationen zu befüllen.

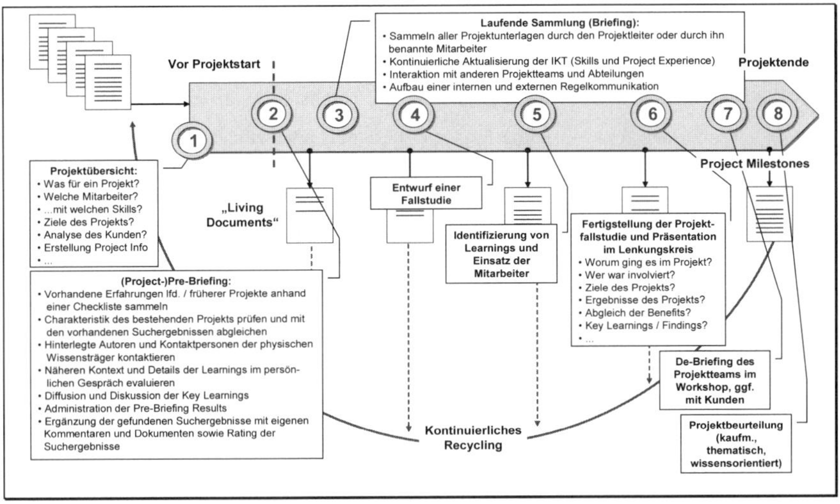

Abbildung 5-2: Beispiel eines aus Wissensperspektive aktualisierten und erweiterten Projektprozesses

Der Schritt 2 umfasst das Pre-Briefing, also die Auswertung bereits bestehender Projekterfahrungen zu Beginn eines neuen Projektes. Dieser Schritt ist der offizielle Beginn der erweiterten Lessons Learned-Methodik[1139] und kann als initiierende Wissensaktivität bezeichnet werden. Hierbei sollen sich die Projektbeteiligten anhand einer Checkliste[1140] über Lessons Learned- und Best Practice-Dokumente oder über Success Stories früherer bzw. laufender vergleichbarer Projekte in Ablagen und Systemen informieren, diese auswerten und für das neue Projekt nutzen. Ein Initialworkshop, dessen Umfang in Abhängigkeit von der Projektgröße variabel ist, kann unter Führung des Projektmanagers dazu beitragen, individuelle Lerneffekte zu konsolidieren und ein gemeinschaftliches Verständnis aufzubauen. Auch die Erkenntnisse eines Pre-Briefings können bereits in Lessons Learned-Dokumenten festgehalten werden, sofern die Dokumentenstrukturen dieses vorsehen.[1141]

Schritt 3 beinhaltet das kontinuierliche Briefing, die laufende Aufnahme und Abgabe von in-

---

[1139] Siehe die Definition in Kapitel 3.3.2, die das neue erweiterte Verständnis dieser Methodik widerspiegelt.

[1140] Siehe bspw. die Checkliste zum Project Pre-Briefing in der Fallstudie von SOFTLAB in Tabelle 4-2.

[1141] Im Fallbeispiel der SOFTLAB ist die Bewahrung von Pre-Briefing-Erkenntnissen innerhalb von Lessons Learned-Dokumenten umgesetzt worden. Siehe hierzu die Tabelle 4-4.

ternen und externen[1142] Wissensbestandteilen im Projektprozess. Dieses erfolgt über die intensive Nutzung der zur Verfügung gestellten technischen Systeme und Infrastrukturen, den Aufbau und die Pflege einer internen und externen Regelkommunikation und die Interaktion mit anderen Projektteams und Abteilungen. Letzteres birgt weitere erhebliche Potenziale, erfolgt z.B. über die Vernetzung mittels CoPs oder die Integration von Prozessen und wird in den Kapiteln 5.2.3 und 5.2.4 weiter ausgeführt. Die bereits erwähnte lebendige Projektinformation wird im Rahmen des Briefing-Prozesses beständig ergänzt und aktualisiert.

Werden im weiteren Projektverlauf bspw. signifikant neue (Teil-)Ergebnisse erzielt, erstmalig neue Methoden mit Erfolg angewendet oder andere Knowledge Assets[1143] gewonnen, bietet sich der Entwurf einer Fallstudie als separater Schritt 4 an. Die Anfertigung einer Fallstudie wird dann in Abhängigkeit von dem Neuigkeits- oder Komplexitätsgrad eines Projektthemas als Präskription im Projektprozess verankert. Die Inhalte und das Aussehen einer solchen Fallstudie sind dabei vollkommen variabel und abhängig von den jeweiligen Unternehmensstandards. Die Vollendung der Studie erfolgt dann im Verlauf des Projektes und kann bspw. nach dessen Abschluss in einem übergreifenden Gremium (siehe Schritt 6) verabschiedet und für die Gesamtorganisation zugänglich gemacht werden. Die Anfertigung und Fertigstellung einer Fallstudie kann natürlich auch im Rahmen des laufenden Briefing-Prozesses, im Verlauf des Schritts 3 erfolgen.

Das Erkennen signifikanter Lernerfolge und das Bewusstsein über entstandene Lessons Learned und Best Practices erfordert neben reflektorischen Fähigkeiten auch einen ausreichenden Zeitablauf. Somit ist der geplante mittlere Zeitpunkt eines Projektes eine gute Gelegenheit, - vielleicht auch mit Hilfe eines separaten Workshops - die Identifikation, Aufbereitung und Diffusion von projektspezifischen Wissensaktivitäten zu betreiben. Das in Anhang 8 aufgeführte Beispiel einer Checkliste zur Auswahl von Best Practices kann hier helfen, bereits erarbeitete Ergebnisse auf ihre Eignung hin zu überprüfen. Der Schritt 5 soll jedoch nicht das kontinuierliche Festhalten kleinerer Lernfortschritte und Erkenntnisse verdrängen. Dieses wird als selbstverständliche Aktivität im Rahmen eines Projektes angesehen und wird nicht mehr weiter erwähnt werden.

Zum Ende eines Projektes hin, hier der Schritt 6, kann die bereits erwähnte Fallstudie komplettiert und zur unternehmensweiten Verwendung verabschiedet werden. In diesem Schritt

[1142] Siehe zur Definition von internem und externem Wissen die Kapitel 2.1.1, 2.1.1.1 und 2.1.1.2.
[1143] Siehe zum Begriff der Wissens-Assets bzw. Knowledge Assets die Kapitel 2.4.4 und 5.2.

können auch andere Dokumente und Erkenntnisse, die z.B. aus Verschwiegenheitsgründen nicht sofort veröffentlicht wurden, bewertet und zur weiteren Bearbeitung weitergeleitet werden. Als Beispiele können hier die Evaluation von Unterauftragnehmern und Produkten und die Weiterleitung der Erkenntnisse an das interne Partnermanagement angeführt werden. Der Schritt 6 ist nicht unbedingt als separater zu sehen, sondern kann zeitlich und inhaltlich mit dem Schritt 7, dem eigentlichen De-Briefing eines Projektes zusammenfallen.

Der Schritt 7, das De-Briefing kann als finalisierende Wissensaktivität eines Projektes bezeichnet werden. Im Rahmen des Projektabschlusses klärt der Projektmanager mit seinem Team ab, welche abschließenden wichtigen Erfahrungen und Praktiken aus dem Projektverlauf unbedingt in größerem Umfang für die Wiederverwendung aufgearbeitet und zur Verfügung gestellt werden sollen. Anhand verschiedener Kriterien[1144] kann er entscheiden, ob ein De-Briefing verpflichtend oder empfohlen ist und welche Ergebnisse mindestens festgehalten werden sollen. Unter Zuhilfenahme eines De-(Briefing) Moderators[1145], der z.B. ein speziell ausgebildeter Kollege eines anderen Geschäftsbereichs oder einer anderen Niederlassung sein kann, wird dann der Workshop durchgeführt. Gerade die Verwendung bereichsfremder Kollegen fördert dabei die Vernetzung bisher unbekannter Kollegen und die unternehmensweite Diffusion projektbezogenen Wissens. Bei Bedarf können auch weitere De-Briefing Workshops mit dem Klienten oder den Partnern/Lieferanten stattfinden.

Die De-Briefing Workshops werden hinsichtlich ihrer Dauer, Inhalte und Abfolge unternehmensspezifisch unterschiedlich ausfallen, können jedoch immer in die drei Phasen Vorbereitung, Durchführung und Nachbereitung unterteilt werden. Für die Vorbereitung wird im Normalfall der jeweilige Projektmanager verantwortlich sein. Er kann dabei aktiv durch den (De-) Briefing Moderator unterstützt werden. Die Vorbereitung besteht u.a. aus den folgenden Aktivitäten:

- Auswahl eines (De-)Briefing Moderators, der möglichst nicht am Projekt beteiligt war und den Workshop moderiert. Insbesondere ist es wichtig, dass der (De-)Briefing Moderator vom Projektmanager, dem Projektteam und ggf. vom Klienten bzw. von den Partnern/Lieferanten akzeptiert wird,
- Terminlich rechtzeitiges Ansetzen (z.B. maximal 4 Wochen nach Projektabschluss) des Workshops mit ausreichender Zeitdauer (ca. 4-6 Stunden, je nach Bedarf),
- Auswahl der Teilnehmer (z.B. Projektteam, Vertreter des zentralen Project Offices, weitere Schlüsselpersonen, die am Projekt beteiligt waren, ggf. externe Schlüsselper-

[1144] Siehe das Beispiel in Anhang 14.
[1145] Siehe die Rollenbeschreibung in Anhang 7.

sonen) durch den Projektmanager in Rücksprache mit dem Knowledge Quality Manager[1146] des Projektes,

- Unter Zuhilfenahme einer Checkliste[1147] Auswahl der Themen, die bei dem De-Briefing Workshop im Vordergrund stehen sollten (basierend auf der Projektabschlussbewertung durch das Projektteam und den Klienten und auf der Analyse des Projektrisikoplans),
- Erstellung der Agenda in Abstimmung mit dem (De-)Briefing Moderator (u.a. Nennung der Ziele des Workshops, der Inhalte und des Ablaufs),
- Einladung an die Teilnehmer,
- Klärung durch den (De-)Briefing Moderator, ob es im Teilnehmerkreis bereits Spannungsfelder gibt und wie hoch das gegenseitige Vertrauen ist.

Der (De-)Briefing Moderator ist für den Ablauf und die Moderation des Workshops verantwortlich. Die Durchführung des De-Briefing Workshops sollte genau geplant werden.[1148] Hierbei kann ein vorgegebenes Drehbuch als Standarddesign die Qualität der durchgeführten Workshops positiv beeinflussen. In Anhang 17 ist ein solches Drehbuch, das den jeweiligen Bedürfnissen flexibel angepasst werden kann, beispielhaft aufgeführt.

Die Nachbereitung letztlich umfasst die Aufbereitung von Lessons Learned- und Best Practice-Dokumenten in schriftlicher und/oder digitaler Form (z.B. auch als Digitalfotos), die Qualitätssicherung aller Ergebnisse und deren Einstellen in die relevanten Anwendungen und Systeme sowie das Erstellen eines Workshop-Protokolls. Die Nachverfolgung der vereinbarten Maßnahmen, z.B. über eine Nachbesprechung des Projektmanagers mit den betroffenen Akteuren, fördert schließlich den Verlauf und die Schnelligkeit der Umsetzung.

In Schritt 8, nach dem hoffentlich erfolgreichen und wissensträchtigen Abschluss eines Projektes, gilt es auch, die finalen kaufmännischen Resultate des Projektes zu erfassen, zu bewerten und alle relevanten Ergebnisse für weitere marketing- und vertriebsorientierte Maßnahmen zur Verfügung zu stellen. Die lebendige Projektinformation kann auf Grund ihrer Dokumentenstruktur[1149] hier wieder helfen, recht schnell die notwendigen Informationen bereitzustellen und fungiert somit auch als Instrument der Integration[1150] von Projektwissen und Akquisetätigkeit.

Es soll hier nochmals erwähnt werden, dass mit den beschriebenen Schritten keine separaten Wissensmeilensteine im Projekt eingeführt werden sollen. Es ist stets zu prüfen, welche der

---

[1146] Siehe die Ausführungen in Kapitel 3.2.2 und die Fußnote 771.
[1147] Siehe das Beispiel einer Checkliste zur Auswahl von Themen in De-Briefing Workshops in Anhang 15.
[1148] Siehe in Anhang 16 die Beispiele zur Gestaltung von Flipcharts und Metaplanwänden.
[1149] Siehe den Anhang 13 und die Hinweise an den entsprechenden Feldern.
[1150] Siehe das Kapitel 5.2.3.

geplanten Projektmeilensteine sich für bestimmte Wissensaktivitäten eignen. Diese sind dann hinsichtlich ihrer bisherigen Inhalte aus Wissenssicht mit Zielen, Aktivitäten und gewünschten Ergebnissen zu aktualisieren und zu erweitern. In den jeweiligen Projektmeetings können dann Erkenntnisse erörtert und von den Projektbeteiligten oder dem Qualitätsmanagementbeauftragten des Projektes erfasst werden.

5.2.2 Wissensbasierte internationale Projektbesetzung

In den Grundlagen dieser Arbeit[1151] ist bereits umfassend herausgearbeitet worden, dass die Projektbesetzung als wesentliche Einflussgröße der Teambildung und des Teamerfolgs einer besonderen Betrachtung und Intervention bedarf. Dieses erfordert nicht nur der Status der Projektarbeit als Sekundärorganisation von Business Integratoren, sondern auch die besonderen Merkmale internationaler Projektarbeit[1152].

Zur Erfüllung komplexer multidimensionaler Projektanforderungen ist es daher künftig nicht mehr ausreichend, eine Projektbesetzung nach absoluten Skill- („Skill vorhanden oder nicht vorhanden?") oder gar nach reinen Auslastungskriterien[1153] (z.B. „Ab wann und wie lange verfügbar?") vorzunehmen. Die qualitative Ergebnisorientierung erfordert auch hier, dass neben fachlichen Fertigkeiten auch soziale Fähigkeiten vorhanden sind und diese in den entsprechenden Kontexten (z.B. multikulturelle, -funktionale und -disziplinäre, variierende und virtuelle Projektdurchführung) validiert wurden. Ein *personenorientiertes Project-Assessment* vor und/oder nach der jeweiligen Projektdurchführung sowie die Administration der Ergebnisse in entsprechenden Systemen kann hier helfen, bessere Personalauswahlentscheidungen für die anstehenden Projekte zu treffen bzw. Denkanstöße und Trainingshinweise für die Wieterentwicklung der Projektmitarbeiter zu geben. Solch ein Project-Assessment kann - z.B. im Rahmen eines Pre-Briefings[1154] - auch systemgestützt mit Hilfe eines Skill Information Systems[1155] erfolgen, wenn zukünftig die vorgenannten Kontexte des Erlangens oder Einsatzes der Skills (z.B. welche Arten von Projekten, wie viele Mitarbeiter aus welchen Ländern, welche Themen, welche Branchen) in den Systemen mitgepflegt werden. Die Entscheidung über den Einsatz eines Mitarbeiters erfolgt dann im *Abgleich* mit z.B. einem zuvor erstellten *pro-*

[1151] Siehe u.a. die Kapitel 3.3.1 und 3.3.1.1.

[1152] Siehe die Abbildung 3-3 und die Arbeitsdefinition in Kapitel 3.3.1.1.

[1153] Siehe die Kritik an einer quantitativen Auslastungs- und die Forderung nach einer qualitativen Ergebnisorientierung in den Kapiteln 3.1.1 und 5.1.3.

[1154] Siehe den Schritt 2 im vorherigen Kapitel 5.2.1.

[1155] Siehe die Beschreibung eines solchen Systems in der Fallstudie von SOFTLAB in Kapitel 4.3.3.3. Vgl. auch [GEHLE/PANNEK 2002], [GEHLE/SIEGNER 2003], [GEHLE/MÜLDER 2005].

jektbezogenen Job-Profil[1156].

Die evaluierten Fortbildungshinweise können ferner dazu genutzt werden, die Verzahnung mit unterstützenden Prozessen der Personalentwicklung und der personalstrategischen Planungen über Länder hinweg weiter voranzutreiben.[1157] Dieser Aspekt wird im folgenden Kapitel nochmals aufgegriffen werden.

Der begrenzten quantitativen und qualitativen Verfügbarkeit der „Unfixed Assets"[1158] kann ferner mit Hilfe eines *internationalen virtuellen Mitarbeiter-Pools*[1159] begegnet werden. Hierin werden solche Mitarbeiter virtuell gebündelt, die bereits mehrfach erfolgreich an der Durchführung umfangreicher internationaler Projekte beteiligt waren und sich als Best Practice-Kandidaten für die wissensbasierte internationale Projektarbeit profiliert haben. Dieses virtuelle Team ist dann als „Best of Breed"-Sammlung humaner Vermögenswerte[1160] zu verstehen. Ein ausgedehntes Project-Assessment, wie vorher beschrieben, könnte bei den beteiligten Mitarbeitern entfallen, was die jeweilige Projektbesetzung beschleunigen würde.

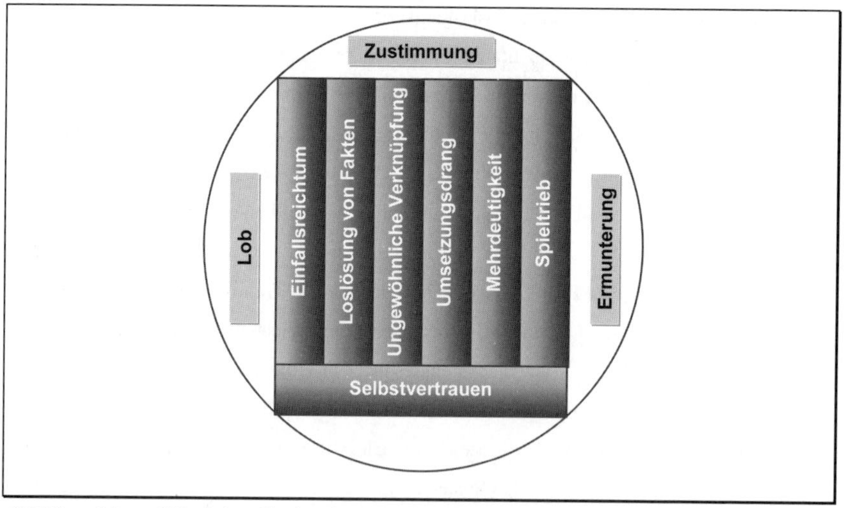

Abbildung 5-3: Mitarbeiter-Check anhand von Kreativitätsmerkmalen für die Geschäftsentwicklung

Auf Grund der im Servicegeschäft notwendigen verstärkten Kunden- und Mitarbeiterorientie-

---

1156 Siehe als Basis hierfür das Beispiel eines übergeordneten wissensbasierten und -orientierten Job-Profils in Anhang 9.

1157 Siehe zu methoden- und computergestützter Personalplanung [MÜLDER/SEIBT 1994].

1158 Siehe die Ausführungen zum „War for Talents" in den Kapiteln 2.4 und 2.4.2.

1159 Siehe auch das Beispiel 5 in Kapitel 3.1.2.2.

1160 Siehe auch die Ausführungen in Kapitel 3.3.1.1.

rung sind auch bei Neueinstellungen *verbesserte Einstellungsmethoden*[1161] und damit einhergehend erhöhte Investitionen[1162] notwendig. Neben der Verwendung der bereits genannten allgemeinen[1163] und projektspezifischen Jobprofile kann die richtige Mitarbeiterauswahl z.B. durch *Kreativitäts-Checks* (siehe vorherige Abbildung 5-3), die ausschlaggebend für eine innovative Geschäftsentwicklung sein können[1164], ergänzt werden.

Einige Stimmen[1165] halten es sogar für ratsam, Kunden bei der Einstellung neuer Mitarbeiter „mitarbeiten" bzw. bei der Erarbeitung von Einstellungskriterien für neue Mitarbeiter mitwirken zu lassen, da diese am besten wissen, was zu ihrer optimalen Beratung und Betreuung notwendig ist. Obwohl dieses zur Verwirklichung von CRM als ein wissensbasiertes und serviceorientiertes Kooperationskonzept[1166] sicherlich hilfreich wäre, ist dieser Vorschlag kritisch zu betrachten. Ein gewichtiger Kritikpunkt ist hier u.a.[1167], dass ein Berater kulturkompatibel zu verschiedenen Kunden, Branchen und Aufgabestellungen sein muss und deshalb nicht als Idealbild eines einzelnen Kunden oder einer kleinen Auswahl von Kunden definiert werden kann.

Im Rahmen der wissensbasierten internationalen Projektbesetzung spielt die Virtualität der Besetzung und die vernetzte Zusammenarbeit der Projektteilnehmer eine erhebliche Rolle. Dies gilt auch im Umgang mit Kunden und Partnern/Lieferanten. Nicht nur die bereits angeführte quantitative und qualitative Begrenztheit der Skills, sondern auch die räumliche Trennung und die im Rahmen der Projektarbeit tlw. auftretende zeitlich befristete Notwendigkeit des Einsatzes von Beratern (z.B. als temporäre Experten für dedizierte Fragestellungen) erfordern, dass Mitarbeiter aus verschiedenen Geschäftsbereichen, Regionen und Ländern nur zeitlich begrenzt und vernetzt beteiligt werden. Hier gilt es für die Business Integratoren, bei den Kunden eine *erhöhte Sensibilisierung und Wertschätzung für die vernetzte Zuarbeit* einzelner Berater und damit einhergehend eine *erhöhte Bereitschaft zur monetären Vergütung auch virtueller Beratungsleistung* zu erreichen. Die dadurch geschaffene Möglichkeit einer verbesserten wissensbasierten und -orientierten Projektbesetzung wird sich in einer gesteigerten Qualität der Projektergebnisse, kürzeren Projektlaufzeiten und schließlich in einer besse-

---

[1161] Vgl. [HESKETT ET AL. 1994, S. 50].
[1162] Gemeint sind insbesondere Investitionen zeitlicher und personeller Natur, die sich letztendlich auch in finanziellen Investitionen widerspiegeln.
[1163] Siehe Anhang 9.
[1164] Vgl. [ZIMMER 2001, S. 48ff.].
[1165] Vgl. [HESKETT ET AL. 1994, S. 60].
[1166] Siehe die Ausführungen in Kapitel 5.3.2.
[1167] Siehe die Ausführungen in Kapitel 2.4.

ren wirtschaftlichen Rentabilität der erworbenen Beratungsprodukte ausdrücken.

Letztendlich können durch eine individuellere Besetzung von Projekten nicht nur für die Unternehmen und Kunden Mehrwerte geschaffen werden. Die Berücksichtigung individueller Möglichkeiten und Wünsche fördert einerseits die Zufriedenheit der Mitarbeiter mit ihrer Tätigkeit[1168] und somit die Loyalität und Bindung der Berater und andererseits eine gezieltere Aus- und Weiterbildung im täglichen Berufsalltag[1169]. Da die wissenschaftlichen Meinungen hinsichtlich der Rotationshäufigkeit von Projektteilnehmern[1170] divergieren, lässt sich u.a. unter Berücksichtigung des notwendigen Vertrauens und der Vertrautheit in der Projektarbeit sowie unter Verweis auf die Ausführungen zur Balance in Kapitel 5.1.1 für die wissensbasierte internationale Projektbesetzung eine *gemäßigte Fluktuations- bzw. Rotationsrate von Projekt- und Teamteilnehmern* bei einem zukünftig stabileren Gesamtpersonalbestand von Business Integratoren empfehlen. Diese variierenden Teams fördern dann die effiziente Wissensgenerierung und Wissensredundanz im Unternehmen.

5.2.3 Ausdehnung in und Verzahnung mit andere(n) Prozesse(n)

Die Beschreibungen in Kapitel 5.2.1 und 5.2.2 fokussieren auf die Gestaltung des Projektprozesses. Dieses wäre jedoch nicht vollständig ohne eine Betrachtung und Verbesserung der Interaktion mit dem organisatorischen Umfeld. Die hierzu notwendige Ausdehnung in und Verzahnung mit andere(n) Prozesse(n) und Bereiche(n) ist auf Grund deren integrativen Beschreibung bereits in den vorhergehenden Ausführungen mehrfach angeklungen und auch schon in Kapitel 3.3.2.1 ausgeführt worden.

Beispielhaft können hier nochmals das frühzeitige Aufzeichnen von Projektwissen und dessen umgehende Verwendung in neuen Akquisitionsprozessen oder das Assessment von Projektmitarbeitern und die Verwendung der evaluierten Denkanstöße und Trainingshinweise im Rahmen der Personalentwicklung und -planung aufgeführt werden.[1171] Im ersten Beispiel trägt nicht nur das aktuelle Projektwissen, sondern auch das neu gewonnene Kundenwissen[1172] im Rahmen einer vernetzten Projektarbeit dazu bei, die vertriebliche Performanz zu verbessern. Die Zusammenarbeit mit der Marketingabteilung fördert dabei die Fähigkeit, die

---

[1168] Dieses wirkt wieder positiv auf die Mitarbeiterfluktuation. Vgl. [HESKETT ET AL. 1994, S. 55], die darüber hinaus noch ein gerechteres Beförderungssystem und eine respektvolle und würdige Behandlung anführen.

[1169] Im allgemeinen Sprachgebrauch mit „Training on the Job“ bzw. „... on the Project“ umschrieben.

[1170] Siehe die gegenteiligen Meinungen von PROBST und NONAKA in Kapitel 3.3.1.1.

[1171] Siehe ausführlich zur Verquickung von Wissensorientierung und der Formalisierung der Mitarbeiterentwicklung die Erklärungen und den möglichen Prozessablauf bei [META 2001G, S. 71ff.].

[1172] Durch eine neue Kooperationsqualität. Siehe die Ausführungen in Kapitel 5.3.2.

angebotenen Lösungen für den Kunden „erfassbar" zu machen.[1173] Denn unter dem Motto „die Kunden wollen nicht den aufwändigsten Bohrer, sondern die saubersten Löcher in der Wand" lässt erst ein Denken in Marketingkategorien aus Kreativität geschäftlich relevante Innovationen hervorgehen.[1174] Im zweiten Beispiel lassen sich über die individuelle Betrachtung projektbezogener Skill-Profile die Gestaltung internationaler *azyklischer Rekrutierungsstrategien* und das „*Diversity Recruiting*" realisieren.[1175]

Nach DUNNINGS eklektischer Theorie bietet sich bei Vorliegen von Eigentumsvorteilen ein Portfolio- und Ressourcentransfer zur Auslandsmarktbearbeitung an.[1176] Da die thematische und methodische Beratungs- und Systemintegrationskompetenz wesentliche Vermögenswerte von Business Integratoren darstellen, soll im Rahmen dieses Kapitels der Potenzialbereich der Zusammenarbeit mit der qualitativen Geschäftsentwicklung und Portofoliogestaltung (angels.: Business Development) nochmals detaillierter aufgegriffen werden.

Diese schafft hierbei u.a. die Möglichkeit, aus dem operativen Geschäft Eindrücke über neue Themen, Produkte und Methoden zu sammeln, erste Ideen zu entwickeln und neue Betätigungsfelder im vor aus eruieren zu können. Mit Verweis auf die Kapitel 2.1.2 und 2.4.4 sind somit Rückschlüsse auf den notwendigen Auf- und Ausbau zukünftiger Kernkompetenzen und die Erstellung vom Kunden geforderter innovativer Beratungsprodukte möglich. Dies umfasst nicht nur die Themen („Was soll beraten werden?") sondern auch die Methoden („Wie soll beraten werden?").[1177] Innovation kann in diesem Kontext als individueller Selbsterneuerungsprozess der Mitarbeiter und des Unternehmens verstanden werden, bei dem das Wesen der Innovation darin liegt, die „Beratungswelt" im Sinn eines Ideals immer wieder neu zu erschaffen.[1178] Da Ideen wertlos sind, wenn sie nicht in Handlungen umgesetzt werden, die auf irgendeine bedeutende oder unbedeutende Weise unser Leben umgestalten[1179], kann hieraus die Notwendigkeit zur Interaktion und zur Etablierung gegenseitiger Informationsströme abgeleitet werden.

Dieses umfasst in Bezug auf die Evaluierung von Beratungsmethoden auch die Institution des

---

[1173] Siehe die Ausführungen zur Erlebnisqualität und zum „Quality of Service" in Kapitel 2.4.1 und 2.4.4.
[1174] Vgl. [ZIMMER 2001, S. 56].
[1175] Siehe die Ausführungen hierzu in Kapitel 3.1.2.2 und 3.3.2.1.
[1176] Vgl. [KUTSCHKER 1999, S. 1168f.].
[1177] Die Umfänglichkeit der Gebiete der Wissensgenerierung, die schon PROBST ET AL. mit sämtlichen organisationalen Lernprozessen, der Produktion neuer Fähigkeiten und Produkte, besseren Ideen und leistungsfähigeren Prozessen beschrieben haben (siehe Kapitel 2.1.3.2 Absatz Wissensentwicklung), wird hier nochmals deutlich.
[1178] Vgl. [NONAKA/TAKEUCHI 1997, S. 21].
[1179] Vgl. [NONAKA/TAKEUCHI 1997, S. 40].

zentralen Project Offices, das vorrangig für die Aufbereitung und unternehmensweite Einführung neuer Arten und Wege in der Beratungs- und Systemintegrationsarbeit (mit-)verantwortlich ist.

Die Abbildung 5-4 visualisiert die Verzahnung der wissensbasierten Projektarbeit mit dem Prozess der dynamischen Portfolioentwicklung. Die Ermittlung und Bewertung des Erfahrenen in der täglichen Projektarbeit (Schritt 1) kann dabei entweder über die Auswertung der entsprechenden Systeme (z.B. des Project Experience Systems[1180]) oder über die temporäre persönliche oder laufende virtuelle Zusammenarbeit mit den Projektbeteiligten erfolgen. Diese Art der persönlichen Vernetzung spielt für die Verwirklichung virtueller Hochleistungsteams eine besondere Rolle und wird als eines von zwei notwendigen Vernetzungselementen im nächsten Kapitel aufgegriffen. Eine entsprechende Infrastruktur, z.B. Videoconferencing oder Groupware Systeme[1181], unterstützt die virtuelle und persönliche Gruppenarbeit und ermöglich die Verzahnung der Projektarbeit mit anderen Prozessen und Geschäftsbereichen.

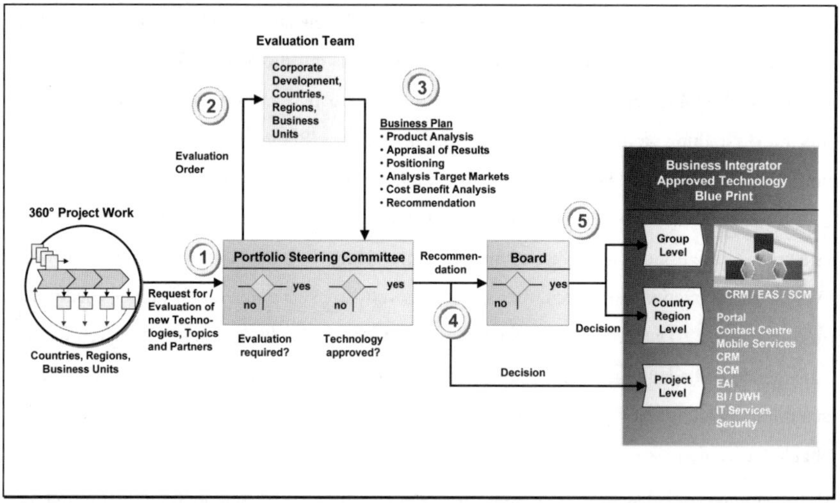

Abbildung 5-4: Verzahnung der wissensbasierten internationalen Projektarbeit mit der qualitativen Geschäftsentwicklung

Die Evaluierung von Themen, Produkten und Partnern/Lieferanten (Schritt 2) kann bei Notwendigkeit (z.B. wenn eine unternehmensweite Relevanz angenommen wird) durch ein *Portfolio Steering Committee* als zentrale oder dezentrale Instanz an ein individuelles Experten-

[1180] Siehe die Beschreibung eines solchen Systems in der Fallstudie bei SOFTLAB in Kapitel 4.3.3.3.
[1181] Siehe die Tabelle 3-9 und die Ausführungen in den Kapiteln 3.3.1.2 und 3.4.

team delegiert werden. Durch dieses *Evaluation Team* werden dann z.B. mit Hilfe eines Business Plans u.a. eine genauere Produktbetrachtung, eine Positionierung im Wettbewerbsumfeld, die Analyse möglicher Zielbranchen und -kunden sowie eine Umsatz-/Ergebnis- und Kostenbetrachtung vorgenommen (Schritt 3).

Neben der Möglichkeit zur weiteren Vorlage in der Geschäftsführung kann die Empfehlung auch dazu führen, dass Themen, Produkte oder Partnerschaften nur als projektspezifische Lösung (Schritt 4) weiterverfolgt werden. Sollten die Empfehlungen jedoch weitergehende Potenziale beinhalten, ist die Vorlage in der Geschäftsführung ratsam. Hierzu sollten weitere Verfeinerungen vor allem der ökonomischen und wissensorientierten Aspekte (z.B. Interdependenzen innerhalb des Unternehmens, Verteilung und Ergänzung von Kompetenzen in der Gruppe, Arbeitsmodelle für die Kooperation dedizierter Niederlassungen) und eine Verdichtung produktspezifischer oder sekundärer Kriterien erfolgen. Hierauf basierend sind dann Entscheidungen möglich (Schritt 5), ob eine Portfolioaktualisierung nur für bestimmte Länder und Regionen greifen oder aber eine unternehmensweite Erweiterung stattfinden soll.[1182] Eine Ähnlichkeit der Tätigkeitsfelder der Teileinheiten fördert dabei das organisationale Gedächtnis einer Unternehmung.[1183] Eine Anpassung des Portfolios in den Ländern unter dem Motto „Gleichschaltung so weit wie möglich, Individualität so viel wie nötig" könnte daher aus Wissenssicht empfehlenswert sein.

Die Verzahnung mit der qualitativen Geschäftsentwicklung kann anstelle der Verwendung individuell zusammengestellter Expertenteams natürlich auch auf Basis eines Prozesses in einer festen Abteilung ablaufen. Hierbei ist aber immer die Hinzunahme von Experten aus den jeweiligen Themengebieten, Geschäftsbereichen, Regionen und Ländern empfehlenswert.

Da Innovationen teils einem bewussten, teils einem unbewussten Prozess von zahlreichen Arbeitsschritten entspringen, ist es gut zu wissen, was in den einzelnen Prozessen passiert.[1184] Dieses kann als hier letztgenannter Grund angeführt werden, warum das internationale Wissensmanagement bei der Gestaltung einer wissensbasierten internationalen Projektarbeit die unternehmensspezifische Ausdehnung in und Verzahnung mit andere(n) Prozesse(n) fordert und auch die projektinterne und -externe Vernetzung zur Initiierung von Wertschöpfungsnetzwerken, sprich virtuellen Verbünden von Mitarbeitern, eine gewichtige Rolle spielt.

[1182] Siehe hierzu auch die Ausführungen zur Balance von Lokalisierung und Globalisierung in Kapitel 5.1.1.
[1183] Vgl. [BENDT 2000, S. 33].
[1184] Vgl. [ZIMMER 2001, S. 44].

5.2.4 Virtuelle Hochleistungsteams: projektinterne und -externe Vernetzung

Gerade die spontane Gestaltung anstehender Aufgaben ist eher zu erwarten, wenn z.B. eine lockere Führungsstruktur im Unternehmen vorherrscht bzw. je mehr Interaktion zwischen den Beteiligten Bestandteil des Prozesses ist.[1185] Die Initiierung und Förderung der Interaktion von Organisationsmitgliedern kann dabei, wie schon vielfach in dieser Arbeit angeklungen, u.a. über eine verbesserte projektinterne und -externe Vernetzung erreicht werden.

Dies wird z.B. über die *temporäre Freistellung* der Projektmitarbeiter vom operativen Geschäft und/oder über die Einrichtung sog. „*Spinnerecken*" und „*Kreativzonen*", welche örtlich vom normalen Arbeitsumfeld getrennt sind, ermöglicht.[1186] Die gemeinsame Arbeit in „*Think Rooms*"[1187] schafft dabei Freiräume und unterstützt den kreativen Prozess, dessen bewusste und unbewusste Prozessanteile[1188] über das Zusammenspiel konvergent und divergent denkender[1189] Mitarbeiter adressiert werden können. Die jeweiligen Ergebnisse dieser *Wertschöpfungsnetzwerke*[1190] können schließlich sowohl intern weiter ausgearbeitet als auch im nächsten Akquise- oder Projektkontext verwendet werden. Die *Kreativität* der Teams benötigt jedoch neben der Vernetzung der Wissensträger und des Zugriffs auf diverse Wissensquellen zusätzlich ein *Umfeld*[1191], das sich in Spaß, Offenheit, Lust am Neuen, Handlungsfreiheit, Vertrauen, Risikobereitschaft, Muße und guten Arbeitsbedingungen ausdrückt, sowie eine gemäßigte organisationale Unterstützung[1192].

Da viele Ideen in der Freizeit geboren werden[1193] und die interne Qualität des Arbeitsumfelds sehr zur Zufriedenheit der Mitarbeiter beiträgt[1194], muss zur Nutzung dieses Potenzials überlegt werden, mit welchen Mitteln sich ein Transfer von Ideen in die Arbeitsumgebung gestalten lässt. *Home Offices*, die Anbindung der Berater über *Extranets* und die Verwendung von *Conferencing Systemen* sind ein denkbarer Ansatz, um auch hier im Gruppenkontext kreativ agieren zu können.

1185 Vgl. [KUTSCHKER 1996, S. 5].
1186 Vgl. [PROBST ET AL. 1999, S. 189].
1187 Siehe das Beispiel eines Think Rooms in Abbildung 4-24.
1188 Siehe [ZIMMER 2001, S. 44ff.] für eine detaillierte Beschreibung zahlreicher Arbeitsschritte im Gesamtprozess.
1189 Siehe die Ausführungen in Kapitel 3.3.2.1.
1190 Neuerdings auch bezeichnet als „Best Practice Transfer-" bzw. „Business Opportunity-Networks". Vgl. [BÜCHEL/RAUB 2002, S. 587].
1191 Siehe die Ausführungen in Kapitel 3.2.1.
1192 Vgl. [BÜCHEL/RAUB 2002, S. 587].
1193 Siehe die Fußnote 934, in der eine Quote von 70% und als Beispiel die „private" Erfindung der PostIt-Aufkleber von 3M angeführt wird.
1194 Vgl. [HESKETT ET AL. 1994, S. 54f.].

Zur Gestaltung virtueller Hochleistungsteams gehört somit neben der Wissenserweiterung des primären Projektprozesses immer auch die effiziente Vernetzung der Projektbeteiligten untereinander, mit anderen Projektteams und den Organisationsmitgliedern angrenzender oder unterstützender Geschäftsbereiche (z.B. qualitative Geschäftsentwicklung, Personalbereich und zentrales Projektbüro). Der Aufbau und die Entwicklung von Netzwerken müssen dabei stets unternehmensspezifisch angepasst erfolgen, können aber z.B. unter Verwendung von vier Basisschritten[1195] (Fokussieren des Netzwerks, Kreieren eines Kontexts, Routinieren der Aktivitäten, Visualisieren und Transferieren der Ergebnisse in die Organisation) geschehen.

Die Vernetzung muss jedoch nicht immer in großen Umfängen erfolgen, sondern kann auch in dualen Verknüpfungen (z.B. durch „Pärchenbildung" eines Beraters und eines Vertriebsmannes in einer kundenspezifischen Akquisitionsphase oder eines Experten aus der Zentrale und einer Niederlassung) realisiert werden. Diese als *Tandem-Prinzip*[1196] bezeichnete temporäre oder dauernde Vernetzung kann auch als *„on-the-Job"-Training*[1197] für die Sozialisation von Organisationsmitgliedern verwendet werden. Da im individuellen Überschreiten der jeweiligen Wissensgrenzen der wichtigste Quell für Kreativität liegt und es den beteiligten Mitarbeitern damit möglich wird, bisher nicht gesehene Phänomene neu zu verknüpfen[1198], kann mit der projektinternen und -externen Vernetzung als ein wichtiges Gestaltungselement der Aufbau von internationalem Wissensmanagement weiter komplettiert werden.

Da die Vernetzung die Wissensarbeiter aller anstehenden oder laufenden Projekte eines Unternehmens betrifft, wird hiermit erneut die Notwendigkeit zur individuellen Übernahme und Verwirklichung der zentralen Wissensrolle *„Knowledge Broker"*[1199] deutlich. Die Fähigkeit innerhalb der Projekte, zwischen diesen und der organisatorischen Umwelt Wissen zu verteilen, neu anzuwenden und voneinander zu lernen, wird auf Basis der Vernetzung institutionalisiert. Diese ermöglicht durch die Vielzahl der involvierten Akteure und deren unterschiedliche Erfahrungshintergründe die Generalisierung von kundenspezifisch individuell erarbeitetem Wissen[1200] und führt zu einem besseren kollektiven Gedächtnis[1201].

1195 Siehe die Darstellung und Erklärung der Prozessschritte in [BÜCHEL/RAUB 2002, S. 590ff.].

1196 Dieses Prinzip wurde von PROBST in dessen Vortrag über die Wissensmanagement-Aktiviäten bei HOLCIM, vorm. HOLDERBANK anlässlich der Unternehmensveranstaltung „K-Net" der BMW AG am 24. April 2001 vorgestellt.

1197 Vgl. [NONAKA/BYOSIERE ET AL. 1994, S. 340].

1198 Vgl. [ZIMMER 2001, S. 54].

1199 Siehe die Ausführungen in Kapitel 5.1.4. Andere Rollen im Zusammenhang mit „Knowledge-creating Value Networks" finden sich in [BÜCHEL/RAUB 2002, S. 594] und im Anhang 18.

1200 Siehe die Fußnote 686.

1201 Siehe die Ausführungen in Kapitel 3.3.1.1.

Die Netzwerkteilnehmer müssen dazu gerade in der Internationalität immer wieder persönlich zusammenkommen.[1202] Da die Vernetzung individuell, dynamisch und auf vielfältige Art und Weise angestrebt werden muss (z.B. über die oben angeführten Kreativtreffen, mittels Hyperlinks und Verweisen in Dokumenten, über die IKT-Infrastruktur oder über eine prozessuale und methodische Weise), fördert die wiederkehrende persönliche Interaktion im beruflichen und Freizeitkontext[1203] das notwendige Vertrauen und die Nähe, die dann auch im internationalen oder virtuellen Kontext bestehen bleiben.[1204] Zur Verwirklichung des Aufbaus virtueller Hochleistungsteams wird hiermit neben der Vernetzung auch eine entsprechende Handlungsmatrix (d.h. verschiedene funktionale, prozessuale, regionale und kulturelle Perspektiven) in den Köpfen der Mitarbeiter verankert werden.[1205]

Wie groß die virtuellen Hochleistungsteams schließlich sein dürfen oder müssen, kann zwar u.a. von deren thematischen Inhalten abhängig sein[1206], wird aber immer noch kontrovers diskutiert. In der Praxis existieren daher Beispiele von Netzwerken, die auch mehrere tausend Teilnehmer umfassen.[1207] In Analogie zu einerseits kleinen Firmen, die mit erheblichen Innovationspotenzialen aufwarten können[1208] und andererseits Großunternehmen, die Kreativität durch besondere Rituale, Institutionen und Werkzeuge initiieren[1209], kann daher für das internationale Wissensmanagement von Business Integratoren nur empfohlen werden, *unterschiedliche Größenansätze* u.a. in Abhängigkeit von thematischen, zeitlichen oder kulturellen Schwerpunkten auszuprobieren und eigene Erfahrungswerte aufzubauen.

Mit diesen Ausführungen ist nun ein Punkt innerhalb der Beschreibung des internationalen Wissensmanagements erreicht, an dem sich die verschiedenen projektbezogenen Gestaltungsempfehlungen zu einem wissensbasierten, -orientierten und internationalen 360°-Konstrukt vereinen lassen, das in der nachfolgenden Abbildung 5-5 zusammenfassend dargestellt ist.

[1202] U.a. weil es länger dauert, bis Menschen aus verschiedenen Kulturen ihr implizites Wissen austauschen und Vertrauen zueinander entwickeln können. Vgl. [NONAKA/TAKEUCHI 1997, S. 251ff.]. Siehe auch die Fußnoten 845 und 846.

[1203] Von einigen Autoren wird angeführt, dass die internationale Vernetzung auch durch gemeinsame Freizeitaktivitäten im Vorfeld oder während der Arbeitssitzungen zu fördern ist. Vgl. u.a. [PROBST ET AL. 1999, S. 305].

[1204] Siehe auch die Ausführungen zum SECI-Modell in Kapitel 2.1.3.3.

[1205] Hier kommt wieder die Kulturthematik zum Tragen. Siehe die Ausführungen in Kapitel 5.1.2.

[1206] Siehe die Ausführungen in Kapitel 3.3.1.2 und die Fußnote 837.

[1207] So z.B. bei SHELL oder SIEMENS.

[1208] Vgl. [ZIMMER 2001, S. 42], der feststellt, dass in Deutschland während des Zeitraums 1989 bis 1999 von den 60 wichtigsten Erfindungen 49 aus dem Bereich von Familienunternehmen und nur 11 von Großunternehmen kamen.

[1209] Vgl. [ZIMMER 2001, S. 54].

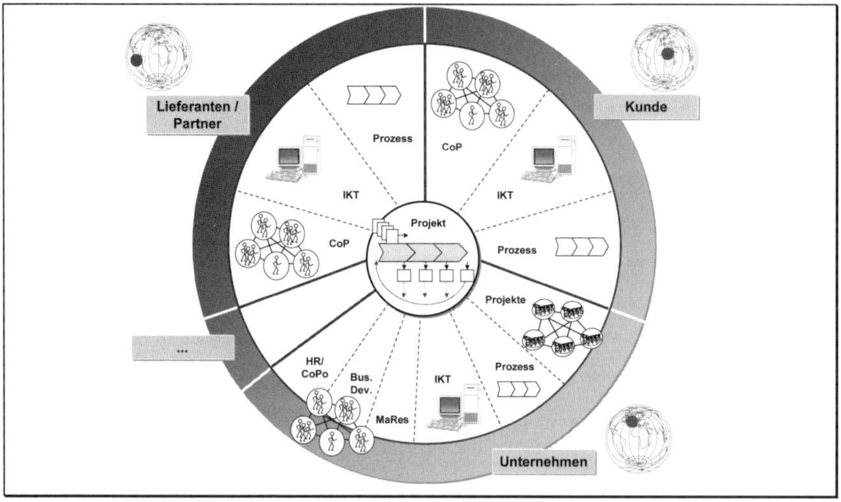

Abbildung 5-5: Wissensbasierte internationale Projektarbeit als 360°-Konstrukt

Die in dem Bild dargestellten Aspekte der externen Vernetzung innerhalb und außerhalb eines Unternehmens, die u.a. mit Hilfe des tertiären Organisationsprinzips der Communities of Practice verwirklicht wird, sowie der Einsatz der IKT werden in dem folgenden Kapitel aufgegriffen. Hiermit erfährt die Gestaltung eines internationalen Wissensmanagements im Rahmen dieser Arbeit schließlich ihre Komplettierung.

5.3 Virtuelle Hochleistungsorganisation: unternehmensinterne und -externe Vernetzung

Bisher wurden hinsichtlich der Vernetzungsnotwendigkeit nur die projektorientierte und die externe Vernetzung i.e.S.[1210] als wesentliche Gestaltungselemente des internationalen Wissensmanagements beschrieben. Da für eine moderne Unternehmensorganisation neben der Möglichkeit und Fähigkeit zum flexiblen Navigieren im System und der Selbstorganisation und -verwaltung auch eine dynamische Organisationsstruktur und eine strukturelle Kopplung von Nöten sind[1211], gilt es zum Aufbau einer virtuellen Hochleistungsorganisation weitere organisatorische Maßnahmen zur Vernetzung zu ergreifen.

Neben der neuen Interaktion rund um die internationale Projektdurchführung und einer vermehrten Außenorientierung birgt die unternehmensweite und -übergreifende Vernetzung er-

[1210] Siehe die Ausführungen inkl. der Begriffsunterscheidung in Kapitel 3.3.1.2.

[1211] Vgl. [KRÜGER/SIMON 1999, S. 373]. Die strukturelle Kopplung von Gruppen- und traditionellen Konzepten hat schon NONAKA für den Aufbau seiner Hypertext-Organisation verwendet, um eine Balance und die Wissensgenerierung über die ontologische Dimension zu erreichen. Vgl. [NONAKA 1994, S. 17].

hebliche Potenziale, um schneller und effizienter als die Mitbewerber agieren und als relativer Spitzenreiter Vorteile generieren und nutzen zu können. Über die *nachhaltige Verknüpfung von Primär-, Sekundär-* (der speziell ausgestaltete Projektprozess) *und Tertiärorganisation* (Vernetzung mittels CoPs) und die interne und externe Vermaschung auf einem hohen Abstraktionsgrad könnte die Weiterführung der Hypertext-Organisation[1212] nach NONAKA ET AL. und die Realisierung der Verbindung intra- und interorganisationaler Netzwerkstrukturen[1213] erreicht werden. Dieses Konstrukt wird dann als eine *integrierte Netzwerkstruktur* verstanden und als ein weiterer Schritt zur Verwirklichung einer transnationalen Unternehmung mit kombinierten Wissensbasen.[1214] Sie kann auch als zukunftsweisende Hybridform bezeichnet werden, die eine Abkehr von der reinen hierarchischen Strukturform einleitet und den Vorteil hat, formale und informale Organisationsstrukturen zu verbinden. Diese strukturellen Veränderungen ergänzen dabei die prozessualen Erfordernisse derart, dass auch die Aufbaustruktur ablauforientiert betrachtet wird.

Mit Verweis auf die Ausführungen von KUTSCHKER[1215] geht diese organisatorische Neuerung mit dem Bestreben einher, die Vorteile unterschiedlicher Dimensionen zu vereinen. So soll durch standardisierte Methoden und verbindliche Prozeduren und Regelungen die Qualität in verschiedenen Dimensionen (Entscheidung, Ausführung, Erlebnis, Ergebnis) erhöht und gleichzeitig durch Flexibilität den lokalen Erwartungen Rechnung getragen werden. Eine gewisse Verantwortung und Macht zur Strukturierung ist dazu global zentralisiert, jedoch über die technologische und organisatorische Vernetzung nur mit Rückfluss und Einfluss der lokalen Parteien. Anstelle einer zentralen Steuerung tritt hier die Koordination über Werte, Regeln und Kontexte, was erneut[1216] und nun speziell für die transnationale Unternehmensform dadurch deutlich wird, dass „the transnational is not so much a type of structural configuration as a management mentality“[1217].

In den nachfolgenden drei Kapiteln werden die projektunabhängige Vernetzung sowie eine

---

1212 Siehe Kapitel 3.3.1.3. Obwohl NONAKA ET AL. von drei Strukturebenen (Geschäftssystem-, Projektteam- und Wissensbasis-Ebene) sprechen, handelt es sich dennoch nur um die Verknüpfung einer Primär- mit der Sekundärorganisation.

1213 Vgl. [KUTSCHKER/SCHMID 1999, S. 398f.].

1214 Siehe zu den Charakteristika der transnationalen Unternehmung die Tabelle, Abbildung und Ausführung bei [MÖSSLANG 1995, S. 265f.], der das genannte Organisationsmodell als eine chancenreiche Grundausrichtung international tätiger Dienstleistungsunternehmen klassifiziert hat.

1215 Vgl. [KUTSCHKER 1999, S. 1142f.]. Im Wissenskontext wird dieses auch von [NONAKA/TAKEUCHI 1997, S. 188] angeführt.

1216 Siehe die Ausführungen in Kapitel 5.1.2 und 5.1.3.

1217 Vgl. [BARTLETT 1986, S. 399], zitiert in [MÖSSLANG 1995, S. 266].

für das internationale Wissensmanagement förderliche technische Infrastruktur beschrieben. Obwohl dieses Prinzip z.B. auch die Vernetzung mit ehemaligen Mitarbeitern umfasst[1218], soll im Rahmen dieser Arbeit vorrangig die unternehmensweite interne sowie die übergreifende Vernetzung mit Kunden und Partnern/Lieferanten (d.h. die externe Vernetzung i.w.S.) fokussiert werden.

5.3.1 Tertiärorganisation als wissensbasierte und -orientierte Ergänzung

Da die Sozialisation normalerweise mit der Teambildung beginnt[1219] und die entsprechenden Vorteile sowohl in kleineren Gruppen als auch in großen Kontexten zu erzielen sind[1220], können die Kernaussagen aus Kapitel 5.2.4 analog auch für die unternehmensweite und -übergreifende Vernetzung angewendet werden.

In der Wissensmanagementliteratur findet sich für den Ansatz der vernetzten virtuellen Mitarbeitervereinigung immer auch der Begriff der *Community of Practice* (CoP). Die Vielzahl möglicher Netzwerkarrangements[1221] und die zusätzlichen Bezeichnungen[1222] sollen dabei in dem hier dargestellten Kontext als synonym angesehen werden, obgleich sie sich in Detailfragen unterscheiden.

Die Communities, die als „groups of people informally bound together by shared expertise and passion for a joint enterprise“[1223] definiert werden können und ihrem Ursprung nach ungesteuert, freiwillig und persönlich motiviert waren, existieren in der ökonomischen Praxis vorrangig nur noch in formeller und/oder direkt gesteuerter bzw. in informeller und/oder kontextgesteuerter Form. BÜCHEL/RAUB[1224] haben im Rahmen ihrer aktuellen Studien nunmehr die „Business Opportunity Networks" und die „Best Practice Transfer Networks“ evaluiert, die über eine *gemäßigte Steuerung* und *organisatorische Unterstützung*[1225], durch *Strukturierung und Führung* ihre positiven Effekte[1226] sogar noch verbessern können.

[1218] Diese „Alumni“-Netzwerke sichern z.B. den Unternehmensberatungen als weiteres Beziehungsgeflecht innerhalb der Wirtschaft auch den Zugang zu neuen Kunden und exklusiven Informationen. Vgl. [PROBST ET AL. 1999, S. 302].

[1219] Vgl. [NONAKA/BYOSIERE ET AL. 1994, S. 341].

[1220] Bspw. Steigerung der Innovationsfähigkeit und Verbesserung der organisationalen Effizienz. Vgl. [BÜCHEL/RAUB 2002, S. 587]. Siehe auch die Ausführungen in Kapitel 3.3.1.2 und die Tabelle 3-8.

[1221] Siehe die Fußnote 828.

[1222] Siehe die Aufzählung in Kapitel 3.3.1.2.

[1223] Vgl. [WENGER/SNYDER 2000, S. 139], zitiert in [BÜCHEL/RAUB 2002, S. 589].

[1224] Vgl. [BÜCHEL/RAUB 2002, S. 589], die vier Arten von Knowledge Networks evaluiert haben.

[1225] Bspw. durch die Anerkennung von Kollegen, Vorgesetzten und der Geschäftsleitung (vgl. [IFEM 2002, S. 6]) oder durch „harte“, investive Maßnahmen in Form von Geld, Zeit und Arbeitsräumen/-mitteln. Vgl. [ILOI 1997B, S. 17].

[1226] Siehe die Fußnote 1220, ergänzt um das Argument der Aufrechterhaltung der Mitarbeitermoral.

Das *Konzept der CoPs* sollte dazu als hierarchieergänzende und -übergreifende Tertiärorganisation[1227] *unternehmensweit institutionalisiert* werden, wobei die „offiziellen" CoPs auch als Vorbild für weitere freiwillige, tlw. privat orientierte Zusammenkünfte der Organisationsmitglieder fungieren können. Zur Vereinheitlichung der Organisation und der Umgangsweise mit und in CoPs kann ein unternehmensweit verbindlicher *Leitfaden*[1228] gute Dienste leisten. Ein *standardisierter Prozess zur Entwicklung* (siehe die nachfolgende Abbildung 5-6) gesteuerter CoPs, wie z.B. bei BÜCHEL/RAUB[1229] beschrieben, fördert die vorgenannte Maßnahme noch. In der Internationalität übliche Ansätze zum Aufbau informeller Netzwerke sind jedoch auch das *Job Rotation* und der *wechselnde Einsatz in internationalen Teams*[1230] sowie der *internationale Personaltransfer* (angels.: Expatriates).

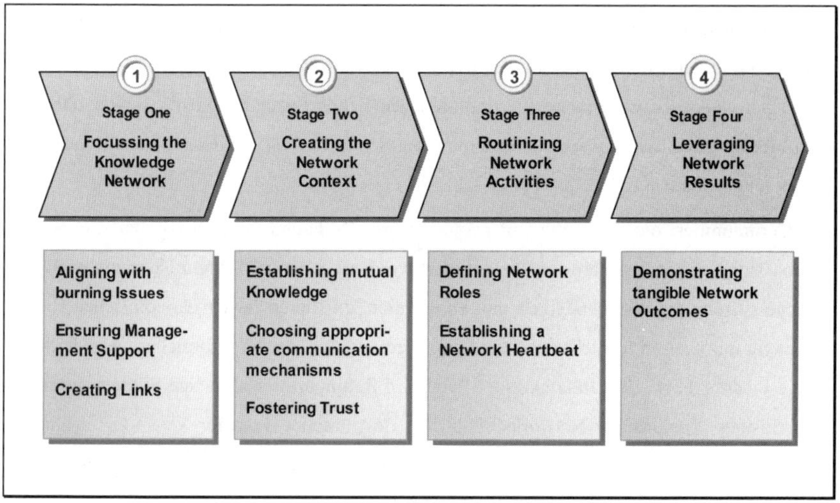

Abbildung 5-6: Prozess zur Entwicklung von Netzwerken[1231]

Das fest verankerte und *kontextgesteuerte Organisationsprinzip* kann dann z.B. auch in Form temporärer Task Forces und Benchmarking Teams oder als stetige themenorientierte Gruppen u.a. für die strategische Vorausschau[1232] von Beratungsthemen und Branchentrends oder für die unternehmensweite Portfolioentwicklung eingesetzt werden. Die menschlichen Netzwerke

---

[1227] Siehe die Ausführungen in Kapitel 3.3.1 und 4.2.1.

[1228] Siehe in Anhang 18 den Leitfaden für Expertennetzwerke bei der DRÄGERWERK AG als Beispiel. Siehe in diesem Kontext auch die entsprechende Unternehmensstudie in [GEHLE/MÜLDER 2005].

[1229] Siehe die Darstellung und Erklärung der Prozessschritte in [BÜCHEL/RAUB 2002, S. 590ff.].

[1230] Vgl. [BLAICH 2003B, o.S.], [PROBST ET AL. 1999, S. 241], [REINMANN-ROTHMEIER 1999, S. 235].

[1231] Vgl. [BÜCHEL/RAUB 2002, S. 591].

[1232] Vgl. [ZIMMER 2001, S. 54]. Siehe auch die Ausführungen zur Portfolioentwicklung in Kapitel 5.2.3.

arbeiten dann entweder themenorientiert, regional, überregional und/oder vom Mutterhaus getrennt[1233] und interagieren flexibel und dynamisch z.B. als Competence Centers[1234] oder spezialisierte Fachgruppen. Die letztgenannten zwei Beispiele können im Bereich der Internationalität auch dazu verwendet werden, um anderen Regionen und Ländern als „mobile" Eingreiftruppe in Projekten zu helfen und danach/dabei den Aufbau der Kompetenz im lokalen Kontext zu unterstützen. Dazu brauchen sie *aktive und passive Mitglieder* wie z.B. Sprecher, Moderatoren, Paten und Initiatoren[1235]. Jeder einzelne Mitarbeiter des jeweiligen Netzwerks ist aber immer ein *aktiver Netzwerkknoten* und ein *Intermediär* zur Überwindung möglicher Lücken.

Auf Grund der Vielzahl möglicher Communities in einem Unternehmen muss es einen Überblick über die verschiedenen regionalen und zentralen CoPs geben (Wer, Was, Worüber) und es muss die Kommunikation (Abgrenzung von Themen, Verbindung von Themen, Lerneffekte über die Organisation von CoPs) zwischen diesen angeregt werden.[1236] Eine Möglichkeit der Lösung hierzu wäre, dass bei allen Communities ein *„Türschild"* angebracht wird, z.B. in Form einer *Community Charta*, die festhält, was die CoP macht, wer sie ist, was von neuen Mitgliedern erwartet wird und für wen sie zugänglich[1237] ist. Dieses kann relativ einfach z.B. in technischen Plattformen realisiert oder mittels eines kurzen Schriftstücks festgehalten werden. Ein anderer Lösungsvorschlag ist, dass sich die Moderatoren aller Communities auf einer Metaebene in Form einer *„CoP der CoPs"* bzw. in einer *CoP²* austauschen und so Verbesserungen, Lerneffekte und weitere Veränderungen bewirken.

Letztendlich sollte in der Internationalität hinsichtlich der Communities u.a. aus Kosten-, Zeit- und Effizienzgründen immer eine *Hybridstruktur von Mensch und IKT* angestrebt werden, die durch fortwährende persönliche Treffen belebt und aufrechterhalten wird. Das gegenseitige Vertrauen[1238], das durch persönliche Kontakte und durch die verwendete IKT aufgebaut und verstärkt wird, ermöglicht einen informell-direkten Kommunikationsstil, der es den

---

[1233] Gemeint sind hier die „Skunk Works", also autonome Tüftlergruppen für Innovationen z.B. bei IBM (vgl. [ZIMMER 2001, S. 54]), die aus Schutzerwägungen vom Mutterhaus getrennt arbeiten. Vgl. [PROBST ET AL. 1999, S. 188].

[1234] In diesen auch *Think Tanks* genannten Gruppen konzentriert die Organisation ihre jeweilige Intelligenz und betraut diese mit der Entwicklung kritischen Wissens und kritischer Fähigkeiten für die Gesamtorganisation. Vgl. [PROBST ET AL. 1999, S. 206].

[1235] Siehe zu Rollen in Netzwerken u.a. [BÜCHEL/RAUB 2002, S. 594] oder den Anhang 18.

[1236] Vgl. [HOFER-ALFEIS/VAN DER SPEK 2002, S. 33].

[1237] Bei einer größeren Anzahl von CoPs im Unternehmen sollten nicht beliebig viele Mitarbeiter Zutritt zu einer oder ein Mitarbeiter Zutritt zu beliebig vielen Communities haben.

[1238] Vgl. [NONAKA 1994, S. 24].

Netzwerkteilnehmern wiederum erlaubt, sich in einem rasch wandelnden Umfeld schnell zu orientieren.[1239] Hiermit lässt sich dann u.a. die notwendige Flexibilität für Innovationen, die Feedbackbeschleunigung im Service oder die erhöhte Aktionsgeschwindigkeit in der Akquise erreichen.

Die Tertiärorganisation in Form der CoPs macht ein Unternehmen schließlich auch unabhängig von seiner zeitlich bestimmten, notwendigen und gewählten Primärstruktur und kann auch vorbereitend wirken für den jeweils nächsten Strukturänderungsschritt[1240] oder eine zukünftige totale Virtualisierung der Unternehmung.

Da zusammen mit den gigantischen Informationspotenzialen der weltweiten Datennetze auch der Wissensaustausch außerhalb des Unternehmens zur permanenten Verpflichtung wird[1241], sollen erste Ansätze eines wissensbasierten und serviceorientierten Kooperationskonzepts mit Kunden und Partnern/Lieferanten nachfolgend aufgezeigt werden.

5.3.2 Customer und Supplier Relationship Management als wissensbasierte und serviceorientierte Kooperationskonzepte

Die Interaktion mit externen Wissensbasen zur besseren Wissensorganisation innerhalb und außerhalb von Unternehmen und die damit verbundene Möglichkeit zur nachhaltigen Vernetzung und Bindung von Wissensbasen werden entweder noch recht zögerlich oder ohne effiziente Konzepte gehandhabt.[1242] Dabei können jedoch grundsätzlich die Aussagen aus Kapitel 5.2.4 und 5.3.1 auch auf die Vernetzung i.w.S.[1243] angewendet werden. Hiermit sind dann auch die oft großen Mühen in der Verfolgung des externen Wissensumfelds[1244] reduzier- bzw. für eine neue Qualität der Kunden- und Lieferanten-/Partnerkooperation nutzbar.[1245]

Die Vernetzung mit den externen Wissensbasen kann grundsätzlich über die *Informationstechnologie*, über die *Prozessintegration* und/oder über das Konzept der *Communities of*

1239 Vgl. [PROBST ET AL. 1999, S. 135f.]. Siehe auch die Ausführungen zur Notwendigkeit eines Navigierens in Systemen in Kapitel 5.3.

1240 Siehe die Ausführungen zu verschiedenen Evolutionsstufen der Internationalisierung in Kapitel 2.2.3 und die Nennung der Begriffe in Fußnote 424.

1241 Vgl. [ZIMMER 2001, S. 54].

1242 Japanische Unternehmen scheinen hier besser aufgestellt zu sein, denn sie haben immer ein offenes Ohr für neue Erkenntnisse und Hinweise von Zulieferern, Kunden, Händlern, Behörden und sogar Konkurrenten. Vgl. [NONAKA/TAKEUCHI 1997, S. 15].

1243 Siehe zum Vernetzungsbegriff i.e.S. und i.w.S. die Unterscheidung in Kapitel 3.3.1.2.

1244 Vgl. [PROBST ET AL. 1999, S. 130].

1245 HESKETT ET AL. sprechen in diesem Zusammenhang von einer *Service-Profit Chain* und verweisen neben der Vernetzung erneut auf die Wichtigkeit einer entsprechenden Unternehmenskultur, die sich auf den Dienst am Kunden und an den Kollegen konzentriert. Vgl. [HESKETT ET AL. 1994, S. 55]. Siehe in dem Zusammenhang die Ausführungen zum aktiven Kulturmanagement in Kapitel 5.1.2.

Practice hergestellt werden. Während das 360°-Konstrukt[1246] in Kapitel 5.2.4 jedoch von der Projektarbeit als zentralem Ausgangspunkt ausgeht, ist auch die *projektunabhängige Vernetzung* zwischen einem Business Integrator und seinen Kunden und Lieferanten/Partnern jederzeit denkbar.

Im Nachfolgenden sollen nicht die Konzepte des CRM und SRM im Detail besprochen werden. Entsprechende Literatur hierzu ist zahlreich vorhanden. Es sollen aber einige Überlegungen hinsichtlich einer neuen Wissensorientierung in der Interaktion mit Kunden und Lieferanten/Partnern angestellt werden. Die Forderung nach Mitwirkung der Kunden in der Auswahl neuer Mitarbeiter oder in der Definition von Soll-Profilen für diese ist dabei bereits kritisch betrachtet worden.[1247] Es gibt jedoch auch andere Ansätze, die in neuer Zeit in Form eines *Customer Knowledge Managements* zu Tage treten. Dieser Ansatz, der auf GIBBERT ET AL.[1248] im Jahr 2002 zurückgeht, soll im Nachfolgenden näher beleuchtet werden.

Das Customer Relationship Management der Neuzeit darf nicht als Servicekanal nur mit einer Richtung, der Kunde nicht mehr als König verstanden werden. Wissensbasierte und serviceorientierte Konzepte bauen auf *duplexfähigen Partnerschaftsbeziehungen mit Interdependenzen* auf. Hierbei gilt der Kunde als Wissensquelle und Wissenssenke in einem interaktiven Wissensflussmodell.[1249] Dabei fordert der Gedanke der Balance zwischen westlichem und (fern-)östlichem Gedankengut[1250] die **wissensbasierte und serviceorientierte Sozialisation**[1251] der Berater mit den Kunden. Jeder Berater ist durch die Interaktion mit dem Kunden gleichzeitig auch *Marktforscher* und trägt durch die Einbeziehung des Kunden in Research & Development und den Rückfluss der Kundenwahrnehmung[1252] in das Beratungsunternehmen zur Wissensmehrung, zur Steigerung der Kundenloyalität und -zufriedenheit[1253] und damit zur indirekten Gewinnsteigerung[1254] bei. Ein neues Selbstverständnis des Beraters als *individuell verantwortlicher Kundenmanager* bzw. als *Customer Knowledge Broker*[1255] erleichtert die Arbeit im Rahmen des neuen Kooperationskonzepts.

[1246] Siehe die Abbildung 5-5.
[1247] Siehe die Anmerkung in Kapitel 5.2.2.
[1248] Vgl. [GIBBERT ET AL. 2002].
[1249] Vgl. [PETERSON 2001].
[1250] Siehe die Ausführungen in Kapitel 5.1.1.
[1251] Bspw. mittels *Co-Experience* und *kreativem Dialog*. Siehe auch Kapitel 3.3.2.2.
[1252] Bezogen auf die Dienstleistungsqualität, auf neue Themen, Trends, Produkte und Lieferanten.
[1253] Vgl. [BÜCHEL/RAUB 2002, S. 588].
[1254] Verschiedene Schätzungen ergeben, dass eine 5%-ige Loyalitätssteigerung Gewinnsteigerungen zwischen 25 und 85% bewirken kann. Vgl. [HESKETT ET AL. 1994, S. 52].
[1255] Siehe die Ausführungen in Kapitel 3.3.2.2.

Da die Wissens- und Serviceorientierung sowohl für Business Integratoren als auch für deren Kunden erhebliche Vorteile birgt, ist diese auch **von beiden Seiten zu honorieren**. Auf Kundenseite erfolgt dieses über eine *gesteigerte Loyalität* und einen *vermehrten Partnerschaftsgedanken*, ggf. auch über einen *angemessenen Finanzausgleich*[1256]. Auch darf der Business Integrator keine Angst davor haben müssen, auf Grund der Notwendigkeit zum gemeinsamen Nachdenken beim Kunden als nicht wissend zu gelten. Auf der Seite des Business Integrators erfolgt die Honorierung über neue *thematische und zeitliche*[1257] *Denkräume* für Mitarbeiter, *mehr Selbständigkeit*[1258], das *Erlauben von Fehlern*, die *Bereitschaft, mehr Erfahrung* über die eigenen Serviceabläufe sammeln zu wollen, und insgesamt mehr *Bereitwilligkeit zum Anhören und Aufnehmen* von Verbesserungsvorschlägen.[1259] Auch sollte die *Beförderung* und *Bezahlung* eines Beraters zukünftig von dessen Customer Excellence[1260] abhängig sein und dieser mehr *Kompetenzen* erhalten, Maßnahmen zur *Wiedergutmachung* in der Kundeninteraktion zu ergreifen[1261].

Das in Kapitel 5.1.1 schon einmal angesprochene *Sinnlernen*, dessen fortschrittliche Umsetzung sämtliche Handlungen und Prozesse in der Organisation beeinflusst[1262], greift auch auf die externen Bereiche der Interaktion über. Begreifen sich Business Integratoren als „echte Dienstleister" und nicht als „Systemschrauber" oder „Überberater", verändert sich auf der sichtbaren Ebene *das Verhalten* gegenüber Kunden (z.B. durch mehr Service- und Wissensorientierung), und auf der Strukturebene werden Prozesse eingeleitet, die ein solches Verhalten fördern bzw. erst ermöglichen (z.B. *neue De-Briefing Verfahren* im Projektgeschehen *zusammen mit dem Kunden* oder *Community-Bildung* unter *Beteiligung von Kundenmitarbeitern*). Die Lernfortschritte auf der Sinnebene können leider nur langsam erreicht werden, wirken dafür aber nachhaltiger.[1263]

Das Konzept des **Customer Knowledge Managements** (CKM) ist nun als *Erweiterung* der bestehenden Konzepte Customer Relationship Management und Knowledge Management zu

---

1256 Sprich höhere Tagespauschalen für Berater. Siehe in diesem Kontext auch die Ausführungen zu einer erhöhten Bereitschaft zum monetären Ausgleich virtueller Beratungsleistung in Kapitel 5.2.2.

1257 Siehe auch die Ausführungen zum „Stopping" in Kapitel 5.2.1.

1258 Siehe hierzu auch die Ausführungen zu einem (Wissens-)Intrapreneur in Kapitel 3.2.2 und 5.1.3.

1259 Siehe die Ausführungen zu einer neuen Balance in Kapitel 5.1.1. Vgl. auch [HESKETT ET AL. 1994, S. 55].

1260 Gemeint ist die qualitative Übererfüllung der Ergebnis-, Ausführungs- und Beziehungsqualität.

1261 Vgl. [HESKETT ET AL. 1994, S. 58], der dieses auf Grund der Wichtigkeit der vom Kunden erlebten Qualität einer Dienstleistung feststellt.

1262 Siehe die Fußnote 1085.

1263 Vgl. [SCHEIN 1997, S. 71f.], der die Schwierigkeiten der Optimierung von Lernstrategien und der Erneuerung von Organisationen vor allem in der mangelnden Fähigkeit verschiedener Interessengruppen sieht, eine ganzheitliche Sichtweise zu entwickeln.

verstehen.[1264] Dieses ist auch notwendig, da nur wenige Unternehmen die in den Kunden schlummernden Wissensressourcen effizient handhaben.[1265] Das CKM ist als *strategischer Prozess* zu verstehen, der Kunden von reaktiven Empfängern von Produkten und Dienstleistungen zu *aktiven Wissenspartnern*, zu *Wissens-Agenten*[1266] bzw. zu *Co-Innovatoren*[1267] transformiert. Dieses funktioniert z.B. über den gemeinschaftlichen und unternehmensübergreifenden Aufbau von *Communities of Creation*[1268], die sich besonders für die Organisation internen Wissens eignen. Neben der persönlichen Vernetzung kreiert das CKM zum Aufbau der Communities *neue Prozesse und Informationstechnologien der Interaktion.*[1269] Web-basierte Interaktionssysteme und elektronische Workspaces sind Beispiele hierfür und werden im folgenden Kapitel nochmals aufgegriffen.

Da es die Menschen sind - und nicht die Computer -, von denen augenscheinlich das Innovationsgeschehen vorangetrieben wird[1270], erfordert auch das Konzept des CKM die Rolle des *Customer Knowledge Managers*[1271], der in einem *neuen Mindset* nicht nur Wissen über die Kunden sammelt, sondern auch Wissen von den Kunden integriert. In Anlehnung an das „Sempai-kohai"-Prinzip[1272] lernt dieser spezifische Kundensituationen durch eine ausgeprägte Sozialisation besser kennen[1273], kann als *Mentor* oder *Coach* Anregungen zur Selbsterkenntnis für den Kunden als auch für das eigene Unternehmen geben oder durch ein „*wandering outside*"[1274] die Ideengenerierung für die Strategieentwicklung und die (Wissens-)Kommunikation positiv beeinflussen[1275].

Für die Entwicklung und Organisation der extern orientierten Netzwerke mit Kunden können die bereits angestellten Überlegungen und Gestaltungshinweise aus den vorherigen Kapi-

---

1264 Siehe zur Abgrenzung von CKM, CRM und KM in Bezug auf die Quellen von Wissen, die Ziele, Metriken und den Nutzen die Tabelle bei [GIBBERT ET AL. 2002, S. 461].

1265 Vgl. [GIBBERT ET AL. 2002, S. 460]. Dieses drückt sich in der Praxis so aus, dass häufig nur Informationen über Kunden in Datenbanken gehortet werden.

1266 Vor allem im Kontext der Integration von Kunden in Innovationsprozessen verwendet. Vgl. [VON KROGH ET AL. 2002].

1267 [VON HIPPEL 1977], zitiert in [GIBBERT ET AL. 2002, S. 465].

1268 Vgl. [GIBBERT ET AL. 2002, S. 460]. Insgesamt werden fünf verschiedene Stile von CKM, die miteinander kombiniert werden können, u.a. nach deren Fokus, Zielen, Typen von Wissen, Prozessen und Systemen unterschieden. Vgl. [GIBBERT ET AL. 2002, S. 465ff.].

1269 Vgl. [GIBBERT ET AL. 2002, S. 467].

1270 Vgl. [ZIMMER 2001, S. 42].

1271 Vgl. [GIBBERT ET AL. 2002, S. 461]. Siehe auch die Ausführungen in Kapitel 3.3.2.2.

1272 Siehe die Ausführungen in Kapitel 2.1.3.3. Siehe auch [PROBST ET AL. 1999, S. 305].

1273 Siehe die Fußnote 303.

1274 Vgl. [NONAKA/TOYAMA ET AL. 2000, S. 10].

1275 Siehe die Darstellung von Verantwortlichkeiten und Wissensinhalten in Tabelle 3-1.

teln[1276] uneingeschränkt Verwendung finden. Ein wichtiger Punkt ist hierbei jedoch, dass auch dieses Kooperationskonzept in den Beratungsunternehmen institutionalisiert wird[1277] und eine kontinuierliche, nachhaltige und verlässliche Pflege und Anwendung erfährt.

Die *Vertraulichkeits- und Sicherheitsthematik*[1278] in Bezug auf das zu teilende Wissen in kundenorientierten Netzwerken sowie die Problematik einer ggf. notwendigen *Aufhebung üblicher Kommunikationsprinzipien in Projekten*[1279] dürfen in dem beschriebenen Kontext nicht vergessen werden, sollen aber, genauso wie mögliche Prozessausgestaltungen einer Kooperation mit Kunden, hier nicht näher ausgeführt werden.

Da neben der Innovationskraft durch Kundeninteraktion auch Innovationen seitens der Zulieferer[1280] eine große Rolle für die Performanz der Business Integratoren spielen, ist eine wissensbasierte und serviceorientierte Kooperation mit diesen ebenfalls in die Gestaltungsüberlegungen mit einzubeziehen.

Unter Berücksichtigung einer Vernetzung, Kooperation und Interaktion, die als *aktives Management von Partnerschaft und Wettbewerb* - als *Coopetition*[1281] - verstanden werden soll, können für die Interaktion mit Lieferanten und Partnern in einer Netzwerkstruktur analog zur Kundenbetrachtung gleichlautende Aussagen getroffen werden.

Beispielhaft für eine praktische Ausprägung der Lieferanten-/Partnerinteraktion können hier *Feedbackgespräche* mit Lieferanten *zu laufenden Projekten* oder auch die gemeinschaftliche Betrachtung der Zukunft z.B. mittels „*Future Conferences*"[1282] angeführt werden. In dem neuen wissensbasierten und serviceorientierten Miteinander müssen die jeweils betroffenen Personen dann auch ein neues und exklusives Selbstverständnis als *individuell verantwortliche Partnermanager* bzw. „*Supplier/Partner Knowledge Broker*" ihres Unternehmens entwickeln. Unter Verwendung der vorherigen Aussagen zu einem Customer Knowledge Management lassen sich somit auch die Konzepte des Supplier Relationship Managements zu einem

---

[1276] Siehe z.B. den Entwicklungsprozess in Abbildung 5-6, die Ausführungen zu Think Rooms in Kapitel 5.2.4 oder zur Gestaltung einer Community Charta in Kapitel 5.3.1.

[1277] Zusätzlich zu einer festen Verankerung der internen Communities of Practice als Tertiärorganisation. Siehe Kapitel 5.3.1 und die Fußnote 1227.

[1278] Als Beispiele können hier besonders wettbewerbsrelevante Informationen des Kunden oder Know-how und Kapazitätsdefizite des Business Integrators angeführt werden.

[1279] Gemeint ist z.B. das gängige Prinzip des „One Face to the Customer".

[1280] Vgl. [ZIMMER 2001, S. 44].

[1281] Vgl. [NALEBUFF/BRANDENBURGER 1996], zitiert in [NORTH 1999, S. 76]. Siehe auch die Ausführungen in Kapitel 2.4.3.

[1282] Gemeint sind gemeinsam durchgeführte Workshops, die bspw. mit Hilfe der Szenario-Technik mögliche Ausprägungen der Zukunft in verschiedenen Branchen oder Kundengruppen greifbar zu machen versuchen.

Supplier/Partner Knowledge Management ausweiten.

Es soll in diesem Zusammenhang die Forderung des Autors betont werden, dass die Vernetzung mit Kunden und Partnern/Lieferanten *nicht als entweder/oder-Entscheidung* zu treffen ist. Eine ständige Verbesserung im internationalen Wissensmanagement erfordert die *Verknüpfung von Außen- und Innensicht*[1283] *in mehreren Dimensionen* und ermöglicht erst so die permanente Entwicklung eines Unternehmens in Richtung der angestrebten virtuellen Hochleistungsorganisation. In der internationalen Wissensorganisation lässt sich schließlich über die interne und externe Vernetzung eine Selbstverstärkung zahlreicher Maßnahmen, Methoden und Vorgehen erreichen, die über *Spill over-Effekte* die jeweiligen Effekte sogar noch optimieren bzw. maximieren können.

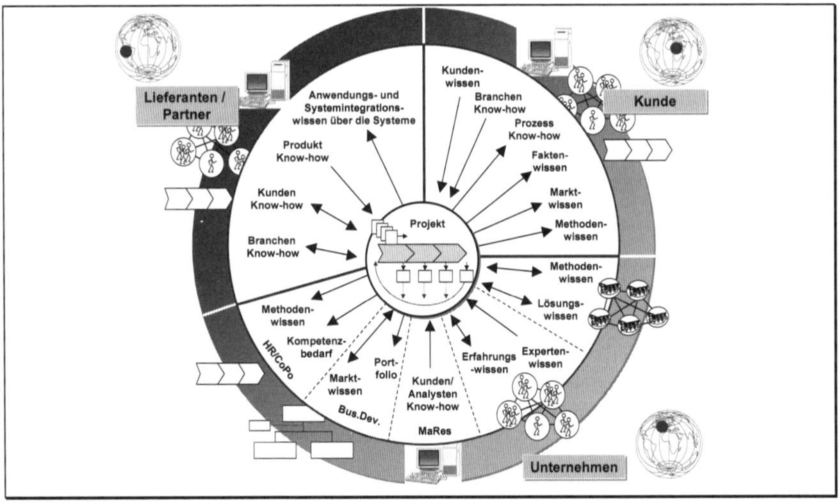

Abbildung 5-7: Wissensaustausch über das 360°-Projektkonstrukt[1284]

Der mögliche Wissensaustausch in einem wissensbasierten, serviceorientierten Kooperationskonzept ist am Beispiel des 360°-Projektkonstrukts in Abbildung 5-7 dargestellt.

5.4 Informations- und Kommunikationstechnologie als Enabler

„Man is a tool-using animal ... Without tools he is nothing, with tools he is all."

Thomas Carlyle (1795-1881)

[1283] Vgl. [NONAKA/TAKEUCHI 1997, S. 16], die diese Verknüpfung als besonders relevant für die Verbesserung japanischer Wettbewerber sehen.

[1284] Bei den hier dargestellten Wissensflüssen sind die wesentlichen ausgewählt worden. Weitere Wissensflüsse, die im Verlauf der Zeit z.B. auch beide Richtungen annehmen können oder sich zu anderen Wissensarten ergänzen, sollen mit dieser Darstellung nicht ausgeschlossen werden.

Wie schon zu Beginn der Arbeit[1285] explizit formuliert wurde, hat die Informations- und Kommunikationstechnologie das Thema Wissensmanagement in seinen Anfängen erheblich geprägt, tlw. sogar in Verruf gebracht. Die große Anzahl der techniklastigen Wissensmanagementprojekte, die ihrer Zielstellung in der Vergangenheit nicht gerecht werden konnten, scheint Experten in deren Meinung zu bestätigen, „technology is an enabler, not a driver“[1286].

Die Vielzahl der verschiedenen Systeme und Technologien sowie die Masse der verfügbaren Funktionalitäten[1287] und die Entwicklungsgeschwindigkeit der IT-Branche lassen die Beschreibung und Empfehlung eines dedizierten eineindeutigen Systems zur technischen Umsetzung und Unterstützung des internationalen Wissensmanagements nicht zu. Um jedoch eine effiziente und durchgängige Systemunterstützung für die notwendigen Wissensaktivitäten in der Internationalität zu gewährleisten, ist die Berücksichtigung von grundlegenden **Erfolgsfaktoren**, von **informations- und kommunikationstechnologischen Rahmenbedingungen** und von **Gestaltungselementen** erforderlich. Diese sollen im Nachfolgenden zusammenfassend dargestellt werden.

Es soll darüber hinaus nicht verschwiegen werden, dass der Autor die in der Fallstudie der Softlab GmbH dargestellten Systeme zum *Skill Information und Project Experience Management*[1288] im Rahmen der gewählten Zielstellung dieser Arbeit dringlich *zur Nachahmung* empfiehlt, sind sie doch ein wesentlicher technischer Unterbau für die Gestaltungsempfehlungen zu einem internationalen Wissensmanagement. Sie sind jedoch immer unter Berücksichtigung der unternehmensindividuellen Rahmenbedingungen auf die praktische Ausprägung der Zielstellung hin zu adaptieren.

Als grundlegende **Erfolgsfaktoren** aus IKT-Sicht werden die nachfolgenden Punkte für notwendig erachtet[1289]:

- *Integration* von Quellen und Systemen nicht nur über die Oberfläche, sondern auch auf inhaltlicher Ebene, um so eine einheitliche Navigation und Ausrichtung auf die Prozesse zu ermöglichen,
- Schaffung von *Standards*, die die Einheitlichkeit z.B. der Eingabe, des Abrufs oder der Bedienung fördern,
- Nutzung und Erweiterung *vorhandener Tools*,

[1285] Siehe die Einleitung in Kapitel 1 und die Fußnote 9.
[1286] Vgl. [LINKAGE 2000, S. 54].
[1287] Siehe zur umfangreichen Darstellung möglicher Systeme und Funktionalitäten [MAIER/KLOSA 1999] und [KLOSA 2001]. Siehe auch die Abbildung 3-10 und die Abbildung 3-11.
[1288] Siehe die Ausführungen in Kapitel 3.4.1.1, 3.4.1.2 und 4.3.3.3.
[1289] Vgl. [BLESSING 2001, S. 176ff.], [KRÜGER/SIMON 1999, S. 373] und [IFEM 2003, S. 17f.], ergänzt um eigene Punkte.

- Weit reichende *Kompatibilität* der verwendeten Technologien,
- *Skalierbarkeit*, um den weiteren Auf- und Ausbau der technischen Lösung zu ermöglichen,
- *Individualorientierung* durch „Profiling“[1290],
- *Mobile Computing*, z.B. über Datenbanksynchronisation oder Internetzugriff,
- IKT, die *durch Handlungen gesteuert* wird.

Da für die Systemlandschaft neben dem letztgenannten Punkt auch häufig Prozess-, Mitarbeiter- und/oder Wissenszentrierung gefordert wird, lässt sich hieraus ableiten, dass der *Zugang* zu und die *Verwendungsmöglichkeit* von den Systemen *flexibel in Abhängigkeit der jeweiligen Notwendigkeit* gestaltet sein muss. Eine *Kombination* zweck-, inhalts- und beziehungsorientierter *Medien* ist hier ratsam.[1291]

Da bei Wachstum und Internationalisierung alleinige organisatorische Lösungen wie z.B. Prozessintegration und organisatorische Vernetzung nicht mehr greifen, sind zusätzliche **informations- und kommunikationstechnologische Rahmenbedingungen** zu berücksichtigen.

Elektronische Netzwerke gewinnen in diesem Kontext immer mehr an Relevanz.[1292] Die Mobilität des Wissens und die Zielstellung der vermehrten Wissensnutzung und -wiederverwendung unabhängig von Zeit und Ort zwingen dabei zu einer *weiträumigen und dauerhaften Vernetzung* von Wissensbeständen, -trägern und -systemen. Die *Internettechnologie* und im Speziellen die *Extranets*[1293] in der Ausprägung von *Enterprise Information Portals*[1294] bieten hierbei die wesentliche Infrastruktur. Die *Computer Telephony Integration* ermöglicht dabei die vereinfachte Aufnahme der persönlichen Kommunikation und mindert so Aufwände für langwieriges Suchen und umständliches Kontaktieren.

Enterprise Information Portals müssen zukünftig vermehrt auch die Kunden- und Partner-/ Lieferanteninformation und -interaktion umfassen.[1295] Während die nach innen gerichteten Intranets und Yellow Pages tlw. bereits zu den traditionellen IKT-Tools gehören[1296], wird ein

---

1290 Auch *Personalisierung* genannt. Hiermit ist u.a. der benutzerspezifische Zugriff auf Inhalte, die Anzeige individualisierter Nachrichten und die individuelle Zusammenstellung von Anwendungen und Inhalten auf einer einheitlichen Oberfläche im Sinn eines „MyDesktop“ gemeint. Auch die Mechanismen des *Single-Sign-On* gehören in diesen Themenkomplex und erhöhen sowohl die Benutzerfreundlichkeit, die Sicherheit als auch die Integration von Anwendungen. Vgl. [IFEM 2003, S. 42].

1291 Siehe in diesem Zusammenhang die Ausführungen zur Wissenskommunikation in Kapitel 3.1.1.

1292 Vgl. [PROBST ET AL. 1999, S. 243].

1293 Siehe die Ausführungen in Kapitel 3.4.1.1.

1294 Siehe zur Struktur eines solchen Systems die Abbildung 3-12 und die Ausführungen in Kapitel 3.4.1.2.

1295 Vgl. [IFEM 2003, S. 15f.]. Siehe auch die Ausführungen in Kapitel 5.3.2.

1296 Vgl. [GIBBERT ET AL. 2002, S. 461]. Diesen Lösungen wird aber eine weiterhin positive Zukunft vorausgesagt, da die mit dem Intranet verbundenen Erwartungen der Anwender auch weit gehend eingetreten sind. Vgl. [IFEM 2003, S. 42].

Customer Knowledge Management erst durch *elektronische Kundendirektkontakte* und durch *Interaktivität* im World Wide Web ermöglicht[1297].

Eine praktische Ausprägung hiervon könnte bspw. ein Project Experience System sein, das mittels integrierter elektronischer Workspaces den aktiven Projektwissensaustausch über verschiedene Niederlassungen des Kunden und Beraters hinweg ermöglicht und dem Kunden auch Analysen oder Vorschläge zur Verbesserung der Projektarbeit und der verwendeten Methoden und (Teil-)Lösungen erlaubt. Ein anderes Beispiel aus dem Vertrieb und Marketing ist ein vernetztes Vertriebsinformations- bzw. CRM-System, das sowohl dem Business Integrator als auch seinem Partner/Lieferanten die gemeinsame Plattform für den Austausch und die Kooperation in gemeinsamen Akquisen bietet und sowohl Rückschlüsse für die Produktentwicklung als auch zum Vorgehen und zur Argumentation im Vertriebsprozess ermöglicht.

Vernetzung als Rahmenbedingung bedeutet schließlich aber auch die *Verbindung einzelner Systeme*[1298] innerhalb eines Unternehmens zur Schaffung kontext-sensitiver Anwendungslandschaften im Beratungsbereich.[1299]

Die schier unerschöpflichen Speichermöglichkeiten zu sehr geringen Kosten lassen das Aufkommen gigantischer Meta-Archive befürchten, was durch das Zusammenwachsen unterschiedlicher Quellen sowie interner und externer Systeme noch verstärkt wird. Die *Organisation der elektronischen Wissensbasis* wird vor diesem Hintergrund zu einer wichtigen Aufgabe. Hier helfen *Document* und/oder *Content Management Systems*, sowohl Inhalte effizient zu verwalten[1300] als auch mittels *Pull- und Push-Mechanismen* empfängergerecht zuzustellen.

Da die *Qualität der Informationsmedien* als entscheidender Einflussfaktor der Kommunikationszufriedenheit der Mitarbeiter gilt[1301], bedeutet dies u.a. die Notwendigkeit zur Berücksichtigung der *Bedienerfreundlichkeit* des Systems hinsichtlich der benutzerabhängigen Mehrsprachigkeit[1302], der verfügbaren Sprachen und der Verschlagwortung von Inhalten entsprechend der Firmensprache sowie der Automatismen zur Verlinkung von physischen und humanen Wissensträgern auf Grund häufig vorkommender Wörter oder Autorennamen.

1297 Vgl. [GIBBERT ET AL. 2002, S. 459ff.].

1298 Bspw. eines Project Experience mit einem Skill Information oder mit einem People Development System. Siehe die Ausführungen zu entsprechenden Potenzialen (z.B. personenorientierte Projekt-Assessments zur besseren Projektbesetzung bei gleichzeitiger Weiterbildungsevaluierung) in Kapitel 5.2.2 und 5.2.3.

1299 Eine durchgängige Navigation bzw. Hyperlinks und Hypermedia sind hier die Schlagworte.

1300 Siehe beispielhaft die Ausführungen zu Yellow Pages in Kapitel 3.4.1.2.

1301 Vgl. [SCHOLZ 2000, S. 16].

1302 Dies gilt als eine praktische Ausprägung des „Profilings“. Siehe die Aufzählung von Erfolgsfaktoren zu Beginn des Kapitels und die Fußnote 1290.

Die verwendeten Systeme haben sowohl die Kommunikation[1303], als auch die Koordination[1304] und Kooperation[1305] in der Internationalität zu unterstützen. Im Bereich der Kommunikation müssen dazu *unterschiedliche Kanäle und Endgeräte* bedient werden. Die Koordination hat zu berücksichtigen, dass der Zugriff und somit die Verarbeitung von Dokumenten unter Berücksichtigung von Ladezeiten, Transferraten etc. in verschiedenen Formaten möglich sein muss bzw. die *Einheitlichkeit von Formaten* über das *Electronic Document Publishing* zum Unternehmensstandard erklärt und fortwährend gewährleistet wird.

Auch in Bezug auf die **Gestaltung von Systemen** sind einige wesentliche **Notwendigkeiten** zu berücksichtigen.

Da die Einführung von Softwarepaketen der sichtbarste Eingriff in die organisationale Wissensbasis ist[1306], muss über *nutzerfreundliche Wissensinfrastrukturen* und die *Integration der Software* in den jeweiligen Arbeitskontext bzw. -prozess die Wahrscheinlichkeit der tatsächlichen Nutzung neuer Systeme und des Einsatzes neuen Wissens erhöht werden. Zur *Integration der Systeme in das Tagesgeschäft* spielt auch die Fähigkeit der Systeme zur Erledigung allgemeiner operativer Anforderungen von Kunden eine wichtige Rolle. Beispielhaft kann hier die Funktion eines Skill Management Systems zur automatischen Generierung und Verwaltung von Mitarbeiterprofilen und zur Administration auch privater Interessen der Mitarbeiter oder eines Project Experience Systems zur (Teil-)Generierung und Verwaltung von Projektreferenzen angeführt werden.[1307]

Die vorher genannte Anforderung der Qualität der Informationsmedien bedeutet in dem hier beschriebenen Kontext die *GUI-Akzeptanz* durch den Anwender auf Grund einfacher Bedienbarkeit und verständlicher Umsetzung der zugrunde liegenden Methoden, Standard-Schnittstellen und Prüfprozeduren für Eingaben.[1308] Da die Qualität der Eingabe entscheidend

---

[1303] Als Anforderung, die sich bspw. aus Kapitel 5.2.4 und 5.3.1 ergibt.

[1304] Hierzu ist es notwendig, *Kontexte von Wissen* (z.B. bei welchem Kunden, in welcher Branche) und *aktive Empfehlungen zur An- und Wiederverwendung von Wissen* in Systemen mitzuführen.

[1305] Vgl. [IFEM 2003, S. 17]. Bspw. mittels organisierter Austauschmöglichkeiten in *asynchronen Foren*, in *synchronen Chats* und/oder in *elektronischen Teamrooms*. Siehe die Ausführungen zum virtuellen Teaming bzw. Collaborative Consulting in Kapitel 3.4.1.2.

[1306] Vgl. [PROBST ET AL. 1999, S. 171].

[1307] Ersteres wird von Kunden vor Projektauftrag oder Mandatsvergabe verlangt, um die Qualität von Beratern „überprüfen“ zu können, das zweite Beispiel ermöglicht die Kontaktaufnahme und Community-Bildung auch im privaten Bereich und das dritte spielt im Rahmen von Akquisitionsvorhaben eine Rolle, da hiermit die Befähigung und Erfahrung eines Business Integrators zur Umsetzung eines geplanten Projektes demonstriert werden soll.

[1308] Vgl. [KOPPERGER/SCHULTE 2001, S. 35]. Eine mangelnde Bedienerfreundlichkeit der eingesetzten Software führt schnell zu einer ablehnenden Haltung der Mitarbeiter. Vgl. [IFEM 2002, S. 2].

für die Qualität und Richtigkeit der Ausgabe ist, ist diese über *Controlled Vocabularies*, *vergleichbare Begriffsverwendungen*, *Schlagworte* und *Klassifizierungen* zu fördern. *Feedbackmechanismen* für eingestellte Dokumente und die *Kombination von zentraler und dezentraler Pflegeverantwortung*[1309] helfen darüber hinaus, die Qualität der Inhalte positiv zu beeinflussen. Zukünftig intelligentere Softwareagenten in Form von „*Findemaschinen*" inkl. *vielfältiger Darstellungsformen*[1310] unterstützen zusätzlich, dasjenige aufzugreifen und anzuzeigen, was den jeweiligen Nutzer wirklich interessiert und somit näher an den Informationsinteressen des Individuums anzusetzen.

Dabei müssen sich die jeweiligen *Aufzeichnungen* immer an den *Wissensobjekten* der individuellen Zielstellung des Unternehmens *orientieren*[1311] - eine massive Explizierungsstrategie ist demnach unbedingt zu vermeiden - und sind stets als „*lebende Dokumente*"[1312] zu organisieren.

Trotz aller Notwendigkeit zur Aufbewahrung wettbewerbsrelevanten Wissens darf die technologische Lösung den Vorgang der Aktualisierung und Löschung - das *elektronische Vergessen* - nicht vernachlässigen. Ansonsten droht die Todesspirale.[1313] Als weitere Gestaltungshinweise werden hier deshalb *automatische Erinnerungen an Autoren* und *das automatische Löschen* von Beständen *über Gültigkeitsstempel* angeführt.

Die Vielzahl der physischen Wissensträger in der Internationalität erfordert schließlich den Aufbau von *Meta-Medien*, die über Beschreibungen und Verweise den schnellen Zugriff auf weit entfernte Informationenquellen und humane Wissensträger ermöglichen. *Hyperlinks* in Dokumenten und Systemen sowie *Integrationsplattformen* helfen zusätzlich, ohne Kommunikations- und Prozessbrüche simultan Dateien zu bearbeiten, entfernt tätige Experten in Projekte einzubinden und auf lokal verteilte Anwendungen und Datenbanken zuzugreifen.

Zum Abschluss der Beschreibung soll auch die *Prozessautomation* nicht unerwähnt bleiben. Obwohl der Einsatz eines Workflow Management Systems erst ab einem signifikanten Stan-

---

1309 Da noch kein dominierendes Organisationsprinzip festgestellt werden konnte, bietet sich die Kombination beider Möglichkeiten, dominiert durch die jeweiligen unternehmensspezifischen Ausprägungen und Belange, an. Vgl. [IFEM 2003, S. 12ff.].

1310 Denkbar sind neben Texten und Tabellen auch andere grafische Darstellungen z.B. in Form von *MindMaps*, von *Graphengebirgen* zur Darstellung von Themenrelevanzen oder von *Insellandkarten* zur Darstellung von Themenabhängigkeiten.

1311 In der hier gewählten Zielstellung haben sich demnach die Dokumentationsbestrebungen auf die internationalen Projekterfahrungen i.w.S. und auf die Fertigkeiten, Fähigkeiten und Neigungen der Mitarbeiter zu konzentrieren.

1312 Siehe Kapitel 3.4.1.1, 4.3.3.1, 5.2.1 und die Fußnote 1130.

1313 Vgl. [PROBST ET AL. 1999, S. 316].

dardisierungsniveau des Geschäftsprozesses sinnvoll ist und deshalb kaum für die individuelle und komplexe Projektarbeit eines Beraters Verwendung finden kann, können die *Grundüberlegungen* dieser Systeme für (Teil-)Prozesse eines internationalen Wissensmanagements *angewendet* werden. So können neben den vorgenannten automatischen Erinnerungen an Autoren[1314] z.B. auch Fehler beim Ablegen von Lessons Learned- und Best Practice-Dokumenten reduziert und letztendlich der Gesamtaufwand für dokumentierende Wissensaktivitäten im Projektkontext minimiert werden.

Letztendlich kann **resümiert** werden, dass bei der Gestaltung neuer technologischer Lösungen für die Unterstützung der Kommunikation und Kooperation im internationalen Wissensmanagement vor allem die *Kombination physischer und humaner Wissensträger in Form von Hybridsystemen* unabdingbar ist. Die Hybridstruktur und die Inhaltlichkeit der Wissensmanagementsysteme erfordern darüber hinaus ein entsprechendes *Rollenkonzept*[1315], das nicht nur die erfolgreiche Implementierung des jeweiligen Systems unterstützen hilft, sondern für eine dauernde Aktualität der Inhalte und die Verwendung der Systeme im täglichen Berufsalltag sorgt. Die bereits genannten Mechanismen des Single-Sign-On sorgen dabei für die Umsetzung des Rollen- und Rechtekonzepts unter Berücksichtigung diverser Sicherheitsaspekte.

Weitere *Nutzungsstrategien* auf struktureller Ebene können über Bewertungsmatrizen[1316] evaluiert werden und unterstützen somit die Auswahl der richtigen Anwendungen und Systeme aus dem überaus großen Angebot.

Abschließend soll die Position des Autors nochmals manifestiert werden, die sich für die *Einführung einer gemäßigten informationstechnologischen Lösung* unter Berücksichtigung unternehmensspezifischer Belange ausspricht.[1317] Dabei sollen eine Konsistenz der verwendeten Technologien gewahrt und die Integration bereits bestehender Systeme und Anwendungen in einem Gesamtkonstrukt ermöglicht werden. Da bereits viele Wissensmanagementfunktionen in den Unternehmen implementiert sind, aber (noch) nicht intensiv genutzt werden, liegt auch bei der Gestaltung und Einführung der technologischen Komponente eines internationalen Wissensmanagements ein *Schwerpunkt auf der effektiven und effizienten Anwendung der Systemteile*.

[1314] Bspw. zur Aktualisierung und Vervollständigung von Inhalten oder zur Freigabe von Mitarbeiterprofilen.

[1315] Siehe zu Inhalten und Verantwortlichkeiten technisch-orientierter Rollen die Tabelle 3-7.

[1316] Siehe als Beispiel die Abbildung 3-9.

[1317] Dieses geht mit empirischen Ergebnissen konform, nach denen ein begrenzter Einsatz von Technologie oft höheren Nutzen bringen kann als die technische Rundumlösung. Vgl. [PROBST ET AL. 1999, S. 254].

So genannte „*Killer Applikationen*“[1318] helfen dabei, die Akzeptanz und Nutzung der Portale im Unternehmen zu erreichen.[1319] Dieses können z.B. auch Self Service-Dienste zur Bestellung von Büroartikeln und Dienstwagen, zur Urlaubsbeantragung, aber auch Reiseplanungen, Spesenabrechnungen und Kleinanzeigen sein. Verstärkt werden diese Möglichkeiten noch durch die Verankerung eines Konzepts des *Single-Point of Entry*.[1320]

Auch die Verfügbarkeit von Computer-based Trainings (CBT)[1321] in einer unternehmensweiten Lösung liefert nicht nur Problemlösungen für spezielle Fragestellungen[1322], sondern unterstützt das Interesse der Mitarbeiter an der gesamten Anwendungslandschaft. CBTs eignen sich jedoch mehr für Lösungen, die innerhalb der Organisation häufig multipliziert werden sollen und schließen damit eher quantitative als qualitative Wissenslücken. Zur Verwirklichung des bereits angeführten Mobile Computing lassen sich hieraus Überlegungen ableiten, nach denen bestimmte Lessons Learned- und Best Practice-Dokumente in Form der CBTs - vielleicht gerade für junge Berater - aufbereitet und zur Verfügung gestellt werden müssen.

Die Faktoren Flexibilität, Kontinuität und Verlässlichkeit sind für die gesamte technische Lösung prägende Faktoren, die dessen enormes Potenzial auszuschöpfen helfen und es dann zu einem wirklichen „Enabler“ für das internationale Wissensmanagement werden lassen.

5.5 „The International House of Knowledge Management”: Die virtuelle Best Practice-Organisation

5.5.1 Einleitende Worte

Im bisherigen Verlauf des Kapitels 5 wurden die zur Gestaltung eines internationalen Wissensmanagements notwendigen Dimensionen aufgezeigt und deren Gestaltungsoptionen beschrieben. Hiermit wurde ein Handlungsrahmen aufgespannt, der den wissensintensiven Unternehmen im internationalen Wettbewerb eine neue Performanz ermöglicht.

Ein neues Paradigma kann jedoch nur greifen, wenn es nicht in alten Formen verankert wird[1323]. Die Transformation auf Basis des vorgeschlagenen Konzepts bedingt, dass mehrere Merkmale einer Organisation tief greifend geändert werden. Für das Management dieses

[1318] Anwendungen, die einer Technologie zum (wirtschaftlichen) Erfolg verhelfen. Ein Beispiel aus der Telekommunikationsbranche ist der Short Message Service (SMS), der ursprünglich nur für das netzinterne Broadcasting definiert war.

[1319] Vgl. [LINKAGE 2000, S. 15].

[1320] Dieses garantiert, dass auf alle notwendigen Anwendungen und Systeme nur zentral über das Portal zugegriffen werden kann.

[1321] Siehe in diesem Kontext bspw. die Case Study der DEUTSCHEN TELEKOM AG in [GEHLE/MÜLDER 2001, S. 205ff.] und die Ausführungen in [GEHLE/MÜLDER 2002, S. 203ff.].

[1322] Vgl. [PROBST ET AL. 1999, S. 173].

[1323] Vgl. [NONAKA/TAKEUCHI 1997, S. 140].

Wandlungsprozesses wird einerseits Wissen über die alternativ angestrebten Zustände und andererseits die Beherrschung der Veränderungsdynamik und der damit verbundenen Unternehmensentwicklung verlangt.[1324] Da auf Grund von Forschungsergebnissen[1325] davon auszugehen ist, dass Unternehmen ihre Gestalt auch graduell ändern können und nicht ausschließlich sprunghaft in einen anderen Archetyp wechseln, scheint unter Berücksichtigung bereits angeführter übergeordneter Argumente[1326] das Motto ratsam „so viel Veränderung wie möglich, so wenig Chaos wie nötig". Dabei sollte der Transformationsprozess selbst auch als Chance begriffen werden, bei dem jeder Veränderungsfortschritt einen Erfolg darstellt und nicht erst der Endzustand das Ziel ist.

Mit Verweis auf CHANDLERS Aussage „Structure follows Strategy"[1327] werden mit FISCH[1328] erste Stimmen laut, die mit „Structure follows Knowledge" eine Anforderung formulieren, die hinsichtlich Balance, Flexibilität und Dynamik ernorme Ansprüche an Unternehmen stellt. Erfolg im heutigen Wettbewerb ist davon abhängig, dass man Markttrends vorwegnimmt[1329] und rasch auf sich verändernde Kundenbedürfnisse reagiert. Erfolgreiche Unternehmen kreieren blitzschnell Produkte und Dienstleistungen, besetzen Märkte und manchmal Branchen und verlassen diese auch wieder schnell. Der Kern der Strategie in einem solchen Umfeld liegt nicht allein in der Struktur der Produkte und Märkte eines Unternehmens, sondern in der Dynamik seines Verhaltens. Zu den Fähigkeiten und Fertigkeiten eines Business Integrators gehören also nicht nur die individuellen Kenntnisse der Mitarbeiter, sondern auch die Fähigkeiten, Märkte zu analysieren und zu bewerten, Partner- und Lieferantennetze zu managen und Kunden mit einem umfassenden Servicemanagement zu überraschen.

Obwohl die von FISCH angeführte Anforderung hinsichtlich ihrer erneuten Einseitigkeit kritisch zu betrachten ist und hiermit auch noch nicht das Ursache-/Wirkungsdilemma von Struktur und Strategie bzw. von Struktur und Wissen beseitigt ist, verdeutlicht sie doch die

---

[1324] Allein die durchschnittlich geplante Implementierungszeit einer konkreten technischen Wissensmanagementlösung, die zwischen 6 Monaten und 1 Jahr, bei Unternehmen größer 500 Mitarbeitern sogar zwischen 1 und 2 Jahren liegt (vgl. [IFEM 2001A, S. 6], [META 2001, S. 10], [META 2001F, S. 5], [TENBIEG 2001, o.S.]), verdeutlicht diese Anforderung.

[1325] Vgl. [KUTSCHKER 1999, S. 1144].

[1326] Siehe die Ausführungen zur Balance, Kontinuität, Nachhaltigkeit und Verlässlichkeit in Kapitel 5.1.1, ergänzt um die Flexibilität in Kapitel 5.4.

[1327] Siehe die Fußnote 780 in Kapitel 3.3.

[1328] Vgl. [FISCH 2002].

[1329] Hierfür wird der angels. Begriff des „First Movers" verwendet.

Notwendigkeit zur strukturellen Veränderung[1330] in (Teil-)Abhängigkeit von Wissen und somit zu Restrukturierungsmaßnahmen für die Einführung des internationalen Wissensmanagements. Um eine Auflösung des Konflikts im Rahmen dieser Ausführungen herbeizuführen, kann in Anlehnung an KUTSCHKER[1331] die Gleichung „Strategie gleich Struktur gleich Wissen" als mögliches Gedankengerüst fungieren.

5.5.2 Einordnung und Darstellung

In Kapitel 2.5 wurde das „International House of Knowledge Management" als Analyserahmen eingeführt, mit dessen Hilfe verschiedene in der Literatur und Praxis verfügbare Maßnahmen, Methoden und Konzepte ausgewählt, näher betrachtet und den einzelnen Gestaltungsdimensionen zugeordnet werden können. Dieser Analyserahmen ist in der nachfolgenden Abbildung 5-8 nochmals dargestellt.

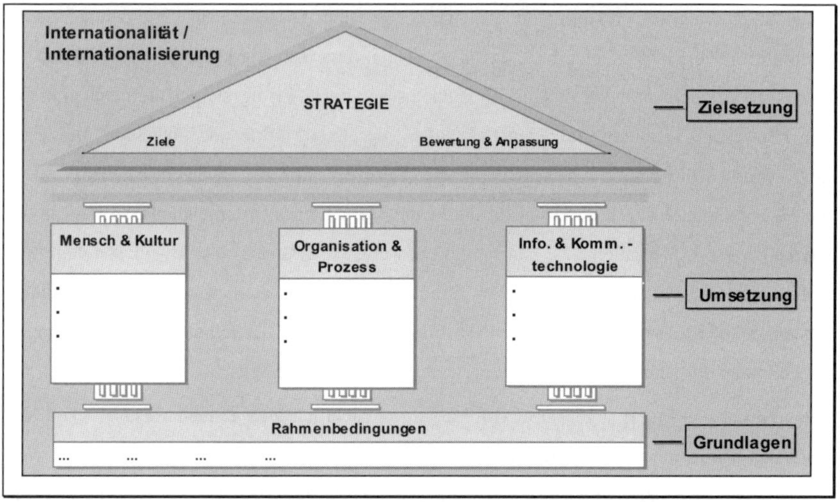

Abbildung 5-8: „The International House of Knowledge Management" (Rohbau)

Für eine bessere Anschaulichkeit werden die in Kapitel 5 ausgesprochenen Gestaltungsempfehlungen nachfolgend wieder in das „International House of Knowledge Management" eingeordnet und bilden dabei ein in sich geschlossenes, ganzheitliches Konstrukt. Hierbei wird auf die in den jeweiligen Kapiteln verwendeten Überschriften, Meta-Begriffe und Schlag-

---

[1330] Auch andere Autoren führen z.B. mit der Aufbau- und Ablauforganisation, der Kultur, der IKT-Landschaft und dem organisationalen Gedächtnis Komponenten auf, die sich im Verlauf eines Wissensmanagementprozesses ändern. Vgl. u.a. [KLOSA 2001, S. 12].

[1331] Vgl. [KUTSCHKER 1994, S. 227f.], der formuliert, dass das Konzept der transnationalen Unternehmung das Dilemma über die Gleichung „Strategie gleich Struktur" auflöst.

worte zurückgegriffen, die den entsprechenden „Gebäudeteilen“ zugeordnet werden.

Damit wandelt sich das „International House of Knowledge Management“ von einem Analyserahmen und Auswahlkonzept zu einem anwendungsorientierten Handlungsrahmen und Managementinstrumentarium für die gewählte Zielstellung dieser Arbeit. Hierdurch wird die virtuelle Best Practice-Organisation symbolisiert, in der zwar einzelne Gestaltungselemente unternehmensspezifisch akzentuiert werden können, aber keine ausgelassen oder später „nachgeholt“ werden dürfen. Dieses wäre gleichbedeutend mit dem Fehlen tragender Säulen in der Metapher des Hauses und würde letztendlich zum Einsturz desselben führen.

Das Dach für die Konstruktion liefert der Strategiebereich, der in der nachfolgenden Abbildung 5-9 rot dargestellt ist. Er schützt die verschiedenen Säulen der Gestaltung durch seine spezifische Eigenform und gibt dem Haus darüber hinaus eine gesamtheitliche Anmutung (die strategische Richtung), die auch aus der Ferne gut erkennbar ist.

Eine der drei tragenden Säulen des Hauses ist der Bereich Mensch & Kultur, der in der Abbildung gelb dargestellt ist. Obwohl er in der Geschäftswelt der Business Integratoren einen wesentlichen Gestaltungsaspekt darstellt, ist er doch nur in Verbindung mit den beiden anderen Säulen stark genug, das massive Dach der Strategie zu tragen. Die Verwirklichung der in dem vorgenannten Bereich avisierten Maßnahmen bedarf einer organisationalen und prozessualen Einbettung. Diese Einbettung sowie weitere darüber hinausgehende ergänzende und eigenständige Methoden und Konzepte bilden die zweite Säule des Hauses, die durch die grüne Kennzeichnung hervorgehoben ist. Durch die dritte Säule schließlich, die für den Bereich der Informations- und Kommunikationstechnologie steht und die durch Blaufärbung dargestellt ist, erfährt das Haus seine notwendige Ausgeglichenheit, die für die Umsetzung unterschiedlicher Strategien und für die gegenseitige Unterstützung der drei Gestaltungsbereiche notwendig ist.

Seine endgültige Tragfähigkeit erfährt das „International House of Knowledge Management“ durch ein solides Fundament, welches in der Abbildung grau eingefärbt ist. Hiermit wird nicht nur die allerorts verlangte Ganzheitlichkeit[1332] im Gedankengut eines internationalen Wissensmanagements erreicht, sondern gelangen und verbleiben auch wichtige Rahmenbedingungen im Spektrum der Betrachtung. Da die Aspekte der Virtualität umfassend in dem Konzept des „International House of Knowledge Management“ berücksichtigt sind und auch die notwendige Vernetzung innerhalb und außerhalb eines Unternehmens ihre Gestaltungs-

[1332] Vgl. u.a. [PFEIFER ET AL. 2002, S. 26], [META 2001, S. 14] und [META 2001F, S. 3].

hinweise weise erfährt, symbolisiert der dargestellte Handlungsrahmen die virtuelle Hochleistungsorganisation bzw. die Netzwerkorganisation der Zukunft.

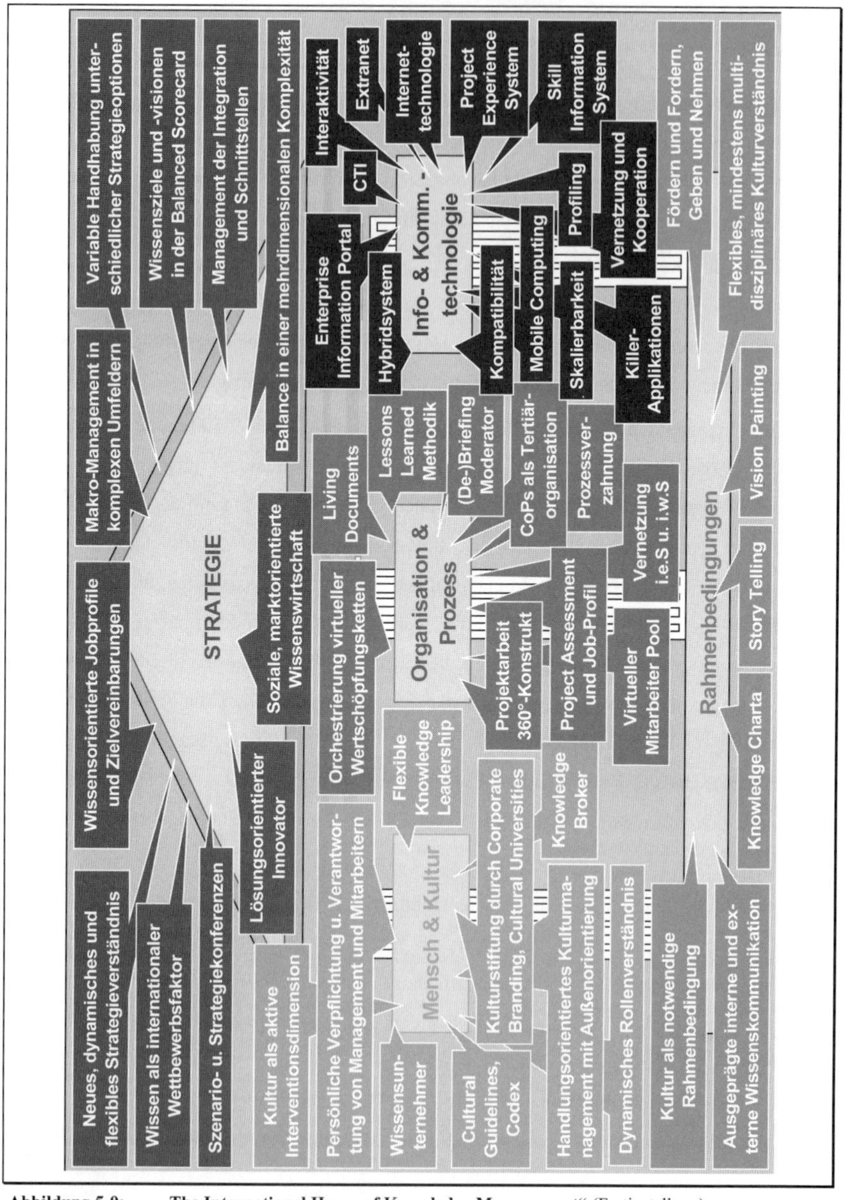

Abbildung 5-9: „The International House of Knowledge Management“ (Fertigstellung)

Die dargestellten Elemente sollen jedoch nicht den Eindruck einer starren Maßnahmenstruktur erwecken. Sie sind ein Ausschnitt vieler verschiedener Möglichkeiten, hier mit einem speziellen Verweis zur Wissensnutzung, -anwendung und -wiederverwendung im internationalen Kontext. Bei anderen Schwerpunkten der Unternehmen können somit andere Zusammenstellungen entstehen.

5.5.3 Abschließende Bemerkungen zur Verwendung

Die Handlungsorientierung des Modells lässt sich auf das Verhalten von Business Integratoren im Tagesgeschäft übertragen. Demnach müssen die Unternehmen auch in der betrieblichen Praxis vor allem handeln. Sie sollen nicht alle möglichen Tools untersuchen, Wettbewerber nicht bis ins Kleinste beobachten und nicht alle (Wissens-)Aktivitäten kontrollieren. Denn dann besteht die Gefahr einer Paralyse durch Analyse.

Es muss daher toleriert werden, dass Wissenskonzepte immer individuell sind und tlw. im Unternehmen erst verprobt werden müssen. Dabei kann es dann auch dazu kommen, dass bereits begonnene Aktivitäten wieder eingestellt und neue Maßnahmenkombinationen zur Umsetzung des internationalen Wissensmanagements ausgewählt werden müssen. Die Entnahme eines Aktivitäten-Mix aus den verknüpften Modellen ist unternehmensspezifisch und somit in der Verantwortung der Anwender des Modells. Sie bestimmen in Abhängigkeit von ihrer jeweiligen Sichtweise und der damit verbundenen Akzentuierung die Konfiguration des „magischen" Dreiecks Mensch/Kultur, Prozesse/Organisation und Informations- und Kommunikationstechnologie. Die einzelnen Maßnahmen sind dabei immer zu einer umfassenden Vorstellung von Wissensorientierung zu verknüpfen, die insgesamt von der Organisation geleistet werden soll.[1333] Die Angemessenheit in der Transparenz, in der Auswahl der Instrumente und in der Akzentuierung einzelner Dimensionen gilt als Grundsatz für alle Elemente, damit eine kontinuierliche, sich ständig verbessernde und nachhaltige Organisation des internationalen Wissensmanagements erreicht werden kann.

Auf Grund der Interdependenzen von Projektmanagement, Wissensmanagement und Kulturaspekten sowie der Interferenz und Rekursivität von Wissensmanagement und Kultur ist bei dem Einsatz der Methoden ein Gleichklang, eine gleiche Richtung bzw. eine gleiche Ausrichtung zu verfolgen, damit sich die einzelnen Elemente nicht widersprechen.

Als ein Anti-Beispiel soll das Verhalten eines fiktiven Unternehmens hier aufgeführt werden:

[1333] Hier wurde eine Anleihe bei [HESKETT ET AL. 1994, S. 57] getätigt, die dieses zur Umsetzung einer neuen Serviceorientierung von Unternehmen vorschlagen.

Beispiel 12: Anti-Beispiel bzgl. des Gleichklangs von Maßnahmen

Die internationale Interaktion der Mitarbeiter in den einzelnen Unternehmensteilen und Niederlassungen soll gefördert werden und es sollen zukünftig verstärkt Gemeinschaftsprojekte über Ländergrenzen hinweg durchgeführt werden, aber...

...gleichzeitig werden individuelle oder regionale Auslastungsquoten erhöht,
...gleichzeitig wird restriktiv mit Reise- und Kommunikationskosten umgegangen,
...gleichzeitig werden keine Sprach- und Kulturtrainings angeboten,
...gleichzeitig werden lieber die kleinen potenziellen Kunden „vor der Haustür“ akquiriert als große, komplexe und internationale Kunden mit Hauptsitz z.B. im Land einer kleineren Ländergesellschaft auf- und/oder ausgebaut,
...gleichzeitig werden unmittelbare, kurzfristige quantitative Ziele eingefordert.

In all den Methoden, Aufgaben und Aktivitäten des internationalen Wissensmanagements ist „nur“ eine „relative Meisterschaft“ zu erreichen. Dieses meint eine möglichst gute und/oder möglichst schnelle Performanz im Verhältnis zu den Mitbewerbern bzw. in den Augen der Kunden und Partner/Lieferanten. Es gilt also nicht, das jeweils Absolute anzustreben, da damit die Gefahr der statischen Verfolgung von Zielen verbunden ist. Relative Performanz benötigt aber Flexibilität. Das Erreichen der hierzu notwendigen Professionalität im internationalen Wissensmanagement als Ausgangsbasis wird durch die Normalität bzw. Alltäglichkeit der Wissensaktivitäten und deren Kultivierung im Berufsalltag ermöglicht. Diese Routine in der internationalen Wissensorganisation ist damit das Kennzeichen für die Verwirklichung des wissensbasierten und -orientierten Unternehmens.

Die Exzellenz als Steigerungsform der Professionalität schließlich erfordert darüber hinaus etwas mehr, als allgemein erwartet wird. Ob realiter oder „nur“ in der durch den Kunden oder die Partner/Lieferanten verspürten Erlebnisqualität.

Wissensmanagement beginnt und endet letztendlich beim Individuum. Der wissensbewusste Mitarbeiter lebt Wissensmanagement, d.h. er kann und will relevantes Wissen identifizieren, erwerben, entwickeln, verteilen und nutzen.[1334] Dieses grundsätzliche Verständnis soll auch für die nachfolgenden, hier letztgenannten Aspekte der Anreize und Bewertung der Wissensorientierung gelten, mit denen die Ausführungen zur Gestaltung eines internationalen Wissensmanagements abgeschlossen werden.

5.5.4 Anmerkungen zu Anreiz und Bewertung im internationalen Wissensmanagement

Der Schlüssel des Erfolgs scheint prinzipiell nicht in einer revolutionären, sondern vielmehr

[1334] Vgl. [PwC 2001].

in einer inkrementellen, wissensbasierten Unternehmensentwicklung zu liegen, die u.a. Strategie, Führung und Innovation als Gestaltungsparameter nutzt. Die Erfolgswirksamkeit zeigt sich dann z.B. quantitativ in den Wertgeneratoren Gewinnmarge, Leistungsqualität und -sicherheit, stabilen Geschäftsbeziehungen und in einer Preiswürdigkeit der Leistung und qualitativ in einer erhöhten Handlungs-, Reaktionsfähigkeit und Flexibilität des Unternehmens, sowie in der Vielfalt der praktizierten Unternehmenswerte.

Erfolgreiches Wissensmanagement ist dabei nicht mit geringem Aufwand umzusetzen[1335], es ist nicht zum Nulltarif zu haben.[1336] Die Ausgaben für Wissensmanagement sind nicht selten enorm und überschreiten in größeren und großen Unternehmensberatungen häufig die Grenze mehrerer Millionen Dollar.

ERNST & YOUNG bspw. führen ca. 125 Mio. USD jährliche Kosten an[1337], MCKINSEY investiert ca. 10% des Umsatzes jährlich für Wissensmanagement[1338]. REINHARDT[1339] hat darüber hinaus für eine systematische gesamtunternehmensbezogene Einführung von Wissensmanagementprozessen bei 10.000 Beschäftigten eine Summe von ca. 3,57 Mio. EUR errechnet, d.h. ca. 360 EUR pro Mitarbeiter. PwC geht sogar von mehr als 500 EUR pro Mitarbeiter aus.[1340]

Allein vor dem Hintergrund solcher Zahlengerüste sind nachfolgend nochmals einige differenzierte Überlegungen zur Motivation und Motivierung sowie zur Messbarkeit und Bewertung im internationalen Wissensmanagement opportun.

5.5.4.1 Anreize und Motivation für Management und Mitarbeiter

Allein an der Frage „Ist Selbstverständliches selbstverständlich oder benötigt der Umgang mit Wissen eine besondere Stimulation?“ scheiden sich die Geister in Wissenschaft und Praxis. Während z.B. 84% der befragten KMU angeben, über keinerlei Anreizsysteme zu verfügen[1341], werden in Großunternehmen die Motivation von Mitarbeitern und entsprechenden Instrumente als einer der wichtigsten Erfolgsfaktoren für Wissensmanagement gewertet[1342].

1335 Vgl. [STEINBEISS 2003, S. 12].
1336 Vgl. [PFEIFER ET AL. 2002, S. 26].
1337 Vgl. [BLESSING 2001, S. 90]. ERNST & YOUNG gehen aber bei 9,2 Mrd. USD Umsatz mit 78.000 Mitarbeitern auch davon aus, dass über das Thema Wissensmanagement jährlich ca. 800 Mio. USD eingespart werden können.
1338 Vgl. [IGL/LEHNER 2000, S. 48], [PROBST ET AL. 1999, S. 325].
1339 Vgl. [REINHARDT 1999, S. 37].
1340 Vgl. [PWC 2001B].
1341 Vgl. [PFEIFER ET AL. 2002, S. 25], die einen Anteil von 41% an Dienstleistungsunternehmen in ihrer Studie aufweisen.
1342 Vgl. [MÜLLER/STRAHRINGER 2000, S. 3], die für diesen Punkt den 3. Platz ermittelten. Vgl. auch [STEINBEISS 2003, S. 14].

Neben vielfältigen anderen lassen sich die folgenden Wirkungen und Zielstellungen von Motivations- und Anreizsystemen wiederkehrend in der Literatur[1343] finden:

- Generierung von Begeisterung für die Idee des Knowledge Managements,
- Förderung der Knowledge Management Kultur,
- Steigerung der Motivation der Mitarbeiter zur Wissensteilung, zur Generierung neuer Inhalte und zur Nutzung bestehenden Wissens.

Während nach DÖRING-KATERKAMP/TROJAN[1344] die *Motivierung* als Vielzahl von Maßnahmen definiert werden kann, um einen Mitarbeiter zu einem gewünschten Verhalten zu bewegen, gilt die *Motivation* als Bereitschaft eines Mitarbeiters selbst, eine Leistung erbringen bzw. ein bestimmtes Verhalten an den Tag legen zu wollen. Die Motivation zählt dabei zu den zentralen Bestimmungsgrößen menschlichen Handelns und hat einen entscheidenden Einfluss auf die durch einen Mitarbeiter erbrachte Leistung und folglich auf das Agieren von Unternehmen. Grundlage von Motivation sind die individuellen Bedürfnisse, die der einzelne Mitarbeiter zu befriedigen sucht. Vor dem Hintergrund dieser Ausführungen wird klar, dass Anreize deshalb nur den Aspekt der Motivierung adressieren[1345], während kulturelle Aspekte vorrangig die Motivation tangieren[1346].

Die **Motive**, also die Bestrebungen zur Befriedigung der Bedürfnisse, können gebräuchlicherweise in die *intrinsische*[1347] und die *extrinsische*[1348] Dimension unterteilt werden, wobei diese Unterteilung auch die Annäherung an eine mögliche Lösung des zu Anfang genannten Problems unterstützt[1349]. Die intrinsische Dimension umfasst die verschiedenen innermenschlichen Antriebe und schafft einen Rahmen, um persönliche Motive mit den Zielen des Unternehmens in Einklang zu bringen. Sie wirkt dabei indirekt auf die Unternehmensziele und spiegelt sich im organisatorischen Umfeld und als Kultur wider. Mit den extrinsischen Faktoren werden die äußeren Motivationsmechanismen wie z.B.[1350] monetäre, materielle und immaterielle Instrumente bezeichnet. Deren leistungssteigernde Wirkung wird in der Literatur zwar nicht bestritten, sie halten jedoch nicht lange an und bergen die Gefahr eines Verdrän-

---

[1343] Vgl. u.a. [PWC 2001], [IFEM 2002, S. 3].
[1344] Vgl. [DÖRING-KATERKAMP/TROJAN 2002, S. 140f.].
[1345] Vgl. [DÖRING-KATERKAMP/TROJAN 2002, S. 143f.].
[1346] Siehe in diesem Zusammenhang auch die Ausführungen zur Notwendigkeit eines aktiven Kulturmanagements in Kapitel 5.1.2.
[1347] Dieses bedeutet das Finden von Befriedigung in der Tätigkeit selbst.
[1348] Dieses bedeutet die Außensteuerung zur Erzielung bestimmter erwarteter Folgen.
[1349] Die Differenzierung erlaubt z.B. den situationsbedingten, zeitlich begrenzten und/oder verfeinerten Einsatz möglicher Instrumente und Maßnahmen.
[1350] Vgl. [PBS 1999, S. 12].

gungseffekts für die intrinsische Motivation.[1351]

Beispiele für extrinsische Faktoren sind Gehalts- und Bonuszahlungen, die davon abhängig sind, wie gut sich jemand am Wissensmanagementsystem beteiligt hat[1352] oder die konkrete Gestaltung der Arbeitsumgebung[1353]. Auch bestimmte Weiterbildungsveranstaltungen können als solche gewertet werden. Intrinsisch wirkt dagegen die Autonomie[1354], die ein Mitarbeiter in seinem Aufgabenfeld erfährt, Führungskräfte, die als Vorbilder fungieren oder die Visualisierung von Erfolg im Unternehmen[1355]. Auch die Aufnahme in ein oder mehrere Expertennetzwerk(e) hat eine besondere intrinsische Wirkung.

Obwohl Mitarbeiter insgesamt materielle Anreize nicht missen wollen[1356], sollten Unternehmen dennoch verstärkt auf *immaterielle Instrumente* setzen, um Mitarbeiter nachhaltig zu binden und zu motivieren[1357].

Um sich einer möglichen Lösung des zu Anfang genannten Problems weiter zu nähern, kann eine weitere Zweiteilung der Motivierung in eine individuelle und kollektive Dimension vorgenommen werden.

Der häufigste diskutierte Ansatz ist dabei der Einsatz von Anreizsystemen, die durch individuelle Belohnungen motivieren sollen.[1358] Hierzu werden in der Praxis bspw. individuelle Zielvereinbarungen zum Austausch von Wissen für notwendig befunden[1359]. Eine Diskrepanz besteht jedoch zwischen der Vergabe von Zielen und der entsprechenden Belohnung sowie in dem Problem, wie die indirekten Tätigkeiten[1360] und Auswirkungen wie z.B. die Telefonauskunft von Experten oder die Qualität von Wissensarbeit und Feedback im persönlichen Umgang der Mitarbeiter erfasst und bewertet werden sollen. Es gelingt den Unternehmen offenbar nicht, die vorgegebenen Ziele entsprechend zu belohnen, was u.a. in Defiziten im Bereich der Messbarkeit und der Bewertung der Wissensziele liegen könnte.[1361]

Bei Betrachtung der Anreizsysteme nach der vorgenannten Unterscheidung zeigt sich, dass

---

[1351] Vgl. [DÖRING-KATERKAMP/TROJAN 2002, S. 140f.], [HEISIG/VORBECK 1998, S. 21].
[1352] Vgl. [BUCHHOLZ/SOMMER 2003, S. 4], [PwC 2001], [BLESSING/BACH 2000, S. 273].
[1353] Vgl. [REINMANN-ROTHMEIER 1999, S. 99ff.].
[1354] Vgl. [NONAKA/TAKEUCHI 1997, S. 90], [REINMANN-ROTHMEIER 1999, S. 99ff.].
[1355] Vgl. [HEISIG/VORBECK 1998, S. 21], [BORDT 2001, S. 6f.], [SCHULZE 2002, S. 17ff.], [SCHULZE 2003, S. 19f.].
[1356] Vgl. [PBS 1999, S. 17].
[1357] Vgl. [PBS 1999, S. 30].
[1358] Vgl. [IFEM 2002, S. 2f.].
[1359] Vgl. [AHLERT/ZELEWSKI 2003, S. 97], [HESKETT ET AL. 1994, S. 50].
[1360] Also die Tätigkeiten, die sich nicht in IKT-Systemen nachvollziehen lassen.
[1361] Vgl. [AHLERT/ZELEWSKI 2003, S. 97].

die erfolgreich motivierenden und bindenden Unternehmen *gleichermaßen Instrumente für individuelle und kollektive Kategorien* einsetzen.[1362]

Letztendlich ist es auch bei Motivations- und Anreizsystemen notwendig, sich erst den *Stellenwert von Wissen und die angestrebten Ziele* von Wissensmanagement zu *verdeutlichen.*[1363] Weiter noch müssen auch die *steuernden Anreizmechanismen* mit den *wissensorientierten Zielen* des Leitbildes *in Einklang* gebracht werden.[1364] Ein *Hauptanreiz* für die Mitarbeiter eines Unternehmens zur aktiven Partizipation am Wissensmanagement liegt dabei sicherlich in seinem *spürbaren Nutzen.*[1365] Ist bspw. die Qualität der Informationen hoch, sind die richtigen Informationen in kurzer Zeit auffindbar und haben sie damit zur Beschleunigung von Lernprozessen in einem Projekt oder zum Einsparen von Zeit beigetragen, so ist die Bereitschaft höher, fremdes (Projekt-)Wissen wieder zuverwenden und eigenes Wissen umfänglicher bereitzustellen.

Extrinsische Instrumente werden dabei mittlerweile mit Drogen verglichen, die nur wirken, wenn man laufend die Dosis erhöht.[1366] *Finanzielle Ansporne* werden deshalb vom Autor für äußerst *fraglich* angesehen, gelten teilweise sogar als *kontraproduktiv.*[1367] Andere *materielle Belohnungen* jedoch wie z.B. Bücher oder die Teilnahme an besonderen Weiterbildungs- und Gruppenveranstaltungen können *temporär* (z.B. am Anfang oder zur Revitalisierung von Maßnahmen) *hilfreich* sein, um die Einführung und Weiterführung des internationalen Wissensmanagements zu unterstützen.

Auch bei Anreiz- und Motivationsmechanismen ist die Spannbreite des Möglichen äußerst groß. Daher ist eine *individuelle Kombination von Möglichkeiten in Abhängigkeit von der unternehmensspezifischen Kultur und Notwendigkeit* und *unter Berücksichtigung* einer *zeitlichen Beschränktheit* ratsam. *Erfolg zu teilen* sollte darüber hinaus zur *Verpflichtung* werden und *Wissensträger* als Wissensquellen sollten eine *besondere Wertschätzung*[1368] erfahren.

1362 Vgl. [PBS 1999, S. 38].

1363 Vgl. [DÖRING-KATERKAMP/TROJAN 2002, S. 138].

1364 Vgl. [PROBST ET AL. 1999, S. 76f.]. Siehe auch die Ausführungen in Kapitel 5.1.

1365 Vgl. [BORDT 2001, S. 6f.], [SCHULZE 2002, S. 17ff.], [DÖRING-KATERKAMP/TROJAN 2002, S. 137], [SCHULZE 2003, S. 19f.].

1366 Vgl. [SPRENGER 1991].

1367 Bspw. durch die Gefahr, dass exzessiv schlechte oder strategisch unbedeutende Informationen weitergegeben werden. Vgl. [SYROWATKA 1999, S. B14]. In der Vergangenheit wurden finanzielle Anreize noch als mögliche Alternative betrachtet. Siehe hierzu z.B. die Entlohnung nach dem Wissensumschlag bei [SCHÜPPEL 1996, S. 202f.].

1368 Dieses wird bspw. bei CSC PLOENZKE durch die Entwicklung der Mitarbeiter zu Generalisten (verstanden als mehrfache Experten) vorangetrieben und durch das kontinuierliche Be- und Ausfüllen eines individuellen Kompetenzrades (vom Kenner über den Könner zum Experten) visualisiert. Vgl. [IGL/LEHNER 2000, S. 9ff.].

Die *offizielle Auszeichnung* ist dabei immer ein gutes Mittel.[1369] Diese kann bspw. über eine kontinuierliche Kommunikation guter Dokumente mit Angabe des Verfassers, über die Integration von Wissensaktivitäten in die qualitative Leistungsbeurteilung, den individuellen Beitrag zum Gesamtwissenserfolg des Unternehmens als Beförderungsvoraussetzung oder mittels Belobigung der besten (sprich am häufigsten gelesenen oder verwendeten) Dokumente am Jahresende erfolgen. Das letztgenannte Beispiel stellt einen so genannten *Knowledge Management Award* dar, bei dem z.B. alle eingestellten Dokumente in einem Intranet berücksichtigt werden. Ein sog. Content Team bewertet dabei die Dokumente hinsichtlich ihrer Qualität, inhaltlichen Relevanz und unter Berücksichtigung von Unternehmensvorgaben. Die Konsumenten, z.B. Kollegen aus anderen Abteilungen oder Niederlassungen, bewerten parallel und unabhängig davon deren subjektive Verwendbarkeit. Die Kombination beider Urteile lässt schließlich eine hinreichend ausgewogene Auswahl möglicher Kandidaten zur Auszeichnung zu. Dieselbe Möglichkeit besteht natürlich auch für ganze Projektteams, die sich hinsichtlich ihrer besonderen Gruppentätigkeiten für einen Preis bewerben können. Eine Präsentation der jeweiligen Leistungen durch das Projektteam und die Bewertung durch eine Jury, bestehend z.B. aus Mitgliedern der Geschäftsführung und aus verschiedenen Fachvertretern, wäre dann sicherlich angebracht.

Die Wissensbelohnung ist jedoch immer zwiespältig zu betrachten, da sie eine besondere Tätigkeit suggeriert, die scheinbar wenig mit der Alltagsarbeit zu tun hat.[1370] Die Wissensarbeit ist jedoch eine normal zu fordernde Aufgabenstellung und Bestandteil der modernen Ausprägung von Arbeitskraft. Sie darf erwartet und gefordert werden, unabhängig davon, ob ein Wissensarbeiter sie gerne tut oder nicht. Deshalb fordert das INSTITUT FÜR ANGEWANDTES WISSEN E.V. (IAW)[1371] als Resümee seiner Studie, dass Altbekanntes zum Thema Motivation und Anreizsystem zu nutzen und dieses auf die neuen (nicht besonderen) Tätigkeiten der Wissensorganisation zu adaptieren sind. Hierzu muss Wissensmanagement in den Arbeitsalltag integriert und als etwas Vertrautes dargestellt werden, dass fortan in einem anderen (systematischerem) Licht erscheint.

Anreiz- und Motivationssysteme werfen schließlich nicht nur inhaltliche Fragen auf, sondern

---

[1369] Auch [NONAKA/TAKEUCHI 1997, S. 259] fordern, dass sich wissensschaffende Unternehmen bzgl. der Leistungsbeurteilung von negativen Bewertungen verabschieden und eine positive Form finden sollen, die auf alle Mitglieder einer Wissensgemeinschaft anzuwenden ist. [HESKETT ET AL. 1994, S. 60] führen an, dass auch die interne Servicequalität gelobt und anerkannt werden muss.

[1370] Vgl. [IFEM 2002, S. 4].

[1371] Vgl. [IFEM 2002, S. 22], vormals Institut für e-Management (IfeM). Siehe auch [DÖRING-KATERKAMP/TROJAN 2002, S. 135].

bergen auch Probleme in ihrer Überprüfbarkeit[1372]. Da die Schwierigkeiten der quantitativen und qualitativen Messbarkeit und Bewertung auch viele andere Bereiche des internationalen Wissensmanagements tangiert, werden ausgewählte Aspekte im nachfolgenden Kapitel aufgegriffen.

5.5.4.2 From Measure to Me assure

„Eine Investition in Wissen bringt immer noch die besten Zinsen."

Benjamin Franklin (amerikanischer Politiker, Schriftsteller und Naturwissenschaftler)

Schon wegen der im Vorwort des Kapitels 5.5.4 aufgeführten Kosten für Wissensmanagement sowie möglicher Verluste oder Einsparmöglichkeiten hierdurch ist der Wunsch nach einer exakten Messung der Investitionen im Sinn eines Return on Knoweldge verständlich.[1373] Hierbei wurde in der Vergangenheit eine rein ökonomische Betrachtung versucht und nur auf die finanziellen Auswirkungen der Wissensaktivitäten fokussiert. Die Frage z.B. nach Bewertung der Wissensnutzung stand bisher kaum oder gar nicht auf der Agenda.[1374] Obwohl Messkriterien angeboten werden[1375], sind existierende Accountingsysteme inadäquat, um Werte von Knowledge Assets festzuhalten, u.a. da sie nicht dynamisch sind und ein buchhalterischer Snapshot einfach nicht genug ist, um Wissen hinreichend zu messen.[1376] Somit sind in Abweichung von erprobten Finanzindikatoren neue Wege zu beschreiten.[1377] Diese neuen Wege jenseits traditioneller und quantitativer Methoden werden durch die Spezifika der Ressource Wissen erforderlich, da für Wissen und Fähigkeiten nur wenige brauchbare Indikatoren und Messverfahren existieren[1378] und ein Benchmarking für diese „weichen" Faktoren (zuzüglich der Unternehmenskultur) in der Vergangenheit erst zaghaft versucht wurde.[1379] Zwischenzeit-

---

[1372] Vgl. [DÖRING-KATERKAMP/TROJAN 2002, S. 145f.], [AHLERT/ZELEWSKI 2003, S. 97].

[1373] Auch bei dem Hype-Thema CRM sind die Geschäftsführer nicht mehr oder kaum noch zu Investitionen bereit, da niemand genau sagen kann, in welchem Umfang sich bspw. der Umsatz pro Kunde mit CRM steigern lässt. Vgl. [O.V. 2001A, S. 13].

[1374] Vgl. [IFEM 2002, S. 3].

[1375] Siehe bspw. die verschiedenen Dimensionen und Faktoren zur Ermittlung des intellektuellen Kapitals bei [EDVINSSON/BRÜNIG 2000, S. 120ff.]. [NORTH 2003] führt bei seiner Evaluation von Unternehmen u.a. die Reduzierung von Suchzeiten, von Einarbeitungszeiten in Tagen/Mitarbeiter, von Übergabezeiten zum Urlaubsbeginn in Stunden/Mitarbeiter und von Akquisedurchlaufzeiten sowie qualitatives Feedback von Mitarbeitern und Geschäftsleitung zu kommunikativen Maßnahmen von Seiten der Geschäftsführung (z.B. Skip-Level Meetings oder Erklärungen zu Auswirkungen von Geschäftsführungsbeschlüssen) an.

[1376] Vgl. [NONAKA/TOYAMA ET AL. 2000, S. 21], [NORTH 1999, S. 183], [FREDERSDORF 2003, S. 7].

[1377] Vgl. [PROBST ET AL. 1999, S. 58].

[1378] Vgl. [BULLINGER/WÖRNER ET AL. 1998, S. 32]. NORTH skizziert die Dysfunktionalität der Maßstäbe mit den drei Kernsätzen: Wir messen Wichtiges nicht, wir messen das Falsche, wir messen mit dem falschen Maßstab. Vgl. [NORTH 1999, S. 184ff.].

[1379] Vgl. [O.V. 1999E, S. 28].

lich wurden verschiedene mehrdimensionale Bewertungsmodelle entwickelt[1380], um das vermeintlich Unmögliche möglich zu machen.

Da jedoch bis heute noch keine Konzepte verfügbar sind[1381], die dieses Thema umfassend oder gar vollständig zufriedenstellend behandelt hätten, kann der Aufbau eines Wissensbewertungssystems weiterhin als ein weit gehend ungelöstes Problem des Wissensmanagements bezeichnet werden. Diese Erkenntnis wird auch durch die immer wieder neuen empirischen Evaluierungen dieses Themas in der Praxis bestätigt.[1382] Aus diesem Grund sollen in dem vorliegenden Kapitel der aktuelle Stand der wissenschaftlichen Überlegungen nur selektiv angerissen[1383] und einige Anregungen durch den Autor gegeben werden.

Die Wissensbewertung stellt unumstritten eine essenzielle *Voraussetzung zur Einschätzung* der Effizienz von Wissensmanagement dar. Der wirtschaftliche Erfolg von Wissensmanagement ist jedoch schwer zu messen, relevante Zahlen sind schwer erhältlich.[1384] Die Tatsache, dass alle Berater irgendwelche Maßnahmen zur Messung und Bewertung ergreifen, deutet jedoch auf ein großes Potenzial hin. Neben rein finanziellen Zahlen verwenden diese verschiedene Kennziffern wie z.B. Zugriffszahlen auf Dokumente und Bewertungsindices von Mitarbeitern, die indirekt Rückschlüsse auf die Quantität und Qualität der Wissensaktivitäten erlauben. Messgrößen für IKT-basiertes Wissensmanagement sind daher leicht zu finden.[1385] Auf Grund der bereits beschriebenen Notwendigkeit zu einem ganzheitlichen balancierten Ansatz im internationalen Wissensmanagement müssen diese *rein informationstechnologisch*

[1380] U.a. die Balanced Scorecard von KAPLAN/NORTON (vgl. [KAPLAN/NORTON 1998, S. 113ff.]) oder der „Intangible Asset Monitor“ von CELEMI (vgl. [BARCHAN 1999], [CELEMI 1999]), der auf Promotionsarbeiten von SVEIBY basiert. Auch der SKANDIA Navigator (vgl. [LEITHOFF 1999]), der versucht, die Problematik der statischen, rückwirkenden Betrachtung der Balanced Scorecard durch Einbeziehung zukunftsgerichteter Kennzahlen zu beseitigen und somit eine Dynamik zu erzeugen, gehört in diese Rubrik.

[1381] Auch MCKINSEY sieht auf Grund seiner neusten (Triade-)Untersuchung zurzeit kein Verfahren, das Managern wirklich hilft, Wissensaktivitäten einzuschätzen oder zu messen. Vgl. [STOFFELS 2003].

[1382] In 1997 stellten [BULLINGER/WÖRNER ET AL. 1997, S. 38] bereits fest, dass zwar zahlreiche Unternehmen sich der Notwendigkeit bewusst sind, jedoch entsprechende Methoden und Werkzeuge fehlen. In 1998 fand nach [HEISIG/VORBECK 1998, S. 27] bei mehr als 1/3 der Unternehmen Wissensbewertung noch nicht statt. Im Jahr 2001 wird vom [IFEM 2001B, S. 2] die Erfolgskontrolle im Wissensmanagement weiterhin als Trendthema evaluiert. In 2002 haben nach [PFEIFER ET AL. 2002, S. 27f.] trotzdem nur 8% der befragten KMU eine wissensbasierte BSC, Feedbackbögen nach Abschluss von Trainings, Assessment-Tools für die Teilnahme an Netzwerken oder Hitlisten im Intranet. In 2003 schließlich betreiben selbst für dedizierte Intranetlösungen im Rahmen von Wissensmanagement nur rund 1/3 der Unternehmen über Auswertungen qualitativer Art und Nutzerbefragungen ein Intranet-Controlling. Vgl. [IFEM 2003, S. 22].

[1383] Einen etwas größeren Überblick vermitteln bspw. [FELDHOFF 2004, S. 236ff.] oder [NORTH 1999, S. 183ff.].

[1384] Vgl. [BLESSING/BACH 2000, S. 274]. Auch [PFEIFER ET AL. 2002, S. 27f.] beklagen das große Defizit beim Einsatz von Messgrößen für die Bewertung des Wissensmanagements.

[1385] Vgl. [BLESSING 2001, S. 147], der neben der Anzahl neuer Wissensobjekte, Zugriffe, Abfragen und Download-Größen noch viele Messgrößen mehr aufgeführt hat, die sich in Qualitäts-, Zeit- und Kostenfaktoren aufsplitten lassen.

ausgerichteten Parameter jedoch *kritisch betrachtet* werden.

In den Kapiteln 3.1.2.2 und 5.1 wurden Ansätze zur Integration der Wissensorientierung in die strategische Dimension eines Unternehmens beschrieben. Vor diesem Hintergrund scheint es angemessen, Messung und *Bewertung von Wissen über die Zieldimension* zu thematisieren.[1386] Auch PROBST ET AL. verstehen mit dem Begriff der Wissensmessung und -bewertung nicht die monetäre Betrachtung des Erfolgs, sondern das Erreichen oder Nichterreichen der angestrebten Wissensziele und die damit einhergehende Veränderung der organisationalen Wissensbasis.[1387]

Für die Bewertung des Wissens mit Bezug zu normativen, strategischen und operativen Wissenszielen werden daher die in Tabelle 5-1 dargestellten Methoden angeführt.

Wissensziele	Bewertungsmethoden
Normativ (Kultur)	• Kulturanalysen • Verhalten des Top-Managements (z.B. Agenda-Analysen) • Glaubwürdigkeitsanalysen (z.B. GAP-Analyse zwischen Ideal und Ist)
Strategisch (Kompetenzfestlegung)	• Wissensbilanz inkl. Kompetenz-G+V (Intellektuelle Bilanz) • Wissensflussrechnung in Bereichen des Kernwissens • Analyse des Kompetenzportfolios • Controlling der bestehenden Wissensprojekte • Bewertung des Know-how Risikos • Kernkompetenz-Benchmark mit Konkurrenten • Balanced Scorecard
Operativ (Umsetzung)	• Ausbildungscontrolling mit klaren Lerntransferzielen • Messung der Systemnutzung (z.B. im Intranet) • Wiederverwendungsraten im Projektcontrolling • Erstellung individueller Fähigkeitsprofile

Tabelle 5-1: Ansätze zur Bewertung von Wissenszielen[1388]

Da mit dem Konzept des „International House of Knowledge Management" eine kulturelle, prozessuale, organisatorische und informationstechnologische Verbesserung angestrebt wird und die explizite Forderung nach einer verstärkten Interaktion mit Kunden und Partnern/Lieferanten besteht, sind solche *Bewertungsmechanismen zu bevorzugen*, die die verschiedenen *internen und externen Dimensionen in einem System* zu berücksichtigen im Stande sind und Interdependenzen aufzeigen. Es wird schnell klar, dass dieses nicht ein einziges System sein kann, sondern innerhalb eines *Systemverbunds* anzustreben ist. Dieser Sachverhalt wird später nochmals aufgegriffen werden.

1386 In diesem Zusammenhang sei auf die ausführliche Darstellung planungs- und steuerungsorientierter Aspekte von Wissenszielen bei [AMELINGMEYER 2000, S. 162ff.] hingewiesen.

1387 Vgl. [PROBST ET AL. 1999, S. 324].

1388 In Anlehnung an [BULLINGER/WÖRNER 1998, S. 33], [PROBST ET AL. 1999, S. 342], [REINMANN-ROTHMEIER 1999, S. 234f.].

Auf Grund der vorherigen Ziel- und Strategieargumentation kann von der *Wissensmessung als Managementaufgabe* gesprochen werden.[1389] Die *Standards zur Messung* der Wissensaktivitäten können daher aus den vorgenannten Anforderungen heraus nicht einfache *quantitative* wie bspw. Kosten-, Zeitersparnis oder der Anstieg des Auslandsumsatzes am Gesamtumsatz[1390] sein, sondern müssen *multipel* und *auch qualitativ* orientiert konzipiert werden.[1391]

Dabei müssen die *Beurteilungskriterien für Wissen* in Bezug auf ihre *Widerspruchsfreiheit mit dem Wertesystem* einer Unternehmung selbst beurteilt werden.[1392] Wenn dazu noch Kunden und Mitarbeiter an die erste Stelle der Betrachtung gerückt werden, dann sind auch neue Techniken der Messung notwendig, die exakt erfassen, wie sich Mitarbeiterzufriedenheit, -loyalität und -produktivität auf den Wert der gelieferten Produkte und Dienstleistungen auswirken.[1393] *Interne und externe Nutzwerte* sind in diesem Zusammenhang Kenngrößen, die in wissensorientierten *Bewertungsmatrizen* auftauchen müssen. Da das Bemühen um besonders zufriedene Kunden dazu führen kann, dass diese als Apostel für neue Kunden(gruppen) fungieren[1394], sind ferner *Qualitätsparameter des Service*[1395] in der Wissensmessung zu berücksichtigen. Eine vorhergehende *Situationsanalyse* für die angestrengten Maßnahmenbündel gilt als Selbstverständlichkeit einer bewertenden Managementaufgabe.

Direkte und indirekte Wirkungsketten sind bei allen Überlegungen zur Messung *zu beachten.*[1396]

In dem Zusammenhang der mehrdimensionalen Wissensmessung taucht schließlich das Verfahren der **Balanced Scorecard (BSC)** in Theorie und Praxis häufiger auf. Da die BSC bereits in zahlreichen Publikationen mit Bezug zum Wissensmanagement beschrieben ist[1397], soll sie hier nicht weiter ausgeführt werden. Wichtig im Rahmen der vorgenannten Argumentation ist jedoch, dass das von KAPLAN/NORTON im Jahr 1996 entwickelte System im Ursprung eine Mehrdimensionalität bezüglich einer Finanz-, einer Innovations- und Prozess-,

---

1389 Auch [NONAKA 1994, S. 26] spricht von einer Aufgabe des Top- und Mittelmanagements.
1390 Als Beispiel für einen Erfolgsfaktor in der Internationalität. Vgl. [KUTSCHKER 1999, S. 1136].
1391 Vgl. [NONAKA 1994, S. 26].
1392 Vgl. [NONAKA 1994, S. 27], [PFEFFER/SUTTON 2001, S. 167], [FREDERSDORF 2003, S. 9].
1393 Vgl. [HESKETT ET AL. 1994, S. 50].
1394 Vgl. [HESKETT ET AL. 1994, S. 53].
1395 Wie bspw. die Service Quality Indices, die in der Fallstudie der SOFTLAB GMBH in Kapitel 4.3.4.2 beschrieben sind.
1396 Bspw. steigert Kundentreue die Rendite und das Wachstum, Kundenzufriedenheit fördert dabei die Kundentreue, der Kundenwert (das, was der Kunde insgesamt für seine Ausgaben vom Dienstleister erhält) erhöht die Kundenzufriedenheit, Mitarbeiterloyalität erhöht den Kundenwert und fördert die Produktivität, Mitarbeiterzufriedenheit schließlich fördert die Loyalität.
1397 Siehe u.a. [FELDHOFF 2004, S. 226ff.], [FELDHOFF 2001], [RIESE 2000], [NORTH 1999, S. 194ff.].

einer Mitarbeiter- bzw. Lern- und Wachstums- und einer Kundendimension aufweist. Hiermit wird das Ziel verfolgt, die rein monetäre bzw. finanzdatenorientierte Betrachtung um weitere „weiche" Faktoren wie Kundenzufriedenheit, Prozessqualität und Wachstumsperspektiven zu erweitern, um so ein ausbalanciertes Instrument zur Leistungsmessung zu erhalten.[1398] Die BSC kommt damit über die Darstellung von Ursache-Wirkungs-Zusammenhängen als integratives Instrument daher und als ein strategisches Managementsystem, das die Vision und Strategie mittels strategischer Ziele, Messgrößen, operativer Ziele und Initiativen in die vier vorgenannten Perspektiven „übersetzen" und durch systematisches Feedback bewerten hilft.

Der Vorteil der BSC ist dabei die Verbindung langfristiger Unternehmensziele mit den dazu notwendigen Veränderungen der organisationalen Wissensbasis[1399] und die Vermeidung einer kurzfristigen Gewinnorientierung[1400]. Obwohl man sich in jeder Dimension faktisch unbegrenzt viele Varianten von Indikatoren vorstellen könnte[1401], ist jedoch eine konkrete Operationalisierung der Wissensperspektive mit entsprechenden Wissensindikatoren innerhalb des Konzepts nicht zu finden. Auch kann sie nur Aussagen über die momentane Position eines Unternehmens treffen, nicht aber über dessen Geschwindigkeit und Richtung.[1402]

Insofern ist die *BSC zwar grundsätzlich geeignet*, die Wissensperspektiven in einem Unternehmen zu verdeutlichen und als ein mögliches Grundgerüst für die dedizierte Wissensbewertung zu fungieren, muss jedoch immer wieder unternehmensspezifisch mit den entsprechenden Umsetzungsmaßnahmen und Kennzahlen befüllt werden. Ob dieses integriert in einer *übergeordneten Balanced Scorecard* oder in einer eigenen *Knowledge Management Sub-Scorecard* erfolgen sollte, kann nicht eindeutig beantwortet werden.[1403] *Falsch* wäre es jedoch sicherlich, sich mit *Wissensparametern rein* auf die *Lern- und Wachstumsdimension* der BSC zu *konzentrieren*. Insgesamt sollten auch bei der BSC ein *einfacher und schneller Beginn*[1404]

[1398] Vgl. [KAPLAN/NORTON 1998, S. 113f.].

[1399] Vgl. [NORTH 1999, S. 195].

[1400] Vgl. [PFEFFER/SUTTON 2001, S. 155].

[1401] Bspw. die Veränderungen der Ausbildungsstände, der Prozessdurchlaufzeiten und der Qualität der Kundeninteraktionen. Siehe weitere Beispiele und deren Einbindung in eine modifizierte (Wissens-)Balanced Scorecard bei [FELDHOFF 2001, S. 19ff.] und [RIESE 2000, S. 92ff.]. Siehe auch [FREDERSDORF 2003, S. 11ff.]. Eine hohe Anzahl an Parametern erhöht natürlich wesentlich die Komplexität des Systems und erschwert die Nachverfolgung der Ziele.

[1402] Vgl. [EDVINSSON 2001, S. 44].

[1403] [HOFER-ALFEIS/VAN DER SPEK 2002, S. 36f.] schlagen bspw. vor, die BSC oder andere Business Excellence Modelle um Wissensdomänen, den Status und die Geschäftsindikatoren, die durch Wissensaktivitäten tangiert werden, zu erweitern. Hierzu gehören z.B. die Kreation von Wissen (Innovation), die Identifikation neuer Geschäftsmöglichkeiten, die Identifikation und die Reduktion von Risiken.

[1404] Bspw. unter Anwendung bereits bekannter oder in anderen Perspektiven vorhandener Messgrößen aus dem R&D- oder dem Personalcontrolling.

und eine *schrittweise Optimierung* der gewählten Erfolgsfaktoren (angels.: Critical Succes Factors, CSF) und Maßzahlen (angels.: Key Performance Indicators, KPI) im Sinne der Aufrechterhaltung einer Lebendigkeit des Instruments erfolgen.[1405] Wenn bspw. die CSF oder KPI die tatsächlichen Sachverhalte verzerren oder nicht widerspiegeln, sie zu aufwändig bei der Erhebung sind oder der unterstellte Zusammenhang nicht belegbar ist, bisher unberücksichtige Teilaspekte der strategischen Ziele integriert werden müssen oder keine geeigneten KPI für einen CSF gefunden werden können, ist die Modifizierung des gesamten Messgerüstes unabdingbar.

Um hier nochmals die Zieldimension aufzugreifen und den Bezug zum „International House of Knowledge Management" herzustellen, wird ein *Indikatorensystem* vorgeschlagen, das speziell die *Aspekte der Wissensgenerierung, -nutzung und -wiederverwendung* sowie die *Interaktion und Kooperation in einem internationalen Kontext abbildet und bewertbar* macht. Hierzu sollten die unternehmensspezifischen Ausgangssituationen bzw. der Bestand und die Qualität der relevanten Wissensbasen, die jeweiligen Eingangs- und Ausgangsflüsse, die Veränderungsprozesse sowie die finanziellen, wissensorientierten, qualitativen etc. Ergebnisse berücksichtigt werden. Dann befände man sich auf dem richtigen Weg zu einer internationalen Wissensbilanz.[1406]

Da die entsprechenden Kennzahlen nicht nur aus der Sicht eines Business Integrators definiert und evaluiert werden sollten, müssen sie auch den *Rückfluss der Kunden- und Partner-/Lieferantenwahrnehmung* aufgreifen. Insofern sind die im Rahmen der Fallstudie der SOFTLAB GMBH skizzierten Service Quality Indices auf Basis des Balanced Scorecard-Gedankens als äußerst innovativ zu werten, da sie bereits die verschiedenen Dimensionen kultureller, wissensbasierter und serviceorientierter Überlegungen aus unterschiedlichen Blickwinkeln unter einem Dach vereinen sowie den Prozesscharakter[1407] der Geschäftstätigkeit eines Business Integrators berücksichtigen.

Neben anderen Ansätzen einer Wissensbewertung wie z.B. der *Risikoabschätzung des Know-*

[1405] Auch [FELDHOFF 2001, S. 15] betrachtet eine starre Vorgabe anzuwendender Kennzahlen und Indikatoren aus Sicht der unterschiedlichen Wissensbasen von Unternehmen grundsätzlich als nicht sinnvolle Vorgehensweise. [RAMIN/KOLSCHMANN 2002, S. 10f.] fordern ferner die Erarbeitung und ständige Überprüfung von Bewertungskriterien in Zusammenarbeit mit direkt betroffenen Mitarbeitern und dem Management.

[1406] Siehe den Aufbau und die Darstellung einer Wissensbilanz bei [NORTH 1999, S. 198ff.]. Diese Fußnote soll nicht den Eindruck erwecken, der Autor ist von der Bilanzierungsfähigkeit von Wissen überzeugt. Diese wird in Übereinstimmung mit anderen Autoren nur für eingeschränkt möglich gehalten. Vgl. [PROBST ET AL. 1999, S. 326].

[1407] Dieser wird bspw. auch von [PFEFFER/SUTTON 2001, S. 158] und [GERTZ 1998, S. 46] gefordert.

how-Kapitalverlusts[1408] durch Abfluss, Vernichtung, Substitution, Fehlallokation und Nichtnutzung von Wissen, soll hier abschließend ein rein qualitatives Instrument, das *Wissensqualitätsmanagement* nach GLÜCK[1409], nicht unerwähnt bleiben.

Dessen qualitative Behandlung des Steuerungs- und Bewertungsproblems über die Thematik der insbesondere passiven bzw. qualitativen Desinformation[1410] scheint ein sehr interessanter Ansatzpunkt zur Weiterentwicklung der Wissensmanagementkompetenz von Unternehmen zu sein. Hierzu wird von GLÜCK mit dem (Wissens-)Fraktal[1411] ein Analyseinstrument für Wissensqualität angeboten, aus dem auch normative Qualitätsaspekte folgen.[1412] Gleichzeitig repräsentiert es die Wissensbasis einer organisatorischen Einheit vor dem Hintergrund eines erweiterten Wahrnehmungsbegriffs und einer organisationalen Lernauffassung, verstanden als nachhaltige Veränderung, inhaltliche Erweiterung bzw. Umstrukturierung dieser organisatorischen Wissenseinheit[1413]. Resümierend verlangt GLÜCK auf Grund der zunehmenden Überinformation bei einer immer schneller erreichten Halbwertszeit des Wissens mehr denn je die Konzentration auf qualitative Wissensaspekte und eine rationale Ignoranz.[1414] Die fraktale Analyse bietet er dabei als Leitlinie zu einer generalistischen Spezialisierung an.[1415] Da im Rahmen von skizzierenden Ausführungen zu einer Wissensbewertung keine konkreten Anknüpfungspunkte zwischen dem Modell des Wissensqualitätsmanagements und dem des „International House of Knowledge Management" hergestellt werden können[1416], wird dem interessierten Leser die Lektüre von GLÜCK zum weiteren intensiven Selbststudium empfohlen.

Die bisherigen Ausführungen sprechen von der Erfolgs- und Veränderungsmessung des Wissens und der Möglichkeit, hieraus jeweils notwendige neue Maßnahmen für die Anpassung von Wissenszielen, -aktivitäten, -systemen und -kulturen abzuleiten. Da Wissensbewertung nach GÜLDENBERG[1417] auch unter dem Begriff *Wissenscontrolling* behandelt wird, muss sich

[1408] Vgl. [PROBST/KNAESE 1998, S. 27f.]. Dieses Verfahren wurde durch PROBST in der Vergangenheit präferiert. Vgl. [PROBST 1999, o.S.].
[1409] Vgl. [GLÜCK 2002].
[1410] In diesem Zusammenhang ist das Beispiel des „blinden Flecks" und die Übertragung dieses physiologischen Phänomens auf Beurteilungsfehler in der Wirtschaft sehr interessant. Siehe [GLÜCK 2002, S. 32ff.]. Im Gegensatz dazu drückt sich die quantitative Desinformation durch die physische Abwesenheit von Information aus.
[1411] Siehe die Abbildung bei [GLÜCK 2002, S. 49].
[1412] Vgl. [GLÜCK 2002, S. 20]. Siehe zu den Aspekten der Informationsqualität umfassend [EPPLER 2003B].
[1413] Vgl. [GLÜCK 2002, S. 65]. Lernen wird hierbei als wertneutral betrachtet und kann somit auch eine Verschlechterung der Wissensbasis bewirken.
[1414] Vgl. [GLÜCK 2002, S. 216f.].
[1415] Vgl. [GLÜCK 2002, S. 217].
[1416] Ein weiterer Hinderungsgrund besteht in dem ausgeprägten Wissenskapitalismus von GLÜCK und der damit verbundenen Restriktionen im persönlichen Wissenstransfer mit dem Autor.
[1417] Vgl. [GÜLDENBERG 1997].

das Wissensmanagement ebenfalls eine Steuerung nach wirtschaftlichen Gesichtspunkten gefallen lassen. Das bedeutet, dass die Wissensbewertung das Wissen als fünften Produktionsfaktor bei aller *qualitativen Bewertung* auch unter *Kostengesichtspunkten*[1418], *mittel- bis langfristig*[1419], mit *starkem Zukunftsbezug* und *ganzheitlich*[1420] - sprich sowohl hinsichtlich des individuellen als auch des kollektiven Wissens - betrachten muss.

Hiermit ist erneut die Notwendigkeit gegeben, verschiedene Bewertungsmechanismen, Systeme, Anwendungen etc. in einem *übergeordneten Verbund* zu verknüpfen und so die Bewertbarkeit der unternehmerischen Tätigkeit zu erhalten. Die Frage, in welchem Umfang die Fähigkeit und Veränderung des Einzelnen oder einzelner Maßnahmen bewertet und wie der Reifegrad von Unternehmen im Ganzen beurteilt werden muss, bleibt weiterhin bestehen.

In der Praxis existieren auf operativer bzw. individueller Ebene bereits Steuerungs- und Bewertungsmechanismen wie *Self-Controlling*[1421] oder das „*Leistungsmotivationsinventar*"[1422]. Auch das *Management by Knowledge Objectives*[1423], das eine inhaltliche Nähe zur Balanced Scorecard aufweist[1424] und die Verknüpfung der organisatorischen Ziele mit den individuellen Zielsetzungen der Organisationsmitglieder bedeutet[1425], gehört in die individuelle Steuerungs- und Bewertungsthematik. Praktische und bewertbare Ausprägungen des letztgenannten Beispiels sind die Verpflichtung der Mitarbeiter zur aktiven Suche von Wissenselementen zu Beginn von Projekten, die Aneignung alternativer Projektvorgehen durch Auswertung von Project Experience Systemen sowie die Aufarbeitung und gruppenweite Darstellung von Lessons Learned- und Best Practice-Dokumenten inkl. der aktiven Empfehlung zu deren Verwendung in anderen Branchen und Kundengruppen.

Für die kollektiven Fähigkeiten kann eine Abschätzung bzw. Bewertung über das *Knowledge*

1418 Im Zusammenhang mit Wissen wird sonst gerne von Investition gesprochen. ARTHUR ANDERSEN bspw. berechnet einen fiktiven Zins auf Investitionen in firmeneigene Trainings. Vgl. [PROBST ET AL. 1999, S. 324].

1419 Schon die internationalen Aktivitäten und deren Beurteilung sollen nicht einer kurzfristigen Betrachtung unterzogen werden, da häufig Aufbauarbeit zu betreiben ist, finanzielle Erfolge teilweise erst mittel- bis langfristig zu erzielen sind und lokale Eigenheiten einen erheblichen Einfluss auf die sonst üblichen Unternehmenskennzahlen haben. Vgl. [PERLITZ 1997, S. 620f.]. Hieraus kann gefolgert werden, dass die internationalen Wissensaktivitäten ebenfalls mindestens einer mittelfristigen Betrachtung bedürfen.

1420 Vgl. [FELDHOFF 2001, S. 8].

1421 Vgl. [FELDHOFF 2004, S. 280], die bspw. Bottom-up Planungen und die Überprüfung eigener Abweichungsanalysen nennt. Auch [RAMIN/KOLSCHMANN 2002, S. 14] führen an, dass Anwender selbst die besten Kennzahlen zur Ergebnisbewertung aus dem Alltagsgeschäft zurückgeben können, während wichtige Einflussgrößen vom Management vorgegeben werden müssen.

1422 Vgl. [BAYER/HOFFMANN 2001, S. 33], die 17 Kriterien vorstellen, die besonders für Mitarbeiter mit einem hohen Gestaltungsspielraum geeignet sind.

1423 Vgl. [PROBST ET AL. 1999, S. 91], [FELDHOFF 2004, S. 150ff.], [REINMANN-ROTHMEIER 1999, S. 234ff.].

1424 Vgl. [FELDHOFF 2004, S. 150 u. S. 226ff.].

1425 Vgl. [REINMANN-ROTHMEIER 1999, S. 234ff.].

Maturity Modell vorgenommen werden, das im nachfolgenden Bild dargestellt ist. In der Abbildung wird schnell ersichtlich, dass erst ab dem vierten Reifegrad eine qualitative Wissensbewertung als notwendige Merkmalsausprägung eines Unternehmens gilt. In Anlehnung an die bereits getätigten Aussagen zur theoretischen Verfügbarkeit und praktischen Implementierung von Bewertungssystemen lässt sich daher festhalten, dass die Unternehmen im Allgemeinen gerade erst etwas mehr als die Hälfte des Wegs zu einem ganzheitlichen internationalen Wissensmanagement zurückgelegt haben.

Level	Attributes
Optimized 5	The orqanization's knowledge policies, practices, and activities are improved continuously using quantitative feedback from the process and from piloting innovative ideas and technology
Managed 4	Processes include detailed quality measures of knowledge management. The organization adjusts its workforce practices to motivate and support the development of team based knowledge competencies. Consultants' understanding of knowledge processes is measurable and consistent.
Defined 3	Knowledge requirements in core business processes are documented, standardized, and integrated into a standard process for the organization; gaps are identified. All engagements use the standard processes.
Repeatable 2	Opportunities to create, leverage, and share knowledge are explicitly incorporated into business and development plans. The process discipline is in place to repeat earlier successes on similar projects.
Ad hoc 1	The process for knowledge capture and reuse is ad hoc. Consultants depend heavily on personal networks and individual effort.

Abbildung 5-10: Knowledge Management Maturity Model[1426]

Auch NORTH[1427] hat schließlich bei der Bewertung der Preiswürdigkeit der Teilnehmer zum „Wissensmanager des Jahres 2002“, bei dem die Steigerung des wirtschaftlichen Erfolgs und der Zukunftsfähigkeit der Unternehmen, die Bewährung der Wissensmanagementinitiativen für mindestens 1 Jahr in der Praxis und die Ganzheitlichkeit der Konzepte bzgl. Mensch, Organisation und Technik im Fokus standen, ein Gesamtbewertungsmodell benutzt. Dieses basiert zwar auf seiner „Wissenstreppe“[1428] und weist vier Stufen auf, kann jedoch ebenfalls als Beispiel herangezogen werden, dass *Reifegradmodelle gut geeignet erscheinen*, um die *absolute Positionierung und die Verbesserungsfähigkeit eines Unternehmens* zu skizzieren. Zu bemerken ist noch, dass bei NORTH bereits ab dem zweiten Reifegrad ein spezifischer Nutzen

---

1426 Vgl. [LINKAGE 2000, S. 50].
1427 Vgl. [NORTH 2003].
1428 Vgl. [NORTH 1999, S. 41]. Siehe auch die Ausführungen in Kapitel 2.1.1.4 und die Tabelle 2-2.

nachweisbar sein, ab dem dritten Reifegrad jedoch erst eine offizielle Messung des Nutzens in Geschäftsprozessen und Projekten erfolgen muss und leider auch bei seiner Evaluierung im Jahr 2002 noch kein Unternehmen den höchsten Reifegrad erklommen hat.

Im Verlauf dieses Kapitels wurde deutlich, dass der Messung des Wissens klare Grenzen gesetzt sind, wenn nicht sogar eine relative Unmöglichkeit vorliegt. Aus diesem Grunde müssen die *Überlegungen zur Messbarkeit des Wissens in Richtung einer Bewertung abgeändert* werden. Dieses impliziert, dass auf Grund der Ausrichtung dieser Arbeit Einflüsse von Kundenzufriedenheit und Servicequalität eine wesentliche Rolle spielen und indirekt[1429] finanzielle und qualitative Indikatoren in die Betrachtung zu inkludieren sind. Der Versuch, direkte Maßzahlen für Wissen zu entwickeln, wird bereits als Sünde bezeichnet.[1430] Aus diesem Grund müssen geeignete, möglichst fein evaluierte „Proxies" in Form von Patenten, Kundenrückgewinnungsquoten etc. unternehmensindividuell entwickelt werden, die die Ergebnisse oder die Konsequenzen von wissensbasierten Aktivitäten aufzeigen. Dabei darf keine Sucht nach Messung entstehen, die das, was Wissen ist, falsch auslegt, die Dimension der Intervention vernachlässigt, Wissen von seinen Trägern trennt und es als etwas Absolutes behandelt. Das Entstehen einer Bewertungsillusion wäre die Folge.

Die neue Art der Führung[1431] erfordert deshalb auch nicht mehr eine Messung bzw. eine Kontrolle jeglicher Aktivitäten, sondern lediglich ein gezieltes Überprüfen bestimmter Vorgaben.[1432] Durch das wissensbasierte Empowerment der Mitarbeiter, die kulturellen Veränderungen und die Normalität der geforderten Wissensaktivitäten entsteht ein *vertrauensbasierter Bewertungsspielraum*, der durch rege Interaktion und Selbstverantwortung allen Organisationsmitgliedern die notwendige Sicherheit gibt, unternehmerische Entscheidungen zu treffen und sowohl Ist-Stände als auch Veränderungen ausreichend einzuschätzen. So erfolgt eine Transformation „from Measure to Me assure".

Als notwendige informationstechnologische Basis sind Anwendungen, Tabellen und Graphiken in einem „*International Knowledge Management Cockpit*" als Set von Instrumenten (z.B. Kulturanalysen und Skillnetze[1433], BSC, Prozess- und Systemparameter aus Skill Information

[1429] Auf Grund der Zurechnungsprobleme und Ursache-/Wirkungszusammenhänge, die bereits aus der jahrelangen Thematik von Investitionen in Informationstechnologie oder in Marketingausgaben bekannt sind, wird hier explizit nicht auf direkte Bewertung abgehoben.

[1430] Vgl. [FAHEY/PRUSAK 1998, S. 273f.].

[1431] Siehe die Ausführungen in den Kapiteln 5.1.3 und 5.1.4.

[1432] Auch [PFEFFER/SUTTON 2001, S. 158ff.] fordern vor dem aktions- und nutzenorientierten Hintergrund ihrer Arbeit weniger und einfachere Messungen sowie Konzentration auf das Wesentliche.

[1433] Siehe die Beispiele von SOFTLAB in Abbildung 4-25 und Abbildung 4-26.

und Project Experience Systems oder internes und externes Feedback[1434] auf Grund von Service Parametern etc.) zusammenzufassen. Hiermit sind in Übereinstimmung mit PFEFFER/SUTTON[1435] eine prozessbegleitende Steuerung anstelle einer ergebnisorientierten zu erreichen, die Entwicklung und Anwendung von Wissen zu fördern, Veränderungen zu bewirken und Wissen in die Tat umzusetzen.

Die dedizierte Wissensbewertung ist dabei jedoch nur als ein Teilaspekt im Rahmen eines bereits existierenden Maßnahmenbündels im allgemeinen Performance Management von Business Integratoren zu sehen, das letztlich auf die Aufrechterhaltung und Verbesserung der internationalen wissensbasierten und -orientierten Business Excellence ausgerichtet ist.

1434 Bspw. über das Benchmarking mit Gewinnern, Marktplätzen und Netzwerken (vgl. [PROBST ET AL. 1999, S. 263]) oder über die interaktive Online-Evaluation im Rahmen eines Customer Knowledge Managements (siehe die entsprechenden Ausführungen in den Kapiteln 5.3.2 und 5.4).

1435 Vgl. [PFEFFER/SUTTON 2001, S. 158ff.].

6 Fazit und Ausblick

„Heureka!"

Archimedes (Griechischer Mathematiker[1436])

Im nun sechsten und letzten Kapitel wird eine abschließende Betrachtung der Arbeit vorgenommen. Dazu wird ein resümierendes Fazit gezogen. Die Arbeit schließt mit einem Ausblick für den weiteren Forschungsbedarf ab.

6.1 Schlussbetrachtung

Vor dem Hintergrund einer nachweislich[1437] positiven Korrelation zwischen dem Internationalisierungsgrad und der Profitabilität eines Unternehmens, zunehmender Projektorientierung in allen Bereichen der Wirtschaft und einer wachsenden internationalen Bedeutung der Ressource Wissen sind die Inhalte dieser Arbeit von einer hochgradigen Relevanz. Die vorliegende Dissertation, die sich gleichwohl an Praktiker und Wissenschaftler richtet, dokumentiert einen Forschungsprozess zur Betrachtung internationaler Projekt- und Beratungsarbeit aus Wissenssicht[1438] und propagiert dabei die Notwendigkeit eines balancierten - verstärkt humanorientierten[1439] - internationalen Wissensmanagements.

Dazu wurden relevante Theorien erörtert und in Form des „International House of Knowledge Management" in einen gemeinsamen Kontext gestellt. Hiermit leistet die Arbeit einen Beitrag zur empirischen Durchdringung des Phänomens „Wissen" im speziellen Kontext der Internationalität und unter Betonung einer ganzheitlichen Betrachtung des Wissensmanagements. Anhand relevanter Literatur, Fallbeispiele, einer intensiven Fallstudie und Experteninterviews konnten im Rahmen eines integrativen Forschungsszenarios nicht nur der Ist-Stand bzgl. Wissensmanagement im internationalen Kontext aufgezeigt, sondern mögliche Handlungsfelder synthetisiert werden.

Die Potenziale, die das internationale Wissensmanagement den Unternehmen eröffnet, werden in der Praxis nicht erschöpfend genutzt. Es besteht weiterhin eine regelmäßige Diskre-

---

1436 Der Ausruf Heureka - „Ich habe es gefunden" - wird dem griechischen Mathematiker Archimedes zugeschrieben. Dieser soll damit seiner Freude über die Entdeckung des hydrostatischen Grundgesetzes, also des Auftriebs, Ausdruck verliehen haben.

1437 Vgl. [KUTSCHKER 1999, S. 1138], [KUTSCHKER 1999D, S. 107].

1438 In Form einer Partialanalyse der Branche der Business Integratoren.

1439 Trotz der Notwendigkeit zur verstärkten menschlichen Intervention und Interaktion im internationalen Wissensmanagement wird hier nicht erneut eine einseitige Wissensmanagementstrategie postuliert. Diese Arbeit hat aufgezeigt, dass die im Rahmen von internationalem Wissensmanagement durch HANSEN ET AL. (vgl. [HANSEN ET AL. 1999, S. 106ff.]) als bipolar diskutierte Kodifizierungs- und Personalisierungsstrategie in einer gemäßigten und balancierten Kombination als komplementärer Ansatz verwendet werden kann. Dieses ist auch schon in der Arbeit von PETERSON (vgl. [PETERSON 2001, S. 137]) dargestellt worden.

panz zwischen theoretischen Beschreibungs- und praktischen Gebrauchstheorien. Die Inhalte dieser Arbeit sollen Umdenkprozesse initiieren, Management und Mitarbeiter in Unternehmen für mögliche Problembereiche sensibilisieren und die Ausschöpfung der Potenziale unterstützen helfen. Der dazu vorgestellte Rahmen des „International House of Knowledge Management" hilft bei der Analyse der Problembereiche und der Auswahl möglicher Handlungsoptionen. Durch die Zusammenfassung der Dimensionen einer ganzheitlichen Betrachtung des internationalen Wissensmanagements dient das „International House of Knowledge Management" somit als Referenzmodell[1440] zur Klassifikation von Lösungsbeiträgen und zur Prüfung von Systemkonzeptionen auf deren Vollständigkeit.

Es zeigt aber auch konkrete Interventionsansätze zur Potenzialerschließung in den Bereichen Kommunikation, Nutzung und Anwendung von Wissen auf.[1441] Der Autor fokussiert dabei auf das Problem der Allokation von Wissen in der Internationalität und - ausgehend vom dem Primärzweck des Wissens für Beratungsunternehmen - auf die Verwendung von Wissen in neuen Anwendungskontexten.[1442] Durch die Verwendung tlw. bekannter Elemente des Wissensmanagements wird ein effizienter konzeptioneller Beitrag geleistet, der Vergessenes wieder in das Bewusstsein der Anwender rückt und Bekanntes in neuen Kontexten zur Anwendung bringt. So wird Neues auch auf Bewährtes zurückgeführt[1443], was eine erhöhte Akzeptanz und Umsetzung in der Praxis vermuten lässt. Mit den ausformulierten Gestaltungsempfehlungen leistet die Arbeit einen Beitrag zur anwendungs- und umsetzungsorientierten Konzeption eines internationalen Wissensmanagements, dessen Bedeutungszunahme und Relevanz für internationale Unternehmen bereits im Jahr 1999[1444] propagiert wurde. Auf Grund der Mehrdimensionalität der notwendigen Maßnahmenbündel ist das „International House of Knowledge Management" zwar ein komplexes Konzept, das jedoch mit Verweis auf FELDE-

---

1440 Entwickelt unter Berücksichtigung der neun Meta-Regeln von [DRESBACH 1999, S. 91], die wie folgt lauten: Modelle fungieren als Problemdefinition (1), sind temporär problemadäquat und zeitabhängig (2), sind subjektiv und individuenspezifisch (3), entstehen durch konstruktive und kreative Leistung einer oder mehrerer Personen (4), enthalten Wertungen und sind selbst wertend (5), dienen (auch) der Entscheidungsunterstützung (6), sind allgemein zu formulieren und konstruieren nicht ein einziges Lösungsparadigma (7), werden schrittweise in unterschiedlichen Abstraktionsgraden (8) und in einem dynamischen Prozess modelliert (9), der unter Umständen permanenten Änderungen unterworfen ist.

1441 In Form einer entscheidungslogischen Präskription.

1442 Hiervon sind eher die systemischen Komponenten der Wissensgenerierung - die Lösung von Problemen als Prozess - berührt, da Kreativität im Beratungsgeschäft nicht wirklich gezielt gelenkt werden kann und auch nicht der ausschlaggebende Erfolgsfaktor für die erfolgreiche Erbringung von Beratungsdienstleistungen durch Business Integratoren ist.

1443 Dieses Prinzip ist bereits von z.B. SHAPIRO/VARIAN angewendet worden, deren „besondere" Strategien für das Internet-Business auf „klassischen" betriebswirtschaftlichen Erkenntnissen fußen. Vgl. [SHAPIRO/VARIAN 1999].

1444 Vgl. [GEHLE 1999B, S. 21].

RER/HOMBURG[1445] als viel näher an der Wirklichkeit bezeichnet werden kann. Die jeweiligen Ausführungen reflektieren dabei sowohl theoretische Überlegungen als auch praktische Umsetzungserfahrungen und stoßen eine Lernspirale an, die zu einer ständigen Verbesserung der organisationalen Wissensbasis im internationalen Umfeld führt.

Dabei sollen die dargestellten Verfahren und Methoden nicht einfach imitiert werden. Jedes Unternehmen muss die geerbten Strukturen und die aktuell gelebte Kultur zum Ausgangspunkt seiner eigenen Bemühungen machen. Die hohen Anforderungen, die die Umsetzung eines internationalen Wissensmanagements dabei stellt und die vielen Schwierigkeiten, die im Verlauf auftreten können, dürfen die Unternehmen dabei nicht vom Handeln abhalten. Neben horrenden Verlusten, die das Nichthandeln bewirken können, ist letztendlich auch die Überlebensfähigkeit eines Unternehmens bedroht[1446].

Die Idee des internationalen Wissensmanagements basiert auf einer grenzenlosen Perspektive. Die konkret aufgeführten Gestaltungselemente bilden nur einen Teilbereich von Wissensmanagement ab und hängen eng mit der Zielsetzung Wissensanwendung und -wiederverwendung in der Internationalität zusammen. Die Identifikation und Erprobung weiterer Tools, Verfahren und Aktivitäten mit Hilfe des „International House of Knowledge Management" kann daher als niemals endender Prozess verstanden werden, der kontinuierlich ausgebaut und weiterentwickelt werden muss. Er liefert zukünftig eine gesicherte und brauchbare theoretische wie praktische Wissensbasis, die - mit der notwendigen Interpretation versehen - auch im Einzelfall zur Verbesserung konkreter Wissensprobleme in der Internationalität bzw. zur Unterstützung der internationalen Geschäftstätigkeiten aus Wissenssicht beitragen kann. Somit können sich auch die von KUTSCHKER als „Bequeme" titulierten Unternehmen aufmachen, die Welt des internationalen Wissens zu erkunden und damit die Evolutionsstufe eines „Eroberers" des internationalen Wissensmanagements zu erklimmen. Durch die individuelle Auseinandersetzung mit den Lösungselementen, durch die Berücksichtigung dieser in unternehmensspezifischen Kontexten und durch das Verständnis von Wissensmanagement als kontinuierliche[1447] und persönliche[1448] Aktivität des täglichen (Arbeits-)Lebens werden sich die Unternehmen in der internationalen Wissensarbeit zukünftig besser behaupten können. Der

---

1445 Vgl. [FELDERER/HOMBURG 2003, S. 49f.], die das einfachste Modell gleichzeitig als das abstrakteste und am weitesten von der Realität entfernt, bezeichnen.

1446 Vgl. [SERCON 2001, o.S.].

1447 So wird Wissensmanagement bereits von vielen Teilnehmern einer Studie verstanden. Vgl. [META 2001A, o.S.], [TENBIEG 2001, o.S.].

1448 Ggf. unter Beachtung vielfältiger Strategien zum individuellen Wissensmanagement. Vgl. den Anhang 2 bei [REINMANN-ROTHMEIER 1999, S. 296ff.].

Weg zu einer Hypertext-Organisation im Sinn von NONAKA ET AL. bzw. Hochleistungsorganisation im Sinn von SCHMIEDEL-BLUMENTHAL[1449] ist dann beschritten worden. Mehr noch kommen die Unternehmen durch die in dieser Arbeit dargestellte Kombination von Vernetzung und Prozessorientierung (virtuelle Hochleistungsorganisation) der durch WILDEMANN[1450] propagierten z.Zt. höchsten Evolutionsstufe einer problem- bzw. lösungsorientierten Organisation erheblich näher.

Die Wissensintensität von Unternehmen impliziert, dass für diese das Wissen eine größere Wichtigkeit hat als alle anderen Eingangsleistungen.[1451] Für die betrachteten Unternehmen bedeutet dieses, dass sie zukünftig mehr auf das interne Wissen vertrauen müssen, um globale Vorteile erreichen oder halten zu können. Das explizite Wissen in Datenbanken und die bloße Verteilung von Wissen verlieren in der Internationalität u.a. wegen unterschiedlicher Kulturverständnisse an Bedeutung und zwingen wegen der zur Anwendung notwendigen Kontextur zur Interaktion. Die in Kapitel 5.5 dargestellte „Best Practice-Organisation" ist dabei von verschiedenen Typen von Beratungsunternehmen zu verwenden, da das dargestellte Szenario der An- und Wiederverwendung unabhängig von der Art der Beratungsleistung funktioniert. Es sind aber auch andere Konstellationen und Zielstellungen denkbar, da das Konzept - individuell eingesetzt - die Lokalisierung von Problemlösungsmöglichkeiten vor individuellen Hintergründen und Zielstellungen ermöglicht und das jeweils notwendige Gleichgewicht wahrt.

Internationales Wissensmanagement ist dabei immer auch Veränderungsmanagement und muss selbst durch Veränderungsmanagement flankiert werden. Die hierfür notwendigen Strategien zur Einführung werden in der Praxis häufig nachgefragt und sind in der Theorie noch nicht zu finden. Eine Antwort in Form eines allgemeingültigen Stufenplans kann diese Arbeit nicht geben.[1452] Es soll hier aber die Meinung und Erfahrung des Autors festgehalten werden, dass eine stufenweise, sequentielle Einführung - im Sinn von „erst Technik und dann Prozess oder erst Organisation und dann Kultur" - für internationales Wissensmanagement nicht möglich ist. Es können zwar vereinzelte Elemente nach individueller Priorisierung aus dem „International House of Knowledge Management" entnommen werden, es sind jedoch immer alle Elemente (Strategie, Mensch/Kultur, Organisation/Prozess, IKT und sonstige Rahmenbedin-

---

1449 Vgl. [SCHMIEDEL-BLUMENTHAL 2000, S. 77].

1450 Anlässlich seiner Eröffnungsrede zum 9. Management Kolloquium mit dem Schwerpunkt „nachhaltige profitable Unternehmensführung" am 09. April 2002 in München.

1451 Vgl. [STARBUCK 1992, S. 715], zitiert in [EPPLER 2003, S. 2].

1452 Hiermit ist aber bereits ein weiterer Forschungsbedarf identifiziert, der in dem nachfolgenden Kapitel nochmals aufgegriffen wird.

gungen) gleichzeitig und gleichberechtigt zu berücksichtigen, um erfolgreich zu sein.

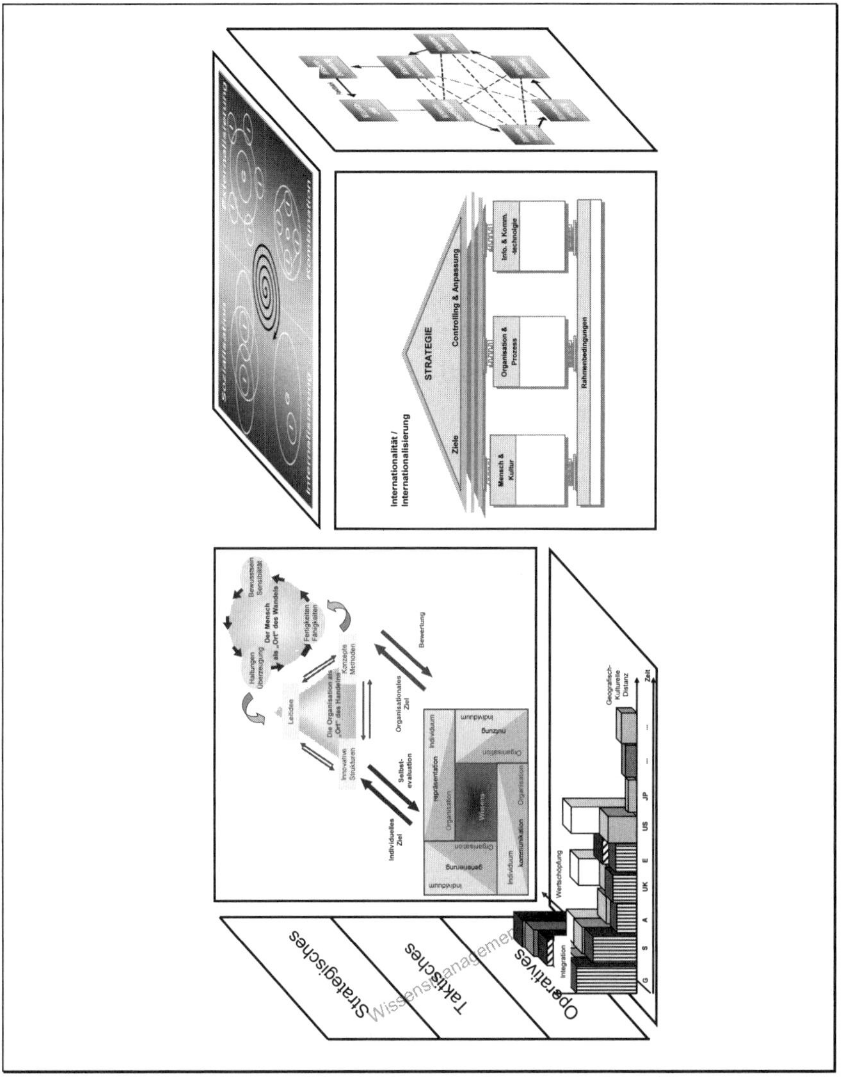

Abbildung 6-1: International Knowledge Management Cube

Um diese Notwendigkeit nochmals transparent zu machen und der Forderung von Managern und Wissensarbeitern nach einem „Werkzeug“, das man gedanklich überall mit hinnehmen kann, nachzukommen, werden in der vorhergehenden Abbildung 6-1 die verwendeten Modelle, die drei Ebenen des Wissensmanagements sowie das Konzept des „International House of

Knowledge Management" integriert in einem Würfel visualisiert. Dieser Würfel kann als Managementprinzip verstanden werden, „(that) is a general, instructtive, concise, and memorable statement that suggests a way of reasoning or acting that is effective and proven to reach a certain goal within an organizational context"[1453].

Diese Arbeit ist ein reines Wissensprodukt. Da die vorgestellten Prinzipien (z.B. Mitgabe von Kontexten bei der Explizierung von Wissen oder Interaktion und Kooperation in einem vielmaschigen Netzwerk von Kollegen, Kunden und Partnern) bei der Erstellung der Arbeit vom Autor selbst umfänglich berücksichtigt wurden, sind hier auch Attribute zu finden, die nicht unmittelbar einer inter- bzw. transdisziplinären[1454] Dissertation zugeordnet werden. Auch können die umfänglichen Fußnoten und die darin geführte Kommunikation mit den geneigten Lesern dieser Arbeit geisteswissenschaftlich anmuten. Alle Besonderheiten sind jedoch als persönliche Wissensarbeit des Autors zu verstehen, der damit die An- und Wiederverwendung seiner Arbeit fördern möchte. Hierzu trägt auch die besondere Ausprägung der Wissenskommunikation durch den Autor bei. So fördert eine teilweise bzw. selektive Umschreibung von Sachverhalten die Experten-Laien-Kommunikation[1455], erhöht das Verständnis für fachliche Themen, macht die Übersichtlichkeit von komplexen Wissensinhalten möglich und klare Strukturen manchmal überhaupt erst sichtbar. Merkmalsausprägungen zusätzlicher Wissensgenerierung, die hiermit ebenfalls angeregt werden soll, werden in Form weiteren Forschungsbedarfs im nachfolgenden Kapitel aufgeführt.

6.2 Weiterer Forschungsbedarf

„Wenn Ihr Beitrag wesentlich war,
dann wird immer jemand dort wieder anfangen,
wo Sie aufgehört haben, und das wird Ihr Anspruch
auf Unsterblichkeit sein."

Walter Gropius (Architekt 1883-1969)

Eine Arbeit wie die vorliegende, die versucht hat, die Komplexität der Phänomene Wissen und Internationalität zu reduzieren und handhabbar zu machen, muss ihre Grenzen kennen, aber auch Raum für weiteren Forschungsbedarf aufzeigen. In diesem Sinn seien nachfolgende Forscher gebeten - ja sogar aufgerufen -, die Thematik des internationalen Wissensmanagements weiterzuführen.

Hierzu wird der Bedarf nach *Einführungsstrategien* nochmals herangezogen. In diesem Kon-

---

[1453] Vgl. [EPPLER 2003, S. 79].

[1454] Die transdisziplinäre Charakteristik der Untersuchung ist eine unmittelbare Folge ihres Gegenstandes, schließlich ist das Wissen der kleinste gemeinsame Nenner aller Disziplinen. Vgl. [GLÜCK 2002, S. 5].

[1455] Siehe zu den Besonderheiten der Experten-Laien-Kommunikation die Arbeit von [VOHLE 2004].

text sind die Gestaltungsempfehlungen für unterschiedliche Arten von Beratungsunternehmen empirisch zu verproben. Dieses umfasst sowohl die Auswahlmöglichkeiten diverser Maßnahmenbündel (inkl. ihrer Subsets) und deren Korrelation als auch deren Wirkungsgrade in spezifischen Ländern und/oder für unterschiedliche Kulturkreise (z.B. innerhalb einer Triadeaufteilung Asien, Amerika und Europa).

Daneben kann bei der Verwendung und Wirkung von Maßnahmen - also bei deren *Wirkungsgraden* - noch spezifischer zwischen dem Prozess der beginnenden oder weiterführenden Internationalisierung und dem bereits längerfristigen geschäftlichen Wirken in der Internationalität unterschieden werden. Wenn man erklären könnte, unter welchen Wissensbedingungen und in welchen konkreten Wissensformen Unternehmen internationalisieren, könnte man anhand des Bedingungsrahmens eines konkreten Unternehmens dessen wissensbasierten Internationalisierungserfolg prognostizieren. Empirisch gesicherte Erfolgsstrategien könnten so aufgezeigt und damit ein strategisches Modell für die nachhaltige, internationale und wissensbasierte Unternehmensentwicklung aufgebaut werden. Neben den Einführungsstrategien verspricht diese Forschungsthematik einen besonderen Erkenntniszuwachs, so dass sich der Autor damit zukünftig selbst beschäftigen möchte.

Mit Rückgriff auf die im vorherigen Kapitel angeführte positive Korrelation zwischen Internationalisierungsgrad und Profitabilität und der hohen Korrelation von Umsatz-/Mitarbeiterwachstum bzw. -sicherung und dem systematischen Sichern von Expertenwissen bzw. häufigen Einsatz von Wissensaufbaumethoden[1456] kann eine weitere Hypothese formuliert werden, die es zu erforschen gilt: Besteht eine positive Korrelation zwischen Wissensgrad bzw. effizienter Wissensorganisation einer Unternehmung und dessen Profitabilität? Kann also gelten: Je wissender ein Unternehmen, desto profitabler ist es?

Ein zusätzlicher Forschungsbedarf betrifft die *weiteren grenzüberschreitenden*[1457] *Kernprozesse* eines wissensintensiven Unternehmens, die - neben der speziellen Betrachtung der internationalen Projektdurchführung in dieser Arbeit - erheblich zum Erfolg der Geschäftstätigkeit beitragen. Hier gilt es z.B. die Ausnutzung von Innovationspotenzialen im Prozess der Portfolioentwicklung weiter zu erforschen. Über die spezielle Gestaltung der Rückführung des Kunden-, Partner- und Lieferantenwissens in die Organisation könnte z.B. eine Dynamisierung in der Generierung und Modifizierung des Portfolios erreicht werden. Die Attraktivität und

---

1456 Vgl. [BULLINGER/WÖRNER ET AL. 1997, S. 38].

1457 Die Betrachtung grenzüberschreitender Prozesse wird als eine Aufgabe in der internationalen Managementforschung formuliert. Vgl. [KUTSCHKER 1999, S. 1190], [KUTSCHKER/SCHMID 1999, S. 404].

Passgenauigkeit des Angebots könnte somit gesteigert werden.

Mit den vorgenannten Anregungen sind einige Punkte angeführt worden, die zur weiteren Erforschung des internationalen Wissensmanagements beitragen können. Der Überzeugung des Autors entspricht es, dass viele Themenstellungen aus diesem Forschungsgebiet zukünftig interdisziplinär zu beantworten und daher immer mehrere Disziplinen (z.B. Organisationsentwicklung, Innovationsmanagement, Wirtschaftsinformatik) zu berücksichtigen sind. Auch fordert das Themengebiet „Wissensmanagement" eine verstärkte Interaktion von Wissenschaft und Praxis. Insofern sind zukünftige Forscher aufgerufen, das Knowing-Doing Gap[1458] zu überwinden, das zu den besonderen Problemen von Wissensarbeitern gehört[1459]. Da der Autor sehr an weiteren Erkenntnissen in diesem Forschungsgebiet interessiert ist, sollen im Sinn von WEFER[1460] alle Interessierten zu einem konstruktiven weiteren Interessens- und Wissensaustausch aufgefordert werden, „einfach weil es Freude macht, sein Wissen zu erweitern" und weil es „zuallererst (...) einfach Spaß (macht), sein Wissen zu teilen".

1458 Vgl. [PFEFFER/SUTTON 2000].
1459 Vgl. [EPPLER 2003, S. 31f.].
1460 Vgl. [WEFER 2001, S. 30].

Literaturverzeichnis

[ABTS/MÜLDER 1998]. Abts, D.; Mülder, W.: Grundkurs Wirtschaftsinformatik: eine kompakte und praxisorientierte Einführung, 2., überarb. Aufl., Braunschweig/Wiesbaden 1998

[ABTS/MÜLDER 2000]. Abts, D.; Mülder, W.: Aufbaukurs Wirtschaftsinformatik, Braunschweig/Wiesbaden 2000

[AFTABRUYAN 1998]. Aftabruyan, H.: Vorhandenes Wissen teilen und neues hinzufügen. In: *Handelsblatt*, Nr. 190, 03. Oktober 1998, S. K2

[AHLERT/ZELEWSKI 2003]. Ahlert, D.; Zelewski, S. (Hrsg.): Status Quo des Wissensmanagements im Dienstleistungssektor. In: *Forschungsbericht/MOTIWIDI-Projektbericht 3*, Motivationseffizienz in wissensintensiven Dienstleistungsnetzwerken, Universität Duisburg-Essen und Universität Münster, Essen/Münster 2003

[ALBRECHT 1992]. Albrecht, F.: Strategisches Management der Unternehmensressource Wissen: inhaltliche Ansatzpunkte und Überlegungen zu einem konzeptionellen Gestaltungsrahmen, Diss., Berlin 1992

[AMELINGMEYER 2000]. Amelingmeyer, J.: Wissensmanagement: Analyse und Gestaltung der Wissensbasis von Unternehmen, Diss., Wiesbaden 2000

[ANTONI 1994]. Antoni, Conny H.: Gruppenarbeit in Unternehmen: Konzepte, Erfahrungen, Perspektiven, Weinheim 1994

[ANTONI 1996]. Antoni, Conny H.: Teilautonome Arbeitsgruppen: ein Königsweg zu mehr Produktivität und einer menschengerechten Arbeit? Weinheim 1996

[ARGYRIS 1997]. Argyris, C.: Wissen in Aktion : Eine Fallstudie zur lernenden Organisation, Stuttgart 1997 (angels.: Knowledge for Action. A Guide to Overcoming Barriers to Organizational Change, San Francisco/USA 1996)

[ARGYRIS/SCHÖN 1978]. Argyris, C.; Schön, D.: Organizational Learning: A Theory of Action Perspective, Reading/UK 1978

[BARCHAN 1999]. Barchan, M.: The means of measurement. In: *Gabler (Hrsg.)*: Seminarunterlagen, Konferenz „Wissen managen : Im Fokus Wissensträger Mensch“, Köln 20. bis 22. September 1999, o.S.

[BARNEY 1991]. Barney, J. B.: Firm resources and sustained competitive advantage. In: *Journal of Management*, Vol. 17/1991, No. 1, Oxford/UK, pp. 99-120

[BARTLETT/GHOSHAL 1990]. Bartlett, C. A.; Ghoshal, S.: Internationale Unternehmensführung - Innovation, globale Effizienz, differenziertes Marketing, Frankfurt/New York 1999 (angels.: Managing Across Borders, Boston/USA 1989)

[BARTLETT/GHOSHAL 1997]. Bartlett, C.; Ghoshal, S.: Internationale Unternehmensführung - Innovation, globale Effizienz, differenziertes Marketing. (angels.: Managing Across Borders, Boston/USA 1989) In: *Crainer, S. (Hrsg.)*: Die ultimative Managementbibliothek : 50 Bücher, die sie kennen müssen, Frankfurt 1997, S. 57-62

[BAYER/HOFFMANN 2001]. Bayer, C.; Hoffmann, J.: Training gegen Frust : Wie Wissenschaftler Motivation im Job messen. In: *Financial Times Deutschland*, 27. Juni 2001, S. 33

[BDU 1995]. Bundesverband Deutscher Unternehmensberater: Beraterverzeichnis BDU 1995/96, Bonn 1995

[BECK/KELLER 2001]. Beck, J.; Keller, B.: Tango bei Softlab - Ein Planspiel als Katalysator für die Strategieentwicklung in einem Systemhaus, http://www.getoq.de/de/w_tangosoftlab.html, Abruf am 08.10.2001

[BECKER/KÖNIG ET AL. 1999]. Becker, J.; König, W.; Schütte, R.; Wendt, O.; Zelewski, S. (Hrsg.): Wirtschaftsinformatik und Wissenschaftstheorie: Bestandsaufnahme und Perspektiven, Wiesbaden 1999

[BENDT 2000]. Bendt, A.: Wissenstransfer in multinationalen Unternehmen, Diss., Wiesbaden 2000

[BERG 1998]. Berg, S.: Wissens-Management: Oft fehlt dafür die Zeit. In: *Computerwoche*, Nr. 36, 04. September 1998, S. 75-76

[BERGER/HINKELAMMERT 2000]. Berger, P.; Hinkelammert, K.: Persönlichkeitsunterschiede zwischen Informationstechnologie-Spezialisten und sonstigen Mitarbeitern. In: *Wirtschaftsinformatik*, Sonderheft IT und Personal, 42. Jg., 2000, S. 68-74

[BERGMANN 2001]. Bergmann, M.: Wissensmanagement heißt Enteignung der Experten. In: *Süddeutsche Zeitung*, 22./23. Dezember 2001, o.S.

[BIBEL 1964]. Das alte Testament, Erstes Buch Mose, Kapitel 2 Psalm 17 und Kapitel 3 Psalm 5-7, Fassung von 1964

[BITKOM 2002]. BitKOM: Kennzahlen zur IKT-Branchenentwicklung. In: *BITKOM online*, http://www.bitkom.org/index.cfm?gbAction=FD4873D5-1C35-4C94-8790C4CA9AB0833A&CategoryNodeID=C3F4EF27-0913-4648-B650A714B0201463, Abruf am 15.04.2002

[BITKOM 2003]. BitKOM: Wege in die Informationsgesellschaft : Status quo und Perspektiven Deutschlands im internationalen Vergleich. In: *BITKOM Edition 2003*, Berlin/Frankfurt 2003

[BLAICH 2003]. Blaich, G.: Wissensmanagement in Unternehmungen und Unternehmensnetzwerken. In: *Projektpräsentation MOTIWIDI*, Motivationseffizienz in wissensintensiven Dienstleistungsnetzwerken, Universität Münster, Münster 2003, http://www.motiwidi.de/, Wm_in_Netzwerken.pdf, Abruf am 08.04.2003

[BLAICH 2003B]. Blaich, G.: Wissensmanagement im Dienstleistungssektor. In: *wissensmanagement online,* http://www.wissensmanagement.net/online/archiv/2003/06_2003/wissensdienstleister.shtml, Abruf am 02.07.2003

[BLEEKE/ERNST 1997]. Bleeke, J.; Ernst, D.: Mit internationalen Allianzen auf die Siegerstraße. In: *HARVARD BUSINESS manager*, Strategie und Planung, Band 5/1997, S. 52-61

[BLESSING 2001]. Blessing, D.: Wissensmanagement in Beratungsunternehmen: Fallbeispiele, Modelle und Anwendungen für das Content Management im Business Engineering, Hinteregg/Schweiz 2001

[BLESSING/BACH 2000]. Blessing, D.; Bach, V.: Wissensmanagement in Beratungsunternehmen - Gestaltungsmöglichkeiten und Fallbeispiele. In: *zfo*, 69. Jg., H. 05/2000, S. 268-276

[BMW 1997]. BMW AG Geschäftsbericht, München 1997

[BMW 1999]. Wissensmanagement. In: *ALex - Aktuelles Lexikon*, BMW AG/AK 2, München Juli 1999

[BORDT 2000]. Bordt, A.: Wissensorientiertes Projektmanagement. In: *Seminarunterlagen*, KnowTech 2000/Messe für Knowledge Engineering, Management, Consulting & Training, Leipzig 05.-08. September 2000

[BORDT 2001]. Bordt, A.: Wissensmanagement in Projektorganisationen. In: *DFKI-Report D-01-02 März 2001*, 1. Konferenz Professionelles Wissensmanagement - Erfahrungen und Visionen, Baden-Baden 14.-16. März 2001

[BRANCHMED 2001]. BranchenMedien Verlag: Consulting Guide 2001: Profile und Daten deutscher Unternehmensberater, Band 1, „Berater", Merching 2001

[BRANCHMED 2001B]. BranchenMedien Verlag: Consulting Guide 2001: Profile und Daten deutscher Unternehmensberater, Band 2, „Spezialisierungen", Merching 2001

[BREDL ET AL. 2002]. Bredl, K.; Lehner, F.; Gruber, H.; Strasser, J.: Kompetenzerwerb von Consultants in der Unternehmensberatung. In: *Proceedings*, GI-5.1-Veranstaltung, MKWI 2002 in Nürnberg

[BREDL ET AL. 2004]. Bredl, K.; Lehner, F.; Gruber, H.; Strasser, J.: Kompetenzentwicklung in der Organisationsberatung. In: *Gruber, H.; Harteis, C.; Heid, H.; Meier, B. (Hrsg.)*: Kapital und Kompetenz - Veränderungen der Arbeitswelt und ihre Auswirkungen aus pädagogischer Sicht, Wiesbaden 2004 (Verwendung einer unveröffentlichten Vorabversion in 2003)

[BRUNK/SCHNEIDER 2001]. Brunk, M.; Schneider, H. A.: Wissensmanagement im Projektgeschäft. In: *DFKI-Report D-01-02 März 2001*, 1. Konferenz Professionelles Wissensmanagement - Erfahrungen und Visionen, Baden-Baden 14.-16. März 2001

[BUCHHOLZ/SOMMER 2003]. Buchholz, S.; Sommer, C.: Lässt sich Wissen globalisieren und wie expandieren Wissensunternehmen ins Ausland? In: *brand eins Wirtschaftsmagazin*, http://www.brandeins.de/magazin/archiv/2001/ausgabe_05/druckversionen/schwerpunkt/artikel7.html, Abruf am 18.03.2003

[BULLINGER 2001]. Bullinger, H.-J. (Hrsg.): Knowledge meets Process : Wissen und Prozesse managen im Internet. In: *Studie des Fraunhofer IAO*, Stuttgart 2001

[BULLINGER/WARSCHAT ET AL. 1998]. Bullinger, H.-J.; Warschat, J.; Prieto, J.; Wörner, K.: Wissensmanagement - Anspruch und Wirklichkeit : Ergebnisse einer Unternehmensstudie in Deutschland. In: *Information Management & Consulting*, Nr. 01/98, S. 7-23

[BULLINGER/WÖRNER ET AL. 1997]. Bullinger, H.-J.; Wörner, K.; Prieto, J.: Wissensmanagement heute : Daten, Fakten, Trends. In: *Unternehmensstudie Wissensmanagement*, KundenManagement-Centrum am Fraunhofer IAO, Stuttgart 1997

[BULLINGER/WÖRNER ET AL. 1998]. Bullinger, H.-J.; Wörner, K.; Prieto, J.: Wissensmanagement : Modelle und Strategien für die Praxis. In: *Bürgel, H. D. (Hrsg.)*: Wissensmanagement : Schritte zum intelligenten Unternehmen, Berlin/Heidelberg 1998, S. 21-39

[BÜCHEL/RAUB 2002]. Büchel, B.; Raub, S.: Building Knowledge-creating Value Networks. In: *European Management Journal*, Vol. 20/2002, No. 6, Oxford/UK, pp. 587-596

[BÜHNER 1996]. Bühner, R.: Betriebswirtschaftliche Organisationslehre, 8. bearb. u. erg. Aufl., München 1996

[BÜRGEL 1998]. Bürgel, H. D. (Hrsg.): Wissensmanagement : Schritte zum intelligenten Unternehmen, Berlin/Heidelberg 1998

[BÜRGEL/ZELLER 1998]. Bürgel, H. D.; Zeller, A.: Forschung & Entwicklung als Wissenscenter. In: *Bürgel, H. D. (Hrsg.)*: Wissensmanagement: Schritte zum intelligenten Unternehmen, Berlin/Heidelberg 1998, S. 51-65

[BÜSCHGEN 1997]. Büschgen, H. E.: Internationales Finanzmanagement, 3., völlig neu bearb. u. erw. Aufl., Frankfurt 1997

[CELEMI 1999]. CELEMI AB Geschäftsbericht, Stockholm/Schweden 1999

[CHANDLER 1962]. Chandler, A.: Strategy & Structure: Chapters in the History of the Industrial Enterprise, MIT Press, Cambridge/USA 1962

[COESTER 1999]. COESTER, U.: Die Motivation entscheidet über den Erfolg von Wissensmanagement. In: *Computerwoche*, Nr. 1, 08. Januar 1999, S. 62

[CORSTEN/REISS 1999]. Corsten, H. (Hrsg.); Reiss, M. (Hrsg.): Betriebswirtschaftslehre, 3., vollst. überarb. u. wesentlich erw. Auflage, München/Wien/Oldenbourg 1999

[CRAINER 1997]. Crainer, S. (Hrsg.): Die ultimative Managementbibliothek : 50 Bücher, die sie kennen müssen, Frankfurt/New York 1997

[CW 2002]. Computerwoche: Consulting Business 2003: IT-Beratung - Unternehmensberatung - Personalberatung, Fakten, Profile, Branchenregister, München 2002

[DAVENPORT/PROBST 2002]. Davenport, T.; Probst, G. (Hrsg.): Knowledge Management Case Book - Siemens Best Practises, 2., überarb. u. erw. Aufl. 2002

[DE BONO 1998]. De Bono, E.: Laterales Denken: Neue Ideen entwickeln, eingefahrenes Denken ablegen. In: *Kennedy, C. (Hrsg.)*: Management Gurus : 40 Vordenker und ihre Ideen, Wiesbaden 1998, S. 53-56

[DELPHI 1997]. Delphi: Delphi on Knowledge Management : Research & Perspectives on Today's Knowledge Landscape, Delphi Group, Boston/USA, http://www.delphigroup.com/pubs/sample/KM-Highlight-1997-11.pdf, Abruf am 15.12.1998

[DELPHI 1998]. Delphi: Best Practices in Knowledge Leadership. In: *Knowledge Leadership Study*, Delphi Group, Boston/USA 1998, http://www.delphigroup.com/pubs/sample/1998-09-Know-Lead-Study.pdf, Abruf am 05.07.1999

[DELPHI 1999]. Delphi: Delphi Group Research Identifies Leading Business Applications of Knowledge Management. In: *Press Release*, Delphi Group, March 29th 1999, Boston/USA, http://www.delphigroup.com, Abruf am 01.02.2001

[DESER 1997]. Deser, F.: Chaos und Ordnung im Unternehmen: Chaosforschung als ein Beitrag zum besseren Verständnis von Unternehmen als Nichtlinearen Dynamischen Systemen, Diss., Heidelberg 1997

[DICK 2001]. Dick, A.: Wissensmanagement in der F&E. In: *Tagungsunterlagen*, V. Technologiemanagement-Tagung der Universität St. Gallen, St. Gallen/Schweiz 05.-06. März 2001

[DMV 2002]. Deutscher Manager-Verband e.V. (Hrsg.): Die Zukunft des Managements: Perspektiven für die Unternehmensführung, Zürich/Schweiz 2002

[DÖRING-KATERKAMP/TROJAN 2002]. Döring-Katerkamp, U.; Trojan, J.: Motivation und Wissensmanagement - eine praktische Perspektive. In: *Internes Arbeitspapier*, (IfeM) Institut für e-Management e.V., Januar 2002, S. 135-151

[DRESBACH 1999]. Dresbach, S.: Epistemologische Überlegungen zu Modellen in der Wirtschaftsinformatik. In: *Becker, J.; König, W.; Schütte, R.; Wendt, O.; Zelewski, S. (Hrsg.)*: Wirtschaftsinformatik und Wissenschaftstheorie : Bestandsaufnahme und Perspektiven, Wiesbaden 1999, S. 71-94

[DRUCKER 1969]. Drucker, P.: Die Zukunft bewältigen - Aufgaben und Chancen im Zeitalter der Ungewissheit, Düsseldorf 1969 (angels.: The Age of Discontinuity, New York/USA 1969)

[DRUCKER 1969B]. Drucker, P. (Eds.): Preparing Tomorrow's Business Leaders Today, Englewood Cliffs/USA 1969

[DRUCKER 1993]. Drucker, P.: Die postkapitalistische Gesellschaft, Düsseldorf 1993

[DUDEN 1974]. Duden - Das Fremdwörterbuch, 3., völlig neu bearb. u. erw. Aufl., Band 5 (Fremdwörterbuch), Mannheim 1974

[DUNCAN/WEISS 1979]. Duncan, R. B.; Weiss, A.: Organizational Learning: Implications for organizational design. In: *Staw, B. M. (Eds.)*: Research in Organizational Behaviour, Greenwich/USA 1979, pp. 75-123

[EDVINSSON 2001]. Edvinsson, L.: Geben Sie den Gedanken Freiheit! In: *wissensmanagement*, H. 02/2001, März 2001, S. 44-46

[EDVINSSON/BRÜNIG 2000]. Edvinsson, L.; Brünig, G.: Aktivposten Wissenskapital: Unsichtbare Werte bilanzierbar machen, Wiesbaden 2000

[EISELIN 1999]. Eiselin, A.: Die Wiederentdeckung der Einfachheit. In: *Frankfurter Allgemeine Zeitung*, Verlagsbeilage CeBIT'99, Nr. 63, 16. März 1999, S. B2

[ENGELHARD 1996]. Engelhard, J. (Hrsg.): Strategische Führung internationaler Unternehmen: Paradoxien, Strategien und Erfahrungen, Wiesbaden 1996

[ENGELHARD/REHKUGLER 1994]. Engelhard, J.; Rehkugler, H. (Hrsg.): Strategien für nationale und internationale Märkte : Konzepte und praktische Gestaltung, Wiesbaden 1994

[EPPLER 2003]. Eppler, Martin: Wissenskommunikation: Einführung, Definition, Abgrenzung. In: *Proceedings*, 15. Workshop des Arbeitskreises Wissensmanagement, St. Gallen/ Schweiz 14. und 15. März 2003, http://www.cck.uni-kl.de/wmk/proceedings/stgallen03/dok/Wissenskommunikation_Einfuehrung.pdf, Abruf am 22.05.2003

[EPPLER 2003B]. Eppler, Martin: Managing Information Quality - Increasing the Value of Information in Knoweldge-intensive Products and Processes, Berlin/Heidelberg 2003

[EXACT 1997]. Exact Software Geschäftsbericht, Delft/Niederlande 1997

[FACIT 1999]. facit: „Customer Value"-Forschung: Wie zufrieden sind die Projektkunden mit Softlab? In: *Ergebnisse einer Marktforschungsuntersuchung*, facit Marketing-Forschung GmbH im Auftrag der Softlab GmbH, München 1999

[FAHEY/PRUSAK 1998]. Fahey, L.; Prusak, L.: The Eleven Deadliest Sins of Knowledge Management. In: *California Management Review*, Vol. 40, No. 3, Berkeley/USA 1998, pp. 265-276

[FAST 2002]. FAST: Teamarbeit bei FAST - Erlebnisse aus dem EBIZZ-Projekt. In: *Interne Projekterfahrungsgeschichte*, Forschungsinstitut für angewandte Softwaretechnologie, München 2002

[FELDERER/HOMBURG 2003]. Felderer, B.; Homburg, S.: Makroökonomik und neue Makroökonomik, 8., neu bearb. Aufl., Berlin/Heidelberg 2003

[FELDHOFF 2001]. Feldhoff, E.: Unterstützung der Wissensmessung und -bewertung mit Hilfe der Balanced Scorecard. In: *Lau-Villinger, D.; Rump, J. (Hrsg.)*: Management Tool Box Wissensmanagement, Köln 2001

[FELDHOFF 2004]. Feldhoff, E.: Strategisches Management humaner Wissensressourcen, vorgelegte Diss., Universität Mannheim, Mannheim 2004

[FINK 2002]. Fink, D.: IT Consulting 2003: Kompetenzen und Trends in der IT-Beratung, Band I, „Übergreifende Ergebnisse", Wissenschaftliche Gesellschaft für Management und Beratung, Bonn 2002

[FINK/SCHLAKE ET AL. 2001]. Fink, A.; Schlake, O.; Siebe, A.: Erfolg durch Szenario-Management: Prinzip und Werkzeuge der strategischen Vorausschau, Frankfurt/New York 2001

[FISCH 2002]. Fisch, J.: Structure Follows Knowledge: Internationale Verteilung der Forschung und Entwicklung in multinationalen Unternehmen, Diss., Universität Hohenheim 2002, http://www.uni-hohenheim.de/~www510e/fisch/pap-sfk-gabler.pdf, Abruf am 18.09.2003

[FISCHER 2001]. Fischer, O.: Ranking : Viele Consultants beraten am Markt vorbei. In: *Financial Times Online*, 15.11.2001, http://www.ftd.de/ub/di/FTDLNP5Q0UC.html, Abruf am 22.11.2001

[FITZEK 1999]. Fitzek, D.: Knowledge Management in Inter-Project Learning: A systematic Attempt of Integration. In: *Master Thesis*, Division of Quality, Technology and Management, Linköping University, Sweden 1999, http://www.item.unisg.ch/org/item/wm.nsf /SysWebRessources/KM_in_IP_Fitzek/$FILE/KM_in_IP_Fitzek.pdf, Abruf am 04.03.2003

[FOHMANN 1990]. Fohmann, L.: Wissens-Management ist ein Schlüssel zum Unternehmenserfolg. In: *Computerwoche*, Nr. 20, 18. Mai 1999, S. 8

[FRANK 1999]. Frank, U.: Zur Verwendung formaler Sprachen in der Wirtschaftsinformatik : Notwendiges Merkmal eines wissenschaftlichen Anspruchs oder Ausdruck eines übertriebenen Szientismus? In: *Becker, J.; König, W.; Schütte, R.; Wendt, O.; Zelewski, S. (Hrsg.)*: Wirtschaftsinformatik und Wissenschaftstheorie : Bestandsaufnahme und Perspektiven, Wiesbaden 1999, S. 127-160

[FREDERSDORF 2003]. Fredersdorf, F.: Kennzahlen im Personalwesen - Sind menschliche Qualitäten messbar? In: *Symposion Online*, http://www.symposion.de/bsc/bsc_15.htm, Abruf am 31.03.2003

[GABLER 1992]. Gablers Wirtschaftslexikon, 12., vollständig neu bearb. u. erw. Aufl., Band 6 (U-Z), Wiesbaden 1992

[GASSMANN 1997]. Gassmann, O.: Internationales F-&-E-Management : Potentiale und Gestaltungskonzepte transnationaler F-&-E-Projekte, München/Wien 1997

[GEHLE 1998]. Gehle, M.: Die Internationalisierung der Unternehmen. In: *Unveröffentlichte Seminararbeit*, Fachhochschule Niederrhein, Krefeld/Mönchengladbach 1998

[GEHLE 1998B]. Gehle, M.: Informationsmanagement - Begriff, Aufgaben, Organisation, Anwendungsbeispiele. In: *Unveröffentlichte Seminararbeit*, Fachhochschule Niederrhein, Krefeld/Mönchengladbach 1998

[GEHLE 1999]. Gehle, M.: Organisationsstrukturen internationaler Konzerne. In: *Unveröffentlichte Seminararbeit*, Fachhochschule Niederrhein, Krefeld/Mönchengladbach 1999

[GEHLE 1999B]. Gehle, M.: Wissensmanagement in international agierenden Unternehmen: Eine empirische Untersuchung und Fallstudien im Bereich Forschung und Entwicklung und im Personalmanagement. In: *Unveröffentlichte Diplomarbeit*, Fachhochschule Niederrhein, Mönchengladbach/Krefeld 1999

[GEHLE 2001]. Gehle, M.: IT-unterstützter Wissenstransfer in der internationalen Forschung & Entwicklung: Ein Praxisbericht des „Marktplatzes des Wissens" der BMW AG. In: *DFKI-Report D-01-02 März 2001*, 1. Konferenz Professionelles Wissensmanagement - Erfahrungen und Visionen, Baden-Baden 14.-16. März 2001

[GEHLE/FELDHOFF 2002]. Gehle, M.; Feldhoff, E.: Quo vadis Knowledge Management? In: *Deutscher Manager-Verband e.V. (Hrsg.)*: Die Zukunft des Managements: Perspektiven für die Unternehmensführung, Zürich/Schweiz 2002, S. 165-176

[GEHLE/FELDHOFF 2002B]. Gehle, M.; Feldhoff, E.: Die Zukunft des Wissensmanagements : Überlegungen für das Übermorgen. In: *CoPers e-HR Personalarbeit und computergestütztes Personalmanagement*, Sonderheft SAP, 10. Jg., Dezember 2002, S. 54-58

[GEHLE/MÜLDER 2000]. Gehle, M.; Mülder, W.: Status Quo des Wissensmanagements. In: *CoPers e-HR Personalarbeit und computergestütztes Personalmanagement*, H. 08/2000, S. 28-39

[GEHLE/MÜLDER 2001]. Gehle, M.; Mülder, W.: Wissensmanagement in der Praxis, Köln/Frechen 2001

[GEHLE/MÜLDER 2002]. Gehle, M.; Mülder, W.: E-Learning und Business TV. In: *Hannig, U. (Hrsg.)*: Knowledge Management und Business Intelligence, Berlin/Heidelberg 2002, S. 203-212

[GEHLE/MÜLDER 2005]. Gehle, M.; Mülder, W.: Geschäftswissen: Methoden, Konzepte und Fallbeispiele, Köln/Frechen 2005, in Vorbereitung

[GEHLE/PANNEK 2002]. Gehle, M.; Pannek, H.: Fallstudie „Skill Information System bei der Softlab GmbH“. In: *knowledgemarkt.de*, August 2002 http://www.knowledgemarkt.de/uploads/0/docs/SIS%20Softlab%20Ifem.pdf, Abruf am 13.08.2002

[GEHLE/SIEGNER 2003]. Gehle, M.:, Siegner, T.: „we.know@softlab“ - Wissensanwendung und -wiederverwendung in der internationalen Projektarbeit. In: *Schildhauer, T.; Braun, M.; Schultze, M. (Hrsg.)*: Corporate Knowlege - Durch E-Business das Unternehmenswissen bewahren, Göttingen 2003, S. 227-232

[GERTZ 1998]. Gertz, W.: Unternehmen blockieren Kreativität. In: *Computerwoche Spezial*, Sonderheft 3/1998, S. 46-47

[GIBBERT ET AL. 2002]. Gibbert, M.; Leibold, M.; Probst, G.: Five Styles of Customer Knowledge Management, and How Smart Companies Use Them To Create Value. In: *European Management Journal*, Vol. 20/2002, No. 5, Oxford/UK, pp. 459-469

[GIBBONS ET AL. 1994]. Gibbons, M.; Limoges, C.; Nowotny, H.; Schwartzman, S.; Scott, P.; Trow, M.: The new Production of Knowledge : The Dynamics of Science and Research in Contemporary Societies, London/UK 1994

[GISSLER 1999]. Gissler, A.: Wissensmanagement - Steigerung der Entwicklungseffizienz durch eine modellbasierte Vorgehensweise zur Umsetzung von Wissensmanagement in der Produktentwicklung, Diss. D386, Universität Kaiserslautern, Kaiserslautern 1999

[GLÜCK 2002]. Glück, T.: Blinde Flecken in der Unternehmensführung : Desinformation und Wissensqualität, zugl. Diss. Universität Lüneburg, Passau 2002

[GOLDBERG/VON NITZSCH 2000]. Goldberg, J.; von Nitzsch, R.: Behavioural Finance: Gewinnen mit Kompetenz, 3., Aufl., München 2000

[GUTOWSKI/SCHIEB 1998]. Gutowski, K.; Schieb, J.: Fast geschenkt. In: *Wirtschaftswoche*, Nr. 43, 15. September 1998, S. 115-116

[GÜLDENBERG 1997]. Güldenberg, S.: Wissensmanagement und Wissenscontrolling in lernenden Unternehmen : ein systemtheoretischer Ansatz, Diss., Wiesbaden 1997

[GÜLDENBERG 1997B]. Güldenberg, S.: Lernbarrieren und die Verhinderung des Verlernens in Organisationen. In: *Dr. Wieselhuber & Partner (Hrsg.)*: Handbuch Lernende Organisation: Unternehmens- und Mitarbeiterpotentiale erfolgreich erschließen, Wiesbaden 1997, S. 227-235

[HAMEL 1998]. Hamel, G.: Kernkompetenzen und strategische Intention. In: *Kennedy, C. (Hrsg.)*: Management Gurus : 40 Vordenker und ihre Ideen, Wiesbaden 1998, S. 77-81

[HAMEL/DOZ ET AL. 1999]. Hamel, G.; Doz, Y.; Prahalad, C.K.: Mit Marktrivalen zusammenarbeiten - und dabei gewinnen. In: *HARVARD BUSINESS manager*, Band „Strategische Allianzen", 1999, S. 7-14

[HANDY 1997]. Handy, C.: The Age of Unreason. (orig.: The Age of Unreason, London/UK 1989) In: *Crainer, S. (Hrsg.)*: Die ultimative Managementbibliothek - 50 Bücher, die sie kennen müssen, Frankfurt/New York 1997, S. 141-145

[HANDY 1998]. Handy, Ch.: Die Zukunft der Arbeit und der Organisationen: Portfolioarbeit - Kleeblattunternehmen - Drei Is. In: *Kennedy, C. (Hrsg.)*: Management Gurus : 40 Vordenker und ihre Ideen, Wiesbaden 1998, S. 88-94

[HANNIG/HAHN 2001]. Hannig, U.; Hahn, A.: Der deutsche Markt für Wissensmanagement. In: *wissensmanagement*, H. 06/2001, S. 12-14

[HANNIG 2002]. Hannig, U. (Hrsg.): Knowledge Management und Business Intelligence, Berlin/Heidelberg 2002

[HANSEN 1996]. Hansen, H. R.: Wirtschaftsinformatik I: Grundlagen betrieblicher Informationsverarbeitung, 7., völlig neubearb. u. stark erw. Aufl., Stuttgart 1996

[HANSEN ET AL. 1999]. Hansen, M.; Nohria, N.; Tierney, T.: What's Your Strategy for Managing Knoweldge? In: *Harvard Business Review*, March-April 1999, No. 2, Boston/USA 1999, pp. 106-116

[HEILMANN 2001]. Heilmann, H.: Stand und Zukunft des IT-Projektmanagements - eine persönliche Bewertung. In: *Richter, R. (Hrsg.)*: Management und Controlling von IT-Projekten, 4. Fachtagung in Glashütten, Heidelberg 2001, S. 41-58

[HEISIG 1998B]. Heisig, P.: Erfahrung sichern und Wissen transferieren : Wissensmanagement im Projektmanagement. In: *Projektmanagement*, H 4/98, S. 3-10

[HEISIG/VORBECK 1998]. Heisig, P.; Vorbeck, J.: Benchmarking Wissensmanagement: Best Practices in Deutschland und Europa. In: *Teil 1 der Befragungsergebnisse*, Informationszentrum Benchmarking (IZB) am Fraunhofer IPK, Berlin Juli 1998

[HERMSEN/VOPEL 1999]. Hermsen, T.; Vopel, O.: Know-how zu teilen, fällt schwer. In: *Handelsblatt*, Nr. 30, 12./13. Februar 1999, S. K6

[HERTZ 1988]. Hertz, D. B.: The Expert Executive, New York/USA 1988

[HESKETT ET AL. 1994]. Heskett J. L.; Jones, T. O.; Loveman G. W.; Sasser, W. E.; Schlesinger, L. A.: Dienstleister müssen die ganze Service-Gewinn-Kette nutzen. In: *HARVARD BUSINESS manager*, 16. Jg.; H. 04/1994, S. 50-61

[HOFER-ALFEIS/VAN DER SPEK 2002]. Hofer-Alfeis, J.; van der Spek, R.: The Knowledge Strategy Process - an instrument for business owners. In: *Davenport, T.; Probst, G. (Hrsg.)*: Knowledge Management Case Book - Siemens Best Practises, 2., überarb. u. erw. Aufl. 2002

[IFEM 2001A]. IfeM: Etablierung von Wissensmanagement 2001. In: *Umfrageauswertung*, IfeM Institut für e-Management e.V., Köln 2001, http://www.ifem.org, Abruf am 15.09.2001

[IFEM 2001B]. IfeM: Trendthemenranking Wissensmanagement 2001. In: *Studienauswertung*, IfeM Institut für e-Management e.V., Köln 2001, http://www.ifem.org, Abruf am 28.10.2001

[IFEM 2002]. IfeM: Motivation und Anreizsystem bei der Einführung von IT-gestütztem Wissensmanagement. In: *Interner Abschlußbericht zur Studie*, IfeM Institut für e-Management e.V. in Zusammenarbeit mit der Softlab GmbH et al., Köln 2002

[IFEM 2003]. IfeM: Wohin entwickeln sich Intranets? In: *Knowledge Management in der Praxis*, Band 3, Schriftenreihe des IfeM Instituts für e-Management e.V., Köln 2003

[IGL/LEHNER 2000]. Igel, G.; Lehner, F.: Wissensmanagement in der Beratungsbranche. In: *Forschungsbericht Nr. 39*, Universität Regensburg, Schriftenreihe des Lehrstuhls für Wirtschaftsinformatik III, Regensburg 2000

[ILOI 1997A]. Internationales Institut für lernende Organisation und Innovation (ILOI): Knowledge Management, ein empirisch gestützter Leitfaden zum Management des Produktionsfaktors Wissen. In: *Zusammenfassung des Studienberichts*, München 1997, http://www.iloi.de/studie.html#3titel, Abruf am 27.04.1999

[ILOI 1997B]. Internationales Institut für lernende Organisation und Innovation (ILOI): Knowledge Management, ein empirisch gestützter Leitfaden zum Management des Produktionsfaktors Wissen. In: *Studienbericht*, München 1997

[IMAI 1994]. Imai, M.: Kaizen : Der Schlüssel zum Erfolg der Japaner im Wettbewerb, 12., Aufl., München 1994

[JÄGER 1999]. Jäger, W.: Wissensmanagement im Personalmanagement: Umfang, Bedeutung und Erwartungen. In: *Ergebnisse einer Unternehmensumfrage*, Dr. Jäger Management-Beratung, Juni 1999

[KAKABADSE/FRICKER 1994]. Kakabadse, A.; Fricker, J.: Anreize und Pfade zur lernenden Organisation. In: *Sattelberger, T. (Hrsg.)*: Die lernende Organisation: Konzepte für eine neue Qualität der Unternehmensentwicklung, 2., Aufl., Wiesbaden 1994, S. 67-77

[KANTER 1996]. Kanter, R.: Weltklasse : Im globalen Wettbewerb lokal triumphieren, Wien/Österreich 1996

[KANTER 1996B]. Kanter, R.: When a Thousand Flowers Bloom: Structural, Collective and Social Conditions for Innovation in Organizations. In: *Myers, P. (Eds.)*: Knowledge Management and Organizational Design, Boston/USA 1996, pp. 93-131

[KANTER 1998]. Kanter, R. M.: Das „post-unternehmerische Unternehmen: „Empowerment" des einzelnen als Kraft des Wandels. In: *Kennedy, C. (Hrsg.)*: Management Gurus : 40 Vordenker und ihre Ideen, Wiesbaden 1998, S. 106-112

[KAPLAN/NORTON 1998]. Kapplan, R. S.; Norton, D. P.: Leistungsmessung mit der Balanced Scorecard. In: *Kennedy, C. (Hrsg.)*: Management Gurus : 40 Vordenker und ihre Ideen, Wiesbaden 1998, S. 113-117

[KASTNER 1997]. Kastner, M.: Management des Wandels: Die Systemverträgliche Organisationsentwicklung (SOE) im Überblick. In: *Internes Arbeitspapier*, Universität Dortmund und Institut für Arbeitspsychologie und Arbeitsmedizin, Dortmund 1997

[KENNEDY 1998]. Kennedy, C. (Hrsg.): Management Gurus : 40 Vordenker und ihre Ideen, Wiesbaden 1998 (angels.: Guide to the Management Gurus, 2nd Ed., UK 1998)

[KIRSCH 1990]. Kirsch, W.: Unternehmenspolitik und strategische Unternehmensführung, München 1990

[KLAUER 2001]. Klauer, K. J.: Forschungsmethoden der Pädagogischen Psychologie. In: *Krapp, A.; Weidenmann, B. (Hrsg.)*: Pädagogische Psychologie - ein Lehrbuch, 4., vollst. überarb. Aufl., Weinheim 2001, S. 75-97

[KLEINHANS 1989]. Kleinhans, A. M.: Wissensverarbeitung im Management: Möglichkeiten und Grenzen wissensbasierter Managementunterstützungs-, Planungs- und Simulationssysteme, Frankfurt a. M. 1989

[KLOSA 2001]. Klosa, O.: Wissensmanagementsysteme in Unternehmen: State-of-the-Art des Einsatzes, zugl. Diss. Universität Regensburg, Wiesbaden 2001

[KLUMPP 2002]. Klumpp, M.: Der IT-Markt Deutschland: Analysen und Trends 2002. In: *Studie Teil 1 „Herausforderung Internationalisierung"*, APCON Business Consulting, Juni 2002

[KNETSCH 1996]. Knetsch, W.: Die treibende Kräfte : Der Weg zum vernetzten Unternehmen. In: *Arthur D. Little (Hrsg.)*: Management in vernetzten Unternehmen, Wiesbaden 1996, S. 17-71

[KOPPERGER/NÄGELE ET AL. 2001]. Kopperger, D.; Nägele, R.; Schreiner, P.: Geschäftsprozessmanagement gestern und heute. In: *Bullinger, H.-J. (Hrsg.)*: Knowledge meets Process : Wissen und Prozesse managen im Internet, Studie des Fraunhofer IAO, Stuttgart 2001, S. 19-31

[KOPPERGER/SCHULTE 2001]. Kopperger, D.; Schulte, T.: Anforderungen an Geschäftsprozessmanagement-Werkzeuge. In: *Bullinger, H.-J. (Hrsg.)*: Knowledge meets Process : Wissen und Prozesse managen im Internet, Studie des Fraunhofer IAO, Stuttgart 2001, S. 33-38

[KÖNNECKER 2003]. Könnecker, H.: Benötigte Skills zur richtigen Zeit am richtigen Ort bereitstellen. In: *wissensmanagement*, H. 02/2003, S. 26f.

[KPMG 2003]. KPMG: Intellectual Gold. In: *KPMG's European Intellectual Property Survey*, http://www.kpmg.com; kpmg-ip-survey.pdf, Abruf am 14.07.2003

[KRAPP/WEIDENMANN 2001]. Krapp, A.; Weidenmann, B. (Hrsg.): Pädagogische Psychologie - ein Lehrbuch, 4., vollst. überarb. Aufl., Weinheim 2001

[KRCMAR 1997]. Krcmar, H.: Informationsmanagement, Berlin/Heidelberg 1997

[KREUZ 2003]. Kreuz, P.: Erfolgsfaktor Innovation: Neue Leistungsangebote gemeinsam mit Kunden entwickeln: *Studienergebnisse*, Advanced Innovation, Wien/Österreich, Mai 2003

[KRÜGER/HOMP 1997]. Krüger, W.; Homp, Ch.: Kernkompetenz-Management: Steigerung von Flexibilität und Schlagkraft im Wettbewerb, Wiesbaden 1997

[KRÜGER/SIMON 1999]. Krüger, R.; Simon, A.: Information durch Konstruktion - Systemtheoretische Betrachtung des Phänomens Informationsverarbeitung und wissenschaftstheoretische Schlussfolgerung für die Wirtschaftsinformatik. In: *Becker, J.; König, W.; Schütte, R.; Wendt, O.; Zelewski, S. (Hrsg.)*: Wirtschaftsinformatik und Wissenschaftstheorie: Bestandsaufnahme und Perspektiven, Wiesbaden 1999, S. 363-378

[KUMAR/HAUSSMANN 1992]. Kumar, B. N.; Haussmann, H. (Hrsg.): Handbuch der Internationalen Unternehmenstätigkeit: Erfolgs- und Risikofaktoren, Märkte, Export-, Kooperations- und Niederlassungs-Management, München 1992

[KURTZKE/POPP 1999]. Kurtzke, C.; Popp, P.: Das wissensbasierte Unternehmen: Praxiskonzepte und Management-Tools, München 1999

[KUTSCHKER 1992]. Kutschker, M.: Die Wahl der Eigentumsstrategie der Auslandsniederlassung in kleineren und mittleren Unternehmen. In: *Kumar, B. N.; Haussmann, H. (Hrsg.)*: Handbuch der Internationalen Unternehmenstätigkeit: Erfolgs- und Risikofaktoren, Märkte, Export-, Kooperations- und Niederlassungs-Management, München 1992, S. 497-530

[KUTSCHKER 1994]. Kutschker, M.: Dynamische Internationalisierungsstrategie. In: *Engelhard, J.; Rehkugler, H. (Hrsg.)*: Strategien für nationale und internationale Märkte : Konzepte und praktische Gestaltung, Wiesbaden 1994, S. 221-248

[KUTSCHKER 1996]. Kutschker, M.: Evolution, Episoden und Epochen: Die Führung von Internationalisierungsprozessen. In: *Engelhard, J. (Hrsg.)*: Strategische Führung internationaler Unternehmen: Paradoxien, Strategien und Erfahrungen, Wiesbaden 1996, S. 1-38

[KUTSCHKER 1997]. Kutschker, M.: Internationalisierung der Unternehmensentwicklung. In: *Marchazina, K.; Oesterle, M.-J. (Hrsg.)*: Handbuch Internationales Management: Grundlagen - Instrumente - Perspektiven, Wiesbaden 1997, S. 45-67

[KUTSCHKER 1999]. Kutschker, M: Internationales Management. In: *Corsten, H. (Hrsg.); Reiss, M. (Hrsg.)*: Betriebswirtschaftslehre, 3., vollst. überarb. u. wesentlich erw. Auflage, München/Wien/Oldenbourg 1999, S. 1115-1208

[KUTSCHKER 1999B]. Kutschker, M. (Hrsg.): Perspektiven der internationalen Wirtschaft, Wiesbaden 1999

[KUTSCHKER 1999C]. Kutschker, M: Internationalisierung der Wirtschaft. In: *Kutschker, M. (Hrsg.)*: Perspektiven der internationalen Wirtschaft, Wiesbaden 1999, S. 1-26

[KUTSCHKER 1999D]. Kutschker, M: Das internationale Unternehmen. In: *Kutschker, M. (Hrsg.)*: Perspektiven der internationalen Wirtschaft, Wiesbaden 1999, S. 101-126

[KUTSCHKER 2002]. Kutschker, M.: Internationalisierung der Unternehmensentwicklung. In: *Marchazina, K.; Oesterle, M.-J. (Hrsg.)*: Handbuch Internationales Management: Grundlagen - Instrumente - Perspektiven, 2., überarb. und erw. Aufl., Wiesbaden 2002, S. 45-67

[KUTSCHKER/SCHMID 1999]. Kutschker, M.; Schmid, S.: Organisationsstrukturen internationaler Unternehmungen. In: *Kutschker, M. (Hrsg.)*: Perspektiven der internationalen Wirtschaft, Wiesbaden 1999, S. 361-412

[LAU-VILLINGER/RUMP 2001]. Lau-Villinger, D.; Rump, J. (Hrsg.): Management Tool Box Wissensmanagement, Köln 2001

[LEHMAN BROTHERS 2001]. Lehman Brothers: European Technology Services: A Focus on Germany. In: *Internal Presentation for Softlab GmbH*, Munich May 2001

[LEHNER 1999]. Lehner, F.: Theorienbildung in der Wirtschaftsinformatik. In: *Becker, J.; König, W.; Schütte, R.; Wendt, O.; Zelewski, S. (Hrsg.)*: Wirtschaftsinformatik und Wissenschaftstheorie: Bestandsaufnahme und Perspektiven, Wiesbaden 1999, S. 5-24

[LEHNER 2000]. Lehner, F.: Organisational Memory - Konzepte und Systeme für das organisatorische Lernen und das Wissensmanagement, München/Wien 2000

[LEITHOFF 1999]. Leithoff, T.: Anreize für geteiltes Wissen bei Skandia Deutschland. In: *Gabler (Hrsg.)*: Seminarunterlagen, Konferenz "Wissen managen : Im Fokus Wissensträger Mensch", Köln 20. bis 22. September 1999, o.S.

[LEVEC 2002]. Levec, T.: Wissensbasiertes Cross-Region Projekt Management: Analyse und Vorgehensvorschlag für die Einführung bei der Softlab GmbH, *Unveröffentlichte Diplomarbeit*, Ekonomska Fakulteta, Univerza v Ljubljani, December 2002

[LINKAGE 2000]. Linkage Inc's Best Practices in Knowledge Management and Organizational Learning : Case Studies, Instruments, Models, Research, Lexington/USA 2000

[LINKAGE 2001]. Linkage Inc.: 2001 Survey Data of Organization and Human Resource Development Trends. In: *Linkage Inc. Organization Development Field Report 2001*, http://www.linckageinc.com, Abruf am 25.10.2001

[LITTGER 2001]. Littger, H.: Wissensmanagement = Enteignung von Experten. In: *ChangeX Online*, http://www.changex.de/pdf/d_a00450.pdf, Abruf am 07.12.2001

[LÜCK 1982]. Lück, W.: Internationalisierung der Unternehmung, Berlin 1982

[LÜNENDONK 2002]. Lünendonk: Beratung & Realisierung. In: *Lündendonk®-Studie 2002*, Presse-Summary, Bad Wörishofen 2002

[MAIER 2000]. Maier, R.: Wissensmanagementsysteme `99: Ergebnisse einer Studie – Konzepte und Strategien. In: *Proceedings*, 10. Workshop des Arbeitskreises Wissensmanagement, Genf/Schweiz 06. und 07. November 2000, http://www.cck.uni-kl.de/wmk/proceedings/genf2000/; Maier.pdf, Abruf am 15.11.2000

[MAIER 2002]. Maier, R.: State-of-Practice of Knowledge Management Systems: Results of an Empirical Study. In: *Internes Arbeitspapier der Universität Regensburg*, Lehrstuhl für Wirtschaftsinformatik, Regensburg 2002

[MAIER/KLOSA 1999]. Maier, R.; Klosa, O.: Knowledge Management Systems `99 : State-of-the-Art of the Use of Knowledge Management Systems. In: *Forschungsbericht Nr. 35*, Universität Regensburg, Lehrstuhl für Wirtschaftsinformatik, Regensburg 1999

[MALIK 1999]. Malik, F.: Der Mythos vom Team. In: *new management*, Zürich/Schweiz 1999, S. 32-35

[MALIK 2000]. Malik, F.: Führen Leisten Leben: Wirksames Management für eine neue Zeit, 5., Aufl., Stuttgart/München 2000

[MALONE/LAUBACHER 1999]. Malone, T.; Laubacher, R.: Vernetzt, klein und flexibel - die Firma des 21. Jahrhunderts. In: *HARVARD BUSINESS manager*, 21. Jg., H2/1999, S. 28-36

[MARCHAZINA/OESTERLE 1997]. Marchazina, K.; Oesterle, M.-J. (Hrsg.): Handbuch Internationales Management : Grundlagen - Instrumente - Perspektiven, Wiesbaden 1997

[MARCHAZINA/OESTERLE 2002] Marchazina, K.; Oesterle, M.-J. (Hrsg.): Handbuch Internationales Management : Grundlagen - Instrumente - Perspektiven, 2., überarb. und erw. Aufl., Wiesbaden 2002

[MAYRING 1999]. Mayring, P.: Einführung in die qualitative Sozialforschung: Eine Anleitung zu qualitativem Denken, 4., Aufl., Weinheim 1999

[MCLUHAN 1964]. McLuhan, M.: Understanding Media: The Extensions of Man, MIT Press, Cambridge/USA 1964

[MERTENS 2002]. Mertens, P. (Hrsg.): Lexikon der Wirtschaftsinformatik, 3., vollst. neubearb. u. erw. Aufl., Berlin 1997 (Online Fassung mit aktuellen Ergänzungen), http://www.wi1.uni-erlangen.de/buecher/lexikon/wissensmanagement.html, Abruf am 13.10.2003

[MERTINS/HEISIG ET AL. 2001]. Mertins, K.; Heisig, P.; Vorbeck, J. (Eds.): Knowledge Management : Best Practices in Europe, Berlin/Heidelberg 2001

[META 2001]. Meta Group: Der Markt für Knowledge Management in Deutschland. In: *Analyse der META Group Deutschland*, München 2001, http://www.metagroup.de, Abruf am 12.11.2001

[META 2001A]. Meta Group: Knowledge Management in Deutschland: Gründe für gescheiterte Projekte. In: *META Weekly IT Service 39/2001,* E-Mail-Newsletter von Montag, den 24.09.2001 bis Freitag, den 28.09.2001

[META 2001B]. Meta Group: Knowledge Management in Deutschland: Ziele bei der Durchführung von Knowledge Management Projekten. In: *META Weekly IT Service 46/2001,* E-Mail-Newsletter von Montag, den 12.11.2001 bis Freitag, den 16.11.2001

[META 2001C]. Meta Group: Knowledge Management in Deutschland: Lösungen zur Unterstützung von Knowledge Management. In: *META Weekly IT Service 47/2001,* E-Mail-Newsletter von Montag, den 19.11.2001 bis Freitag, den 23.11.2001

[META 2001D]. Meta Group: Advanced Practices in Human Capital Management. In: *2001 European IT Staffing & Compensation Guide*, Ed. "Job Description and Salaries"

[META 2001E]. Meta Group: Knowledge Management in Deutschland: KM-Projekte - Erfolg und Misserfolg. In: *META Weekly IT Service 45/2001,* E-Mail-Newsletter von Montag, den 05.11.2001 bis Freitag, den 09.11.2001

[META 2001F]. Meta Group: Der Markt für Knowledge Management in Deutschland. In: *Ein Marktforschungsprojekt der META Group Deutschland*, München 2001, http://www.metagroup.de; KM_Studie_metagroup_Kurzinfo.pdf, Abruf am 03.12.2001

[META 2001G]. Meta Group: Advanced Practices in Human Capital Management. In: *2001 European IT Staffing & Compensation Guide*, Ed. "Advanced Practices in Human Capital Management"

[META 2002B]. Meta Group: Knowledge Management in Deutschland: Führende Anbieter von Knowledge Management-Lösungen in Deutschland. In: *META Weekly IT Service 04/2002,* E-Mail-Newsletter von Montag, den 21.01.2002 bis Freitag, den 25.01.2002

[META 2002C]. Kriterien bei der Auswahl von Systemintegratoren. In: *META Weekly IT Service 28/2002,* E-Mail-Newsletter von Montag, den 08.07.2002 bis Freitag, den 12.07.2002

[META 2002D]. Umfirmierung bei PwC Consulting. In: *META Weekly IT Service 24/2002,* E-Mail-Newsletter

[MEYER 1999]. Meyer, M.: Wo ich bin, ist oben - Die Kunst sinnvoll mit sich selbst umzugehen, Zürich/Schweiz 1999

[MINTO 1995]. Minto, B.: The Pyramid Principle - Logic in Writing and Thinking, London/UK 1995

[MÖHRLE 1996]. Möhrle, M.: Betrieblicher Einsatz Computerunterstützten Lernens : Zukunftsorientiertes Wissens-Management im Unternehmen, Braunschweig/Wiesbaden 1996

[MÖSSLANG 1995]. Mösslang, A. M.: Internationalisierung von Dienstleistungsunternehmen: Empirische Relevanz - Systematisierung - Gestaltung, Diss., Wiesbaden 1995

[MÜLDER/SEIBT 1994]. Mülder, W.; Seibt, D. (Hrsg.): Methoden- und computergestützte Personalplanung, 2., völlig neu bearb. und erw. Aufl, Köln 1994

[MÜLLER/STRAHRINGER 2000]. Müller, R.; Strahringer, S.: Wissensmanagement - eine empirische Untersuchung über Einsatz und Perspektiven in deutschen Unternehmen. In: *Seminarunterlagen*, KnowTech 2000/Messe für Knowledge Engineering, Management, Consulting & Training, Leipzig 05.-08. September 2000

[MÜLLER/KRETSCHMANN 2001]. Müller, M.; Kretschmann, T.: Wissensbasierte Informationssysteme. In: *Bullinger, H.-J. (Hrsg.)*: Knowledge meets Process : Wissen und Prozesse managen im Internet, Studie des Fraunhofer IAO, Stuttgart 2001, S. 45-53

[MÜLLER-STEWENS/PAUTZKE 1994]. Müller-Stewens, G.; Pautzke, G.: Führungskräfteentwicklung und organisationales Lernen. In: *Sattelberger, T. (Hrsg.)*: Die lernende Organisation: Konzepte für eine neue Qualität der Unternehmensentwicklung, 2., Aufl., Wiesbaden 1994, S. 183-205

[MÜLLER-STEWENS/MUCHOW 1999]. Müller-Stewens, G.; Muchow, K.: Fusionswelle schwappt über alle Grenzen. In: *Handelsblatt*, Nr. 82, 29. April 1999, S. 61

[NOHR 2001B]. Nohr, H.: Wissensmanagement in Stuttgarter Unternehmen - Ergebnisse einer Umfrage. In: *Arbeitspapiere Wissensmanagement Nr. 10/2001*, Fachhochschule Stuttgart, Stuttgart 2001, http://www.hdm-stuttgart.de/nohr/km/kmap/WMStuttgart.pdf, Abruf am 25.10.2001

[NONAKA 1994]. Nonaka, I.: A Dynamic Model of Organizational Knowledge Creation. In: *Organizational Science*, Vol. 5, No. 1, February 1994, pp. 14-37

[NONAKA/BYOSIERE ET AL. 1994]. Nonaka, I.; Byosiere, P.; Borucki, C.; Konno, N.: Organizational Knowledge Creation Theory: A First Comprehensive Test. In: *International Business Review*, Vol. 3, No. 4/1994, pp. 337-351

[NONAKA/TAKEUCHI 1997]. Nonaka, I.; Takeuchi, H.: Die Organisation des Wissens: Wie japanische Unternehmen eine brachliegende Ressource nutzbar machen, Frankfurt/New York 1997

[NONAKA/TOYAMA ET AL. 2000]. Nonaka, I.; Toyama, R.; Konno, N.: SECI, Ba and Leadership: a Unified Model of Dynamic Knowledge Creation. In: *Long Range Planning*, Vol. 33/2000, pp. 5-34

[NOPPENEY 1996]. Noppeney, C.: Innovationsmanagement und Wissenssysteme: Dauerhafte Innovation ein unerfüllbarer Traum? In: *Gablers Magazin*, 10., Jg. 1996, H. 11-12, S. 33-44

[NORTH 1999]. North, K.: Wissensorientierte Unternehmensführung: Wertschöpfung durch Wissen, 2., aktualisierte u. erw. Aufl., Wiesbaden 1999

[NORTH 2003]. North, K.: Wissensmanager des Jahres - Gewinner und Auswertung, http://wm2003.aifb.uni-karlsruhe.de/InvitedTalk_North.ppt, Abruf am 14.07.2003

[NORTH ET AL. 1998]. North, K.; Probst, G.; Romhardt, K.: Wissen messen - Ansätze, Erfahrungen und kritische Fragen. In: *zfo*, 67. Jg., H. 03/1998, S. 158-166

[O.V. 1999]. o.V.: Größter Firmenzusammenschluss aller Zeiten : MCI Worldcom übernimmt Sprint. In: *SZonNet Aktuell*, http://www.sueddeutsche.de/cgi-bin/mlink.pl?articlewirt_a.htm &date=19991006, Abruf am 10.06.1999

[O.V. 1999A]. o.V.: Im Übernahmerausch. In: *Computerwoche*, Nr. 31, 06. August 1999, S. 6

[O.V. 1999B]. o.V.: Renault und Nissan streben eine Partnerschaft an. In: *Frankfurter Allgemeine Zeitung*, Nr. 62, 15. März 1999, S. 17

[O.V. 1999C]. o.V.: Lernen von Nike, Adidas und Reebok : Boston Consulting empfiehlt die Netzwerk-Strukturen der Sportartikelhersteller zur Nachahmung. In: *Handelsblatt*, Nr. 146, 02. August 1999, S. 20

[O.V. 1999D]. o.V.: ComputerNotizen. In: *Handelsblatt*, Nr. 138, 21. Juli 1999, S. 43

[O.V. 1999E]. o.V.: Erfolgsfaktoren für das Benchmarking in Unternehmen. In: *Frankfurter Allgemeine Zeitung*, Nr. 62, 15. März 1999, S. 28

[O.V. 2001A]. o.V.: Trendanalyse: Kundenmanagement bleibt weiterhin ein Stiefkind. In: *Computer Zeitung*, Nr. 44/01, 02. November 2001, S. 13

[O.V. 2002E]. o.V.: Deutsche IT-Firmen sind kaum international aufgestellt. In: *Computerwoche*, Nr. 28/2002, 12. Juli 2002, S. 27

[O.V. 2004]. o.V.: The Works of Jean-Baptiste Say. In: *Virtual Economy*, http://www.bized.ac.uk/virtual/economy/library/economists/saywo.htm, Abruf am 21. Janaur 2004

[PALASS 1997]. Palass, B.: Der Schatz in den Köpfen. In: *manager magazin*, H 1/97, S. 112-121

[PAUTZKE 1989]. Pautzke, G.: Die Evolution der organisatorischen Wissensbasis - Bausteine zu einer Theorie des organisationalen Lernens, München 1989

[PAWLOWSKY 1992]. Pawlowsky, P.: Betriebliche Qualifikationsstrategie und organisationales Lernen. In: *Staehle, W.; Conrad, P. (Hrsg.)*: Managementforschung 2, Berlin/New York 1992, S. 177-237

[PBS 1999]. PbS AG: Personalstrategien in expansiven Märkten: Mitarbeiterbindung und -motivation am Beispiel der IT-Branche. In: *Markstudie*, in Zusammenarbeit mit dem Lehrstuhl für Organisation und Personal der Katholischen Universität Eichstätt, München/Eichstätt Dezember 1999

[PBS 2001]. PbS AG: Erwartungen und Anforderungen an einen Business Integrator. In: *Qualitative Kundenbefragung*, im Auftrag der Softlab GmbH, München Juni 2001

[PBS 2001B]. PbS AG: Feedback der Partner zum Thema „Partnermarketing, Zusammenarbeit und Zukunftspotenzial". In: *Qualitative Partnerbefragung*, im Auftrag der Softlab GmbH, München Juni 2001

[PERLITZ 1997]. Perlitz, M.: Internationales Management, 3., bearb. Aufl., Stuttgart 1997

[PETERS/WATERMAN 1993]. Peters, T. J.; Waterman, R. H.: Auf der Suche nach Spitzenleistungen: was man von den bestgeführten US-Unternehmen lernen kann, München 1993 (angels.: In Search of Excellence : Lessons from America's Best Run Companies, Harpers Business Essentials, USA)

[PETERSON 2001]. Peterson, M.: Wissensmanagement in der strategischen Unternehmensberatung: Erfolgsfaktoren, Methoden und Konzepte, Diss., Wiesbaden 2001

[PETKOFF 1998]. Petkoff, B.: Wissensmanagement: Von der computerzentrierten zur anwendungsorientierten Kommunikationstechnologie, Bonn 1998

[PETKOFF 1999]. Petkoff, B.: Die Kybernetik II. Ordnung - eine methodologische Basis der Wirtschaftsinformatik? In: *Becker, J.; König, W.; Schütte, R.; Wendt, O.; Zelewski, S. (Hrsg.)*: Wirtschaftsinformatik und Wissenschaftstheorie : Bestandsaufnahme und Perspektiven, Wiesbaden 1999, S. 243-288

[PETROVIC 1993]. Petrovic, O. (Hrsg.): Workgroup Computing - computergestützte Teamarbeit: informationstechnologische Unterstützung für teambasierte Organisationsformen, Heidelberg 1993

[PFEFFER/SUTTON 2001]. Pfeffer, J.; Sutton, R. I.: Wie aus Wissen Taten werden, Frankfurt/New York 2001 (angels.: The Knowing-Doing Gap. How Smart Companies Turn Knowledge into Action, Boston/USA 2000)

[PFEIFER ET AL. 2002]. Pfeifer, T.; Hanel, G.; Greif, H.; Reiser, W.: Trendstudie: Der Weg zum Wissen ist noch lang. In: *wissensmanagement*, H. 01/2002, S. 25-29

[PICOT 1999]. Picot, A.: Die grenzenlose Unternehmung. In: *Handelsblatt*, Nr. 33, 17. Februar 1999, S. 47

[PICOT ET AL. 2001]. Picot, A.; Reichwald, R.; Wigang, R. T.: Die grenzenlose Unternehmung: Information, Organisation und Management, 4., vollständig überarb. und erw. Aufl., Wiesbaden 2001

[PLAUT 2002]. Plaut: Knowledge Management by Plaut. In: *Proceedings*, 7. Workshop des Münchener Knowledge Management Kreises (MK^2), München 26. September 2002, http://www11.in.tum.de/forschung/foren/mkmk/proceedings/experten/KM_by_Plaut.ppt, Abruf am 01.11.2002

[POLANYI 1966]. Polanyi, M.: The Tacit Dimension, London/UK 1966 (dt.: Polanyi, M.: Implizites Wissen, Frankfurt 1985)

[PORTER 1986]. Porter, M.: Wettbewerbsvorteile: Spitzenleistungen erreichen und behaupten, Frankfurt/New York 1986

[PROBST 1999]. Probst, G.: Wenn Ihr Unternehmen wüsste, was es weiß! In: *Gabler (Hrsg.)*: Seminarunterlagen, Konferenz „Wissen managen : Im Fokus Wissensträger Mensch", Köln 20. bis 22. September 1999, o.S.

[PROBST 1999B]. Probst G.: New Skills für die Zukunft der Unternehmen. In: *io management*, Nr.12/1999, S. 18-23

[PROBST/BÜCHEL 1994]. Probst, G.; Büchel, B.: Organisationales Lernen : Wettbewerbsvorteil der Zukunft, Wiesbaden 1994

[PROBST ET AL. 1998]. Probst, G.; Raub, S.; Romhardt, K.: Wissen managen : wie Unternehmen ihre wertvollste Ressource optimal nutzen, 2., Aufl., Frankfurt 1998

[PROBST ET AL. 1999]. Probst, G.; Raub, S.; Romhardt, K.: Wissen managen : wie Unternehmen ihre wertvollste Ressource optimal nutzen, 3., Aufl., Frankfurt 1999

[PROBST ET AL. 2000]. Probst, G.; Deussen, A.; Eppler, M.; Raub, S.: Kompetenz-Management - Wie Individuen und Organisationen Kompetenz entwickeln, Wiesbaden 2000

[PROBST/RAUB 1995]. Probst, G.; Raub, S.: Action Research : Ein Konzept angewandter Managementforschung. In: *Die Unternehmung*, H. 01/1995, S. 3-19

[PROBST/RAUB 1998]. Probst, G.; Raub, S.: Kompetenzorientiertes Wissensmanagement. In: *zfo*, 67. Jg., H. 03/1998, S. 132-138

[PROBST/ROMHARDT 1997]. Probst, G.; Romhardt, K.: Bausteine des Wissensmanagements - ein praxisorientierter Ansatz. In: *Dr. Wieselhuber & Partner (Hrsg.)*: Handbuch Lernende Organisation: Unternehmens- und Mitarbeiterpotentiale erfolgreich erschließen, Wiesbaden 1997, S. 129-143

[PROBST/KNAESE 1998]. Probst, G.; Knaese, B.: Risikofaktor Wissen: wie Banken sich vor Wissensverlusten schützen, Wiesbaden 1998

[PRUDENT 2003]. Prudent, C.: Erst durch Teilen wird Wissen zur Macht. In: *Financial Times Deutschland*, 23. Januar 2003, S. 33

[PWC 2001]. PwC: Knowledge Management bei PwC Deutschland. In: *Interne Präsentation für die BMW AG*, München 17. Januar 2001

[PWC 2001B]. PwC: Kopplung von Workflow und Organisationsgedächtnis. In: *Präsentation*, 1. Konferenz Professionelles Wissensmanagement - Erfahrungen und Visionen, Baden-Baden 14.-16. März 2001, http://sunsite.informatik.rwth-aachen.de/Publications/CEUR-WS/Vol-37/Zobel.pdf, Abruf am 01.05.2001

[QUINN 1992]. Quinn, J.: Intelligent Enterprise: A Knowledge and Service Based Paradigm for Industry, New York/USA 1992

[QUINN/ANDERSON ET AL. 1997]. Quinn, J.; Anderson, P.; Finkelstein, S.: Das Potenzial in den Köpfen gewinnbringend nutzen. In: *HARVARD BUSINESS manager*, Führung und Organisation, Band 7/1997, S. 106-115

[RAMIN/KOLSCHMANN 2002]. Ramin, U.; Kolschmann, R.: Zielfindung, Machbarkeit und Ergebnisbewertung für KM-Strategien. In: *community-of-knowledge*, http://www.c-o-k.de/cp_artikel.htm?artikel_id=111, Abruf am 11.06.2002

[REHÄUSER/KRCMAR 1996]. Rehäuser, J.; Krcmar, H.: Wissensmanagement in Unternehmen. In: *Schreyögg, G.; Conrad, P. (Hrsg.)*: Wissensmanagement, Berlin/Heidelberg 1996, S. 1-40

[REICH 1993]. Reich, R. B.: Die neue Weltwirtschaft: das Ende der nationalen Ökonomie, Frankfurt/Main 1993

[REINHARDT 1999]. Reinhardt, R.: Fallstudie: Wissen als Ressource (Teil II). In: *CoPers e-HR Personalarbeit und computergestütztes Personalmanagement*, Nr. 3/99, April 1999, S. 34-38

[REINMANN-ROTHMEIER 1999]. Reinmann-Rothmeier, G.: Wissen und Lernen im organisationalen Kontext : Ein pädagogisch-psychologischer Ansatz zum Wissensmanagement. In: *Unveröffentlichte Habilitationsschrift*, Ludwig-Maximilians-Universität, München 1999

[REINMANN-ROTHMEIER 2001]. Reinmann-Rothmeier, G.: Wissensmanagement in der Forschung : Gedanken zu einem integrativen Forschungs-Szenario. In: *Forschungsbericht Nr. 132*, Ludwig-Maximilians-Universität, Lehrstuhl für Empirische Pädagogik and Pädagogische Psychologie, München 2001

[REINMANN-ROTHMEIER 2001B]. Reinmann-Rothmeier, G.: Eine integrative Sicht auf das Managen von Wissen. In: *wissensmanagement online,* http://www.wissensmanagement.net/online/archiv/2001/09_1001/muenchener_modell.shtml, Abruf am 24.09.2001

[REINMANN-ROTHMEIER 2001C]. Reinmann-Rothmeier, G.: Wissen managen : Das Münchener Modell. In: *wissensmanagement online,* http://www.wissensmanagement.net/download/muenchener_modell.pdf, Abruf am 24.09.2001

[REINMANN-ROTHMEIER 2002]. Reinmann-Rothmeier, G.: Wissensmanagement - eine Einführung und warum Rezepte nichts taugen. In: *Unveröffentlichter Beitrag*, München Mai 2002

[REINMANN-ROTHMEIER 2002B]. Reinmann-Rothmeier, G.: Enteignung der Experten durch Wissensmanagement? In: *Proceedings*, 7. Workshop des Münchener Knowledge Management Kreises (MK^2), Universität der Bundeswehr, München 26. September 2002, http://www11.in.tum.de/forschung/foren/mkmk/; Enteignung.ppt, Abruf am 14.10.2002

[REINMANN-ROTHMEIER 2004]. Reinmann-Rothmeier, G.: Das Münchener Modell: Eine integrative Sicht auf das Managen von Wissen. Zur Veröffentlichung eingereicht in: *Gehle, M.; Mülder, W.*: Geschäftswissen: Methoden, Konzepte und Fallbeispiele, Köln/Frechen 2005, in Vorbereitung

[REINMANN-ROTHMEIER ET AL. 2000]. Reinmann-Rothmeier, G.; Erlach, C.; Neubauer, A.: Erfahrungsgeschichten durch Story Telling - eine multifunktionale Wissensmanagement-Methode. In: *Forschungsbericht Nr. 127*, Ludwig-Maximilians-Universität, Lehrstuhl für Empirische Pädagogik and Pädagogische Psychologie, München Oktober 2000

[REINMANN-ROTHMEIER ET AL. 2002]. Reinmann-Rothmeier, G.; Vohle, F.; Erlach, C.: Kommunikationsprobleme durch Regionalisierung bei Softlab - Analyse und Veränderung durch narratives Wissensmanagement. In: *Interne Angebots- und Projektskizze*, Münchener Gruppe, München Juni 2002

[REINMANN-ROTHMEIER ET AL. 2003]. Reinmann-Rothmeier, G.; Erlach, C.; Neubauer, A.; Thier, K.: Story Telling in Unternehmen: Vom Reden zum Handeln - nur wie? In: *wi-*

sensmanagement online, http://www.wm.4media-verlag.de/online/archiv/2003/03_2003/story-telling-2.shtml, Abruf am 28.03.2003

[REINMANN-ROTHMEIER/MANDL 2000]. Reinmann-Rothmeier, G.; Mandl, H.: Ein pädagogisch-psychologischer Ansatz zum Wissensmanagement. Ein Widerspruch in sich? In: *io management*, H. 11/2000, S. 68-75

[REINMANN-ROTHMEIER/VOHLE 2001]. Reinmann-Rothmeier, G.; Vohle, F.: Wer morgen Milch will, muss heute Komplexität reduzieren : Vom Nutzen analogen Denkens im Management von Wissen und Beziehungen. In: *new management*, Nr. 12/2002, Zürich/Schweiz, S. 70-75

[RICHTER 2001]. Richter, R. (Hrsg.): Management und Controlling von IT-Projekten, 4. Fachtagung in Glashütten, Heidelberg 2001

[RIFKIN 2000]. Rifkin, J.: Access - Das Verschwinden des Eigentums: Warum wir weniger besitzen und mehr ausgeben werden, 2., Aufl., Frankfurt/New York 2000 (angels.: The Age of Access, New York/USA 2000)

[ROEHL 2000]. Roehl, H.: Instrumente der Wissensorganisation: Perspektiven für eine differenzierende Interventionspraxis, zugl. Diss. Universität Bielefeld, Wiesbaden 2000

[ROEHL/ROMHARDT 1997]. Roehl, H.; Romhardt, K.: Wissen über die Ressource „Wissen". In: *gablers magazin*, Nr. 6-7/1997, S. 42-45

[ROMHARDT 1995]. Romhardt, K.: Das Lernarenakonzept: Ein Ansatz zum Management organisatorischer Lernprozesse in der Praxis. In: *Cahier de recherche*, Université de Genève, Genf/Schweiz 1995

[ROMHARDT 1998]. Romhardt, K.: Die Organisation aus der Wissensperspektive : Möglichkeiten und Grenzen der Intervention, zugl. Diss. Universität Genf, Genf/Schweiz 1998

[ROMHARDT 2001]. Romhardt, K.: Wissen ist machbar: 50 Basics für einen klaren Kopf, München 2001

[ROOS/VON KROGH 1996]. Roos, J.; von Krogh, G.: The Epistemological Challenge: Managing Knowledge and Intellectual Capital. In: *European Management Journal*, Vol. 14/1996, No. 4, Oxford/UK, pp. 333-337

[RÖPNACK 1997]. Röpnack, A.: Vergleich der Terminologie des Information Managements und Knowledge Managements. In: *Interne Unterlagen zum Doktorandenseminar,* Universität Zürich, Universität St. Gallen, Technische Universität Wien am 12.06.1997, http://www.ifi.unizh.ch/ikm/morger/DokSem97/Rplan.html, roepnack.zip, Abruf am 26.08.1999

[SATTELBERGER 1994]. Sattelberger, T. (Hrsg.): Die lernende Organisation: Konzepte für eine neue Qualität der Unternehmensentwicklung, 2., Aufl., Wiesbaden 1994

[SCHEER/NÜTTGENS 1999]. Scheer,A.-W.; Nüttgens, M. (Hrsg.): Electronic Business Engineering, 4. Internationale Tagung Wirtschaftsinformatik, Heidelberg 1999

[SCHEIN 1995]. Schein, E. H.: Unternehmenskultur: Ein Handbuch für Führungskräfte, Frankfurt/New York 1995 (angels.: Organizational Culture and Leadership, New York/USA 1992)

[SCHEIN 1996]. Schein, E. H.: Three Cultures of Management : The Key to Organizational Learning in the 21st Century. In: MIT *Sloan Management Review*, Reprint 3811, Vol. 38, No. 1, Cambridge/USA Fall 1996, http://www.learning.mit.edu/res/wp/three.html, Abruf am 26.08.1999

[SCHEIN 1997]. Schein, E. H.: Wenn das Lernen im Unternehmen gelingen soll. In: *HARVARD BUSINESS manager*, 19. Jg., H. 03/1997, S. 61-72

[SCHILDHAUER 2003]. Schildhauer, T.: Corporate Knowlege - Mit eBusiness das Unternehmenswissen bewahren. In: *Tagungsunterlagen*, E12-Gipfel, Stuttgart 19. September 2003

[SCHILDHAUER ET AL. 2003]. Schildhauer, T.; Braun, M.; Schultze, M. (Hrsg.): Corporate Knowlege - Durch E-Business das Unternehmenswissen bewahren, Göttingen 2003

[SCHINDLER 2000]. Schindler, M.: Wissensmanagement in der Projektabwicklung : Grundlagen, Determinanten und Gestaltungskonzepte eines ganzheitlichen Projektwissensmanagements, zugl. Diss. Universität St. Gallen/Schweiz, Lohmar/Köln 2000

[SCHMIEDEL-BLUMENTHAL 2001]. Schmiedel-Blumenthal, P.: Entwicklung eines ganzheitlichen Wissensmanagements zur erfolgreichen Umsetzung von industriellen Innovationen : eine systemisch-evolutorische Perspektive, Diss., Lohmar/Köln 2001

[SCHMITT 2002]. Schmitt, K.: IT-Qualifikation 2002: Softskills - Karriere-Turbo für Techniker. In: *Umfrage der silicon.de zur Situation in Deutschland*, April 2002, http://www.flexible-unternehmen.de/news/02-05-09-03.htm, Abruf am 08.05.2002

[SCHMITZ 1992]. Schmitz, C.: Komplexität durch Selbsterneuerung meistern. In: *io management*, 61. Jg., H. 10/1992, S. 44-47

[SCHMITZ/ZUCKER 1996]. Schmitz, C.; Zucker, B.: Wissen gewinnt : Knowledge Flow Management, Düsseldorf/München 1996

[SCHNEIDER 1996]. Schneider, U. (Hrsg.): Wissensmanagement : die Aktivierung des intellektuellen Kapitals, Frankfurt 1996

[SCHOLZ 2000]. Scholz, C.: Personalarbeit im IT-Bereich : Erfolgskritische Aktionsfelder. In: *Wirtschaftsinformatik*, Sonderheft IT und Personal 42. Jg., 2000, S. 14-23

[SCHOLZ 2001]. Scholz, C.: Kehrt vor der eigenen Haustür! In: *Financial Times Deutschland,* Sonderbeilage Consulting 2001, 04. September 2001, S. 10

[SCHOPPE 1994]. Schoppe, S. G. (Hrsg.): Kompendium der internationalen Betriebswirtschaftslehre, 3., verb. Aufl., München 1994

[SCHREINER/HERTEL ET AL. 2001]. Schreiner, P.; Hertel, M.; Smiljanic, T.: Herausforderung Wissen und Prozesse managen. In: *Bullinger, H.-J. (Hrsg.)*: Knowledge meets Process :

Wissen und Prozesse managen im Internet, Studie des Fraunhofer IAO, Stuttgart 2001, S. 11-18

[SCHREYÖGG 1993]. Schreyögg, G.: Organisation IV, Organisatorischer Wandel, Hagen 1993

[SCHREYÖGG/CONRAD 1996]. Schreyögg, G.; Conrad, P. (Hrsg.): Wissensmanagement, Berlin/Heidelberg 1996

[SCHRÖDER 1999]. Schröder, H.-H.: Technologie- und Innovationsplanung. In: *Corsten, H. (Hrsg.); Reiss, M. (Hrsg.)*: Betriebswirtschaftslehre, 3., vollst. überarb. u. wesentlich erw. Auflage, München/Wien/Oldenbourg 1999, S. 985-1114

[SCHULTE-CROONENBERG 2000]. Schulte-Croonenberg, H.: Zu Mitarbeiteranforderungen von Beratungsunternehmen. In: *Wirtschaftsinformatik,* Sonderheft IT & Personal, 42. Jg., Oktober 2000, S. 75-77

[SCHULTE-ZURHAUSEN 1995]. Schulte-Zurhausen, M.: Organisation, München 1995

[SCHULZE 2002]. Schulze, A.: Unternehmenskulturelle Voraussetzungen zur Wissensteilung. In: *Benchmarkingstudie*, Universität St. Gallen, Institut für Technologiemanagement, St. Gallen/Schweiz, im Auftrag der Dräger Werke AG, Lübeck 2002

[SCHULZE 2003]. Schulze, A.: Unternehmenskulturelle Voraussetzungen zur Wissensteilung. In: *Internes Arbeitspapier*, Arbeitskreis „Wissensmanagement im Innovationsprozess" der Universität St. Gallen, St. Gallen/Schweiz 14. Mai 2001 bis 21. Januar 2003

[SCHÜPPEL 1996]. Schüppel, J.: Wissensmanagement : Organisatorisches Lernen im Spannungsfeld von Wissens- und Lernbarrieren, Diss. 1831, St. Gallen/Schweiz 1996

[SCHÜRINGS 1998]. Schürings, F. J.: Es war schon immer unser Ziel, Sie international zu unterstützen, egal wohin Sie Ihre Geschäfte führen. In: *Seminarunterlagen 1998*, S. 1-261

[SCHÜTTE 1999]. Schütte, R.: Basispositionen in der Wirtschaftsinformatik - ein gemäßigt konstruktivistisches Programm. In: *Becker, J.; König, W.; Schütte, R.; Wendt, O.; Zelewski, S. (Hrsg.)*: Wirtschaftsinformatik und Wissenschaftstheorie : Bestandsaufnahme und Perspektiven, Wiesbaden 1999, S. 211-242

[SD&M 2001]. sd&m: Wissensmanagement bei sd&m. In: *Präsentation,* 1. Konferenz Professionelles Wissensmanagement - Erfahrungen und Visionen, Baden-Baden 14.-16. März 2001, http://wm2001.aifb.uni-karlsruhe.de/InvitedTalks/SchierstedtSD&M.ppt, Abruf am 01.06.2001

[SENGE ET AL. 1997]. Senge, P.; Kleiner, A.; Smith, B.; Roberts, C.; Ross, R.: Das Fieldbook zur Fünften Disziplin, Stuttgart 1997

[SENGE 1998]. Senge, P.: Die fünfte Disziplin : Kunst und Praxis der lernenden Organisation, 5., Aufl., Stuttgart 1998

[SERCON 2001]. SerCon: Fallstricke bei KM-Projekten - Kultur, Prozesse, Infrastruktur. In: *Präsentation*, BITKOM-Forum „Konvergenz", München 19. Oktober 2001

[SERCON 2002]. SerCon: Best Practice Award für Knowledge Management. In: *Präsentation zur Verleihung des Best Practice Awards*, Internationale Kongressmesse für Knowledge Management und Business Intelligence, Ludwigshafen/Rhein 11. Juni 2002

[SHAPIRO/VARIAN 1999]. Shapiro, C.; Varian, H. R.: Online zum Erfolg - Strategie für das Internet-Business, München 1999 (angels.: Information Rules: A Strategic Guide to the Network Economy, Boston/USA 1999)

[SIMON 1999]. Simon, H.: Transatlantica. In: *manager magazin*, Heft 09/1999, o.S.

[SIMON 2001]. Simon, H.: Unternehmenskultur und Strategie: Herausforderungen im globalen Wettbewerb, Frankfurt 2001

[SPADA/MANDL 1998]. Spada, H.; Mandl, H.: Einführung. In: *Mandl, H. (Hrsg.); Spada, H.*: Wissenspsychologie, München/Weinheim 1998, S. 1-16

[SPRENGER 1991]. Sprenger, R. K.: Mythos Motivation: Wege aus der Sackgasse, Frankfurt/New York 1991

[STEINBEISS 2003]. Steinbeiss: Wissensmanagement, quo vadis? In: *Ergebnisse der Online-Befragung*, Steinbeiss-Transferzentrum Wissensmanagement & Kommunikation, Reutlingen 2003

[STOFFELS 2003]. Stoffels, A.: Best Practice im Wissensmanagement : Ergebnisse einer internationalen Untersuchung und Erfahrungen aus der Beraterarbeit bei McKinsey. In: *Vortrag*, KnowTech 2003/5. Konferenz zum Einsatz von Knowledge Management in Wirtschaft und Verwaltung, München 20.-21. Oktober 2003

[STREICHER 2002]. Streicher, H.: Eingeschlagen wie ein Blitz: bei den neuen Lünendonk-Listen stehen die Zeichen auf Sturm. In: *IT Consultant*, H. 03/2002, S. 28-35

[SYROWATKA 1999]. Syrowatka, F.: Echtes Thema oder nur ein Marketing-Gag : Nagelprobe für das Knowledge-Management. In: *Frankfurter Allgemeine Zeitung*, Verlagsbeilage CeBIT'99, Nr. 63, 16. März 1999, S. B14

[TAUCHNITZ 1999]. Tauchnitz, A.: Vom Trend zum Antitrend. In: *Frankfurter Allgemeine Zeitung*, Verlagsbeilage CeBIT'99, Nr. 63, 16. März 1999, S. B4

[TENBIEG 2001]. Tenbieg, M. S.: Der Markt für Knowledge Management in Deutschland - Studienergebnisse und Trends. In: *Präsentation der META Group*, BITKOM-Forum „Konvergenz", München 19. Oktober 2001

[TROJAN 2002B]. Trojan, J.: Status Quo von Wissensverlust und Wissensbewahrung in Unternehmen 2002. In: *Ergebnisbericht*, Ludwig-Maximilians-Universität, Lehrstuhl für Wissensmanagement, München 2002

[TROJAN 2003]. Trojan, J.: Status Quo Debriefing als Instrument zur Wissensbewahrung in Unternehmen 2003. In: *Ergebnisbericht*, Ludwig-Maximilians-Universität, Lehrstuhl für Wissensmanagement, München 2003

[TROMPENAARS 1993]. Trompenaars, F.: Handbuch Globales Managen: Wie man kulturelle Unterschiede im Geschäftsleben versteht, Düsseldorf et al. 1993

[ULRICH 1984]. Ulrich, H.: Management, Bern/Stuttgart 1984

[ULRICH 1988]. Ulrich, H.: Von der Betriebswirtschaftslehre zur systemorientierten Managementlehre. In: *Wunderer, R. (Hrsg.)*: Betriebswirtschaftslehre als Management- und Führungslehre, 2., Aufl., Stuttgart 1988, S. 3-32 u. S. 173-190

[VARELA 1998]. Varela, F.J.: Erkenntnis und Leben. In: *Simon, F.B. (Hrsg.)*: Lebende Systeme: Wirklichkeitskonstruktionen in der Systemischen Therapie, Berlin/Heidelberg 1998, S. 34-46

[VOHLE 2004]. Vohle, F.: Analogien für die Kommunikation im Wissensmanagement: Hintergrund, Mehrwert, Training, zugl. Diss. Universität Augsburg, Hamburg 2004

[VON HAYEK 1954]. von Hayek, F.: The Use of Knowledge in Society. In: *American Economic Review*, Vol. 35, No. 4, 1954, pp. 519-530

[VON KROGH ET AL. 2000]. von Krogh, G.; Ichijo, K.; Nonaka, I.: Enabling Knowledge Creation : How to unlock the mystery of tacit knowledge and release the power of innovation, New York/USA 2000

[VON NITZSCH 2002]. von Nitzsch, R.: Entscheidungslehre: Wie Menschen entscheiden sollten und wie sie tatsächlich entscheiden. In: *Vorlesungsskript*, Rheinisch-Westfälische Technische Hochschule, 4., völlig überarb. Aufl., Aachen 2002

[WHARTON 2003]. Wharton: Why Everyone in an Enterprise Can - and Should - be a Leader. In: *Knowledge@Wharton*, Wharton School of the Pennsylvania University, in collaboration with McKinsey, http://knowledge.wharton.upenn.edu/index.cfm?fa=quarterly&id=893, Abruf am 11.12.2003

[WEFER 2001]. Wefer, G.: Wohin geht die Reise, Herr Wefer? In: *Lufthansa Magazin*, H. 10/2001, S. 30-32

[WEGGEMAN 1999]. Wegemann, M.: Wissensmanagement - der richtige Umgang mit der wichtigsten Ressource des Unternehmens, Bonn 1999 (niederl.: Kennismanagement - Inrichting en besturing van kennisintensieve organisaties, Schiedom/NL 1998)

[WEICK 1985]. Weick, K. E.: Der Prozess des Organisierens, Frankfurt/Main 1985

[WIEGAND 1996]. Wiegand, M.: Prozesse organisationalen Lernens, Wiesbaden 1996

[WIEMANN 1997]. Wiemann, K.: Wissensmanagement im Unternehmen : die technologische Umsetzung einer Knowledge Management Strategie. In: *Doktorandenseminar*, Universität Zürich, Universität St. Gallen, Technische Universität Wien am 12.6.1997 http://www.ifi.unizh.ch/ikm/morger/DokSem97/Rplan.html, wiemann.zip, Abruf am 26.08.1999

[WIESELHUBER ET AL. 1997]. Dr. Wieselhuber & Partner (Hrsg.): Handbuch Lernende Organisation: Unternehmens- und Mitarbeiterpotentiale erfolgreich erschließen, Wiesbaden 1997

[WILDEMANN 1995]. Wildemann, H.: Die lernende Organisation. In: *Zeitschrift für Betriebswirtschaftslehre*, Ergänzungsheft Nr. 3/95 „Lernende Unternehmen“, Wiesbaden 1995, S. 1-22

[WILDEMANN 2002]. Wildemann, H. (Hrsg.): Unternehmensentwicklung: Methoden für eine nachhaltige profitable Unternehmensführung, München 2002

[WILLKE 1998]. Willke, H.: Systemisches Wissensmanagement, Stuttgart 1998

[WIMMER/ROTH 1994]. Wimmer, F.; Roth, G.: Die interbetriebliche Diffusion integrativer Software-Systeme: Ansatzpunkte für Marktstrategien von Softwareunternehmen. In: *Engelhard, J.; Rehkugler, H. (Hrsg.)*: Strategien für nationale und internationale Märkte: Konzepte und praktische Gestaltung, Wiesbaden 1994, S. 113-142

[WOLF 1994]. Wolf, J.: Internationales Personalmanagement : Kontext - Koordination - Erfolg, Wiesbaden 1994

[WOLF ET AL. 1999]. Wolf, T.; Decker, S.; Abecker, A.: Unterstützung des Wissensmanagements durch Informations- und Kommunikationstechnologie. In: *Scheer, A.-W.; Nüttgens, M. (Hrsg.)*: Electronic Business Engineering, 4. Internationale Tagung Wirtschaftsinformatik, Heidelberg 1999, S. 745-766

[WÖHE 1990]. Wöhe, G.: Einführung in die allgemeine Betriebswirtschaftslehre, 17., überarb. Aufl., München 1990

[YIN 1993]. Yin, R. K.: Applications of Case Study Research, Thousand Oaks/USA 1993

[YIN 1994]. Yin, R. K.: Case Study Research : Design and Methods, 2nd Ed., Thousand Oaks/USA 1994

[ZACCONI 1998]. Zacconi, R.: Durch Intranets Wettbewerbsvorteile für Knowledge Management - Technologie allein sichert jedoch keinen Vorsprung. In: *Information Management & Consulting*, Nr. 4/98, S. 50-52

[ZAHN 1998]. Zahn, E.: Wissen und Strategie. In: *Bürgel, H. D. (Hrsg.)*: Wissensmanagement: Schritte zum intelligenten Unternehmen, Berlin/Heidelberg 1998, S. 41-51

[ZAND 1969]. Zand, D. E.: Managing the Knowledge Organization. In: *Drucker, P. (Eds.)*: Preparing Tomorrow's Business Leaders Today, Englewood Cliffs/USA 1969, pp. 112-136

[ZEITHAMMER 2002]. Zeithammer, U.: Skill Information System – Ein Erfahrungsbericht zum Einstieg in die wissensbasierte Projektorganisation. In: *community-of-knowledge*, http://www.c-o-k.de/cp_artikel.htm?artikel_id=116, Abruf am 24.07.2002

[ZEUTSCHEL/THOMAS 2003]. Zeutschel, U.; Thomas, A.: Zusammenarbeit in multikulturellen Teams - Teil 1: Grundlagen. In: *Flexible Unternehmen*, http://www.flexible-unternehmen.de/pdf/q0320s02k18u01.pdf, Abruf am 06.10.2003

[ZIMMER 2001]. Zimmer, D.: Wenn Kreativität zu Innovation führen soll. In: *HARVARD BUSINESS manager*, 23. Jg.; H. 01/2001, S. 42-56

[ZIMMERMANN 1999]. Zimmermann, T.: Wenn das Ganze mehr ist als nur die Summe seiner Teile. In: *Frankfurter Allgemeine Zeitung*, Nr. 38, 15. Februar 1999, S. 31

Anhang

Verzeichnis des Anhangs

Anhang 1: Interviewleitfaden zur Expertenbefragung „Werte, Kultur und Strategie“....... 387

Anhang 2: Gesprächspartner und zeitliche Abfolge der Experteninterviews 393

Anhang 3: Anschreiben zur Studie über wissensbasierte Cross-Region Projektmethodik 395

Anhang 4: Fragebogen zur wissensbasierten Cross-Region Projektmethodik 397

Anhang 5: Ausprägung der Grundgesamtheit der Teilnehmer 414

Anhang 6: Interpretations- und Konkretisierungsmaßnahmen während der Studie zur Cross-Region Projektmethodik................................. 415

Anhang 7: Role Description „(De-)Briefing Moderator“ 416

Anhang 8: Checkliste zur Auswahl von Best Practices 417

Anhang 9: Wissensbasiertes und -orientiertes Job-Profil eines Consultants 418

Anhang 10: Interviewthemen und -fragen zur Ermittlung des internen Customer Excellence Status 420

Anhang 11: Weitere Quellen im Rahmen der Fallstudie Softlab... 423

Anhang 12: Beispiele für „Cultural Guidelines“ 427

Anhang 13: Beispiel einer „lebendigen“ Projektinformation zur Verwendung im Pre-Briefing, während des Projektes und als Projektreferenz nach Abschluss........ 428

Anhang 14: Kriterienliste für De-Briefing Entscheidungen 431

Anhang 15: Checkliste zur Auswahl von Themen in De-Briefing Workshops 432

Anhang 16: Beispiele zur Gestaltung von in De-Briefing Workshops verwendeten Flipcharts und Metaplanwänden.............................. 433

Anhang 17: Drehbuch für einen De-Briefing Workshop 436

Anhang 18: Leitfaden für Expertennetzwerke 439

Anhang 1: Interviewleitfaden zu „Werte, Vision und Strategie“

Werte, Vision und Strategie

Roadmap zur
Ermittlung und Optimierung

Expertenbefragung mit Vorname, Nachname bei Firmenname

am Tag. Monat Jahr, Uhrzeit von - bis

Anhang 1: Interviewleitfaden zu „Werte, Vision und Strategie“ (Fortsetzung)

1.) Einleitung	**Sachinformation (Anmerkungen und Besonderheiten)**
• **Warming-Up-Phase** - Lockeren Einstieg finden - Offenheit fördern - Körpersprache und Rhetorik des Gesprächspartners spiegeln	
• **Ziele und Ablauf des Gespräches darstellen und besprechen (Themenfelder, zeitlicher Verlauf, weiteres Vorgehen)** • **Eigenes Mitschreiben erklären (Wichtigkeit der Aussagen des Gesprächspartners, möglicher Informationsverlust, Vertraulichkeit der Informationen). Dennoch guten Blickkontakt halten (Daumenregel: 50-70%)** • **Begriffsklärung durchführen und gemeinsame Verständnisbasis aufbauen**	

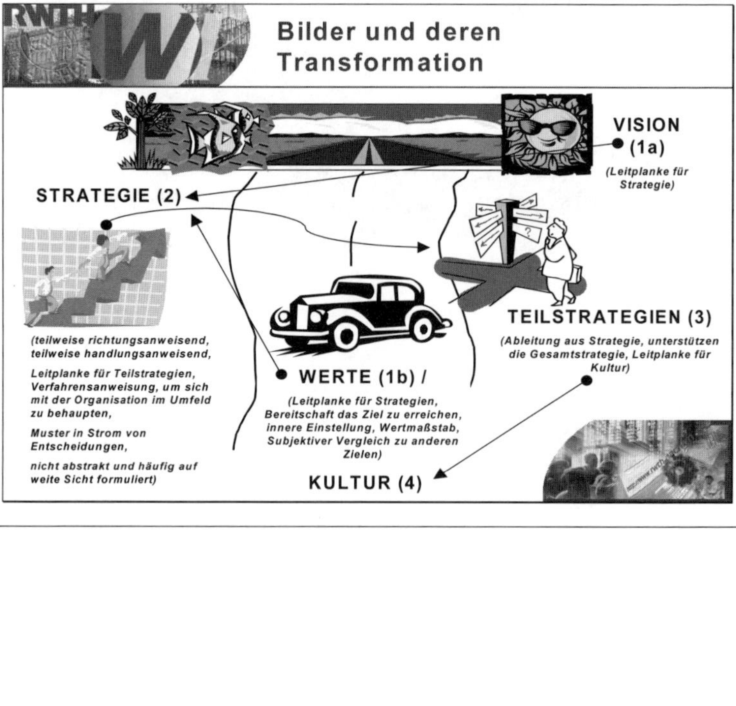

Anhang 1: Interviewleitfaden zu „Werte, Vision und Strategie“ (Fortsetzung)

2.) Fragenkomplex Allgemeines zur „Werte, Vision und Strategie“	Sachinformation (Anmerkungen und Besonderheiten)
• **Vorgabe „Vision Statement“** „Am Samstag in 3 Wochen treffen wir uns in Hamburg auf dem Fischmarkt zum Matjesessen mit Kunden!“ 2.1 Ist das vorgegebene Statement eine Vision? 2.2 Wenn nein, wie kann oder muss die Vision (V) eines Unternehmens heißen bzw. aus welchen Elementen kann oder muss sie bestehen? 2.3 Wie heißen die zugehörige(n) Strategie(n) (S) und/oder Teilstrategie(n) (TS)? 2.4 Welche Werte/Kultur unterstützen die/eine Vision? 2.5 Welche Werte/Kultur unterstützen die/eine S und TS? 2.6 Wie kann man die intern schon vorhandenen Werte/TS/Kulturen ermitteln? 2.7 Welche benötigten Werte/Kulturen a.) werden bereits bei Ihnen gelebt und b.) wie müssen die anderen entwickelt bzw. c.) können geändert werden?	

Anhang 1: Interviewleitfaden zu „Werte, Vision und Strategie“ (Fortsetzung)

3.) Fragenkomplex „Wissensorientierung“ bzw. „Wissensbasiertheit“	**Sachinformation (Anmerkungen und Besonderheiten)**
3.1 Wie kann oder muss die Vision (V) eines Unternehmens heißen bzw. aus welchen Elementen kann oder muss sie bestehen? (aus der Perspektive der Wissensorientierung bzw. der Wissensbasiertheit)	
3.2 Wie heißen die zugehörige(n) Strategie(n) (S) und/oder Teilstrategie(n) (TS)?	
3.3 Welche Werte/Kultur unterstützen die/eine Vision?	
3.4 Welche Werte/Kultur unterstützen die/eine S und TS?	
3.5 Wie kann man die intern schon vorhandenen Werte/TS/Kulturen ermitteln?	
3.6 Welche benötigten Werte/Kulturen a.) werden bereits bei Ihnen gelebt und b.) wie müssen die anderen entwickelt bzw. c.) können geändert werden?	

Anhang 1: Interviewleitfaden zu „Werte, Vision und Strategie" (Fortsetzung)

4.) Fragenkomplex „Internationalität" bzw. „Internationalisierung"	**Sachinformation (Anmerkungen und Besonderheiten)**
4.1 Wie kann oder muss die Vision (V) eines Unternehmens heißen bzw. aus welchen Elementen kann oder muss sie bestehen? (aus der Perspektive der Internationalität bzw. der Internationalisierung) 4.2 Wie heißen die zugehörige(n) Strategie(n) (S) und/oder Teilstrategie(n) (TS)? 4.3 Welche Werte/Kultur unterstützen die/eine Vision? 4.4 Welche Werte/Kultur unterstützen die/eine S und TS? 4.5 Wie kann man die intern schon vorhandenen Werte/TS/Kulturen ermitteln? 4.6 Welche benötigten Werte/Kulturen a.) werden bereits bei Ihnen gelebt und b.) wie müssen die anderen entwickelt bzw. c.) können geändert werden?	

Anhang 1: Interviewleitfaden zu „Werte, Vision und Strategie“ (Fortsetzung)

5.) Kombination „Wissensorientierung/-basiertheit“ und „Internationalität/Internationalisierung“	Sachinformation (Anmerkungen und Besonderheiten)
5.1 Gibt es Besonderheiten, die nicht durch 3.) und 4.) allein abgedeckt sind bzw. die durch die Kombination von Wissensorientierung/-basiertheit und Internationalität/Internationalisierung zu Tage treten (z.B. besondere Stärken und Schwächen, Chancen und Risiken)?	

6.) Abschluss	Sachinformation (Anmerkungen und Besonderheiten)
• **Über den weiteren Verlauf der Niederschrift informieren** - Reinschrift durch Interviewer und Review durch die/den Interviewte(n) - Visualisierung der Aufzeichnungen in dem Ursprungsbild • **Über den weiteren Verlauf der Studie informieren** • **Abschließende Worte** - Nochmals für das Interview bedanken - Vertraulichkeit zusichern	

Anhang 2: Gesprächspartner und zeitliche Abfolge der Experteninterviews

Interview-Partner (sortiert nach Unternehmen und Namen):

Name	Funktion	Unternehmen
Herr Peter Vogelberg	Manager Region Nord-West	ABB ASJ GmbH, Essen
Herr Dr. Vorname Nachname[1461]	Geschäftsführer IT und Prozesse	Firmenname International GmbH
Herr Dr. Klaus Kaplaner	Geschäftsführer	Nexolab GmbH, München
Frau Sabine Cornelius	Manager Region CRM Süd	Softlab GmbH, München
Herr Rainer Gaßner	Geschäftsführer SCM und USA	Softlab GmbH, München
Herr Peter Glanzmann	Manager Corporate Services	Softlab AG, Zürich
Herr Uwe Kloos	Manager HRC D/A/CH	Softlab GmbH, München
Herr Urban Mayer	Manager Region CRM Mitte	Softlab GmbH, Frankfurt
Herr Thomas Messmer	Geschäftsführer Schweiz	Softlab AG, Zürich
Herr Alexander Mittag-Lenkheym	Geschäftsführer Österreich	Softlab Ges.mbH, Wien
Herr Franz Peter	Manager Business Segment EAS	Softlab GmbH, München
Herr Walter Schmitt	Manager Business Segment CRM	Softlab GmbH, München
Herr Michael Schraft	Manager Corporate HRO	Softlab GmbH, München
Herr Thomas Siegner	Manager Corporate Marketing	Softlab GmbH, München
Herr Dr. Josef Stock	Manager Region SCM Süd	Softlab GmbH, München
Herr Said Antoine Tabet	Geschäftsführer CRM, EAS und Länderorganisationen	Softlab GmbH, München
Herr Gareth Thomas	Geschäftsführer England	Softlab UK Ltd., Manchester
Herr Ragnar Wachter	Manager Region CRM West	Softlab GmbH, Köln
Herr Dr. Manfred Wegmann	Geschäftsführer Finanzen und Administration	Softlab GmbH, München
Herr Dr. Dirk Refäuter	Sprecher der Geschäftsführung	Süddeutsche Zeitung GmbH, München

[1461] Der Name und das Unternehmen des Gesprächspartners sind auf speziellen Wunsch anonymisiert.

Anhang 2: Gesprächspartner und zeitliche Abfolge der Experteninterviews (Fortsetzung)

Interview-Agenda (sortiert nach Datum):

Datum	Zeit	Name	Ort
04. September 2001	10:00 - 11:00	Dr. Vorname Nachname[1462]	Bonn
15. Oktober 2001	13:30 - 14:30	Dr. Josef Stock	München
25. Oktober 2001	11:00 - 13:00	Dr. Dirk Refäuter	München
09. November 2001	09:00 - 11:00	Thomas Messmer	München
19. November 2001	16:00 - 18:00	Dr. Klaus Kaplaner	München
20. November 2001	15:00 - 16:00	Dr. Josef Stock	München
20. November 2001	17:00 - 19:00	Alexander Mittag-Lenkheym	München
27. November 2001	09:00 - 11:00	Urban Mayer	Frankfurt
28. November 2001	10:00 - 12:00	Ragnar Wachter	Köln
04. Dezember 2001	10:00 - 11:00	Peter Glanzmann	Zürich
17. Dezember 2001	12:30 - 14:30	Rainer Gaßner	München
18. Dezember 2001	07:00 - 10:00	Gareth Thomas	München
26. Dezember 2001	18:00 - 20:00	Peter Vogelberg	Wolfratshausen
08. Januar 2002	10:00 - 11:00	Dr. Josef Stock	München
09. Januar 2002	13:00 - 15:00	Walter Schmitt	Frankfurt
14. Januar 2002	12:30 - 14:30	Sabine Cornelius	München
15. Januar 2002	13:00 - 15:00	Franz Peter	München
16. Januar 2002	11:00 - 13:00	Thomas Siegner	München
16. Januar 2002	14:00 - 16:00	Dr. Manfred Wegmann	München
21. Januar 2002	13:00 - 15:00	Said Antoine Tabet	München
18. Februar 2002	14:00 - 15:00	Dr. Vorname Nachname[1463]	Bonn
25. Februar 2002	10:00 - 11:00	Said Antoine Tabet	München
28. Februar 2002	08:00 - 09:15	Gareth Thomas	Manchester (per Videoconferencing)
15. April 2002	16:00 - 17:00	Thomas Messmer	Bern
16. April 2002	14:00 - 16.00	Uwe Kloos	München
29. April 2002	11:00 - 13:00	Michael Schraft	München

[1462] Der Name des Gesprächspartners ist auf speziellen Wunsch anonymisiert.
[1463] Der Name des Gesprächspartners ist auf speziellen Wunsch anonymisiert.

Anhang 3: Anschreiben zur Studie über wissensbasierte Cross-Region Projektmethodik

softlab

Herrn / Frau

Vorname Nachname

Abteilung

Strasse Nummer

PLZ Ort

Land

March 1st, 2002

we.know@softlab – knowledge-based cross-regional project work method

Dear Sir/Madam,

From time to time we have all been faced with tasks in which we ask ourselves the question, "Where can I find more information about this subject? Who has already done something similar? How can I carry out this task properly, quickly and safely?"

These are all questions that point to the one factor increasingly influencing our daily business – knowledge !

Although knowledge has long been recognized as the most important factor in competition and our way of dealing with it is not just a management skill but concerns us all, enormous problems still exist concerning effective ways of handling this resource. In theory, sharing available knowledge and complementing it with our own insight, storing it in a concrete form and reusing it are simple ways of improving the value of our daily work and its results. However, the practical realization of these goals has proven to be far more difficult.

Here at Softlab, we have also asked ourselves how we could make better use of the knowledge available through colleagues, partners and suppliers in our projects, thereby arriving at higher quality results for our customers and simultaneously fostering the company's ability to innovate. This characteristic of Softlab gives you an idea of the potential available for carrying out both international and cross-regional projects.

BMW Group Company

Anhang 3: Anschreiben zur Studie über wissensbasierte Cross-Region Projektmethodik (Fortsetzung)

softlab

For this reason, we would like to draw directly on your practical observations, experience and opinions through this study to recognize obstacles and develop ways of improving knowledge-based, cross-regional project work methods. Please share your knowledge and experience with us and enable us to increase our competitiveness by practicing knowledge management and fostering a knowledge-friendly corporate culture at Softlab.

We thank you in advance for your kind co-operation !

We would also like to thank Mr. Thomas Siegner and the Corporate Marketing department for taking over the thematic and financial patronage of this study.

A few short words to motivate you:

The anonymity of your answers is completely guaranteed and the accumulated results of this analysis will be made known to you in individual group discussions or in an information event.

Kind regards,

Michael Gehle
Corporate Development

Tatjana Levec
Project Management

BMW Group Company

Anhang 4: Fragebogen zur wissensbasierten Cross-Region Projektmethodik

STUDY

Knowledge-based cross-regional project methods

we.know@softlab
Knowledge-based Success

Softlab Study

KNOWLEDGE-BASED CROSS-REGIONAL PROJECT METHODS

STUDY

Knowledge-based cross-regional project methods

Dear colleagues,

In times of increasing dynamics, complexity and orientation to knowledge we would like to obtain a clear picture of the demands and barriers involved in cross-regional projects at Softlab. To be in a position to utilize potential in terms of improvements in organization, processes and technology with a new quality, we have decided to carry out this study in two stages. You will receive an initial questionnaire today and a second one like it after you have had a chance to acquire some personal experience with possible changes and after they have become noticeable.

We would like to make a few preliminary remarks on the two main terms in this questionnaire:

The concept of **„knowledge"** may be defined as ranging:

- from knowledge that is easy to communicate (and easy to save in a database) all the way to knowledge that is hard to express in words and that oftentimes must be experienced jointly,
- from technological know-how about profession-related skills to strategic knowledge about products, subjects, customers, partners and competitors and
- from individual knowledge and knowledge shared by groups and departments all the way to common knowledge shared by all of those working for a company, which, accordingly, may be termed organizational knowledge.

„Cross-regional project methods" constitute the initiation, performing and concluding of cross-regional projects making use of process-related, organizational and / or technical aids. Cross-regional projects are characterized by at least one of the following:

- Value is added in more than one country,
- The central results of the project are transferred to multiple countries via local teams or in an electronic roll-out,
- Colleagues from abroad (at least one foreign country and one foreign colleague) are involved in the local projects.

Confidentiality:

Your responses in this survey will be treated as strictly confidential. The survey is anonymous so that nobody will be able to associate you with your responses. Nobody in the company will be able to view your personal answers.

The results of the study will only be made available in the shape of statistical median values. We will be happy to present them to you in a group discussion or an info session. Please feel free to contact us (Michael Gehle / Tatjana Levec) at phone +49-89-9936-1646 / +49-89-9936-1144 or by e-mail Michael.Gehle@softlab.de / Tatjana.Levec@softlab.de.

Note:

Please try to answer all of the questions in the questionnaire. Each of your assessments is important to the over-all study. In case you are unable to find an appropriate response, mark the answer that comes closest to your opinion. If you have an alternative response or would like to make a suggestion, you can do so on the empty lines or by simply adding it at the end of the questionnaire.

There are generally no "correct" or "incorrect" answers. Rather, it is important to express your personal views openly.

Please make sure to also read the final comment on the last page and place the completed questionnaire in the envelope supplied and send it to us by interoffice mail within a period of two weeks.

Thank you in advance for your cooperation !

STUDY

Knowledge-based cross-regional project methods

1.A) General data

a) Please rank the level you normally work at	❍ project end responsibility	❍ senior project manager	❍ project leader	❍ member of the project team
b) Cumulative number of years spent working on / with cross-regional projects (Softlab and former employers)	❍ Up to 1 year	❍ Up to 3 years	❍ Up to 7 years	❍ > 7 years
c) Cumulative number of cross-regional projects you have worked on / with (Softlab and former employers)	❍ < 2	❍ < 5	❍ < 10	❍ > 10

2.A) What barriers exist or which ones can you envision occurring in the initiation of cross-regional projects? Please rate each of the barriers by placing an 'X' in the respective box.

	very high	high	medium	low
a) The search for employees with suitable skills	❍	❍	❍	❍
b) Availability of employees in terms of time	❍	❍	❍	❍
c) Employees' willingness to participate in the project	❍	❍	❍	❍
d) Government regulations / laws	❍	❍	❍	❍
e) Selecting the location and suitable premises..	❍	❍	❍	❍
f) The availability of suitable technical tools..	❍	❍	❍	❍
g) Presence of suitable theoretical instructions	❍	❍	❍	❍
h) Documentation or experience from previous projects that can be reused or reapplied	❍	❍	❍	❍
i) Positioning the project in the surrounding environment..	❍	❍	❍	❍
j) Other options: ______________________________	❍	❍	❍	❍
______________________________	❍	❍	❍	❍
______________________________	❍	❍	❍	❍

2.B) What can be done to overcome the above-mentioned barriers? Please mark a total of at least 7 of the suggestions offered or contribute your own suggestions.

a) Internal advertising of project vacancies ❍

b) "Yellow Pages" arranged by topics ❍

c) Skills information system ❍

d) Index of employee availability ❍

e) International employee pool (or virtual start-up pool for projects) ❍

f) Material remuneration / payment ❍

g) Additional options for basic and further training ❍

h) Transfer of personnel / job rotation ❍

i) Teams at a joint location near the customer ❍

j) Methods manuals with integrated cross-regional project specifics ❍

k) Cross-regional project information and references ❍

l) Pure project organisation structure (no anchoring of matrix or functions) ❍

m) Project portals / project marketing ❍

n) Boards / steering committees ❍

o) Other options: ______ ❍

______ ❍

3.A) What barriers exist or which ones can you envision occurring while a cross-regional project <u>is being carried out</u>? Please rate each of the barriers by placing an 'X' in the respective box.

	very high	high	medium	low
a) Employees personal interests / goals are contrary to the goals of the project	❍	❍	❍	❍
b) Distances in terms of time / space	❍	❍	❍	❍

c) Languages of countries / specialized fields / organizations	❍	❍	❍	❍
d) Differences in participants' mentalities / cultures......................................	❍	❍	❍	❍
e) The adaptation and integration of diverse cultures takes too long	❍	❍	❍	❍
f) Lack of team spirit..	❍	❍	❍	❍
g) Lack of trust..	❍	❍	❍	❍
h) Political decisions ("power struggles")	❍	❍	❍	❍
i) Lack of social and / or intercultural competence among the project managers and leaders / team members..	❍	❍	❍	❍
j) Conflicts due to overlapping of the original linear associations................	❍	❍	❍	❍
k) Differing interests of the organization units involved	❍	❍	❍	❍
l) Resource allocation	❍	❍	❍	❍
m) Coordinating / supervising the projects...	❍	❍	❍	❍
n) Isolating the project..	❍	❍	❍	❍
o) Lack of cross-regional project-specific roles	❍	❍	❍	❍
p) Lack of support / poor support by IT	❍	❍	❍	❍
q) Other options: ______________________________	❍	❍	❍	❍
______________________________	❍	❍	❍	❍

3.B) What can be done to overcome the above-mentioned barriers? Please mark a total of at least 6 of the suggestions offered or contribute your own suggestions.

a) Career incentives as a result of participation in cross-regional projects..	❍
b) Material incentives..	❍
c) Technical aids, specifically: ______________________________	❍
d) Foreign-language education...	❍

e) Defining a uniform project language (vocabulary)	❍
f) More informal meetings / joint activities that are not project-related	❍
g) Clear (e.g. specified in the project manual) game rules for the team	❍
h) More internal milestones for project evaluation	❍
i) Training for the project managers / members of the project team to develop socio-psychological competence	❍
j) Allow employees to be involved in no more than 1 project	❍
k) Have the project managers and the linear supervisors exchange information about employees	❍
l) Special cross-regional project committees with representatives of the organization units involved	❍
m) Establish the "team integrator" role	❍
n) Other options: ______	❍
______	❍

4.A) What barriers exist or which ones can you envision occurring when a cross-regional project <u>is being concluded</u>? Please rate each of the barriers by placing an 'X' in the respective box.

	very high	high	medium	low
a) Reintegrating the employees in the linear organization	❍	❍	❍	❍
b) Break in career due to long absence	❍	❍	❍	❍
c) Transfer and securing of experience into / within / among the organization unit involved	❍	❍	❍	❍
d) Loss of collective " relationship knowledge "	❍	❍	❍	❍
e) Identifying and observing cross-regional project-specific manners of proceeding	❍	❍	❍	❍
f) Responsibilities with reference to continued customer / product support	❍	❍	❍	❍
g) Ownership of the results achieved in the project (praise or reprimands)	❍	❍	❍	❍
h) Other options: ______	❍	❍	❍	❍
______	❍	❍	❍	❍

4.B) What can be done to overcome the above-mentioned barriers? Please mark a total of at least 3 of the suggestions offered or contribute your own suggestions.

a) Reporting to the line of organization during the project .... ❍

b) Participation in events within the line of organization .... ❍

c) Flow of information about events within the line of organization to employees outside .... ❍

d) Establishing lessons learned / good and bad practices .... ❍

e) Systematic deriving of knowledge by project debriefing .... ❍

f) Regular interfacing / meetings among the members of the project team after completion of the project ❍

g) Cooperative project evaluation / "storytelling" (e.g. report by external teams based on interviews and discussed in a joint workshop) .... ❍

h) Other options : ____________________ ❍

____________________ ❍

____________________ ❍

- **Definition of terms** -

Knowledge representation: Making knowledge that exists in employees' minds, media or in the shape of a product accessible, visible, suitable for transport and comprehensible.

5.A) What barriers exist or which ones can you envision occurring when knowledge <u>is being represented</u> in cross-regional projects? Please rate each of the barriers by placing an 'X' in the respective box.

	very high	high	medium	low
a) Skills profiles are unsuitable / were not described sufficiently	❍	❍	❍	❍
b) People only search for bearers of knowledge in their own field	❍	❍	❍	❍
c) Documents are of poor quality or are not uniformly readable, coded or formatted	❍	❍	❍	❍
d) Documents / drawings are not available in multiple languages	❍	❍	❍	❍
e) The relevant knowledge is stored on different media and in diverse forms	❍	❍	❍	❍
f) Regionally, knowledge is widely scattered	❍	❍	❍	❍

g) Technical support for knowledge search and access inadequate .... ❍ ❍ ❍ ❍

h) Documentation management systems are unsuited e.g. to replication administration .... ❍ ❍ ❍ ❍

i) Only limited access to explicit knowledge within the organisation .... ❍ ❍ ❍ ❍

j) Access to implicit staff knowledge .... ❍ ❍ ❍ ❍

k) There is no common language (countrywide or organisationwide) ..... ❍ ❍ ❍ ❍

l) No time for knowledge coding and preparation .... ❍ ❍ ❍ ❍

m) Other options: ________________________ ❍ ❍ ❍ ❍

________________________ ❍ ❍ ❍ ❍

________________________ ❍ ❍ ❍ ❍

5.B) What can be done to overcome the above-mentioned barriers? Please mark a total of at least 4 of the suggestions offered or contribute your own suggestions.

a) Publishing of knowledge on offer .... ❍

b) Unified, fixed rules in the form of project guidelines for producing product documentation .... ❍

c) Project documentation quality control / process control / tracking .... ❍

d) Setting up / translating and storing all documents in the companywide language (e.g. English) .... ❍

e) Companywide definition of tools for representing explicit knowledge .... ❍

f) Companywide electronic networking of essential knowledge supporting systems .... ❍

g) Project portals / staff portals .... ❍

h) "Notice-board" search for necessary knowledge .... ❍

i) Defined time for coding important information in project planning .... ❍

j) Other options: ________________________ ❍

________________________ ❍

- **Explanation of Terms** -

Use of Knowledge: Knowledge made usable or prepared for decision / implementation processes

6.A) What barriers exist or which ones can you envision occurring when knowledge <u>is being used</u> in cross-regional projects? Please rate each of the barriers by placing an 'X' in the respective box.

	very high	high	medium	low
a) The knowledge potential we have is unknown or not communicated.......	❍	❍	❍	❍
b) Staff are not always able to utilise knowledge for their needs.................	❍	❍	❍	❍
c) Big differences between language context / comprehension context / application context..	❍	❍	❍	❍
d) Unsuitable / non-unified document-structuring	❍	❍	❍	❍
e) Project experience / good practices for cross-regional projects are not available	❍	❍	❍	❍
f) Cultural differences in the form of different problem solving techniques / staff working methods	❍	❍	❍	❍
g) Different decision and leadership styles amongst executive project participants	❍	❍	❍	❍
h) No confidence in existing knowledge or knowledge facilitator..................	❍	❍	❍	❍
i) "Not invented here" syndrome..	❍	❍	❍	❍
j) Routine processes reduce willingness to accept new knowledge............	❍	❍	❍	❍
k) Fear of showing personal knowledge deficits or weaknesses	❍	❍	❍	❍
l) User-unfriendly form of knowledge basis and infrastructure......................	❍	❍	❍	❍
m) Unsuitable IT tools for knowledge preparation	❍	❍	❍	❍
n) Other options: ____________________________	❍	❍	❍	❍
____________________________	❍	❍	❍	❍
____________________________	❍	❍	❍	❍
____________________________	❍	❍	❍	❍

6.B) What can be done to overcome the above-mentioned barriers? Please mark a total of at least 4 of the following suggestions – or contribute your own suggestions.

a) Knowledge kick-offs to identify various colleagues' implicit knowledge ❍

b) Task management in senior / junior teams ❍

c) Short collaboration with knowledge holder in particular project (lecture / training) ❍

d) Looking for knowledge about / from cross-regional projects at other companies ❍

e) Benchmarking related to cross-regional projects ❍

f) Agreed and fixed procedures for task processing ❍

g) Gradual introduction of new knowledge ❍

h) Promoting the readiness to ask questions ❍

i) Project manager statements about applicability of results from other projects for other fields and new customers ❍

j) Other options: ______________________________ ❍

______________________________ ❍

- Definition of Terms -

Knowledge Communication: Knowledge exchange, distribution and networking

7.A) What barriers exist or which ones can you envision occurring when knowledge is being communicated in cross-regional projects? Please rate each of the barriers by placing an 'X' in the respective box.

	very high	high	medium	low
a) Large time zone and location differences	❍	❍	❍	❍
b) Cultural differences	❍	❍	❍	❍
c) Language barriers	❍	❍	❍	❍
d) Not enough personal interaction between participating organisation units / organisation members	❍	❍	❍	❍
e) Lack of / not enough trust between knowledge possessor and knowledge receiver	❍	❍	❍	❍

f) "Knowledge is power" mentality ❍ ❍ ❍ ❍

g) "Knowledge is not for free" mentality ❍ ❍ ❍ ❍

h) Fear of "expert status" loss ❍ ❍ ❍ ❍

i) Different ways of thinking between sender and receiver ❍ ❍ ❍ ❍

j) Different levels of training / present knowledge ❍ ❍ ❍ ❍

k) Non-available / unsuitable technical communication medium ❍ ❍ ❍ ❍

l) Non-available or non-functioning interfaces to the project environment... ❍ ❍ ❍ ❍

m) Undefined / uncertain communication channels and information flows.. ❍ ❍ ❍ ❍

n) Politically influenced distribution ❍ ❍ ❍ ❍

o) Other options: ______________________ ❍ ❍ ❍ ❍

______________________ ❍ ❍ ❍ ❍

7.B) What can be done to overcome the above-mentioned barriers? Please mark a total of at least 5 of the following suggestions or contribute your own suggestions.

a) Personal meetings, open dialogues ❍

b) Foreign language training ❍

c) Gradual creation of project glossary by team members ❍

d) Definition of standards, description of procedures and strengthening of trust through assured foreseeability ❍

e) Mutual visions and targets ❍

f) Incentive systems and reward structures for knowledge communication ❍

g) Setting up informal communication channels (e.g. "coffee corners") ❍

h) Groupware systems which help to overcome time, location and language barriers ❍

i) Introduction of a "project integrator" / "team integrator" role ❍

j) Clear definition of interfaces in the project environment and those responsible for them........................ ❍

k) Support and evaluation for informal networks (communities of practice) .... ❍

l) Other options: ____ ❍

____ ❍

- Definition of Terms -

Generating Knowledge: Bringing information to procedure relevance, generating ideas

8.A) What barriers exist or which ones can you envision occurring when knowledge <u>is being generated</u> in cross-regional projects? Please rate each of the barriers by placing an 'X' in the respective box.

	very high	high	medium	low
a) Lack of mutual trust	❍	❍	❍	❍
b) Lack of acceptance of knowledge holder (persons/media/products)........	❍	❍	❍	❍
c) Lack of quality or transformation methods for existing ideas.....................	❍	❍	❍	❍
d) Interaction and communication barriers too high	❍	❍	❍	❍
e) Number of Team members is too high	❍	❍	❍	❍
f) Lack of mutual context for participants	❍	❍	❍	❍
g) Lack of transparency from experts/publications/parallel activities	❍	❍	❍	❍
h) Non-existent "lessons learned" or "good / bad practices"	❍	❍	❍	❍
i) Difficult or inadequate project debriefing	❍	❍	❍	❍
j) Not enough / no learning-friendly project culture	❍	❍	❍	❍
k) Project conditions (e.g. rooms, time pressure) have negative effect on creativity and innovation	❍	❍	❍	❍
l) Other options: ______________________	❍	❍	❍	❍
______________________	❍	❍	❍	❍
______________________	❍	❍	❍	❍

8.B) What can be done to overcome the above-mentioned barriers? Please mark a total of at least 4 of the following suggestions – or contribute your own suggestions.

a) Building trust by open communication and minimising departmental thinking .... ❍

b) Common knowledge vision and targets (e.g. learning from mistakes, re-examining long standing methods)............ ❍

c) Promotion of / commitment to personal communication of successes and failures............ ❍

d) Greater application of creativity-promoting IT and communication media (e.g. video conferences or chat-lines) .... ❍

e) Greater interdisciplinary team composition .... ❍

f) Greater interpersonal contact (scenario or creativity workshops, brainstorming sessions)............ ❍

g) Reward structure for improvements, suggestions and new ideas .... ❍

h) Sufficient time / space flexibility to discover and test new directions in work time............ ❍

i) Active suggestion box or improvement system for project processes .... ❍

j) Other options: ______________________________ ❍

______________________________ ❍

- Definition of Terms -

Knowledge Targets: Within the scope of knowledge orientation of the companies' activities, knowledge targets are defined for the company, projects and individuals which should lead to a change in the knowledge base and an optimising of business activities.

9.A) Which individual and which company-related <u>targets</u> would you want to achieve from your own point of view by an increased knowledge-orientation in project business? Please mark a total of at least 4 of the following goals – or contribute your own goals.

	very high	high	medium	low
a) Promotion of internal knowledge transfer	❍	❍	❍	❍
b) Ensuring permanent availability of knowledge	❍	❍	❍	❍
c) Improvement in staff collaboration (teamwork)	❍	❍	❍	❍
d) Re-usability of previously worked out solutions	❍	❍	❍	❍

e) Closer link between project teams, business development and personnel department	❍	❍	❍	❍
f) Greater knowledge input for business development / marketing	❍	❍	❍	❍
g) Acceleration of the innovation process	❍	❍	❍	❍
h) Promotion of internal communication	❍	❍	❍	❍
i) Exploitation of synergy potential (e.g. transfer and co-operation between distribution and project unit or country and region)	❍	❍	❍	❍
j) Faster access to knowledge sources (internal and external)	❍	❍	❍	❍
k) Increase in productivity (e.g. project margins or company ratios	❍	❍	❍	❍
l) Protection and generation of strategic competitive advantages	❍	❍	❍	❍
m) Reduction in process running-time and -costs	❍	❍	❍	❍
n) Avoidance of knowledge outflow or staff fixation	❍	❍	❍	❍
o) Strengthening and development of the companies' core competence ...	❍	❍	❍	❍
p) Improvement and exploitation of customer knowledge	❍	❍	❍	❍
q) Improvement in personnel development (e.g. interdisciplinary and intercultural)	❍	❍	❍	❍
r) Other options: ____________________	❍	❍	❍	❍
____________________	❍	❍	❍	❍
____________________	❍	❍	❍	❍
____________________	❍	❍	❍	❍

9.B) How can we make the positive effects of the measures and goals in knowledge-based cross-regional projects visible? Please mark the most useful suggestions from your point of view and / or submit further suggestions.

a) Number of experts ("knowledge holders") for the various fields of knowledge ❍

b) Evaluation of core competences using a model (e.g. evolutionary model of knowledge by Probst) ❍

c) Awarding certificates to evaluate training effectiveness ❍

d) Project calculation (e.g. additional surplus value acquisition from cross-regional projects or reduced discrepancy between calculations of estimated and actual margins)... ❍

e) Balanced scorecard, with the following indicators: ________________________________ ❍

f) Number of staff applications to participate in cross-regional projects .... ❍

g) Other options: ________________________________ ❍

________________________________ ❍

________________________________ ❍

________________________________ ❍

________________________________ ❍

________________________________ ❍

In conclusion:

We would again like to express our warmest thanks for your trouble.

To enable us to relate your questionnaire from the first round to that of the second round we ask you to fill in below the first names of your paternal grandfather and grandmother. Since this information is completely unknown within the company, your anonymity and privacy is guaranteed:

First name of paternal grandfather:

First name of paternal grandmother:

STUDY

Knowledge-based cross-regional project methods

1464

V2 / February 2002

www.softlab.com

softlab
DAS SYSTEMHAUS

Anhang 5: Ausprägung der Grundgesamtheit der Teilnehmer

Länderorganisation	Versand	Rücklauf
Österreich	8	8 (100%)
Schweiz und Deutschland	30	23 (77%)
Großbritannien	25	15 (60%)
Gesamt	**63**	**46 (73%)**

Tabelle: Versand und Rücklauf der Fragebögen

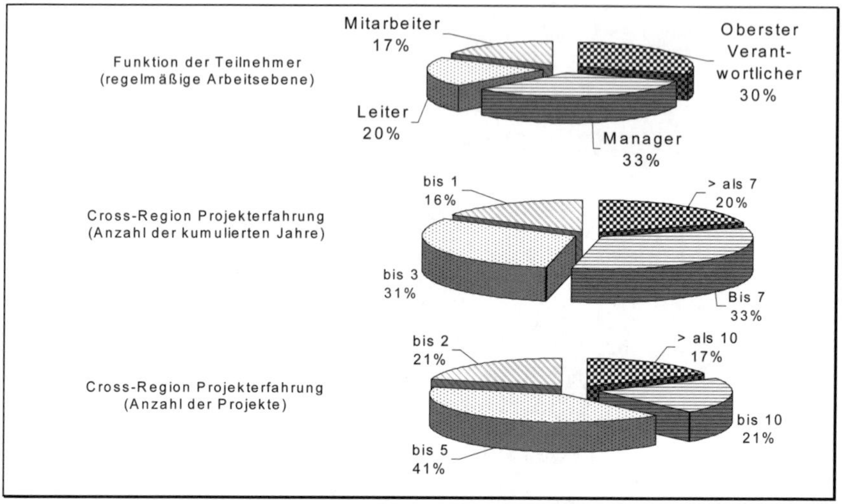

Abbildung: Grundgesamtheit der Teilnehmer

Anhang 6: Telefonate und Workshops zur Interpretation und Konkretisierung der empirischen Ergebnisse/Vorbereitung zur Implementierung

Datum/Zeit	Person/Gruppe	Art
07.10.2002 / 13:00-13:45	Service Manager (Österreich)	Telefonat
07.10.2002 / 14:00-14:45	Project Manager (Österreich)	Telefonat
07.10.2002 / 16:00-17:00	Projektmitarbeiter (Österreich)	Telefonat
07.10.2002 / 17:00-17:45	Projektmitarbeiter (Österreich)	Telefonat
11.10.2002 / 13:00-13:45	Project Manager (Österreich)	Telefonat
11.10.2002 / 15:00-18:00	Region CRM Süd (Deutschland)	Workshop
14.10.2002 / 10:00-14:30	Business Segment CRM (Deutschland)	Workshop
15.10.2002 / 10:00-11:00	Geschäftsführer (Schweiz)	Telefonat
16.10.2002 / 08:00-09:00	Geschäftsführer (England)	Persönliches Gespräch

Tabelle: Interpretations- und Konkretisierungsmaßnahmen

Anhang 7: Role Description „ (De-)Briefing Moderator"

Purpose/Objectives

To review ongoing or completed projects for building cumulative knowledge and helpful recommenddations for future projects. To make management and staff aware of the need and benefits of gathering lessons learned and best practices.

Responsibilities/Tasks

Review Preparation:

- Define the agenda of the review meeting together with the responsible project manager,
- Prepare the review meeting by defining very clear objectives and issues that you seek to address in the review meeting,
- Define how the results of the review meeting will be used and published.

Review Performance:

- Have an organized approach for your review and interview work, i.e. review the project from the standpoint of process, organization, technology and methods, resources, and end users of the completed project results,
- Give the project team an opportunity for mutual feedback and for sharing experiences,
- Identify the causes of the main successes and failures of the project,
- Identify the measures that were taken to solve the critical problems in the project,
- Identify factors that keep the project team from learning from the project and from implementing changes,
- Have the project team discuss how they can use their experience to help them in their tasks or to make recommendations to others,
- Identify and gather valuable lessons learned and best practices that can be used for future projects.

Review Evaluation:

- Evaluate the effectiveness of the review process, methods, techniques etc.
- Provide critical input to the process of knowledge creation and use,
- Write the minutes of the review meeting with the help of the responsible project manager and distribute it to the persons in question,
- Update the lessons learned and best practices database,
- Share your meta knowledge with other (de-)briefers.

Experience

Over 3 years experience in project management, knowledge management and coaching.

Skills

- Excellent communication, presentation and interviewing skills,
- Strong social skills,
- In-depth understanding of KM principles and methods,
- In-depth understanding of PM principles and methods,
- Familiarity with the project review procedures and techniques,
- Excellent writing skills.

Availability

According to demand.

Anhang 8: Checkliste zur Auswahl von Best Practices

Versuchen Sie mit Hilfe der folgenden Checkliste die Best Practices zu identifizieren, die im Projektverlauf entstanden sind und sich dazu eignen, von Dritten in ähnlichen Projektsituationen kosten- und ressourcenmindernd wiederverwendet zu werden.

Haben Sie allgemeine Vorlagen/Muster oder anschauliche Beispiele für:

Projektinitialisierung

- ❑ Projektauftrag
- ❑ Vertrag mit Unterauftragnehmern, Partnern etc.
- ❑ Fragebogen, Studie, Bedarfsanalyse etc.
- ❑ Produkt-/Systemdefinition
- ❑ Anforderungskatalog/Pflichtenheft/Spezifikation/Leistungsbeschreibung
- ❑ Änderungsverfahren
- ❑ Wirtschaftlichkeitsbetrachtung (z.B. Nutzwertanalyse)
- ❑ Benchmarking, Vergleichsanalyse, Entscheidungshilfe etc.
- ❑ Projektvorkalkulation
- ❑ Analyse- bzw. Konzeptpapier
- ❑ Design- und Datenmodell
- ❑ Schätzverfahren/-methode
- ❑ Aufwandsschätzung/Kennzahlen
- ❑ Aufgabenanalyse/-planung
- ❑ Projektstruktur/-planung
- ❑ Projektterminplan
- ❑ Aufwands-/Kostenplan

Projektdurchführung

- ❑ Projektkontrolle (Berichte über Termine, Aufwände, Kosten, Sachfortschritt)
- ❑ Projektkalkulation
- ❑ Risikoplan/-kontrolle (Berichte, ToDo-Liste)
- ❑ Qualitätsplan (Qualitätsziele, -merkmale etc.)
- ❑ Qualitätskontrolle (Bericht, Review, Checkliste, Test, Abnahme etc.)
- ❑ Projektlösungen (z.B. Compiler, Parser, Generatoren etc.)
- ❑ Techniken/Methoden/Verfahren, die im Projekt erfolgreich eingesetzt worden sind
- ❑ Benutzerhandbuch/Online-Hilfe

Projektabschluss

- ❑ Projektabschlussanalyse
- ❑ Projektnachkalkulation/Abweichungsanalyse
- ❑ Präsentation, Vortrag, Artikel, MindMap etc.
- ❑ Kunden-/Anwender-Umfrage/Zufriedenheitsanalyse

Anhang 9: Wissensbasiertes und -orientiertes Job-Profil eines Consultants

Schicht 0: Kurzbeschreibung	Die Job-Familie Consulting umfasst alle Tätigkeiten zur Beratung, Unterstützung und Begleitung von Unternehmen bezüglich der Gestaltung und des Einsatzes von Strategien, Organisationsstrukturen, Fach- und IKT-Prozessen, Technologien und Methoden Die wesentlichen Beratungsaufgaben sind Situationsanalyse und Problemdiagnose, Lösungsempfehlungen, Begleitung bei der Umsetzung von Lösungen, Prozessstrukturierung und –moderation

Schicht 1: Fachaufgaben und Tätigkeiten	
Kundenmanagement	
Aufbau und Pflege von Kundenbeziehungen	Baut eigenständig Kundenbeziehungen auf Bereichs-/Ressort-Ebene aus (Kundenmanager für die Firma)
Vertriebliche Aktivitäten	
Problemidentifizierung	Identifiziert branchen-/technologiespezifische Problemfelder und erarbeitet strategische Lösungsempfehlungen auf Bereichs-/Ressort-Ebene (mit dem Ziel der Großprojektgenerierung)
Portfolio- und Kompetenzdarstellung bei Kunden	Präsentiert und vermittelt in seinem Zielmarkt das Firmengesamtportfolio mit den wichtigsten Referenzkunden und -projekten Präsentiert und vermittelt die Fach- und Methodenkompetenz zu einem branchen- oder technologiespezifischen Themenbereich
Angebotsgestaltung	Übernimmt die fachliche und kalkulatorische Verantwortung für Angebote von besonders komplexen, strategischen, internationalen oder anderen anspruchsvollen Projekten
Vertragsverhandlung	Führt Vertragsverhandlungen auf Bereichs-/Ressort-Ebene durch
Lösungskonzeption und Umsetzungsberatung	
Problemanalyse	Steuert und moderiert die Zielfindung für und die Definition von komplexen und vernetzten Problemstellungen Verdeutlicht den Wert von Gesamtvorhaben für Klienten und zeigt unternehmensindividuelle Ausrichtungen von aktuellen Trends auf
Entwicklung von Lösungskonzepten (vorhandene Lösungskonzepte übertragen und neue einführen)	Strukturiert Inhalte und Prozesse von Lösungskonzepten und deren Umsetzung (Projektvorschläge) bezogen auf Unternehmen/Unternehmensbereiche und vertritt somit strategische Aspekte Definiert Maßnahmenpakete zur „Verankerung“ der neuen Lösungen Wirkt als Ansprech- und Sparringspartner für das Management der Klienten
Entscheidungsfindung, Projektmanagement und -steuerung, Qualitäts- und Risk Management für Beratungsprojekte	Etabliert Frühwarnsysteme für Gesamtvorhaben und leitet Maßnahmen für eine erfolgreiche Entwicklung der Vorhaben ab Verfolgt und berücksichtigt die politischen Dimensionen von Vorhaben Verhandelt als Vertreter des Projektes mit den beteiligten Parteien auf der Kundenseite Führt Präsentationen vor dem Vorstand/oberem Management durch Veranstaltet regelmäßige Management- und Controlling-Meetings Gibt den Beratungsansatz vor und stellt die professionelle Umsetzung sicher Steuert das Veränderungsmanagement im Hinblick auf die Projektinhalte

Anhang 9: Wissensbasiertes und -orientiertes Job-Profil eines Consultants (Fortsetzung)

Schicht 1: Fachaufgaben und Tätigkeiten (Fortsetzung)	
Wissensmanagement	
Erarbeitung und Pflege von Beratungsinstrumenten, -modellen, -methoden und -prozessen	Pflegt Beratungsinstrumente und -modelle zur Unterstützung von Tätigkeiten im Rahmen seines fachlichen Schwerpunkts und initiiert Verbesserungen Definiert und verantwortet Beratungsinstrumente, -modelle und -prozesse Verantwortet die Steuerung und Optimierung der Leistungserbringung im Beratungsgeschäft Nimmt Themen aus dem Markt auf und macht sie für das eigene Unternehmen operationalisierbar
Erfahrungssicherung, Aufbau interner Netzwerke und Austausch von Know-how	Gibt zielgerichtet Know-how in der eigenen Abteilung weiter Dokumentiert eigenständig relevante Projektergebnisse zur Erfahrungssicherung im Team und informiert über wiederverwendbare Ergebnisse Kennt die relevanten Ansprechpartner zu seinem Themengebiet im Haus Baut interne Netzwerke auf und kennt die relevanten Ansprechpartner in der Unternehmensgruppe Steuert die Erfahrungssicherung für seinen Themenbereich Schafft Voraussetzungen für Netzwerkaufbau, Wissenstransfer und Erfahrungssicherung und verankert diese im Zielvereinbarungssystem Baut internationale Partnerbeziehungen auf
Marketing- und Business Development	
Vorträge, Publikationen, Portfolioentwicklung, Innovationsmanagement	Hält abteilungsinterne Vorträge und wirkt bei der Erstellung von Präsentationsmaterialen mit Hält Vorträge auf firmeninternen Fachforen, veröffentlicht seine Erfahrungen in internen Publikationen, gestaltet die Themenentwicklung mit Verantwortet die Entwicklung eines Portfolio-Elements, hält Fachvorträge auf externen Fachforen, veröffentlicht seine Erfahrungen in externen Publikationen, greift neue Themen auf und baut sie aus Verantwortet das Portfolio für einen Branchen- oder Technologiebereich

Schicht 2: Anforderungen	
Ausbildung, Weiterbildung	
Qualifizierung	Hochschulabschluss (Uni, FH, BA, MBA) vorzugsweise Betriebswirtschaftslehre, (Wirtschafts-)Informatik, Mathematik o.ä., oder vergleichbare qualifizierte Berufsausbildung Spezifische Beratertrainings Internationale Beratertrainings
Berufserfahrung	Ca. 8 Jahre Erfahrung im Consulting oder vergleichbare Tätigkeiten Erfahrungen in mehreren Projektumgebungen, Erfahrung in vielfältigen externen Kundenbeziehungen Internationale Projekterfahrung Verhandlungssicherheit in Englisch

Anhang 10: Interviewthemen und -fragen zur Ermittlung des internen Customer Excellence Status

Thema 1: Struktur/Einordnung des Gesprächspartners

Thema 2: Grad der Kundenorientierung/Inwieweit wird Kundenorientierung gelebt

Wie beurteilen Sie die Kundenorientierung (Servicequalität/Kundenkontakt/Denken in Kundennutzen)?

Wo sehen Sie die Stärken (auch im Vergleich zum Wettbewerb)?

Wo sehen Sie die Defizite (auch im Vergleich zum Wettbewerb)?

Ist das Thema „Umgang, Kommunikation und Beziehung mit dem Kunden" bei Ihnen/den Mitarbeitern explizit?

Thema 3: Verhalten gegenüber Kunden

Gibt es Vorschriften zum Thema Verhalten und Kommunikation gegenüber den Kunden? Wenn ja, welche (formelle/informelle)?

Wie werden die Vorschriften täglich umgesetzt?

Gibt es sonstige Instrumente und Maßnahmen in Bezug auf den Umgang mit Kunden?

Welche Instrumente und Maßnahmen wünschen Sie sich für einen besseren Umgang mit Kunden?

Thema 4: Erwartungen des Kunden/Ergebnisqualität

Haben Sie das Gefühl, dass der Kunde das gesamte Portfolio/Angebot kennt?

Warum kennt er es nicht?

Wie beurteilt der Kunde die Qualität des Ergebnisses bzw. das Teilergebnis?

Nach welchen Leistungen fragen die Kunden, die Sie nicht anbieten könnten?

Thema 5: Erwartungen des Kunden/Abwicklungsqualität

Wie beurteilt der Kunde die Projektabwicklung und deren Stärken und Schwächen?

Würde es der Kunde schätzen, wenn Projektergebnisse oder Teilergebnisse aus anderen Projekten bei ihm wiederverwendet werden würden?

Sprechen die Kunden über Verbesserungsmöglichkeiten in der Abwicklung?

Ziehen die Kunden dabei als Vergleich die Wettbewerber heran?

Thema 6: Erwartungen des Kunden/Beziehungsqualität

Wo glauben Sie, ist der Kunde in Bezug auf die persönliche Zusammenarbeit/das Verhalten zufrieden, wo ist er unzufrieden, wo entstehen Probleme?

Anhang 10: Interviewthemen und -fragen zur Ermittlung des internen Customer Excellence Status (Fortsetzung)

Thema 6: Erwartungen des Kunden/Beziehungsqualität (Fortsetzung)

Welches Verhalten könnte die Erwartung des Kunden übertreffen?

Welches Verhalten führt Ihrer Ansicht nach am ehesten zu einem offenen Austausch und gegenseitigen Verständnis?

Wo dürfen Sie auf keinen Fall Fehler machen?

Thema 7: Kommunikationsprozess beim Kunden

Wie wird beim Kunden kommuniziert? Wer ist Ihr direkter Ansprechpartner? Von wem empfängt dieser Vorgaben und wer ist letztendlicher Entscheider, der auch beauftragt und Budgets vergibt?

Welchen der genannten Ansprechpartner kennen Sie persönlich?

Mit wem reden Sie auch informell?

Wie läuft die informelle Kommunikation? Wie beeinflusst diese die Erwartungen, Prioritäten und Entscheidungen?

Thema 8: Prioritäten des Kunden/Dynamik von Veränderungen

Kennen Sie die Prioritäten Ihres Kunden? Wie erfahren Sie regelmäßig davon?

Was sind die Ursachen von Prioritätenverschiebungen bzw. Veränderungen von Erwartungen?

Was könnten Sie tun, um mehr über diese Verschiebungen zu erfahren?

Thema 9: Kommunikationsprozess zwischen dem Kunden und uns

Von wem und wie erhalten Sie Informationen über Change Requests bzw. Folgeprojekte?

Von wem und wie erhalten Sie Informationen über andere und neue Projekte ggf. auch in anderen Abteilungen und für andere Abteilungen im eigenen Haus?

An wen geben Sie diese Informationen weiter?

Was sind die größten Kommunikationshürden zwischen dem Mitarbeiter und dem Kunden (Klarheit vs. Diffusität, Expertenwissen vs. Wissensdefizit)?

Thema 10: Wissensstand von Mitarbeiter und Kunde

Kennen Sie den vereinbarten Leistungsumfang vollständig (Briefing, Pflichtenheft etc.)?

Ist dem Kunden der Leistungsumfang im Laufe eines Projektes bewusst? In welchem Detaillierungsgrad?

Wird die ursprüngliche Leistung erfüllt oder kommt es zu häufigen Change Requests?

Anhang 10: Interviewthemen und -fragen zur Ermittlung des internen Customer Excellence Status (Fortsetzung)

Thema 11: Beschwerdemanagement

Wann, wo und wie wird über Probleme mit dem Kunden gesprochen?

Was sind die häufigsten Beschwerden?

In welche interne Abteilung/an welchen Mitarbeiter gehen die Beschwerden? Wie werden sie intern bearbeitet, verfolgt und gelöst?

Wie reagieren Sie persönlich auf Beschwerden?

Thema 12: Unterstützung durch interne Abteilung in Bezug auf Kundenorientierung

Von welchen internen Abteilungen erhallten Sie Support hinsichtlich der Kundenbetreuung/ -orientierung?

Um was für eine Form von Support handelt es sich?

Wie unterstützt sich das Team gegenseitig?

Gibt es auch Kompetenzstreitigkeiten innerhalb des Teams/zwischen den Teams?

Thema 13: Image/Die Sicht des Kunden

Wie glauben Sie, sieht der Kunde uns? Was assoziiert er damit?

Gibt es unterschiedliche Sichtweisen beim Kunden auf uns bzgl. unterschiedlicher Teams, unterschiedlicher Projekte etc.?

Welche Stärken von uns sieht der Kunde (auch im Vergleich zum Wettbewerb)?

Welche Schwächen von uns sieht der Kunde (auch im Vergleich zum Wettbewerb)?

Thema 14: Persönlich

Was ist für Sie persönlich wichtig in der Projektarbeit mit dem Kunden?

Wie würden Sie sich in Bezug auf Kundenorientierung gerne persönlich entwickeln bzw. verbessern?

Wo wünschen Sie sich Unterstützung seitens des Kunden?

Wo wünschen Sie sich Unterstützung seitens des Arbeitgebers?

Anhang 11: Weitere Quellen im Rahmen der Fallstudie Softlab (chronologisch)

SOFTLAB: Softlab Organisationsdiagnose „Strategische Positionierung von Softlab" (Stand Juli 1997)

FACIT: „Customer Value"-Forschung: Wie zufrieden sind die Projektkunden mit Softlab? In: *Ergebnisse einer Marktforschungsuntersuchung*, facit Marketing-Forschung GmbH im Auftrag der Softlab GmbH, München 1999

HUBER, S.: Erfolgsfaktoren bei der Einführung von Wissensmanagement. In: *White Paper der Softlab GmbH*, München 2000, http://www.softlab.de, Abruf am 18.06.2000

VAILLANT, J.; HUBERT, U.; DANG, T.; BREHME, N.: Wissensmanagement. In: *Internes Fachkonzept der Softlab GmbH*, München 09. Juni 2000

FERRARI: Softlab Organisationsdiagnose „Das Unternehmen, seine Kultur und seine Umwelten", Aachen November 2000

SOFTLAB: (Teil-)Ergebnisse des PMS-Programms. In: *Präsentation anlässlich des Meetings der Geschäftsführung*, München 11. Dezember 2000

SOFTLAB: Entwicklung einer „lebenden" Projektreferenz. In: *Internes Arbeitspapier*, München 2001

SOFTLAB: Projektinformation. In: *Internes Arbeitspapier*, München 2001

SOFTLAB: Projekt-Assessment: Eine Ampelfunktion. In: *Internes Arbeitspapier*, München 2001

FRAUNHOFER IAO: Aufbau eines Wissensmanagements innerhalb der Softlab GmbH. In: *Angebotsentwurf*, Fraunhofer IAO, Stuttgart Januar 2001

LEHMAN BROTHERS: European Technology Services: A Focus on Germany. In: *Internal Presentation for Softlab GmbH*, Munich May 2001

BM AG: Projektorientiertes Knowledge Management bei Softlab. In: *Angebot*, Business Media AG, St. Gallen/Schweiz 09. Mai 2001, diverse Versionsstände und Konkretisierungen

ROMHARDT, K.: Wissen - Kein (persönliches) Problem? Anstöße zur individuellen Wissensfreiheit: Basics für einen klaren Kopf. In: *Präsentation anlässlich des Business Meetings*, München 23. Mai 2001

FRAUNHOFER IPK: KnowledgeWork@softlab: Konzeption eines Cross-boarder Projekttransfers bei der Softlab GmbH. In: *Angebot*, Fraunhofer IPK, Berlin Mai 2001

PBS AG: Feedback der Partner zum Thema „Partnermarketing, Zusammenarbeit und Zukunftspotenzial". In: *Qualitative Partnerbefragung*, im Auftrag der Softlab GmbH, München Juni 2001

PBS AG: Erwartungen und Anforderungen an einen Business Integrator. In: *Qualitative Kundenbefragung*, im Auftrag der Softlab GmbH, München Juni 2001

SOFTLAB: we.know@softlab - Ziele und Maßnahmen. In: *Präsentation anlässlich des Meetings der Geschäftsführung*, München 22. August 2001

SOFTLAB: we.know@softlab - Investitionsplan, München 29. August 2001, diverse Versionsstände und Konkretisierungen

Anhang 11: Weitere Quellen im Rahmen der Fallstudie Softlab (Fortsetzung)

SOFTLAB: Definition Paper - Softlab's Knowledge Management Roles, Version 0.2, 2nd Draft, München 10. September 2001

BECK, J.; KELLER, B.: Tango bei Softlab - Ein Planspiel als Katalysator für die Strategieentwicklung in einem Systemhaus, http://www.getoq.de/de/w_tangosoftlab.html, Abruf am 08.10.2001

SOFTLAB: we.know@softlab - Ziele und Maßnahmen. In: *Präsentation anlässlich des Meetings der Geschäftsführung*, München 09. Oktober 2001

SOFTLAB: we.know@softlab - Ziele und Maßnahmen. In: *Präsentation anlässlich des Business Meetings*, München 29. Oktober 2001

SOFTLAB: Quick-Referenz Projektmanagement (Stand 20.11.2001)

FAST: Teamarbeit bei FAST - Erlebnisse aus dem EBIZZ-Projekt. In: *Interne Projekterfahrungsgeschichte*, Forschungsinstitut für angewandte Software Technologie, München 2002

IFEM: Motivation und Anreizsystem bei der Einführung von IT-gestütztem Wissensmanagement. In: *Interner Abschlußbericht zur Studie*, IfeM Institut für e-Management e.V. in Zusammenarbeit mit der Softlab GmbH et al., Köln 2002

SOFTLAB: Konzept zur Einführung von Projektwissensmanagement und zum Aufbau eines Project Experience System (ProX). In: *Fachkonzept*, Version 1.1, München 25. Februar 2002

SOFTLAB: Leitfaden zu Projektplanung und Planverfolgung, Version 2.0, München 15. April 2002

BM AG: Debriefing. In: *Angebot*, Business Media AG, St. Gallen/Schweiz 28. Mai 2002

SOFTLAB: Auf dem Weg zur Business Excellence - SIS und ProX. In: *Präsentation anlässlich des Meetings der Geschäftsführung*, München 18. Juni 2002

REINMANN-ROTHMEIER, G.; VOHLE, F.; ERLACH, C.: Kommunikationsprobleme durch Regionalisierung bei Softlab - Analyse und Veränderung durch narratives Wissensmanagement. In: *Interne Angebots- und Projektskizze*, Münchener Gruppe, München 24. Juni 2002

ZEITHAMMER, U.: Skill Information System – Ein Erfahrungsbericht zum Einstieg in die wissensbasierte Projektorganisation. In: *community-of-knowledge*, http://www.c-o-k.de/cp_artikel.htm ?artikel_id=116, Abruf am 24.07.2002

PAC: SITSI 2002 Company Profile Softlab, Pierre Audoin Conseil, München August 2002

IFEM: Optimierung der Signalgebung zu Beginn der Pre-Sales-Phase. In: *Interner Abschlußbericht*, IfeM Institut für e-Management e.V. im Auftrag der Softlab GmbH, Köln Oktober 2002

SOFTLAB: Unternehmensbroschüre „No business is usal" (Stand Oktober 2002)

SOFTLAB: Grundsätze der Zusammenarbeit, //q:/html-pdf/regulations/doucments_HTML_konvertiert/GrundsaetzeZusammenarbeit.htm, Abruf am 23.10.2002

LEVEC, T.: Wissensbasiertes Cross-Region Projekt Management: Analyse und Vorgehensvorschlag für die Einführung bei der Softlab GmbH, *Unveröffentlichte Diplomarbeit*, Ekonomska Fakulteta, Univerza v Ljubljani, December 2002

Anhang 11: Weitere Quellen im Rahmen der Fallstudie Softlab (Fortsetzung)

BECN: Customer Excellence: SQI Service Quality Index. In: *Angebotspräsentation anlässlich des Meetings der Geschäftsführung der Softlab GmbH*, Business Experts Consulting Network, München 04.12.2002

SOFTLAB: Softlab Medienblitz. In: *Ergebnisse einer Journalistenbefragung aus der IT-Fachpresse*, München Januar 2003

KÖNNECKER, H.: Benötigte Skills zur richtigen Zeit am richtigen Ort bereitstellen. In: *wissensmanagement*, H. 02/2003, S. 26-27

SOFTLAB: Job-Modell@softlab. In: *Handbuch für Mitarbeiter und Führungskräfte*, Version 3.0, München Februar 2003

SOFTLAB: Customer Excellence - Phase 1: Case Identification. In: *Präsentation anlässlich des Meetings der Geschäftsführung*, München 18. März 2003

SOFTLAB: Introducing Project KM at Softlab. In: *Präsentation anlässlich des Business Meetings*, München 19. März 2003

SOFTLAB: Debriefing-Verfahren. In: *Fachkonzept*, Version 1.1/1.2/1.4, München 08./30. April u. 16. Juli 2003

SOFTLAB: Prozessbeschreibung Projektinitialisierung, http://iip.softlab.de/projektinitialisierung/implements/description.htm, Abruf am 09.04.2003

SOFTLAB: Prozessbeschreibung Projekt- & Auftragsabschluss, http://iip.softlab.de/projektabschluss/implements/description.htm, Abruf am 09.04.2003

SOFTLAB: Projekterfahrungssicherung mit ProX. In: *POdium*, München 28. April 2003

SOFTLAB: Ergebnisse des unternehmensweiten (Deutschland, Österreich, Schweiz und Tochtergesellschaft Nexolab) Mitarbeiter-Feedbacks zur Mitarbeiterzufriedenheit, München Mai 2003

SOFTLAB: Protokoll zum Kick-off Workshop der Customer Excellence Task Force, München 19. Mai 2003

SOFTLAB: Customer Excellence Projektstart. In: *info@softlab.de*, E-Mail Ankündigung der Geschäftsführung, München 20. Mai 2003

SOFTLAB: Project Experience System (ProX). In: *info@softlab.de*, E-Mail Ankündigung der Geschäftsführung zur Einführung des Systems, München 27. Mai 2003

SOFTLAB: Softlab Project Know-how at your Fingertips. In: *suxxess*, Mitarbeiterzeitschrift der Softlab GmbH, H. 05/2003, S. 18-19

SOFTLAB: Project Experience System (ProX). In: *Factsheet*, München 27. Mai 2003

SOFTLAB: SIS News Ticker, diverse Monatsausgaben 06.2002 bis 07.2003 per E-Mail, München 2002/2003

SOFTLAB: Ergebnisse der Task Force „Innerbetriebliche Kommunikation", München August 2003

SOFTLAB: Überblick über das neue Softlab-interne Debriefing-Training. In: *Präsentation*, Corporate Project Office und People Development, 01. September 2003

Anhang 11: Weitere Quellen im Rahmen der Fallstudie Softlab (Fortsetzung)

SOFTLAB: ROI through Integration - Delivering Projects Together. In: *suxxess*, Mitarbeiterzeitschrift der Softlab GmbH, H. 09/2003, S. 10-11

SOFTLAB: Vom Prebriefing zum Debriefing - Systematische Projekterfahrungssicherung. In: *Votragspräsentation*, KnowTech 2003/5. Konferenz zum Einsatz von Knowledge Management in Wirtschaft und Verwaltung, München 20.-21. Oktober 2003

INTERNET: http://www.softlab.de/de/aboutus, Abruf am 23.10.2003

SOFTLAB: Intranet Statistik für iip.softlab.de, Abruf am 23.10.2003

SOFTLAB: 2. ProX News Ticker. In: *info@softlab.de*, E-Mail Information der Geschäftsführung, München 13. Novermber 2003

INTRANET: http://iip, allgemein verfügbare Informationsinhalte aller Art, diverse Abrufe

Anhang 12: Beispiele für „Cultural Guidelines"

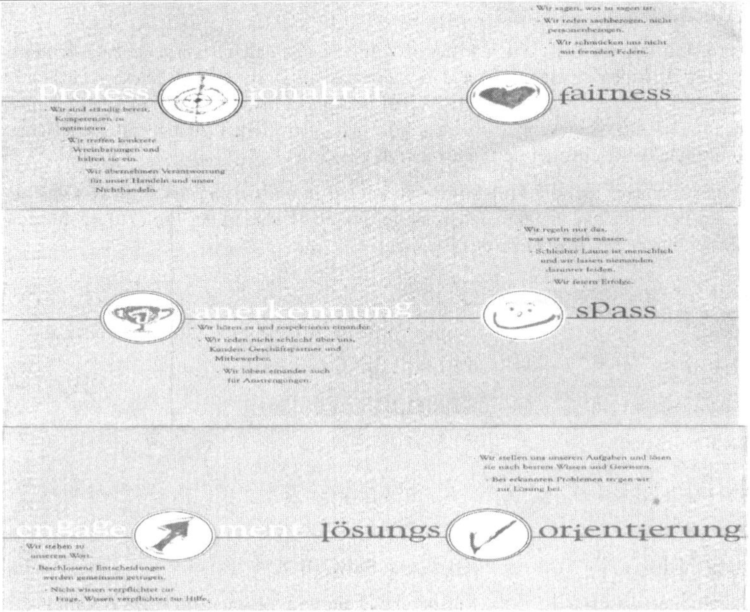

Abbildung: **Cultural Guidelines von ELECTRONIC ARTS**

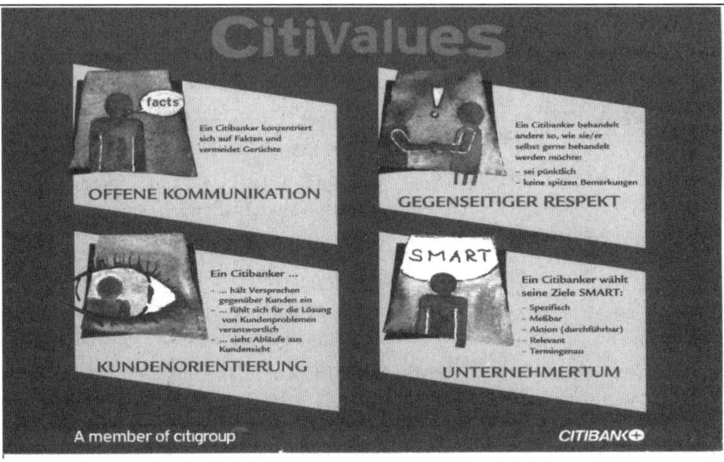

Abbildung: **Cultural Guidelines von der CITIBANK**

Anhang 13: Beispiel einer „lebendigen“ Projektinformation zur Verwendung im Pre-Briefing, während des Projektes und als Projektreferenz nach Abschluss

Eine Projektinformation ist ein internes Dokument, das anhand vorgegebener Kriterien die wichtigsten Angaben zu einem Projekt in tabellarischer Form erfasst. Diese Angaben dienen einerseits der internen Auskunft zum Projekt und andererseits der Erfahrungssicherung von Projekten. Die mit ^{PR} gekennzeichneten Informationen dienen zudem zur Erstellung einer marketing- und vertriebsorientierten Projektreferenz.

Der Projektmanager legt die Projektinformation bei Initialisierung des Projektes auf oberster Ebene der Projektanlage an, aktualisiert sie fortlaufend während der Projektdurchführung und vervollständigt sie bei Abschluss des Projektes.

Angaben zur Projektinformation	
Ersteller:	Name, Vorname, Rolle, Organisationseinheit, Land
Angelegt am:	TT.MM.JJJJ
Zuletzt aktualisiert am:	TT.MM.JJJJ
Abgeschlossen am:	TT.MM.JJJJ

Angaben zum Projekt	
Geschäftsbereich:	Name, Land
Themengebiet:	z.B. CRM, SRM, BI, KM
Projektnummer:	Entsprechend der unternehmensüblichen Notation
Kurzbezeichnung des Projektes:	Name
Projektbezeichnung:	Sprechender Name
Zugeordnete Angebote:	Angebotsnummer, Angebotsdatum
Projektmanager:	Name, Vorname, Tel-Nr., E-Mail, Zuordnung zu einer Abteilung, einem Geschäftsbereich, einem Land
Projektmitarbeiter:	Name1, Vorname, Tel-Nr., E-Mail, Zuordnung zu einer Abteilung, einem Geschäftsbereich, einem Land
	Name2, Vorname, Tel-Nr., E-Mail, Zuordnung zu einer Abteilung, einem Geschäftsbereich, einem Land
	Name3, Vorname, Tel-Nr., E-Mail, Zuordnung zu einer Abteilung, einem Geschäftsbereich, einem Land
Projekttyp:	z.B. Generalunternehmer-, Entwicklungs-, Wartungs-, Beratungs-, Rationalisierungs- oder Forschungsprojekt
Projektlaufzeit^{PR}:	TT.MM.JJJJ - TT.MM.JJJJ
Projektvolumen^{PR}:	z.B. in tausend Euro oder Dollar
Anzahl der Projektmitarbeiter:	z.B. 10 interne und 3 externe Mitarbeiter

Anhang 13: Beispiel einer „lebendigen" Projektinformation zur Verwendung im Pre-Briefing, während des Projektes und als Projektreferenz nach Abschluss (Fortsetzung)

Angaben zum Projekt (Fortsetzung)	
Unterauftragnehmer:	Name1, Themenbereich Name 2, Themenbereich
Gesamtaufwand für das Projekt:	z.B. in Anzahl Personentage, -monate oder -jahre
Projektinhalt/-ziel:	a.) Inhalte und Ziele, die der Klient mit dem Projekt erreichen will b.) Inhalte und Ziele, die der Business Integrator mit dem Projekte zusätzlich oder abweichend erreichen will
Projektergebnisse:	a.) Zu erwartende Ergebnisse b.) Endgültige Ergebnisse In Form einer Liste hinsichtlich der Softwaresubsysteme, Spezifikationen, Besprechungsprotokolle, Projektpläne, Ausschreibungsunterlagen und Standardverträge für Subunternehmer, Abnahmeprotokolle, Source Codes
Pfad der Projektablage:	Entsprechend der unternehmensüblichen Notation
Angaben zum Klienten	
Klient^{PR}:	Name, Teil einer Unternehmensgruppe, Standort
Branche^{PR}:	Branchenname, Unterbranche
Größe^{PR}:	z.B. in Anzahl Mitarbeiter oder Umsatz-/Bilanzvolumen
Abteilung:	Name
Ansprechpartner:	z.B. Projektmanager des Klienten
Ausgangssituation beim Klienten^{PR}:	Kurzbeschreibung, was die Auslöser für das Projekt waren, z.B. Einführung der Basel-II-Regelung für Banken oder der IATA-Richtlinien für die Gepäcksicherheit der Fluglinien
Warum hat sich der Klient für den Business Integrator entschieden^{PR}?	Kurze Argumentation aus dem Blickwinkel des Klienten und des Business Integrators
Nutzen für den Klienten^{PR}:	Positive Auswirkungen der organisatorischen, prozessualen und informationstechnologischen Änderungen auf die Geschäftstätigkeit des Klienten im Allgemeinen und die Projektziele im Besonderen
Aussagen der Anwender^{PR}:	Aussagen von Einzelpersonen oder Gruppen, die als Referenz veröffentlicht werden dürfen

Anhang 13: Beispiel einer „lebendigen“ Projektinformation zur Verwendung im Pre-Briefing, während des Projektes und als Projektreferenz nach Abschluss (Fortsetzung)

Zusatzinformationen	
Eingesetzte Technologien, Methoden, Tools:	z.B. Client Server System, Unix AIX, Windows NT, Kommunikationstechnik TCP/IP, SNA, IATA 1745, CRM Vorgehensmethodik,
Benötigte Skills:	z.B. Projektmanagement von Großprojekten, Prozessberater, Designer, Programmierkenntnisse in C, SQL, Fähigkeit, sich in fremden Kulturkreisen zu bewegen
Wichtigste Ansprechpartner für Teilthemen des Projektes:	z.B. Teilprojektleiter des Klienten
Leistungen des Business Integrators:	z.B. Komplettinstallation, Prozessberatung und Optimierung, Customizing eines bestimmten Produkts, Lizenzerteilung, Schulung
Lösungsweg:	Beschreibung
Erfahrungssicherung	
Positive Erfahrungen:	Beschreibung
Negative Erfahrungen:	Beschreibung
Wo gab es hauptsächlich Probleme oder Hindernisse?	Beschreibung
Welche Empfehlungen können Sie auf Grund der aktuellen Projekterfahrungen für andere Projekte geben?	Beschreibung
Erstellung einer Projektreferenz erforderlich?	Ja/Nein, Begründung
Sonstige Angaben zum Projekt:	Individuelle Informationen, die der Ausfüllende für bewahrungswürdig hält
Stichwörter, die sich zur Suche der Projektinformation eignen:	z.B. Schlagworte aus dem Themenbereich, Branchenbezeichnung, Klientenname

Anhang 14: Kriterienliste für De-Briefing Entscheidungen

Der Projektmanager überprüft anhand der folgenden Kriterien, ob für sein Projekt ein De-Briefing Workshop verpflichtend (P) oder empfohlen (E) ist:

Kriterium für Klientenprojekt	P/E	Bemerkung
Auftragswert >= x EUR	P	Neben Lessons Learned (LL) und Best Practices (BP) sollte auch eine Analyse von Plan- / Ist-Abweichungen von Aufwand und Kosten erfolgen (als Schätzhilfe für andere Projekte)
Auftragswert >= y und < x EUR, aber mehr als m Mitarbeiter oder Laufzeit > n Monate	P	Neben LL und BP sollte auch eine Analyse von Plan- / Ist-Abweichungen von Aufwand und Kosten erfolgen (als Schätzhilfe für andere Projekte)
Generalunternehmerschaft durch den Business Integrator	P	Neben LL und BP auch Erfahrungen mit den Subunternehmern festhalten und Subunternehmer bewerten (Freelancer, die weitestgehend in das Projektteam integriert sind und keine eigene Verantwortung übernehmen, gelten nicht als Subunternehmer)
Neues Thema (Geschäftsfeld, Produkt, Technologie etc.)	E	Neben LL und BP auch Erfahrungen mit dem neuen Thema und Erkenntnisse für das Portfolio etc. festhalten (Indikator für ein neues Thema kann sein, dass im Rahmen des Pre-Briefings keine verwertbaren LL, BP etc. anderer Projekte gefunden wurden)
Neuer Klient	E	Neben LL und BP auch Erfahrungen mit dem neuen Klienten und Erkenntnisse für den weiteren Ausbau des Geschäfts bei diesem Klienten oder in dessen Unternehmensgruppe etc. festhalten
Besonders erfolgreiches oder kritisches Projekt	E	Neben LL und BP vor allem die Erfolgs- bzw. Misserfolgsfaktoren etc. festhalten (Kriterium für Erfolg / Misserfolg können die Ampelreports sein oder die Plan- / Ist-Zahlen aus der monetären Projektkalkulation)
Kriterium für Vertriebs- oder Akquiseprojekt	**P/E**	**Bemerkung**
Kosten >= z EUR	P	Neben LL und BP (z.B. wiederverwendbare Angebote) Ursachenanalyse (Erfolg / Misserfolg) festhalten (hier kann z.B. auf die Inhalte einer Vertriebsmethodik zurückgegriffen werden)
Kriterium für internes Projekt	**P/E**	**Bemerkung**
Zur Entwicklung neuer Beratungs-/ Softwareprodukte, Portfolioelemente Zur Erschließung neuer Märkte Zum Ausbau der internen Infrastruktur (z.B. Skill Information, Project Experience System, SAP etc.)	P	Neben LL und BP die Erfahrungen mit neuen Produkten, Portfolioelementen etc. und Erkenntnisse aus Marktuntersuchungen etc. festhalten

Bei allen Projekten, die eine Laufzeit von > n+ Monaten haben, sollte bei wichtigen Meilensteinen jeweils ein separater De-Briefing Workshop stattfinden.

Für alle Projekte, bei denen kein De-Briefing Workshop nach den obigen Kriterien stattfindet, sollte trotzdem eine Erfassung der LL und BP in den dafür vorgesehenen Systemen erfolgen.

Anhang 15: Checkliste zur Auswahl von Themen in De-Briefing Workshops

Versuchen Sie mit Hilfe der folgenden Liste die Themen zu identifizieren, die Sie im De-Briefing Workshop für die Projekterfahrungssicherung eingehend besprechen möchten:

- ❑ Projektmanagement (Planung, Steuerung, Termine, Ressourcen etc.)
- ❑ Projektergebnisse (Qualität, Kosten, Kundenzufriedenheit etc.)
- ❑ Projektorganisation (Gremien, Management, Vertrieb, Projektleiter, Klient, Prozesse etc.)
- ❑ Vertragsvorgaben (Lieferungen / Leistungen, Termine, Kosten, Qualität, Gesetze, Regelungen etc.)
- ❑ Zusammenarbeit im Projektteam (Organisation, Kommunikation, Kooperation, Kon flikte, Wissenstransfer etc.)
- ❑ Zusammenarbeit mit dem Klienten (Organisation, Kommunikation, Kooperation, Konflikte, Wissenstransfer etc.)
- ❑ Skills (Qualität, Aktualität, Ressourcen etc.)
- ❑ Zusammenarbeit mit Partnern/Lieferanten/Unterauftragnehmern (Organisation, Kommunikation, Kooperation, Konflikte, Wissenstransfer, Termine, Qualität, Kosten etc.)
- ❑ Technik (Produkte, Tools, Infrastruktur etc.)
- ❑ Verfahren, Methoden etc.
- ❑ Portfolio (Akzeptanz, Erweiterung etc.)
- ❑ Ziele, Vorgaben etc. aus dem Projekt, der Organisationseinheit, dem Geschäftsbereich, der Niederlassung, dem Unternehmen

Anhang 16: Beispiele zur Gestaltung von in De-Briefing Workshops verwendeten Flipcharts und Metaplanwänden

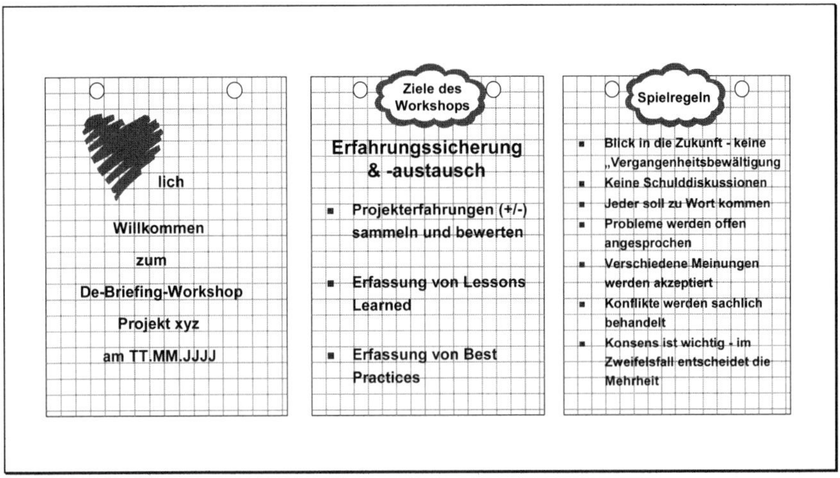

Abbildung: **Beispiele für Flipcharts Teil 1**

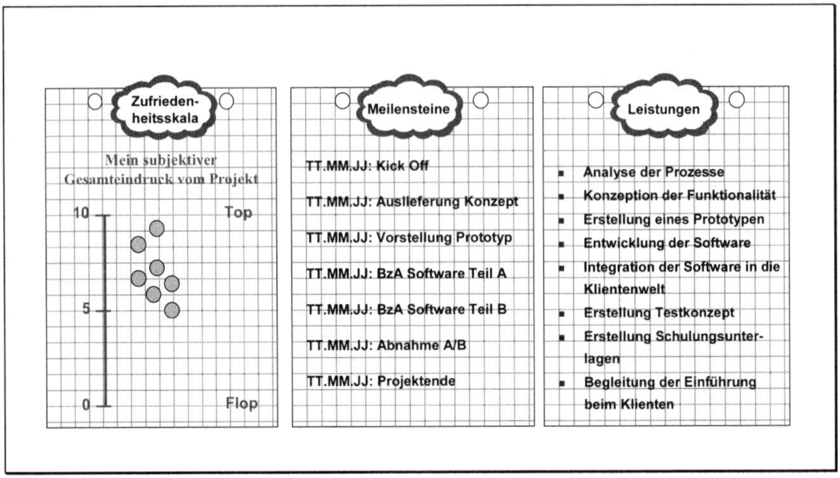

Abbildung: **Beispiele für Flipcharts Teil 2**

Anhang 16: Beispiele zur Gestaltung von in De-Briefing Workshops verwendeten Flipcharts und Metaplanwänden (Fortsetzung)

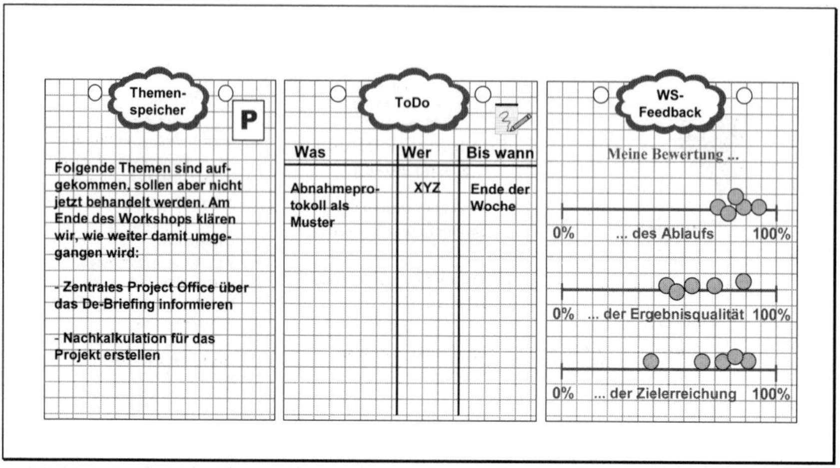

Abbildung: **Beispiele für Flipcharts Teil 3**

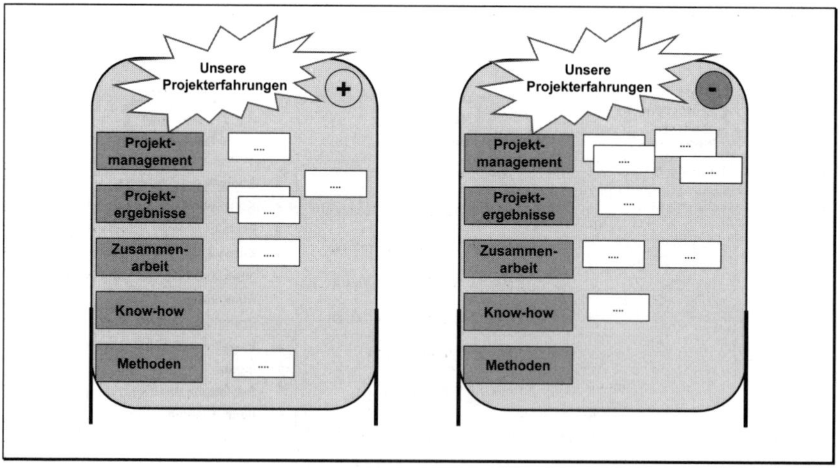

Abbildung: **Beispiele für Metaplanwände Teil 1**

Anhang 16: Beispiele zur Gestaltung von in De-Briefing Workshops verwendeten Flipcharts und Metaplanwänden (Fortsetzung)

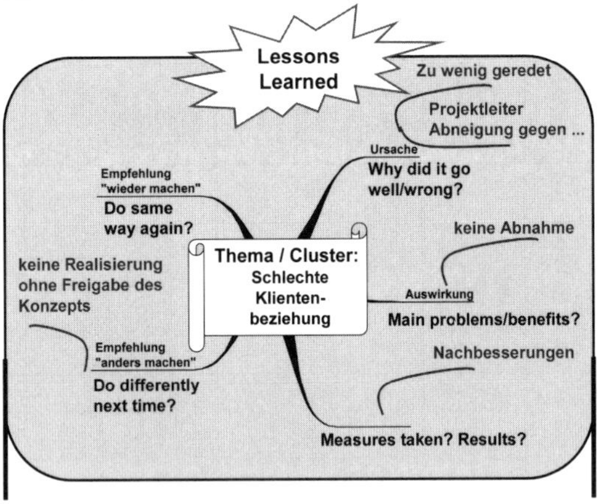

Abbildung: **Beispiele für Metaplanwände Teil 2**

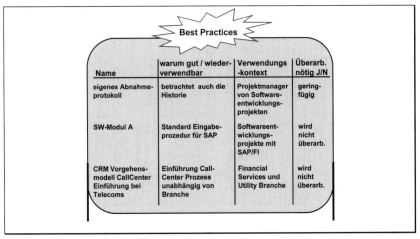

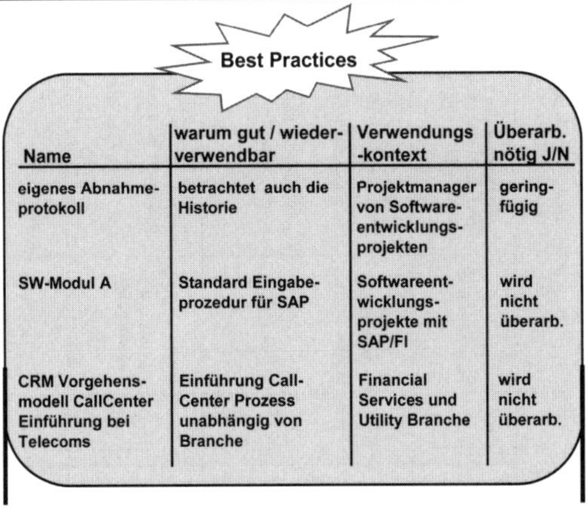

Name	warum gut / wiederverwendbar	Verwendungs-kontext	Überarb. nötig J/N
eigenes Abnahme-protokoll	betrachtet auch die Historie	Projektmanager von Software-entwicklungs-projekten	gering-fügig
SW-Modul A	Standard Eingabe-prozedur für SAP	Softwareent-wicklungs-projekte mit SAP/FI	wird nicht überarb.
CRM Vorgehens-modell CallCenter Einführung bei Telecoms	Einführung Call-Center Prozess unabhängig von Branche	Financial Services und Utility Branche	wird nicht überarb.

Abbildung: **Beispiele für Metaplanwände Teil 3**

Anhang 17: Drehbuch für einen De-Briefing Workshop

Nr.	Uhrzeit	Dauer	Schritt	Was	Wer	Methode / Technik / Medium	Ziel	Vorzubereiten	Erledigt
1	09:00	0:10	Ankommen	- Platz suchen - Getränke holen	Alle			- Raum / Bewirtung - PC / Beamer	
2	09:10	0:15	Begrüßung	- Begrüßung / Vorstellung - Agenda - Ziele des Workshops - Organisatorisches	Projektmanager De-Br. Mod. De-Br. Mod. De-Br. Mod.	Flipchart	- Einführung - Orientierung - Einverständnis für Zielsetzung - Zweck des Themenspeichers erläutern	- Flipcharts für Agenda, Ziele, Spielregeln, Themenspeicher	
3	09:25	0:10	Projekt-Feedback	- Teilnehmer abholen - Spontane Punkteabfrage (Bauchgefühl zum Projekt)	Plenum	Flipchart wird bepunktet (10 ist sehr zufrieden, 0 ist gar nicht zufrieden)	- emotionales Ventil - Früh-Diagnose - Spiegelung eigener Standpunkte vs. Gruppe	- Flipchart Zufriedenheitsskala, Punkte	
4	09:35	0:15	Projekt-Rückblick	- Meilensteine - Leistungen des Business Integrators	Projektmanager	Flipchart	- gemeinsames Verständnis - Projekte visualisieren	- Flipcharts Meilensteine und Leistungen	
5	09:50	0:30	History Line*	- Aufstellung der Teilnehmer an der History Line	Plenum	Meilensteinkarten als Linie am Boden, Teilnehmer stellen sich zu verschiedenen Fragen auf die entsprechenden Zeitabschnitte	- unterschiedliche Auffassungen wahrnehmen - sich an die Projektsituation erinnern - physiologische Verortung - Auflockerung	- große, runde Karten mit Meilensteinterminen - Checkliste „Fragen zur Projektsituation“	
6	10:20	0:10	Sammlung Projekterfahrung	- Erfahrungen sammeln (+ / -) - Teil 1: Karten schreiben	Plenum	Moderierte Kartenabfrage, jeder Teilnehmer ca. 6 Karten, davon mind. 2 + / - Karten (Zeitbedarf ca. 10 Min. für das Schreiben, 1 Min. pro Karte für die Vorstellung und das Aufhängen)	- Verschiedene Standpunkte - Neues Wissen	- Metaplanwände „Unsere Projekterfahrungen“ gem. Anhang 16	
7	10:30	0:10		- Pause					
8	10:40	0:40	Sammlung Projekterfahrung	- Erfahrungen sammeln (+ / -) - Teil 2: Karten aufhängen	Plenum	s.o.	s.o.		
9	11:20	0:15	Priorisierung für Lessons Learned	- Cluster für gesammelte Erfahrungen bilden - Cluster priorisieren	Plenum	Karten für Metaplanwände „Unsere Projekterfahrungen“ umsortieren und clustern, anschließend bepunkten, jeder Teilnehmer 3 Punkte	- Priorisierung der wichtigsten Punkte - Nur die können im WS behandelt werden	- Leere Metaplanwand - Punkte	

Anhang 17: Drehbuch für einen De-Briefing Workshop (Fortsetzung)

Nr.	Uhrzeit	Dauer	Schritt	Was	Wer	Methode / Technik / Medium	Ziel	Vorzubereiten	Erledigt
10	11:35	0:10	Priorisierung für Lessons Learned	- Auswahl der Cluster (ca. 3), nicht zu behandelnde Cluster im Themenspeicher notieren	De-Br. Mod.	Bepunktete Cluster auf Metaplanwänden, Flipchart Themenspeicher	- Einverständnis des Plenums, welche Cluster behandelt werden - Themenspeicher für Sicherung		
11	11:45	0:40	Lessons Learned	- Erarbeitung von LL für ausgewählte Cluster - ToDo-Liste anlegen (Teil 1 mit 2 Clustern)	Plenum	1 Metaplanwand pro Cluster mit MindMap ergänzen, Cluster sequentiell behandeln (Zeitbedarf ca. 20 Min. pro Thema)	- Erarbeitung von LL mit Empfehlungen, Maßnahmen und ToDos	- Flipcharts für ToDo und Metaplanwände mit MindMap gem. Anhang 16	
12	12:25	1:00		- Mittagspause					
13	13:25	0:20	Lessons Learned	Teil 2 (drittes Cluster): LL siehe oben	Plenum	s.o.	s.o.		
14	13:45	0:40	Best Practices	- Identifikation von BP - Detailbeschreibung	Plenum	Mit Checkliste BP prüfen, ob es solche gibt und wenn ja, auf einer Metaplanwand notierten. Im 2. Schritt Klärung, warum BP gut bzw. wiederverwendbar und welcher neuer Kontext möglich ist	- Sicherung von bewährten Praktiken	- Metaplanwände und Checkliste für Best Practices gem. Anhänge 8 und 16	
15	14:25	0:20	ToDo	- ToDo-Liste abschließen - Themenspeicher klären	De-Br. Mod.	Flipchart ToDo mit Bearbeitern und Terminen ergänzen	- Was muss unbedingt im Anschluss an den Workshop erledigt werden, von wem bis wann, was passiert mit den Themen auf dem Themenspeicher		
16	14:45	0:15	Workshop-Feedback	- Punkteabfrage zum WS und optional pers. Statement der Reflexion	Plenum	Flipchart bepunkten mit 1 Pkt. je Teilnehmer je Achse, ggf. Blitzlicht, Zufriedenheitsskala vom Anfang wiederholen	- Feedback für De-Br. Mod. und Workshop - Entlastung	- Flipcharts und Metaplanwände zum WS-Feedback - Punkte	
17	15:00	0:05	Abschluss	- Verabschiedung	PM				
18	15:05			- Ende					

Anhang 17: Drehbuch für einen De-Briefing Workshop (Fortsetzung)

Legende:

BP	Best Practices
CL	Checkliste
De-Br. Mod.	(De-)Briefing Moderator
History Line	Mit diesem Begriff wird die Aufstellung der Workshop-Teilnehmer entlang einer imaginären Linie des Projektverlaufs im Workshop-Raum bezeichnet. Die Teilnehmer stellen sich z.B. hinsichtlich der Frage „zu welchem Zeitpunkt im Projektverlauf hatte ich erstmals das Gefühl, die Erfolge des Teams feiern zu müssen?" an einem bestimmten Punkt bzw. Meilenstein des Projektes auf. Anmerkung: Die folgenden Beispielfragen können genutzt werden, um sich die wichtigsten Projektsituationen, die History Line, nochmals zu vergegenwärtigen. Diese Fragen können nur als Anhaltspunkte dienen und sollen Anregungen für spezifische Fragestellungen im jeweiligen Projektkontext geben. - Das schlechteste Bauchgefühl bzgl. des Projektes, d.h. wann mussten Sie und Ihr Team die meisten Lernerfahrungen in Bezug auf Fehler, Versäumnisse etc. machen? - Den meisten Spaß an Ihrer Projektarbeit, d.h. wann waren Sie und Ihr Team sehr erfolgreich? - Erstmals das Gefühl, dass die Arbeitsaufteilung im Projektteam am besten bzw. schlechtesten war? - Erstmals das Gefühl, dass es mit dem Klienten Probleme z.B. wegen Terminen, Leistungen, Kommunikation, Kooperation etc. geben könnte? - Erstmals das Gefühl, Dinge eskalieren oder Unterstützung einholen zu müssen? - Erstmals das Gefühl, die Erfolge Ihres Teams feiern zu müssen? - Das Gefühl, das Sie das Projektziel erreicht bzw. verfehlt haben? - Das Gefühl, dass der Klient mit Ihren Projektergebnissen (un-)zufrieden ist?
LL	Lessons Learned
PM	Projektmanager
TN	Teilnehmer
WS	Workshop

Anhang 18: Leitfaden für Expertennetzwerke am Beispiel der DRÄGERWERK AG

Expertennetzwerke bzw. CoPs bestehen aus Personengruppen, die auf Grund der Verfolgung sachverwandter Ziele und Interessen einen Bedarf zum gegenseitigen Wissensaustausch haben.

Zur Erreichung dieser Ziele und Interessen arbeiten sie mit den gleichen Methoden und Werkzeugen und sprechen eine gemeinsame Sprache.

Durch diese gemeinsamen Aktivitäten verbindet sie eine ähnliche Kultur und ein gleichartiges Wertesystem.

Hilfreiche Fragen für die Gründung einer CoP

Was ist mein / unser Anliegen, eine CoP zu gründen?

Wer sollte Mitglied der CoP werden?

Welche Rollen (Rechte, Pflichten und Aufgaben) sollen zwischen den Mitgliedern einer CoP verteilt werden?

Wie soll die Kommunikation zwischen den Mitgliedern der CoP organisiert werden?

Welche Infrastruktur und welche weiteren Ressourcen benötigt die CoP?

Wer übernimmt die Koordination der CoP?

Rollen in einer CoP

Initiator

- Eine Person im Unternehmen, die den Bedarf an einem verstärkten Austausch, der Erfassung und / oder der Bewahrung von Wissen sieht

Mitglieder

- Personen, die Interesse am gleichen Fachgebiet haben
- Personen, die eine ähnliche Tätigkeit in unterschiedlichen Unternehmensbereichen haben

Koordinator

- Organisation der Treffen
- Planung von Aufgaben
- Verbindung zu Gästen
- Verbindung zu anderen CoPs, Experten und Spezialisten

Wissensredakteur

- Person, die verantwortlich ist für die Sicherstellung der Validierung und der Dokumentation der Ergebnisse und des Gelernten (Lessons Learned)

Gründe für die Bildung einer CoP

- Schnelle Entwicklung in den Märkten, vor allem bzgl. der Bedürfnisse unserer Kunden und der Technologie

Anhang 18: Leitfaden für Expertennetzwerke am Beispiel der DRÄGERWERK AG (Fortsetzung)

Gründe für die Bildung einer CoP (Fortsetzung)

- Steigende Wissensintensität unserer Produkte und Dienstleistungen
- Wachstum, Diversifikation und geographische Verbreitung der Dräger Gruppe
- Passives und daher nicht genutztes Know-how innerhalb des Unternehmens
- Zeitaufwändige Suche nach relevantem Wissen und entsprechenden Wissensträgern
- Existenz gemeinsamer Bedürfnisse und Interessen
- Gestaltung der Arbeit in einer Weise, welche die Zufriedenheit der Mitarbeiter erhöht

Erfolgsfaktoren

- Gemeinsames Interesse an den Kernthemen der CoP, um aus deren Mitgliedschaft zu profitieren
- Motivation, Commitment und gegenseitiges Vertrauen, um eigenes Wissen zu teilen und das Wissen anderer zu nutzen
- Definition und Beachtung von Regeln
- Verfügbarkeit der benötigten Ressourcen und Unterstützung durch das Management
- Freiwilligkeit der Teilnahme
- Kritische Masse an Mitgliedern (ca. 5)

Organisation einer CoP

- Die Mitglieder einer CoP organisieren sich selbst, setzen ihre eigenen Regeln und Aufgaben, planen und bestimmen ihre benötigten Ressourcen
- Zusammenarbeit basiert im Wesentlichen auf persönlichen Treffen
- Mit einer wachsenden Entfernung und einer steigenden Anzahl von Mitgliedern benötigt die CoP Unterstützung durch IKT (z.B. Telefon- / Videokonferenzen, E-Mail, Intranet, Zugriff auf Newsgroups und Diskussionsforen)

Ziele und Aufgaben einer CoP

Entwicklung neuen Wissens

- Schaffung neuen Wissens, das in neuen oder bestehenden Produkten, Prozessen sowie Dienstleistungen enthalten ist bzw. deren Weiterentwicklung dient

Verbreitung und Anwendung von Ideen und Know-how

- Förderung funktions- und gesellschaftsübergreifender Kommunikation und Zusammenarbeit durch die Vernetzung von „Wissensinseln"

Anhang 18: Leitfaden für Expertennetzwerke am Beispiel der DRÄGERWERK AG (Fortsetzung)

Ziele und Aufgaben einer CoP (Fortsetzung)

- Motivation zu Wissensteilung und Wissensnutzung innerhalb des Unternehmens, um neue Ansätze zu erarbeiten und Synergien aus erprobten Lösungen zu schöpfen
- Schaffung wirksamerer Wege zum konzernweiten Austausch von Erkenntnissen und Ideen zwischen den Mitarbeitern
- Steigerung der Produktivität und Befähigung der Mitglieder einer CoP, schneller, effizienter und kostengünstiger zu arbeiten
- Austausch aufgabenbezogenen Wissens zu aktuellen Verfahren
- Unterstützung von Spezialisten in der Entwicklung neuer und besserer Methoden als Best Practice für die gesamte Organisation
- Austausch mit anderen CoPs (internes und / oder externes Netzwerk)

Erfassung und Bewahrung von Wissen

- Umwandlung des impliziten Wissens der CoP-Mitglieder in explizites Wissen, welches grundsätzlich allen mit herkömmlichen Mitteln zugänglich ist
- Systematische Dokumentation der Wissensbeiträge sowie deren Bewertung und Bereitstellung zur weiteren Verwendung